파이썬을 활용한 데이터 길들이기

데이터 전처리 효율화 전략

Data Wrangling with Python
by Jacqueline Kazil and Katharine Jarmul

파이썬을 활용한 데이터 길들이기: 데이터 전처리 효율화 전략

초판 1쇄 발행 2017년 8월 21일 **2쇄 발행** 2018년 7월 27일 **지은이** 재클린 카질·캐서린 자멀 **옮긴이** 이정윤·이제원·임원 **펴낸이** 한기성 **펴낸곳** 인사이트 **제작·관리** 박미경 **용지** 월드페이퍼 **출력·인쇄** 에스제이피앤비 **제본** 서정바인텍 **등록번호** 제10-2313호 **등록일자** 2002년 2월 19일 **주소** 서울시 마포구 잔다리로 119 석우빌딩 3층 **전화** 02-322-5143 **팩스** 02-3143-5579 **블로그** http://blog.insightbook.co.kr **이메일** insight@insightbook.co.kr **ISBN** 978-89-6626-406-3 책값은 뒤표지에 있습니다. 잘못 만들어진 책은 바꾸어 드립니다. 이 책의 정오표는 http://www.insightbook.co.kr에서 확인하실 수 있습니다. 이 도서의 국립중앙도서관 출판예정도서목록(CIP)은 서지정보유통지원시스템 홈페이지(http://seoji.nl.go.kr)와 국가자료공동목록시스템(http://www.nl.go.kr/kolisnet)에서 이용하실 수 있습니다.(CIP제어번호: CIP2017019433)

프로그래밍**인사이트**

파이썬을
활용한
데이터 길들이기

데이터 전처리 효율화 전략

DATA WRANGLING WITH PYTHON

재클린 카질, 캐서린 자멀 지음
이정윤, 이제원, 임현 옮김

인사이트
insight

차례

8장 데이터 클리닝하기: 표준화와 스크립트 209

9장 데이터 탐색과 분석 235

10장 데이터 표현하기 271

11장 웹 스크래핑 : 웹에서 데이터를 획득하고 저장하기   299

12장 고급 웹 스크래핑 : 스크린 스크래퍼와 스파이더   337

옮긴이의 글

인공지능, 로봇공학, 사물인터넷, 무인자동차……

작년 세계경제포럼 이후로 단연코 핫한 키워드로 떠오른 단어들이다. 새로운 시대로의 전환기에서 우리는 10년 뒤면 로봇이 일자리를 빼앗아가는 것은 아닌지, 더 이상 인간의 사고력이 필요하지 않은 것은 아닌지 두려워하며 이에 대한 대비를 하려고 노력한다. 일견 불안해하면서도 동시에 모든 정보가 유기적으로 통합되어 더욱 더 편리해질 시대를 기대하기도 한다.

우리가 상상하는 4차산업혁명 시대의 편리성은 무엇을 기반으로 삼을까? 가장 단순한 시나리오를 생각하면 먼저 나의 위치와 행동, 기분을 파악하기 위한 정보를 수집해 나의 상태와 현재의 컨텍스트를 먼저 파악할 것이다. 그리고 외부의 정보, 이를테면 주변 상점의 물품 재고나 할인율, 교통이나 날씨, 시간 같이 다양한 소스로부터 들어오는 정보들을 필요에 따라 효과적으로 맞춤 가공해 나에게 전달해주고 의사를 물을 것이다. 무인자동차든, 로봇이든, 사물인터넷이든, 기본적으로 개인이 보유한 데이터와 외부 데이터를 함께 사용해 판단을 내린 뒤 행동을 실행한다는 큰 골격은 유사하다.

이처럼 하루가 다르게 다가오는 4차 산업혁명 시대에는 데이터 사이언티스트가 제너럴리스트(generalist)의 역할을 톡톡히 할 것임이 자명하다. 인공지능이 제 역할을 하기 위해서는 학습을 위한 양질의 데이터세트가 필요하며, 동일한 알고리즘을 사용하더라도 어떤 데이터를 먹이로 주었느냐가 모델의 성능을 판가름하게 될 것이다. 또 무인자동차나 로봇, 사물인터넷 분야의 사업들이 구체화되면서 아직은 처리가 낯설고 규격화되어 있지 않은 센서들의 데이터와 같은 더욱 다양한 원천의 데이터를 처리해야 할 필요성이 생겨나고 있다.

그런 의미에서 데이터 사이언티스트의 활약 여지는 무궁무진하다. 앞으로 모든 산업은 데이터를 밑바탕에 깔고 있게 될 텐데, 다양한 원천 데이터를 한데 모아 의미 있는 정보로 가공하기 위해서는 정형과 비정형이 뒤섞인 데이터를 처리하는 능력이 필수적이기 때문이다. 최근 변혁의 속도와 추세를 볼 때 곧 전통적인 데이터 분석뿐 아니라 IoT 기기와 같은 다수의 새로운 데이터 소스로부터 취합된 다양한 데이터 형식을 유연하게 처리할 수 있는 데이터 전문가에 대한 수요가 더욱 높아질 것이라고 예측할 수 있다. 가까운 미래를 대비해 이 책이 독자들의 시야를 넓히고 지식을 더욱 풍요롭게 할 간접경험의 도구가 되었으면 좋겠다.

이 책에서는 현재 데이터 사이언티스트들이 가장 많이 사용하는 두 가지 언어 중 하나인 파이썬을 사용한 데이터 수집과 처리의 전반을 다룬다. 정부에서 공개하는 오픈 데이터의 양식으로도 자주 접하는 CSV나 JSON, XML을 처리하는 법부터, 실제 데이터를 다루게 되면 가장 오래 걸리는 작업인 클리닝, 데이터 수집과 저장 등 기초적인 내용부터 시작하여 웹에서 데이터를 긁어오는 코드를 작성하는 방법과 공개된 API를 통해 데이터를 수집하는 법, 그리고 대규모 데이터를 처리할 때 필수적인 자동화를 하는 고급 기법들도 포함되어 있다.

종종 이런 질문을 받는다. "데이터 사이언티스트가 되고 싶은데 어떤 도구를 배워야 하나요?" 파이썬이든 R이든, 다른 프로그래밍 언어든 본인 손에 익숙한 것을 사용하면 되지만, 일장일단이 있기 때문에 몇 가지를 함께 사용하는 것도 좋은 선택이다. 데이터 수집부터 처리, 분석, 시각화, 제품화 모두를 커버하고 싶다면 파이썬을, 고급 분석과 화려한 시각화에 집중하고 싶다면 R 사용을 권한다.

여담이지만 우리 집은 R을 주로 사용하는 역자와, 골수까지 파이썬 예찬론자인 남편이 서로 강점을 주장하다 주피터 노트북에서 두 언어를 함께 사용하는 것으로 결론을 냈다. 이 지면을 빌어, 열띤 토론을 해주고 번역에 도움을 준 남편에게 감사를 전한다. 함께 번역한 친구 이정윤에게도 번역을 오래 끌어 미안하고, 또 고생했다고 전하고 싶다.

2017년 8월
이제원

서문

『파이썬을 활용한 데이터 길들이기』(*Data Wrangling with Python*)를 읽게 된 것을 환영한다! 이 책은 스프레드시트 활용을 넘어 파이썬 프로그래밍 언어를 활용하여, 쉽고 빠르게 지저분한 데이터를 사용 가능한 형식으로 처리할 수 있도록 돕기 위해 쓰였다. 파이썬은 문법이 쉬워 배우기 수월하기 때문에 많은 사람에게 열려 있는 언어다.

수많은 출처에서 데이터를 복사하고 스프레드시트에 붙여 넣어 처리하는 일과 같이 매주 반복하고 있는 수작업을 상상해 보라. 아마 매주 한두 시간 정도를 잡아먹고 있을 것이다. 하지만 이러한 작업을 자동화하는 스트립트를 작성할 수 있다면 데이터 처리에 걸리는 시간이 30초도 되지 않을 것이다! 절약되는 시간에 다른 일을 하거나 다른 작업들을 자동화 할 수도 있다. 데이터를 변형시켜 현재의 형태에서는 어찌할 수 없는 정보를 처리하는 작업을 수행할 수도 있다. 이 책의 파이썬 예제들을 따라한 후라면 과거 너무 지저분하거나 방대하여 접근조차 힘들다고 생각했던 데이터로부터도 보다 효과적으로 정보를 모을 수 있게 될 것이다.

이 책은 데이터 수집에서 클리닝, 결과 제시, 스케일링, 자동화까지의 다양한 과정을 다룬다. 이 책의 목표는 여러분이 쉬운 데이터 랭글링 방법을 익혀 데이터의 내용과 분석 자체에 좀 더 집중하고 시간을 투자할 수 있도록 돕는 것이다. 이 책을 읽고 나면 현재 사용하고 있는 도구의 한계를 넘어서서 수작업을 대체할 수 있는 깔끔하고 읽기 쉬운 파이썬 코드를 작성할 수 있게 될 것이다. 또한 데이터 처리를 자동화하고 파일 편집과 클리닝 작업을 정기적으로 할 수 있을 뿐만 아니라, 이전에는 접근할 수 없었던 장소에서 데이터를 수집하거나 파싱하고 더 큰 규모의 데이터세트를 처리할 수 있게 될 것이다.

이 책은 프로젝트 기반 접근 방식을 택하고 있으며, 각 장은 뒤로 갈수록 점점 더 복잡한 내용을 다루게 된다. 이 책의 예제들을 따라하면서 한편으론 여러분이 가지고 있는 데이터세트에도 책에서 익힌 방법들을 적용해 보길 바란다. 특별히 생각해 둔 프로젝트가 없다면 이 책의 온라인 웹사이트에서 샘플 데이터세트를 구할 수도 있다.

어떤 사람에게 이 책이 필요한가

이 책은 기본적인 데스크톱 도구 활용을 넘어 데이터 랭글링에 대해 좀 더 깊이 배우고 싶어하는 사람들을 위해 쓰여졌다. 현재 엑셀을 잘 다루고 데이터 분석 능력을 한 단계 업그레이드 하고 싶다면 이 책이 도움이 될 것이다! 또한 파이썬이 아닌 여타 프로그래밍 언어를 사용할 줄 알고 데이터 랭글링을 목적으로 파이썬을 배우고자 한다면 이 책이 유용할 것이다.

이 책에서 이해하기 어려운 부분이 있다면, 내용을 개선 위해 우리에게 알려주기 바란다. 그러나 인터넷 검색이나 온라인 문의를 통해 학습을 보충하는 것도 좋은 방법이다. 이 책의 부록 E에 실린 디버깅에 관련된 몇 가지 팁을 살펴보는 것도 좋다!

어떤 사람에게 이 책이 필요하지 않은가

이 책은 데이터 랭글링을 위해 어떤 라이브러리와 기술을 사용해야 할지 이미 알고 있는 경험 많은 파이썬 프로그래머를 위한 책이 아니다(이러한 사람들에게는 오라일리(O'Reilly) 출판사에서 나온 웨스 맥키니(Wes MckKinney)의 *Python for Data Analysis*[1]를 추천한다. 경험 많은 파이썬 개발자이거나 스칼라(Scala) 혹은 R 같은 언어를 사용해 데이터 분석을 해본 경험이 있다면 이 책이 적절하지 않을 것이다. 그러나 프로그래밍 경험이 PHP나 자바스크립트와 같이 데이터 분석 기능에 중점을 두지 않은 웹 언어에 한정되어 있다면 이 책을 읽으며 데이터 랭글링을 배우는 한편 파이썬도 배울 수 있을 것이다.

이 책은 어떻게 구성되어 있나

이 책은 일반적인 데이터 분석 프로젝트의 흐름을 따라 구성되어 있다. 연구 문제를 만들어 내는 것부터 시작해 데이터 수집, 데이터 클리닝, 데이터 조사, 결과 토론, 큰 규모의 데이터세트 스케일링, 그리고 이러한 과정을 자동화 하는 방법을 다룬다. 이러한 접근을 통해 단순한 문제에서 시작해 좀 더 복잡한 문제를 탐구할 수 있을 것이다. 고급 데이터 수집 방법에 대해 알아보기 전에, 우리는 연구 결과를 갖고 다른 사람들과 의사소통 하는 기본적인 방법에 대해서도 언급하고 있다.

이 책의 몇몇 장에서 다루는 내용을 이미 알고 있다면 해당 장을 건너뛰거나

---

1   (옮긴이) 번역서로 『파이썬 라이브러리를 활용한 데이터 분석』(김영근 옮김, 2013년, 한빛미디어)이 있다.

참고하기만 해도 충분할 것이다. 그러나 혹시라도 새로운 기술이나 지식을 쌓게 될 수 있으니 모든 장의 내용을 훑어보길 바란다.

데이터 랭글링이란 무엇인가?

데이터 랭글링은 지저분하거나 정제되지 않은 데이터를 유용하게 만드는 과정을 가리킨다. 일단 미가공 데이터 원본을 찾고 다음과 같은 질문에 답하며 데이터의 가치를 판단할 수 있어야 한다. 이 데이터는 데이터세트로서 얼만큼의 가치가 있는가? 이 데이터가 연구 목표에 얼마나 적합한가? 더 나은 데이터 원본이 존재하는가? 데이터 파싱 및 클리닝을 거쳐 데이터세트를 사용할 수 있게 되면 파이썬 스크립트와 같은 도구와 방법을 활용해 데이터세트를 분석하고 결과를 낼 수 있다. 이러한 방법으로 다른 사람들은 들여다보기조차 꺼려하는 데이터를 명확하게 분석해 낼 수 있을 것이다.

문제가 생겼을 때는 어떻게 해야 하나?

문제가 생겼을 때 초조해 할 필요는 없다. 모든 사람에게 일어나는 일이니까! 프로그래밍은 계속해서 여러 장애물에 부딪치는 일련의 과정이다. 발생한 문제를 해결하는 과정에서 개발자나 데이터 분석가로서 성장해 나가는 데 필요한 지식을 얻게 될 것이다. 대부분의 사람들이 프로그래밍 자체를 마스터하지는 못한다. 단지 문제를 해결하는 과정을 마스터할 뿐이다.

'문제를 해결하는' 기술에는 어떤 것이 있을까? 일단 검색 엔진을 통해 문제의 답을 얻을 수 있다. 많은 경우, 여러분이 직면하고 있는 것과 동일한 문제를 이미 경험했던 사람들을 찾을 수 있을 것이다. 도움이 되는 답을 찾지 못했다면 직접 온라인에 질문을 올릴 수도 있다. 부록 B에 도움이 될 만한 온라인 및 오프라인 정보 출처가 실려 있다.

질문하는 것이 결코 쉬운 일은 아니다. 그러나 실력이 어느 정도이든 코딩 커뮤니티에 도움을 청하는 일을 두려워하지 말라. 이 책의 필자인 재키가 예전에 온라인 공개 포럼에 올렸던 질문 중 하나(*https://stackoverflow.com/questions/3329943/git-branch-fork-fetch-merge-rebase-and-clone-what-are-the-differences*)는, 이후 많은 사람이 참고하는 질문이 되었다. 바보 같은 질문이 아닐까 했던 그 질문들을 커뮤니티에 올림으로서, 여러분 같은 신참 프로그래머도 이후 뒤따라오게 될 많은 프로그래머들을 도울 수 있다.

온라인에 질문을 올리기 전에 '질문하는 방법'(*https://www.propublica.org/nerds/*

item/how-to-ask-programming-questions)을 읽어보길 권한다. 온라인에서 효과적으로 도움을 받으려면 어떤 식으로 질문을 구성하고 표현해야 하는지 알 수 있다.

마지막으로 실제 세계에서 추가적인 도움이 필요할 때가 있을 것이다. 직면하고 있는 문제가 다방면에 걸쳐 있어 웹사이트나 메일링 리스트를 통해 쉽게 답을 얻을 수 없는 경우도 있다. 혹은 질문이 철학적이어서 토론이나 다른 접근을 필요로 하는 경우도 있을 것이다. 하려는 질문이 무엇이든 그것에 답해줄 수 있는 파이썬 지역 모임을 찾을 수 있다. 지역 모임을 찾고 싶다면 Meetup(*https://www.meetup.com/ko-KR/*) 같은 사이트를 이용해 보기 바란다. 이 책 1장에서 유용한 지역 모임을 찾는 데 도움이 되는 더 자세한 정보를 찾을 수 있다.

팁, 참고, 주의사항의 표시

✅ 팁이나 제안 사항을 나타낸다.

💡 전반적인 참고 사항을 나타낸다.

❗ 경고 혹은 주의 사항을 나타낸다.

코드 예제 활용하기

필자들은 깃허브에 데이터 저장소를 개설해 두었다(*https://github.com/jackiekazil/datawrangling*). 이 저장소에는 책을 읽으며 예제를 따라하는 데 도움이 되는 데이터가 저장되어 있다. 저장소와 관련한 문제를 발견하거나 질문이 있다면 언제든지 필자들에게 연락주길 바란다.

이 책은 여러분이 수행하고자 하는 작업을 완료하는 데 도움을 주고자 한다. 프로그래밍과 문서화 작업을 할 때, 이 책에서 제공하는 예제 코드를 활용하는 것이 가능하다. 예제 코드의 상당 부분을 복사하여 새로운 코드를 만드는 것이 아니라면 따로 허가를 얻을 필요는 없다. 예를 들어 이 책에 담긴 예제 코드 중 일부를 사용해 새로운 프로그램을 작성한다면 허가를 따로 받지 않아도 된다. 그러나 오라일리에서 출판되는 책들에 포함된 예제들이 담긴 CD를 만들어 판매하거나 유통하려 한다면 허가를 얻어야 한다. 이 책과 이 책의 예제 코드를 인용하여 질문에 답하는 것은 허가가 필요하지 않다. 그러나 예제 코드의 상당량을 다른 제품 문서에 활용할 때는 허락이 필요하다.

저작자 표시에 대해 감사하게 생각하지만 반드시 요구하지는 않는다. 보통 저작자 표시에는 책 제목, 저자, 출판사, 그리고 ISBN이 포함된다. 예를 들면 다음과 같다. "*Data Wrangling with Python* by Jacqueline Kazil and Katharine Jarmul (O'Reilly). Copyright 2016 Jacqueline Kazil and Kjamistan, Inc., 978-1-4919-4881-1."

만약 허용된 범위 밖에서 이 책의 코드 예제들을 사용할 필요가 있다고 생각된다면 permissions@oreilly.com으로 연락하라.

이 책의 웹페이지에서는 정오표, 예제, 추가 정보 등을 찾아볼 수 있다. 웹페이지 주소는 다음과 같다: *http://bit.ly/data_wrangling_w_python*.

감사의 말

이 책의 저자들은 편집자인 던 섀너펠트(Dawn Schanafelt)와 메건 블란쳇 (Meghan Blanchette)의 크나큰 도움과 노력에 감사드린다. 이들이 없었다면 이 책은 존재하지 않았을 것이다. 또한 이 책의 독자들을 위해 코드 예제 작성을 도와준 기술 편집자 라이언 발판츠(Ryan Balfanz), 새라 보스래프(Sarah Boslaugh), 캣 캘빈(Kat Calvin), 그리고 루치 파렉(Ruchi Parekh)에게도 감사드린다.

이 책의 저자인 재키 카질(Jackie Kazil)은 격려의 말부터 컵케이크까지 다양한 방식으로 책 집필이라는 모험을 지지해준 남편 조쉬(Josh)에게 감사한다. 그가 가정을 지탱해주지 않았다면 버텨낼 수 없었을 것이다. 또한 이 책의 공동 저자인 캐서린(Katharine, Kjam)과 몇 년 간의 공백기간 후에 다시 한 번 함께 일할 수 있어 즐거운 경험이었다고 생각한다. 마지막으로 재키는 이 책을 완성하기 위해 필요한 다양한 스킬들을 제공해 준(영어는 제외하고) 어머니 리디 (Lydie)에게도 감사드린다.

이 책의 또 다른 저자인 캐서린 자멀(Katharine Jarmul)은 수많은 시간 동안 함께 생각해 주고 책을 여러 번 읽으며 유닉스(Unix)를 대문자로 써야하는지 토론하기도 하는 한편, 맛있는 파스타도 만들어준 파트너 애론 글렌(Aaron Glenn)에게 크나큰 감사를 드린다. 끝이 없어 보이던 책의 업데이트에도 불구하고 인내심을 보여준 네 분 부모님께도 감사드린다. 또한 독일어로 이 책에 대해 수많은 대화를 나눈 호프만(Hoffman)에게도 감사의 마음을 표한다.

1장

Data   Wrangling   with   Python

파이썬 소개

여러분이 기자이든 애널리스트이든 혹은 신예 데이터 과학자이든 간에, 계획에
따라 데이터를 분석하고 결과를 요약하여 다른 사람들이 알아듣기 쉽게 전달하
는 방법을 배우고자 이 책을 선택했을 것이다. 결과는 리포트, 도표 혹은 개략적
인 통계 등의 다양한 형태로 보고할 수 있다. 이를 통해 근본적으로 상대방에게
이야기를 들려주게 되며 말 그대로 스토리텔링을 하게 된다.

전통적인 스토리텔링이나 저널리즘은 사람들이 공감하기 쉬운 스토리를 이
용해 조사 결과나 트렌드를 엮어내곤 한다. 이러한 스토리텔링의 경우 데이
터는 부차적인 특징이 되어버린다. 그러나 *Daraclysm*[1](*http://dataclysm.org/*,
Broadway Books)의 저자이자 오케이큐피드(OkCupid)의 공동창립자인 크리
스티안 루더(Christian Rudder)와 같은 스토리텔러는 '데이터는 그 자체로 일차
적인 주제가 되어야 한다'고 주장한다.

우선 탐구해 보고자 하는 주제를 정한다. 만약 다양한 사람들 혹은 집단들의
의사소통 습성에 관심이 있다면 이와 관련된 구체적인 질문으로부터 시작할 수
있다(예를 들면 "인터넷에서 사람들은 어떻게 성공적으로 정보를 공유할 수 있
는가?"와 같은 질문이다). 야구 기록에 관심이 있다면 시간의 흐름에 따라 이 기
록들이 어떻게 변화하는지 연구해볼 수도 있을 것이다.

관심 분야를 정하고 나면 관련 주제를 탐구하는 데 있어 필요한 데이터를 찾
아야 한다. 예를 들어 인간 행동이라는 주제의 경우, 트위터 API 데이터(*https://
dev.twitter.com/overview/api*)를 이용해 사람들이 트위터 상에서 어떤 것들을 공

---

1 (옮긴이) 번역서는 『빅데이터 인간을 해석하다』(크리스티안 루더 지음, 이가영 옮김, 다른, 2015).

유하는지 알아볼 수 있다. 야구 기록에 관심이 있다면 션 라만(Sean Lahman)의 야구 데이터베이스(*http://bit.ly/lahman_baseball_stats*)를 이용할 수도 있다.

구체적인 질문에 대한 대답을 얻기 위해서는 트위터 데이터나 야구 데이터처럼 규모가 크고 종합적인 데이터세트를 처리하기 쉬운 덩어리로 정제하여 분석해야 한다. 작은 데이터세트 또한 큰 데이터세트 만큼이나 흥미롭고 중요할 수 있으며, 특히 질문이 국부적인 현상에 관련된 경우라면 더욱 그렇다. 다음 예제를 살펴 보자.

이 책을 집필하는 과정에서 필자 중 한 명은 자신이 졸업한 공립 고등학교[2]에 대한 기사(*http://bit.ly/grad_seating_charge*)를 읽게 되었는데, 그 기사의 내용은 졸업생들에게 졸업식에 참석하는데 20달러를 내도록 했으며 졸업생의 가족이 주요 좌석 줄에 앉기 위해서는 200달러를 지불하도록 했다는 것이었다.

이에 대해 지역 신문은 "재정난에 처한 학구(學區)가 기존에 고등학교 졸업식 비용을 위해 지원했던 3,400달러를 올해는 지원하지 못하게 되면서 대략 12,000달러로 추산되는 매너티(Manatee) 고등학교 졸업식 비용을 메꾸기 위해 졸업생들에게 참석 비용을 부과하게 되었다"고 보도했다.

기사에는 왜 졸업식 비용이 학구의 예산에 비해 터무니 없이 높은지는 설명되어 있으나, 왜 학구가 기존의 지원금을 올해에는 유지할 수 없었는지에 대해서는 명시되어 있지 않았다. 왜 매너티 자치주 학구가 평소대로 졸업식 비용을 지원할 수 없을 만큼 재정난을 겪게 되었는지에 대해서는 아직 밝혀지지 않은 것이다.

이러한 초반의 의문점이 좀 더 심오한 의문점들로 이어져 문제를 정의할 수 있다. 예를 들면 "학구가 어떤 부문에 예산을 지출해 왔나? 학구의 예산 지출 행태가 어떤 식으로 변화해 왔나?"와 같은 문제들이다.

구체적인 주제와 답하고자 하는 질문을 설정하게 되면 우리에게 필요한 데이터가 어떠한 것인지 판단할 수 있다. 위 예제에서 정의된 질문에 대한 답을 구하기 위해서는 우선 매너티 자치주 학구의 지출 및 예산과 관련된 데이터가 필요할 것이다.

계속하기 전에 우선 초기 문제 설정에서부터 결과 공유에 이르는 전 과정에 대한 간단한 개요를 살펴 보자(그림 1.1).

문제를 설정하고 나면 다음과 같은 데이터에 대한 문제를 생각해볼 수 있다.

---

2 미국의 공립 고등학교는 대부분 지역주민의 세금을 기반으로 정부에 의해 운영되기 때문에 학생들은 학비를 내지 않거나 아주 적은 비용만 부담하게 된다.

"내가 하고자 하는 이야기를 가장 효과적으로 전달할 수 있게 하는 데이터세트는 무엇인가?" "어떤 데이터세트를 통해 주제를 심도 있게 탐구할 수 있나?" "전반적인 주제는 무엇인가?" "전반적인 주제와 연관된 데이터세트는 무엇인가?" "필요한 데이터를 수집하거나 보관하고 있을 만한 주체는 누구인가?" "대중에게 공개된 데이터인가?"

> 스토리텔링을 시작할 때는 우선 탐구하고자 하는 문제에 대한 조사가 필요하다. 문제를 조사하는 과정에서 어떤 데이터세트가 문제 탐구에 가장 도움이 될지 판단할 수 있게 되기 때문이다. 이 단계에서는 데이터 분석이나 랭글링[3] 시 사용할 툴에 대해서 지나치게 고민하지 않아도 된다.

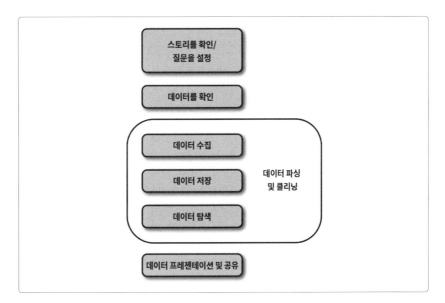

그림 1.1 데이터 처리 과정

데이터세트 찾기

검색 엔진을 통해 데이터세트를 수집한다면 가장 적절한 데이터를 찾는 것이 쉽지 않을 수도 있다. 때때로 데이터를 찾기 위해서는 웹사이트를 깊숙이 파헤쳐야 할 것이다. 데이터를 찾거나 수집하는 것이 어려워도 포기하지 말라!

연구 주제가 설문조사나 보고서에 공개되어 있거나 혹은 관련 데이터를 특정 단체나 조직이 수집하고 있다면 해당 연구자나 조직에 연락을 취하는 것도 좋다. 정중하면서도 단도직입적으로 데이터에 어떻게 접근할 수 있는지 문의하라. 만약 정부(연방, 주 혹은 지역 정부) 기관

---

3 (옮긴이) 미가공된 데이터를 더욱 편리하고 쓸모 있는 형태로 변환하는 작업을 의미한다.

의 소유라면 정보 공개법(Freedom of Information Act, *http://bit.ly/wikipedia_foia*)에 따라 합법적으로 데이터에 직접 접근할 수 있는 권한이 있을 수도 있다. 데이터 수집에 대한 내용은 6장에서 자세히 다룬다.

필요한 데이터세트를 판별하고 수집한 후에는 데이터를 사용하기에 편리한 형태로 만들어야 한다. 계획에 따라 데이터를 수집하고 필요한 형태로 전환하는 기술에 대해서는 3, 4, 5장에서 다룬다. 6장에서는 데이터 수집과 관련한 사람 간 의사소통에 필요한 작업 절차에 대해 이야기하고 법률적인 측면에 대해 간단히 다룬다. 3, 4, 5장에서는 또한 CSV, 엑셀(Excel), XML, JSON, PDF 등의 형태로 된 파일에서 데이터를 추출하는 방법을 소개한다. 11, 12, 13장에서는 웹사이트 및 API에서 데이터를 추출하는 방법을 소개한다.

 위에서 언급된 약어에 익숙하지 않더라도 전혀 걱정하지 않아도 된다! 이 책에서 약어와 전문 용어가 소개됨에 따라 자세하고 면밀하게 설명할 것이다.

데이터를 수집하고 변환한 후에는 데이터를 자세히 들여다 볼 차례다. 어떤 정보가 쓸모 있고 어떤 정보가 그렇지 않은지를 판단하면서 데이터가 지니고 있는 이야기를 찾아야 한다. 데이터를 임의의 그룹으로 나누고 각 그룹에서 보여지는 추세를 관찰하는 등 데이터를 가지고 놀아야 한다. 이후 데이터세트를 다시 합치는 과정에서 단편적인 관찰 사항들을 엮어 전반적인 추세를 발견하고 데이터에 존재하는 근본적인 비일관성을 찾아낼 수 있을 것이다. 또한 이러한 과정을 통해 데이터 클리닝 방법을 익힐 뿐만 아니라 데이터세트에 내재된 문제를 발견하고 해결하는 방법을 배우게 될 것이다.

7, 8장에서는 데이터 파싱 및 클리닝 방법을 다루는데, 이때 파이썬을 비롯한 다양한 오픈소스 툴이 소개된다. 맞닥뜨리게 될 다양한 데이터 관련 이슈들을 다루고, 이때 클리닝 스크립트를 작성할지 아니면 정형화된 접근 방식을 사용할지 중 어떤 것을 선택해야 하는지 이야기한다. 7장에서는 중복 기록, 이상치, 서식 문제 등 흔히 볼 수 있는 오류들을 해결하는 방법을 다룬다.

데이터를 통해 무엇을 이야기하고 싶은지 결정하고 데이터를 정리 및 처리한 후에는 파이썬을 이용해 데이터를 보여주는 방법을 알아본다. 여러 가지 형태로 이야기를 전달하는 방법을 알아 보고 다양한 발표 방식을 비교하게 될 것이다. 10장에서는 웹사이트에 데이터를 게시하고 정리할 수 있는 기본적인 방법에 대해 알아 본다.

14장에서는 적은 시간을 투자하여 많은 데이터를 처리하기 위한 데이터 분석 과정의 스케일링(scaling)에 대해 이야기한다. 데이터를 저장하고 접근할 수 있는 방법을 분석하고 클라우드에서의 스케일링에 대해 알아 본다.

14장에서는 또한 일회성 프로젝트로 시작해 자동화를 시킴으로써 프로젝트가 알아서 진행될 수 있도록 하는 방법을 다룬다. 프로젝트를 자동화하게 되면 한 번의 결과 보고를 통해 지속적인 결과 보고를 얻을 수 있으며, 이렇게 함으로써 스토리텔링을 개선하는 데 집중하거나, 다른 스토리를 고려하거나, 혹은 적어도 다 마신 커피잔을 다시 채울 수 있는 시간을 벌 수 있을 것이다. 이 책에서는 주로 파이썬 프로그래밍 언어를 사용하여 초기 조사부터 자동화에 이르는 스토리텔링 과정을 알아본다.

왜 파이썬인가?

이 책에서 수많은 프로그래밍 언어 중 파이썬을 사용하는 이유는 무엇일까? 배경 혹은 경력에 따라 R, MATLAB, Java, C/C++, HTML, JavaScript, Ruby 같은 프로그래밍 언어 가운데 한 가지 혹은 그 이상의 언어를 이미 들어본 적이 있을 것이다. 각각의 언어는 한 가지 혹은 그 이상의 주요 기능을 가지고 있고 이 중 몇 가지는 데이터 랭글링에 쓸 수 있다. 엑셀과 같은 프로그램을 이용해서도 데이터 랭글링이 가능하다. 엑셀을 이용해 프로그래밍을 하더라도 파이썬을 이용했을 때와 동일한 결과물을 얻을 수 있지만, 엑셀과 같은 프로그램이 처리하지 못하는 작업들이 존재하기 때문에 효율성의 측면에서는 차이가 존재할 것이다. 이 책에서 파이썬을 사용하는 이유는 파이썬이 사용하기 편리하며 파이썬을 이용하여 좀 더 간단하고 직관적으로 데이터 랭글링을 할 수 있기 때문이다.

파이썬과 다른 프로그래밍 언어들의 기술적 비교나 분류에 대해 알고 싶다면 부록 A를 참고하라. 부록의 설명을 읽고 나면 다른 분석가나 개발자들과 함께 파이썬을 사용하는 이유에 대해 대화를 나눌 수 있을 것이다. 우리는 파이썬의 뛰어난 접근성이 초보 개발자들에게 분명히 도움이 될 것이라고 믿으며 이 책이 데이터 랭글링을 배우는 데 있어 유용한 참고서가 되기를 바란다.

파이썬은 프로그래밍 언어로서도 뛰어나지만 파이썬의 또 다른 장점은 공개적이고 유익한 사용자 커뮤니티를 가지고 있다는 것이다. 물론 파이썬 커뮤니티가 모든 면에서 완벽하지는 않겠지만 새롭게 파이썬을 배우려는 이들에게는 매우 유익하다. 지역 기반의 튜토리얼, 무료 수업, 미팅이 있을 뿐만 아니라 사용자들이 모여 문제점을 해결하고 지식을 공유할 수 있는 컨퍼런스도 열리기 때문이다.

큰 규모의 사용자 커뮤니티가 있는 프로그래밍 언어를 사용하면 문제 해결에 도움을 받을 수 있거나, 함께 코드나 모듈의 구조에 대해 브레인 스토밍을 할 수 있는 사람들이 많다는 점에서 명백한 이점이 있다. 또한 다른 사용자들을 통해 배우거나 여러분이 짠 코드를 공유할 수도 있다. 이와 관련된 더 많은 정보는 부록 B에서 찾아볼 수 있다.

사용자 커뮤니티는 그 커뮤니티를 뒷받침하는 사람이 있기에 존재한다. 파이썬 초보자라면 커뮤니티에 기여할 수 있는 것보다 커뮤니티로부터 도움 받을 수 있는 것이 더 많을 것이다. 그러나 커뮤니티 또한 전문가가 아닌 개인들에게서도 많은 것을 배울 수 있다. 우리는 여러분이 다른 파이썬 사용자들과 문제와 해결책을 공유하는 것을 권장한다. 이를 통해 동일한 문제와 씨름하게 될 장래의 사용자들도 도움을 받을 수 있으며, 또한 오픈소스 툴에서 해결되어야 하는 버그를 발견하게 될 수도 있다.

 기존 파이썬 커뮤니티의 많은 사용자들은 더 이상 여러분이 가지고 있는 것과 같은 새로운 시각을 보유하고 있지 않다. 파이썬을 시작하자마자 프로그래밍 커뮤니티의 일원이라고 생각해야 한다. 여러분은 20년 동안 프로그래밍을 해 온 사람들만큼 파이썬의 발전에 기여할 수 있다.

거두절미하고 파이썬을 시작해보자!

파이썬 시작하기

프로그래밍에 있어 첫걸음은 가장 어려운 걸음이다(마치 아기의 첫 걸음마가 가장 어려운 것처럼). 처음으로 취미 생활이나 스포츠를 시작했을 때를 기억해 보라. 그때와 마찬가지로 파이썬(혹은 다른 프로그래밍 언어)을 처음 시작한다는 것은 불안과 딸꾹질을 동반할 것이다. 어쩌면 운 좋게도 옆에 첫걸음을 도와줄 수 있는 멋진 멘토가 있을지도 모른다. 그렇지 않다면 이전에 비슷한 도전을 해 본 경험이 있을지도 모른다. 어떻게 첫걸음을 떼었든 이 과정이 가장 어렵다는 것을 기억하라.

 우리는 이 책이 좋은 안내서가 되기를 바라지만 책이 훌륭한 멘토나 풍부한 파이썬 경험을 온전히 대신할 수는 없다. 이 책에서는 본문에서 다뤄지지 않은 문제들에 맞닥뜨렸을 때 문제 해결을 위해 참고할 수 있는 리소스에 대한 정보도 제공할 것이다.

파이썬의 고급 설정을 사용하면서 문제가 생기는 것을 방지하기 위해 파이썬 초기 환경설정을 최소화할 것이다. 다음 절에서는 파이썬 버전을 선택하고 파이썬과 외부 코드 그리고 라이브러리 사용을 편리하게 도와줄 툴을 설치할 것이다. 코드를 작성하고 실행할 수 있는 코드 에디터 또한 설치해 보자.

파이썬 버전 선택하기

파이썬을 사용하려면 우선 버전을 선택해야 한다. 파이썬 버전이란 사실 파이썬 인터프리터(Python interpreter)의 버전을 의미한다. 인터프리터를 통해 사용자들은 컴퓨터에서 파이썬을 읽고 쓰고 실행할 수 있다. 위키피디아(*http://bit.ly/wikipedia_interpret*)는 인터프리터를 다음과 같이 정의한다.

> 컴퓨터 공학에서 인터프리터란 원시 언어를 기계어로 번역하는 컴파일링을 거치지 않고 프로그래밍 언어 혹은 스크립트 언어를 직접 수행하는 프로그램을 뜻한다.

아무도 여러분이 이 정의를 외우기를 바라지는 않을 테니 이것을 완벽하게 이해하지 못한다 해도 걱정할 필요 없다. 이 책의 저자 중 한 명인 재키(Jackie, Jacqueline Kazil) 또한 처음 프로그래밍을 시작했을 때 입문서에서 '배치 컴파일링(batch compiling)'이라는 단어를 이해하지 못해 프로그래밍을 할 수 없을 것이라고 생각했던 적이 있다. 그럼에도 불구하고 그녀가 프로그래밍을 할 수 있었던 이유는 무엇일까? 컴파일링에 대해서는 추후에 다룰 예정이니 지금은 위의 정의를 다음과 같이 요약하는 것에 집중해 보자.

> 인터프리터는 파이썬 코드를 읽고 실행시켜 주는 프로그램이다.

주요 파이썬(혹은 파이썬 인터프리터) 버전은 파이썬 2.X와 파이썬 3.X 두 가지가 있다. 파이썬 2.X의 최신 버전은 2.7이며, 이 책에서 사용하는 버전이다. 파이썬 3.X의 최신 버전은 3.6.1이며 모든 버전 중 가장 최근에 발표되었다. 우선 당분간은 파이썬 2.7에서 짠 코드는 파이썬 3.4에서 돌아가지 않는다고 생각하자. 이러한 현상을 우리는 "파이썬 3.4가 하위호환성(backward compatibility)을 갖추고 있지 않다"고 말한다.

파이썬 2.7과 3.4에서 모두 실행되는 코드를 작성하는 것이 불가능한 일은 아니지만, 꼭 그래야 할 필요가 없을 뿐만 아니라 이 책에서 강조하고자 하는 부분도 아니다. 처음부터 하위호환성에 집착하는 것은 플로리다에 살면서 눈이 오는 날 운전을 어떻게 할까 걱정하는 것과 같다. 언젠가는 필요할지도 모르는 기술이지만 현재로서는 하위호환성에 집착할 이유가 전혀 없다.

이 책을 읽고 있는 독자 가운데 왜 우리가 파이썬 3.4 대신 파이썬 2.7을 선택했는지 궁금해 할 사람이 있을 것이다. 어떤 버전을 사용할 것인지는 사실 파이썬 커뮤니티에서 뜨거운 토론주제다. 파이썬 2.7은 이미 널리 사용되고 있는 데 비해 파이썬 3.X은 여전히 사용자 기반을 넓혀가고 있다. 이러한 이유로 파이썬 2.7은 파이썬 3.X에 비해 독자들이 쉽게 접근할 수 있는 정보가 풍부한 버전이며 동시에 여러 독자들의 다양한 운영체제 및 서비스를 지원하는 버전이다.

 이 책에서 쓰인 코드들 중 다수는 파이썬 3에서 실행되기 때문에 코드들을 파이썬 3에서 시험해 보아도 좋다. 그러나 일단 파이썬 2.7을 배우는데 집중하고 이 책을 완독한 후 파이썬 3을 시도해보는 것을 권장한다. 코드가 파이썬 3에서도 실행되도록 하고 싶다면 여기를 참고하라(*https://docs.python.org/3.0/whatsnew/3.0.html*).

이 책을 읽으면서 스스로 짠 코드와 다른 (멋진) 사람들이 짠 코드 두 가지를 모두 사용하게 될 것이다. 대부분의 외부 코드는 파이썬 2.7에서는 실행되지만 파이썬 3.4에서는 아직 실행되지 않을 것이다. 만약 파이썬 3을 사용하고 있다면 코드를 다시 작성해야 할지도 모르고, 코드를 새로 작성하거나 코드의 구석구석을 수정하기 위해 시간을 투자하다 보면 첫 프로젝트를 끝마치는 것마저 굉장히 어려울 수도 있다.

처음 짠 코드를 초고라고 생각하라. 언제든지 다시 들여다보고 수정을 통해 발전시킬 수 있다. 일단 파이썬 설치부터 시작해 보자.

컴퓨터에 파이썬 설치하기

한 가지 희소식은 파이썬이 어떤 운영체제에서나 작동한다는 것이다. 그러나 모든 운영체제가 같은 설정을 가지고 있지는 않다. 이 책에서는 파이썬 프로그래밍에서 가장 널리 쓰이는 운영체제인 맥 OS X과 윈도우를 주로 다룬다. 만약 맥 OS X이나 리눅스를 사용하고 있다면 이미 파이썬이 설치되어 있을 확률이 높다. 좀 더 완벽한 설치를 위해서는 인터넷에서 '고급 파이썬 설정(advanced Python setup)'을 검색하길 권장한다.

윈도우에 비해 OS X과 리눅스에서는 파이썬을 설치하고 작동시키는 것이 쉽다. 왜인지 알고 싶다면 윈도우와 유닉스 기반 운영체제의 역사에 대해 공부하길 추천한다. 유닉스를 선호하는 하딜 타리크 알 라예(Hadeel Tariq Al-Rayes)의 「리눅스와 윈도우 운영체제 주요 차이에 대한 연구」(Studying Main Differences Between Linux & Windows Operating Systems) (*http://bit.ly/linux_v_windows*)와 마이크로소프트의 「유닉스와 윈도우의 기능적 비교」(Functional Comparison of UNIX and Windows) (*http://bit.ly/unix_v_windows*)를 비교하며 읽어보는 것도 좋다.

윈도우를 사용하고 있다고 해도 여전히 모든 코드를 실행시킬 수 있지만 코드 컴파일러, 시스템 라이브러리, 환경 변수 등을 추가로 설치해야 할 수도 있다.

파이썬을 사용하기 위해 컴퓨터를 설정할 때는 운영체제의 지시에 따르면 된다. 다음 장으로 넘어가기 전에 모든 것이 제대로 실행되고 있는지 확인하기 위해 몇 가지 테스트를 거쳐 보자.

맥 OS X

우선 사용자와 컴퓨터 간 상호작용을 가능하게 돕는 커맨드라인 인터페이스(command-line interface)인 터미널(*http://en.wikipedia.org/wiki/Terminal_(OS_X)*)을 실행하자. PC가 처음 소개되었을 때 우리는 오로지 명령어 인터페이스를 통해서만 컴퓨터와 소통할 수 있었다. 요즘은 그래픽 인터페이스 운영체제에 대한 접근성이 점차 높아지고 널리 배포됨에 따라 많이 사용되고 있다.

컴퓨터에서 터미널을 찾는 방법은 두 가지다. 첫 번째 방법은 OS X의 스팟라이트(Spotlight)를 사용하는 것이다. 화면의 오른쪽 상단에 보이는 돋보기 모양의 스팟라이트 아이콘을 클릭한 후 '터미널'을 검색하면 새 창이 뜨는데 검색 결과 중 애플리케이션으로 분류된 항목을 선택한다.

선택하고 나면 그림 1.2와 같이 왼쪽에 새 창이 작게 뜰 것이다(맥 OS X 버전에 따라 약간 다르게 보일 수도 있다).

그림 1.2 스팟라이트를 이용한 터미널 검색

파인더를 통해서도 터미널을 실행할 수 있다. 애플리케이션 폴더 → 유틸리티 폴더 → 터미널을 실행하면 된다.

터미널을 선택하여 실행하면 그림 1.3과 같은 화면이 나타날 것이다.

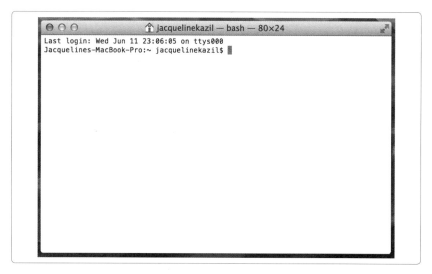

그림 1.3 새 창에서 열린 터미널

독(dock)과 같이 접근하기 편한 장소에 터미널 바로가기를 만드는 것도 좋다. 바로가기를 만들기 위해서는 독에 떠 있는 터미널 아이콘을 오른쪽 클릭한 후 독에 유지하기(keep in dock)를 선택하면 된다. 이 책의 예제를 실행하기 위해서는 터미널을 사용해야 할 것이다.

이제 모든 작업이 끝났다. 맥에는 파이썬이 이미 설치되어 있으므로 다른 작업은 필요치 않다. 만약 고급 라이브러리 사용을 위해 컴퓨터를 설정하고 싶다면 부록 D를 참고하라.

윈도우 8과 윈도우 10

윈도우에는 파이썬이 미리 설치되어 있지 않으나 윈도우용 설치 프로그램이 제공된다(*https://www.python.org/downloads/windows/*). 일단 윈도우가 32비트인지 64비트인지 확인해야 한다(*http://bit.ly/32-_or_64-bit*). 만약 윈도우가 64비트라면 다운로드 페이지에서 x86-64 MSI 설치 파일을 다운로드 하고, 32비트라면 x86 MSI 설치 파일을 다운로드하라.

설치 파일을 다운로드 한 후 더블클릭하여 설치를 진행한다. '모든 사용자에게 설치'하는 것을 권장한다. 옵션들 옆의 박스를 클릭하여 모두 선택하고 하드 드라이브에 기능 설치를 선택한다(그림 1.4).

　파이썬을 성공적으로 설치하고 나면 환경설정에 파이썬을 추가해야 한다. cmd(윈도우의 명령어 인터페이스)에서 사용자와 파이썬이 상호작용할 수 있도록 설정해야 하는데, 이를 위해서는 컴퓨터에서 '환경 변수'를 검색한다(*http://bit.ly/how_2_search*). '시스템 환경 변수 편집'을 클릭한 후 하단의 '환경 변수...'를 클릭한다(그림 1.5).

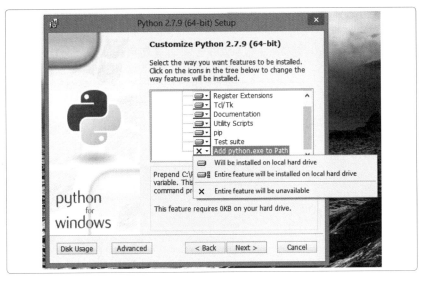

그림 1.4 설치파일을 통한 파이썬 기능 추가

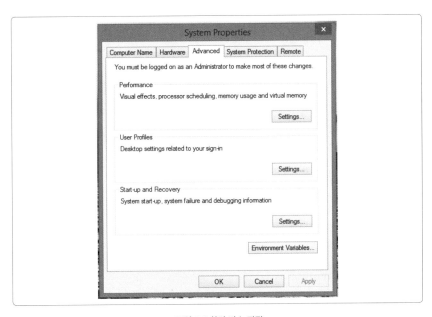

그림 1.5 환경 변수 편집

하단의 '시스템 변수' 목록에서 스크롤을 내려 Path 변수를 선택한 후 '편집'을 클릭한다(목록에서 Path 변수가 보이지 않으면 '새로 만들기'를 클릭해 Path 변수를 만든다).

　다음을 Path 값에 추가한다. 각 경로 사이에 쌍반점(";")을 써넣어야 하는 것을 주의하고, 만약 기존에 경로 값이 존재했을 경우 그 값 뒤에도 쌍반점을 써넣어야 한다.

C:\Python27;C:\Python27\Lib\site-packages\;C:\Python27\Scripts\;

그림 1.6과 같이 Path 변수가 수정되었다면 '확인'을 눌러 설정을 저장한다.

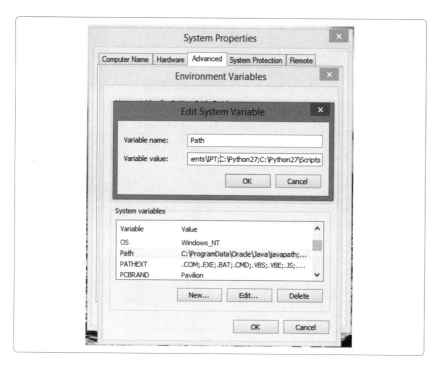

그림 1.6 Path에 파이썬 추가

파이썬 실행 테스트하기

이제 운영체제에 따라 터미널이나 cmd[4] 창을 열고 파이썬을 실행해 보자. 맥을 사용하고 있다면 $, 윈도우를 사용하고 있다면 >로 끝나는 줄이 보일 것이다. 그

4　윈도우에서 cmd를 실행하기 위해서는 "명령 프롬프트(Command Prompt)"를 검색하거나, 모든 프로그램 내 보조 프로그램에서 명령 프롬프트를 찾아 실행하면 된다.

옆에 python이라고 입력한 후 리턴(Return) 혹은 엔터(Enter) 키를 눌러라.

```
$ python
```

여기까지 제대로 했다면 그림 1.7과 같이 파이썬 프롬프트(>>>)가 보일 것이다. 윈도우를 사용하고 있는데 이 프롬프트가 보이지 않는다면 이전 절에서 설명한

```
Jacquelines-MacBook-Pro:~ jacquelinekazil$ python
Python 2.7.5 (default, Mar  9 2014, 22:15:05)
[GCC 4.2.1 Compatible Apple LLVM 5.0 (clang-500.0.68)] on darwin
Type "help", "copyright", "credits" or "license" for more information.
>>>
```

그림 1.7 파이썬 프롬프트

대로 Path 변수가 설정되어 있고 설치가 올바르게 되었는지 확인하라. 64비트 파이썬을 사용하고 있다면 64비트 파이썬을 삭제한 후 32비트 파이썬을 설치해 볼 수도 있다(앞에서 다운로드 한 MSI 설치파일을 이용해 설치된 파일을 수정, 삭제, 수리할 수 있다). 여전히 문제가 해결되지 않는다면 설치 과정에서 나타난 특정 오류 메시지를 인터넷에서 검색해 보길 권한다.

> **>>> vs. $ 혹은 >**
>
> 파이썬 프롬프트는 시스템 프롬프트(맥/리눅스에서는 $, 윈도우에서는 >)와는 다르다. 초보자들이 흔히 저지르는 실수 가운데 하나는 파이썬 명령어를 터미널 프롬프트에 입력하고 터미널 명령어를 파이썬 인터프리터에 입력하는 것이다. 이러한 경우 항상 오류가 나게 된다. 그러니 오류가 발생할 때마다 파이썬 인터프리터에 파이썬 명령어 외에 다른 것을 쓰지 않았는지 확인해 보는 것이 좋다.
>
> 만약 시스템 터미널에 써야 하는 명령어를 파이썬 인터프리터에 입력했다면 아마 NameError 혹은 SyntaxError 오류 메시지가 나타날 것이다. 파이썬 명령어를 시스템 터미널에 입력하게 되면 command not found 오류 메시지가 나타날 것이다.

파이썬 인터프리터를 실행하면 유용한 정보가 몇 줄 뜨는데 그중 하나는 현재 사용하고 있는 파이썬 버전(그림 1.7에는 파이썬 2.7.5이 실행되고 있다)에 대한 것이다. 때때로 특정 파이썬 버전에서만 실행되는 명령어나 툴이 있기 때문에 사용하는 파이썬 버전을 알아야 해결할 수 있는 문제들이 많다.

이제 import(불러오기)문을 이용해 파이썬이 제대로 설치되었는지 확인해 보자. 다음을 파이썬 인터프리터에 입력하라.

```
import sys
import pprint
pprint.pprint(sys.path)
```

파이썬이 파이썬 파일들을 찾는 장소인 디렉터리가 잔뜩 출력된다. 위의 명령어는 파이썬 불러오기 오류를 해결하는 데 도움이 될 것이다.

다음은 출력물의 한 예이다(출력된 리스트는 아래와 다를 수 있으며 이 책의 페이지 공간에 맞추기 위해 몇 줄은 축소되었다).

```
['',
 '/usr/local/lib/python2.7/site-packages/setuptools-4.0.1-py2.7.egg',
 '/usr/local/lib/python2.7/site-packages/pip-1.5.6-py2.7.egg',
 '/usr/local/Cellar/python/2.7.7_1/Frameworks/Python.framework/Versions/2.7/
   lib/python27.zip',
 '/usr/local/Cellar/python/2.7.7_1/Frameworks/Python.framework/Versions/2.7/
   lib/python2.7',
 '/usr/local/Cellar/python/2.7.7_1/Frameworks/Python.framework/Versions/2.7/
   lib/python2.7/lib-tk',
 '/Library/Python/2.7/site-packages',
 '/usr/local/lib/python2.7/site-packages']
```

코드가 제대로 실행되지 않는다면 오류가 발생한다. 파이썬 오류를 디버깅하는 가장 쉬운 방법은 오류 메시지를 읽어보는 것이다. 예를 들어 import sys 대신 import sus를 입력하면 다음과 같이 오류가 발생한다.

```
>>> import sus
Traceback (most recent call last):
  File "<stdin>", line 1, in <module>
ImportError: No module named sus
```

마지막 줄을 읽어 보자. ImportError: No module name sus. 파이썬에는 sus라는 모듈이 존재하지 않기 때문에 오류가 발생했다는 것을 알 수 있다. 컴퓨터에서 파일을 검색했지만 불러올 수 있는 sus라는 파이썬 파일 혹은 파이썬 폴더를 찾을 수 없었던 것이다.

만약 이 책의 예제 코드를 따라 하는 도중 오타가 난다면 문법 오류(syntax error)가 발생할 확률이 높다. 다음 예제를 통해 pprint.pprint를 pprint.print(sys.path())로 잘못 입력하게 되면 어떻게 되는지 살펴보자.

```
>>> pprint.print(sys.path())
  File "<stdin>", line 1
    pprint.print(sys.path())
                ^
SyntaxError: invalid syntax
```

이 예제에서는 일부러 오타를 냈지만, 이 책을 집필하는 과정에서 필자 중 한 명이 실제로 오타를 내기도 했다. 오류가 발생할 때마다 이를 해결하는 과정을 너무 어렵게 느끼지 말자. 파이썬을 배우는 과정에서 오류는 필연적인 부분이라는 사실을 받아들이는 것이 중요하다. 오류가 발생한다고 하더라도 파이썬과 프로그래밍을 배울 수 있는 기회로 여기고 느긋하게 해결해 보라.

불러오기 오류와 문법 오류는 가장 흔히 볼 수 있는 오류인 동시에 가장 해결하게 쉬운 오류이다. 오류가 발생했을 때 검색 엔진을 사용하면 쉽게 해결할 수 있다.

계속하기 전에 파이썬 인터프리터를 종료하여 터미널 혹은 cmd 프롬프트로 돌아가는 것을 잊지 말라. 종료하기 위해서는 다음을 입력한다.

```
exit()
```

맥/리눅스의 경우는 $, 윈도우의 경우는 >로 프롬프트가 돌아간다. 파이썬 인터프리터는 다음 장에서 계속해서 활용해 보도록 하고 일단 이 장에서는 pip이라는 툴을 설치하는 방법에 대해 알아 본다.

pip 설치하기

pip(*http://pip.readthedocs.org/en/latest/*)은 파이썬 공유 코드 및 라이브러리를 관리하기 위한 명령어 툴이다. 프로그래머들은 늘상 동일한 문제점을 맞닥뜨리게 되는데 이때 각자의 코드를 공유하여 서로 돕기도 한다. 이러한 행위는 오픈소스 소프트웨어 문화의 핵심적인 부분이기도 하다.

맥 사용자들은 파이썬 스크립트를 다운받고 터미널에서 실행하는 방식으로 pip을 설치할 수 있다(*http://bit.ly/install_pip*). 이때 스크립트를 다운로드 한 폴더로 위치를 이동해야 한다. 예를 들어 스크립트를 Downloads라는 폴더에 다운로드 했다면 터미널에서 Downloads 폴더로 위치를 이동해야 하는 것이다. 이를 위해 맥에서는 Command(Cmd) 키를 누르고 Downloads 폴더를 터미널 위로 드래그하는 등의 단축키를 이용하거나 배시(bash) 명령어를 이용할 수 있다(배시에 대해 알고 싶다면 부록 C를 참고하라). 일단 다음을 터미널에 입력하라.

```
cd ~/Downloads
```

위는 홈 폴더에서 Downloads라는 하위 폴더로 디렉터리를 이동하기 위한

(change directory) 명령어이다. Downloads 폴더로 이동된 것을 확인하기 위해 다음을 입력한다.

```
pwd
```

위의 명령어를 입력하면 현재 작업 중인 디렉터리를 보여준다. 다음과 같은 내용이 출력될 것이다.

```
/Users/사용자이름/Downloads
```

이와 같은 출력물을 확인했다면 스크립트를 다음과 같이 실행할 수 있다.

```
sudo python get-pip.py
```

sudo 명령어를 실행했기 때문에(명령어를 실행하기 위해 특별한 승인을 얻어야 하며 이 명령어를 통해 특정한 장소에 패키지를 설치할 수 있다) 비밀번호를 입력하라는 메시지가 나타난다. 비밀번호를 입력한 후에는 패키지 설치와 관련된 일련의 메시지들을 볼 수 있다.

 윈도우의 파이썬에는 pip이 이미 설치되어 있을 것이다(윈도우 설치 패키지에 포함되어 있다). 설치가 되어있는지 확인하려면 cmd 창에 pip install ipython이라고 입력하면 된다. 오류 메시지가 나타나면 pip 설치 스크립트를 다운로드 하고 chdir C:\Users\사용자이름\Downloads 명령어를 이용해 다운로드 할 폴더를 설정한다('사용자이름'에는 컴퓨터의 홈 디렉터리명을 넣으면 된다). python get-pip.py를 입력하면 다운로드 한 파일이 실행된다. 모든 것을 제대로 설치하기 위해서는 관리자 권한으로 실행해야 한다.

pip을 이용하면 PyPI(*httyp://pypi.python.org*)에서 특정 코드 패키지나 라이브러리를 검색하고 컴퓨터에 다운로드 하여 설치할 수 있다. 즉, 브라우저를 이용해 라이브러리를 다운받을 필요가 없는 것이다.

파이썬 설정이 거의 마무리 되었다. 마지막 단계는 코드 에디터를 설치하는 것이다.

코드 에디터 설치하기

파이썬이 제대로 돌아가기 위해서는 특수한 줄 띄우기, 들여쓰기, 문자 인코딩 등이 필요하기 때문에 코드 에디터가 필요하다. 코드 에디터의 종류는 다양하다. 이 책의 필자 중 한 명은 서브라임(Sublime)(*http://www.sublimetext.com/*)을 사용한다. 이 에디터는 무료이지만 현재 및 장래의 개발을 지원하기 위해 일정 기간이 지난 후에는 소액의 요금을 부과한다. 서브라임은 이 웹페이지에서 다운로드 할 수 있다(*http://www.sublimetext.com/*). 완전히 무료이며 크로스 플랫폼 텍스트 에디터인 아톰(Atom)도 있다(*https://atom.io/*).

몇몇 사람들은 코드 에디터 선정에 까다롭게 군다. 이 책에서 권장하는 에디터를 반드시 사용할 필요는 없지만 이미 사용하고 있지 않다면 Vim, Vi 혹은 Emacs 같은 에디터 사용은 피하기를 권장한다. (이 책의 필자 중 다른 한 명을 포함한) 몇몇 프로그래밍 순수주의자들은 키보드만으로 에디터 전체를 조작할 수 있다는 이유로 이 에디터들을 고집하기도 한다. 그러나 충분한 경험이 없는 사용자들이 이 에디터들을 선택한다면 동시에 두 가지를 배워야 하기 때문에 이 책을 완독하기 어려울 확률이 높다.

> 편리하고 자유롭게 사용할 수 있는 에디터를 찾을 때까지 여러 에디터들을 한 번에 하나씩 시도해 보아라. 파이썬 개발에 있어 가장 중요한 점은 편하게 사용할 수 있으며 다양한 파일 유형을 지원하는 에디터를 찾는 것이다(Unicode와 UTF-8가 지원되는 에디터를 찾아보아라).

에디터를 다운받아 설치한 후에는 에디터를 실행하여 설치가 제대로 되었는지 확인한다.

선택사항: IPython 설치하기

약간 더 고급 수준의 파이썬 인터프리터를 설치하고 싶다면 IPython 라이브러리 설치를 권장한다(*http://ipython.org/install.htm*). 부록 F에서 IPython 설치 방법을 비롯해 이 라이브러리의 장점과 용도를 확인할 수 있다. 물론 IPython이 필수는 아니지만 파이썬을 시작하는 데 유용한 도구가 될 수 있다.

요약

이 장에서 파이썬의 두 가지 버전을 살펴보았다. 또한 앞으로의 데이터 랭글링을 위한 파이썬 초기 설정을 마쳤다.

1. Python 설치 및 테스트
2. pip 설치
3. 코드 에디터 설치

위의 설정들은 파이썬을 시작하기 위한 가장 기본적인 과정이며, 앞으로 파이썬과 프로그래밍에 대해 배울수록 더욱 복잡한 설정들을 보게 될 것이다. 현재 우리의 목표는 독자들이 이 과정에 압도당하지 않고 최대한 빨리 파이썬을 시작할 수 있도록 돕는 것이다. 더 고급 수준의 파이썬 설정에 대해 알아보고 싶다면 부록 D를 참고하라.

이 책을 읽는 동안 좀 더 고급 수준의 설정을 요구하는 툴이 등장하면 현재의 기본 설정을 고급 설정으로 변환하는 방법에 대해 설명할 것이다. 당분간은 이 장에서 설명한 내용으로도 충분하다.

축하한다! 파이썬 초기 설정을 마치고 처음으로 파이썬 코드를 실행해 보았다. 다음 장에서는 기본적인 파이썬 개념들을 배워볼 것이다.

파이썬 기초

이제 파이썬을 설치하고 실행할 준비가 끝났으니 파이썬의 기초를 배워 보자. 이 장에서는 이 책에서 배울 다양한 개념들에 앞서 기초적인 개념 몇 가지를 먼저 살펴 볼 것이다.

이전 장에서 우리는 다음의 몇 줄 코드를 통해서 파이썬 설치가 제대로 되었는지 확인했다.

```
import sys
import pprint
pprint.pprint(sys.path)
```

2장에서는 위 코드의 한 줄 한 줄이 어떤 작업을 수행하는지, 그리고 이러한 작업들을 묘사하는 데 어떤 용어가 사용되는지 알아 볼 것이다. 또한 파이썬의 여러 가지 데이터 유형과 기본적인 파이썬 개념들을 접하게 될 것이다.

이번 장에서는 다음 장들에서 다뤄질 내용들을 이해하기 위해 필요한 주요 개념들을 중심으로 살펴 본다. 그밖의 새로운 개념은 등장할 때마다 설명할 것이다. 이 내용을 통해서 여러분이 흥미로움을 느끼는 데이터세트와 문제에 새로운 개념을 적용하는 방법을 배울 수 있길 바란다.

우선 파이썬 인터프리터를 실행해보자. 이번 장에서 우리는 인터프리터를 사용하여 파이썬 코드를 실행할 것이다. 이번 장은 책의 도입부이기 때문에 대충 훑어보게 되기 쉽겠지만 책에 나온 코드를 직접 따라 입력해 보길 권장한다. 언어 학습과 마찬가지로 가장 효과적인 학습 방법은 직접 해보면서 배우는 것이기 때문이다. 책에서 소개되는 예제를 따라 쓰고 코드를 실행하다 보면 수많은 오류가 발생할 것이며 이를 디버깅(오류를 처리하는 과정)하는 과정에서 많은 지식을 얻게 될 것이다.

> **파이썬 인터프리터 실행하기**
>
> 1장에서 파이썬 인터프리터를 실행하는 방법을 배웠다. 간단히 복습하자면 일단 명령 프롬프트를 실행한 후 python(혹은 부록 F에 나와 있는 대로 IPython을 설치했다면 ipython)을 입력한다.
>
> python
>
> 다음과 같은 출력 결과를 볼 수 있을 것이다(프롬프트가 파이썬 인터프리터 프롬프트로 변경된 것을 확인할 수 있다).
>
> ```
> Python 2.7.7 (default, Jun 2 2014, 18:55:26)
> [GCC 4.2.1 Compatible Apple LLVM 5.1 (clang-503.0.40)] on darwin
> Type "help", "copyright", "credits" or "license" for more information.
> >>>
> ```
>
> 이제부터 별도의 언급이 없는 한 이 장에서 소개되는 명령어들은 파이썬 인터프리터 내에서 입력하는 것을 기본으로 한다. IPython을 사용하고 있다면 프롬프트는 In [1]:로 나타날 것이다.

기본적인 데이터 유형

이번 절에서는 파이썬에서 사용되는 간단한 데이터 유형을 알아본다. 이 데이터 유형들은 파이썬에서 정보를 다루는 데 있어 필수적인 구성 요소이다. 이 절에서 다루는 유형에는 문자열, 정수, 실수 그리고 기타 비정수가 있다.

문자열

처음으로 다룰 데이터 유형은 문자열이다. 프로그래밍에서 말하는 문자열이란 기본적으로 텍스트를 나타내며 따옴표를 사용해 표시된다. 문자열은 숫자, 문자, 기호를 포함할 수 있다.

아래는 모두 문자열이다.

```
'cat'
'This is a string.'
'5'
'walking'
'$GOObarBaz340 '
```

파이썬 인터프리터에 위와 같이 입력하면 인터프리터는 해당 내용을 그대로 다시 출력할 것이다. 인터프리터가 "안녕, 네가 한 말 들었어. 'cat'(혹은 입력한 임의의 문자열)이라고 말했지?"라고 말하는 것이다.

문자열은 작은따옴표 혹은 큰따옴표 사이에 들어 있기만 하면 그 내용이 어떤 것이든 상관없다. 문자열이 작은따옴표로 시작되었다면 반대쪽 또한 작은따옴표로 끝나야 하며, 마찬가지로 큰따옴표로 시작한 경우에는 큰따옴표로 끝나야 한다.

```
'cat'
"cat"
```

파이썬은 위의 두 표현을 동일하게 받아들인다. 두 가지 경우에서 파이썬은 작은따옴표로 이루어진 'cat'을 출력할 것이다. 어떤 사람들은 코딩 시 관례상 작은따옴표를 쓰지만, 어떤 사람들은 큰따옴표를 선호하기도 한다. 어떤 기호를 사용하든 일관성을 유지하는 것이 중요하다. 개인적으로 이 책의 필자들은 큰따옴표보다 작은따옴표를 선호하는데, 그 이유는 큰따옴표를 입력하려면 시프트(shift) 키를 눌러야 하기 때문이다. 작은따옴표를 쓰면 게을러질 수 있다.

정수와 실수

이번에는 파이썬에서 숫자를 다룰 때 사용하는 정수와 실수 유형에 대해 알아본다. 정수부터 살펴 보자.

정수

수학 시간에 정수(integer)에 대해 배운 것을 기억하고 있을 수도 있겠지만, 그렇지 않다면 정수란 범자연수를 의미한다는 것을 알아 두자. 다음은 정수의 예이다.

```
10
1
0
-1
-10
```

위의 값을 파이썬 인터프리터에 입력하면 값을 그대로 출력할 것이다.

우리는 방금 전 문자열 예제에서 '5'를 보았다. 숫자가 따옴표 사이에 입력되면 파이썬은 그 값을 문자열로 인식한다. 즉, 다음 예제에서 첫 번째 값과 두 번째 값은 다르다.

```
5
'5'
```

이를 테스트하기 위해 인터프리터에 다음을 입력해보자.

```
5 == '5'
```

==를 이용하면 양쪽의 값이 같은지 확인할 수 있다. 이 테스트의 출력 값은 참 혹은 거짓이며, 이 출력 값은 불(boolean)이라고 불리는 파이썬의 데이터 유형 중 하나이다. 불에 대해서는 이후 더 자세히 설명할 것이므로 여기에서는 간단하게 살펴 보자. 불은 어떤 진술이 참인지 거짓인지를 판단한다. 방금 전 예시에서 우리는 파이썬에게 5라는 정수가 '5'라는 문자열과 같은지 물어 보았다. 이때 파이썬은 어떤 값을 출력했나? 이 진술이 True라는 값을 출력하게 하려면 어떻게 해야 할까?(힌트: 모두 정수 혹은 모두 문자열로 이루어진 진술을 테스트해보자!)

지금 여러분은 왜 숫자를 문자열 유형으로 저장하는지 궁금해 하고 있을지도 모른다. 데이터 유형을 적절하게 사용하지 못한 경우 숫자가 문자열로 저장될 수 있다. 예를 들면 숫자가 5로 저장되어야 하는데 실수로 '5'로 저장하는 코드를 작성한 것이다. 혹은 데이터 필드가 수동으로 채워지는 과정에서 채워진 값들이 문자열과 숫자를 모두 포함했을 수도 있다(예를 들어 설문조사에서 특정 질문에 대해 사람들이 five, 5, 혹은 Ⅴ라는 값을 입력한 경우이다). 이 값들은 모두 5라는 숫자를 의미하지만 표현 방식이 모두 다르다. 이러한 경우에는 데이터를 가공하기 전까지는 숫자가 문자열로 저장될 것이다.

숫자를 문자열로 저장하는 가장 흔한 이유는 그에 부합하는 목적이 있기 때문이다. 예를 들면 미국의 우편번호를 저장할 때가 그렇다. 미국의 우편번호는 다섯 개의 숫자로 이루어져 있는데, 뉴잉글랜드와 북동부 지방의 우편번호는 0으로 시작한다. 보스톤의 우편번호를 파이썬 인터프리터에 문자열과 정수 유형으로 각각 입력해보자. 어떤 일이 발생할까?

```
'02108'
02108
```

두 번째의 정수 유형을 입력하면 문법 오류가 발생할 것이다(invalid token이라는 오류 메시지가 첫 번째 0을 가리키는 포인터와 함께 나타난다). 파이썬을 비롯한 수많은 언어들에게 'tokens'은 특별한 단어, 기호, 식별자를 의미한다. 이 경우 파이썬은 0으로 시작하는 8진법이 아닌 숫자를 처리하는 방법을 알지 못하기 때문에 02108을 유효하지 않은 토큰(invalid token)으로 받아들인다.

실수, 소수 및 기타 비정수 유형

파이썬이 정수가 아닌 숫자들을 처리하는 방법에는 여러 가지가 있다. 각 비정수 데이터 유형을 다루는 방법에 익숙하지 않은 사용자에게는 파이썬의 비정수 처리 방법이 혼란스럽게 여겨질 수도 있으며 반올림 오류를 경험하게 될 것이다.

　파이썬에서 비정수가 사용될 때 파이썬은 이 값을 실수 형식으로 변환한다. 우리가 사용하는 파이썬 버전에서는 프로그램에 내장되어 있는 부동 소수점(floating point) 유형으로 변환하게 된다. 이것은 즉 일정 수준의 정밀도만을 반영하는 근사치를 저장하게 된다는 의미이다.

　파이썬 인터프리터에 다음 두 숫자를 입력했을 때의 차이를 살펴 보자.

```
2
2.0
```

처음 값은 정수이며 두 번째 값은 실수다. 각 유형이 어떤 식으로 움직이고 파이썬이 어떻게 각 유형을 처리하는지 알아보기 위해 간단한 계산을 해보자. 다음을 파이썬 인터프리터에 입력해보자.

```
2/3
```

무슨 일이 발생하는가? 0.6666666666666666 혹은 0.6666666666666667과 같은 결과를 예상했겠지만 zero 값이 반환된다. 이와 같은 결과가 나온 이유는 위의 2와 3이 모두 정수이며 정수는 분수를 처리하지 못하기 때문이다. 두 숫자 중 하나를 실수로 바꾸어 시도해보자.

```
2.0/3
```

이번에는 좀 더 정확한 값인 0.6666666666666666이 반환된다. 숫자 중 하나가 실수라면 출력되는 결과물도 실수이다.

　앞서 언급된 것처럼 파이썬의 실수는 정밀도 문제를 야기할 수 있다(*https://docs.python.org/2/tutorial/floatingpoint.html*). 실수를 사용하면 빠른 처리가 가능하지만 이로 인해 정확성이 떨어지기도 한다.

계산 작업을 수행하는 데 있어 파이썬은 사람이나 계산기와는 다른 방식으로 숫자들을 처리한다. 다음을 입력해보자

```
0.3
0.1 + 0.2
```

첫 줄을 입력하면 0.3이 출력된다. 두 번째 줄을 입력해도 0.3이 출력될 것이라고 예상하겠지만 0.30000000000000004가 출력된다. 0.3과 0.30000000000000004는 다른 값이다. 이러한 계산 방법의 뉘앙스에 대해서 좀 더 알고 싶다면 파이썬 도움말(*http://bit.ly/floating_point_math*)을 참고하라.

이 책에서 정확도가 필요한 작업을 수행할 때마다 우리는 decimal 모듈(혹은 라이브러리)(*https://docs.python.org/2/library/decimal.thml*)을 사용할 것이다. 모듈이란 필요할 때마다 불러올 수 있는 코드의 일부 혹은 라이브러리를 의미한다. decimal 모듈은 숫자(정수 혹은 실수)가 예상 가능한 방식으로 움직일 수 있도록 한다(우리가 수학 수업에서 배우는 내용들과 동일한 개념이다).

다음 예제의 첫 번째 줄을 실행하면 decimal 모듈에서 getcontext와 Decimal을 우리의 환경으로 불러온다. 그다음 두 줄을 실행하면 getcontext와 Decimal을 이용해 이전 예제에서 실수를 사용하여 테스트해본 계산을 수행하게 된다.

```
from decimal import getcontext, Decimal
getcontext().prec = 1
Decimal(0.1) + Decimal(0.2)
```

위의 코드를 실행하면 Decimal('0.3')이 출력된다. 만약 print Decimal('0.3')을 입력하면 0.30000000000000004가 아니라 우리가 처음에 예상했던 것과 같이 0.3이 반환될 것이다.

위의 코드를 한 줄씩 살펴보자.

```
from decimal import getcontext, Decimal    ❶
getcontext().prec = 1                       ❷
Decimal(0.1) + Decimal(0.2)                 ❸
```

❶ decimal 모듈에서 getcontext와 Decimal을 불러온다.

❷ 반올림 정밀도를 소수점 첫째 자리로 설정한다(첫째 자리까지 반올림한다). decimal 모듈은 기본 컨텍스트(context)에 반올림과 정밀도 설정의 대부분을 저장한다. 이 줄을 통해 소수점 첫째 자리 정밀도를 사용하도록 명령한다.

❸ 두 소수(0.1의 값을 가진 소수와 0.2의 값을 가진 소수)를 더한다.

getcontext().prec의 값을 변화시키면 어떻게 될까? 변화시킨 후 마지막 줄을 다시 실행해 보라. 라이브러리가 사용하는 소수점 자릿수가 변화함에 따라 반환되는 값이 변화하는 것을 확인할 수 있을 것이다.

앞서 언급한 것처럼 데이터 랭글링 과정에서는 다양한 수학적인 세부 사항들을 경험하게 될 것이다. 다양한 방식으로 다양한 작업을 수행하게 되겠지만 비정수를 다룰 때 소수 유형을 활용하면 정밀도를 높일 수 있을 것이다.

> **파이썬에서 사용되는 숫자들**
>
> 파이썬이라는 프로그래밍 언어와 관련된 골칫거리 중 한 가지는 숫자 유형에 따른 정밀도 차이이다. 데이터 랭글링에 대해 배우면서 파이썬의 숫자 및 수학 관련 라이브러리에 대해서는 차차 더 알아볼 것이다. 이에 대해 지금 당장 더 자세히 알고 싶다면 다음의 파이썬 라이브러리들을 참고하자. 기초 수준의 지식을 넘어선 수학과 익숙해질 수 있다.
>
> · decimal(*https://docs.python.org/2/library/decimal.html*): 고정 소수점 및 부동 소수점 연산
> · math(*https://docs.python.org/2/library/math.html*): C 표준에서 정의한 수학 함수
> · numpy(*http://bit.ly/numpy_math*): 과학 컴퓨팅을 위한 파이썬의 핵심 패키지
> · sympy(*http://docs.sympy.org/latest/index.html*): 기호 수학에 사용되는 파이썬 라이브러리
> · mpmath(*http://mpmath.org*): 실수와 복소수 부동 소수점의 임의 정밀도 연산을 위한 파이썬 라이브러리

문자열, 정수, 실수/소수를 살펴 보았으니 이번에는 이러한 데이터 유형을 기반으로 좀 더 복잡한 유형들에 대해 알아 보자.

데이터 컨테이너

이 절에서는 다수의 데이터 포인트를 포함하는 데이터 컨테이너에 대해 알아 본다. 기억해 두어야 할 것은 데이터 컨테이너 또한 데이터 유형 가운데 한 가지라는 것이다. 파이썬의 데이터 컨테이너 종류는 보통 변수, 리스트, 딕셔너리로 나눌 수 있다.

변수
변수에 문자열, 숫자 혹은 다른 데이터 컨테이너를 저장할 수 있다. 변수 명은

보통 변수에 담겨 있는 내용을 나타내는 소문자(혹은 밑줄 표시로 연결된 단어들)로 구성된다.

다음을 파이썬 인터프리터에 입력하여 간단한 변수를 생성해보자.

```
filename = 'budget.csv'
```

위의 코드를 제대로 입력했다면 인터프리터는 아무것도 반환하지 않을 것이다. 이 경우는 우리가 파이썬 인터프리터에 문자열을 입력한 것과는 다르다. 만약 단순히 'budget.csv'만을 입력하게 된다면 'budget.csv'라고 출력될 것이다.

변수를 생성한다는 것은 일반적으로 파이썬이 출력하게 되는 값을 변수 자체에 할당하는 것이다. 그렇기 때문에 변수를 생성할 때는 아무것도 출력되지 않는다. 위의 예제에서는 filename이라는 변수에 우리가 입력한 'budget.csv'라는 문자열을 할당한 것이다.

> ### 객체 지향 프로그래밍
>
> 객체 지향 프로그래밍(Object-Oriented Programming, OOP)이라는 말을 들어 본 적이 있을 것이다. 파이썬은 객체 지향 프로그래밍 언어이다. 객체 지향 프로그래밍의 '객체'는 이번 장에서 다룬 데이터 유형인 문자열, 변수, 숫자, 실수 가운데 어떤 것도 될 수 있다.
>
> 본문의 예제에서 객체는 문자열이고 filename이라는 변수 안에 저장되었다. 우리가 정의한 모든 변수는 파이썬 객체이다. 파이썬에서는 객체를 사용해 이후 사용하게 될 데이터를 저장한다. 이러한 객체들은 다양한 속성을 지니고 있으며 각자 수행할 수 있는 작업이 다르지만 모두 객체라고 부른다.
>
> 예를 들어 한 정수 객체는 + 기호(더하기 연산자)를 이용해 다른 정수에 추가할 수 있다. 파이썬을 공부하다 보면 객체들의 속성과 수행 가능한 작업 그리고 근본적인 유형에 대해 알게 될 것이고 더불어 객체 지향 프로그래밍의 가치를 깨닫게 될 것이다!

위 예제에서 문자 문자열을 생성하여 filename이라는 변수에 할당할 때 우리는 일반적인 변수 명명 규칙을 따랐다. 이러한 규칙을 외울 필요는 없지만 새로운 변수를 정의하고 난 후 코드에서 오류가 발생한다면 다음 규칙들을 되새겨 보자.

- 밑줄 표시는 사용해도 괜찮지만 붙임표('-', hyphen)는 사용하지 않는다.
- 숫자는 사용할 수 있지만 변수 명이 숫자로 시작하면 안 된다.
- 읽기 쉽도록 소문자를 이용하고 단어들을 밑줄 표시로 구분한다.

다음을 입력해보자.

```
1example = 'This is going to break.'
```

무슨 일이 일어나는가? 어떤 오류가 발생하는가? 아마도 두 번째 규칙을 위반했기 때문에 문법 오류가 발생할 것이다.

파이썬의 변수 명명 규칙을 위반하지 않는 한 거의 모든 이름을 사용할 수 있다. 예를 들면 다음과 같은 경우도 가능하다.

```
horriblevariablenamesarenotdescriptiveandtoolong = 'budget.csv'
```

위의 변수 명은 매우 길고 변수 내용을 묘사하고 있지도 않다. 게다가 단어 사이에 밑줄 표시도 없어 변수 명을 읽는 것 또한 매우 어렵다. 어떤 것이 좋은 변수 명일까? 스스로에게 물어 보자. 어떻게 변수를 명명해야 지금으로부터 6개월 지나 모든 것을 잊게 된 후 다시 코드를 보았을 때에도 쉽게 코드를 이해할 수 있을까?

좀 더 합리적인 이름인 cats를 생각해보자. 앞서 예제에서 보았듯이 변수에 할당되는 값은 파일 명과 일치할 필요는 없다. 변수는 다양한 값과 이름을 가질 수 있다. 우리가 고양이가 몇 마리인지 세고 있으며 cats라는 이름의 변수에 정수를 할당하려 한다고 가정해보자.

```
cats = 42
```

만약 파이썬 스크립트에서 고양이의 수를 계속 기록하고 있다면 어떤 시점에서도 정확한 값을 외우고 있을 필요가 없다. cats라는 변수에 저장되어 있는 값만 알면 인터프리터 혹은 코드의 특정 부분에서 cats를 호출하여 고양이의 수를 반환할 수 있다.

변수를 호출(call)한다는 것은 파이썬에게 그 변수에 할당된 값이 무엇인지 물어보는 것과 같다. 인터프리터에 cats를 입력해보자. 42라는 값이 반환된다. filename을 입력하면 'budget.csv'라는 값이 반환된다. 다음을 입력해 보자.

```
>>> cats
42
>>> filename
'budget.csv'
>>>
```

존재하지 않는 변수 명을 입력하면(혹은 변수 명의 철자를 틀린다면) 다음과 같은 오류가 발생한다.

```
>>> dogs
Traceback (most recent call last):
  File "<stdin>", line 1, in <module>
NameError: name 'dogs' is not defined
```

앞서 언급한 것처럼 오류 메시지를 통해 어떤 실수를 했으며 이 실수를 어떻게 고쳐야 하는지 알아내는 것은 중요하다. 위의 dogs is not defined라는 오류 메시지는 dogs라는 이름을 가진 변수가 정의되지 않았음을 알려 준다. 우리가 그런 변수를 정의한 적이 없기 때문에 파이썬은 우리가 어떤 것을 호출하려고 하는지 이해하지 못하는 것이다.

만약 처음 예제에서 'budget.csv'처럼 따옴표를 쓰는 것을 잊었다면 같은 오류 메시지를 보게 될 것이다. 파이썬 인터프리터에 다음을 입력해보자.

```
filename = budget.csv
```

NameError: name budget is not defined라는 오류 메시지가 뜬다. 이 오류는 파이썬이 budget.csv가 문자열이라는 것을 이해할 수 없기 때문에 발생한다. 파이썬이 문자열이라고 인식하기 위해서는 반드시 따옴표가 필요하다는 것을 기억하라. 따옴표가 없으면 파이썬은 이것을 또 하나의 변수라고 인식한다. 이 예제에서 기억해야 할 가장 중요한 점은 코드의 어떤 줄에서 오류가 발생했는지 이해하고 어떤 부분이 잘못되었는지 스스로에게 물어야 한다는 것이다. dogs 예제의 오류 메시지를 읽어 보면 line 1에 잘못된 부분이 있다는 것을 알 수 있다. 코드가 여러 줄로 이루어져 있다면 line 87이 될 수도 있다.

이제까지 등장한 예제에서는 짧은 문자열이나 정수를 다루었다. 그러나 변수에는 긴 문자열, 심지어 여러 줄을 차지할 만큼 긴 문자열이 저장될 수도 있다. 긴 문자열을 입력하는 것이 그다지 즐거운 일은 아니기 때문에 예제에서는 짧은 문자열만 다루었다.

긴 문자열을 담은 변수를 만들어 보자. 할당하려는 문자열 값 안에 작은따옴표가 이미 쓰였으므로 이 값을 저장하기 위해서는 큰따옴표를 사용해야 하는 것에 유의하자.

```
recipe = "A recipe isn't just a list of ingredients."
```

이제 recipe를 입력하면 다음과 같은 긴 문자열이 저장된 것을 볼 수 있다.

```
>>>recipe
"A recipe isn't just a list of ingredients."
```

변수의 값이 반드시 문자열이나 정수일 필요는 없다. 변수는 이후 등장할 절에서 다룰 모든 종류의 파이썬 데이터 유형을 담을 수 있다.

리스트

리스트란 어떤 공통적인 관계를 가진 값들의 모임이다. 일반적인 언어에서 리스트를 사용하는 것과 비슷한 방식으로 파이썬에서도 리스트를 사용한다. 파이썬에서는 대괄호([]) 안에 여러 항목을 넣고 그 항목들을 쉼표로 구분하여 리스트를 생성한다.

식료품 리스트를 만들어 보자.

```
['milk', 'lettuce', 'eggs']
```

 이 리스트는 변수가 아닌 문자열로 구성되어 있는데, 이것은 단어들이 따옴표 안에 들어 있는 것을 보면 알 수 있다. 만약 리스트가 변수로 구성되어 있었다면 따옴표가 없었을 것이다.

리턴 키를 누르면 다음이 반환된다.

```
['milk', 'lettuce', 'eggs']
```

방금 우리는 첫 번째 리스트, 자세히 말하면 문자열로 이루어진 리스트를 만들었다. 리스트는 어떠한 파이썬 데이터 유형으로도 만들어질 수 있으며 또한 여러 가지 데이터 유형들의 조합(예를 들면 실수와 문자열)으로도 만들어진다. 정수와 실수로 구성된 리스트를 생성해보자.

```
[0, 1.0, 5, 10.0]
```

이번에는 나중에 이 리스트를 이용할 수 있도록 리스트를 변수에 저장해보자. 리스트를 생성해 놓으면 매번 데이터를 새롭게 입력할 필요가 없어 편리하다. 만약 리스트가 5,000개 항목을 포함할 만큼 길다면 이 리스트를 매번 입력하는 것은 오류가 발생하기 쉬울 뿐만 아니라 굉장히 비효율적이다. 방금 전 언급한 것처럼 적절하게 명명된 컨테이너에 값을 저장하기 위해서는 변수를 만들어야 한다.

다음을 입력해보자.

```
shopping_list = ['milk', 'lettuce', 'eggs']
```

리턴 키를 누르면 새로운 줄이 나타난다. 아무 일도 일어나지 않은 것처럼 보일 것이다. 이전 예제에서는 리스트가 반환되었지만, 이번 예제에서는 파이썬이 리스트를 shopping_list라는 변수에 저장했다. 파이썬 프롬프트에 shopping_list라는 변수 명을 입력하여 변수를 호출하면 다음이 반환된다.

```
shopping_list
['milk', 'lettuce', 'eggs']
```

리스트에는 변수도 저장할 수 있다. 각 변수는 동물 보호소에서 추적하고 있는 각 동물의 수를 나타낸다고 가정해보자.

```
cats = 2
dogs = 5
horses = 1
```

동물의 수를 세어서 리스트에 넣을 수 있다.

```
animal_counts = [cats, dogs, horses]
```

animal_counts를 입력하면 다음과 같은 값들이 반환된다.

```
[2, 5, 1]
```

우리가 입력한 정보들이 변수들에 들어 있는 것을 확인할 수 있다. 변수를 입력하면 변수 안에 저장되어 있는 값들이 반환된다.

리스트로 구성된 리스트를 생성하는 것도 가능하다. 다음과 같이 동물의 이름으로 구성된 리스트가 있다고 가정하자.

```
cat_names = ['Walter', 'Ra']
dog_names = ['Joker', 'Simon', 'Ellie', 'Lishka', 'Fido']
horse_names = ['Mr. Ed']
animal_names = [cat_names, dog_names, horse_names]
```

파이썬 인터프리터에 animal_names를 입력하면 다음이 반환된다.

```
[['Walter', 'Ra'], ['Joker', 'Simon', 'Ellie', 'Lishka', 'Fido'], ['Mr. Ed']]
```

리스트로 이루어진 리스트를 생성하기 위해 모든 이름을 입력하지 않아도 된다. 리스트인 기존의 변수들(cat_names, dog_names, horse_names)은 여전히 호출할 수 있다. 예를 들어 cat_names라고 입력하면 ['Walter', 'Ra']가 반환된다.

리스트에 대해 살펴 보았으니 조금 더 복잡한 데이터 컨테이너인 딕셔너리에 대해 살펴 보자.

딕셔너리

딕셔너리는 변수나 리스트보다 조금 더 복잡하며 이는 적절한 이름이라고 할 수 있다. 파이썬의 딕셔너리는 단어의 정의를 알기 위해서 필요한 자원이라는 의미에서 전통적인 사전과 비슷하다. 파이썬 딕셔너리의 키(key)는 전통적인 사전에서의 단어, 파이썬 딕셔너리의 값(value)은 전통적인 사전에서의 정의에 대응된다. 파이썬에서 키는 값을 가리킬 때 쓰인다.

동물 예제로 돌아가 보자. animal_numbers에는 동물 보호소에 있는 동물의 수가 담긴 리스트가 들어 있지만 각 숫자가 어떤 동물에 해당되는지 알 수 없다. 이러한 정보를 저장하기 위해 딕셔너리를 사용하면 유용하다.

다음 예제에서 동물 종류는 키, 각 동물의 수는 값이다.

```
animal_counts = {'cats': 2, 'dogs': 5, 'horses': 1}
```

키를 이용하여 값에 접근하고 싶으면 딕셔너리에서 키에 접근하면 된다(마치 전통적인 사전에서 단어를 찾는 것처럼 말이다). 예를 들어 다음과 같이 입력하여 개가 몇 마리 있는지 검색해 볼 수 있다.

```
animal_counts['dogs']
```

딕셔너리에서 'dogs'라는 키가 5라는 값과 동일하다고 설정해 놓았기 때문에 ('dogs': 5) 5가 반환된다. 이처럼 키와 그것에 대응하는 값이 있을 때 딕셔너리를 이용하면 편리하다. 필요에 따라 딕셔너리는 굉장히 강력한 도구가 될 수 있으니 리스트를 딕셔너리와 함께 사용하는 예제를 좀 더 살펴 보자.

동물 이름 리스트를 보면 각 리스트가 어떤 종류의 동물에 대응되는지 알기 힘들다. 즉, 어떤 리스트가 고양이, 개, 혹은 말의 이름을 담고 있는지 명확히 알 수 없다. 이때 딕셔너리를 이용하면 명확한 구분이 가능하다.

```
animal_names = {
    'cats': ['Walter', 'Ra'],
    'dogs': ['Joker', 'Simon', 'Ellie', 'Lishka', 'Fido'],
    'horses': ['Mr. Ed']
    }
```

동일한 값을 좀 더 많은 변수를 이용하여 표현할 수도 있다.

```
cat_names = ['Walter', 'Ra']                              ❶
dog_names = ['Joker', 'Simon', 'Ellie', 'Lishka', 'Fido']
horse_names = ['Mr. Ed']
```

```
animal_names = {                                    ❷
    'cats': cat_names,
    'dogs': dog_names,
    'horses': horse_names
    }
```

❶ cat_names라는 변수를 고양이 이름 리스트(문자열로 구성된 리스트)로 정의한다.

❷ 고양이 이름 리스트인 cat_names라는 변수를 딕셔너리의 'cats'라는 키에 대응하는 값으로 만든다.

위의 두 코드는 같은 딕셔너리를 생성하지만 방식은 약간 다르다.[1] 파이썬에 대해 좀 더 배우고 나면 변수를 많이 정의하는 것이 어떤 경우에 유용한지 혹은 유용하지 않은지 판단할 수 있게 될 것이다. 당장은 animal_names와 같은 변수를 만들기 위해서 cat_names나 dog_names와 같은 정의된 변수를 여러 개 만드는 편이 쉬울 것이다.

> 💡 파이썬에서 줄 띄우기나 서식화 규칙이 존재하기는 하지만 반드시 방금 예제에서 했던 방식으로 딕셔너리의 서식을 설정할 필요는 없다. 그러나 코드는 최대한 읽기 쉽게 작성해야 한다는 것을 잊지 말자. 잘 읽히는 코드를 작성하는 것은 여러분뿐만 아니라 여러분과 함께 일하는 다른 개발자들을 위한 일이다.

각 데이터 유형으로 무엇을 할 수 있나?

각각의 기본적인 데이터 유형으로 여러 가지 작업을 할 수 있다. 다음 목록에 이제까지 다룬 데이터 유형들과 각 유형을 이용해 할 수 있는 작업이 나열되어 있다.

- 문자열
  - 대/소문자 변경하기
  - 문자열 끝의 공백 없애기
  - 문자열 쪼개기(split)
- 정수 및 소수
  - 더하기 및 빼기
  - 간단한 수학 연산

---

1 위의 두 딕셔너리는 완벽하게 동일하지는 않은데, 두 번째 딕셔너리는 수정될 수 있는 객체를 이용하기 때문이다. 이 차이에 대해 더 알고 싶다면 부록 E를 참고하라.

- 리스트
  - 리스트 합치기 및 자르기
  - 리스트 마지막 항목 삭제하기
  - 리스트 재배열하기
  - 리스트 정렬하기(sort)
- 딕셔너리
  - 키/값 쌍 추가하기
  - 키에 대응되는 값 설정하기
  - 키를 이용해 값 검색하기

 필자들은 의도적으로 변수를 위 목록에 포함시키지 않았다. 변수의 기능은 변수가 포함하고 있는 항목에 따라 달라지기 때문이다. 예를 들어 어떤 변수가 문자열이라면 그 변수는 문자열이 할 수 있는 모든 일을 할 수 있다. 마찬가지로 어떤 변수가 리스트라면 그 변수는 리스트만이 할 수 있는 모든 일을 할 수 있다.

데이터 유형을 명사, 그리고 각 데이터 유형이 할 수 있는 일을 동사라고 생각해 보라. 대부분의 경우 데이터 유형이 할 수 있는 일들을 메서드(methods)라고 부른다. 특정 데이터 유형의 메서드에 접근하거나 데이터 유형이 특정 작업을 수행하게 하려면 점 표기법(.)을 이용하면 된다. 예를 들어 foo라는 변수에 문자열을 할당했다면 foo.strip()이라고 입력하여 strip 메서드를 호출할 수 있다. 메서드가 어떤 식으로 작동하는지 예제를 통해 살펴 보자.

 문자열의 메서드는 어떤 파이썬을 설치하든 포함되어 있는 기본적인 파이썬 라이브러리의 기능 중 일부이다(스마트폰을 구매할 때부터 설치되어 있는 기본 애플리케이션과 비슷하다). 파이썬이 실행되는 모든 컴퓨터에는 기본적으로 메서드가 존재하기 때문에 모든 파이썬 문자열은 같은 메서드를 공유한다(모든 핸드폰에서 전화를 걸 수 있고 모든 애플사의 스마트폰이 iMessage를 주고 받을 수 있는 것과 비슷하다). 다양한 내장 메서드와 우리가 현재 다루고 있는 데이터 유형을 비롯한 기본적인 데이터 유형은 파이썬 표준 라이브러리 (*https://docs.python.org/2/library/*)(stdlib이라고도 불린다)에 포함되어 있다.

문자열 메서드: 문자열이 할 수 있는 것들

앞서 사용했던 filename이라는 변수를 사용해보자. 앞서 우리는 filename = 'budget.csv'라고 정의했다. 굉장히 간단하다. 그러나 항상 모든 것이 간단하지는 않다. 몇 가지 예제를 살펴 보자.

```
filename = 'budget.csv     '
```

filename 문자열 뒷부분에 잘라내야 할 불필요한 공백이 있다는 것을 알 수 있다.
파이썬의 내장 함수인 파이썬 문자열의 strip 메서드를 이용해 문자열에 포함된
공백을 제거해보자.

```
filename = 'budget.csv     '
filename = filename.strip()
```

> 변수를 다시 할당하지 않으면(즉, filename을 filename.strip()의 출력 결과에 대응시키
> 지 않으면) filename을 수정한 결과는 저장되지 않는다.

파이썬 인터프리터에 filename이라고 입력하면 공백이 제거된 것을 볼 수 있다.
　파일 명을 모두 대문자로 만들고 싶다면 어떻게 할까? 파이썬 문자열의 내장
upper 메서드를 이용하면 모든 글자를 대문자로 바꿀 수 있다.

```
filename = 'budget.csv'
filename.upper()
```

다음과 같이 모든 글자가 대문자로 바뀌어 출력된다.

```
'BUDGET.CSV'
```

위에서 우리는 filename이라는 변수에 대문자 문자열을 다시 할당하지 않았다.
이때 filename을 다시 호출하면 어떻게 될까? 'budget.csv'가 출력된다. 변수 자
체를 수정하지 않고 한 번만 변화를 적용시키고자 할 때 upper와 같은 메서드를
호출하면 수정된 문자열을 출력하지만 변수 자체는 바꾸지 않는다.
　변수 명은 유지하되 새롭게 출력된 값을 변수에 새롭게 할당하려면 어떻게 해
야 할까? 다음 예제에서는 filename 변수의 문자열을 대문자로 바꾸고 원래 변수
에 저장한다.

```
filename = 'budget.csv'           ❶
filename = filename.upper()       ❷
```

❶ 이 줄을 실행한 후 filename을 호출하면 'budget.csv'가 출력된다.
❷ 이 줄을 실행한 후 filename을 호출하면 'BUDGET.CSV'가 출력된다.

위의 코드를 다음과 같이 짧게 만들 수 있다.

```
filename = 'budget.csv'.upper()
```

사용자의 개인적인 스타일이나 취향에 따라 코드의 길이가 달라질 수 있다. 각자 본인에게 가장 잘 맞는 방식으로 코드를 작성하되 명확하고 읽기 쉽게 작성하는 것이 중요하다.

예제에서 strip과 upper 두 가지의 문자열 메서드만을 다루었으나, 이 외에도 다양한 내장 문자열 메서드가 존재한다. 데이터 랭글링 과정에서 문자열을 다룰 때 좀 더 다양한 메서드들에 대해 다룰 것이다.

수치형(numerical) 메서드: 숫자가 할 수 있는 것들

정수와 실수, 소수는 수학적 객체이다. 40 + 2를 입력하면 파이썬은 42를 반환한다. 반환된 값을 변수에 저장하고 싶다면 문자열의 예제에서처럼 변수에 할당하면 된다.

```
answer = 40 + 2
```

이제 answer라고 입력하면 42가 출력된다. 정수로 할 수 있는 대부분의 일들은 너무 뻔하지만 수행하고자 하는 수학적인 작업을 파이썬 인터프리터가 제대로 이해하도록 만들기 위해서는 특별한 서식이 필요하다. 예를 들어 42의 제곱값을 구하고 싶다면 42**2라고 입력해야 한다.

정수와 실수, 소수 또한 다양한 메서드를 가지고 있으며 데이터 랭글링을 배우면서 차차 다루게 될 것이다.

합치기 및 자르기

문자열이나 리스트 같은 데이터 유형에도 합치기를 적용할 수 있다. 다음을 입력하라.

```
'This is ' + 'awesome.'
```

그리고

```
['Joker', 'Simon', 'Ellie'] + ['Lishka', 'Turtle']
```

여기에 자르기를 시도하면 어떻게 될까? 다음 줄을 입력했을 때 발생하는 오류를 통해 무엇을 알 수 있나?

```
['Joker', 'Simon', 'Ellie', 'Lishka', 'Turtle'] - ['Turtle']
```

TypeError: unsupported operand type(s) for-: 'list' and 'list'와 같은 오류

메시지를 확인할 수 있는데, 파이썬 리스트가 합치기는 지원하지만 자르기는 지원하지 않는다는 것을 의미한다. 이것은 파이썬 개발자들에 의해 각 데이터 유형이 어떤 메서드를 지원할 수 있는지 정해져 있기 때문이다. 리스트를 자르는 방법에 대해 알고 싶다면 파이썬 리스트의 remove 메서드를 참고하라.

리스트 메서드: 리스트가 할 수 있는 것들

리스트와 관련하여 반드시 알아두어야 할 몇 가지 메서드가 있다. 빈 리스트에 값을 추가하는 메서드부터 알아 보자.

일단 다음과 같이 빈 리스트를 정의하라.

```
dog_names = []
```

파이썬 인터프리터에 dog_names를 입력하면 빈 리스트를 의미하는 []를 반환한다. 이전에는 dog_names라는 변수에 저장된 이름들이 많았지만 방금 전에 빈 리스트로 재정의했다. 내장 append 메서드는 리스트에 항목을 추가하는 역할을 한다. "Joker"라는 항목을 리스트에 추가해보자.

```
dog_names.append('Joker')
```

dog_names를 다시 입력하면 ['Joker']라는 항목 하나를 반환한다.

이번에는 혼자서 append 메서드를 이용하여 다음과 같은 리스트를 생성해 보라.

```
['Joker', 'Simon', 'Ellie', 'Lishka', 'Turtle']
```

고양이의 이름인 'Walter'라는 항목을 실수로 리스트에 추가했다고 가정해보자.

```
dog_names.append('Walter')
```

파이썬 리스트의 내장 remove 메서드를 사용하여 이 항목을 제거할 수 있다.

```
dog_names.remove('Walter')
```

이 외에도 리스트와 관련된 다양한 내장 메서드가 있지만 append와 remove는 가장 흔하게 쓰이는 메서드다.

딕셔너리 메서드: 딕셔너리가 할 수 있는 것들

유용한 딕셔너리 메서드에 대해 배우기 위해 동물 수 딕셔너리를 처음부터 생성해 보자.

다음 예제에서 우리는 빈 딕셔너리를 생성한 후 키를 추가하고 키에 대응되는 값을 정의한다.

```
animal_counts = {}
animal_counts['horses'] = 1
```

딕셔너리(animal_counts['horses'])에 객체를 추가하는 방법은 리스트에 객체를 추가하는 방법과는 약간 다르다. 이것은 딕셔너리가 키와 값을 모두 포함하기 때문이다. 이 경우에 키는 'horses'이며 값은 1이다.

딕셔너리의 나머지 부분을 동물 수를 이용해 정의해보자.

```
animal_counts['cats'] = 2
animal_counts['dogs'] = 5
animal_counts['snakes'] = 0
```

파이썬 인터프리터에 animal_counts를 입력하면 다음과 같은 딕셔너리가 반환된다. {'horses': 1, 'cats': 2, 'dogs': 5, 'snakes': 0}. (파이썬 딕셔너리는 순서를 저장하지 않으므로 자신이 보고 있는 출력값이 위와는 다른 순서로 배열되어 있을 수 있지만, 딕셔너리에 포함된 키와 값은 위와 동일할 것이다.)

우리는 현재 작은 규모의 딕셔너리를 다루고 있지만 프로그래밍이 언제나 이렇게 간단하지 않다. 전 세계에서 사육되고 있는 동물의 수를 포함한 딕셔너리를 상상해 보라. 프로그래머의 입장에서 animal_counts 딕셔너리가 포함하고 있는 동물의 종류조차 파악하기 힘들 수 있다. 규모가 큰 정체불명의 딕셔너리를 다룰 때는 딕셔너리 메서드를 활용하여 그 딕셔너리에 대해 파악할 수 있다. 딕셔너리에 포함된 모든 키를 알아보고 싶다면 다음과 같은 명령어를 사용한다.

```
animal_counts.keys()
```

이 예제를 잘 따라오고 있다면 다음과 같은 키로 이루어진 리스트가 반환된다.

```
['horses', 'cats', 'dogs', 'snakes']
```

위의 키 중 한 가지를 선택해 대응되는 값을 검색할 수도 있다. 다음과 같이 개의 수를 구할 수 있다.

```
animal_counts['dogs']
```

5가 반환된다.

다음과 같이 새로운 변수에 값을 저장하면 이후에 이 값을 다시 검색하지 않아
도 된다.

```
dogs = animal_counts['dogs']
```

dogs라는 변수를 직접적으로 파이썬 인터프리터에 입력하면 5를 반환한다.

딕셔너리를 이용하여 수행할 수 있는 기본적인 작업에 대해 알아 보았다. 문자
열이나 리스트 예제와 마찬가지로 앞으로 좀 더 복잡한 예제를 통해 딕셔너리에
대해 알아볼 것이다.

유용한 도구: type, dir 그리고 help

파이썬 표준 라이브러리의 내장 도구를 이용해 자신이 가지고 있는 데이터 유형
혹은 객체를 구분하고 이것을 이용해 무엇을 할 수 있는지(예를 들면 각 유형의
메서드가 무엇이 있는지) 찾아볼 수 있다. 이번 절에서는 파이썬 표준 라이브러
리에 포함된 세 가지 도구에 대해 알아 본다.

type

type을 이용하면 각 객체의 데이터 유형을 파악할 수 있다. 변수를 type() 사이에
집어넣으면 된다. 예를 들어 변수 명이 dogs라면 파이썬 프롬프트에 type(dogs)
를 입력하면 된다. 이 도구는 변수에 데이터를 저장하고 어떤 유형의 데이터가
변수에 있는지 알아보는 데 유용하게 쓰인다. 이 장에서 다루었던 우편번호 예제
를 다시 살펴 보자.

이 예제에서는 20011이라는 값을 두 가지로 사용한다. 첫 번째 경우는 우편번
호를 문자열로 저장하고 두 번째 경우는 정수로 저장했다.

```
'20011'
20011
```

시간이 흘러 기억이 희미해지면 우리가 이 값을 문자열로 저장했는지 혹은 정수
로 저장했는지 기억하지 못할 수 있다.

이때 이 값을 내장 메서드인 type으로 전달하면 각 객체가 어떤 데이터 유형에
속하는지 알 수 있다. 다음을 실행해보자.

```
type('20011')
type(20011)
```

첫 번째 줄은 str를 반환하고 두 번째 줄은 int를 반환한다. 리스트에 type을 적용하면 어떻게 될까? 변수에 적용한다면?

객체의 유형을 판별할 수 있으면 오류를 해결하거나 다른 사람의 코드를 가지고 작업하기에 매우 편리하다. 어떤 리스트를 다른 리스트에서 잘라내 보았던 예제를 떠올려 보자(35쪽의 '합치기 및 자르기' 설명을 참고하라). 문자열을 자르는 것은 불가능하다. 즉, '20011'이라는 문자열은 정수 20011과는 상이한 메서드를 가지고 있다.

dir

dir를 이용하면 특정 데이터 유형과 관련된 모든 내장 메서드와 속성을 확인할 수 있어 특정 데이터 유형이 할 수 있는 모든 일에 대해 알 수 있다. 'cat,dog,horse' 라는 문자열을 살펴 보자.

```
dir('cat,dog,horse')
```

먼저 반환된 리스트의 초반 부분을 살펴 보면 밑줄 두 개로 시작되는 문자열이 몇 개 있는데 이것은 파이썬의 내부 혹은 프라이빗(private) 메서드를 나타내며 이 부분에 대해서는 신경 쓰지 않아도 된다.

가장 유용한 메서드는 그 이후에 반환된 리스트 출력값에서 찾아볼 수 있다. 이 중 다수의 메서드는 매우 명백하고 자체 문서화가 되어 있다. 이 장에서 살펴 본 몇 가지 문자열 관련 메서드 또한 확인할 수 있다.

```
[...,
'__sizeof__',
'__str__',
'__subclasshook__',
'_formatter_field_name_split',
'_formatter_parser',
'capitalize',
'center',
'count',
'decode',
'encode',
'endswith',
'expandtabs',
'find',
'format',
'index',
'isalnum',
'isalpha',
'isdigit',
'islower',
```

```
'isspace',
'istitle',
'isupper',
'join',
'ljust',
'lower',
'lstrip',
'partition',
'replace',
'rfind',
'rindex',
'rjust',
'rpartition',
'rsplit',
'rstrip',
'split',
'splitlines',
'startswith',
'strip',
'swapcase',
'title',
'translate',
'upper',
'zfill']
```

'cat,dog,horse'라는 문자열을 보면 문자열로 저장된 리스트 같아 보인다. 실제로 이것은 하나의 값이지만 파이썬 문자열의 내장 split 메서드를 이용하여 다음과 같이 쉼표를 기준으로 쪼갤 수 있다.

```
'cat,dog,horse'.split(',')
```

파이썬은 다음과 같은 리스트를 반환한다.

```
['cat', 'dog', 'horse']
```

이 리스트에 dir 메서드를 호출해보자.

```
dir(['cat', 'dog', 'horse'])
```

문자열과 관련한 옵션이 많지는 않지만 그중 몇 가지를 시도해보자. 우선 리스트를 변수로 바꾸어 보자. 지금쯤이면 리스트를 변수에 할당하는 방법에 대해서는 이미 알고 있겠지만 다음과 같이 하면 된다.

```
animals = ['cat', 'dog', 'horse']
```

animals이라는 변수 및 리스트에 dir을 이용한 메서드를 사용해보자.

```
animals.reverse()
animals.sort()
```

위의 두 줄을 실행한 후 값을 출력하여 각 메서드가 리스트를 어떻게 변화시켰는지 확인해보자. 예상과 같은 결과가 출력되었나? 정수와 실수에도 dir 메서드를 사용해보자.(힌트: dir에는 한 가지 종류의 객체만 이용해야 하므로 dir(1) 혹은 dir(3.0)을 입력해보자.) 예상하지 못한 메서드가 있나?

확인할 수 있듯이 dir은 각 데이터 유형의 내장 메서드에 대해 알려 주고 이 메서드들은 이후 파이썬을 이용한 데이터 랭글링 과정에서 유용하게 쓰인다. 위에서 출력된 메서드들 가운데 재미있어 보이는 것들을 다양하게 시도해 보고 여러 가지 데이터 유형에 적용해 보라.

help

이번에 살펴볼 유용한 내장 파이썬 메서드는 help이다. 이 메서드를 이용하면 보통 매우 기술적으로(때로는 수수께끼 같이) 쓰여진 객체, 메서드 혹은 모듈과 관련된 도움말을 반환한다. help를 이용해 이전 절에서 다룬 split 메서드에 대해 살펴 보자. 만약 문자열을 쪼갤 때 기준으로 삼을 문자를 괄호 안에 넣어야 한다는 것을 미리 알고 있지 못했다면, 파이썬 문자열의 split 메서드를 어떻게 사용해야 할지 알지 못했을 것이다. split을 어떻게 사용하는지 모른다고 가정하고 ',' 없이 split을 사용해보자.

```
animals = 'cat,dog,horse'
animals.split()
```

다음이 반환된다.

```
['cat,dog,horse']
```

괜찮아 보이나? 자세히 들여다보면 그렇지 않다는 것을 알 수 있다. 문자열이 리스트로 표현되기는 했지만 쉼표를 기준으로 단어들이 쪼개지지 않았다. 이것은 내장 split 메서드가 쉼표가 아닌 공백을 기준으로 문자열을 쪼갰기 때문이다. 우리는 파이썬이 쉼표 문자열(',')을 기준으로 문자열을 쪼갤 수 있도록 명령해야 한다.

메서드가 어떤 식으로 작동하는지 이해하기 위해 help를 이용해보자. 우선 이전에 animals 변수를 리스트로 만들었기 때문에 이 변수를 재정의할 필요가 있다. 다시 이 변수를 문자열로 만들고 split이 어떻게 작동하는지 찾아 보자.

```
animals = 'cat,dog,horse'
help(animals.split)          ❶
```

❶ animal.split(괄호는 제외하고)에 help 메서드를 사용한다. help 메서드는
모든 객체, 메서드 혹은 모듈에 사용할 수 있지만 이 메서드를 사용할 때 괄
호는 제거해야 한다.

다음이 출력된다.

```
split(...)
    S.split([sep [,maxsplit]]) -> list of strings

    Return a list of the words in the string S, using sep as the
    delimiter string. If maxsplit is given, at most maxsplit
    splits are done. If sep is not specified or is None, any
    whitespace string is a separator and empty strings are removed
    from the result.
```

설명의 첫째 줄을 보면 S.split([sep [,maxsplit]]) -> list of strings라고
쓰여 있다. 풀어 말하면 이것은 문자열(S)에 첫 번째 인자(sep)와 두 번째 인자
(maxsplit)를 이용해 특정 메서드(split)를 사용한다는 의미이다. 인자 이름이
대괄호([]) 안에 들어 있다면 이 인자는 반드시 필요한 것이 아닌 선택적임을 나
타낸다. 이 메서드는 문자열로 이루어진 리스트를 반환(->)한다.

　그다음 줄은 다음과 같다. "Return a list of the words in the string S,
using sep as the delimiter string." sep은 split이 사용하는 첫 번째 인자이며
구분자(separator 혹은 delimiter)이다. 구분자는 필드를 구분하는 글자 혹은 일련
의 글자를 의미한다. 예를 들어 쉼표로 구분된 파일에서 쉼표는 구분자이다. 쉼표
는 또한 리스트 내에서 단어들을 구분하기 때문에 문자열의 구분자이기도 하다.

💡　　스크롤을 움직여 도움말을 읽은 후 q를 입력하면 help를 종료할 수 있다.

---

help의 설명에 따르면 특별히 따로 설정하지 않는 이상 기본 구분자는 공백 혹
은 여백이다. 즉 'cat dog horse'라는 문자열을 쪼개기 위해서는 특별히 괄호
안에 구분자를 설정해 줄 필요가 없다는 것이다. 내장 help 메서드를 통해 특정
메서드를 사용하는 방법과 그 메서드가 직면한 문제를 해결하기 위해 적절한지
알아볼 수 있다.

모두 종합하기

우리의 새로운 기술을 테스트 해보자. 다음을 시도해 보라.

1. 문자열, 리스트, 딕셔너리를 생성하라.
2. dir 메서드를 이용해 각 데이터 유형에 사용할 수 있는 메서드를 검색하라.
3. 오류가 발생할 때까지 검색된 내장 메서드 몇 가지를 적용해 보라.
4. help를 이용하여 메서드 도움말을 검색하라. 메서드의 역할을 알아보고 오류를 해결하기 위해 어떻게 해야 할지 파악하라.

축하한다! 여러분은 방금 프로그래밍 하는 방법을 배웠다. 프로그래밍을 한다는 것은 모든 것을 외워야 한다는 의미가 아니다. 오히려 잘못된 것을 발견했을 때 그것을 바로 잡는 작업이라고 할 수 있다.

이 모든 것이 무엇을 의미하는가?

이 장의 도입부에서 이 장을 모두 읽을 때쯤이면 다음 세 줄을 이해할 수 있을 것이라고 이야기 했다.

```
import sys
import pprint
pprint.pprint(sys.path)
```

지금까지 배운 것들을 바탕으로 다시 한 번 살펴 보자. 23쪽의 '실수, 소수 및 기타 비정수 유형' 절에서 우리는 decimal 라이브러리를 불러왔다. 마찬가지로 위 코드에서는 파이썬 표준 라이브러리에서 sys와 pprint라는 모듈을 불러온다는 것을 알 수 있다.

한번 도움을 받아 보자(help를 이용하기 전에 제대로 불러오지 않았다면 오류가 발생할 것이다). pprint를 이해하는 것이 더 쉬우니 먼저 살펴 보자.

```
>>>import pprint
>>>help(pprint.pprint)

Help on function pprint in module pprint:

pprint(object, stream=None, indent=1, width=80, depth=None)
    Pretty-print a Python object to a stream [default is sys.stdout].
```

훌륭하다. pprint.pprint() 도움말에 따르면 이 메서드는 어떤 것을 읽기 쉽게 보여주는 역할을 한다.

이전 장에서 다루었던 것처럼 sys.path는 파이썬이 모듈을 찾는 장소를 보여준다. sys.path는 어떤 데이터 유형에 속할까?

```
import sys
type(sys.path)
```

리스트라는 것을 알 수 있다. 우리는 리스트를 사용하는 방법을 알고 있다! pprint.pprint를 리스트에 이용한다면 읽기 쉽게 보인다는 것 또한 알고 있다. 동물 이름 리스트로 이루어진 리스트에 이것을 적용해보자. 우선 이름 몇 가지를 추가하여 리스트가 지저분하게 보이도록 만들어 보자.

```
animal_names = [
    ['Walter', 'Ra', 'Fluffy', 'Killer'],
    ['Joker', 'Simon', 'Ellie', 'Lishka', 'Fido'],
    ['Mr. Ed', 'Peter', 'Rocket', 'Star']
    ]
```

변수 animal_names를 pprint해보자.

```
pprint.pprint(animal_names)
```

다음이 출력된다.

```
[['Walter', 'Ra', 'Fluffy', 'Killer'],
 ['Joker', 'Simon', 'Ellie', 'Lishka', 'Fido'],
 ['Mr. Ed', 'Peter', 'Rocket', 'Star']]
```

요약하면 위 코드의 각 줄은 다음과 같은 작업을 수행한다.

```
import sys                    ❶
import pprint                 ❷
pprint.pprint(sys.path)       ❸
```

❶ 파이썬의 sys 모듈을 불러온다.

❷ 파이썬의 pprint 모듈을 불러온다.

❸ sys.path라는 리스트에 pprint.pprint를 사용하여 리스트가 분명하고 읽기 쉽게 보이도록 한다.

pprint.pprint를 딕셔너리에 사용하면 어떻게 될까? 잘 정리된 딕셔너리 출력물을 볼 수 있을 것이다.

요약

데이터 유형과 데이터 컨테이너는 파이썬이 데이터를 이해하고 저장하는 방식이다. 이 장에서 다룬 주요한 데이터 유형(표 2.1) 외에도 다양한 데이터 유형이 있다.

이름	예
문자열	'Joker'
정수	2
실수	2.0
변수	animal_names
리스트	['Joker', 'Simon', 'Ellie', 'Lishka', 'Fido']
딕셔너리	{'cats': 2, 'dogs': 5, 'horses': 1, 'snakes': 0}

표 2.1 데이터 유형

이미 알고 있겠지만 어떤 데이터 유형은 다른 데이터 유형에 저장될 수 있다. 리스트는 문자열, 정수 혹은 둘의 조합으로 이루어질 수 있다. 변수는 리스트, 딕셔너리, 문자열, 소수 중 어떤 것도 될 수 있다. animal_names 변수에서 보았던 것처럼 리스트로 이루어진 리스트도 리스트가 될 수 있다. 이 책에서 파이썬에 대한 지식을 쌓아감에 따라 이 데이터 유형들이 어떻게 작동하며 데이터 랭글링에 이들을 어떻게 활용할 수 있는지에 대해 더욱 자세히 알아볼 것이다.

또한 이 장에서 우리는 내장 메서드와 파이썬 객체를 활용하여 할 수 있는 것들에 대해 알아 보았다. 추가적으로 간단한 파이썬 메서드나 도구들을 활용하여 객체가 어떤 데이터 유형에 속하는지, 그리고 그 객체를 가지고 할 수 있는 일이 무엇인지 파악하는 방법도 알아 보았다. 표 2.2에 이 도구들이 요약되어 있다.

예시	내용
type('Joker')	'Joker'가 어떤 유형의 객체인지 반환한다.
dir('Joker')	'Joker'라는 객체가 할 수 있는 모든 것들(메서드 및 속성)에 대한 목록을 반환한다.
help('Joker'.strip)	특정 메서드(이 예시에서는 strip)에 대한 설명을 반환하여 메서드를 어떻게 사용할 수 있는지 알려준다.

표 2.2 간단히 활용할 수 있는 도구들

다음 장에서 우리는 다양한 파일 유형들을 여는 방법과 이 장에서 다룬 파이썬 데이터 유형에 데이터를 저장하는 방법을 배울 것이다. 데이터를 파일에서 파이썬 객체로 전환함으로써 우리는 파이썬의 위력을 끌어올려 데이터 랭글링 작업을 수월하게 수행할 수 있게 될 것이다.

3장

기계가 읽을 수 있는 데이터

데이터는 다양한 형식과 파일 유형으로 저장될 수 있다. 어떤 형식으로 저장하면 기계가 손쉽게 데이터를 다룰 수 있고, 또 다른 어떤 형식으로 저장하면 사람이 쉽게 데이터를 읽을 수 있다. 마이크로소프트의 워드 문서는 후자에 속하며, CSV, JSON, XML 등은 전자에 속한다. 이번 장에서는 기계가 손쉽게 파일을 읽는 방법을 살펴 보고, 이후 4장과 5장에서는 사람이 읽기 쉽게 만들어진 파일에 대해 알아 본다.

 기계가 이해하기 쉬운 방식으로 데이터를 저장하는 파일 형식은 기계가 읽을 수 있는(machine readable) 형식이라고 부른다. 기계가 읽을 수 있는 형식은 보통 다음을 포함한다.

· Comma-Separated Values (CSV)
· JavaScript Object Notation (JSON)
· Extensible Markup Language (XML)

위 데이터 형식은 일반적으로 축약하여 표기하며(예를 들면 CSV) 이 책에서도 약어를 사용한다.

데이터를 수집하거나 조직이나 단체에 데이터를 요청할 때 이 장에서 설명되는 데이터 형식들을 참고하면 유용하다. 파이썬 스크립트는 사람이 읽을 수 있는(human readable) 형식에 비해 이러한 형식들을 더 잘 이해할 수 있으며, 웹사이트에 올라와 있는 데이터 또한 일반적으로 이 형식들로 저장되어 있다.

내 코드를 위한 집 만들기

이 장의 예제와 코드를 따라하기 위해서는 파일을 컴퓨터에 저장해야 한다. 이미 파이썬 코드와 데이터 파일들을 한꺼번에 보관하는 폴더를 만들지 않았다면 data_wrangling과 같은 직관적인 이름을 가진 폴더를 생성하라. 그리고 그 폴더 안에 이 책의 내용과 관련된 코드를 저장할 수 있는 폴더(예를 들면 code라는 이름을 가진 폴더)를 생성하라. 폴더에 파일을 잘 정리하고 파일에 직관적인 이름을 붙이면 앞으로 매우 유용할 것이다.

이 팁을 잘 따라하고 있다면 ~/Projects/data_wrangling/code와 같은 폴더가 생성되었을 것이다.

유닉스 기반 시스템(리눅스와 맥)에서 물결표(~)는 명령 프롬프트를 이용해 용이하게 접근할 수 있는 홈 디렉터리를 나타낸다.

윈도우에서 홈 디렉터리는 사용자(Users) 폴더 안에 존재하기 때문에 경로는 Users\<사용자이름>\Projects\data_wrangling이 될 것이다.

이 책의 데이터 저장소(*https://github.com/jackiekazil/data-wrangling*)에서 예제 코드를 다운로드 하여 자신의 프로젝트 폴더에 넣어라. 이 장의 예제를 따라하기 위해 저장소에서 다운로드 한 데이터와 자신의 파이썬 코드는 같은 폴더 안에 저장되어 있어야 한다. 이렇게 하면 파일이 어디에 저장되어 있는지 걱정할 필요 없이 파이썬을 통해 데이터를 불러오는 것에만 집중할 수 있다.

CSV 데이터

첫 번째로 다룰 기계가 읽을 수 있는 파일 유형은 CSV이다. CSV 파일, 혹은 CSV는 데이터 열을 쉼표로 구분하는 파일이다. CSV 파일은 .csv 확장자를 가지고 있다.

가끔 TSV(tab-separated values) 데이터 또한 CSV 파일의 부류로 여겨지기도 한다. TSV와 CSV의 유일한 차이점은 쉼표 대신 탭으로 데이터 열을 구분한다는 것이다. TSV 파일의 확장자는 .tsv이지만 가끔 .csv일 때도 있다. 기본적으로 파이썬에서 .tsv와 .csv 파일들은 동일하게 작동한다.

 만약 어떤 파일이 .tsv 확장자를 가지고 있다면 TSV 데이터일 가능성이 크다. 그러나 어떤 파일이 .csv 확장자를 가지고 있다면 CSV 데이터일 가능성이 크지만 TSV 데이터일 가능성 또한 있다. 데이터를 불러오기 전에 파일이 어떤 데이터인지 꼭 열어서 확인하도록 하자.

이 장에서 활용할 CSV 파일은 세계보건기구(World Health Organization, WHO)의 데이터를 담고 있다. 세계보건기구는 다양한 형식을 가진 훌륭한 데이터세트(*http://apps.who.int/gho/data/node.main*)를 많이 보유하고 있다. 이 책의 예제로 선택된 데이터세트는 국가별 기대수명에 대한 데이터를 담고 있다. 이 웹 페이지(*http://bit.ly/life_expectancy_data*)에서 데이터세트의 여러 가지 버전을 볼 수 있을 것이다. 이 책에서는 CSV(text only)(*http://bit.ly/life_expectancy_csv*) 데 이터를 이용한다.

텍스트 에디터[1]에서 이 파일을 열면 표 3.1에 쓰인 값들을 포함한 데이터를 볼 수 있다.

CSV 헤더	기록 샘플 1	기록 샘플 2
Indicator(지표)	Life expectancy at age 60 (years)(기대수명(60세))	Life expectancy at birth (years)(기대수명(0세))
PUBLISH STATES(발행 상태)	Published(발행됨)	Published(발행됨)
Year(연도)	1990	1990
WHO region(WHO 지역)	Europe(유럽)	Americas(아메리카)
World Bank income group (세계은행에서 발행한 그룹별 소득)	High-income(고소득)	Lower-middle-income(중하소득)
Country(국가)	Czech Republic(체코)	Belize(벨리즈)
Sex(성별)	Female(여성)	Both sexes(남녀양성)
Display Value(표시 값)	19	71
Numeric(수치)	19.00000	71.00000
Low(낮음)	no value(값 없음)	no value(값 없음)
High(높음)	no value(값 없음)	no value(값 없음)
Comments(평)	no value(값 없음)	no value(값 없음)

표 3.1 샘플 데이터 기록 2가지

다음은 쉽게 읽을 수 있도록 몇 가지의 필드만으로 나타낸 샘플 데이터이다. 텍 스트 에디터에서 CSV 파일을 열면 다음과 비슷한 형태를 볼 수 있다.

```
"Year", "Country","Sex","Display Value","Numeric"
"1990","Andorra","Both sexes","77","77.00000"
"2000","Andorra","Both sexes","80","80.00000"
"2012","Andorra","Female","28","28.00000"
"2000","Andorra","Both sexes","23","23.00000"
"2012","United Arab Emirates","Female","78","78.00000"
"2000","Antigua and Barbuda","Male","72","72.00000"
"1990","Antigua and Barbuda","Male","17","17.00000"
"2012","Antigua and Barbuda","Both sexes","22","22.00000"
"2012","Australia","Male","81","81.00000"
```

---

1 이 장의 예제를 진행하기 위해서는 좋은 텍스트 에디터가 필요하다. 만약 아직 설치하지 않았다면 16쪽의 '코 드 에디터 설치하기' 절을 참고하여 에디터를 설치하자.

엑셀이나 구글 스프레드시트와 같은 스프레드시트 프로그램을 이용해도 파일 미리보기가 가능하다. 이러한 프로그램들을 이용하면 각 데이터 엔트리를 행으로 분류하여 볼 수 있다.

CSV 데이터 불러오기

데이터에 대해 알아 보았으니 파이썬에서 파일을 열고 파이썬이 이해할 수 있는 형태로 변환시켜 보자. 코드 몇 줄이면 가능하다.

```
import csv

csvfile = open('data-text.csv', 'rb')
reader = csv.reader(csvfile)

for row in reader:
    print row
```

코드를 한 줄씩 살펴 보자. 이전 장에서는 파이썬 인터프리터에 코드를 직접 입력했지만 코드가 길어지고 복잡해질수록 코드를 파일로 작성한 후 이 파일을 실행하는 편이 편리하다. 이 코드를 살펴본 후 파이썬 파일인 .py 파일로 저장하여 명령 프롬프트에서 파일을 실행해보자.

위 스크립트의 첫째 줄은 csv라는 라이브러리(*https://docs.python.org/3/library/csv.html*)를 불러온다.

```
import csv
```

파이썬 라이브러리란 파이썬 프로그램들에서 사용할 수 있는 기능들을 제공하는 코드 패키지를 뜻한다. 우리가 여기에서 불러오는 csv 라이브러리는 파이썬을 설치하면 함께 제공되는 파이썬 표준 라이브러리(stdlib)에 포함되어 있다. 파일로 라이브러리를 불러오면 라이브러리를 사용할 수 있다. csv 라이브러리에 포함된 헬퍼 함수[2] 덕분에 복잡한 작업을 수행하려 할 때도 코드를 길게 짤 필요가 없다. 만약 이 라이브러리를 불러오지 않았다면 스크립트가 좀 더 길어졌을 것이다.

코드의 둘째 줄에서는 스크립트와 같은 폴더에 저장되어 있는 data-text.csv 파일을 불러와 open 함수로 보낸다.

```
csvfile = open('data-text.csv', 'rb')
```

---

2 (옮긴이) 헬퍼 함수는 216쪽을 참고하라.

함수란 호출이 되었을 때 특정한 작업을 수행하는 코드 조각이다. 함수는 2장에서 살펴 본 파이썬 데이터 형식 중 하나인 메서드와 매우 비슷하다. 때때로 함수는 입력 정보를 필요로 하는데 이것은 인자(argument)라고 부른다. 함수는 인자를 기반으로 작업을 수행한다. 함수는 출력값을 반환할 수 있고 이 값은 저장되거나 사용된다.

open은 파이썬의 내장 함수(*https://docs.python.org/2/library/functions.html*)이다. 이는 파일을 여는(open) 작업이 아주 흔히 일어나기에 파이썬 개발에 핵심적으로 기여한 이들이 파이썬이 설치될 때 이 함수도 함께 설치되도록 설정해 놓았다는 의미이다. open 함수를 사용할 때 파일 명은 첫 인자가 되며(이 예제에서는 'data-text.csv'라는 파일 명이 사용되었다) 이후 선택적으로 어떤 모드에서 이 파일을 열지 설정하게 된다(이 예제에서는 'rb'가 선택되었다). 파이썬 도움말에서 open을 검색하면(*https://docs.python.org/2/library/functions.html#open*) 'rb'는 읽기전용 모드와 바이너리 모드에서 파일이 열리도록 하는 인자라는 것을 알 수 있다. 파일을 바이너리 모드에서 열면 윈도우와 유닉스 기반 운영체제에서 코드가 실행된다. 그 외에 많이 쓰이는 모드에는 쓰기('w', 혹은 바이너리 모드에서 쓰기를 사용하려면 'wb')가 있다.

💡 코드를 읽는 것이 목적이라면 읽기 모드에서 파일을 열고, 코드를 작성하는 것이 목적이라면 쓰기 모드에서 파일을 열자.

위 코드에서는 이 함수의 출력값을 csvfile이라는 변수에 저장한다. 이때 csvfile은 열린 파일을 값으로 갖고 있는 상태이다.

다음 줄에서는 csvfile를 csv 모듈의 reader 함수에 전달한다. reader 함수는 csv 모듈이 열린 파일을 CSV로 읽도록 한다.

```
reader = csv.reader(csvfile)
```

위의 코드를 통해 csv.reader(csvfile) 함수의 출력값은 reader라는 변수에 저장된다. reader 변수는 파일을 CSV 형식으로 연 파이썬 CSV 리더(reader)를 담고 있다. CSV 리더 덕분에 간단한 파이썬 명령어만을 이용하여 파일에 담긴 데이터를 쉽게 읽을 수 있다. 코드의 마지막 줄에서는 for 루프를 사용한다.

for 루프는 보통 리스트와 함께 쓰이며 파이썬 객체를 순회(iterate)하는 방식이다. for 루프는 파이썬 리스트 안의 각 객체에 대해 특정 작업을 수행하게 만든다. for 루프 내에서 for라는 단어 바로 이후에 쓰이는 단어는 리스트(혹은 순회할 수 있는 임의의 객체)의 객체를 차례로 하나씩 담게 될 변수를 나타낸다.
for 루프 아래로 이어지는 코드에서는 객체가 담긴 변수를 이용하여 특정 작업
이나 계산을 수행한다. 그러므로 의미가 있는 변수 명을 사용하여 자신을 비롯
한 모든 사람들이 코드를 쉽게 읽고 이해할 수 있도록 하는 것이 중요하다.

 2장에서 등장한 유효하지 않은 토큰 오류를 기억하는가? 파이썬에서 for는 특별한 토큰
중 하나로 for 루프를 생성하는 데만 사용된다. 토큰은 인터프리터나 스크립트에 입력한
내용을 컴퓨터가 실행할 수 있는 것으로 변환시켜 주는 역할을 한다.

다음 예제를 파이썬 인터프리터에서 실행해 보라.

```
dogs = ['Joker', 'Simon', 'Ellie', 'Lishka', 'Fido']
for dog in dogs:
    print dog
```

위의 for 루프에서는 dog라는 변수에 개의 이름을 차례로 저장한다. 매번 for 루
프를 순회할 때마다 (dog라는 변수에 담겨 있는) 개의 이름을 출력한다. for 루
프가 모든 개의 이름(혹은 리스트의 모든 항목)을 출력하고 나면 코드는 더 이상
실행되지 않는다.

IPython에서 들여쓴 코드 블록 닫기

IPython 터미널에서 for 루프나 기타 들여쓴 블록을 작성할 때는 프롬프트가 들여쓴 블록 스
타일인 ...에서 새로운 In 프롬프트로 돌아가 있는지 반드시 확인하라. 이를 가장 쉽게 확인
할 수 있는 방법은 들여쓴 코드의 마지막 줄을 입력한 후 리턴 키를 누르는 것이다. 루프 밖에
서 코드를 입력하기 전에 반드시 프롬프트가 In로 시작하는지 확인해야 한다.

```
In [1]: dogs = ['Joker', 'Simon', 'Ellie', 'Lishka', 'Fido']

In [2]: for dog in dogs:
...: print dog          ❶
...:                     ❷
Joker
Simon
Ellie
Lishka
Fido

In [3]:                  ❸
```

❶ IPython이 시작할 때 자동으로 들여쓰기를 시작한다(4자의 공백 문자 이후 ...:가 나온다).

❷ 빈 줄에서 리턴 키를 눌러 들여쓴 블록을 끝내고 코드를 실행한다.

❸ IPython이 코드 실행을 완료하면 새로운 프롬프트가 나타난다.

CSV 읽기를 위한 코드에서 reader 객체는 데이터 행을 담고 있는 파이썬 컨테이너이다. reader for 루프에서는 row라는 변수에 데이터를 한 행씩 보관한다. 다음 코드를 실행하면 각 행을 순회할 때마다 파이썬이 해당 행을 출력한다.

```
for row in reader:
    print row
```

데이터를 불러와 순회하는 방법을 배웠으니 이제 데이터를 살펴 보자.

파일에 코드 저장하기; 명령 프롬프트에서 실행하기

여러분이 코딩을 하고 있는 개발자라면 이후에 사용하고 살펴볼 수 있도록 작업 중이거나 불완전한 코드라고 하더라도 반드시 저장해야 한다. 코딩 작업을 중단해야 할 일이 생기더라도 코드를 잘 정리하여 저장하면 언제든지 다시 돌아와서 작업을 이어갈 수 있기 때문이다.

이제까지 작업한 코드가 담긴 파일을 저장하고 실행해보자. 코드는 다음과 같을 것이다(만약 아직 그렇게 하지 않았다면 텍스트 에디터를 켜고 새로운 파일을 만든 후 다음의 코드를 입력하라).

```
import csv

csvfile = open('data-text.csv', 'rb')
reader = csv.reader(csvfile)

for row in reader:
    print row
```

> 대소문자 구분, 띄어쓰기, 줄 바꿈에 유의하라. 만약 코드 각 줄의 띄어쓰기에 차이가 나거나 대문자를 잘못 사용하게 되면 코드는 실행되지 않을 것이다. 들여쓰기를 할 때 반드시 4자의 공백 문자를 사용하여 위의 코드를 그대로 써라. 파이썬은 대소문자를 구별하며 구조를 나타내기 위해 들여쓰기를 사용하기 때문이다.

텍스트 에디터를 사용하여 위의 코드를 .py(파이썬) 파일로 저장하라. 전체 파일 명은 import_csv_data.py와 같은 형태일 것이다.

데이터 파일인 data-tex.csv를 방금 전 파이썬 파일을 저장한 폴더에 넣어라. 만약 데이터 파일을 다른 장소에 보관하고 싶다면 새로운 파일 저장 장소에 맞춰 코드를 수정해야 한다.

다른 장소에 있는 파일 열기

현재 코드에서는 다음과 같이 파일의 경로를 open 함수에 전달한다.

```
open('data-text.csv', 'rb')
```

그러나 만약 코드가 data라는 하위 폴더에 저장되어 있다면 스크립트가 그 위치에서 파일을 찾을 수 있도록 다음과 같이 수정해야 한다.

```
open('data/data-text.csv', 'rb')
```

위 예제의 파일 구조는 다음과 같았을 것이다.

```
data_wrangling/
`-- code/
    |-- import_csv_data.py
    `-- data/
        `-- data-text.csv
```

파일 위치를 찾는 데 어려움이 있다면 명령 프롬프트를 켜고 맥 혹은 리눅스 컴퓨터에 다음 명령어들을 사용하여 폴더를 검색할 수 있다.

· ls를 입력하면 파일의 목록을 반환한다.

· pwd를 입력하면 현재 폴더 위치를 보여준다.

· cd ../를 입력하면 상위 폴더로 이동한다.

· cd ../../를 입력하면 상위 폴더로 두 번 이동한다.

· cd data를 입력하면 현재 폴더 내에 있는 data라는 폴더로 이동한다(ls를 이용하여 현재 폴더 위치를 알 수 있다!).

윈도우 사용자를 위한 명령 프롬프트 사용법을 비롯해 명령 프롬프트에 대해 좀 더 알고 싶다면 부록 C를 참고하라.

파일을 저장하면 명령 프롬프트를 이용하여 파일을 실행할 수 있다. 이미 열려 있지 않다면 명령 프롬프트(터미널 혹은 cmd)를 열고 파일의 위치를 탐색해 보라. ~/Projects/data_wrangling/code라는 위치에 파일을 넣었다고 가정해 보자. 맥의 명령 프롬프트를 이용하여 그 위치를 탐색하고 싶다면 다음과 같이 change directory (cd) 명령어를 사용하라.

```
cd ~/Projects/data_wrangling/code
```

위치를 찾았다면 파이썬 파일을 실행할 수 있다. 이 시점까지 우리는 코드를 파이썬 인터프리터에서 실행시켜 왔다. 그러나 앞서 파일을 import_csv_data.py 로 저장했었다. 명령 프롬프트에서 python을 입력한 후 한 칸을 띄우고 파일 명을 입력하면 이 파일을 실행할 수 있다. 불러오기 파일을 실행해보자.

```
python import_csv_data.py
```

다음과 같은 여러 개의 리스트가 출력된다. 아래와 비슷한 형태이지만 훨씬 더 많은 양의 기록일 것이다.

```
['Healthy life expectancy (HALE) at birth (years)', 'Published', '2012',
 'Western Pacific', 'Lower-middle-income', 'Samoa', 'Female', '66',
 '66.00000', '', '', '']
['Healthy life expectancy (HALE) at birth (years)', 'Published', '2012',
 'Eastern Mediterranean', 'Low-income', 'Yemen', 'Both sexes', '54',
 '54.00000', '', '', '']
['Healthy life expectancy (HALE) at birth (years)', 'Published', '2000',
 'Africa', 'Upper-middle-income', 'South Africa', 'Male', '49', '49.00000',
 '', '', '']
['Healthy life expectancy (HALE) at birth (years)', 'Published', '2000',
 'Africa', 'Low-income', 'Zambia', 'Both sexes', '36', '36.00000', '', '', '']
['Healthy life expectancy (HALE) at birth (years)', 'Published', '2012',
 'Africa', 'Low-income', 'Zimbabwe', 'Female', '51', '51.00000', '', '', '']
```

위와 같이 출력되었는가? 만약 그렇지 않다면 잠시 멈추고 오류 메시지를 읽어보자. 어떤 부분에서 실수를 했는지 찾아낼 수 있는가? 오류에 대해 검색하고 다른 사람들이 이 오류를 어떤 식으로 해결했는지 찾아 보라. 문제 해결에 도움이 더 필요하다면 부록 E를 참고하자.

 이 시점부터 등장할 다수의 코드는 코드 에디터를 사용하여 작업하고 파일을 저장한 후 명령 프롬프트에서 실행된다. 파이썬 인터프리터는 여전히 짧은 코드를 실행하는 데 유용하게 쓰이는 도구이지만, 코드가 길어지고 복잡해질수록 프롬프트만을 사용하기란 쉽지 않다.

지금 작성하고 있는 코드를 비롯해 많은 코드들에 문제가 생기면 여러 가지 방식으로 해결할 수 있다. csv.reader()는 파일의 매 행을 리스트 형태로 출력하기 때문에 이것을 사용하는 것은 문제 해결의 좋은 출발점이 될 수 있다. 우리는 이 스크립트를 약간 수정하여 리스트 행을 딕셔너리 행으로 만들 것이다. 이렇게 하면 좀 더 쉽게 데이터세트를 살펴보면서 데이터를 읽고 비교하고 이해할 수 있게 될 것이다.

텍스트 에디터에서 4번째 줄인 reader = csv.reader(csvfile)를 reader = csv.DictReader(csvfile)로 수정하자. 코드는 다음과 같이 수정된다.

```
import csv

csvfile = open('data-text.csv', 'rb')
reader = csv.DictReader(csvfile)

for row in reader:
    print row
```

이 파일을 저장한 후 다시 실행하면 모든 기록이 딕셔너리로 바뀐다. CSV 파일의 첫 번째 행이 딕셔너리의 키가 되며, 그 이후 모든 행은 값이 된다. 결과적으로 행은 대략 다음과 같이 바뀐다.

```
{
    'Indicator': 'Healthy life expectancy (HALE) at birth (years)',
    'Country': 'Zimbabwe',
    'Comments': '',
    'Display Value': '49',
    'World Bank income group': 'Low-income',
    'Numeric': '49.00000',
    'Sex': 'Female',
    'High': '',
    'Low': '',
    'Year': '2012',
    'WHO region': 'Africa',
    'PUBLISH STATES': 'Published'
}
```

우리는 파이썬에 CSV 데이터를 성공적으로 불러왔다. 즉, 파일에서 데이터를 꺼내어 파이썬이 이해할 수 있는 편리한 형태(딕셔너리)로 변화시킨 것이다. 또한 for 루프를 사용하여 데이터가 실제로 어떻게 생겼는지 확인할 수 있었다. csv 라이브러리의 두 가지 종류의 리더를 사용해 데이터를 리스트와 딕셔너리 두 가지 방식으로 확인할 수 있는 것이다. 이후 데이터세트를 탐구하고 분석하는 과정에서 csv 라이브러리는 다시 등장한다. 다음 절로 넘어가 보자.

JSON 데이터

JSON 데이터는 데이터 전송을 위해 가장 흔히 쓰이는 데이터 형식 가운데 하나이다. 이 데이터 형식이 널리 쓰이는 이유는 깔끔하고 읽기 쉬우며 파싱이 용이하기 때문이다. 또한 웹사이트에서 JavaScript로 데이터를 전송하는 데에도 많이 쓰인다. 다수의 웹사이트에서는 JSON 기반 API를 사용하고 있는데 이에 대해서는 13장에서 더욱 자세히 다룰 것이다. 이번 절에서는 앞 절에 이어 전 세계 기대수명 데이터를 사용한다. WHO에서는 JSON 형식의 데이터를 제공하지 않기 때문에 이 책을 읽는 독자들을 위해 저자들이 JSON 형식을 만들었다.
이 데이터는 코드 저장소에서 찾아볼 수 있다(*https://github.com/jackiekazil/data-wrangling*).

 만약 파일의 확장자가 .json이라면 그것은 아마 JSON 데이터일 것이다. 만약 파일의 확
장자가 .js라면 그것은 JavaScript일 확률이 높지만 가끔 제대로 이름이 붙여지지 않은
JSON 파일일 가능성도 있다.

코드 에디터에서 JSON 파일을 열면 각 데이터 기록이 파이썬 딕셔너리와 비슷
해 보이는 것을 확인할 수 있다. 각 행에는 쌍점(:)으로 구분된 키와 값이 있으며
각 데이터 엔트리는 쉼표(,)로 구분되어 있다. 중괄호({})도 보인다. JSON 파일
의 샘플 기록을 살펴 보자.

```
[
  {
    "Indicator":"Life expectancy at birth (years)",
    "PUBLISH STATES":"Published",
    "Year":1990,
    "WHO region":"Europe",
    "World Bank income group":"High-income",
    "Country":"Andorra",
    "Sex":"Both sexes",
    "Display Value":77,
    "Numeric":77.00000,
    "Low":"",
    "High":"",
    "Comments":""
  },
]
```

형식에 따라 JSON 파일은 딕셔너리와 정확히 동일해 보일 수 있다. 위 샘플에서
각 엔트리는 파이썬 딕셔너리(중괄호({})에 의해 정의됨)이며, 이 딕셔너리들은
리스트(대괄호([])에 의해 정의됨)를 구성한다.

JSON 데이터 불러오기

파이썬에서 JSON 파일은 CSV 파일에 비해 수월하게 불러올 수 있다. 다음 코드
를 실행하면 JSON 데이터 파일을 열고 불러오고 불러와 출력한다.

```
import json                                     ❶

json_data = open('data-text.json').read()       ❷

data = json.loads(json_data)                     ❸
```

```
for item in data:                        ❹
    print item
```

❶ JSON 파일을 처리하는 데 사용할 json 파이썬 라이브러리(*https://docs.python. org/2/library/json.html*)를 불러온다.

❷ 내장 파이썬 함수인 open을 이용하여 파일을 연다. 파일 명은 data-text. json(이것은 open 함수의 첫 번째 인자이다)이다. 이 줄에서는 열린 파일의 메서드 가운데 read를 호출하며 이 메서드는 이후 파일을 읽어 json_data 변수에 저장한다.

❸ json.loads()를 이용해 JSON 데이터를 파이썬에 불러온다. data 변수에 출력물이 담긴다.

❹ for 루프를 이용해 데이터를 순회하고 이 예제의 출력물이 될 각 항목을 출력한다.

명령 프롬프트에서 python import_json_data.py를 실행하면 JSON 파일의 각 기록의 딕셔너리를 보여준다. 이전 최종 CSV 출력물과 거의 동일하게 보일 것이다. 데이터 파일을 코드 파일이 담긴 폴더에 넣거나 혹은 데이터 파일의 위치에 알맞게 코드의 파일 경로를 수정해야 한다는 것을 기억하라.

이전 CSV 절에서는 파일을 저장한 후 그 파일을 명령 프롬프트에서 실행하는 방법에 대해 배웠다. 이번 예제에서는 빈 파일을 만들어 그 파일을 채워보자.

간단히 개략적인 과정을 살펴보자.

1. 코드 에디터에서 새 파일을 만든다.
2. 이 파일을 코드가 들어 있는 폴더에 import_json_data.py라는 이름으로 저장한다.
3. 데이터 파일을 코드가 들어 있는 폴더로 옮긴다(혹은 저장한다). (반드시 코드에서 사용된 이름대로 파일 명을 수정한다. 이 책에서는 data-text.json이라는 이름을 이용한다.)
4. import_json_data.py 파일이 열려 있는 코드 에디터로 돌아간다.

위의 코드를 읽고 CSV 불러오기 파일과 비교해보자. 일단 파이썬의 내장 json 라이브러리를 불러온다.

```
import json
```

그리고 우리가 앞서 다루었던 open 함수를 이용해 data-text.json 파일을 열고 열린 파일에 read 메서드를 호출한다.

```
json_data = open('data-text.json').read()
```

CSV 파일의 예제에서 우리는 read 메서드를 사용하지 않았다. 이번에는 왜 다를까? CSV 예제에서는 파일을 읽기 전용 모드에서 열었지만 JSON 예제에서는 json_data 변수에 파일의 내용을 읽고 있다. CSV 예제에서는 open 함수가 파일인 객체를 반환하지만 JSON 예제에서는 파일을 일단 열고 난 후 내용을 읽기 때문에 str(문자열)을 반환한다. 이와 같은 차이는 파이썬 json과 csv 라이브러리가 입력값을 다른 방식으로 처리하기 때문에 발생한다. CSV 리더에 문자열을 적용하려고 했다면 오류가 발생했을 것이고, 마찬가지로 JSON loads 함수에 파일을 적용하려고 했다면 또한 오류가 발생했을 것이다.

　다행인 것은 파이썬에서 손쉽게 문자열을 파일로 만들 수 있으며(예를 들면 문자열만 있는 상황에서 CSV 리더를 사용해야만 할 때와 같은 경우에 사용할 수 있다), 또한 파일을 문자열 형식으로 읽는 것도 어렵지 않다. 파이썬에서 닫힌 파일이란, 단지 열어서 읽어야 할 파일명 문자열일 뿐이다. 파이썬 코드 몇 줄이면 파일에서 데이터를 가지고 와 문자열로 읽고 이 문자열을 특정 함수로 보낼 수 있다.

> JSON 파일이 저장되어 있는 폴더에서 파이썬 인터프리터에 다음을 입력하고 각 줄이 어떤 객체 유형을 출력하는지 살펴 보자.
>
> ```
> filename = 'data-text.json'
> type(open(filename, 'rb')) # similar to csv code      # csv 코드와 비슷함
> type(open(filename).read()) # similar to json code    # json 코드와 비슷함
> ```

파이썬 json 라이브러리의 loads 함수는 파일이 아닌 문자열을 필요로 한다. 파이썬 csv 라이브러리의 reader 함수는 열린 파일을 필요로 한다. 스크립트의 다음 줄에서 loads 함수를 사용하는데 이 함수는 JSON 문자열을 파이썬으로 불러온다. 이 함수의 출력값은 data라는 변수에 할당된다.

```
data = json.loads(json_data)
```

데이터를 미리 보기 위해 각 항목을 순회하고 출력한다. 꼭 필요한 부분은 아니지만 데이터를 미리 보고 적절한 형태인지 확인할 수 있다.

```
for item in data:
    print item
```

파일을 다 쓴 후 저장하고 실행한다. 보다시피 파이썬에서 JSON 파일을 열어 딕
셔너리 리스트로 변환하는 과정은 굉장히 간단하다. 다음 절에서는 상황에 따른
파일 처리 방법에 대해 알아 본다.

XML 데이터

XML은 때때로 사람과 기계 모두가 읽을 수 있는 형태로 서식화 되어 있다. 그
러나 우리가 다루고 있는 데이터세트에서는 XML 파일보다 CSV나 JSON으로
된 것이 미리보기를 통해 눈으로 보고 이해하기는 훨씬 쉽다. 하지만 다행스럽
게도 이 파일들은 모두 같은 데이터를 담고 있기 때문에 우리는 이미 어느 정
도 데이터에 파악한 상태이다. 이 장과 관련된 내용들을 저장해 왔던 폴더에 기
대수명률 데이터(*http://bit.ly/life_expectancy_data*)의 XML 버전(*http://bit.ly/life_*
expectancy_xml)을 다운로드 하여 저장하라.

 만약 파일이 .xml 확장자를 가지고 있다면 그것은 XML 데이터이다. 만약 파일이 .html 혹
은 .xhtml 확장자를 가지고 있다면 XML 파서(parser)를 이용해 파싱이 가능할 수도 있다.

이전 예제에서와 마찬가지로 코드 에디터에서 파일을 열어 미리 들여다 보자.
스크롤을 내리다 보면 CSV 예제에서 다뤘던 것과 비슷한 데이터가 보일 것이다.
물론 이번 데이터는 '태그'를 이용한 XML 형식으로 나타나 있기 때문에 그전에
보았던 데이터와 차이가 있다.

 XML은 마크업 언어이며, 이것은 서식화된 데이터가 포함된 문서 구조를 가지고 있다는 것
을 의미한다. XML 문서는 기본적으로 특별한 서식을 가지고 있는 데이터 파일이다.

다음은 이번 예제에서 다루는 XML 데이터의 샘플이다. 이 예제에서 보이는
`<Observation />`, `<Dim />`, 그리고 `<Display />`는 모두 태그이다. 태그(혹은 노
드)는 데이터를 계층적이고 구조적으로 저장한다.

```
<GHO ...>
    <Data>
        <Observation FactID="4543040" Published="true"
        Dataset="CYCU" EffectiveDate="2014-03-27" EndDate="2900-12-31">
            <Dim Category="COUNTRY" Code="SOM"/>
            <Dim Category="REGION" Code="EMR"/>
            <Dim Category="WORLDBANKINCOMEGROUP" Code="WB_LI"/>
            <Dim Category="GHO" Code="WHOSIS_000002"/>
            <Dim Category="YEAR" Code="2012"/>
```

```
            <Dim Category="SEX" Code="FMLE"/>
            <Dim Category="PUBLISHSTATE" Code="PUBLISHED"/>
            <Value Numeric="46.00000">
                <Display>46</Display>
            </Value>
        </Observation>
        <Observation FactID="4209598" Published="true"
        Dataset="CYCU" EffectiveDate="2014-03-25" EndDate="2900-12-31">
            <Dim Category="WORLDBANKINCOMEGROUP" Code="WB_HI"/>
            <Dim Category="YEAR" Code="2000"/>
            <Dim Category="SEX" Code="BTSX"/>
            <Dim Category="COUNTRY" Code="AND"/>
            <Dim Category="REGION" Code="EUR"/>
            <Dim Category="GHO" Code="WHOSIS_000001"/>
            <Dim Category="PUBLISHSTATE" Code="PUBLISHED"/>
            <Value Numeric="80.00000">
                <Display>80</Display>
            </Value>
        </Observation>
    </Data>
</GHO>
```

데이터 값은 XML 파일의 두 가지 장소에 저장된다. 그중 한 장소는 두 개의 태그 사이인데, 예를 들면 `<Display>46</Display>`에서 `<Display>`라는 태그 사이의 46과 같다. 다른 장소는 태그의 속성(attribute)으로, `<Dim Category="COUNTRY" Code="SOM"/>`에서 Category의 속성은 "COUNTRY"이고 Code의 속성은 "SOM"이다. XML 속성은 어떤 태그에 속한 태그의 추가 정보를 저장한다.

JSON에서는 데이터를 키/값의 쌍으로 저장하는데 비해, XML에서는 2개, 3개, 혹은 4개로 이루어진 그룹으로 저장할 수 있다. XML 태그와 속성은 JSON의 키와 비슷한 방식으로 데이터를 저장한다. Display 태그를 다시 살펴보면 이 태그의 값은 태그의 시작과 끝부분 사이에 위치한다. Dim 노드를 보면 두 가지 값(Category와 Code)이 각각 다른 속성을 가지고 있다. XML 서식을 이용하면 각 노드에 한 개 이상의 속성을 저장할 수 있다. HTML에 친숙한 사용자라면 이런 내용에 익숙할 것이다. HTML이 XML과 밀접하게 연관되어 있기 때문이다. 이 둘은 모두 노드(혹은 태그) 내에 속성을 지니며 또한 마크업 언어(*http://en.wikipedia.org/wiki/Markup_language*)이다.

> XML 태그를 만들고 속성을 명명하는 방법과 관련하여 널리 사용되는 기준이 존재함에도 불구하고, 구조의 많은 부분은 XML을 디자인하거나 생성하는 사람(혹은 기계)에게 달려있다. 그렇기 때문에 다양한 출처를 가진 데이터세트가 모두 일관된 구조를 가지고 있을 것이라고 확신하기는 힘들다. XML 디자인의 좋은 사례에 대해 알고 싶다면 IBM이 제시한 잘 만든 가이드라인 몇 가지를 살펴 보라(*http://bit.ly/elements_v_attributes*).

XML 데이터 불러오기

데이터에 대해 알아 보았으니 파이썬에서 사용될 수 있는 형태로 파일을 불러와 보자. XML 형식에서 데이터를 꺼내어 파이썬으로 옮기기 위해 다음 코드를 입력한다.

```python
from xml.etree import ElementTree as ET

tree = ET.parse('data-text.xml')
root = tree.getroot()

data = root.find('Data')

all_data = []

for observation in data:
    record = {}
    for item in observation:

        lookup_key = item.attrib.keys()[0]

        if lookup_key == 'Numeric':
            rec_key = 'NUMERIC'
            rec_value = item.attrib['Numeric']
        else:
            rec_key = item.attrib[lookup_key]
            rec_value = item.attrib['Code']

        record[rec_key] = rec_value

    all_data.append(record)

print all_data
```

CSV와 JSON 예제에 비해 코드가 복잡해 보인다.

자세히 살펴 보자. 코드 에디터에서 새 파일을 생성하고 이제까지 코드를 저장해 왔던 폴더에 저장하라. 파일 명은 import_xml_data.py로 저장하라. 만약 이 책의 데이터 저장소가 아닌 WHO 웹사이트에서 직접 데이터를 다운로드 했다면 저장된 XML 파일의 파일 명을 data-text.xml로 바꾸고 새로운 코드가 저장된 폴더로 옮겨라.

XML 파싱에 사용될 내장 라이브러리인 ElementTree(*http://bit.ly/elementtree_api*)를 일단 불러온다.

```python
from xml.etree import ElementTree as ET
```

 이미 언급했던 바와 같이 어떠한 문제를 해결하는 방법은 다양할 수 있다. 이 예제에서는 ElementTree를 사용하지만 lxml(*http://lxml.de/*)나 minidom(*http://bit.ly/minimal_dom*)

과 같은 라이브러리도 사용할 수 있다.

이 세 가지 라이브러리 모두 동일한 문제를 해결하기 위해 쓰일 수 있으니 이를 모두 사용하여 예제에서 다루고 있는 데이터를 살펴볼 것을 권장한다. 이번 예제에서 뿐만이 아니라 앞으로도 여러분이 가장 쉽게 이해할 수 있는 라이브러리를 선택하라(그리고 신기하게도 많은 경우에 이 선택이 최선의 선택이 된다).

위의 import 문에는 우리가 이전 예제들에서 보지 못한 as ET라는 부분이 포함되어 있다. ElementTree를 불러온 후 이것을 ET라고 부를 것이라는 의미이다. 왜일까? 이 라이브러리를 사용할 때마다 ElementTree를 매번 입력하기에는 우리가 너무 게으르기 때문이다. 이렇게 하는 것은 이름이 긴 클래스나 함수를 불러올 때의 일반적인 관행이고 필수적인 것은 아니다. as를 사용함으로써 ElementTree를 지칭하기 위해 ET라는 단어를 사용할 것을 파이썬에게 알려주는 것이다.

다음으로 ET 클래스에 parse 메서드를 호출하여 특정 파일에서 데이터를 파싱한다. 코드가 저장되어 있는 폴더에서 파일을 파싱하기 때문에 파일 명에 파일 경로를 쓰지 않아도 된다.

```
tree = ET.parse('data-text.xml')
```

parse 메서드는 보통 사람들이 tree라는 변수에 저장하는 파이썬 객체를 반환한다. XML에서 tree는 파이썬이 이해하고 파싱할 수 있는 방식으로 저장되어 있는 전체 XML 객체를 나타낸다.

tree와 그 안에 저장되어 있는 데이터를 어떻게 살펴볼 수 있는지 이해하기 위해 tree의 root에서 시작해보자. root란 첫 번째 XML 태그이다. tree의 root에서 시작하기 위해 getroot 함수를 호출한다.

```
root = tree.getroot()
```

root를 출력하기 위해 위 문장 위에 print root를 추가했다면 XML 트리의 root 요소가 파이썬의 출력 방식대로 출력된 것을 볼 수 있을 것이다(<Element 'GHO' at 0x1079e79d0>와 같을 것이다[3]). 이러한 표현 방식을 통해 ElementTree가 root 혹은 XML 문서의 가장 바깥쪽의 태그를 GHO라는 태그명을 가진 XML 노드로 인식했음을 알 수 있다.

---

3 이것은 파이썬 객체의 기억 주소(memory address) 정보를 16진수 문자열로 나타낼 때 사용하는 방법이다. 데이터 랭글링에 필요한 내용이 아니므로 여러분(독자)의 기억 주소가 우리(필자)의 기억 주소와 같지 않더라도 무시하면 된다.

root를 식별했으니 이제 우리가 원하는 데이터에 어떻게 접근해야 하는지 알아 보자. 우리는 앞서 CSV와 JSON 절에서 데이터를 분석했기 때문에 이 데이터에 대해 어느 정도 파악하고 있는 상태이다. 이제 XML tree를 가로질러 이전 예제들에서 본 것과 같은 데이터를 추출해 내면 된다. 우리가 찾고 있는 것이 무엇인지 이해하기 위해서는 XML tree의 전체적인 구조와 형식에 대해 이해해야 한다. 정확히 핵심 구조만을 보기 위해 우리가 사용 중인 XML 파일을 축소하고 데이터를 제거하면 다음과 같다.

```
<GHO>
    <Data>
        <Observation>
            <Dim />
            <Dim />
            <Dim />
            <Dim />
            <Dim />
            <Dim />
            <Value>
                <Display>
                </Display>
            </Value>
        </Observation>
        <Observation>
            <Dim />
            <Dim />
            <Dim />
            <Dim />
            <Dim />
            <Value>
                <Display>
                </Display>
            </Value>
        </Observation>
    </Data>
</GHO>
```

위의 구조를 다시 살펴보면 데이터의 '행'이 Observation 양 태그 사이에 위치하는 것을 알 수 있다. 각 행의 데이터는 또다시 각 Observation 노드 사이의 Dim, Value, 그리고 Display 노드 사이에 위치한다.

이제까지 우리가 짠 코드는 세 줄이다. 파이썬을 이용해 이 노드들을 추출하기 위해 현재 코드의 끝에 print dir(root)를 추가하고 파일을 저장한 후 명령 프롬프트에서 실행시켜 보자.

```
python import_xml_data.py
```

root 변수의 전체 메서드 및 속성을 볼 수 있다. 현재까지의 코드는 다음과
같다.

```
from xml.etree import ElementTree as ET

tree = ET.parse('data-text.xml')
root = tree.getroot()
print dir(root)
```

파일을 실행시키면 다음이 출력된다.

```
['__class__', '__delattr__', '__delitem__', '__dict__', '__doc__',
'__format__', '__getattribute__', '__getitem__', '__hash__', '__init__',
'__len__', '__module__', '__new__', '__nonzero__', '__reduce__',
'__reduce_ex__', '__repr__', '__setattr__', '__setitem__', '__sizeof__',
'__str__', '__subclasshook__', '__weakref__', '_children', 'append', 'attrib',
'clear', 'copy', 'extend', 'find', 'findall', 'findtext', 'get',
'getchildren', 'getiterator', 'insert', 'items', 'iter', 'iterfind',
'itertext', 'keys', 'makeelement', 'remove', 'set', 'tag', 'tail', 'text']
```

파일이 너무 커서 열 수 없기 때문에 파일을 구조를 알 수 없다고 가정해보자.
사이즈가 큰 XML 데이터세트를 다룰 때 흔히 발생할 수 있는 일이다. 이러한 상
황에서 어떻게 해야 할까? 우선 dir(root)를 호출하여 root 객체의 메서드를 살
펴 보자. Observation 노드의 children을 보기 위한 방법 중 하나로 getchildren
메서드를 이용할 수 있음을 확인할 수 있다. getchildren 관련 최신 도움말
(*http://bit.ly/getchildren*) 및 스택 오버플로우(Stack Overflow)에 올라온 질문
(*http://bit.ly/get_subelements*)을 보면 getchildren 메서드는 하위 요소들을 반환
하는데 쓰이지만 사용이 중단(deprecate)되었다는 것을 알 수 있다. 사용하려는
메서드가 이미 사용이 중단되었거나 곧 사용 중단될 예정이라면 라이브러리의
저자가 추천하는 대체 메서드를 사용해야 한다.

메서드, 클래스 혹은 함수가 사용 중단(deprecate)된다는 것은 이들이 향후 새롭게 출시될
해당 라이브러리 혹은 모듈에서 삭제될 것임을 의미한다. 그러므로 사용 중단된 메서드나
클래스는 사용하지 않도록 항상 주의해야 하며 저자들이 권장하는 대체재가 무엇인지 알아
보기 위해 도움말을 꼼꼼히 읽어 보자.

도움말에 따르면 root tree의 하위 요소를 보기 위해서는 list(root)를 이용해야
한다. 파일이 크다면 직접 하위 요소를 반환함으로써 너무 긴 출력물 없이 데이
터와 데이터 구조를 볼 수 있을 것이다. 한번 시도해보자.

다음의 코드를

```
print dir(root)
```

아래와 같이 바꾸어 보자.

```
print list(root)
```

명령 프롬프트에서 파일을 다시 실행해보자. 다음과 같이 Element 객체들로 이루어진 리스트가 반환된다(이 경우 요소는 XML 노드이다).

```
[<Element 'QueryParameter' at 0x101bfd290>,
<Element 'QueryParameter' at 0x101bfd350>,
<Element 'QueryParameter' at 0x101bfd410>,
<Element 'QueryParameter' at 0x101bfd590>,
<Element 'QueryParameter' at 0x101bfd610>,
<Element 'QueryParameter' at 0x101bfd650>,
<Element 'Copyright' at 0x101bfd690>,
<Element 'Disclaimer' at 0x101bfd710>,
<Element 'Metadata' at 0x101bfd790>,
<Element 'Data' at 0x102540250>]
```

위 리스트는 QueryParameter, Copyright, Disclaimer, Metadata, 그리고 Data라는 Element 객체를 포함한다. 우리가 찾고 있는 데이터를 추출하는 방법에 대해 더 잘 이해하기 위해 이 요소들을 살펴 보며 내용을 파악해보자.

XML tree에 저장된 데이터를 찾고자 할 때는 Data 요소에서부터 출발하면 좋다. 현재 우리는 Data 요소를 찾았으니 하위 요소에 집중하자. Data 요소를 찾는 방법에는 여러 가지가 있는데 우리는 find 메서드를 사용할 것이다. root 요소의 find 메서드를 이용하면 태그 명을 사용하여 하위 요소를 찾을 수 있다. 이후에는 Element의 children을 찾아 다음 단계에서 무엇을 해야 하는지 알아 본다.

다음의 코드를,

```
print list(root)
```

다음과 같이 바꾸어 보자.

```
data = root.find('Data')

print list(data)
```

 위 경우 findall 메서드 또한 사용할 수 있다. find와 findall 메서드의 차이는 find는 일치하는 첫 요소를 반환하고 findall은 일치하는 모든 요소를 반환하는 데 있다. 이 예제에서는 Data Element가 한 개 존재한다는 것을 알기 때문에 findall 대신 find를 사용할 수 있다. 만약 두 개 이상의 Element가 존재했다면 findall 메서드를 사용하여 일치하는 모든 요소의 리스트를 찾고 그 리스트의 요소들을 순회하면 된다.

코드를 수정한 후 파일을 다시 실행하면 현기증이 날 것 같은 Observation 요소들의 리스트가 반환된다. 우리의 데이터 포인트들이다. 많은 정보가 출력되지만 마지막으로 보이는 문자가 리스트의 마지막을 나타내는]이기 때문에 결과물이 리스트라는 것을 알 수 있다.

이 리스트를 순회해보자. 각 Observation은 데이터의 행을 나타내기 때문에 그 안에 담겨 있는 정보가 더 존재할 것이다. 요소들을 개별적으로 순회하여 하위 요소가 존재하는지 살펴볼 수 있다. 리스트를 순회하는 것과 비슷한 방식으로 Element 객체의 하위 요소 전부를 순회할 수 있다. 즉, 각 Observation을 순회하고 Observation 요소 내의 각 하위 요소를 순회한다. 처음으로 루프 안에서 루프를 사용하여 데이터를 추출하는 과정에서 사용할 수 있는 하위 요소가 더 존재하는지 알아 볼 것이다.

 XML은 노드, 하위 노드, 속성에 데이터를 저장하기 때문에 데이터가 어떻게 구성되어 있는지 그리고 파이썬이 어떤 방식으로 데이터를 받아들이는지 더욱 잘 이해하기 위해서는 각 노드와 하위 노드(혹은 요소와 하위 요소)를 살펴 보아야 한다.

다음의 코드를

```
print list(data)
```

아래와 같이 바꾸고

```
for observation in data:
    for item in observation:
        print item
```

파일을 다시 실행하라.

수많은 Dim과 Value 객체가 출력된다. 이 요소들에 어떤 것이 저장되어 있는지 다른 방식들도 이용하여 알아 보자. Element 객체 안 데이터를 확인하는 방법에는 몇 가지가 있다. 모든 Element 노드의 속성 중 하나는 text인데 이것은 노드 안에 포함된 텍스트를 보여준다.

다음의 코드를,

```
print item
```

아래와 같이 바꾸고,

```
print item.text
```

파일을 다시 실행하라.

무슨 일이 발생하는가? 수많은 None 값들이 반환되었을 것이다. 요소들의 태그 사이에 텍스트가 존재하지 않아 요소들에 item.text가 존재하지 않기 때문이다. 예를 들어 다음을 보자.

```
<Dim Category="YEAR" Code="2000"/>
```

파이썬에서 item.text는 다음과 같이 요소가 텍스트로 구성되어 있을 때만 유용하게 쓰일 수 있다.

```
<Dim Category="YEAR">2000</Dim>
```

이번에는 item.text가 2000을 반환한다.

XML 데이터는 다양한 방식으로 구성될 수 있다. 우리가 찾아야 하는 정보는 XML 안에 위치하기는 하지만 방금 전 우리가 살펴본 곳에는 없었던 것 같다. 계속 살펴 보자.

다음으로 살펴볼 수 있는 곳은 child 요소이다. child 요소는 parent 요소의 하위 요소이다. child 요소가 있는지 체크해보자. 다음의 코드를

```
print item.text
```

아래와 같이 바꾸어 보자.

```
print list(item)
```

바꾼 코드를 다시 실행하면 몇몇 요소가 children을 가지고 있다는 것을 알 수 있다. 흥미로운 일이다! 이 children은 사실 Value 요소들이다. 이 요소들이 데이터 샘플에 어떻게 구성되어 있는지 살펴 보자.

```
<Value>
    <Display>
    </Display>
</Value>
```

이 child 요소들을 살펴 보기 위해 이전에 각 Observation 내 항목을 순회할 때 사용했던 루프와 비슷한 루프를 사용한다.

파이썬의 각 Element 객체를 호출하기 위해 사용할 수 있는 또 하나의 메서드는 attrib로 각 노드의 속성을 반환한다. XML 구조를 검토하면서 알게 되었듯 노드의 값이 태그 사이에 존재하지 않는다면 태그 안에 속성이 존재한다.

노드에 어떤 속성이 있는지 알아보기 위해 다음의 코드를

```
print list(item)
```

아래와 같이 바꾸어라.

```
print item.attrib
```

코드를 다시 실행하면 속성 결과물에 포함된 데이터가 수많은 딕셔너리로 나타난다. 우리는 각 요소와 속성 들을 각각의 딕셔너리에 저장하지 않고 데이터의 각 행 전체를 하나의 딕셔너리에 함께 저장하려고 한다. 다음은 attrib 결과물 중 일부이다.

```
{'Category': 'PUBLISHSTATE', 'Code': 'PUBLISHED'}
{'Category': 'COUNTRY', 'Code': 'ZWE'}
{'Category': 'WORLDBANKINCOMEGROUP', 'Code': 'WB_LI'}
{'Category': 'YEAR', 'Code': '2012'}
{'Category': 'SEX', 'Code': 'BTSX'}
{'Category': 'GHO', 'Code': 'WHOSIS_000002'}
{'Category': 'REGION', 'Code': 'AFR'}
{'Numeric': '49.00000'}
```

CSV 예제에서 모든 기록을 하나의 딕셔너리로 구성했던 것처럼 이번에도 비슷하게 만들어 보자. WHO가 제공하는 CSV 데이터세트의 데이터와 XML 데이터세트의 데이터가 다르기 때문에 XML 데이터 딕셔너리의 키는 CSV와는 약간 차이가 있을 것이다. 다음과 같은 형식으로 데이터를 만들 것이지만 키 명의 차이는 무시하라. 결과적으로 우리가 데이터를 이용하는 방식에는 영향을 미치지 않을 것이다.

CSV 리더를 사용한 샘플 기록은 다음과 같았다.

```
{
    'Indicator': 'Healthy life expectancy (HALE) at birth (years)',
    'Country': 'Zimbabwe',
    'Comments': '',
    'Display Value': '51',
    'World Bank income group': 'Low-income',
    'Numeric': '51.00000',
```

```
    'Sex': 'Female',
    'High': '',
    'Low': '',
    'Year': '2012',
    'WHO region': 'Africa',
    'PUBLISH STATES': 'Published'
}
```

이번에는 XML 데이터를 이용하여 다음과 같이 만들고자 한다. XML 트리 파싱을 마쳤을 때 다음과 같은 형식으로 나타나게 하는 것이 목표이다.

```
{
    'COUNTRY': 'ZWE',
    'GHO': 'WHOSIS_000002',
    'Numeric': '49.00000',
    'PUBLISHSTATE': 'PUBLISHED',
    'REGION': 'AFR',
    'SEX': 'BTSX',
    'WORLDBANKINCOMEGROUP': 'WB_LI',
    'YEAR': '2012'
}
```

High 필드와 Low 필드가 없는 것을 눈치챘는가? 만약 이 필드들이 XML 데이터 세트에 존재했다면 새로운 딕셔너리의 키에 추가했을 것이다. Display Value 또한 보이지 않는데, Display Value와 값이 Numeric의 값과 동일하기 때문에 포함시키지 않았기 때문이다.

현재 코드는 다음과 같다.

```
from xml.etree import ElementTree as ET

tree = ET.parse('data-text.xml')
root = tree.getroot()

data = root.find('Data')

for observation in data:
    for item in observation:
        print item.attrib
```

데이터 구조를 생성하기 위해 일단 각 기록당 빈 딕셔너리 한 개를 생성해야 한다. 이 딕셔너리에 키와 값을 추가하고 각 기록을 리스트에 이어 붙여 CSV 데이터와 비슷한 방식으로 전체 기록으로 이루어진 리스트를 생성할 것이다.

데이터를 넣을 빈 딕셔너리와 빈 리스트를 추가해보자. 다음과 같이 바깥쪽 for 루프 위에 all_data = []를 추가하고 바깥쪽 for 루프 안의 첫 번째 줄에 record = {}를 추가한다.

```
all_data = []

for observation in data:
    record = {}
    for item in observation:
        print item.attrib
```

이제 각 줄에 해당되는 키와 값들이 무엇인지 알아내어 딕셔너리에 추가한다. 다음과 같이 매 attrib 호출마다 하나 이상의 값/키 조합이 반환되는 딕셔너리를 갖게 된다.

```
{'Category': 'YEAR', 'Code': '2012'}
```

Category 키(여기에서는 YEAR)의 값이 딕셔너리의 키가 되고 Code의 값(여기에서는 2012)이 키의 값이 되면 될 것 같다. 2장에서 다루었던 것처럼 딕셔너리의 키는 검색을 위해 쉽게 사용되어야 하고(YEAR와 같이) 딕셔너리의 값은 대응되는 키와 관련된 값이어야 한다(2012와 같이). 이 점을 고려하면 위의 출력값이 다음과 같아져야 한다.

```
'YEAR': '2012'
```

코드의 print item.attrib을 print item.attrib.keys()로 바꾸고 다시 실행해 보자.

```
for item in observation:
    print item.attrib.keys()
```

각 속성 딕셔너리의 키를 반환한다. 키를 확인하여 새로운 항목 딕셔너리의 키와 값을 구성해야 한다. ['Category', 'Code']와 ['Numeric'] 두 개의 다른 결과물이 있다. 하나씩 살펴 보자. 우리는 앞선 조사를 바탕으로 Category와 Code 요소의 경우 Category 값을 키, Code 값을 값으로 사용해야 한다는 것을 알고 있다.

그렇게 하기 위해 item.attrib.keys() 뒤에 [0]을 추가해보자.

```
for item in observation:
    lookup_key = item.attrib.keys()[0]
    print lookup_key
```

이것을 인덱싱(indexing)이라고 부르며, 리스트의 첫 번째 항목을 반환한다.

리스트 인덱스 사용하기

리스트나 파이썬의 다른 순회 가능한 객체들을 인덱싱 한다는 것은 그 리스트에서 n번째 객체를 뽑아낸다는 것을 의미한다. 파이썬에서 인덱싱은 0에서 시작하며, 리스트의 첫 번째 항목은 0번이 되고 두 번째 항목은 1번이 되고 그 이후 항목들도 동일한 방식으로 번호가 붙는다. 예제를 통해 살펴 보고 있는 딕셔너리의 경우 한 개 혹은 두 개의 항목을 가지고 있는데, 그중 첫 번째 항목을 뽑을 때는 코드에 [0]을 추가한다.

이전 장의 개 이름 예제를 다시 살펴 보자.

```
dog_names = ['Joker', 'Simon', 'Ellie', 'Lishka', 'Fido']
```

위 리스트에서 Ellie를 뽑아내고 싶다면 리스트의 세 번째 항목을 선택하면 된다. 인덱스는 0번부터 시작하기 때문에 다음과 같이 뽑아낼 수 있다.

```
dog_names[2]
```

위 예제를 파이썬 인터프리터에서 시도해 본 후 Simon을 선택해 보라. 인덱스에 음수를 사용하면 어떻게 될까? (힌트: 음수 인덱스는 거꾸로 수를 센다!)

코드를 다시 실행하면 다음과 같은 출력 결과를 확인할 수 있다.

```
Category
Category
Category
Category
Category
Category
Category
Numeric
```

키 명을 알았으니 값을 검색할 수 있다. 새로운 딕셔너리의 키로 사용하기 위해 Category 키의 값들을 알아내야 한다. item.attrib[lookup_key]에서 반환된 값을 저장할 rec_key 변수를 생성하여 안쪽 for 루프를 수정해보자.

```
for item in observation:
    lookup_key = item.attrib.keys()[0]
    rec_key = item.attrib[lookup_key]
    print rec_key
```

수정한 후 명령 프롬프트에서 코드를 다시 실행하라. 각 기록에 대해 다음과 같은 값들을 얻게 된다.

```
PUBLISHSTATE
COUNTRY
WORLDBANKINCOMEGROUP
YEAR
SEX
GHO
```

```
REGION
49.00000
```

마지막 값을 제외하고는 우리의 새로운 딕셔너리를 위해 적절한 값들이 될 수 있을 것 같다. 이것은 마지막 요소가 이제까지 우리가 보아 온 Category 딕셔너리가 아닌 Numeric 딕셔너리이기 때문이다. 이 데이터를 계속 가지고 있고 싶다면 if 문을 사용하여 숫자로 이루어진 요소들을 특별한 경우로 설정해 주어야 한다.

파이썬의 if 문

if 문을 사용하면 아주 간단한 방식으로도 코드의 흐름을 결정할 수 있다. if 문을 사용하면 "만약 이 조건이 만족된다면 특정한 작업을 수행하라"라고 말하는 것과 같다.

if를 사용하는 또 다른 방법은 뒤에 else를 사용하는 것이다. if-else 문을 사용하면 "만약 첫 번째 조건이 만족되면 무엇인가를 수행하라. 하지만 만족되지 않으면 else 문에 있는 작업을 수행하라"라고 말하게 된다.

if와 if-else 외에도 ==와 같은 비교 연산자를 보게 될 것이다. =를 이용하면 특정 변수와 특정 값이 같다고 설정할 수 있는 데 비해 ==를 이용하면 연산자의 양쪽에 위치한 두 값이 같은지 판별할 수 있다. 또한 !=는 양쪽의 값이 다른지 판별한다. 이 두 연산자는 모두 True 혹은 False라는 불(boolean) 값을 반환한다.

파이썬 인터프리터에서 다음을 시도해 보라.

```
x = 5

if x == 5:
    print 'x is equal to 5.'
```

무엇을 확인할 수 있는가? x == 5는 True를 반환하기 때문에 True라는 텍스트가 출력된다. 이번에는 다음을 시도해 보라.

```
x = 3

if x == 5:
    print 'x is equal to 5.'
else:
    print 'x is not equal to 5.'
```

이 예제에서 x는 5가 아닌 3이기 때문에 else 코드 블록 내의 print 문이 실행된다. 코드의 논리와 흐름을 제어하기 위해 if 문과 if-else 문을 사용할 수 있다.

lookup_key가 Numeric과 언제 일치하는지 알아 보고 Numeric을 값이 아닌 키로 사용하려고 한다(Category 키의 경우처럼). 코드를 다음과 같이 수정하라.

```
for item in observation:

    lookup_key = item.attrib.keys()[0]

if lookup_key == 'Numeric':
    rec_key = 'NUMERIC'
else:
    rec_key = item.attrib[lookup_key]

print rec_key
```

수정된 코드를 실행하면 모든 키가 적절한 키처럼 보인다. 이제 새로운 딕셔너
리에 저장할 값들을 뽑아 키와 대응시키자. Numeric의 경우 Numeric 키의 값만
있으면 되기 때문에 간단하다. 다음과 같이 코드를 수정하자.

```
if lookup_key == 'Numeric':
    rec_key = 'NUMERIC'
    rec_value = item.attrib['Numeric']
else:
    rec_key = item.attrib[lookup_key]
    rec_value = None

print rec_key, rec_value
```

위의 코드를 실행하면 Numeric의 rec_value가 제대로 대응된 것을 볼 수 있다.
예를 들면 다음과 같다.

```
NUMERIC 49.00000
```

다른 값들의 경우 rec_value는 None이다. 파이썬에서 None은 널(null) 값을 나타낸
다. 이제 실제 값들로 채워보자. 각 기록은 {'Category': 'YEAR', 'Code': '2012'}
와 같이 Category와 Code를 키로 가지고 있다는 것을 기억하라. 이러한 요소들의
경우 Code 값을 rec_value로 저장하려고 한다. rec_value = None 부분을 수정하
여 if-else 문이 다음과 같아지도록 하라.

```
if lookup_key == 'Numeric':
    rec_key = 'NUMERIC'
    rec_value = item.attrib['Numeric']
else:
    rec_key = item.attrib[lookup_key]
    rec_value = item.attrib['Code']

print rec_key, rec_value
```

코드를 다시 실행하면 rec_key와 rec_value에 대한 값이 있을 것이다. 딕셔너리
를 만들어 보자.

```
if lookup_key == 'Numeric':
    rec_key = 'NUMERIC'
    rec_value = item.attrib['Numeric']
else:
    rec_key = item.attrib[lookup_key]
    rec_value = item.attrib['Code']

record[rec_key] = rec_value                    ❶
```

❶ record 딕셔너리에 각각의 키와 값을 추가한다.

이제 각 기록을 all_data 리스트에 추가해야 한다. 36쪽의 "리스트 메서드: 리스트가 할 수 있는 것들"에서 보았던 것과 같이 리스트의 append 메서드를 사용하여 리스트에 값을 이어 붙일 수 있다. 바깥쪽 for 루프의 끝에서 각 record가 각 하위 요소들의 키를 가지고 있게 되므로 그 부분에서 기록을 이어 붙일 수 있도록 만들어야 한다. 최종적으로는 파일의 마지막에 print를 추가해 데이터를 보여주도록 해야 한다.

XML tree를 딕셔너리로 바꾸는 전체 코드는 다음과 같다.

```
from xml.etree import ElementTree as ET

tree = ET.parse('data-text.xml')
root = tree.getroot()

data = root.find('Data')

all_data = []

for observation in data:
    record = {}
    for item in observation:

        lookup_key = item.attrib.keys()[0]

        if lookup_key == 'Numeric':
            rec_key = 'NUMERIC'
            rec_value = item.attrib['Numeric']
        else:
            rec_key = item.attrib[lookup_key]
            rec_value = item.attrib['Code']

        record[rec_key] = rec_value

    all_data.append(record)

print all_data
```

코드를 실행하면 CSV 예제 때 보았던 것과 같이 각 기록에 대한 딕셔너리와 함께 긴 리스트를 볼 수 있다.

```
{'COUNTRY': 'ZWE', 'REGION': 'AFR', 'WORLDBANKINCOMEGROUP': 'WB_LI',
'NUMERIC': '49.00000', 'SEX': 'BTSX', 'YEAR': '2012',
'PUBLISHSTATE': 'PUBLISHED', 'GHO': 'WHOSIS_000002'}
```

지금까지 확인한 것처럼 XML에서 데이터를 추출하는 일은 약간 더 복잡하다. 때때로 CSV와 JSON 파일을 다루는 작업 또한 이 장에서 다루었던 것만큼 쉽지는 않을 수도 있지만 일반적인 경우 XML 파일을 다루는 작업보다는 수월할 것이다. 그러나 XML 데이터를 처리하기 위해 빈 리스트와 딕셔너리를 만들고 그것들을 데이터로 채워가다 보면 파이썬 개발자로서 더 성장할 수 있을 것이다. 또한 XML tree 구조에서 데이터를 추출하는 방법을 알아보는 과정에서 디버깅 실력도 연마하게 되었다. 이런 모든 과정들은 더 나은 데이터 랭글러가 되기 위해 필요한 소중한 경험이다.

요약

파이썬을 이용하여 기계가 읽을 수 있는 데이터 형식을 다룰 줄 아는 것은 데이터 랭글러가 꼭 갖추어야 할 능력 중 하나이다. 이 장에서는 CSV, JSON 그리고 XML 파일 형식에 대해 알아 보았다. WHO 데이터가 담겨 있는 여러 가지 종류의 파일을 불러오고 조작하는 데 사용했던 라이브러리가 표 3.2에 정리되어 있다.

파일 형식	파일 확장자	파이썬 라이브러리
CSV, TSV	.csv, .tsv	csv (*https://docs.python.org/2/library/csv.html*)
JSON	.json, .js	json (*https://docs.python.org/2/library/json.html*)

표 3.2 파일 형식 및 파일 확장자

몇몇 새로운 파이썬 개념들도 살펴 보았다. 지금쯤이면 파이썬 인터프리터에서 파이썬 코드를 실행하는 방법과 코드를 새로운 파일에 저장하여 그 파일을 명령 프롬프트에서 실행하는 방법 정도는 이미 알고 있을 것이다. 또한 우리는 import를 이용해 파일을 불러오고 파이썬을 이용해 자신의 로컬 파일 시스템에서 파일을 읽고(read) 여는(open) 방법도 배웠다.

파일, 리스트, 혹은 tree를 순회하기 위해 for 루프를 사용하는 방법과 if-else 문을 사용하여 특정 조건이 만족되었는지 판단하고 그 결과에 따라 특정한 작업을 수행하게 만드는 방법도 살펴 보았다. 이와 관련되어 새롭게 배운 함수와 코드 논리가 표 3.3에 요약되어 있다.

개념	목적
import (*http://bit.ly/python_import*)	파이썬에 모듈을 불러온다
open (*http://bit.ly/python_open*)	파이썬을 이용해 사용자의 시스템에서 파일을 여는 내장 함수
for 루프 (*http://bit.ly/basic_for_loops*)	n번 실행되는 코드의 일부분
if-else 문 (*http://bit.ly/simple_if_statements*)	특정 조건이 만족되면 코드 일부분을 실행한다
== (*http://bit.ly/python_comparisons*) (같음을 판단하는 연산자)	하나의 값이 다른 값과 같은지 판별한다
배열 인덱싱 (*http://bit.ly/python_sequence_types*)	배열(문자열, 리스트 등)의 n번째 객체를 뽑아낸다

표 3.3 3장에 소개된 파이썬 프로그래밍 개념

마지막으로 이 장에서 우리는 다수의 코드와 데이터 파일을 생성하고 저장하기 시작했다. 이 장의 모든 예제를 시도해 보았다면 세 개의 코드 파일과 세 개의 데이터 파일을 가지고 있을 것이다. 이 장의 앞부분에 코드 정리와 관련한 권장사항이 명시되어 있다. 권장사항에 따라 코드를 정리하지 않았다면 그렇게 하도록 하자. 다음은 이제까지의 데이터를 정리하는 방법 중 하나이다.

```
data_wrangling/
    code/
        ch3_easy_data/
            import_csv_data.py
            import_xml_data.py
            import_json_data.py
            data-text.csv
            data-text.xml
            data-json.json
        ch4_hard_data/
            ...
```

이제 좀 더 어려운 데이터 형식으로 넘어가 보자!

4장

D a t a   W r a n g l i n g   w i t h   P y t h o n

엑셀 파일 다루기

이전 장에서 살펴본 데이터와는 달리 이번 장과 다음 장에서 살펴 볼 데이터는 파이썬으로 불러오기 위해 어느 정도의 작업을 필요로 한다. 이번 장에서 다룰 데이터 형식은 기계가 읽기 쉽게 만들어진 것이 아니라 데스크톱 도구들과의 연동을 위해 만들어졌기 때문이다. 이번 장과 다음 장에서는 엑셀 파일과 PDF 두 가지의 파일 형식에 대해 알아 보고 그 외 다른 파일 형식을 다루는 일반적인 방법에 대해서도 배울 것이다.

이제까지 이 책에서 데이터 불러오기와 관련하여 우리가 살펴 본 해결책들은 꽤 일반적인 것이었다. 이번 장에서는 작업을 할 때마다 크게 차이가 날 수 있는 과정에 대해 다룬다. 이전 장에서 다룬 작업에 비해 까다롭지만 이 작업 또한 유용한 정보를 추출하여 파이썬에서 사용될 수 있는 형식에 집어 넣는 것을 목표로 한다.

이번 장과 다음 장에서 다룰 예제에서는 유니세프가 발행한 2014 세계아동백서(The State of the World's Children)의 데이터(*http://www.unicef.org/sowc2014/numbers/*)를 활용한다. 이 데이터는 PDF와 엑셀 형식으로 제공된다.

이러한 까다로운 형식에서 데이터를 추출하는 작업은 여러분을 증오하는 누군가가 데이터를 만들었다고 생각될 정도로 고통스러울지도 모른다. 그러나 대부분의 경우 데이터가 담긴 파일을 생성한 사람이 기계가 읽을 수 있는 형식으로도 데이터를 제공하는 것에 대한 중요성을 인식하지 못했던 것뿐이다.

파이썬 패키지 설치하기

계속하기에 앞서 외부 파이썬 패키지(혹은 라이브러리)를 설치하는 방법에 대해 알아 보자. 지금까지는 파이썬을 설치하면 자동으로 따라오는 파이썬 라이브러리들만을 이용해 왔다. 3장에서 csv와 json 패키지를 불러왔던 것을 기억하는가? 이 두 패키지는 파이썬을 설치할 때 함께 설치되는 표준 라이브러리에 이미 포함되어 있는 것들이다.

파이썬을 설치하면 자주 사용되는 라이브러리들이 함께 설치된다. 그러나 그 외 다수의 라이브러리는 특수한 목적에 의해 개발되기 때문에 필요할 때 따로 설치해야 한다. 만약 존재하는 모든 라이브러리가 파이썬과 함께 설치된다면 컴퓨터가 라이브러리로 꽉 차버릴 것이다.

파이썬 패키지를 비롯해 이와 관련된 메타데이터와 도움말은 PyPI(*https://pypi.python.org/pypi*)라고 불리는 온라인 디렉터리에 저장되어 있다.

이번 장에서 우리는 엑셀 파일을 살펴볼 것이다. 브라우저에서 PyPI를 방문하여 엑셀과 관련된 라이브러리들을 검색하고(*http://bit.ly/excel_packages*) 검색한 패키지들을 다운받을 수 있다. 이것은 필요한 패키지를 검색하는 방법 가운데 하나이다.

앞으로 우리는 pip을 사용하여 패키지를 설치할 것이다. pip을 설치하는 방법(*http://bit.ly/install_pip*)에는 여러 가지가 있으며 이 책의 1장에서 이미 설치해 보았다.

우선 엑셀 데이터를 살펴 보자. 이를 위해 일단 xlrd 패키지를 설치해야 한다(*https://pypi.python.org/pypi/xlrd/0.9.3*). 다음과 같이 pip을 사용해보자.

```
pip install xlrd
```

패키지를 삭제하려면 다음과 같이 uninstall 명령어를 실행한다.

```
pip uninstall xlrd
```

xlrd를 설치하고 삭제한 후 재설치해 보아라. 이 책의 전반에 걸쳐, 그리고 데이터 랭글링 작업을 하는 동안 계속해 pip 명령어를 사용하게 될 것이기 때문에 이 것을 제대로 이해하는 것은 매우 중요하다.

왜 대체 가능한 다른 패키지들 가운데 xlrd를 선택했을까? 파이썬 라이브러리를 선택하는 것은 불완전한 과정이며 다양한 선택이 가능하다. 어떤 것이 가장 적절한 라이브러리인지에 대해 고민하지 않아도 된다. 실력을 키워 가는 와중에 몇 가지 라이브러리 중 하나를 선택해야 한다면 가장 잘 이해할 수 있는 라이브러리를 고르면 된다.

우선 인터넷에서 다른 사람들이 추천하는 라이브러리가 무엇인지 검색해 보기를 추천한다. "파이썬을 이용한 엑셀 파싱(parse excel using python)"(*http://bit.ly/parse_excel_using_python*)을 검색하면 초반 검색 결과에 xlrd 라이브러리가 보일 것이다.

그러나 언제나 명확한 답이 존재하는 것은 아니다. 13장에서 트위터 라이브러리를 살펴 보면서 이러한 선택 과정에 대해 더욱 자세히 알아본다.

엑셀 파일 파싱하기

엑셀 시트에서 데이터를 가장 쉽게 추출하는 방법은 데이터를 다른 방식으로 얻을 수 있는지 알아보는 것일 때도 있다. 파싱하는 것만이 정답이 아닌 경우도 많기 때문이다. 파싱을 시작하기 전에 다음 질문들에 답해보자.

- 다른 형식의 데이터를 찾아보았는가? 엑셀 파일을 제공한 출처에서 다른 형식의 데이터를 구할 수 있을 때도 있다.
- 데이터가 다른 형식으로 제공되는지 전화를 걸어 확인해 보았는가? 6장에서 관련된 팁을 살펴 본다.
- 엑셀(혹은 여타 사용하는 문서 리더)에서 탭을 CSV 형식으로 내보내기(export)해 보았는가? 만약 엑셀 데이터 탭의 개수가 적거나 혹은 하나의 탭에만 데이터가 들어 있다면 CSV 형식으로 내보내는 것도 좋다.

위의 방법을 모두 시도해 보았지만 아직도 데이터를 얻지 못했다면 파이썬을 이용해 엑셀 파일을 파싱해보자.

파싱 시작하기

엑셀 파일 파싱을 위해 xlrd 라이브러리를 찾았다. 이 라이브러리는 파이썬에서 엑셀 파일을 다루는 데 사용되는 일련의 라이브러리 중 하나이다(*http://www.python-excel.org/*).

다음 세 가지 라이브러리는 모두 엑셀 파일을 다루는 데 쓰인다.

xlrd

엑셀 파일 읽기

xlwt

엑셀 파일 쓰기 및 서식

xlutils

엑셀의 고급 작업을 위한 툴(xlrd와 xlwt를 요구함)

이 라이브러리를 사용하기 위해서는 각 라이브러리를 따로 설치해야 한다. 이번 장에서는 xlrd만 사용할 것이다. 파이썬에 엑셀 파일을 읽어 오려면 일단 xlrd 가 제대로 설치되어 있는지 확인해야 한다.

```
pip install xlrd
```

> ⚠️ pip이 설치되지 않았다면 다음과 같은 오류가 발생한다.
>
> ```
> -bash: pip: command not found
> ```
>
> 설치 관련 설명을 보려면 15쪽의 "pip 설치하기" 혹은 *https://pip.pypa.io/en/latest/installing/*를 참고하라.

다음과 같이 엑셀 파일 작업 환경을 설정하자(혹은 일하고 있는 조직 시스템에 적절한 작업을 수행하자).

1. 엑셀 작업을 위한 폴더를 생성한다.
2. parse_excel.py라는 새로운 파이썬 파일을 생성하고 위 폴더에 넣는다.
3. 이 책의 저장소(*https://github.com/jackiekazil/data-wrangling*)에서 SOWC 2014 Stat Tables_Table 9.xlsx라는 엑셀 파일을 다운로드 하여 위 폴더에 넣는다.

이 폴더상에서 터미널에 다음 명령어를 입력하여 명령 프롬프트에서 스크립트를 실행하자.

```
python parse_script.py
```

이 장이 끝나기 전까지 우리는 엑셀 파일에 저장되어 있는 아동 노동 및 미성년 결혼 데이터를 파싱하는 스크립트를 작성하게 될 것이다.

xlrd를 불러오고 파이썬에서 엑셀 통합문서(workbook)를 여는 것으로 스크립트 입력을 시작해보자. 열린 파일을 book이라는 변수에 저장한다.

```python
import xlrd

book = xlrd.open_workbook('SOWC 2014 Stat Tables_Table 9.xlsx')
```

CSV와는 달리 엑셀 문서에는 여러 가지의 탭 혹은 시트가 있다. 이 예제에서는 우리가 원하는 데이터가 있는 특정 시트만을 뽑아내려고 한다.

시트가 두세 개뿐이라면 인덱스를 보고 대충 시트의 내용을 짐작할 수 있겠지만 시트가 여러 개라면 그렇게 하기 어렵다. 그렇기 때문에 book.sheet_by_name(**시트 명**)이라는 명령어를 사용할 줄 알아야 한다. 이때 괄호 안의 **시트 명**은 접근하고자 하는 시트의 이름을 뜻한다.

우리가 가지고 있는 파일의 시트 명을 알아 보자.

```python
import xlrd

book = xlrd.open_workbook('SOWC 2014 Stat Tables_Table 9.xlsx')

for sheet in book.sheets():
    print sheet.name
```

우리가 찾고 있는 시트의 이름은 Table 9이다. 이것을 스크립트에 입력해보자.

```python
import xlrd

book = xlrd.open_workbook('SOWC 2014 Stat Tables_Table 9.xlsx')
sheet = book.sheet_by_name('Table 9')

print sheet
```

코드를 실행하면 다음과 같은 오류가 발생한다.

```python
xlrd.biffh.XLRDError: No sheet named <'Table 9'>
```

왜 이런 오류가 발생했는지 혼란스러울 것이다. 이 문제는 우리가 눈으로 보는 것과 실제로 존재하는 것의 차이에서 발생한다.

엑셀 통합 문서를 열고 시트를 더블클릭하여 시트의 이름을 살펴 보면 시트 명 끝에 공백이 한 칸 존재하는 것이 보인다. 눈으로만 시트 명을 확인할 때는 이 공백을 볼 수 없다. 7장에서 우리는 파이썬에서 이러한 문제를 해결하는 방법에 대해 알아볼 것이다. 일단 지금은 공백을 고려하여 코드를 수정해보자.

다음의 코드를

```python
sheet = book.sheet_by_name('Table 9')
```

다음과 같이 수정하라.

```
sheet = book.sheet_by_name('Table 9 ')
```

이제 스크립트를 실행하면 제대로 실행된다. 다음과 같은 출력값을 볼 수 있다.

```
<xlrd.sheet.Sheet object at 0x102a575d0>
```

이제 시트를 이용해 무엇을 할 수 있을지 살펴 보자. sheet 변수에 값을 할당한 후 다음을 추가하고 다음을 실행시켜 보자.

```
print dir(sheet)
```

반환된 리스트에서 nrows라는 메서드를 볼 수 있다. 모든 행을 순회하기 위해 이 메서드를 사용할 것이다. `print sheet.nrows`를 입력하면 전체 행 개수가 반환된다.

이번에는 다음을 입력해보자.

```
print sheet.nrows
```

303이라는 값이 반환된다. 각 행을 순회해야 하므로 for 루프가 필요하다. 50쪽의 "CSV 데이터 불러오기"에서 배웠던 것처럼 303이라는 값을 이용해 303번 순회할 수 있도록 만들어 주어야 한다. 이를 위해 range 함수에 대해 알아 보자.

> **range()란?**
>
> 파이썬에 유용한 내장 함수가 있다고 했던 것을 기억하는가? range도 그중 하나다. range (*http://bit.ly/python_range*) 함수는 숫자를 인자로 받아 그 숫자만큼의 항목으로 이루어진 리스트를 반환한다.
>
> 이 함수가 어떻게 작동하는지 알아보기 위해 파이썬 인터프리터를 켜고 다음을 입력해보자.
>
> ```
> range(3)
> ```
>
> 출력값은 다음과 같다.
>
> ```
> [0, 1, 2]
> ```
>
> 항목 3개가 반환되었다. 이제 for 루프를 이용하여 위 리스트의 모든 항목을 순회할 수 있게 할 수 있다.
>
> range와 관련해 다음 사항들을 알아두면 좋다.

- 반환되는 리스트는 0에서 시작한다. 파이썬은 리스트를 0에서부터 세기 때문이다. 리스트가 1에서부터 시작하게 만들고 싶다면, 범위의 시작과 마지막을 설정해 주어야 한다. 예를들어 range(1, 4)라고 설정하면 [1, 2, 3]이 반환된다. 보다시피 마지막 숫자는 리스트에 포함되지 않기 때문에 [1, 2, 3]이 반환되기를 원한다면 마지막 숫자를 4로 설정해야 한다.

- 파이썬 2.7에는 xrange라는 또 하나의 함수가 있다. range와 xrange에는 미묘한 차이가있지만 매우 큰 데이터세트를 처리하는 경우가 아니고서는 xrange를 사용하면 속도가 더빠르다는 것을 눈치채기 힘들 것이다.

range 함수를 이용해 다음과 같이 303을 for 루프가 순회하는 리스트로 변환시킬 수 있다.

```
import xlrd

book = xlrd.open_workbook('SOWC 2014 Stat Tables_Table 9.xlsx')
sheet = book.sheet_by_name('Table 9 ')

for i in range(sheet.nrows):            ❶
    print i                             ❷
```

❶ 인덱스 i가 range(303), 즉 값이 1씩 증가하는 정수 303개로 이루어진 리스트를 순회한다.

❷ i를 출력하며, i는 0부터 302까지의 정수이다.

이제 단순히 인덱스를 출력하는 것에서 나아가 인덱스에 해당하는 각 행을 검색하여 데이터를 뽑아 보자. i를 n번째 행을 뽑을 때 사용하는 인덱스로 이용하여 검색한다.

각 행의 값을 뽑아내기 위해 앞서 dir(sheet)에서 반환된 메서드 가운데 하나인 row_values를 이용한다. row_values 관련 도움말(*http://bit.ly/xlrd_row_values*)을 통해 이 메서드는 인덱스 숫자를 인자로 받아 해당되는 행의 값을 반환한다는 것을 알 수 있다. 이를 이용해 다음과 같이 for 루프를 수정하고 스크립트를 다시 실행해보자.

```
for i in range(sheet.nrows):
    print sheet.row_values(i)           ❶
```

❶ i를 각 행의 값을 검색하는 인덱스로 이용한다. i는 시트 전체에 걸쳐 있는 for 루프에서 사용되기 때문에 시트의 각 행에 이 메서드를 사용하게 된다.

위 코드를 실행하면 각 행 당 리스트가 보인다. 다음은 출력값의 일부이다.

```
['', u'TABLE 9. CHILD PROTECTION', '', '', '', '', '', '', '', '', '',
'', '', '', '', '', '', '', '', '', '', '', '', '', '', '', '', '', '',
'', '', '', '', '', '', '', '', '', '', '', '', '', '', '', '', '', '']
['', '', u'TABLEAU 9. PROTECTION DE L\u2019ENFANT', '', '', '', '', '',
'', '', '', '', '', '', '', '', '', '', '', '', '', '', '', '', '', '',
'', '', '', '', '', '', '', '', '', '', '', '', '', '', '', '', '', '']
['', '', '', u'TABLA 9. PROTECCI\xd3N INFANTIL', '', '', '', '', '', '',
'', '', '', '', '', '', '', '', '', '', '', '', '', '', '', '', '', '',
'', '', '', '', '', '', '', '', '', '', '', '', '', '', '', '', '', '']
['', '', '', '', '', '', '', '', '', '', '', '', '', '', '', '', '', '',
'', '', '', '', '', '', '', '', '', '', '', '', '', '', '', '', '', '',
'', '', '', '', '', '', '', '']
['', u'Countries and areas', '', '', u'Child labour (%)+\n2005\u20132012*',
'', '', '', '', '', u'Child marriage (%)\n2005\u20132012*', '', '', '',
u'Birth registration (%)+\n2005\u20132012*', '', u'Female genital mutilation/
cutting (%)+\n2002\u20132012*', '', '', '', '', '', u'Justification of wife
beating (%)\n 2005\u20132012*', '', '', '', u'Violent discipline
(%)+\n2005\u20132012*', '', '', '', '', '', '', '', '', '', '', '', '',
'', '', '', '']
```

이제 각 행을 눈으로 확인할 수 있으니 우리에게 필요한 정보를 뽑아내 보자. 윈도우의 마이크로소프트 엑셀이나 맥의 넘버스(Numbers)와 같이 엑셀을 열람할 수 있는 프로그램을 사용하면 훨씬 편리하게 우리에게 필요한 정보가 무엇이며 어떻게 그 정보를 얻을 수 있을지 판단할 수 있다. 스프레드시트의 두 번째 탭에는 적은 수의 헤더 행이 있다.

 이 예제에서 우리는 영어로 된 텍스트를 뽑아낸다. 만약 좀 더 어려운 작업에 도전해 보고 싶다면 불어나 스페인어로 된 열제목(heading)과 국가명(country names)을 뽑아내어 보아라.

두 번째 탭에서 뽑아낼 수 있는 정보를 가장 잘 정리할 수 있는 방법에 대해 생각해보자. 이 책에서는 한 가지 방법만을 제공하지만 다양한 데이터 구조를 활용해 다양한 방식으로 정리할 수 있다.

이번 장에서 다룰 예제에서는 아동 노동(child labor)과 아동 결혼(child marriage) 통계 자료를 뽑아낼 것이다. 다음은 데이터를 조직하는 다양한 방식 가운데 하나이며, 이 예제에서는 이 방식을 사용한다.

```
{
    u'Afghanistan': {
        'child_labor': {
            'female': [9.6, ''],        ❶
            'male': [11.0, ''],
```

```
                    'total': [10.3, '']},
            'child_marriage': {
                'married_by_15': [15.0, ''],
                'married_by_18': [40.4, '']
            }
    },
    u'Albania': {
        'child_labor': {
            'female': [9.4, u' '],
            'male': [14.4, u' '],
            'total': [12.0, u' ']},
        'child_marriage': {
            'married_by_15': [0.2, ''],
            'married_by_18': [9.6, '']
        }
    },
    ...
}
```

❶ 만약 엑셀을 통해 데이터를 열었다면 위의 숫자 가운데 일부는 보이지 않을 것이다. 이것은 엑셀이 일반적으로 숫자를 반올림하여 보여주기 때문이다. 위의 출력값은 파이썬을 이용해 셀을 파싱했을 때 보이는 숫자들이다.

> 💡 코딩을 하기 전 어떤 방식으로 결과를 선보일지 생각해 보거나 샘플 데이터를 적어보면 도움이 될 것이다. 데이터 서식 방법을 정하고 나면 "이를 위해 다음에는 어떤 작업을 해야 할까?"라고 자기 자신에게 물을 수 있기 때문이다. 이렇게 자기 자신에게 묻는 과정은 다음 단계로 넘어가지 못하고 있을 때 특히 유용하다.

데이터를 뽑아내기 위해 두 가지의 파이썬 구성 요소를 사용한다. 우리가 사용할 첫 메서드는 중첩 for 루프로 for 루프 안에 존재하는 또 하나의 for 루프를 의미한다. 이 메서드는 y개의 객체를 포함하고 있는 행이 x개 있을 때 유용하게 사용할 수 있다. 각 객체에 접근하기 위해 각 행을 순회하는 for 루프가 필요하고, 또한 각 객체를 순회할 수 있는 for 루프도 필요하다. 3장에서 다룬 예제에서도 중첩 for 루프를 사용했다.

중첩 for 루프를 이용해 각 행의 각 셀을 출력해보자. 방금 전 확인한 항목들을 출력할 것이다.

```
for i in xrange(sheet.nrows):
    row = sheet.row_values(i)          ❶
    for cell in row:                   ❷
        print cell                     ❸
```

❶ 각 행의 리스트를 받아 row 변수에 저장한다. 코드를 더 읽기 쉽게 만드는 작업이다.

❷ 현재 행의 각 셀에 해당하는 리스트의 각 항목을 순회한다.

❸ 셀 값을 출력한다.

중첩 for 루프가 포함된 전체 코드를 실행하면 출력값이 더 이상 유용하지 않다는 것을 확인할 수 있다. 그렇다면 이번에는 두 번째 장치인 카운터(counter)를 활용하여 엑셀 파일을 조사해보자.

카운터란?

카운터는 프로그램의 흐름을 제어하는 하나의 방식이다. 카운터를 사용하면 if 문을 추가하고 루프의 각 순회마다 카운트 하여 for 루프를 제어할 수 있다. 지정한 숫자보다 큰 숫자가 등장하면 for 루프가 제어하고 있는 부분의 코드는 더 이상 실행되지 않는다. 파이썬 인터프리터에 다음을 입력해 보라.

```
count = 0                   ❶

for i in range(1000):       ❷
    if count < 10:          ❸
        print i
    count += 1              ❹

print 'Count: ', count      ❺
```

❶ count 변수를 0으로 설정한다.

❷ 0에서 999 사이 값의 항목을 가지는 루프를 생성한다.

❸ 현재 카운트가 10보다 작은지 판단한다. 만약 작다면 1을 출력한다.

❹ 루프가 한 번 돌 때마다 카운트를 1씩 늘린다.

❺ 최종 카운트를 출력한다.

코드에 카운터를 추가하여 원하는 데이터를 찾아 뽑아내고 셀과 행을 살펴 보자. 어디에 카운터를 추가할지 신중히 결정해야 한다. 카운터를 셀 수준에 놓는지 행 수준에 놓는지에 따라 출력값이 매우 달라지기 때문이다.

다음과 같이 for 루프를 재설정하라.

```
count = 0
for i in xrange(sheet.nrows):
    if count < 10:
        row = sheet.row_values(i)
        print i, row                    ❶

    count += 1
```

❶ 어떤 행 번호가 어떤 정보를 포함하고 있는지 확인하기 위해 i와 행을 출력

한다.

우리가 최종적으로 원하는 출력값을 얻기 위해서는 출력값 딕셔너리의 첫 키가 될 국가명(country names)이 어디에서부터 시작되는지 알아내야 한다.

```
{
    u'Afghanistan': {...},
    u'Albania': {...},
    ...
}
```

카운터를 포함한 코드를 실행한 후 count < 10일 때 출력되는 결과물을 살펴 보면 아직 국가명이 시작되는 행까지 도달하지 못했다는 것을 알 수 있다.

우리가 관심 있는 데이터에 도달하기 위해 관련이 없는 처음 데이터 몇 줄을 건너 뛰어야 하고 몇 번째 행에서부터 데이터 수집을 시작해야 할지 알아내야 한다. 앞의 코드를 통해 국가명이 10번째 행 이후에서부터 시작된다는 것을 알 수 있었다. 그러나 정확히 몇 번째 행에서 시작해야 하는지 어떻게 알 수 있을까?

다음 코드 예제에 답이 나와 있지만, 답을 보기 전에 스스로 국가명이 시작되는 행에서부터 카운터가 시작하도록 코드를 수정해보자.(여러 가지 방법이 존재하기 때문에 우리가 제공하는 코드와 똑같지 않더라도 괜찮다.)

몇 번째 행에서부터 시작하는지 알아내고 나면 if 문을 사용하여 그 이후 행의 값을 뽑아낸다. 이렇게 하면 특정 행 이후의 데이터 만을 사용할 수 있다.

다음과 같이 코드를 짜 보자.

```
count = 0

for i in xrange(sheet.nrows):
    if count < 20:                    ❶
        if i >= 14:                   ❷
            row = sheet.row_values(i)
            print i, row
        count += 1
```

❶ 국가명이 시작하는 행을 찾기 위해 처음 20행까지 순회한다.

❷ if 문을 사용하여 국가명이 등장하는 행에서부터 결과물을 생성한다.

결과물은 다음과 같다.

```
14 ['', u'Afghanistan', u'Afghanistan', u'Afganist\xe1n', 10.3, '', 11.0, '',
9.6, '', 15.0, '', 40.4, '', 37.4, '', u'\u2013', '', u'\u2013', '',
```

```
u'\u2013', '', u'\u2013', '', 90.2, '', 74.4, '', 74.8, '', 74.1, '', '', '',
'', '', '', '', '', '', '', '', '', '']
15 ['', u'Albania', u'Albanie', u'Albania', 12.0, u' ', 14.4, u' ', 9.4,
u' ', 0.2, '', 9.6, '', 98.6, '', u'\u2013', '', u'\u2013', '', u'\u2013',
'', 36.4, '', 29.8, '', 75.1, '', 78.3, '', 71.4, '', '', '', '', '', '', '',
'', '', '', '', '', '']
16 ['', u'Algeria', u'Alg\xe9rie', u'Argelia', 4.7, u'y', 5.5, u'y', 3.9,
u'y', 0.1, '', 1.8, '', 99.3, '', u'\u2013', '', u'\u2013', '', u'\u2013', '',
u'\u2013', '', 67.9, '', 87.7, '', 88.8, '', 86.5, '', '', '', '', '', '', '',
'', '', '', '', '', '']
.... more
```

이제 각 행을 딕셔너리 형식으로 바꾸어야 한다. 이후 장들에서 이 데이터를 사용하여 작업을 수행할 때 조금 더 유용하게 쓰일 것이다.

출력값을 정리하는 방식에 대해 살펴 본 예제를 떠올려 보자. 국가(country)를 키로 가진 딕셔너리가 필요하다는 것을 알 수 있을 것이다. 국가명을 뽑아내기 위해 인덱싱을 활용한다.

> **인덱싱이란?**
>
> 3장에서 살펴 보았던 것처럼 인덱싱이란 리스트와 같은 객체의 집단에서 특정한 항목을 빼내는 작업을 가리킨다. 우리가 파싱하려고 하는 엑셀 파일의 경우, i를 sheet.row_values()로 전달하면 row_values 메서드가 i를 인덱스로 사용한다. 파이썬 인터프리터에서 인덱싱을 연습해보겠다.
>
> 먼저 샘플 리스트를 생성하자.
>
> ```
> x = ['cat', 'dog', 'fish', 'monkey', 'snake']
> ```
>
> 두 번째 항목을 빼내려면 다음과 같이 인덱스를 추가하여 그 항목을 선택해야 한다.
>
> ```
> >>>x[2]
> 'fish'
> ```
>
> 예상한 바와 다른 결과가 나왔다. 파이썬은 0에서 카운트를 시작한다는 것을 잊지 말자. 그러므로 우리가 예상했던 값을 빼내기 위해서는 숫자 1을 사용해야 한다.
>
> ```
> >>>x[1]
> 'dog'
> ```
>
> 인덱스는 음수가 될 수도 있다.
>
> ```
> >>>x[-2]
> 'monkey'
> ```
>
> 양수 인덱스와 음수 인덱스의 차이는 무엇일까? 양수일 때는 리스트의 처음에서부터 카운트

하는 반면 음수일 때는 리스트의 마지막에서부터 카운트 한다.

슬라이싱(slicing)은 인덱싱과 비슷한 기능을 수행한다. 슬라이싱을 이용하면 리스트 혹은 순회 가능한 객체의 한 '조각'을 잘라낼 수 있다. 다음 예제를 보자.

```
>>>x[1:4]
['dog', 'fish', 'monkey']
```

위 코드에서는 첫 번째로 쓰인 숫자(1)부터 두 번째로 쓰인 숫자(4)까지의 값을 카운트 하여 이 값들에 해당되는 조각을 잘라낸다. 두 번째 숫자에 해당되는 항목은 결과에 '포함되지는 않는다'.

첫 번째 숫자 혹은 두 번째 숫자를 생략하면 리스트의 양 극단에 있는 항목까지 포함하게 된다. 다음의 몇 가지 예제를 보자.

```
x[2:]
['fish', 'monkey', 'snake']

x[-2:]
['monkey', 'snake']

x[:2]
['cat', 'dog']

x[:-2]
['cat', 'dog', 'fish']
```

리스트 외에 다른 순회 가능한 객체들의 경우도 이와 비슷하게 슬라이싱할 수 있다.

코드에 딕셔너리를 추가하고 각 행에서 뽑아낸 국가명을 딕셔너리의 키로 만들어 보자.

다음과 같이 for 루프를 수정하라.

```
count = 0
data = {}                                    ❶

for i in xrange(sheet.nrows):
    if count < 10:
        if i >= 14:
            row = sheet.row_values(i)
            country = row[1]                 ❷
            data[country] = {}               ❸
    count += 1

print data                                   ❹
```

❶ 데이터를 저장할 빈 딕셔너리를 생성한다.

❷ row[1]을 이용해 순회하는 각 행에서 국가명을 뽑아낸다.

❸ data[country]가 data 딕셔너리에 국가를 키로 추가한다. 키에 대응되는 값

의 경우 다음 단계에서 다른 딕셔너리에 저장된다.

❹ 데이터가 어떻게 생겼는지 확인하기 위해 데이터를 출력한다.

출력물은 다음과 같다.

```
{u'Afghanistan': {}, u'Albania': {}, u'Angola': {}, u'Algeria': {},
u'Andorra': {}, u'Austria': {}, u'Australia': {}, u'Antigua and Barbuda': {},
u'Armenia': {}, u'Argentina': {}}
```

이제 행의 나머지 부분에 있는 각 값을 스프레드시트의 알맞은 값들과 대응하고 딕셔너리에 저장해야 한다.

 모든 값을 뽑아내고 엑셀 시트에 있는 값들과 비교하다 보면 많은 실수를 범할 수 있다. 당연한 과정이다. 이러한 과정을 당연하게 받아들이고 문제를 처음부터 끝까지 해결해 나가면 된다.

우선 데이터를 저장할 빈 데이터 구조를 생성한다. 데이터가 14번째 행에서부터 시작된다는 것을 알고 있으니 이제 카운터도 없애자. xrange를 이용하면 시작 값과 마지막 값을 설정할 수 있으니 14번째 행부터 파일의 마지막 행까지 카운트할 수 있다. 수정된 코드는 다음과 같다.

```
data = {}

for i in xrange(14, sheet.nrows):      ❶
    row = sheet.row_values(i)
    country = row[1]

    data[country] = {                  ❷
        'child_labor': {               ❸
            'total': [],               ❹
            'male': [],
            'female': [],
        },
        'child_marriage': {
            'married_by_15': [],
            'married_by_18': [],
        }
    }

print data['Afghanistan']              ❺
```

❶ 이전의 카운터 참조를 모두 삭제하고 시트의 14번째 행에서부터 for 루프를 시작한다. 루프가 14번째 행에서 시작하기 때문에 우리에게 필요 없는 부분은 자동으로 건너뛸 수 있다.

❷ 다른 데이터 포인트를 포함할 수 있도록 딕셔너리를 여러 줄로 확장한다.

❸ child_labor라는 키를 생성하고 다른 딕셔너리와 동일하게 설정한다.

❹ 딕셔너리는 딕셔너리 각 부분의 데이터를 설명하는 문자열을 포함한다. 각 키에 대응되는 값은 리스트이다.

❺ Afghanistan이라는 키에 대응되는 값을 출력한다.

Afghanistan에 대한 출력 데이터는 다음과 같다.

```
{
    'child_labor': {'total': [], 'male': [], 'female': []},
    'child_marriage': {'married_by_18': [], 'married_by_15': []}
}
```

이제 데이터를 채워 보자. 인덱스를 사용하여 각 행의 각 열에 접근할 수 있기 때문에 시트의 값들로 리스트를 채울 수 있다. 시트를 보고 어떤 행이 데이터의 어떤 부분과 관련이 있을지 생각해 보면 다음과 같은 방식으로 데이터 딕셔너리를 갱신할 수 있다.

```
data[country] = {
    'child_labor': {
        'total': [row[4], row[5]],               ❶
        'male': [row[6], row[7]],
        'female': [row[8], row[9]],
    },
    'child_marriage': {
        'married_by_15': [row[10], row[11]],
        'married_by_18': [row[12], row[13]],
    }
}
```

❶ 각 열 당 두 개의 셀이 존재하므로 두 값을 모두 저장한다. 아동 노동에 해당하는 값은 5번째 열의 값과 6번째 열의 값인데, 파이썬이 0에서부터 인덱스를 카운트하는 것을 고려하여 네 번째와 다섯 번째 인덱스를 선택한다.

코드를 다시 실행하면 다음이 출력된다.

```
{
    'child_labor': {'female': [9.6, ''], 'male': [11.0, ''], 'total': [10.3, '']},
    'child_marriage': {'married_by_15': [15.0, ''], 'married_by_18': [40.4, '']}}
}
```

> ⚠ 계속하기 전에 기록 중 몇 가지를 출력하여 딕셔너리의 값들이 맞는지 확인해 보라. 인덱스가 밀려 나머지 데이터 전체가 엉망이 될 수도 있기 때문이다.

마지막으로 print 문 대신 pprint를 이용하여 데이터를 미리 볼 수 있다. 딕셔너리와 같이 복잡한 데이터 구조의 경우 pprint를 이용하면 훨씬 더 손쉽게 출력물을 검토할 수 있다. 서식화된 방식으로 데이터를 미리 보기 위해 다음을 코드 마지막에 추가하라.

```
import pprint          ❶
pprint.pprint(data)    ❷
```

❶ pprint 라이브러리를 불러온다. 일반적으로 import 문은 파일의 첫 부분에 오지만 이 예제에서는 간결함을 위해 이곳에 배치한다. 스크립트에서 반드시 필요한 줄은 아니기 때문에 라이브러리를 불러온 후에는 이 줄을 삭제해도 괜찮다.

❷ pprint.pprint() 함수에 데이터를 전달한다.

스크롤을 내려 출력물을 살펴 보자. 대부분 문제가 없어 보이지만 부적절한 장소에 들어가 있는 것처럼 보이는 기록들이 몇 개 눈에 띈다.

스프레드시트를 보면 국가의 마지막 행은 'Zimbabwe'이다. 국가에 대한 값이 'Zimbabwe'가 되는 순간이 언제인지 찾아 그때 루프를 끝내야 한다. 코드에 break를 추가하여 작업을 종료할 수 있는데 이렇게 하면 for 루프의 작업을 일찍 중단한 후 스크립트 나머지 부분의 작업을 수행하게 된다. 작업 중단과 관련된 부분을 코드에 추가해보자. for 루프의 끝부분에 다음을 추가한 후 코드를 재실행하자.

```
if country == 'Zimbabwe':  ❶
    break                  ❷
```

❶ country가 Zimbabwe일 때…

❷ for 루프를 빠져 나온다.

> break를 추가하면 NameError: name 'country' is not defined라는 오류 메시지가 나타나는가? 그렇다면 들여쓰기를 제대로 했는지 확인해 보자. for 루프 안에 if 문을 사용하기 위해서는 4칸의 공백이 있어야 한다.
>
> 코드를 단계별로 살펴 보면 문제점을 식별하는 데 도움이 된다. 예를 들어 for 루프 안의 country라는 변수가 현재 어떤 값을 가지는지 알아내고 싶다면 루프 안에 print 문을 추가하여 스크립트에 오류가 발생하기 전까지 어떤 값들을 가지는지 확인하면 된다. 이렇게 하면 코드 안에서 어떤 일이 벌어지고 있는지 대략적으로 파악할 수 있다.

이제 위 스크립트는 우리가 목표했던 결과물을 성공적으로 출력한다. 마지막으로 해야 할 일은 주석을 이용해 현재까지의 작업을 기록하는 일이다.

> **주석**
>
> 훗날 자기 자신과 다른 사람들이 왜 이런 코드를 짰는지 이해할 수 있도록 돕기 위해 코드에 주석을 남겨 보자. 다음과 같이 주석 내용 전에 #을 입력하여 주석을 달 수 있다.
>
> # This is a comment in Python. Python will ignore this line.
>
> 다음과 같이 여러 줄에 걸친 주석을 달 수도 있다.
>
> ```
> """
>     This is the formatting for a multiline comment.
>     If your comment is really long or you want to
>     insert a longer description, you should use
>     this type of comment.
> """
> ```

이제 우리의 스크립트는 다음과 같다.

```
"""
    This is a script to parse child labor and child marriage data.      ❶
    The Excel file used in this script can be found here:
    http://www.unicef.org/sowc2014/numbers/
"""

import xlrd
book = xlrd.open_workbook('SOWC 2014 Stat Tables_Table 9.xlsx')

sheet = book.sheet_by_name('Table 9 ')

data = {}
for i in xrange(14, sheet.nrows):
    # Start at 14th row, because that is where the country data begins  ❷

    row = sheet.row_values(i)

    country = row[1]

    data[country] = {
        'child_labor': {
            'total': [row[4], row[5]],
            'male': [row[6], row[7]],
            'female': [row[8], row[9]],
        },
        'child_marriage': {
            'married_by_15': [row[10], row[11]],
            'married_by_18': [row[12], row[13]],
        }
    }

    if country == 'Zimbabwe':
        break
```

```
import pprint
pprint.pprint(data)                                                    ❸
```

❶ 일반적으로 스크립트 초반에 여러 줄에 걸친 주석을 추가하여 해당 스크립트가 수행하는 작업에 대해 설명한다.

❷ 왜 첫 행이 아닌 14번째 행에서부터 시작했는지에 대한 한 줄짜리 주석이다.

❸ 단순한 데이터 파싱을 넘어 데이터 분석 작업을 시작하게 되면 이 줄을 삭제해야 한다.

이제 이전 장에서 살펴 보았던 데이터와 비슷한 출력물이 생성되었다. 다음 장에서는 한 단계 더 나아가 PDF에서 동일한 데이터를 파싱해 볼 것이다.

요약

엑셀 형식은 기계가 어느 정도는 읽을 수 있는 독특한 형식이며, 인간이 읽을 수 있는 형식과 기계가 읽을 수 있는 형식 사이에 존재한다고 할 수 있다. 엑셀 파일은 프로그램이 읽기 쉽게 만들어지지는 않았지만 파싱이 가능하다.

이러한 비표준적인 형식을 다루기 위해 이 장에서는 외부 라이브러리를 설치했다. 라이브러리를 검색하는 방식에는 두 가지가 있다. 하나는 PyPI(*https://pypi.python.org/pypi*) 혹은 파이썬 패키지 인덱스에서 검색하는 것이고, 또 다른 하나는 튜토리얼이나 입문서를 통해 다른 사람들이 어떻게 했는지 살펴 보는 것이다.

설치하고자 하는 라이브러리를 찾은 후에는 `pip install` 명령어를 사용한다. 설치한 라이브러리를 삭제하기 위해서는 `pip uninstall`을 사용한다.

이 장에서 우리는 xlrd 라이브러리를 이용한 엑셀 파싱에 대해 배웠을 뿐만 아니라, 표 4.1에 정리되어 있는 파이썬 프로그래밍 개념도 익혔다.

개념	목적
range와 xrange (*http://bit.ly/python_range*)	하나의 숫자를 연속된 숫자의 리스트로 변환한다. 예: range(3)을 입력하면 [0, 1, 2]가 출력된다.
카운팅은 1이 아닌 0에서 시작한다	프로그래밍 전반에서 발생하는 컴퓨터 구성 요소이다. range, 인덱싱, 혹은 슬라이싱을 사용할 때 이 점을 유의해야 한다.
인덱싱과 슬라이싱 (*http://bit.ly/cutting_slicing_strings*)	문자열이나 리스트의 특정 부분을 뽑아낸다.
카운터	for 루프를 제어하기 위해 사용한다.

중첩 for 루프	리스트의 리스트, 딕셔너리의 리스트, 혹은 딕셔너리의 딕셔너리와 같은 데이터 구조 내의 데이터 구조를 순회할 때 사용한다.
pprint	터미널에 데이터가 적절하게 출력되도록 하는 방법이다. 복잡한 데이터 구조를 처리할 때 유용하다.
break	break를 이용해 미리 for 루프에서 빠져나올 수 있다. 루프가 중단되고 스크립트 나머지 부분의 작업을 수행한다.
주석	훗날 코드에 대한 이해를 돕기 위해 코드에 주석을 남긴다.

표 4.1 4장에 소개된 파이썬 프로그래밍 개념

다음 장에서는 PDF에 대해 살펴 본다. 현재 가지고 있는 데이터를 대체할 수 있는 다른 데이터를 찾거나 혹은 연구 질문에 대한 답을 구하기 위해 필요한 데이터를 구할 수 있는 다른 방법을 찾는 것이 얼마나 중요한지 알게 될 것이다.

5장

파이썬에서의 PDF와 문제 해결

데이터가 오로지 PDF 형식으로만 제공된다는 것은 끔찍한 일이지만 PDF 이외에 다른 옵션이 존재하지 않는 경우도 존재한다. 이 장에서는 PDF를 파싱하고 코드에서 발생하는 문제점을 해결하는 방법에 대해 알아 본다.

불러오기와 같은 기본적인 개념에서부터 시작해 좀 더 복잡한 개념들을 배우고 스크립트를 작성하는 방법도 살펴 본다. 또한 이 장 전반에 걸쳐 코드에서 발생하는 문제점에 대해 생각해 보고 그것을 해결하는 여러 가지 방법을 알아 볼 것이다.

PDF 사용을 자제하라!

이번 절에서는 이전 장에서 사용했던 것과 동일하지만 PDF 형식으로 된 데이터를 사용한다. 파싱하기 힘든 형태로 되어 있는 데이터를 일부러 찾아서 쓸 필요는 없지만 앞으로 다루게 될 데이터가 언제나 이상적인 형태로 되어 있지는 않기 때문에 이 책에서는 PDF에 대해서도 다룬다. 이 장에서 사용되는 PDF는 이 책의 깃허브(GitHub) 저장소에서 찾을 수 있다(*https://github.com/jackiekazil/ data-wrangling*).

PDF 데이터 파싱을 시작하기 전에 알아 두어야 할 몇 가지 사항이 있다.

- 데이터가 PDF 이외의 다른 형태로도 존재하는지 찾아보았는가? 온라인에서 찾지 못했다면 전화나 이메일로 데이터로 데이터를 요청해 보자.
- PDF 문서의 데이터를 복사/붙여넣기해 보았는가? PDF의 데이터를 복사하고 스프레드시트에 붙여넣어 손쉽게 데이터를 얻을 수 있는 경우도 있다. 항상

가능한 방법은 아니며 확장 가능하지도 않다(확장 가능하지 않다는 것은 수 많은 파일 혹은 페이지에 대해서 신속하게 작업할 수 없다는 것을 의미한다).

PDF 사용이 불가피하다면 파이썬을 이용하여 데이터를 파싱할 줄 알아야 한다. 시작해보자.

PDF 파싱에 대한 프로그램적인 접근

PDF는 각 파일이 예측하기 힘든 형식으로 존재할 수 있어 엑셀 파일에 비해 다루기 어렵다(일련의 PDF 파일들이 연속적이고 일관적이라면 쉽게 파싱이 가능할 수도 있다).

PDF 도구를 이용하면 PDF를 텍스트로 변환하는 등 다양한 방식으로 문서를 처리할 수 있다. 이 책을 집필할 무렵 대니엘 세르반테스(Danielle Cervantes)는 NICAR(컴퓨터활용기자보도회)에서 메일링 리스트에 있는 전체 기자들에게 보내는 이메일을 통해 PDF 도구 사용에 대한 이야기를 시작했다. 이 이야기의 결과 우리는 다음과 같은 PDF 파싱 도구 목록을 편집하게 되었다.

- ABBYY's Transformer
- Able2ExtractPro
- Acrobat Professional
- Adobe Reader
- Apache Tika
- Cogniview's PDF to Excel
- CometDocs
- Docsplit
- Nitro Pro
- PDF XChange Viewer
- pdfminer
- pdftk
- pdftotext
- Poppler
- Tabula
- Tesseract

- xpdf
- Zamzar

위에 언급된 도구뿐만 아니라 파이썬을 비롯한 다양한 프로그래밍 언어를 사용해 PDF 파싱이 가능하다.

 여러분이 파이썬이라는 도구에 대해 안다는 것이 파이썬이 모든 문제에 가장 적절한 도구라는 뜻은 아니다. 파이썬 외에도 다양한 도구가 존재하기 때문에 수행하고자 하는 작업의 특정 부분(예를 들면 데이터 추출)에는 파이썬이 아닌 다른 도구가 더 적합할 수 있다. 작업을 계속하기 전에 열린 마음으로 다양한 옵션을 고려해 보자.

80쪽의 "파이썬 패키지 설치하기"에서 언급되었던 것처럼 PyPI에서는 파이썬 패키지를 편리하게 검색할 수 있다. 'PDF'를 검색하면(*http://bit.ly/pdf_packages*) 그림 5.1과 같은 검색 결과들이 보인다.

Package	Weight*	Description
PDF 1.0	11	PDF toolkit
PDFTron-PDFNet-SDK-for-Python 5.7	11	A top notch PDF library for PDF rendering, conversion, content extraction, etc
agenda2pdf 1.0	9	Simple script which generates a book agenda file in PDF format, ready to be printed or to be loaded on a ebook reader
aws.pdfbook 1.1	9	Download Plone content views as PDF
buzzweb2pdf 0.1	9	An Open Source tool to convert HTML documentation with an index page into a single PDF.
ckanext-pdfview 0.0.1	9	View plugin for rendering PDFs on the browser
cmsplugin-pdf 0.5.1	9	A reusable Django app to add PDFs to Django-CMS.
collective.pdfjs 0.4.3	9	pdf.js integration for Plone
collective.pdfLeadImage 0.2	9	Automatically creates contentleadimage from pdf cover
collective.pdfpeek 2.0.0	9	A Plone 4 product that generates image thumbnail previews of PDF files stored on ATFile based objects.
collective.sendaspdf 2.10	9	An open source product for Plone to download or email a page seen by the user as a PDF file.
django-easy-pdf 0.1.0	9	Django PDF views, the easy way

그림 5.1 PyPI의 PDF 패키지

그러나 위의 라이브러리들 가운데 PDF 파싱에 필요한 라이브러리가 무엇인지 알아내기는 쉽지 않을 것이다. 'parse pdf(PDF 파싱)'와 같은 검색어 몇 가지를 이용해 더 검색해 보면(*http://bit.ly/parse_pdf_packages*) 다른 검색 결과가 나오지만 여전히 눈에 띄게 적절해 보이는 것은 없다. 그래서 우리는 검색 엔진을 이용해 사람들이 가장 많이 사용하는 것이 무엇인지 찾아 보았다.

 라이브러리나 문제 해결 방안에 대해 검색할 때 검색되는 자료들의 게재 날짜를 살펴 보자. 오래된 포스팅이라면 이미 뒤떨어진 내용을 담고 있어 더 이상 유용하지 않을 확률이 높다. 되도록이면 최근 2년 이내 게재된 게시물을 찾아 보고, 꼭 필요할 때만 그 이전의 게시물을 찾아 보자.

다양한 튜토리얼, 도움말, 블로그 포스팅, 그리고 이 기사(*http://bit.ly/manipulating_pdfs_python*)를 비롯한 유익한 기사 몇 개를 찾아보고 난 후 우리는 slate 라이브러리를 쓰기로 결정했다(*https://pypi.python.org/pypi/slate*).

> slate는 우리가 수행하려는 작업에는 적절하지만 모든 작업에 적절하지는 않다. 사용하던 라이브러리를 버리고 새로운 것을 시도해도 좋다. 사용할 수 있는 라이브러리가 다양하다면 누군가는 최선의 선택이 아니라고 생각하더라도 여러분이 가장 잘 이해할 수 있는 것을 고르면 된다. 프로그래밍을 배울 때 최선의 도구는 가장 직관적인 도구이기 때문이다.

---

slate를 사용하여 열고 읽기

slate 라이브러리를 사용하기로 결정했으니 이 라이브러리를 설치해보자. 명령 프롬프트에서 다음을 실행하라.

```
pip install slate
```

slate가 설치되었으니 다음 코드로 스크립트를 생성하고 parse_pdf.py로 저장하라. 파싱하고자 하는 PDF 파일과 같은 폴더에 저장하거나 파일 경로를 수정하라. 아래의 코드는 PDF 파일의 처음 두 행을 출력한다.

```
import slate                       ❶

pdf = 'EN-FINAL Table 9.pdf'       ❷

with open(pdf) as f:               ❸
    doc = slate.PDF(f)             ❹

for page in doc[:2]:               ❺
    print page
```

❶ slate 라이브러리를 불러온다.

❷ 파일 경로를 담을 문자열 변수를 생성한다. 공백과 대/소문자를 주의하자.

❸ 파이썬이 파일을 열 수 있도록 파이썬의 open 함수로 파일 명 문자열을 전달하라. 변수 f에 파일을 연다.

❹ slate가 PDF를 사용 가능한 형식으로 파싱할 수 있도록 열린 파일 f를 slate.PDF(f)로 전달한다.

❺ 모든 것이 제대로 작동하고 있는지 확인하기 위해 문서의 처음 몇 페이지를 순회하여 출력한다.

> ❗ 보통 pip은 어떤 라이브러리가 실행되기 위해 필요한 의존성 파일(dependency)을 모
> 두 설치한다. 그러나 파일들을 적절히 배열하는 일은 패키지 매니저에 달려 있다. 이 라
> 이브러리를 사용하든 사용하지 않든 ImportError가 발생하면 그다음 줄을 자세히 읽어
> 보고 어떤 패키지가 설치되지 않았는지 확인하자. 코드를 실행할 때 ImportError: No
> module named pdfminer.pdfparser라는 메시지가 나타나면 slate 라이브러리 설
> 치 시 pdfminer가 제대로 설치되지 않았다는 것을 의미한다. 설치하려면 pip install
> —upgrade —ignoreinstalled slate==0.3 pdfminer==20110515를 실행한다(slate
> 문제 추적기에 명시되어 있다(*https://github.com/timClicks/slate/issues/5*)).

스크립트를 실행하고 PDF의 내용과 출력물을 비교해보자.

첫 번째 페이지는 다음과 같다.

```
TABLE 9Afghanistan 10 11 10 15 40 37 − − − − 90 74 75 74Albania
12 14 9 0 10 99 − − − 36 30 75 78 71Algeria 5 y 6 y 4 y 0 2 99
− − − − 68 88 89 87Andorra − − − − − 100 v − − − − − − −
−Angola 24 x 22 x 25 x − − 36 x − − − − − − − − −Antigua and Barbuda
− − − − − − − − − − − − − −Argentina 7 y 8 y 5 y − − 99 y
− − − − − − − −Armenia 4 5 3 0 7 100 − − − 20 9 70 72
67Australia − − − − − 100 v − − − − − −Austria − −
− − − 100 v − − − − − − − −Azerbaijan 7 y 8 y 5 y 1 12 94 − −
− 58 49 75 79 71Bahamas − − − − − − − − − − − −
−Bahrain 5 x 6 x 3 x − − − − − − − − − −Bangladesh 13 18
8 29 65 31 − − − − 33 y − − −Barbados − − − − − − − −
− − − − −Belarus 1 1 2 0 3 100 y − − − 4 4 65 y 67 y 62
yBelgium − − − − − 100 v − − − − − − − −Belize 6 7 5
3 26 95 − − − − 9 71 71 70Benin 46 47 45 8 34 80 13 2 y
1 14 47 − − −Bhutan 3 3 3 6 26 100 − − − − 68 − − −Bolivia (
Plurinational State of) 26 y 28 y 24 y 3 22 76 y − − − − 16 − −
−Bosnia and Herzegovina 5 7 4 0 4 100 − − − 6 5 55 60
50Botswana 9 y 11 y 7 y − − 72 − − − − − − − −Brazil 9 y 11 y 6 y
11 36 93 y − − − − − − − −Brunei Darussalam − − − − − − −
− − − − − − −Bulgaria − − − − − 100 v − − − − − − −
−Burkina Faso 39 42 36 10 52 77 76 13 9 34 44 83 84 82Burundi
26 26 27 3 20 75 − − − 44 73 − − −Cabo Verde 3 x,y 4 x,y 3
x,y 3 18 91 − − − 16 y 17 − − −Cambodia 36 y 36 y 36 y 2 18 62 −
− − 22 y 46 y − −Cameroon 42 43 40 13 38 61 1 1 y 7 39
47 93 93 93Canada − − − − − 100 v − − − − − − −Central
African Republic 29 27 30 29 68 61 24 1 11 80 y 80 92 92
92Chad 26 25 28 29 68 16 44 18 y 38 − 62 84 85 84Chile 3 x 3
x 2 x − − 100 y − − − − − − − −China − − − − − − − − −
− − − − −Colombia 13 y 17 y 9 y 6 23 97 − − − − − − −Comoros
27 x 26 x 28 x − − 88 x − − − − − − − −Congo 25 24 25 7 33
91 − − − − 76 − − −TABLE 9 CHILD PROTECTIONCountries and
areasChild labour (%)+ 2005−2012*Child marriage (%) 2005−2012*Birth
registration (%)+ 2005−2012*totalFemale genital mutilation/cutting (%)+
2002−2012*Justification of wife beating (%) 2005−2012*Violent discipline (%)+
2005−2012*prevalenceattitudestotalmalefemalemarried by 15married by
18womenagirlsbsupport for the practicecmalefemaletotalmalefemale78 THE
STATE OF THE WORLD'S CHILDREN 2014 IN NUMBERS
```

PDF 파일을 보면 쉽게 이 페이지의 행의 패턴을 확인할 수 있다. 페이지의 데이터 형식이 무엇인지 알아 보자.

```
for page in doc[:2]:
    print type(page)        ❶
```

❶ 코드의 print page를 print type(page)로 수정한다.

위의 코드를 실행하면 다음이 출력된다.

```
<type 'str'>
<type 'str'>
```

slate의 page가 긴 문자열이라는 것을 알게 되었다. 문자열 메서드를 사용할 수 있다는 것을 알게 되었으니 유용한 정보이다(문자열 메서드에 대한 기억을 되살리고 싶다면 2장을 참고한다).

전반적으로 이 PDF 파일은 읽기 어렵지 않았다. 표와 소량의 텍스트뿐이었기 때문에 slate를 이용해서 잘 파싱할 수 있었다. 표가 텍스트 사이에 위치해 있는 경우에는 원하는 데이터를 얻기 위해 텍스트 몇 줄을 건너뛰어야 할 수도 있다. 몇 줄을 건너뛰기 위해서는 이전 장에서 살펴본 엑셀 예제에서 보았던 것처럼 하면 된다. 그 예제에서 우리는 각 행당 1씩 증가하는 카운터를 생성하여 특정한 데이터가 있는 위치를 찾고 90쪽의 "인덱싱이란?"에 설명된 기술을 이용해 우리에게 필요한 데이터만을 선택했다.

우리의 최종 목표는 PDF의 데이터를 엑셀 파일 출력물과 같은 데이터 형식으로 만드는 것이다. 이를 위해 일단 각 행을 빼내려면 문자열을 쪼개야 하는데, 이를 위해 어디에서 새로운 행이 시작하는지 판단할 수 있는 특정 패턴을 찾아내야 한다. 쉬워 보이지만 복잡한 작업일 수도 있다.

규모가 큰 문자열을 다룰 때 보통 사람들은 정규식(regular expression, RegEx)을 이용한다. 그러나 정규식 혹은 정규식 서치에 익숙하지 않다면 정규식을 활용하는 것은 쉽지 않다. 정규식에 도전하고 싶다면 199쪽의 "정규식 매칭(RegEx Matching)"을 참고하자. 이 장에서는 좀 더 간단한 방법을 사용해 데이터를 추출해보자.

PDF를 텍스트로 변환하기

우선 PDF를 텍스트로 바꾼 후 데이터 파싱을 하자. 파일이 클 때 이 방식을 사용하면 편리하다(slate 라이브러리를 이용하면 실행이 될 때마다 PDF를 파싱하게 되는데, 파일이 크거나 파일 개수가 많은 경우에는 시간 및 메모리 소모가 큰 방법이다).

pdfminer를 사용하여 PDF를 텍스트로 변환해보자. 우선 pdfminer를 설치한다.

```
pip install pdfminer
```

설치가 끝나면 pdf2txt.py라는 명령어를 사용할 수 있는데, 이 명령어를 이용하면 PDF를 파일로 변환하고 다시 그 파일을 텍스트로 변환할 수 있다. 한번 시도해보자. 다음을 실행하면 현재 폴더에서 PDF를 텍스트로 변환하기 때문에 모든 파일이 같은 폴더에 존재하도록 만들 수 있다.

```
pdf2txt.py -o en-final-table9.txt EN-FINAL\ Table\ 9.pdf
```

첫 번째 인자(-o en-final-table9.txt)는 우리가 생성하려고 하는 텍스트 파일이다. 두 번째 인자(EN-FINAL\ Table\ 9.pdf)는 우리가 변환하고자 하는 PDF 파일이다. 파일 명의 대소문자를 잘 구분하고 공백을 제대로 입력했는지 확인해라. 역슬래시(\) 뒤에는 공백을 넣어야 하는데, 이것을 이스케이프(escaping)라고 부른다. 이스케이프를 이용하여 컴퓨터에게 공백이 입력하려는 내용의 일부임을 말해 주는 것이다.

탭을 이용한 자동완성

터미널에서 탭 키는 유용하게 쓰인다. 방금 실행한 예제의 두 번째 인자의 경우 EN이라고 쓰고 탭 키를 두 번 누르면 같은 내용을 입력할 수 있다. EN으로 시작하는 이름을 가진 파일이 한 개만 존재하는 경우 일부만 입력하면 컴퓨터가 스스로 나머지 파일 명을 채워 주기 때문이다. 파일 명의 앞부분이 동일한 파일이 여러 개 존재하는 경우에는 경고음이 들리면서 해당될 수 있는 파일 목록을 보여 준다. 독특하고 긴 폴더 명 혹은 파일 명을 입력할 때 유용한 기능이다.

다음을 시도해보자. 일단 홈 디렉터리로 이동한다(유닉스 기반 시스템에서는 cd ~/, 윈도우에서는 cd %cd%를 입력하면 된다). 이제 Documents 디렉터리로 이동해야 한다. cd D를 입력한 후 탭 키를 두 번 눌러 보자. D로 시작하는 홈 디렉터리에 존재하는 다른 파일이나 폴더는 어떤 것들이 있는가? (아마 Downloads?)

이번에는 cd Doc를 입력한 후 탭 키를 두 번 눌러 보자. Documents 폴더가 자동완성이 될 것이다.

이 명령어를 실행하면 en-final-table9.txt라는 이름을 가진 PDF의 텍스트 버전 파일이 생성된다.

새롭게 생성된 파일을 파이썬에서 읽어 보자. 이전 스크립트와 같은 폴더상에서 다음 코드를 이용해 새 스크립트를 생성하자. parse_pdf_text.py 혹은 자신이 이해하기 쉬운 이름으로 파일 명을 정한다.

```
pdf_txt = 'en-final-table9.txt'
openfile = open(pdf_txt, 'r')

for line in openfile:
    print line
```

표의 내용을 텍스트의 형식으로 만들어 텍스트를 한 줄 한 줄 읽고 각 줄을 출력할 수 있다.

pdfminer를 사용해 PDF 파싱하기

PDF 파일을 처리하는 작업은 까다롭기로 악명이 높기 때문에 코드에서 발생하는 문제를 해결하는 방법을 배워야 한다.

최종 데이터세트의 키로 사용할 국가명을 수집해야 한다. 텍스트 파일을 열면 국가명이 8번째 행 이후부터 시작된다는 것을 확인할 수 있다. 8번째 행에는 and areas라는 텍스트가 있다.

```
5    TABLE 9 CHILD PROTECTION
6
7    Countries
8    and areas
9    Afghanistan
10   Albania
11   Algeria
12   Andorra
```

텍스트 문서를 살펴보면 이러한 패턴이 여러 장에 걸쳐 일관되게 발견된다. 그러므로 and areas 텍스트가 있는 행을 기준으로 온/오프 스위치처럼 작용하는 변수를 생성하여 데이터 수집 과정을 시작하고 종료하면 된다.

이를 위해 True 혹은 False 값을 가지는 불(boolean) 변수를 넣어 for 루프를 수정한다. and areas 행에 도달했을 때 True를 표시하는 불 변수를 생성해보자.

```
country_line = False                        ❶
for line in openfile:

    if line.startswith('and areas'):        ❷
        country_line = True                 ❸
```

❶ country_line을 False로 설정하여 임의의 행이 기본적으로 국가명에 대한 값을 가지지 않는다고 설정한다.

❷ and areas로 시작하는 행을 찾는다.

❸ country_line을 True로 설정한다.

이제 어느 시점에서 불을 다시 False로 바꿀지 정해야 한다. 잠시 텍스트 파일을 보면서 어떤 패턴이 존재하는지 생각해보자. 국가명 목록이 언제 끝나는지 어떻게 알 수 있을까?

다음의 발췌한 코드를 보면 중간에 빈 행이 존재하는 것을 알 수 있다.

```
45    China
46    Colombia
47    Comoros
48    Congo
49
50    total
51    10
52    12
```

이 빈 행이 파이썬에서는 어떻게 인식될까? 파이썬이 이 행을 어떻게 표현하는지 출력하는 코드 한 줄을 추가하라(문자열 서식 설정에 대해 더 알고 싶다면 178쪽의 "데이터 서식화하기"을 참고하자).

```
country_line = False
for line in openfile:
    if country_line:                          ❶
        print '%r' % line                     ❷

    if line.startswith('and areas'):
        country_line = True
```

❶ 이전 단계에서 for 루프 순회 이후 country_line이 True라면…

❷ …이 행의 파이썬 표현을 출력하라.

모든 행의 끝부분에 추가적인 문자가 생성되었다.

```
45    'China \n'
46    'Colombia \n'
47    'Comoros \n'
48    'Congo \n'
49    '\n'
50    'total\n'
51    '10 \n'
52    '12 \n'
```

\n 기호는 행의 끝을 나타내며 줄바꿈(newline) 문자라고 불린다. 이 문자를
country_line 변수의 온/오프 스위치를 끄기 위한 마커 혹은 표시물로 사용할
것이다. 만약 country_line이 True임과 동시에 해당 행의 값이 \n이라면 이 행에
서 국가명이 끝났다는 것을 의미한다. 이 경우 코드에서 country_line을 False
로 설정하게 된다.

```
country_line = False
for line in openfile:

    if country_line:                            ❶
        print line

    if line.startswith('and areas'):
        country_line = True
    elif country_line:
        if line == '\n':                        ❷
            country_line = False
```

❶ country_line이 True라면 국가명을 확인할 수 있도록 이 행을 출력한다. 우
   리가 추출하고자 하는 것은 실제 국가명이지 and areas라는 문자열이 아니기
   때문에 코드의 앞쪽에 이 줄을 추가한다.

❷ country_line이 True이고 이 행이 줄바꿈 문자(\n)와 일치하면 국가명이 더
   이상 나오지 않는다는 것을 의미하기 때문에 country_line을 False로 설정
   한다.

이제 코드를 실행하면 국가명을 포함한 모든 행이 출력된다. 최종적으로 국가명
리스트로 변환될 행들이다. 이제 우리가 원하는 데이터를 마저 수집하기 위해
사용할 마커를 찾아 위와 유사한 작업을 해보자. 우리가 원하는 데이터는 아동
노동 및 아동 결혼과 관련된 수치이다. 아동 노동 데이터부터 시작해보자. 총계
(total), 남성(male), 여성(female)에 해당하는 수치들을 수집하려 한다. 총계부
터 시작해보자.

   방금 전과 유사한 방법으로 특정 패턴을 찾아 총 아동 노동(Total child labor)
데이터를 모아 보자.

1. True/False를 이용해 온/오프 스위치를 생성한다.
2. 스위치를 켤 시작 마커를 찾는다.
3. 스위치를 끌 종료 마커를 찾는다.

텍스트를 살펴 보면 total이라는 단어를 시작 마커로 설정하여 데이터 수집을 시

작하면 된다는 것을 알 수 있다. 첫 번째 예제를 위해 생성한 텍스트 파일의 50번째 행을 보자.[1]

```
45    China
46    Colombia
47    Comoros
48    Congo
49
50    total
51    10
52    12
```

이번 경우에도 종료 마커는 줄바꿈 문자(\n)이며 71번째 행에서 볼 수 있다.

```
68    6
69    46
70    3
71
72    26  y
73    5
```

시작/종료 마커를 추가하고 print를 이용하여 결과를 살펴 보자.

```
country_line = total_line = False          ❶
for line in openfile:

    if country_line or total_line:         ❷
        print line

    if line.startswith('and areas'):
        country_line = True
    elif country_line:
        if line == '\n':
            country_line = False

    if line.startswith('total'):           ❸
        total_line = True
    elif total_line:
        if line == '\n':
            total_line = False
```

❶ total_line을 False로 설정한다.

❷ country_line 혹은 total_line이 True라면 데이터를 확인할 수 있도록 이 행을 출력한다.

❸ total_line이 어디에서 시작하는지 확인하고 total_line을 True로 설정한

---

1 사용 중인 텍스트 에디터에서 행 번호가 보이도록 설정할 수 있다. 특정 번호의 행으로 '점프'할 수 있는 단축키도 존재할 것이다. 구글 검색을 통해 이와 같이 에디터에서 사용할 수 있는 기능을 사용하는 방법을 알아보라.

다. 코드의 나머지 부분에서는 country_line 예제에서 사용된 것과 동일한 구조를 사용한다.

현재 우리 코드에는 중복되는 부분이 있다. 각 변수와 변수에 해당되는 온/오프 스위치를 생성하기 위해 동일한 코드를 사용하고 있기 때문이다. 어떻게 하면 중복되는 부분이 없이 코드를 작성할 수 있을까? 파이썬에서 함수를 이용해 반복적인 작업을 수행할 수 있다. 즉, 매번 같은 작업을 수동으로 한 줄씩 실행하는 대신, 해당 작업을 함수로 지정하고 필요한 순간에 그 함수를 호출하여 작업을 수행할 수 있는 것이다. 함수를 이용하여 PDF의 각 행을 확인하면 된다.

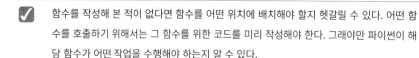 함수를 작성해 본 적이 없다면 함수를 어떤 위치에 배치해야 할지 헷갈릴 수 있다. 어떤 함수를 호출하기 위해서는 그 함수를 위한 코드를 미리 작성해야 한다. 그래야만 파이썬이 해당 함수가 어떤 작업을 수행해야 하는지 알 수 있다.

이 예제에서 만들 함수를 turn_on_off라고 명명할 것이며 이 함수는 다음과 같은 네 개의 인자를 갖는다.

- line은 평가하는 행을 가리킨다.
- status는 (True 혹은 False를 나타내는) 불(boolean)이며 스위치의 온/오프 상태를 표시한다.
- start는 섹션의 시작을 나타내며 스위치를 온 혹은 True 상태로 변경한다.
- end는 섹션의 종료를 나타내며 스위치를 오프 혹은 False 상태로 변경한다.

for 루프 위에 함수 생성을 위한 틀을 추가하여 코드를 갱신하라. 나중에 이 함수를 다시 사용할 때 함수가 어떤 기능을 가지고 있는지 해독하는데 어려움을 겪지 않도록, 함수의 기능을 설명해 놓는 것을 잊지 말라. 이러한 주석은 도움말 문자열(docstring)이라고 부른다.

```
def turn_on_off(line, status, start, end='\n'):                      ❶
    """
        This function checks to see if a line starts/ends with a certain   ❷
        value. If the line starts/ends with that value, the status is
        set to on/off (True/False).
    """
    return status                                                    ❸

country_line = total_line = False
for line in openfile:
.....
```

❶ 인자 4개를 가지는 함수가 시작하는 부분이다. 처음 3개의 인자는 line, status, start이며 모두 필수적인 인자이다. 필수적이라는 것은 기본값 (default value)이 존재하지 않기 때문에 해당되는 값들을 항상 설정해 주어야 한다는 것을 뜻한다. 마지막 인자인 end는 우리가 현재 살펴 보고 있는 파일에서 나타나는 패턴에 따라 줄바꿈 문자라는 기본값을 가지도록 설정되어 있다. 그러나 함수를 호출할 때 이 부분에 다른 값을 넣으면 줄바꿈 문자를 무시하고 새롭게 넣은 값을 이용하게 된다.

❷ 항상 함수에 대한 설명(혹은 도움말 문자열)을 추가하여 함수의 기능을 알아볼 수 있도록 하자. 설명이 완벽할 필요는 없지만 간략하게라도 써넣는 것이 좋다. 나중에 언제든지 업데이트 할 수 있다.

❸ 함수를 제대로 종료하기 위해서 return 문을 사용한다. 이 예제의 경우 True 혹은 False라는 status 변수를 반환한다.

기본값을 가진 인자는 언제나 마지막에 온다

함수를 짤 때 기본값을 갖지 않는 인자는 기본값을 갖는 인자보다 항상 먼저 와야 한다. 이것이 이 예제에서 end='\n'이 나머지 세 개의 인자보다 뒤에 위치해 있는 이유이다. 인자가 기본값을 가지고 있는지 판별하려면 키워드와 값이 쌍으로 함께 존재하는지 확인하면 되는데 (예: value_name=value), 기본값은 = 기호 뒤의 값이다(이 예제에서는 \n이다).

함수가 호출되면 파이썬은 함수 인자를 평가한다. 다음과 같이 함수를 국가명 검색 작업에 적용할 수 있다.

```
turn_on_off(line, country_line, 'and areas')
```

이 경우 end 인자는 기본값을 이용한다. 기본값 대신 줄바꿈 문자 두 개를 사용하고 싶다면 다음과 같이 수정하면 된다.

```
turn_on_off(line, country_line, 'and areas', end='\n\n')
```

status의 기본값을 False로 정했다고 하자. 코드를 어떻게 고쳐야 할까?

이것이 기존 함수의 첫 번째 행이다.

```
def turn_on_off(line, status, start, end='\n'):
```

다음과 같은 두 가지 방법으로 코드를 수정할 수 있다.

```
def turn_on_off(line, start, end='\n', status=False):
def turn_on_off(line, start, status=False, end='\n'):
```

status 인자가 필수적인 인자 두 개보다 뒤에 배치되었다. 수정된 함수를 호출하여 end와 status의 기본값을 사용하거나, 혹은 무시하고 다른 값을 사용할 수 있다.

```
turn_on_off(line, 'and areas')
turn_on_off(line, 'and areas', end='\n\n', status=country_line)
```

만약 필수적인 인자보다 기본값을 가진 인자를 먼저 배치했다면 다음과 같은 오류가 발생한다. SyntaxError: non-default argument follows default argument. 이 오류를 외우지 않아도 좋지만 왜 이러한 오류가 발생하는지 알면 도움이 된다.

이제 for 루프에 사용된 코드를 함수 안으로 옮겨 보자. 우리가 만들고자 하는 turn_on_off 함수를 위해 country_line에서 사용했던 논리를 재사용할 것이다.

```
def turn_on_off(line, status, start, end='\n'):
    """
    This function checks to see if a line starts/ends with a certain
    value. If the line starts/ends with that value, the status is
    set to on/off (True/False).
    """

    if line.startswith(start):              ❶
        status = True
    elif status:
        if line == end:                     ❷
            status = False
    return status                           ❸
```

❶ 시작을 나타내는 텍스트를 start 변수로 대체한다.

❷ 끝을 나타내는 텍스트를 end 변수로 대체한다.

❸ 위의 논리에 따른 상태를 반환한다(end는 False, start는 True를 나타낸다).

for 루프 안에서 함수를 호출해보자. 이제까지의 스크립트는 다음과 같다.

```
pdf_txt = 'en-final-table9.txt'
openfile = open(pdf_txt, "r")

def turn_on_off(line, status, start, end='\n'):
    """
    This function checks to see if a line starts/ends with a certain
    value. If the line starts/ends with that value, the status is
    set to on/off (True/False).
    """
    if line.startswith(start):
        status = True
    elif status:
        if line == end:
            status = False
    return status
```

```
country_line = total_line = False                                  ❶

for line in openfile:
    if country_line or total_line:                                 ❷
        print '%r' % line

    country_line = turn_on_off(line, country_line, 'and areas')    ❸
    total_line = turn_on_off(line, total_line, 'total')            ❹
```

❶ 파이썬 문법에서는 일련의 = 기호를 사용하여 나열한 변수에 마지막 값을 할당한다. 이 코드에서는 country_line과 total_line 변수에 False 값을 할당한다.

❷ on일 경우 해당 행과 그 행에 담긴 데이터를 기록한다. 파이썬에서 or은 조건 중 어느 한쪽이라도 만족한다면 이후 지시된 사항을 수행함을 나타낸다. 이 코드의 경우 country_line과 total_line 중 True인 값이 있다면 해당 행을 출력한다.

❸ 국가명에 함수를 적용한다. country_line 변수는 함수가 출력한 상태를 받아 다음 for 루프를 위해 상태를 갱신한다.

❹ 총계에 함수를 적용한다. 이전 행의 국가명의 경우와 동일하게 실행된다.

국가명과 총계를 리스트에 저장해보자. 그 후 그 리스트들을 이용해 국가명이 키, 총계가 값인 딕셔너리로 만든다. 이렇게 하면 데이터를 정리해야 할 필요가 있는지 알아보는 데 유용하다.

다음과 같이 두 개의 리스트를 생성한다.

```
countries = []                                                     ❶
totals = []                                                        ❷
country_line = total_line = False
for line in openfile:
                                                                   ❸
    if country_line:
        countries.append(line)                                     ❹
    elif total_line:
        totals.append(line)                                        ❺

    country_line = turn_on_off(line, country_line, 'and areas')
    total_line = turn_on_off(line, total_line, 'total')
```

❶ 국가명을 위한 빈 리스트를 만든다.

❷ 총계를 위한 빈 리스트를 만든다.

❸ if country_line or total_line 문이 사라진 것을 참고하자. 이 부분은 하단에서 따로 사용된다.

❹ 해당 행이 country line이라면 해당 국가명을 국가명 리스트에 추가한다.

❺ ❹와 비슷한 작업을 총계에 대해서도 수행한다.

총계 데이터세트와 국가명 데이터세트를 '묶어(zipping)' 결합할 것이다. zip 함수는 각 리스트의 항목을 하나씩 불러와 모든 항목이 짝이 생길 때까지 쌍을 생성한다. 이렇게 묶인 리스트를 dict 함수를 이용해 딕셔너리로 전환한다.

스크립트의 끝부분에 다음을 추가하자.

```
import pprint                                    ❶
test_data = dict(zip(countries, totals))         ❷
pprint.pprint(test_data)                         ❸
```

❶ pprint 라이브러리를 불러온다. 복잡한 데이터 구조를 쉽게 읽을 수 있는 방식으로 출력한다.

❷ 국가명과 총계를 함께 묶어 이후 딕셔너리로 전환할 값을 담을 test_data 변수를 생성한다.

❸ test_data를 pprint.pprint() 함수로 전달하여 보기 좋게 데이터를 출력한다.

스크립트를 실행하면 다음과 같은 딕셔너리를 볼 수 있다.

```
{'\n': '49 \n',
 ' \n': '\xe2\x80\x93 \n',
 ' Republic of Korea \n': '70 \n',
 ' Republic of) \n': '\xe2\x80\x93 \n',
 ' State of) \n': '37 \n',
 ' of the Congo \n': '\xe2\x80\x93 \n',
 ' the Grenadines \n': '60 \n',
 'Afghanistan \n': '10 \n',
 'Albania \n': '12 \n',
 'Algeria \n': '5 y \n',
 'Andorra \n': '\xe2\x80\x93 \n',
 'Angola \n': '24 x \n',
 'Antigua and Barbuda \n': '\xe2\x80\x93 \n',
 'Argentina \n': '7 y \n',
 'Armenia \n': '4 \n',
 'Australia \n': '\xe2\x80\x93 \n',
 ......
```

이제 약간의 '클리닝'이 필요하다. 클리닝에 대해서는 7장에서 더욱 자세히 설명할 것이다. 이 예제에서는 일단 문자열을 읽기 쉽게 만들기 위한 클리닝이 필요하다. 이를 위해 각 행을 깔끔하게 만들 수 있는 함수를 만들어 보자. 다음의 함수를 for 루프의 이전, 방금 전 생성한 다른 함수 근처에 배치한다.

```
def clean(line):
    """
        Cleans line breaks, spaces, and special characters from our line.
    """
    line = line.strip('\n').strip()                          ❶
    line = line.replace('\xe2\x80\x93', '-')                 ❷
    line = line.replace('\xe2\x80\x99', '\'')

    return line                                              ❸
```

❶ 해당 행에서 \n을 제거하고 그 결과를 다시 line 변수에 할당하여 line이 깔 끔하게 정리된 값을 갖게 만든다.

❷ 특수 문자 인코딩을 대체한다.

❸ 새롭게 정리된 문자열을 반환한다.

☑ 방금 전의 클리닝 과정에서 다음과 같이 메서드를 결합할 수 있다.

```
line = line.strip('\n').strip().replace(
    '\xe2\x80\x93', '-').replace('\xe2\x80\x99s', '\'')
```

그러나 파이썬 코드는 한 줄당 80자를 넘지 않는 것이 좋다. 물론 이것은 권장사항이며 반 드시 지켜야 하는 것은 아니다. 하지만 코드의 길이를 제한하면 코드를 좀 더 읽기 쉽게 작 성할 수 있을 것이다.

---

for 루프에 clean_line 함수를 적용해보자.

```
for line in openfile:
    if country_line:
        countries.append(clean(line))
    elif total_line:
        totals.append(clean(line))
```

스크립트를 실행하면 우리가 원하는 결과에 좀 더 가까운 출력 결과를 얻을 수 있다.

```
{'Afghanistan': '10',
 'Albania': '12',
 'Algeria': '5 y',
 'Andorra': '-',
 'Angola': '24 x',
 'Antigua and Barbuda': '-',
 'Argentina': '7 y',
 'Armenia': '4',
 'Australia': '-',
 'Austria': '-',
 'Azerbaijan': '7 y',
 ...
```

위의 리스트를 대충 살펴보면 수집하고자 하는 데이터가 모두 파싱되지 않았다는 것을 알 수 있다. 왜 이런 일이 발생했는지 조사해보자.

국가명이 두 행에 걸쳐 쓰여 있는 국가의 경우 이름이 분리되어 두 개의 기록처럼 보인다. Bolivia의 경우를 살펴 보자. 'Bolivia (Plurinational': '', 그리고 'State of)': '26 y',라는 두 개의 기록이 있다.

PDF 파일을 살펴보면 데이터가 어떤 식으로 정리되었어야 하는지 확인할 수 있다. PDF에서 Bolivia를 찾아보면 그림 5.2와 같이 표기되어 있다.

Bhutan	3	3	3
Bolivia (Plurinational State of)	26 y	28 y	24 y
Bosnia and Herzegovina	5	7	4
Botswana	9 y	11 y	7 y
Brazil	9 y	11 y	6 y

그림 5.2 PDF 파일의 Bolivia

PDF는 토끼굴과 같다. 처리하고자 하는 PDF마다 고유한 기교가 필요하기 때문이다. 이 예제에서 우리는 이 PDF를 한 번만 파싱하면 되기 때문에 많은 수작업을 하고 있다. 그러나 정기적으로 파싱해야 하는 PDF의 경우, 시간이 지나면서 변경될 수도 있는 패턴을 자세히 살펴보고 이를 반영하여 코드를 작성해야 한다. 또한 불러오기가 제대로 되고 있는지 확인해야 한다.

이 문제 해결에 접근할 수 있는 방법은 여러 가지가 있다. 한 가지 방법은 자리표시자(placeholder)를 이용해 비어 있는 총계 행을 모두 체크하여 바로 다음 행과 결합하는 것이다. 다른 방법은 어떤 국가명이 여러 행에 걸쳐 있는지 기록하는 것이다. 현재 우리가 다루고 있는 데이터세트의 크기가 그다지 크지 않으므로 두 번째 방법을 이용해 보도록 하자.

일단 여러 행에 걸친 국가명의 첫 번째 행을 모아 리스트를 만들고, 이 리스트를 이용해 각 행을 체크해보자. 이 리스트는 for 루프 전에 나와야 한다. 보통 참조 항목은 찾기 쉽고 수정이 용이해야 하기 때문에 스크립트의 윗부분에 배치한다.

두 행짜리 country 리스트에 Bolivia (Plurinational을 추가해보자.

```
double_lined_countries = [
    'Bolivia (Plurinational',
]
```

이제 이전 행이 double_lined_countries 리스트에 포함되었는지 확인하고 만약 포함이 되었다면 현재 행과 결합할 수 있도록 for 루프를 수정하자. 이를 위해 previous_line 변수를 생성한다. 그리고 for 루프의 끝부분에서 previous_line 변수에 값을 채워 넣는다. 코드에서 루프의 다음번 순회를 실행할 때 두 행을 결합할 수 있기 때문이다.

```
countries = []
totals = []
country_line = total_line = False
previous_line = ''                                          ❶

for line in openfile:
    if country_line:
        countries.append(clean(line))
    elif total_line:
        totals.append(clean(line))

    country_line = turn_on_off(line, country_line, 'and areas')
    total_line = turn_on_off(line, total_line, 'total')

    previous_line = line                                    ❷
```

❶ previous_line 변수를 생성하고 이 변수를 빈 문자열로 설정한다.

❷ for 루프의 끝부분에서 previous_line 변수에 현재 행 값을 채운다.

이제 previous_line 변수가 생성되었으며 previous_line이 double_lined_countries 리스트에 포함되어 있는지 체크할 수 있기 때문에 언제 이전 행과 현재 행을 결합해야 할지 판단할 수 있다. 결합된 행은 국가명 리스트에 추가될 것이다. 또한 국가명의 첫 번째 부분이 double_lined_countries 리스트에 포함되어 있다면 해당 행을 국가명 리스트에 추가하지 않아야 한다.

위의 사항을 고려해 코드를 수정해보자.

```
if country_line:                                            ❶
    if previous_line in double_lined_countries:
        line = ' '.join([clean(previous_line), clean(line)])  ❷
        countries.append(line)
    elif line not in double_lined_countries:                ❸
        countries.append(clean(line))
```

❶ 이 부분은 국가명에만 해당되기 때문에(총계에는 해당되지 않는다) if country_line 부분에서 사용한 논리를 사용한다.

❷ previous_line이 double_lined_countries 리스트에 포함되어 있다면 previous_line을 현재 행과 연결하고 결합된 행을 line 변수에 할당한다.

join은 문자열의 리스트를 선행한 문자열과 결합한다. 이 코드에서는 공백을 연결 문자로 사용한다.

❸ 해당 행이 double_lined_countries 리스트에 없다면 바로 국가명 리스트에 추가한다. 파이썬에서 elif는 else if를 의미하며 if – else 이외에 또 다른 논리 흐름을 추가하고 싶을 때 사용한다.

스크립트를 다시 실행하면 'Bolivia (Plurinational State of)'가 제대로 결합된 것을 확인할 수 있다. 이제 모든 국가명이 포함되었는지 확인해보자. 현재 이 예제에서 사용하는 데이터세트의 규모가 작기 때문에 수동으로 확인하고 있지만 만약 다루고 있는 데이터세트의 크기가 크다면 확인 작업을 자동화 해야 할 것이다.

데이터 확인 자동화하기

데이터 확인 작업을 수동으로 해도 좋은지, 아니면 자동화 해야 하는지 어떻게 판단할 수 있을까? 다음을 고려해 보자.

· 데이터를 정기적으로 파싱해야 한다면 자동화 하는 것이 좋다.

· 데이터세트의 크기가 크다면 자동화 하는 것이 좋다.

· 데이터세트의 크기가 감당할 수 있는 정도이며 데이터 파싱을 한 번만 해도 된다면 선택의 여지가 있다. 이 책의 예제에서 사용하고 있는 데이터세트는 크기가 굉장히 작기 때문에 자동화 하지 않는다.

두 행짜리 이름을 가진 국가에 어떤 것들이 있는지 확인하기 위해 PDF 뷰어를 이용해 PDF를 확인해보자.

```
Bolivia (Plurinational State of)
Democratic People's Republic of Korea
Democratic Republic of the Congo
Lao People's Democratic Republic
Micronesia (Federated States of)
Saint Vincent and the Grenadines
The former Yugoslav Republic of Macedonia
United Republic of Tanzania
Venezuela (Bolivarian Republic of)
```

파이썬은 이 이름들을 위와 같이 인식하지 못하기 때문에 파이썬이 이름을 받아들이는 대로 출력하여 리스트에 추가해야 한다.

```
if country_line:
    print '%r' % line                          ❶
    if previous_line in double_lined_countries:
```

❶ print '%r'문을 추가하여 파이썬 표현, 즉 파이썬이 인식하는 이름을 출력한다.

스크립트를 실행하여 double_lined_countries 리스트를 파이썬 표현으로 채워라.

```
double_lined_countries = [
    'Bolivia (Plurinational \n',
    'Democratic People\xe2\x80\x99s \n',
    'Democratic Republic \n',
    'Micronesia (Federated \n',
    #... uh oh.
]
```

출력 결과를 보면 Lao People's Democratic Republic가 PDF에는 두 행에 걸쳐 쓰여 있지만 출력물에는 포함되어 있지 않다. PDF의 텍스트 버전을 보면서 왜 포함되어 있지 않은지 알아내 보자.

텍스트를 통해 문제의 원인을 찾을 수 있는가? turn_on_off 함수를 살펴보자. 국가의 경우 함수가 어떤 식으로 작동하는가?

우리가 마커로 지정한 and areas 다음의 빈 행 혹은 \n이 문제의 원인인 것으로 보인다. 우리가 이전에 생성했던 텍스트 파일을 보면 1343번째 줄이 비어 있는 것을 볼 수 있다.

```
...
1341 Countries
1342 and areas
1343
1344 Iceland
1345 India
1346 Indonesia
1347 Iran (Islamic Republic of)
...
```

이 때문에 함수가 제대로 작동하지 않았던 것이다. 이 문제를 해결하는 방식은 여러 가지가 있을 수 있다. 예를 들어 논리 구조를 추가하여 온/오프 코드를 우리가 의도한 대로 작동하게 만들 수 있다. 국가명 수집을 종료하기 전 바로 이전 단계에 국가명이 적어도 한 개가 수집되었는지 확인한 후 종료하도록 만드는 것이다. 만약 수집된 국가명이 없다면 계속해서 국가명을 모으게 만들면 된다. 이전 행을 사용하는 방법도 있다. 온/오프 함수에서 이전 행이 특정한 행이 아닌지 확인하면 된다.

다른 이례적인 경우들을 맞닥뜨리게 될 것을 대비해서 후자의 방법을 선택해 보자.

```
def turn_on_off(line, status, start, prev_line, end='\n'):
    """
        This function checks to see if a line starts/ends with a certain
        value. If the line starts/ends with that value, the status is
        set to on/off (True/False) as long as the previous line isn't special.
    """
    if line.startswith(start):
        status = True
    elif status:
        if line == end and prev_line != 'and areas':  ❶
            status = False
    return status
```

❶ 해당 행의 값이 end에 할당된 값과 같고 이전 행의 값이 and areas가 아니라면 데이터 수집을 종료한다. !=를 이용하면 기호 양쪽의 값이 '같지 않음'을 판별할 수 있다. ==와 비슷하게 != 또한 불 값을 반환한다.

이전 행을 함수에 사용하기 위해 다음과 같이 코드를 수정한다.

```
country_line = turn_on_off(line, country_line, previous_line, 'and areas')
total_line = turn_on_off(line, total_line, previous_line, 'total')
```

두 행에 걸친 국가명 리스트를 생성하여 두 행을 모두 수집하는 작업으로 돌아가 보자. 앞서 작업한 내용은 다음과 같다.

```
double_lined_countries = [
    'Bolivia (Plurinational \n',
    'Democratic People\xe2\x80\x99s \n',
    'Democratic Republic \n',
]
```

PDF를 보면 다음이 Lao People's Democratic Republic임을 알 수 있다. 여기에서부터 다시 추가해보자.

```
double_lined_countries = [
    'Bolivia (Plurinational \n',
    'Democratic People\xe2\x80\x99s \n',
    'Democratic Republic \n',
    'Lao People\xe2\x80\x99s Democratic \n',
    'Micronesia (Federated \n',
    'Saint Vincent and \n',
    'The former Yugoslav \n',
    'United Republic \n',
    'Venezuela (Bolivarian \n',
]
```

스크립트를 실행했을 때 위와 같은 리스트가 나타난다면 두 행에 걸친 이름을 가진 국가들이 포함된 부분이 보일 것이다. 스크립트의 끝부분에 print 문을 추가해 국가명 리스트를 볼 수 있도록 만든다.

```
import pprint
pprint.pprint(countries)
```

이제까지 꽤 오랜 시간 동안 국가명 리스트를 가지고 씨름해 왔으니 혹시 이 문제를 해결할 수 있는 방안을 생각해 낼 수 있는가? 다음을 살펴 보자.

```
'   Republic of Korea \n'
'   Republic \n'
'   of the Congo \n'
```

위 항목들의 공통점은 무엇인가? 국가명의 맨 첫 번째 자리에 공백이 있다. 이름 앞에 공백 세 칸이 있는 경우가 있는지 확인하는 코드를 작성하는 것이 더 효율적일지도 모른다. 그러나 이 방법을 사용하면 데이터세트가 수집되는 과정에서 일부가 포함되지 않았다. 코딩 실력이 향상됨에 따라 같은 문제에 대해 다양한 해결책을 찾고 그 가운데 가장 적절한 방법을 찾을 수 있게 될 것이다.

　총계 수치들이 국가와 제대로 짝지어졌는지 확인해보자. pprint 문을 다음과 같이 수정한다.

```
import pprint
data = dict(zip(countries, totals))        ❶
pprint.pprint(data)                        ❷
```

❶ zip(countries, totals)를 호출하여 국가명 리스트와 총계 리스트를 묶어 튜플(tuple)로 만든다. 이 튜플을 dict 함수로 전달하여 딕셔너리(혹은 짧게 줄여 dict)로 만든다.

❷ 데이터 변수를 출력한다.

국가명을 키, 총계를 값으로 가지는 딕셔너리가 출력된다. 이것이 최종적인 데이터 형식은 아니지만 데이터가 어떻게 생겼는지 보기 위해 다음과 같이 딕셔너리로 출력해 보았다.

```
{'': '-',
'Afghanistan': '10',
 'Albania': '12',
 'Algeria': '5 y',
 'Andorra': '-',
 'Angola': '24 x',
 ...
}
```

출력물을 PDF와 비교해 보면 두 행에 걸친 국가명이 처음으로 등장하는 행부터 문제가 생긴 것을 볼 수 있다. 출생 신고(birth registration) 열에 해당되는 값들이 잘못 할당되었다.

```
{
 ...
 'Bolivia (Plurinational State of)': '',
 'Bosnia and Herzegovina': '37',
 'Botswana': '99',
 'Brazil': '99',
 ...
}
```

PDF의 텍스트 버전을 보면 두 행에 걸친 국가명의 경우 숫자들 사이에 빈 공간이 있는 것을 확인할 수 있다.

```
6
46
3

26    y
5
9     y
```

국가명 수집 시 발생했던 문제를 해결했던 것과 동일한 방식으로 이번 문제를 해결해보자. 데이터 행에 공백이 존재할 때 그 공백을 수집하지 않으면 된다. 이렇게 하면 국가명에 해당되는 데이터만 모을 수 있다. 다음과 같이 코드를 수정하자.

```
for line in openfile:
    if country_line:
        print '%r' % line
        if previous_line in double_lined_countries:
            line = ' '.join([clean(previous_line), clean(line)])
            countries.append(line)
        elif line not in double_lined_countries:
            countries.append(clean(line))

    elif total_line:
        if len(line.replace('\n', '').strip()) > 0:              ❶
            totals.append(clean(line))

    country_line = turn_on_off(line, country_line, previous_line, 'and areas')

    total_line = turn_on_off(line, total_line, previous_line, 'total')
    previous_line = line
```

❶ 경험을 통해 우리는 PDF의 빈 행을 나타내기 위해 줄바꿈 문자를 사용했다

는 것을 알고 있다. 여기에서는 줄바꿈 문자를 빈 공간으로 대체한 후 빈 공간을 잘라 낸다. 이후 문자열의 길이가 0보다 큰지 테스트 한다. 만약 그렇다면 데이터가 존재한다는 뜻이기 때문에 총계 리스트에 그 값을 추가한다.

새롭게 수정된 코드를 실행하면 여전히 첫 번째로 등장하는 두 행짜리 국가명에서 문제가 생긴다. 이번에는 출생 신고 열에 해당되는 숫자가 첫 번째로 등장하는 두 행짜리 국가명과 짝지어져 있다. 그 이후의 국가명들도 모두 잘못 짝지어져 있다. 다시 한번 텍스트 파일을 보고 무슨 일이 발생했는지 파악해보자. PDF의 텍스트 버전의 1251번째 행에서 그 패턴을 찾을 수 있다.

```
1250
1251    total
1252    —
1253    5 x
1254    26
1255    —
1266    —
```

자세히 살펴보면 출생 신고 열의 제목이 total로 끝나는 것을 확인할 수 있다.

```
266    Birth
267    registration
268    (%)+
269    2005—2012*
270    total
271    37
272    99
```

총계 데이터를 수집하는 함수는 현재 total이라는 단어를 사용하여 데이터를 수집하고 있기 때문에 다음 국가로 넘어가기 전에 출생 신고 열이 함께 수집되었던 것이다. 또한 폭력적 훈육(violent discipline) (%) 열도 total이라는 하위 열을 포함하고 있으며 이 total의 바로 위 행은 빈 행이다. 우리가 실제로 수집하고자 하는 총계 관련 수치를 수집할 때 이용하는 패턴과 동일한 패턴이다.

이렇게 연이어 버그가 생긴다는 것은 현재 코드의 전반적인 논리 구조에 문제가 있다는 것을 뜻한다. 온/오프 스위치를 활용해 스크립트를 작성하기 시작했기 때문에 근본적인 문제를 해결하려면 그 부분부터 논리를 고쳐야 한다. 데이터를 수집해야 하는 열이 어떤 것인지를 제대로 판단할 수 있는 방법이 필요한데, 그중 한 가지가 열 제목을 수집하고 분류하는 것일 수 있다. PDF 파일의 페이지가 바뀌었는지 판단할 수 있는 방법도 필요하다. 문제가 생길 때마다 그것을 일시적으로 모면할 수 있는 해결책만을 찾다 보면 더 많은 문제를 맞닥뜨리게 될 것이다.

 자신이 필요하다고 생각하는 정도의 시간만 스크립트를 작성하는 데 투자하라. 크기가 큰 데이터세트에 오랜 기간에 걸쳐 여러 번 사용될 수 있는 지속 가능한 코드를 작성하고 싶다면 코드의 모든 과정에 대해 신중하게 생각할 수 있을 만큼의 시간을 투자해야 할 것이다.

프로그래밍이란 코드를 작성하고 디버깅을 하고 다시 코드를 작성하고 다시 디버깅을 하는 과정이다. 아무리 능숙한 컴퓨터 프로그래머가 작성한 코드라고 해도 오류가 존재한다. 코딩을 배우는 과정에서 오류가 발생하고 디버깅을 해야 하는 상황이 오면 의기소침해질 수도 있다. "왜 제대로 작동하지 않지? 난 코딩을 못 하나 봐."라고 생각할지도 모른다. 하지만 그것은 사실이 아니다. 다른 모든 배움과 마찬가지로 프로그래밍 또한 연습을 필요로 한다.

현 시점에서 우리의 코드가 제대로 작동하지 않는다는 것은 명백하다. 텍스트 파일을 다시 살펴 본 결과, 파일 내의 각 구획이 특정 단어를 기준으로 구분되어 있을 것이라는 잘못된 생각을 가지고 스크립트를 작성한 것이 그 원인이라는 것을 알 수 있다. 새로운 출발점을 찾아 다시 시작할 수도 있겠지만, 현 상태의 오류를 해결하고 원하는 데이터를 얻기 위한 다른 방법들을 생각해 볼 수도 있다.

문제 해결 방법 배우기

PDF 파싱 방법을 배움과 동시에 파이썬 코딩 실력을 향상시키는 데 도움이 될 만한 다양한 연습 문제들이 있다. 일단 현재까지의 코드를 검토해보자.

```python
pdf_txt = 'en-final-table9.txt'
openfile = open(pdf_txt, "r")

double_lined_countries = [
    'Bolivia (Plurinational \n',
    'Democratic People\xe2\x80\x99s \n',
    'Democratic Republic \n',
    'Lao People\xe2\x80\x99s Democratic \n',
    'Micronesia (Federated \n',
    'Saint Vincent and \n',
    'The former Yugoslav \n',
    'United Republic \n',
    'Venezuela (Bolivarian \n',
]

def turn_on_off(line, status, prev_line, start, end='\n', count=0):
    """
```

```
            This function checks to see if a line starts/ends with a certain
            value. If the line starts/ends with that value, the status is
            set to on/off (True/False) as long as the previous line isn't special.
        """
        if line.startswith(start):
            status = True
        elif status:
            if line == end and prev_line != 'and areas':
                status = False
        return status

def clean(line):
        """
            Clean line breaks, spaces, and special characters from our line.
        """
        line = line.strip('\n').strip()
        line = line.replace('\xe2\x80\x93', '-')
        line = line.replace('\xe2\x80\x99', '\'')

        return line

countries = []
totals = []
country_line = total_line = False
previous_line = ''

for line in openfile:
    if country_line:
        if previous_line in double_lined_countries:
            line = ' '.join([clean(previous_line), clean(line)])
            countries.append(line)
        elif line not in double_lined_countries:
            countries.append(clean(line))

    elif total_line:
        if len(line.replace('\n', '').strip()) > 0:
            totals.append(clean(line))

    country_line = turn_on_off(line, country_line, previous_line, 'and areas')
    total_line = turn_on_off(line, total_line, previous_line, 'total')
    previous_line = line

import pprint
data = dict(zip(countries, totals))
pprint.pprint(data)
```

우리가 직면한 문제들에 대한 해결책은 다양하다. 다음 절에서 몇 가지 해결책을 살펴 보자.

예제: 표 추출 사용하기, 다른 라이브러리 사용하기

PDF를 텍스트로 변환하는 과정에서 문제들을 맞닥뜨린 후 필자들은 표를 추출하기 위해 pdfminer 이외에 활용할 수 있는 대안들을 찾아 보았다. 그 과정에서 사용되지 않는다고 여겨지는 라이브러리인 pdftables(*http://pdftables.readthedocs.org/*)를 발견했다(라이브러리의 원 유지보수자에 의해 마지막으로 라이브러리가 업데이트되었을 때가 2년 여 전이었다).

pip install pdftables와 pip requests install을 이용해 우리는 필요한 라이브러리(*http://bit.ly/pdftables_install*)를 설치했다. 원 유지보수자가 도움말을 모두 업데이트 하지는 않았기 때문에 도움말 및 README.md의 몇몇 예제는 더 이상 제대로 작동하지 않았다. 그럼에도 데이터를 추출하기 위해 활용될 수 있는 '모든 기능을 결합해 놓은 일체형' 함수 하나를 찾을 수 있었다.

```
from pdftables import get_tables
all_tables = get_tables(open('EN-FINAL Table 9.pdf', 'rb'))
print all_tables
```

위의 코드를 담은 파일을 새로 생성하고 실행해보자(pdf_table_data.py). 우리가 수집하려는 데이터처럼 보이는 것들이 정신 없이 출력되는 것을 볼 수 있다. 모든 헤더가 완벽하게 변환되었을 뿐만 아니라 데이터의 모든 행이 all_tables라는 변수에 담겨 있다. 자세히 살펴 보고 헤더, 데이터 열, 그리고 메모(notes)를 추출해보자.

all_tables이 리스트로 구성된 리스트(혹은 행렬)라는 것을 이미 눈치챘을 것이다. 모든 행뿐만 아니라 행의 행도 포함하고 있다. 이것은 표를 추출하기 위한 좋은 방법일 수 있다. 표는 본질적으로 열과 행으로 이루어진 것이기 때문이다. get_tables 함수는 PDF의 각 페이지를 표로 반환하며, 각각의 표는 열의 리스트로 구성된 행의 리스트로 이루어진다.

우선 열 제목으로 어떤 것을 사용할지 찾아야 한다. 열의 헤더를 포함하고 있는 데이터 행을 찾기 위해 처음 몇 행만 살펴 보자.

```
print all_tables[0][:6]
```

다음은 PDF 첫 페이지의 처음 여섯 행이다.

```
... [u'',
 u'',
 u'',
 u'',
 u'',
 u'',
 u'Birth',
```

```
 u'Female',
 u'genital mutila',
 u'tion/cutting (%)+',
 u'Jus',
 u'tification of',
 u'',
 u'',
 u'E'],
[u'',
 u'',
 u'Child labour (%',
 u')+',
 u'Child m',
 u'arriage (%)',
 u'registration',
 u'',
 u'2002\u201320',
 u'12*',
 u'wife',
 u'beating (%)',
 u'',
 u'Violent disciplin',
 u'e (%)+ 9'],
[u'Countries and areas',
 u'total',
 u'2005\u20132012*male',
 u'female',
 u'2005married by 15',
 u'\u20132012*married by 18',
 u'(%)+ 2005\u20132012*total',
 u'prwomena',
 u'evalencegirlsb',
 u'attitudessupport for thepracticec',
 u'2male',
 u'005\u20132012*female',
 u'total',
 u'2005\u20132012*male',
 u'female'],...
```

처음 리스트 세 개에 열 제목이 정리되지 않은 상태로 포함되어 있다. 그러나 print 문을 보면 데이터 행은 꽤 깔끔해 보인다. PDF 파일과 비교하면서 다음과 같이 수동으로 열 제목을 정리하면 깔끔한 데이터세트가 만들어진다.

```
headers = ['Country', 'Child Labor 2005-2012 (%) total',
           'Child Labor 2005-2012 (%) male',
           'Child Labor 2005-2012 (%) female',
           'Child Marriage 2005-2012 (%) married by 15',
           'Child Marriage 2005-2012 (%) married by 18',
           'Birth registration 2005-2012 (%)',
           'Female Genital mutilation 2002-2012 (prevalence), women',
           'Female Genital mutilation 2002-2012 (prevalence), girls',
           'Female Genital mutilation 2002-2012 (support)',
           'Justification of wife beating 2005-2012 (%) male',
```

```
                    'Justification of wife beating 2005-2012 (%) female',
                    'Violent discipline 2005-2012 (%) total',
                    'Violent discipline 2005-2012 (%) male',
                    'Violent discipline 2005-2012 (%) female'] ❶

for table in all_tables:
    for row in table:
        print zip(headers, row)                              ❷
```

❶ Country를 포함한 모든 헤더를 하나의 리스트로 만든다. 이 리스트를 데이터 행과 묶어 데이터를 정리할 수 있다.

❷ zip 메서드를 사용하여 헤더와 데이터 열을 함께 묶는다.

코드의 출력 결과를 보면 몇몇 행은 제대로 묶여 있지만 국가명에 해당되지 않는 많은 행들이 국가명들과 함께 묶여 있는 것을 볼 수 있을 것이다(표의 공백이나 줄바꿈 문자 때문에 문제가 생겼을 때와 비슷한 상황이다).

이제까지 익힌 내용을 바탕으로 이 문제를 해결해보자. 우리는 몇몇 국가명의 경우 여러 행에 걸쳐 있다는 것을 알고 있다. 또한 PDF 파일의 표를 살펴보면 결측 데이터를 나타내기 위해 대시(-)를 이용한다는 것을 알 수 있으며, 그에 따라 완전히 비어 있는 행은 데이터가 입력되는 행이 아니라는 것도 알고 있다. 위의 출력 결과를 통해 데이터가 각 페이지의 5번째 행에서부터 시작된다는 것을 알고 있다. 또한 수집해야 할 마지막 행이 Zimbabwe라는 것도 알고 있다. 이러한 지식들을 종합해 해결책을 찾아 보자.

```
for table in all_tables:
    for row in table[5:]:                    ❶
        if row[2] == '':                     ❷
            print row
```

❶ 각 페이지에서 우리가 수집하고자 하는 행, 즉 다섯 번째 인덱스에 해당되는 행부터 그 이후 모든 행들을 포함하는 조각을 떼어 낸다.

❷ 널 값으로 생각되는 데이터 행이 있다면 해당 행을 출력하여 어떤 내용이 들어 있는지 살펴 본다.

코드를 실행하면 국가명에 해당되지 않는 빈 행들이 무작위로 리스트 안에 여기 저기 흩어져 있다는 것을 알 수 있다. 이것이 아마 이전 스크립트에서 문제가 생겼던 이유일 것이다. 비어 있는 행을 건너뛰고 국가명을 수집하자. Zimbabwe 행에 도달했는지 확인할 수 있는 테스트도 추가해보자.

```
first_name = ''

for table in all_tables:
    for row in table[5:]:
        if row[0] == '':                                    ❶
            continue
        if row[2] == '':
            first_name = row[0]                             ❷
            continue
        if row[0].startswith(' '):                          ❸
            row[0] = '{} {}'.format(first_name, row[0])
        print zip(headers, row)                             ❹
        if row[0] == 'Zimbabwe':
            break                                           ❺
```

❶ 데이터 행에 0번째 인덱스가 없다면, 국가명이 없으며 빈 행이다. continue
를 이용해 이 행을 건너뛴다. continue는 for 루프가 다음 순회로 넘어가게
하는 파이썬 키워드이다.

❷ 데이터 행에 2번째 인덱스가 없다면, 아마 두 행에 걸친 국가명의 앞부분에
해당되는 행일 것이다. first_name이라는 변수에 국가명의 앞부분을 저장한
다. 코드의 다음 줄에서 데이터의 다음 행으로 넘어간다.

❸ 데이터 행이 공백으로 시작한다면, 국가명의 뒷부분에 해당되는 행이다. 국
가명의 앞부분과 뒷부분을 결합해야 한다.

❹ 제대로 코드를 작성했는지 직접 확인하기 위해 위의 값들을 출력한다.

❺ Zimbabwe 행에 도달하면 for 루프에서 빠져 나온다.

대부분의 데이터가 제대로 수집되었으나 여전히 변칙적인 부분들이 눈에 띈다.
다음을 보자.

```
[('Country', u'80 THE STATE OF T'),
('Child Labor 2005-2012 (%) total', u'HE WOR'),
('Child Labor 2005-2012 (%) male', u'LD\u2019S CHILDRE'),
('Child Labor 2005-2012 (%) female', u'N 2014'),
('Child Marriage 2005-2012 (%) married by 15', u'IN NUMBER'),
('Child Marriage 2005-2012 (%) married by 18', u'S'),
('Birth registration 2005-2012 (%)', u''),
.....
```

우리가 국가명이라고 생각했던 섹션의 앞 부분에 행 번호가 있는 것을 볼 수 있
다. 혹시 이름에 숫자를 포함한 국가를 본 적이 있나? 당연히 없을 것이다! 코
드에 숫자를 없애기 위한 테스트를 포함시켜 제대로 데이터를 수집할 수 있는
지 확인해보자. 두 행짜리 국가명 또한 제대로 수집되지 않은 것을 볼 수 있다.

pdftables를 이용해 불러오면 매우 친절하게도 데이터 행의 처음 부분에 존재하는 공백을 자동으로 수정해주는 것 같다! 이제 마지막 행이 first_name을 갖고 있는지 아닌지 확인하는 테스트를 추가해보자.

```python
from pdftables import get_tables
import pprint

headers = ['Country', 'Child Labor 2005-2012 (%) total',
           'Child Labor 2005-2012 (%) male',
           'Child Labor 2005-2012 (%) female',
           'Child Marriage 2005-2012 (%) married by 15',
           'Child Marriage 2005-2012 (%) married by 18',
           'Birth registration 2005-2012 (%)',
           'Female Genital mutilation 2002-2012 (prevalence), women',
           'Female Genital mutilation 2002-2012 (prevalence), girls',
           'Female Genital mutilation 2002-2012 (support)',
           'Justification of wife beating 2005-2012 (%) male',
           'Justification of wife beating 2005-2012 (%) female',
           'Violent discipline 2005-2012 (%) total',
           'Violent discipline 2005-2012 (%) male',
           'Violent discipline 2005-2012 (%) female']

all_tables = get_tables(open('EN-FINAL Table 9.pdf', 'rb'))

first_name = False
final_data = []

for table in all_tables:
    for row in table[5:]:
        if row[0] == '' or row[0][0].isdigit():
            continue
        elif row[2] == '':
            first_name = row[0]
            continue
        if first_name:                                    ❶
            row[0] = u'{} {}'.format(first_name, row[0])
            first_name = False                            ❷
        final_data.append(dict(zip(headers, row)))
        if row[0] == 'Zimbabwe':
            break

pprint.pprint(final_data)
```

❶ 해당 행의 국가명이 first_name을 가지고 있다면 처리한다.

❷ 다음 순회가 제대로 작동할 수 있도록 first_name을 다시 False로 설정한다.

데이터 불러오기가 완료되었다. 만약 엑셀을 사용해 불러온 데이터와 동일한 구조로 만들고 싶다면 데이터를 좀 더 손봐야 하겠지만, 일단 PDF 표의 행에 포함된 데이터들은 모두 보존되었다.

> pdftables는 현재 적극적으로 지원되는 코드가 아니며 개발자들에 의해 유료 대체 서비스
> 만이 제공된다(*https://pdftables.com/*). pdftables가 언제까지나 존재하고 사용 가능할 것
> 이라고 기대하기는 어렵기 때문에 미지원되는 코드에 의존하는 것은 위험하다.[2] 오픈소스
> 커뮤니티의 일원으로서 그 커뮤니티에 무언가를 기여하는 것 또한 중요하다. 좋은 프로젝
> 트를 찾아 그 프로젝트에 기여하고 널리 보급하기를 적극 장려한다. pdftables과 같은 프
> 로젝트가 오픈소스로 지속적으로 제공되고 더욱 성장하고 번창할 수 있도록 말이다.

이번에는 수작업을 통해 데이터 클리닝을 하는 등 기타 PDF 데이터 파싱 방법
들도 살펴 보자.

예제: 수동으로 데이터 클리닝하기

이번에는 가장 골치 아픈 문제에 대해 이야기 해보자. 이 장을 읽으면서 여러분
은 왜 PDF를 텍스트로 변환 저장해서 좀 더 쉽게 처리하지 않았는지 궁금했을
것이다. 사실 이것은 PDF를 파싱할 수 있는 방법 가운데 하나이다. 그러나 필자
들은 여러분이 파이썬의 다양한 도구들을 이용해 PDF 처리에 도전해 보기를 권
한다. 항상 PDF를 수동으로 편집할 수 있는 것은 아니기 때문이다.

처리하기 힘든 PDF 혹은 문제가 많은 파일 유형을 다루는 경우 이를 텍스트
파일로 추출하여 수동 데이터 랭글링이 필요할 수도 있다. 이러한 경우 데이터
수동 처리에 투자할 수 있는 시간을 가늠해 보고 그만큼의 시간을 투자해야 할
것이다.

데이터 클리닝 자동화에 대해 더 자세히 알아보고 싶다면 8장을 참고하자.

예제: 다른 도구 사용하기

이번 장 초반에 다른 파이썬 사용자들이 PDF 파싱에 사용한 라이브러리를 인터
넷에서 검색하던 중 우리는 slate라는 라이브러리를 찾았다. 이 라이브러리는
사용하기 쉬워 보이지만 커스텀 코드를 필요로 한다.

slate 외에 사용할 만한 라이브러리가 있는지 알아 보기 위해 우리는 '파이썬
PDF 파싱(parsing pdfs python)' 대신 'PDF에서 표 추출(extracting tables from
pdf)'을 검색해 보았다. 그 결과 표 추출과 관련된 문제에 대한 뚜렷한 해결책을
더 많이 발견할 수 있었다(여러 가지 도구를 비교해 놓은 다음 블로그의 글도 그

---

2 해당 코드를 유지 및 지원하는 몇몇 깃허브의 적극적인 사용자들이 있는 것으로 보인다(https://github.
   com/drj11/pdftables/network). PDF 표 파싱이 필요한 경우를 대비하여 계속 지켜 보기를 권장한다.

중 하나다(*http://bit.ly/extract_data_from_pdf*)).

이 책의 예제에서 사용되는 PDF처럼 크기가 작은 PDF의 경우 Tabula(*http://tabula.technology/*)를 사용할 수 있다. Tabula를 사용해 모든 문제를 해결할 수 있는 것은 아니지만 이를 이용하면 꽤 다양한 작업이 가능하다.

Tabula를 시작해보자.

1. Tabula를 다운로드한다(*http://bit.ly/extract_data_from_pdf*).

2. Tabula를 더블클릭하여 시작한다. 이 도구는 브라우저에서 열린다.

3. 아동 노동 데이터가 담긴 PDF를 업로드한다.

이제 Tabula로 작업할 내용을 선택한다. 데이터의 헤더 행을 제거하면 Tabula가 모든 페이지의 데이터를 인식하고 이 데이터를 추출하기 위해 자동으로 그 부분을 하이라이트한다. 일단 추출하고자 하는 표를 선택한다(그림 5.3).

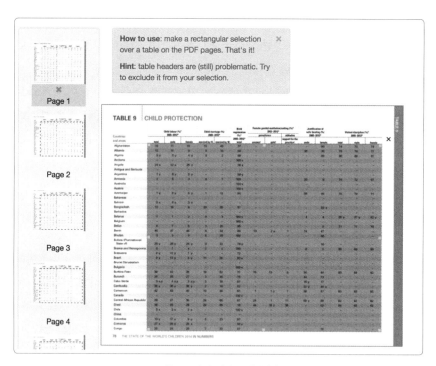

그림 5.3 Tabula에서 표 선택하기

이제 데이터를 다운로드한다(그림 5.4).

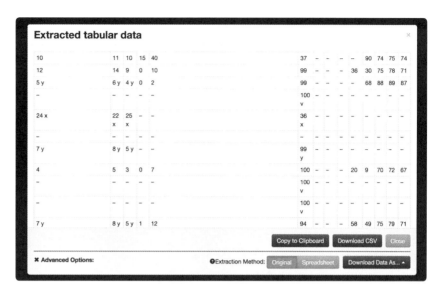

그림 5.4 Tabula의 다운로드 화면

"Download CSV"를 클릭하면 그림 5.5와 같은 창이 뜬다.

10	11	10	15	40	37	–	–	–		90	74	75	74
12	14	9	0	10	99	–	–	–	36	30	75	78	71
5 y	6 y	4 y	0	2	99	–	–	–		68	88	89	87
–	–	–	–	–	100 v	–	–	–	–	–	–	–	–
24 x	22 x	25 x	–	–	36 x								
7 y	8 y	5 y	–	–	99 y								
4	5	3	0	7	100	–	–	–	20	9	70	72	67
–	–	–	–	–	100 v								
–	–	–	–	–	100 v								
7 y	8 y	5 y	1	12	94	–	–	–	58	49	75	79	71
5 x	6 x	3 x	–	–	–	–	–	–	–	–	–	–	–
13	18	8	29	65	31	–	–	–	33 y				
–	–	–	–	–	–								
1	1	2	0	3	100 y	–	–	–	4	4	65 y	67 y	62 y
–	–	–	–	–	100 v								
6	7	5	3	26	95	–	–	–		9	71	71	70
46	47	45	8	34	80	13	2 y	1	14	47	–	–	–

그림 5.5 CVS 형식으로 추출된 데이터

완벽하지는 않지만 pdfminer를 이용했을 때와 비교하면 더 깔끔하게 데이터를 추출할 수 있다.

Tabula를 이용해 생성한 CSV를 파싱하는 일은 까다롭다. 우리가 3장에서 파싱해 보았던 다른 CSV 파일들과는 차이가 있고 좀 더 지저분하기 때문이다. 만약 Tabula를 이용해 CSV를 파싱하기 힘들다면 7장을 읽은 후 다시 시도해보자.

흔치 않은 파일 유형

이 책에서 지금까지 CSV, JSON, XML, 엑셀, PDF 파일을 살펴 보았다. 여러분은 지금 PDF 파싱이 데이터 랭글링의 가장 까다로운 작업이라고 생각하고 있을지도 모른다. 그러나 슬프게도 그건 사실이 아니다.

한 가지 좋은 소식은 누군가가 이미 해결해 놓지 않은 문제를 맞닥뜨릴 일은 없을 것이라는 것이다. 파이썬 혹은 더 큰 오픈소스 커뮤니티에 도움과 팁을 요청하는 게 언제나 좋은 해결책이라는 점을 기억하라. 그 해결책이 좀 더 사용하기 쉬운 데이터세트를 계속해서 찾아 보라는 것일지도 모르지만 말이다.

데이터가 다음과 같은 속성을 가지고 있다면 문제가 발생할 수 있다.

· 파일이 오래된 시스템에서 흔치 않은 파일 유형으로 생성되었다.
· 파일이 독자적인 시스템에서 생성되었다.
· 자신이 사용하는 프로그램에서 파일이 열리지 않는다.

흔치 않은 파일 유형과 관련된 문제는 이제까지 배운 내용을 바탕으로 해결할 수 있다.

1. 파일 유형을 파악한다. 파일 확장자를 통해서 파악하기 힘들다면 `python-magic` 라이브러리(https://pypi.python.org/pypi/python-magic/0.4.6)를 사용한다.
2. 인터넷에서 '파이썬에서 〈파일 확장자〉 파싱하는 방법'을 검색한다. 이때 〈파일 확장자〉에 실제로 파싱하고자 하는 파일의 확장자를 입력한다.
3. 뚜렷한 해결책이 없다면 텍스트 에디터에서 파일을 열거나 파이썬의 `open` 함수를 이용해 파일을 읽는다.
4. 글자가 제대로 출력되지 않으면 파이썬 인코딩에 대해 조사해 보자. 파이썬 문자 인코딩에 대해 배운 적이 없다면 파이썬 컨퍼런스 중 하나인 PyCon 2014의 「파이썬의 문자 인코딩과 유니코드」(Character encoding and Unicode in Python)라는 발표를 참고하자(*http://bit.ly/fischer_nam_pycon2014*).

요약

PDF 및 파싱이 어려운 데이터 형식은 여러분이 경험하게 될 최악의 형식이다. 이러한 형식의 데이터를 처리해야 할 때 가장 먼저 해야 할 일은 동일한 데이터를 포함한 다른 형식의 파일을 구할 수 있는지 알아보는 것이다. 예제를 통해 살펴본 바와 같이 PDF 형식에서는 숫자가 반올림되기 때문에 CSV 형식으로 된 데이터가 더 정확하다. 가공되지 않은 파일 형식일수록 데이터가 정확하고 코드를 이용한 파싱이 용이할 확률이 높다.

데이터가 다른 형식으로 제공되지 않는다면 다음 과정을 시도해 보자.

1. 파일 유형을 파악한다.
2. 인터넷에서 다른 사람들이 어떻게 문제를 접근했는지 검색한다. 데이터 불러 오기에 도움이 될 만한 도구가 존재하나?
3. 자신에게 가장 쉽고 직관적인 도구를 선택한다. 만약 그 도구가 파이썬이라 면 가장 이해하기 쉬운 파이썬 라이브러리를 선택한다.
4. 데이터를 다루기 쉬운 형식으로 전환한다.

이 장에서 우리는 표 5.1에 나와있는 라이브러리와 도구에 대해서 배웠다.

라이브러리/도구	목적
slate	스크립트가 실행될 때마다 PDF를 파싱하여 메모리에 문자열로 보존한다.
pdfminer	PDF를 텍스트로 변환하여 텍스트를 파싱할 수 있게 한다.
pdftables	pdfminer를 이용해 텍스트로 파싱한 후 데이터 행을 일치시키고 표를 찾는다.
Tabula	PDF 데이터를 CSV 형식으로 추출하는 인터페이스를 제공한다.

표 5.1 5장에 소개된 파이썬 라이브러리 및 도구

새로운 도구뿐만 아니라 파이썬 프로그래밍 개념들 몇 가지도 살펴 보았다. 표 5.2에 요약되어 있다.

개념	목적
문자 이스케이핑 (*http://learnpythonthehard way.org/book/ex10.html*)	이스케이핑은 파일 경로 혹은 파일 명 앞에 역슬래시(\)와 함께 쓰여, 파일 경로나 파일 명에 공백이나 특수 문자가 포함되어 있다는 것을 컴퓨터가 인식할 수 있도록 하는 것이다. 예를 들어 공백 앞에 \를 쓰는 방식으로 이스케이핑한다.
\n	\n은 줄의 마지막, 혹은 파일에서 새로운 줄을 나타내는 기호이다.
elif (*https://docs.python. org/2/tutorial/controlflow. html*)	if-else 문을 쓸 때 추가적인 조건을 테스트할 수 있다. 예를 들면 다음과 같다. if 조건, if else 다른 조건, if else 또 다른 조건, else (드디어) 마지막 조건.
함수(*http://bit.ly/python_ functions*)	파이썬의 함수는 특정한 코드를 수행하는 데 쓰인다. 스크립트의 여러 부분에서 재사용될 수 있는 코드를 함수로 만들면 같은 코드를 반복할 필요가 없다.

zip(*http://bit.ly/ python_zip*)	zip은 두 개의 순회 가능한 객체를 인자로 받아 튜플로 이루어진 리스트로 출력하는 내장 파이썬 함수이다.
튜플(*http://bit.ly/python_ tuple*)	튜플은 리스트와 비슷하지만 변경이 불가능하다. 튜플을 변경하려면 새로운 객체로 저장해야 한다.
dict 변환(*http://bit.ly/ python_dict*)	dict는 입력된 값을 딕셔너리로 변환하는 내장 파이썬 함수이다. 이 함수는 키/값 쌍의 형식으로 된 데이터에 적용되어야 한다.

표 5.2 5장에 소개된 파이썬 프로그래밍 개념

다음 장에서는 데이터 획득 및 저장에 대해 살펴 본다. 그 과정에서 대체 데이터 형식을 획득하는 방법에 대한 통찰력을 얻을 수 있을 것이다. 7장과 8장에서는 PDF 처리의 복잡함을 해결할 수 있는 데이터 클리닝에 대해 알아 본다.

6장

데이터 수집 및 저장하기

질문에 대한 답을 찾아가는 과정에서 가장 중요한 단계는 살펴볼 가치가 있는 데이터세트를 찾아내는 것이다. 1장에서 언급되었던 바와 같이 질문과 관련된 데이터세트가 존재할 만큼 구체적이고 동시에 자신을 포함한 많은 사람의 흥미를 유발할 수 있을 정도로 광범위한 질문을 찾을 때까지 연구 질문을 다듬는 데 시간을 투자해야 한다.

여러분에게는 이미 흥미로운 데이터세트가 있지만 그 데이터세트를 활용해 조사해 볼 만한 흥미로운 질문을 찾지 못했을지도 모른다. 일단 데이터의 출처가 분명하며 신뢰할 수 있는지 확인해 보아야 한다. 자신에게 다음과 같은 질문을 던져 보자. 데이터가 유효한가? 최신 데이터인가? 앞으로 혹은 현재까지의 업데이트와 발행물을 신뢰할 수 있나?

이 장에서는 데이터를 어디에 저장하고 미래의 필요에 대비해 보관할 수 있는지 알아 본다. 만약 데이터베이스에 익숙하지 않다면 언제 어떻게 데이터베이스를 사용해야 하는지, 또 어떻게 데이터 저장을 위한 간단한 데이터베이스를 만들 수 있는지 알게 될 것이다. 이미 데이터베이스에 익숙하다면 파이썬의 기본적인 데이터베이스 연결 구조에 대해 배울 수 있을 것이다.

어떤 데이터세트를 사용할 것인지 결정하지 못했다고 해도 걱정할 필요는 없다. 이 장에서는 이 책의 저장소(*https://github.com/jackiekazil/data-wrangling*)에 저장되어 있는 데이터세트를 이용할 것이다.

 이 책을 읽는 동안 실제로 해보면서 배울 수 있도록 적용 가능한 질문들을 생각해 내서 예제에 적용해 보자. 예전부터 탐구해 보고자 했던 질문도 좋고 이 책에서 다루는 데이터와

연관된 질문이어도 좋다. 간단한 질문이더라도 직접 코드를 작성해 보는 것이 학습에 가장 효과적이다.

모든 데이터가 평등하게 창조되지는 않았다

물론 모든 데이터세트의 진실성과 우수함을 신뢰할 수 있다면 좋겠지만 모든 데이터세트가 우리의 기대에 부합하지는 않는다. 어떤 데이터세트라도 실제로 조사해 보고 나면 비효율적이고 비효과적이라고 생각될 수 있다. 이 장에서 우리는 데이터 랭글링 문제와 이와 관련된 자동화된 해결책을 살펴 보며 데이터의 좋고 나쁨을 판단해 볼 것이다. 또한 데이터의 가능성을 타진해 보기 위해 사용될 수 있는 도구들에 대해 배우게 될 것이다. 이후 7장과 8장에서 데이터 클리닝 및 데이터 조사, 그리고 14장에서 자동화를 배우며 이러한 도구들에 대해 더욱 자세히 알아 볼 것이다.

새로운 데이터를 손에 쥐게 되면 '후각 테스트'를 통해 데이터가 신뢰할 만한지, 그리고 믿을 만한 출처를 갖고 있는지 판단해 보아야 한다. 다음 질문들에 대해 생각해보자.

- 데이터와 관련한 질문이나 문제가 생겼을 때 데이터 저자에게 문의하여 적절한 답을 얻을 수 있는가?
- 데이터가 정기적으로 갱신되고 오류가 체크되고 있는가?
- 데이터 수집 방법과 수집 과정에서 사용된 샘플에 대해 명시되었는가?
- 데이터세트를 확인하고 입증해 줄 수 있는 다른 출처의 데이터가 존재하는가?
- 주제와 관련된 본인의 지식으로 비추어 보아 데이터가 타당해 보이는가?

위 질문들 가운데 적어도 3개에 "예"라고 답했다면 여러분은 잘 하고 있는 것이다! 두 개 이상의 질문에 "아니오"라고 답했다면 신뢰할 수 있는 데이터를 좀 더 찾아보아야 할 것이다.

데이터와 관련된 정보를 요청하기 위해 데이터를 수집하고 게재한 단체나 개인에게 연락을 취해야 할 수도 있다. 관계자와의 짧은 통화나 이메일을 통해서도 위 질문들에 대한 답을 얻고 데이터 출처의 신뢰성에 대해 판단할 수 있기 때문이다.

사실 확인하기

데이터와 관련한 진상 조사는 때로는 짜증나고 지치는 일이겠지만 이후 데이터를 이용하여 얻은 결과물의 유효성 입증을 위해 가장 중요한 단계이다. 여러분이 어떤 데이터세트를 보유했는지에 따라 사실 확인 과정에 다음의 단계들이 필요할 수 있다.

- 데이터 출처에 연락을 취하여 새로운 방식이나 최근 발표된 내용이 있는지 확인한다.
- 현재 데이터 출처와 비교 대상이 될 만한 다른 좋은 출처를 파악한다.
- 전문가와 연락하여 좋은 데이터 출처와 신뢰할 만한 정보를 알아낸다.
- 연구 주제에 대한 심도 있는 조사를 통해 데이터 출처 및 데이터세트의 신뢰성을 판단한다.

도서관과 대학이 보유하고 있는 구독자 전용 발행물 및 교육용 기록보관소 또한 사실 확인에 유용하게 쓰인다. 렉시스 넥시스(LexisNexis)(*http://lexisnexis.com*), 국회 계간지 언론 도서관(Congressional Quarterly Press Library)(*http://library.cqpress.com*), JSTOR(*http://jstor.org*), 코넬 대학교의 아카이브 프로젝트(arXiv Project)(*http://arxiv.org*), 구글 학술 검색(Scholar search)(*http://scholar.google.com*) 등의 도구에 접근하여 연구 주제와 관련된 선행 연구를 찾아볼 수 있다.

구글 검색 또한 사실 확인에 도움이 된다. 만약 누군가가 공개된 출처를 통해 데이터를 구했다고 주장한다면, 이미 그 주장의 정확성에 대한 확인을 마쳤거나 혹은 주장과 관련된 증거를 가지고 있는 사람들이 존재할 것이다. 다시 한번 말하지만 온라인에 게재된 내용을 검토할 때는 항상 신중해야 한다. 출처가 정확한가? 주장이 설득력 있고 앞뒤가 맞는가? 주장이 타당한 증거로 뒷받침 되었는가? 이와 같은 질문들을 염두에 두고 검색 결과를 평가해 보자.

> 정부 부서는 방대한 데이터세트를 보유하고 있다. 지방 도시, 주, 혹은 국가에서 발생하는 현상에 대해서 연구하고 싶다면 데이터세트를 보유하고 있는 관련 부서와 전화나 이메일을 통해 연락을 취하면 된다. 전 세계 인구 조사국에서는 정기적으로 인구 통계 자료를 발행하고 있으니 만약 연구 질문을 찾는 데 어려움을 겪고 있다면 이 데이터를 사용해 보는 것도 좋을 것이다.

초기 데이터세트에 대한 검증과 사실 확인을 마치면 이를 스크립트화 하고 이후 해당 데이터의 정당성을 확인하는 데 사용하라. 이 책에서(특히 14장에서) 배우게 될 몇 가지 팁을 이용하면 스크립트를 작성하고 데이터를 자동 업데이트 할 수도 있다.

가독성, 깔끔함 그리고 데이터의 지속성

여러분의 데이터세트가 굉장히 읽기 어려운 상태라고 해도 여전히 희망은 있다. 7장에서 배울 내용을 바탕으로 코드를 작성하여 데이터 클리닝을 할 수 있기 때문이다. 다행스럽게도 데이터가 컴퓨터를 사용해 생성되었다면 컴퓨터를 사용해 그 데이터를 읽는 것 또한 가능하다. 실제로는 '실생활'에서 얻은 데이터를 컴퓨터로 옮기는 과정이 더욱 까다롭다. 5장에서 살펴 보았던 것처럼 PDF나 흔치 않은 데이터 파일 형식을 다루는 일이 힘은 들지만 불가능하지는 않기 때문이다.

파이썬을 사용해 읽기 어려운 데이터를 읽을 수 있지만, 어떤 데이터가 읽기 어렵다는 것은 보통 데이터 출처의 상태가 좋지 않다는 것을 의미한다. 데이터의 크기가 거대하고 컴퓨터를 사용해 생성되었다면 데이터베이스 덤프(database dump)에 문제가 있을 가능성이 높다. 그러나 읽기 어려운 데이터가 인간에 의해 생성이 되었다면 데이터의 깔끔함과 사실성에 문제가 있을 수 있다.

데이터가 이미 클리닝 되었는지의 여부도 알아 보아야 한다. 데이터가 어떤 방식으로 수집되고 보고되고 업데이트 되었는지에 대해 문의하면 클리닝 여부를 판단할 수 있다. 이를 통해 다음과 같은 내용에 대해 파악할 수 있어야 한다.

- 데이터가 얼마나 정리되었나?
- 데이터의 통계적 오차율이 추정되었나? 잘못 입력된 데이터 입력값이나 잘못 보고된 데이터가 수정되었나?
- 이후 업데이트 될 데이터를 수집할 수 있나?
- 데이터 수집 과정에서 사용된 방법은 무엇이며 입증된 방법인가?

> 엄격한 방법에 의해 조사/수집되었으며 표준화된 데이터의 경우, 데이터를 클리닝하고 결과를 보고하기 위한 스크립트를 일단 작성해 놓으면 이후에는 약간씩만 수정하여 재사용할 수 있다. 데이터의 시스템에 변화를 주는 것은 비용과 시간이 많이 드는 작업이라 자주 변경되지 않기 때문이다. 한번 데이터 클리닝 스크립트를 작성해 놓으면 새로 수집하게 될 데이터를 쉽게 처리할 수 있기 때문에 데이터 분석에 집중할 수 있다.

데이터의 깔끔함과 가독성뿐만 아니라 데이터의 수명도 중요하다. 여러분이 사용하려고 하는 데이터는 정기적으로 수집되고 업데이트되는가? 데이터가 언제 출시되고 업데이트되는가? 데이터를 제공한 단체가 얼마나 자주 데이터를 업데이트하는지 안다면 얼마나 오랫동안 해당 데이터를 사용할 수 있을지 가늠할 수 있다.

데이터를 어디에서 구할 수 있을까

데이터의 출처를 밝히거나 PDF 파서를 코딩하는 데 여러 가지 방법이 존재하는 것처럼 데이터를 찾는 방법도 다양하다. 이 절에서 우리는 온라인과 오프라인 모두에서 사용할 수 있는 데이터를 수집하는 방법에 대해 검토한다.

전화 걸기

데이터 파일을 살펴 보고 데이터가 어디에서 수집되었을지 생각해 보자. 엑셀, PDF, 혹은 워드와 같은 파일 형식은 보통 사람에 의해 생성되며 그 파일을 만든 사람은 특정 출처로부터 데이터를 수집했을 것이다.

데이터를 수집한 사람이 누구인지 알아내면 미가공 데이터를 손에 넣을 수 있다. 미가공 데이터는 CSV나 데이터베이스와 같이 파싱하기 쉬운 형식으로 되어 있을 가능성이 있다. 데이터를 수집한 사람을 통해 데이터 수집 방법이나 추후 데이터 업데이트 계획 등에 대해서도 파악할 수 있다.

다음과 같이 데이터 파일을 사용하여 데이터를 생성한 사람을 찾을 수 있다.

- 파일 내에 연락처가 쓰여 있는지 확인한다.
- 파일을 만든 저자의 이름이 쓰여 있는지 찾아 본다. 이름이 없다면 데이터를 제공한 단체에 대한 정보를 찾는다.
- 인터넷에서 파일 명과 문서 제목을 검색한다.
- 파일 메타데이터를 확인한다. 파일 명을 오른쪽 클릭한 후 윈도우에서는 '속성(Properties)', 맥에서는 '정보 보기(Get Info)'를 클릭하면 된다.

위 방법을 통해 찾아 낸 사람에게 연락을 취해 보자. 만약 그 사람이 파일을 만들지 않았다면 파일을 만든 사람을 아는지 물어 보면 된다. 주저할 필요 없다. 연구 주제에 대한 여러분의 관심이 그들을 기분 좋게 만들어 줄 것이다.

> **커뮤니케이션 담당자 상대하기**
>
> 데이터를 얻기 위해 파일을 생성한 단체의 커뮤니케이션 담당자와 이야기해야 하는 경우 데이터 수집이 지체될 수도 있다. '전화기(Telephone)'라는 게임을 들어 본 적이 있나? 이 게임

에서는 처음 사람이 옆 사람에게 어떤 단어를 이야기하고, 그 사람은 다시 옆 사람에게 자신이 들은 단어를 전달한다. 이것을 반복하다 보면 마지막 사람은 처음 사람이 말한 단어가 무엇이었는지 알 수 없게 된다.

커뮤니케이션 담당자와 효율적으로 의사소통을 하기 위한 두 가지 방법이 있다. 첫째, 신뢰를 구축하라. 이익이 상충하지 않는 선에서 해당 단체를 통해 얻은 데이터를 사용해 수행하고자 하는 작업에 대해 공유하라. 또 그 작업이 어떻게 단체에 기여할 수 있을지 밝혀라. 이를 통해 그 단체가 수행하는 작업을 간접적으로 지지한다는 사실 뿐만 아니라 정보 공유를 통해 해당 단체가 매스컴에서 호평을 받을 수 있다는 가능성을 알릴 수 있다. 둘째, 커뮤니케이션 담당자에게 전화 회의나 관리자가 함께 참여하는 논의를 요청하라. 이메일로 의사소통 하는 대신 전화로 이야기 하면 여러분이 갖고 있는 질문에 대한 정확한 대답을 제때 얻을 수 있다.

연락을 취해야 할 담당자를 찾았다면 전화로 연락하거나 직접 만나도록 하자. 이메일은 잘못 해석되기 쉬워 대화가 길어질 수 있다. 다음과 같은 사항을 문의하자.

- 6쪽부터 200쪽까지의 데이터는 어떻게 수집하셨나요?
- 데이터를 JSON, CSV, XML, 데이터베이스와 같은 파일 형식으로 받을 수 있나요?
- 데이터는 어떻게 수집했나요?
- 데이터 수집 방법을 설명해 주실 수 있나요?
- 이 약어의 의미를 알려 주실 수 있나요?
- 데이터가 계속 갱신될 예정인가요? 언제 어떻게 갱신되나요?
- 데이터에 대한 정보를 더 얻기 위해 연락을 취할 만한 분이 있나요?

위 질문에 대한 답을 기다리는 동안 여러분의 일정이나 프로젝트의 목표에 따라 데이터를 미리 살펴 보아도 좋다.

미 정부 데이터[1]

미국 내의 현상에 대해 연구하고 싶다면 오바마 정부에서 인터넷을 통해 제공한 정부 기관의 정기 보고 데이터를 사용할 수 있다. Data.gov(*http://data.gov*)에서는 폭우 데이터(*http://bit.ly/storm_events*), 졸업 및 자퇴율 데이터(*http://bit.ly/grad_dropout_rates_2011-12*), 멸종 위기종 데이터(*http://bit.ly/endandered_*

---

1 (옮긴이) 국내 정부 데이터는 공공데이터 포털(https://www.data.go.kr/)에서 구할 수 있다.

density), 범죄 통계 데이터(*http://bit.ly/total_crime_index*)를 비롯한 재미있는 데이터세트를 검색할 수 있다.

연방 데이터 외에도 다음과 같이 주/지역 기관의 웹사이트에 제공되어 있는 데이터도 사용할 수 있다.

· 교육 데이터(*http://datainventory.ed.gov/InventoryList*)
· 선거 결과(*http://www.fec.gov/pubrec/electionresults.shtml*)
· 인구 통계 데이터(*http://census.ire.org/*)
· 환경 데이터(*http://www.epa.gov/enviro/about-data*)
· 노동 통계(*http://bls.gov*)

원하는 데이터가 공개되어 있지 않다면 주저하지 말고 해당 기관이나 부서에 전화를 걸어 데이터를 요청하자. 다수의 관공서에는 일반인들의 정보 요청 처리를 담당하는 인턴 및 직원들이 근무하고 있다.

FOIA 입문

미국 내 모든 지방/주/연방 정부 기관에는 정보공개법(Freedom of Information Act, FOIA)에 따른 요청을 제출할 수 있다. 요청 방법은 간단하고 직접적이다. 찾고 있는 정보의 종류와 여러분이 그 정보를 얼마나 자세히 묘사할 수 있는지에 따라 얻을 수 있는 정보는 달라진다.

미정부에 의해 운영되는 FOIA 웹사이트(http://bit.ly/foia_online)를 통해 특정 기관에 요청을 제출하고 경과를 지켜볼 수 있다. 그러나 대부분의 기관은 기관 자체의 웹사이트에서 FOIA에 어떻게 요청을 제출해야 하는지 알려주고 있다. 요청 시, 여러분의 연락처와 찾고 있는 데이터에 대한 설명, 그리고 데이터를 복사해 제공해줄 것을 요청할 경우 이를 위해 얼마나 지불할 용의가 있는지 등을 명시해야 한다.

범위를 너무 좁히지 않는 선에서 어떤 종류의 데이터가 필요한지 자세히 설명하는 것이 좋다. 필요한 데이터에 대한 묘사가 너무 광범위하다면 기관에서 수백만 줄의 데이터를 줄 수도 있기 때문이다(데이터가 너무 크다면 데이터를 받아 분류해야 할 뿐만 아니라 요금을 지불해야 할 수도 있다). 반대로 데이터에 대한 묘사가 너무 자세하다면 해당 주제와 관련되어 새로운 실마리를 던져 줄 수 있는 데이터를 보지 못하고 지나칠 가능성도 있다. 물론 첫 FOIA 요청을 통해 얻은 정보를 기반으로 다시 한번 FOIA 요청을 할 수 있다. 이 과정 또한 FOIA 요청이 주는 재미의 일부분이다.

미국 이외의 다른 국가의 정부나 기관에 정보를 요청하고 싶다면, 위키피디아를 통해 세계 각국의 정보 공개 관련 법에 대해 검색해 보자(*http://bit.ly/foi_laws*). 미국의 FOIA에 대

> 해 더 알고 싶다면 전자 프론티어 재단(Electronic Frontier Foundations)의 팁을 참고한다
> (*https://www.eff.org/issues/transparency/foia-how-to*).

전 세계 정부 및 도시 오픈 데이터

여러분이 어떤 국가를 조사하고자 하는지, 그 국가에 살고 있는지의 여부에 따라 정부 데이터를 취득할 수 있는 방법은 다양하다. 필자들은 미국 정책에 더 친숙하기 때문에 다음 목록이 데이터를 얻을 수 있는 모든 출처를 포함하고 있지는 않을 것이다. 이 책에서 언급되지 않았지만 공유하고 싶은 유용한 오픈 데이터를 발견했다면 언제든지 우리에게 연락하라!

> ❗ 정부 데이터세트에 대해서도 사실 확인이 필요하다. 특히 해당 정부가 인권 침해와 관련한 전력이 있다면 더욱 그렇다. 모든 데이터에 접근할 때는 만전을 기해야 하며 데이터 수집 방법에 대해 문의할 사항이 있다면 명시된 연락처로 전화를 걸거나 이메일을 보내는 데 주저하지 말자.

유럽연합(EU) 및 영국

유럽연합이나 영국 데이터를 제공하는 다양한 데이터 포털이 존재한다. 다음 웹사이트 가운데 일부는 오픈 데이터 광들에 의해 설립되었으니 원하는 데이터세트가 있다면 사이트 운영자에게 직접 연락을 취해 보자.

- 공용 데이터 EU(Public Data EU)(*http://publicdata.eu/*)
- 오픈 데이터 유럽(Open Data Europe)(*http://open-data.europa.eu*)
- 개방형 연결 데이터 어라운드 더 클락(Linked Open Data Around-The-Clock)(*http://latc-project.eu/*)
- 영국 정부 데이터(UK Government Data)(*http://data.gov.uk/*)

아프리카

아프리카 대륙의 데이터의 경우 데이터를 축적하고 개발자용 API를 만들기 위한 프로젝트들이 많이 있다. 다수의 아프리카 국가는 독자적인 오픈 데이터 포털을 사용하고 있다(구글 검색을 통해 금방 확인할 수 있다). 유용한 지역 프로젝트 몇 가지를 다음과 같이 추려내 보았다.

- 아프리카 오픈 데이터(Africa Open Data)(*http://africaopendata.org/*)

- 코드 포 사우스 아프리카(Code for South Africa)(*http://code4sa.org/*)
- 코드 포 아프리카(Code for Africa)(*http://www.codeforafrica.org/*)
- 오픈 데이터 포 아프리카(Open Data for Africa)(*http://opendataforafrica.org/*)

아시아

대부분의 아시아 국가에서는 독자적인 오픈 데이터 사이트를 운영하고 있다. 다음은 우리가 발견한 인상적인 데이터세트와 지역 단체가 제공하는 데이터의 목록이다.

- 오픈 시티 프로젝트(Open Cities Project)(*http://www.opencitiesproject.org/*)
- 오픈 네팔(Open Nepal)(*http://data.opennepal.net/*)
- 중국 국가통계국(National Bureau of Statistics of China)(*http://www.stats.gov.cn/english/*)
- 오픈 데이터 홍콩(Open Data Hong Kong)(*https://opendatahk.com/*)
- 인도네시아 정부 오픈 데이터(Indonesian Government Open Data)(*http://data.go.id/*)

비유럽연합, 중앙 아시아, 인도, 중동 및 러시아

다수의 중앙 아시아, 중앙 유럽 그리고 중동 국가들은 독자적인 정부 오픈 데이터 사이트를 운영하고 있다. 그 가운데 몇 가지를 나열했는데, 관심 있는 국가나 지역의 언어로 데이터에 접근하는 것이 가장 좋을 것이다(구글 크롬이 자동으로 웹사이트를 번역해 주기 때문에 해당 언어를 모르더라도 유용한 데이터를 구할 수 있겠지만 말이다).

- 러시아 정부 데이터 웹사이트(Russian Government Data Website)(*http://data.gov.ru/*)
- PakReport - 파키스탄 오픈 데이터 및 지도(PakReport - Pakistan Open Data and Maps)(*http://pakreport.org/*)
- 오픈 데이터 인도(Open Data India)(*http://www.data.gov.in/*)
- 터키 오픈 통계(Turkey Open Statistics)(*http://www.turkstat.gov.tr/*)

남아메리카 및 캐나다

다수의 남아메리카 국가들은 독자적인 오픈 데이터 사이트를 운영하고 있으며 검색을 통해 쉽게 찾을 수 있다. 아래 목록에 포함된 사이트 외에도 온라인 검색을 통해 관심 있는 부문 혹은 정부의 웹사이트를 찾아 보자.

- 캐나다 통계(Canada Statistics)(*http://www.rdc-cdr.ca/datasets-and-surveys*)
- 오픈 캐나다(Open Canada)(*http://open.canada.ca/en*)
- 오픈 데이터 브라질(Open Data Brasil)(*http://dados.gov.br/*)
- 오픈 데이터 멕시코(Open Data Mexico)(*http://datos.gob.mx/*)
- 오픈 데이터 라틴 아메리카(Open Data Latin America)(*http://www.opendata latinoamerica.org/*)
- 디벨로핑 인 더 캐리비안(Developing in the Caribbean)(*http://developing caribbean.com/*)

조직 및 비정부조직(NGO) 데이터

지역 조직과 국제 조직을 통해 기후 변화, 국제 경영 및 무역, 전 세계 교통 등과 같이 지역이나 국가 간 경계선을 넘나 드는 데이터세트를 구할 수 있다. 만약 정부에서 제공하지 않을 만한 데이터를 찾고 있거나(예를 들어 종교적 세부사항, 마약 사용, 지역사회 기반 지원 네트워크 등), 정부의 데이터에 대한 신뢰도가 떨어지거나 혹은 정부가 운영하는 오픈 데이터 포털이 존재하지 않는다면 NGO나 오픈 데이터 기관을 이용하면 된다. 다음은 그중 일부 웹사이트이며 명시된 웹사이트 외에도 다양한 오픈 익스체인지 혹은 오픈 액세스 관련 사이트가 있다.

- 국제 연합 오픈 데이터(United Nations Open Data)(*http://data.un.org/*)
- 국제 연합 발전 프로그램 데이터(United Nations Development Program Data)(*http://open.undp.org/*)
- 개방 지식 재단(Open Knowledge Foundation)(*https://okfn.org/*)
- 세계은행 데이터(World Bank Data)(*http://data.worldbank.org/*)
- 위키리크스(WikiLeaks)(*https://wikileaks.org*)
- 국제 원조 및 투명성 데이터세트(International Aid and Transparency Datasets)(*http://www.iatiregistry.org/*)
- 데이터허브(DataHub)(*http://datahub.io/*)
- 인구조회국(Population Reference Bureau)(*http://www.prb.org/DataFinder. aspx*)

교육 및 대학 데이터

전 세계의 대학 및 대학원 부서에서는 생물학 분야의 새로운 발견에서부터 원주민 문화와 근접한 생태학적 서식지 간 상호작용에 관한 것까지 다양한 주제에 대한 끊임없는 조사를 통해 관련 데이터세트를 지속적으로 공개하고 있다. 교육의 영역에서 다루어지지 않은 주제를 상상하기는 쉽지 않다. 그러므로 대학은 화두가 되는 주제와 관련한 최신 데이터를 얻을 수 있는 최적의 장소이다. 대부분의 연구자들은 자신들의 연구 주제에 관심을 가지는 사람들을 환영하기 때문에 관심 있는 분야와 관련된 부서의 연구자에 직접 연락을 취해 정보를 얻도록 하라. 어디에서부터 시작해야 할지 모르겠다면 다음을 참고하자.

· 렉시스 넥시스(Lexis Nexis)(*http://lexisnexis.com*)
· 구글 학술 검색(Google Scholar search)(*http://scholar.google.com*)
· 코넬 대학교 아카이브 프로젝트(Cornell University's arXiv project)(*http://arxiv.org*)
· UIC 머신러닝 데이터세트(UCI Machine Learning Datasets)(*http://archive.ics.uci.edu/ml/*)
· 공용 데이터세트 계획(Common Data Set Initiative)(*http://www.commondataset.org/*)

의료 및 과학 데이터

대학이나 과학 및 의학 연구 부서, 단체를 통해서도 광범위한 데이터를 얻을 수 있다. 데이터를 얻는 과정에서 과학적인 연구들을 살펴 보는 것이 쉽지 않겠지만 조바심 칠 필요는 없다. 연구들에서 사용된 데이터세트 자체가 논문에서 쓰인 것과 같은 전문 용어들로 이루어져 있는 것은 아니기 때문이다. 만약 특정한 연구자나 연구를 염두에 두고 있다면 해당 연구자에게 직접 연락해 보기를 권한다. 의료 및 과학 데이터를 얻을 수 있는 장소는 다음과 같다.

· 오픈 사이언스 데이터 클라우드(Open Science Data Cloud)(*https://www.opensciencedatacloud.org/publicdata/*)
· 오픈 사이언스 디렉터리(Open Science Directory)(*http://www.opensciencedirectory.net/*)
· 세계보건기구 데이터(World Health Organization Data)(*http://www.who.int/gho/database/en/*)

- 브로드 연구소 오픈 데이터(Broad Institute Open Data)(*http://www.broad institute.org/scientific-community/data*)
- 휴먼 커넥톰 프로젝트(Human Connectome Project)(neuro pathway mapping)(*http://www.humanconnectomeproject.org/*)
- UNC 정신의학적 유전체학 컨소시엄(UNC's Psychiatric Genomics Consortium)(*http://www.med.unc.edu/pgc/*)
- 사회과학 데이터세트(Social Science Datasets)(*http://3stages.org/idata/*)
- CDC 의료 데이터(CDC Medical Data)(*http://www.cdc.gov/nchs/fastats/*)

크라우드소싱 데이터 및 API

크라우드소싱은 여러분이 가진 아이디어나 질문에 대한 답을 찾는 데 도움이 된다. 인터넷 상의 수많은 포럼, 서비스, 소셜 미디어 등을 통해 고유한 질문을 생각해 내고 데이터 마이닝의 도움을 받아 그 질문에 대한 답을 구할 수 있다. 트위터나 인스타그램 같은 서비스는 수십 억 인구가 사용하고 있으며, 사용하기 쉬운 API(application programming interface, 응용 프로그램 인터페이스)를 가지고 있다. API란 소프트웨어나 코드가 다른 시스템과 연동될 수 있도록 돕는 프로토콜이나 도구를 말한다. 이 책의 저자들의 경우 보통 웹 요청을 보내어 서비스에 데이터를 요청할 수 있는 웹 기반 API를 활용한다. 일반적으로 설정에 대략 한 시간 이내를 소비하면 API 접근을 통해 수백만 줄의 기록을 손쉽게 수집할 수 있다.

13장에서 API에 대해 더 심도 있게 살펴 볼 것이니 일단은 API 사용의 기본적인 장단점에 대해 표 6.1에서 알아 보자.

장점	단점
사용 가능한 데이터에 대한 즉각적인 접근	대규모 API에 대한 신뢰성 부족(선택 편향)
막대한 양의 데이터	데이터 과부하
해당 서비스의 데이터 보관 장소에 접근하면 되기 때문에 데이터 저장에 대해 신경 쓸 필요 없음	데이터 접근의 신뢰성 및 의존성 문제(API 제한 및 고장 시간)

표 6.1 API 사용

표 6.1에서 확인할 수 있듯이 API 사용에는 여러 가지 장단점이 존재한다. 사용하고 싶은 API를 찾았다면 어떻게 사용할 것인지, 그리고 API에 접근이 힘들다면 어떻게 대처할 것인지에 대해 몇 가지 규칙을 정해 놓는 것이 좋다(고장 시간

문제를 피하기 위해 응답을 로컬에 저장할 수도 있다). 어느 정도 기간에 걸쳐 충분한 수의 응답을 수집한다면 연구에 존재할 수 있는 선택 편향 문제를 배제할 수 있다.

소셜 웹 서비스 외에도 다양한 웹사이트를 통해 연구 질문이나 아이디어를 공유하고 또 크라우드소싱을 통해 그에 대한 답을 얻을 수 있다. 연구 주제와 관련된 전문가 포럼에 방문하거나 직접 설문조사를 게시하고 유통하는 채널을 만들 수도 있다. 이때 한 가지 명심해야 할 점은 만약 본인이 직접 연구 질문을 생각하고 방법론을 개발했다면 이와 관련하여 데이터 크기와 표본 오차를 보고해야 한다는 것이다. 위스콘신 대학교의 설문조사 길잡이(Survey Guide)(*http://bit.ly/survey_guide*)를 참고하면 설문조사를 직접 설계하는 방법뿐만 아니라 어디에서 관련된 정보를 구할 수 있는지 알 수 있다.

그 밖에도 다음 웹사이트에서 크라우드소싱을 통한 데이터를 구할 수 있다.

- 갤럽 여론 조사(Gallup Polls)(*http://www.gallup.com/home.aspx*)
- 유럽 사회 조사(European Social Survey)(*http://www.europeansocialsurvey.org/data/*)
- 로이터 여론 조사(Reuters Polls)(*http://polling.reuters.com/*)

크라우드소싱을 통해 수집된 데이터의 규모는 어마어마하기 때문에 그 속에 존재하는 노이즈를 걸러 내고 이를 활용해 답할 수 있는 연구 질문을 생각해 내기란 쉽지 않다. 그 질문에 대한 답을 구하는데 필요한 방법 또한 마찬가지다. 다음의 몇 가지 사례 연구를 통해 어떻게 하면 여러분이 가지고 있는 질문에 필요한 데이터를 얻을 수 있는지 알아 보자.

사례 연구: 데이터 예시 조사

몇몇 분야에 관련된 질문들을 살펴 보면서 데이터 조사를 어떻게 시작해야 하는지 파악해보자.

에볼라 사태

서아프리카의 에볼라 사태에 대해 조사하고 싶다고 가정해보자. 어디에서 시작하면 좋을까? 우선 구글에 '에볼라 사태 데이터(Ebola crisis data)'를 검색해 볼 수 있다. 다양한 국제 기관에서 에볼라 바이러스의 확산 경로를 추적하고 있으며 웹사이트를 통해 이와 관련된 다양한 도구를 제공한다. 일단 세계보건기구의 상황 보고를 살펴 보자(*http://bit.ly/who_ebola_reports*). 세계보건기구 웹사이트에서는 최근 사례, 사망자 수, 피해 지역을 나타내는 인터랙티브 지도, 반응 측정을 위한 핵심 성과 지표 등을 제공한다. 또한 이러한 정보들은 매주 갱신되고 있다. 데이터는 정기적으로 갱신되며 CSV와 JSON 형식으로 제공된다.

구글의 첫 번째 검색 결과 이외에도 다른 데이터 출처가 존재하는지 살펴 보자. 깃허브에는 cmrivers라는 사용자에 의해 운영되는 저장소가 있는데(*https://github.com/cmrivers/ebola*) 이곳에서 다양한 정부 및 미디어 출처에서 수집한 미가공 데이터를 찾을 수 있다. 또한 각 데이터를 수집한 사용자가 누구인지 확인할 수 있기 때문에, 해당 사용자에게 직접 연락을 취할 수 있다. 이를 통해 데이터 출처가 마지막으로 갱신된 날짜를 확인하거나 수집 방법에 대해 문의할 수 있다. 이곳에서 제공되는 형식의 데이터(CSV와 PDF)를 다루는 방법에 대해서는 이미 다루었다.

에볼라 사태에 대해 더 조사하다 보면 "안전한 시신 매장을 위해 어떠한 예방 조치를 취하고 있는가?"와 같은 특정한 질문으로 연구 주제의 범위를 좁혀나가게 될 것이다. 그러다 보면 샘 리비(Sam Libby)(*https://data.hdx.rwlabs.org/user/libbys*)가 작성한 안전하고 엄숙한 매장에 대한 보고서를 찾을 수 있을 것이다 (*http://bit.ly/burial_teams*). 질문이 있다면 샘에게 직접 연락을 취하면 된다. 완벽하다!

지금까지 다양한 출처를 찾고 출처를 통한 데이터가 신뢰할 수 있는 단체에 의해 생성되었는지 알아 보았다. 또한 연구가 진행되는 과정에서 생기는 궁금증에 대해 문의할 수 있는 대상을 확인했다. 다른 예시를 살펴 보자.

기차 안전

미국의 열차 안전에 대해 관심이 있다고 해보자. 또 "열차 안전에 부정적인 영향을 주는 요소에는 어떤 것이 있는지" 알고 싶다고 가정해보자. 일단 열차 안전에 대한 이전 연구들을 살펴 볼 수 있다. 조사를 하던 중 여러분은 연방철도국(Federal Railroad Administration, FRA)에 대해 알게 되었다. 이 기관의 핵심 업무는 철도 안전성 및 사용성을 확보하는 것이다. 연방철도국 웹사이트에 올라온 보고서와 자료 표 몇 가지를 통해(*https://www.fra.dot.gov*) 열차 사고가 철도 정비 불량 혹은 인적 오류로 인해 발생한다는 것을 알게 되었다.

그러던 중 여러분은 인적 오류에 대해 특히 관심이 생겨 인적 오류와 관련해 좀 더 살펴보기로 했다. 연방철도국에서 철도 직원과 안전과 관련한 수많은 보고서를 제공하기 때문에(*http://bit.ly/work_sleep_sched_data*) 이를 활용해 인적 오류가 어떻게 발생하는지 알아볼 수 있을 것이다. 또한 철도 직원들을 대상으로 하는 약물 및 음주 검사 관련 연방 법규에 대한 정보도 찾아볼 수 있다(*http://bit.ly/fra_drug_alcohol_testing*).

이제 다음과 같은 몇 가지 질문으로 정말 알아내고자 하는 것의 범위를 좁힐 수 있을 것이다. "음주로 인한 철도 사고 발생이 얼마나 빈번한가?" 혹은 "기관사가 얼마나 자주 과중한 노동을 하거나 지친 상태로 일하는가?" 이제 여러분은 연방철도국에서 제공하는 신뢰할 수 있는 데이터세트와 연구 진행 중 관련 정보를 얻을 수 있는 대상(연방철도국)을 확보했다.

축구 선수 연봉

여러분이 축구 선수 연봉에 관심이 있다고 해보자(미식축구가 아닌 축구 말이다). 축구 선수들의 연봉은 어느 정도이고 각 선수가 팀에 미치는 영향은 얼마나 될까?

각 리그의 데이터가 상이하기 때문에 영국 프리미어 리그에만 집중하기로 했다. 들어 본 적 없는 웹사이트에서 프리미어 리그 클럽 연봉 목록을 찾게 되었고(*http://bit.ly/epl_salaries_by_club*), 해당 데이터의 저자가 팀별, 그리고 팀 내 선수별로 연봉을 정리해 놓은 것 또한 발견했다(*http://bit.ly/2014_man_city_salaries*). 어디에서 데이터를 수집했으며 이 데이터를 신뢰할 수 있는지 확인하려면 저자에게 연락하여 정보를 얻어야 한다.

선수 보증 광고(endorsement)[2]에 대해 조사하다 보면 가장 연봉이 높은 선수들의 보증 광고 및 연봉 데이터가 요약되어 있는 스태티스티카(Statistica)의 도표(*http://bit.ly/2014_soccer_player_earnings*)를 찾을 수 있다. 보증 광고 데이터가 갱신되고 있는지 확인하고 가장 최근 시즌의 데이터를 얻으려면 저자에게 연락을 취하면 된다.

연봉 데이터를 어느 정도 모았다면 가장 연봉이 높은 선수들의 실적에 대한 통계를 살펴 보아야 할 것이다. 프리미어 리그 웹사이트에서 선수 통계들을 찾을 수 있다(*http://bit.ly/epl_players_index*). 이 데이터는 웹 스크래핑(웹 스크래핑에 대해서는 11장에서 자세히 다룬다)을 통해 수집할 수 있으며 신뢰할 만하다. 선수 관련 통계를 계속해서 찾다 보면 최고 어시스트에 대한 데이터(*http://bit.*

2 (옮긴이) 유명 스포츠 선수들의 이미지를 활용하기 위해 기업에서 계약을 맺어 현금이나 관련 용품, 주식 지분 등을 지원하는 것을 말한다.

ly/espn_epl_top_assists)나 페널티 트라이 통계(*http://bit.ly/epl_2015-16_penalties*)도 찾을 수 있다. 다시 말하지만 반드시 데이터 출처의 타당성에 대해 조사해야 한다.

이제 각 축구 선수의 득점, 레드 카드, 페널티 킥 기록이 연봉에 얼마나 기여하는지에 대한 분석을 시작할 수 있다!

아동 노동

마지막으로 앞으로 여러 장에 걸쳐서 살펴 보게 될 주제인 아동 노동에 대해 이야기해보자. 아동 노동과 같은 국제적 쟁점에 관련된 데이터는 국제 기관을 통해 구할 수 있을 것이라고 예상할 수 있다. 유니세프는 아동 노동 관련 조사 내용을 공유하는 오픈 데이터 사이트를 운영한다(*http://data.unicef.org/child-protection/child-labour.html*). 이 뿐만 아니라 유니세프는 전 세계 여성 및 어린이들의 복지 현황에 대한 다양한 데이터세트를 보유하고 있다(*http://www.childinfo.org/mics.html*). 이러한 데이터세트를 활용하면 "조혼이 아동 노동율에 영향을 미치는가?"와 같은 주제를 연구해 볼 수 있을 것이다.

정부 데이터를 찾던 도중 우리는 전 세계의 아동 노동에 대한 미국 노동부의 연례 보고서를 발견했다(*http://www.dol.rog/ilab/reports/child-labor/*). 우리가 앞서 발견한 유니세프 데이터세트에 대해 훌륭한 상호 참조가 되는 보고서이다.

국제노동기구(International Labor Organization, ILO)가 발행한 아동 노동에 대한 동향 발표 또한 찾게 되었다(*http://bit.ly/child_labour_trends08-12*). 국제노동기구의 발표는 여러 가지 데이터세트를 종합하여 작성되었기 때문에 아동 노동 관련 과거 데이터를 위한 참고 자료가 될 수 있다.

필자들은 이후 여러 장에서 사용될 데이터세트를 모아 여러분이 손쉽게 사용할 수 있도록 데이터 저장소에 저장해 놓았다(*https://github.com/jackiekazil/data-wrangling*).

지금까지 연구 질문을 생각하고 데이터를 찾는 방법을 살펴 보았다. 이번에는 데이터를 저장해보자.

데이터 저장하기: 언제, 왜, 어떻게?

데이터를 찾았다면 그 데이터를 저장할 공간이 필요할 것이다. 기계가 읽을 수 있는 깔끔하고 접근성이 좋은 형식으로 데이터를 얻을 수 있는 경우도 있지만,

그렇지 못할 때는 데이터를 저장할 수 있는 다른 방법을 찾아야 한다. CSV나 PDF 파일에서 데이터를 처음으로 추출할 때 필요한 데이터 저장 도구 몇 가지를 살펴 보자. 그러나 데이터가 완전히 가공되고 클리닝 될 때까지 기다렸다가 저장할 수도 있다(관련한 내용은 7장에서 다룬다).

> ### 데이터를 어디에 저장할까?
>
> 추출한 데이터를 원래 데이터를 담고 있던 파일이 아닌 다른 장소에 저장할 필요가 있을까? 이 질문에 대한 답을 알아내는 데 도움이 될 만한 질문들은 다음과 같다.
>
> - 간단한 문서열람용 소프트웨어(마이크로소프트 워드 등)를 이용해 데이터세트를 열 때 컴퓨터가 다운되지 않는가?
> - 데이터에서 정보를 쉽게 뽑아낼 수 있도록 데이터가 적절히 분류/정리되어 있는가?
> - 작업 시 두 개 이상의 컴퓨터 혹은 노트북을 써야 하는 경우 데이터를 쉽게 저장하고 옮길 수 있는가?
> - API를 통해 데이터에 실시간으로 접근할 수 있나? 즉 필요한 데이터를 실시간으로 요청하여 얻을 수 있는가?
>
> 위 질문들에 모두 "예"라고 답했다면 데이터를 다른 방식으로 저장할 필요가 없다. "예"와 "아니오"를 모두 답했다면 데이터베이스나 플랫 파일(flat file)에 저장하는 것이 좋을 수 있다. 모든 질문에 "아니오"라고 답했다면 이 장을 계속해서 읽기를 바란다. 여러분을 위한 해결책을 찾을 수 있을 것이다!

데이터세트가 여러 출처를 통해 수집한 파일과 보고서 등의 다양한 데이터들로 이루어져 있다고 가정해보자. 데이터 가운데 어떤 것들은 쉽게 다운로드 하여 접근할 수 있겠지만 또 어떤 것들은 인터넷에서 복사하고 스크래핑 해야 할 것이다. 7장과 9장에서 데이터세트를 클리닝하고 결합하는 방법을 다룰 것이므로 일단은 공유 장소에 저장하는 방법에 대해 알아 보자.

> 여러 대의 컴퓨터에서 데이터세트를 이용한다면 네트워크나 인터넷에 데이터세트를 저장하거나(클라우드 컴퓨팅!) 외장 하드 드라이브 혹은 USB 메모리 스틱에 넣어 두는 것이 좋다. 특히 단체 작업 시 여러 장소나 컴퓨터에서 데이터에 접근해야 한다면 이러한 저장 방법을 반드시 염두에 두어야 한다. 한 대의 컴퓨터로 일한다면 데이터 백업 계획이 필요하다. 최악의 경우 노트북을 잃어버려 몇 달에 걸쳐 수집하고 클리닝 해 놓은 데이터를 잃어버릴 수 있기 때문이다.

데이터베이스: 간단한 소개

데이터베이스를 사랑하는 법을 배우고 데이터베이스를 미워하는 것을 즐기자. 개발자로서 교육을 받고 작업을 수행하다 보면 다양한 형식의 데이터베이스를 사용할 수밖에 없다. 이 절을 통해 데이터베이스에 대해 포괄적으로 설명하기는 힘들겠지만 관련 기본 개념에 대한 간단한 소개 정도는 할 수 있다. 만약 데이터베이스에 대해 이미 알고 있고 활발히 사용하고 있다면 이 절을 간단한 복습 정도로 생각하고 기타 저장 해결책 및 해결책 사용 시기에 대한 부분으로 넘어 가도록 하자.

시리(Siri)를 이용해 휴대폰에서 전화번호를 검색해 본 적이 있는가? 구글에서 무언가를 검색해 본 적은? 트위터나 인스타그램에서 해시태그(#)를 클릭해 본 적은 있는가? 이러한 모든 행동들에는 간단한 검색과 데이터베이스(혹은 일련의 데이터베이스나 데이터베이스 캐시)로부터의 응답이 수반된다. 예를 들면 다음과 같다. 어떤 것에 대한 의문이 생겼을 때("유튜브에 고양이와 관련된 재미있는 영상이 새롭게 업로드 되었나?") 특정 데이터베이스에 그와 관련된 질문을 하면(유튜브 검색) 그 결과로 응답(웃긴 혹은 우스운 고양이 영상이라는 검색 결과)을 얻는 것이다.

이어지는 절에서는 주요한 데이터베이스 유형 두 가지에 대해 알아 본다. 특히 각 유형의 장단점 및 강약점에 대해 살펴 볼 것이다. 데이터 랭글링이 목적이라면 데이터베이스를 반드시 사용할 필요는 없다. 그러나 데이터베이스 사용 경험과 관련 지식이 있다면 여러분의 데이터 랭글링 및 데이터 분석 실력이 향상됨에 따라 데이터 저장 및 분석 능력을 좀 더 향상시킬 수 있을 것이다.

데이터베이스 구축에 관심 있는 독자들을 위해 파이썬과 데이터베이스를 함께 사용하는 방법에 대한 몇 가지 팁이 제공될 것이다. 그러나 이 책에서 관련된 모든 내용을 다룰 수는 없으니 본인의 관심사에 따라 정보, 영상, 튜토리얼 등을 찾아볼 것을 적극 추천한다.

관계형 데이터베이스: MySQL과 PostgreSQL

관계형 데이터베이스는 다양한 출처 및 상호 연결 수준을 가진 데이터에 적합하다. 관계형 데이터베이스라는 이름은 이 데이터베이스의 특징을 잘 나타낸다. 예를 들어 어떤 데이터가 족보와 비슷한 방식으로 관계를 형성하고 있다고 해보자. 그렇다면 이 데이터에는 MySQL과 같은 관계형 데이터베이스가 적당할 것이다.

관계형 데이터는 일련의 고유 식별자를 이용해 여러 데이터세트를 대응시킨다. 보통 SQL에서는 이러한 식별자를 ID라고 부른다. ID는 데이터세트 간 관계를 조회하고 대응시키는 데 사용될 수 있다. 이렇게 연결된 데이터세트에서 join을 사용하면 연결된 데이터에 한 번에 접근할 수 있다. 예시를 보도록 하자.

나에게는 정말 멋진 친구가 있다. 그녀의 이름은 메건(Meghan)이며 흑발이고 뉴욕타임스에서 일한다. 여가 시간에는 춤을 추거나 요리를 하고, 사람들에게 코딩하는 방법을 가르쳐 주기도 한다. 만약 내가 내 친구들에 대한 데이터베이스를 가지고 있고 SQL을 이용해 친구들의 특징을 표현해 놓았다면 다음과 같을 것이다.

```
**friend_table:               ❶
friend_id                     ❷
friend_name
friend_date_of_birth
friend_current_location
friend_birthplace
friend_occupation_id

**friend_occupation_table:
friend_occupation_id
friend_occupation_name
friend_occupation_location

**friends_and_hobbies_table:
friend_id
hobby_id

**hobby_details_table:
hobby_id
hobby_name
hobby_level_of_awesome
```

❶ 친구 데이터베이스에서 **로 표시된 모든 부분은 표(table)이다. 관계형 데이터베이스에서 표는 특정 주제 혹은 대상에 대한 정보를 담는다.

❷ 표가 담고 있는 각 정보는 fields라고 불린다. 위의 경우 friend_id라는 field는 friend_table에 담긴 친구들 각각에 대한 고유 ID를 담고 있다.

이 데이터베이스를 이용하면 "메건의 취미는 무엇인가?"라는 질문에 답할 수 있다. 데이터베이스에게 "이봐, 내 친구 메건을 찾아줘. 그녀는 뉴욕에 살고 여기 그녀의 생일 정보도 있어. 그녀의 ID를 알려 줄래?"라고 말하면 관련 정보에 접근할 수 있다. SQL 데이터베이스는 friend_id를 이용해 이 질문에 답할 것이다. 그러면 나는 다시 hobby ID와 friend ID를 적절히 대응시켜 주는 friend_and_ hobbies_table에 메건의 friend ID와 대응되는 hobby가 어떤 것인지 물을 것이고, 데이터베이스는 세 가지의 hobby ID를 알려 줄 것이다.

이 ID들은 모두 숫자이기 때문에 메건의 취미를 알아내려면 이 숫자들이 무엇을 의미하는지 알아야 한다. 그래서 hobby_details_table에 "hobby ID들에 대해 더 알려 줄래?"라고 물으면 데이터베이스는 다시 "물론이지! 춤추는 것, 요리하는 것, 그리고 사람들에게 코딩하는 방법을 알려 주는 거야."라고 답할 것이다. 아하! 친구에 대한 초기 정보 몇 가지만을 가지고 수수께끼를 풀었다.

관계형 데이터베이스를 구축한 후 데이터베이스에 데이터를 넣으려면 여러 단계가 필요하다. 그러나 데이터세트가 여러 가지 관계로 복잡하게 얽혀 있다면 단지 몇 가지 과정만으로도 데이터세트들을 연결하고 원하는 정보를 얻을 수 있다. 관계형 데이터베이스를 구축할 때는 위의 친구 데이터베이스 예제처럼 관계나 관계의 특성을 구상하는 데 충분한 시간을 투자하도록 하라. 여러분이 가진 데이터의 유형에는 어떤 것들이 있으며 서로 어떻게 연결되어야 하는가?

관계형 데이터베이스 스키마(schema) 과정에서는 데이터를 앞으로 어떤 방식으로 사용하게 될 것인지를 고려하여 데이터의 대응 방식을 구상해야 한다. 데이터베이스에 묻게 될 질문에 대한 답은 간단해야 한다. 예를 들어 위 예제에서 우리는 직업을 사용하여 특정 인물을 식별해 낼 것이라고 예상했기 때문에 occupation_id를 friend_table에 포함시켰다.

여러 종류의 관계들이 존재한다는 것에도 주목해야 한다. 예를 들어 내 친구들 중에는 요리를 취미로 하는 사람들이 많을 수도 있다. 이것을 다대다(many-to-many) 관계라고 부른다. 만약 pets라는 표를 추가하면 다대일(many-to-one)이라는 관계가 추가될 것이다. 두 마리 이상의 애완동물을 기르는 친구들이 있지만, 각 애완동물은 한 명의 친구에만 대응되기 때문이다. friend_id를 이용해 어떤 친구가 기르는 모든 애완동물을 검색하는 것도 가능하다.

SQL과 관계형 데이터에 대해 공부하고 싶다면 SQL에 더 집중하는 것을 권장한다. SQL 어렵게 배우기(Learn SQL The Hard Way)(*http://sql.learncodethehard way.org/*)와 SQLZOO(*http://sqlzoo.net*)와 같은 웹사이트에서부터 시작하는 것도 좋다. PostgreSQL과 MySQL은 문법에 약간의 차이가 있지만 기본 내용이 동일하기 때문에 둘 중 어떤 것을 선택하는지는 개인의 선택에 달렸다.

MySQL과 파이썬

만약 여러분이 MySQL(혹은 MySQL 학습)에 정통하고 MySQL 데이터베이스를 사용하고자 한다면 파이썬 바인딩(binding)을 사용하면 된다. 이를 위해 거쳐야 하는 두 가지 단계는 다음과 같다. 첫째, MySQL 드라이버를 설치한다. 둘째, 파이썬을 사용해 인증 정보(사용자, 비밀번호, 호스트, 데이터베이스 명)를 보낸다. 각 단계에 대해서는 스택오버플로우의 글을 참고하라(*http://bit.ly/mysql_python*).

PostgreSQL과 파이썬

만약 여러분이 PostgreSQL(혹은 PostgreSQL 학습)에 정통하고 PostgreSQL 데이터베이스를 사용하고자 한다면 이를 위한 파이썬 바인딩 또한 존재한다. 이 경우에도 드라이버를 설치하고 파이썬과 연결하는 두 단계를 거쳐야 한다.

파이썬용 PostgreSQL 드라이버에는 여러 가지가 있지만(*https://wiki.postgresql.org/wiki/Python*) 그중 가장 유명한 것은 Psycopg(*http://initd.org/psycopg*)이다. PostgreSQL 웹사이트의 설치 페이지에 Psycopg를 컴퓨터에서 작동시키는 방법과 관련한 세부 사항뿐만 아니라 이를 파이썬에서 사용하는 방법에 대해 자세히 소개되어 있다(*http://initd.org/psycopg/docs/install.html*).

비관계형 데이터베이스: NoSQL

데이터베이스를 사용하고 싶지만 모든 관계를 맵핑하는 것에 자신이 없을지도 모른다. 데이터가 어떻게 연결되어 있는지 지금 당장 제대로 이해할 수 없기 때문이거나 데이터가 수평형 데이터(즉, 비관계형 데이터)이기 때문일 수 있다. 혹은 SQL을 배우는 것 자체에 여러분이 큰 흥미를 느끼지 못하기 때문일 수도 있다. 그럼에도 불구하고 여러분에게 적합한 데이터베이스는 있다.

NoSQL을 비롯한 다른 비관계형 데이터베이스는 JSON과 같은 플랫 형식으로 데이터를 저장한다. 3장에서 살펴보았던 것처럼 JSON은 간단한 색인을 통해 정보를 검색한다. 이전 절에서 다루었던 친구 데이터를 다시 떠올려 보자. 만약 데이터가 노드에 저장되어 있고 노드에 접근하여 친구에 대한 정보를 얻을 수 있다면 어떨까? 데이터는 다음과 같은 구조를 가지게 될 것이다.

```
{
    'name': 'Meghan',
    'occupation': { 'employer': 'NYT',
                    'role': 'design editor',
                  },
    'birthplace': 'Ohio',
    'hobbies': ['cooking', 'dancing', 'teaching'],
}
```

표를 생성하지 않고도 친구의 모든 특성을 담은 간단한 리스트를 얻을 수 있다.

관계형 데이터의 장점은 무엇일까? 응답자에 따라 이에 대한 답은 매우 상이할 것이다. 컴퓨터 공학을 전공한 개발자들 사이에서도 뜨거운 토론 주제이기 때문이다. 이 책의 저자들은 SQL의 발전이 광대한 관계 연결망 구조를 가지는 데이터에서의 신속한 검색을 가능하게 했다고 생각한다. 비관계형 데이터베이스 또한 속도, 유용성, 중복의 면에서 많은 발전을 이루어 왔다.

데이터베이스의 두 가지 유형 가운데 더 관심이 있는 유형이 있다면 보유하고 있는 데이터세트의 구조와 관계 없이 더 관심이 가는 쪽을 택하자. 원래 사용하고 있던 유형이 아닌 다른 유형을 사용하고자 할 때 원래 사용하고 있던 것이 어떤 것이든 여러분을 도와줄 수 있는 도구들이 존재하기 때문이다.[3]

MongoDB와 파이썬

만약 여러분에게 비관계형 데이터베이스 구조를 가진 데이터가 있거나 혹은 데이터베이스에 대한 경험을 쌓고 싶다면 파이썬을 이용해 굉장히 쉽게 NoSQL 데이터베이스에 연결할 수 있다. MongoDB(*http://mongodb.org/*)는 수많은 NoSQL 데이터베이스 프레임워크 가운데 가장 유명한 것 중 하나이다. MongoDB를 사용하려면 일단 드라이버를 설치한 후(*http://docs.mongodb.org/ecosystem/drivers/python/*) 파이썬을 이용해 연결해야 한다. PyCon 2012에서 발표되었던 "MongoDB 시작하기(Getting Started with MongoDB)"(*http://bit.ly/pycon2012_presentations*)를 참고하면 MongoDB 및 파이썬을 이용한 연결 방법에 대해 배울 수 있을 것이다.

파이썬에서 로컬 데이터베이스 설정하기

파이썬과 데이터베이스를 시작하는 가장 쉬운 방법은 간단한 라이브러리를 사용하는 것이다. 이 책을 읽는 동안은 데이터세트(Dataset)(*http://dataset.readthedocs.org/en/latest/*)를 사용할 것을 권장한다. 데이터세트는 일종의 래퍼 라이브러리(wrapper library)이며 래퍼 라이브러리는 파이썬 코드를 데이터베이스 코드로 번역하여 신속한 개발을 돕는다.

---

3 SQL과 NoSQL 데이터베이스 간 마이그레이션(migration)에 대해 더 알고 싶다면 매트 어세이(Matt Asay)가 쓴 글을 읽어 보도록 하자(*http://bit.ly/migrate_rdb_nosql*). 포스퀘어(Foursquare)를 관계형 데이터베이스에서 NoSQL 데이터베이스로 이주시키는 내용을 다룬 글이다. 또한 반대 방향으로 마이그레이션 하는 내용을 다루는 쿼라(Quora)의 글들도 참고하자(*http://bit.ly/migrate_mongodb_mysql*).

이미 생성된 SQLite, PostgreSQL, 혹은 MySQL 데이터베이스가 있다면 퀵 스타트 가이드(*http://bit.ly/dataset_quickstart*)를 따라 연결하면 된다. 만약 현재 이러한 데이터베이스를 사용하는 중이 아니라면 데이터세트를 사용하는 과정에서 생성될 것이다. 컴퓨터에서 실행하는 방법을 살펴 보자.

일단 데이터세트를 설치한다(*http://bit.ly/dataset_install*). pip을 이용하고 있다면 `pip install dataset`이라고 입력하면 된다.

이제 어떤 백엔드를 사용할지 결정해야 한다. 이미 PostgreSQL 혹은 MySQL을 사용하고 있다면 각 데이터베이스의 문법에 따라 새로운 데이터베이스를 설정하면 된다. 데이터베이스를 사용해 본 적이 없는 사용자를 위해 이 책에서는 SQLite를 사용한다. 일단, 운영체제에 맞는 SQLite 바이너리를 다운로드하자(*http://www.sqlite.org/download.html*). 다운로드한 파일을 열고 설치 지침을 따라 설치한다.

그리고 터미널을 열어 파이썬 데이터 랭글링 스크립트가 들어 있는 프로젝트 폴더로 위치를 이동한다(cd). 다음을 입력하면 새 SQLite 데이터베이스를 생성된다.

```
sqlite3 data_wrangling.db
```

`sqlite>`로 시작하는 프롬프트가 뜨면 SQL을 입력해야 한다. sqlite3가 실행되는 것을 확인했으니 `.q`를 입력하여 SQLite 터미널을 종료하자. data_wrangling.db라는 파일 명을 가진 데이터베이스가 생성되었을 것이다!

SQLite를 설치하고 데이터베이스를 실행시켜 보았으니 이번에는 데이터세트를 실행해보자. 파이썬 셸에 다음 코드를 입력한다.

```
import dataset

db = dataset.connect('sqlite:///data_wrangling.db')

my_data_source = {
 'url':
 'http://www.tsmplug.com/football/premier-league-player-salaries-club-by-club/',
 'description': 'Premier League Club Salaries',
 'topic': 'football',
 'verified': False,
}                                          ❶

table = db['data_sources']                 ❷
table.insert(my_data_source)               ❸

another_data_source = {
 'url':
```

```
        'http://www.premierleague.com/content/premierleague/en-gb/players/index.html',
        'description': 'Premier League Stats',
        'topic': 'football',
        'verified': True,
}

table.insert(another_data_source)

sources = db['data_sources'].all()                    ❹

print sources
```

❶ 데이터를 저장할 파이썬 딕셔너리를 생성한다. 축구 선수 연봉 관련 연구의
데이터 출처를 저장한다. 주제, 관련 설명, URL 및 데이터 정확성 조사를 마
쳤는지 여부에 대한 정보들을 추가했다.

❷ data_sources라는 새 표를 생성한다.

❸ 새 표에 첫 데이터 출처를 넣는다.

❹ data_source 표에 저장한 모든 데이터 출처를 보여 준다.

지금까지 SQLite를 이용하여 관계형 표를 설정하고 파이썬-데이터베이스 간 연
동을 경험해 보았다. 이 책이 진행됨에 따라 데이터베이스에 더 많은 데이터와
표를 추가할 수 있게 될 것이다. 한 장소에 모든 데이터를 저장해 놓아야 데이터
를 조직적으로 정리하고 연구의 중심을 잃지 않을 수 있다는 것을 기억하자.

언제 간단한 파일을 사용하나

데이터세트의 크기가 작다면 데이터베이스가 아닌 간단한 파일을 사용해도 좋
다. 물론 7장에서 설명하는 저장 전 데이터세트 클리닝 기술을 활용해도 되지만,
CSV나 기타 간단한 파일 형식을 그대로 유지해도 괜찮다. CSV를 불러올 때 사
용했던 csv 모듈(50쪽의 "CSV 데이터 불러오기"를 참고하라)에도 쉽게 사용할
수 있는 라이터 클래스가 있다(*http://bit.ly/writer_objects*).

간단한 파일을 사용할 때는 파일에 쉽게 접근할 수 있고 또한 쉽게 백업할 수
있어야 한다. 이를 위해 공유 네트워크 드라이브나 클라우드 기반 서비스(드롭
박스, 박스, 아마존, 구글 드라이브)에 데이터를 저장하는 것도 좋다. 이러한 서
비스를 이용하게 되면 다양한 방식으로 파일을 백업하거나 관리하고 또 공유할
수 있다. 이러한 기능들을 사용한다면 실수로 파일을 덮어쓰더라도 괜찮을 것
이다.

클라우드 저장과 파이썬

선택한 클라우드 저장 방법에 따라 파이썬을 데이터에 연결시킬 수 있는 최적의 방법을 알아보아야 한다. 드롭박스는 파이썬에서 훌륭하게 지원되며 파이썬 시작하기(Getting Started with Python)(*http://bit.ly/python_core_api*) 가이드를 읽어 보면 유용할 것이다. 구글 드라이브를 사용하면 좀 더 복잡할 수 있지만 첫 걸음마를 떼는데 파이썬 퀵 스타트(Python Quick start)(*https://github.com/googledrive/python-quickstart*) 가이드가 도움이 될 것이다. 다양한 구글 드라이브 파이썬 API 래퍼가 있는데, 예를 들어 PyDrive(*https://github.com/googledrive/PyDrive*)를 이용하면 파이썬을 잘 알지 못하더라도 구글 드라이브를 이용할 수 있다. 구글 드라이브에서 스프레드시트를 관리하기 위해서는 GSpread(*https://github.com/burnash/gspread*)를 사용할 것을 적극 권장한다.

만약 클라우드 서버가 있다면 최적의 연결 방법을 찾아야 한다. 파이썬에는 내장 URL 요청, FTP(File Transfer Protocol, 파일 전송용 프로토콜), SSH/SCP(Secure Sell/Secure Copy) 메서드 등이 있으며, 파이썬 stdlib에서 도움말을 찾아볼 수 있다. 14장에서 클라우드 서비스를 관리하는 데 유용한 라이브러리들에 대해 알아 볼 것이다.

로컬 저장과 파이썬

데이터를 저장하는 가장 간단하고 직관적인 방법은 로컬에 저장하는 것이다. 파이썬 코드 한 줄로 파일 시스템에서 문서를 열 수 있다(open 명령어(*https://docs.python.org/2/library/functions.html#open*)). 또한 내장 `file.write` 메서드를 이용해 데이터를 사용하는 동시에 새 파일을 업데이트하고 저장할 수 있다(*http://bit.ly/file_write_method*).

대안적인 데이터 저장 방법

앞서 언급된 경로를 통하지 않고도 데이터를 저장할 수 있는 다양하고 흥미로운 방식이 존재한다. 여러분이 처한 상황에 따라 데이터 저장을 위한 더 좋은 방법이 있을 수도 있다. 그 중 몇 가지는 다음과 같다.

계층적 데이터 형식(Hierarchical Data Format, HDF)

HDF는 큰 데이터세트를 파일 시스템(로컬이든 아니든)에 빠르게 저장할 수 있게 하는 파일 기반 확장 가능한 데이터 솔루션이다. 만약 HPF에 정통하다면 파이썬을 HPF5에 연결하는 HPF5 드라이버가 존재한다는 것을 참고하자(*http://www.h5py.org/*).

하둡(Hadoop)

하둡은 클러스터를 가로질러 데이터를 저장하고 처리할 수 있게 하는 대용량 데이터 분산 저장 시스템이다. 만약 하둡에 정통하거나 이미 사용하고 있다면 클라우데라(Cloudera)의 하둡을 위한 파이썬 프레임워크 안내서(A Guide to Python Frameworks for Hadoop)(*http://bit.ly/py-hadoop*)의 예제를 살펴보자.

요약

축하한다! 이번 장에서 우리는 "유용한 데이터를 어떻게 찾을 것인가?", "어떻게 데이터에 접근하고 저장할 것인가?"와 같은 프로젝트 수행에 있어 가장 중요한 질문들에 대한 답을 찾아보았다. 지금쯤이면 여러분이 수집한 데이터와 첫 번째 데이터세트의 진실성에 대해 자신감을 가지게 되었기를 바란다. 또한 백업 및 데이터 저장에 대한 탄탄한 계획을 세웠기를 바란다.

이번 장에서 연마한 기술들은 앞으로 다루게 될 데이터세트에 적용할 수 있을 것이다. 물론 머릿속에 갑자기 떠오른 주제를 조사하기 위해 데이터 웹사이트에서 몇 시간을 소비하게 될지도 모르지만 말이다.

이 장을 모두 읽고 난 지금쯤이면 다음과 같은 능력이 생겼을 것이다.

- 데이터의 가치 및 용도를 판단할 수 있다.
- 전화를 걸어 정보를 더 수집할 수 있다.
- 질문에 답하기 위한 데이터를 어떻게 구해야 하는지 알고 있다.
- 안전하고 성가시지 않은 방법으로 데이터를 저장할 수 있다.
- 수집한 데이터를 검증할 수 있다.
- 데이터의 관계적 모델을 구성할 수 있다.

또한 표 6.2에 정리된 개념들도 숙지하고 있을 것이다.

개념/라이브러리	목적
관계형 데이터베이스(예: MySQL, PostgreSQL)	관계형 데이터를 손쉽게 저장한다.
비관계형 데이터베이스(예: MongoDB)	플랫 파일 방식으로 데이터를 저장한다.
SQLite(*https://www.sqlite.org/*) 설정 및 사용법	사용이 용이한 SQL 기반 스토리지로 간단한 프로젝트에 가장 적절하다.
Dataset(*https://dataset.readthedocs.org/en/latest/*) 설치 및 사용법	사용이 용이한 파이썬 데이터베이스 래퍼이다.

표 6.2 6장에 소개된 파이썬/프로그래밍 개념 및 라이브러리

이 책의 나머지 부분에서는 위의 기술들을 더욱 자주 이용하게 될 것이다. 다음 장에서는 데이터 클리닝 방법을 배우고 코드의 비일관성을 찾아 본다. 또한 데이터 분석 결과를 사람들과 공유할 수 있도록 스크립트와 프로그램을 완성시키는 데 한 발짝 더 다가갈 수 있을 것이다.

7장

데이터 클리닝하기: 조사, 매칭 그리고 서식화

데이터 클리닝은 가장 즐거운 일은 아닐지 몰라도 데이터 랭글링에 있어 필수적인 작업이다. 데이터 클리닝 전문가가 되기 위해서는 꼼꼼함과 조사 혹은 연구 분야에 대한 체계적인 지식이 필요하다. 만약 여러분이 제대로 데이터를 클리닝하고 수집할 줄 안다면 같은 분야에 종사하는 다른 사람들로부터 자신을 차별화할 수 있을 것이다.

파이썬은 데이터 클리닝에 적절한 도구이다. 데이터에 일정한 패턴이 존재한다면 함수를 생성하여 반복적인 작업을 피할 수도 있다. 이전 장들에서 알아본 것과 같이 스크립트와 코드를 이용해 반복되는 문제들을 고칠 수 있다면 수시간이 걸리는 수작업도 한 번의 코드 실행으로 끝낼 수 있다.

이번 장에서는 파이썬을 이용한 데이터 클리닝 및 서식화(포매팅) 방법을 살펴 본다. 데이터세트 내의 중복 기록과 오류를 찾는 방법도 알아 본다. 이어서 다음 장에서는 클리닝 작업을 자동화 하고 클리닝을 마친 데이터를 저장하는 방법에 대해 살펴 볼 것이다.

왜 데이터를 클리닝하는가?

어떤 데이터는 이미 체계화되어 있어 수집하는 순간 바로 사용할 수 있다. 운이 좋은 경우이다. 그러나 대부분의 데이터는 이미 클리닝이 되어 있다고 하더라도 서식의 비일관성이나 가독성과 같은 문제를 지니고 있다(예를 들면 두문자어나 제대로 매칭되지 않은 헤더와 같은 문제이다). 특히 두 개 이상의 데이터세트에 담긴 데이터를 동시에 사용하는 경우라면 더욱 그러하다. 데이터를 서식화 하고 표준화 하는 작업을 거치지 않는다면 데이터를 적절하게 결합해 유용하게 쓰기 힘들다.

> ✅ 데이터 클리닝 작업을 거치고 나면 데이터를 쉽게 저장하고 검색하고 재사용할 수 있다. 6장에서 살펴 본 것처럼 데이터를 일단 클리닝하고 나면 적절한 모델에 쉽게 저장할 수 있다. 데이터세트에 특정 데이터 유형(날짜, 숫자 혹은 이메일 주소 등)으로 저장되어야 하는 열이나 필드가 존재한다고 가정해보자. 그 유형에 맞게 데이터를 표준화하고 클리닝하거나 해당 유형과 일치하지 않는 기록을 제거하면, 데이터의 일관성이 보장되어 이후 데이터세트에 특정 작업을 수행할 때 생길 수 있는 수고를 덜 수 있다.

연구 결과 발표와 함께 데이터를 공개하려 할 때는 다른 데이터 랭글러들이 쉽게 데이터를 불러가 분석할 수 있도록 클리닝된 데이터를 공개하는 것이 좋다. 클리닝된 데이터세트와 더불어 미가공 데이터, 그리고 미가공 데이터를 클리닝하고 표준화한 방법을 함께 공개하는 것이 좋다.

본인뿐만 아니라 다른 사람을 위해 데이터 클리닝 절차를 기록해 놓으면 데이터세트 자체와 연구에서 데이터세트의 용도를 제대로 변호할 수 있다. 또한 새로운 데이터를 획득했을 때 동일한 클리닝 절차를 반복하여 적용할 수 있다.

> 💡 IPython을 이용해 데이터를 처리할 때 사용할 수 있는 강력한 도구 중 한 가지는 IPython의 매직 커맨드이다. 예를 들어 로그 작성 시작 시 %logstart를 사용하거나(*http://bit.ly/logstart*) 현재 세션을 저장할 때 %save를 사용할 수 있다(*http://bit.ly/ipython_save*). 파이썬 터미널을 이용하면서 동시에 스크립트를 작성할 수 있는 것이다. 파이썬에 대한 지식이 쌓일수록 다른 사람들과 원활히 공유할 수 있도록 스크립트를 다듬는 방법을 익히게 될 것이다. IPython에 대해 더 알고 싶다면 부록 F를 참고하자.

데이터 클리닝에 대한 기본적인 사항을 익히고 데이터 서식화, 데이터세트 매칭에 대해 살펴보자.

데이터 클리닝 기초

이미 이전 장들에서 다양한 코드를 실행해 보면서 데이터 클리닝 개념을 몇 가지 익힐 수 있었다. 4장에서는 엑셀 시트에서 데이터를 불러와 딕셔너리를 생성했다. 데이터를 수정하고 표준화하여 새로운 데이터 형식을 만드는 작업 또한 데이터 클리닝이라고 할 수 있다.

이미 아동 노동 관련 유니세프 데이터세트를 살펴보았으니(152쪽의 "아동 노동" 절을 참고하자) 이번에는 미가공 된 유니세프 데이터를 살펴보자. 대부분의 유니세프 보고서에 사용된 초기 데이터세트는 MICS(Multiple Indicator Cluster Surveys, 다수지표군조사)이다(*http://mics.unicef.org/surveys*). 이 조사는 전 세계의 여성 및 아동의 생활 조건을 조사하기 위한 가계 수준의 설문조사로, 유니세프의 직원과 자원봉사자들에 의해 실시되었다. 필자들은 최근의 설문조사를 살펴보던 중 짐바브웨의 최신 MICS 데이터에 집중하게 되었다.

우선 유니세프에 교육과 조사 목적으로 데이터 접근 요청을 한 후 최근 설문조사를 다운로드 했다. 하루 정도 걸려 접근 권한을 얻고 나면 미가공 데이터세트를 다운로드할 수 있다. 대부분의 MICS 미가공 데이터는 SPSS 형식 또는 .sav 파일로 제공된다. SPSS는 사회학자들이 데이터를 저장하고 분석하는 데 사용하는 프로그램인데, 사회 과학 통계를 위한 훌륭한 도구이지만 파이썬에 바로 사용하기에는 편리하지 않다.

SPSS 파일을 파이썬에서 사용할 수 있는 형식으로 변환하기 위해 오픈소스 프로젝트 PSPP(*https://www.gnu.org/software/pspp/*)를 사용하여 데이터를 살펴보고 몇 가지 간단한 R 명령어를 이용해 SPSS 데이터를 .csv 파일로 변환했다(*http://bit.ly/spss_to_csv*). 파이썬과 SPSS 파일 연동을 돕는 훌륭한 프로젝트들이 많이 존재하지만(*https://pypi.python.org/pypi/savReaderWriter*) R 명령어에 비해 더 많은 작업과 설정을 필요로 한다. 이 책의 깃허브 저장소에서 해당 CSV를 확인할 수 있다(*https://github.com/jackiekazil/data-wrangling*).

파일을 열어 데이터를 살펴보고 데이터 클리닝을 시작해보자. 일반적으로 데이터 클리닝의 첫 단계는 눈으로 데이터를 살펴보는 것이다. 우선 파일을 꼼꼼히 살펴보도록 하자.

데이터 클리닝을 위한 값 찾기

데이터에 포함된 필드를 살펴보고 눈에 띄는 비일관성을 찾아내는 작업에서부터 시작해보자. 눈으로 확인했을 때 데이터가 깔끔해 보일 수 있도록 만들다 보면 데이터 표준화 과정에서 어떠한 문제들을 해결해야 하는지 알 수 있다.

mn.csv 파일을 열어 보자. 이 파일에는 미가공 데이터가 포함되어 있으며 헤더에는 해석하기 어렵지 않아 보이는 코드(두문자어)가 사용되었다. 열 헤더를 살펴보자.

```
"","HH1","HH2","LN","MWM1","MWM2", ...
```

위의 헤더들은 설문조사에서 쓰인 질문 혹은 데이터를 나타내는데, 우리는 이 헤더들을 인간이 좀 더 쉽게 이해할 수 있는 직관적인 값들로 변환하고자 한다. MICS 데이터를 제공하는 있는 세계은행 웹사이트를 참고하면 이 값들이 무엇을 의미하는지 알아낼 수 있다(*http://bit.ly/selected_papua_mics2011*).

 세계은행 웹사이트에 데이터 클리닝에 도움이 될 만한 두문자어 목록과 같은 데이터가 제공되어 있는지 확인해 보아라. 기관에 직접 전화를 걸어 관련 두문자어 목록을 보유하고 있는지 알아 보는 것도 좋다.

11장에서 배울 웹 스크래핑 기술을 활용해 세계은행 웹사이트에서 헤더와 헤더의 다른 영문 철자, MICS 데이터를 위한 값을 계산하기 위해 쓰인 질문들이 담긴 CSV를 찾을 수 있었다. 이 책의 깃허브 저장소에 웹 스크래퍼를 활용해 갱신한 새로운 헤더를 저장해 두었다(mn-headers.csv). 이제 이러한 데이터를 설문조사 데이터와 대응시켜 알아 보기 쉬운 질문과 답변의 형태로 변형시키는 몇 가지 방법에 대해 알아 보자.

헤더 교체하기

헤더를 더 알아 보기 쉽게 바꾸는 가장 직관적이고 자명한 방법은 축약된 헤더를 우리가 이해하기 쉬운 긴 단어로 교체하는 것이다. 어떻게 하면 파이썬을 이용하여 헤더를 교체할 수 있을까? 일단 3장에서 살펴본 csv 모듈을 사용해 mn.csv와 mn-headers.csv 파일을 모두 불러와라(다음의 코드를 참고하자). 이번 장에서부터는 스크립트와 터미널(IPython과 같은) 중 어떤 곳에서 코드를 작성해도 상관 없다. 이렇게 하면 파일에 데이터를 저장하지 않고도 데이터를 처리할 수 있다.

```
from csv import DictReader

data_rdr = DictReader(open('data/unicef/mn.csv', 'rb'))
header_rdr = DictReader(open('data/unicef/mn_headers.csv', 'rb'))

data_rows = [d for d in data_rdr]              ❶
header_rows = [h for h in header_rdr]

print data_rows[:5]                            ❷
print header_rows[:5]
```

❶ 이 부분에서는 데이터를 보존하여 재사용하기 위해 순회 가능한 DictReader 객체를 새 리스트에 쓴다. 리스트 발생자(list generator) 형식을 사용하기 때

 langが

문에 읽기 쉽고 명료한 코드 한 줄로도 해당 작업이 가능하다.

❷ 파이썬 리스트의 slice 메서드를 이용해 데이터의 일부를 출력한다. 새 리스트의 처음 다섯 개 요소를 출력하여 전체 리스트에 대한 대략적인 감을 잡을 수 있다.

코드의 네 번째 줄에서 파이썬의 리스트 발생자 함수가 사용되었다. 파이썬의 리스트 발생자는 다음과 같은 형식을 취한다.

```
[func(x) for x in iter_x]
```

리스트 발생자의 처음과 끝에는 대괄호가 쓰인다. 그리고 순회 가능한 객체(iter_x)를 받아 각 행 혹은 각 값을 iter_x에서 func(x)로 전달하여 새 리스트의 새 값을 생성한다. 위 예제에서 리스트 발생자의 함수 부분은 사용되지 않고 있으며 단지 행을 있는 그대로 받는다. 이후 장들에서 각 행이나 값을 순회 가능한 객체에서 함수로 전달하여 데이터를 리스트에 넣기 전에 클리닝하거나 변화시키는 방법에 대해 배우게 될 것이다. 리스트 생성자는 파이썬의 특징인 읽기 쉽고 사용하기 쉬운 문법을 잘 보여주는 예이다. for 루프를 이용해도 동일한 작업을 수행할 수 있지만 다음과 같이 코드가 길어지게 될 것이다.

```
new_list = []
for x in iter_x:
    new_list.append(func(x))
```

이처럼 리스트 생성자를 활용해 코드를 간결하게 작성하면 우수한 성능을 기대할 수 있을 뿐만 아니라 메모리를 효율적으로 사용할 수 있다.

data_rows 딕셔너리의 헤더를 우리가 가지고 있는 파일에 담긴 이해하기 쉬운 헤더로 교체하려고 한다. 출력 결과에서 볼 수 있듯이 header_rows 딕셔너리에는 짧은 값과 긴 값이 모두 포함되어 있다. 현재 짧은 헤더는 Name 필드에 포함되어 있으며 좀 더 길고 이해하기 쉬운 헤더는 Label 필드에 저장되어 있다. 파이썬 문자열 메서드를 사용하여 어떻게 이 두 헤더를 손쉽게 매칭시킬 수 있는지 알아 보자.

```
for data_dict in data_rows:                          ❶
    for dkey, dval in data_dict.items():             ❷
        for header_dict in header_rows:              ❸
            for hkey, hval in header_dict.items():
                if dkey == hval:                     ❹
                    print 'match!'
```

❶ 각 데이터 기록을 순회한다. 각 딕셔너리의 키를 이용해 헤더를 매칭시킬 것이다.

❷ 각 데이터 행의 키와 값을 순회하여 모든 키를 이해하기 쉬운 헤더 라벨로
교체한다(데이터 딕셔너리의 키/값 쌍을 확인하기 위해 파이썬 딕셔너리의
items 메서드를 사용한다).

❸ 데이터의 모든 헤더 행을 순회하여 이해하기 쉬운 라벨을 얻는다. 가장 빠르
지는 않지만 빠뜨리는 것이 없도록 하기 위한 방법이다.

❹ 매칭된 데이터 리스트 키(MWB3, MWB7, MWB4, MWB5...)와 헤더 딕셔너리 데
이터를 출력한다.

위 코드를 실행하면 다수의 매칭된 데이터를 확인할 수 있다. 비슷한 논리를 사
용해 헤더를 더 나은 값으로 교체할 수 있는지 확인해보자. 우리는 이미 키와 데
이터를 매우 쉽게 매칭시킬 수 있다는 것을 알고 있지만, 현재까지는 매칭하고
자 하는 행밖에 찾지 못했다. 데이터 리스트의 키와 우리가 찾은 헤더 행의 행에
들어 있는 값을 어떻게 매칭시킬 수 있는지 살펴보자.

```
new_rows = []                                          ❶

for data_dict in data_rows:
    new_row = {}                                       ❷
    for dkey, dval in data_dict.items():
        for header_dict in header_rows:
            if dkey in header_dict.values():           ❸
                new_row[header_dict.get('Label')] = dval  ❹
    new_rows.append(new_row)                           ❺
```

❶ 클리닝된 행을 집어넣을 빈 리스트를 새롭게 생성한다.

❷ 각 행에 대해 새 딕셔너리를 생성한다.

❸ 헤더 행의 모든 키와 값을 순회하는 대신 딕셔너리의 value 메서드를 사용한
다. 이 메서드는 해당 딕셔너리에 들어 있는 값만을 포함한 리스트를 반환한
다. 특정 객체가 특정 리스트에 포함되어 있는지 판단하는 파이썬의 in 메서
드도 사용한다. 이 코드에서 객체는 키 혹은 축약된 형태의 문자열이며, 리
스트는 헤더 딕셔너리의 값이다(축약된 형태의 헤더를 포함하는 딕셔너리).
이 부분의 코드가 true라면 매칭되는 행을 찾은 것이다.

❹ 매칭된 결과를 찾을 때마다 new_row 딕셔너리에 추가한다. 짧은 Name 값들
을 더 길고 이해하기 쉬운 Label 값들로 교체하여 딕셔너리 키를 헤더 행의
Label 값과 같게 만들고, 값은 해당 데이터 행의 값과 같게 한다.

❺ 클리닝된 새 딕셔너리를 새 어레이에 이어 붙인다. 다음 행으로 넘어가기 전
모든 매칭 결과를 확실히 찾기 위해 이 부분을 들여쓰기 한다.

새로운 값들의 첫 번째 기록을 출력해 보면 성공적으로 데이터를 이해하기 쉬운 형태로 만들었음을 확인할 수 있다.

```
In [8]: new_rows[0]
Out[8]: {
    'AIDS virus from mother to child during delivery': 'Yes',
    'AIDS virus from mother to child during pregnancy': 'DK',
    'AIDS virus from mother to child through breastfeeding': 'DK',
    'Age': '25-29',
    'Age at first marriage/union': '29',...
```

> 함수에 적절한 들여쓰기를 사용했는지 확인할 수 있는 방법은 같은 수준의 들여쓰기가 된 다른 줄들을 살펴보는 것이다. 항상 자기 자신에게 다음과 같은 질문들을 던져 보길 바란다. "논리적으로 이 단계와 수반되어야 하는 다른 코드는 무엇인가?" "언제 이 과정의 다음 단계로 넘어가야 하나?"

데이터 클리닝은 언제나 하나의 정답만 존재하는 것은 아니므로 이해하기 어려운 헤더의 문제를 어떠한 다른 방식으로 해결할 수 있는지 생각해보자.

질문 및 답변 묶기

라벨링 문제를 해결하는 또 다른 방법은 파이썬의 zip 메서드를 이용하는 것이다.

```
from csv import reader          ❶

data_rdr = reader(open('data/unicef/mn.csv', 'rb'))
header_rdr = reader(open('data/unicef/mn_headers.csv', 'rb'))

data_rows = [d for d in data_rdr]
header_rows = [h for h in header_rdr]

print len(data_rows[0])          ❷
print len(header_rows)
```

❶ 이번에는 DictReader를 사용하는 대신 간단한 reader 클래스를 사용한다. reader는 각 행에 대해 딕셔너리를 생성하는 대신 리스트를 생성한다. zip을 사용할 것이기 때문에 딕셔너리 대신 리스트가 필요하다. zip을 사용하여 헤더 값의 리스트와 데이터 값의 리스트를 묶는다.

❷ 헤더 리더와 데이터 리더를 위한 리스트를 각각 생성하고 두 리스트의 길이가 동일한지 확인하기 위해 출력한다.

이런! 출력된 리스트의 길이를 살펴보면 데이터와 헤더의 길이가 다르다. 데이터에는 159행이 있는데 헤더 리스트에는 210개의 헤더가 있다. MICS가 특정 국가들을 조사하면서 더 많은 수의 질문을 사용했거나 짐바브웨 데이터세트에서 쓰였던 질문보다 더 많은 질문을 사용했을 가능성이 있다.

어떤 헤더가 데이터세트에 쓰였으며 고려하지 않아도 되는 헤더는 무엇인지 더 조사해 보아야 한다. 적절하게 매칭되지 않는 데이터들을 중심으로 살펴보자.

```
In [22]: data_rows[0]
Out[22]: ['',
 'HH1',
 'HH2',
 'LN',
 'MWM1',
 'MWM2',
 'MWM4',
 'MWM5',
 'MWM6D',
 'MWM6M',
 'MWM6Y',
... ]

In [23]: header_rows[:2]
Out[23]: [
 ['Name', 'Label', 'Question'],
 ['HH1', 'Cluster number', '']]
```

자, 이제 data_rows의 두 번째 행과 header_rows의 첫 번째 인덱스를 매칭해야 한다는 것을 분명히 알 수 있다. 어떤 부분이 제대로 매칭되지 않았는지 확인되면 그 부분을 header_rows에서 빼내어 데이터를 적절히 묶을 수 있다.

```
bad_rows = []

for h in header_rows:
    if h[0] not in data_rows[0]:          ❶
        bad_rows.append(h)                ❷

for h in bad_rows:
    header_rows.remove(h)                 ❸

print len(header_rows)
```

❶ 헤더 행의 첫 번째 요소가 데이터의 첫 번째 행과 일치하는지 확인한다.

❷ 제대로 매칭되지 않은 헤더를 모두 새 리스트 bad_rows에 이어 붙인다. 다음 단계에서 이 리스트를 이용하여 제거할 행을 판별한다.

❸ 리스트의 remove 메서드를 사용해 리스트의 특정 행을 제거한다. 이 메서드는 리스트에서 제거하고 싶은 특정 행(혹은 특정 행들)을 판별할 수 있는 경우 유용하다.

이제 거의 매칭되었다. 데이터 행에는 159개의 값, 헤더 리스트에는 150개의 값이 남았다. 왜 헤더 리스트의 헤더가 9개 모자라는지 살펴보자.

```
all_short_headers = [h[0] for h in header_rows]    ❶

for header in data_rows[0]:                          ❷
if header not in all_short_headers:                  ❸
print 'mismatch!', header                            ❹
```

❶ 파이썬의 리스트 내장(list comprehension)[1]을 이용해 각 헤더 행의 첫 번째 요소만을 모아 짧은 헤더로 이루어진 리스트를 생성한다.

❷ 데이터세트의 헤더를 순회하여 클리닝 된 헤더 리스트에 매칭되지 않은 헤더를 찾는다.

❸ 축약된 리스트와 매칭되지 않은 헤더를 뽑아 낸다.

❹ print를 이용해 매칭되지 않은 값들을 출력한다. 동일한 줄에 문자열 두 개를 출력하고 싶다면 두 문자열 사이에 ,를 넣어 붙이면 된다.

위의 코드를 실행하면 다음이 출력된다.

```
mismatch!
mismatch! MDV1F
mismatch! MTA8E
mismatch! mwelevel
mismatch! mnweight
mismatch! wscoreu
mismatch! windex5u
mismatch! wscorer
mismatch! windex5r
```

출력 결과와 데이터에 대한 우리의 이해를 바탕으로 제대로 매칭되지 않은 헤더 가운데 몇 가지(대문자로 쓰여진 헤더들)만 고치면 된다는 것을 알 수 있다. 소문자로 쓰인 타이틀은 유니세프 내부 지표 계산법과 관련된 것이며 우리가 현재 관심 있는 질문들과는 관련이 없다.

MDV1F와 MTA83 변수는 세계은행 웹사이트에서 헤더를 수집하기 위해 사용했던 웹 스크래퍼를 통해서는 발견되지 않았던 것이다. SPSS 뷰어를 통해 이 변수들을 조사해 보도록 하자(또 하나의 옵션은 그냥 이 행들을 제거하고 다음 단계로 넘어가는 것이다).

때때로 미가공 데이터를 사용 가능한 형식으로 바꾼다는 것의 의미는 필요하지 않거나 클리

---

1 (옮긴이) 파이썬에서 제공하는 기능으로, 기존 리스트를 이용하여 새로운 리스트를 생성할 수 있다.

닝이 어려운 데이터를 제거하는 것일 수도 있다. 이것은 물론 여러분이 게을러서가 아니라 해당 데이터가 여러분이 답하고자 하는 질문에 필수적이지 않을 때에 사용할 수 있는 방법이다.

SPSS 뷰어를 열면 `MDV1F`가 "If she commits infidelity: wife being justified"라는 라벨, 그리고 가정 학대와 관련된 좀 더 긴 질문들의 집합과 매칭된다는 것을 알 수 있다. 설문조사의 다른 질문들 중 친밀한 관계 사이에서의 학대(relationship abuse)와 관련된 것들이 있으니 이 질문들도 포함하는 것이 좋을 것 같다. `MTA8E` 헤더는 본인이 피우는 종류의 담배와 관련한 다른 질문들과 매칭된다. 이 두 헤더를 mn_headers_updated.csv라는 새 파일에 추가했다.

이제 업데이트 된 헤더 파일을 이용해 원래 코드를 다시 실행해보자.

코드를 수정하여 헤더와 데이터를 함께 묶어 보자. 다음 스크립트는 메모리를 많이 사용하기 때문에 만약 여러분이 4GB 이하의 램(RAM)을 사용하고 있다면 세그멘테이션 결함[2]을 완화시킬 수 있도록 IPython이나 notebook에서 실행할 것을 권장한다.

```
from csv import reader

data_rdr = reader(open('data/unicef/mn.csv', 'rb'))

header_rdr = reader(open('data/unicef/mn_headers_updated.csv', 'rb'))

data_rows = [d for d in data_rdr]
header_rows = [h for h in header_rdr if h[0] in data_rows[0]]    ❶

print len(header_rows)

all_short_headers = [h[0] for h in header_rows]

skip_index = []                                                  ❷

for header in data_rows[0]:
    if header not in all_short_headers:
        index = data_rows[0].index(header)                       ❸
        skip_index.append(index)

new_data = []

for row in data_rows[1:]:                                        ❹
    new_row = []                                                 ❺
    for i, d in enumerate(row):                                  ❻
        if i not in skip_index:
            new_row.append(d)
    new_data.append(new_row)                                     ❼
```

---

2 (옮긴이) 컴퓨터 소프트웨어의 실행 중에 일어날 수 있는 특수한 오류로, 프로그램이 허용되지 않은 메모리 영역에 접근을 시도하거나 허용되지 않은 방법으로 메모리 영역에 접근을 시도할 경우 발생한다.

```
zipped_data = []

for drow in new_data:
    zipped_data.append(zip(header_rows, drow))                    ❽
```

❶ 리스트 내장을 이용하여 제대로 매칭되지 않은 헤더를 빠르게 제거한다. 확인할 수 있듯이 리스트 내장 안에서 if 문을 사용할 수 있다. 헤더 행의 첫 번째 요소(축약된 헤더)가 데이터 행의 헤더에 존재하는 한, 이 코드는 헤더 행 리스트의 행으로 이루어진 리스트를 만든다.

❷ 제거할 데이터 행의 인덱스를 담은 리스트를 생성한다.

❸ 파이썬 리스트의 index 메서드를 사용해 축약된 리스트에 포함되지 않은 헤더의 경우 건너뛸 수 있도록 인덱스를 반환한다. 다음 줄에서는 헤더와 매칭되지 않은 데이터 행을 수집하지 않기 위해 해당 행의 인덱스를 저장한다.

❹ 데이터 행(첫 행을 제외한 모든 행)만을 포함시키기 위해 설문조사 데이터를 담은 리스트를 잘라 내고 데이터 행을 순회한다.

❺ enumerate 함수를 사용하여 건너뛸 데이터 행의 인덱스를 뽑아 낸다. enumerate 함수는 순회 가능한 객체(여기에서는 데이터 행 리스트)를 받아 각 항목에 대해 수치형 인덱스 및 값을 반환한다. 첫 값(인덱스)은 i에 할당하고 데이터 값은 d에 할당한다.

❻ 인덱스가 건너뛰어야 할 리스트에 포함되어 있지 않은지 확인한다.

❼ 데이터 행의 각 항목(혹은 '열')을 살펴본 후 new_data 리스트에 새로운 엔트리를 추가한다.

❽ 각 행(이제 헤더 및 데이터와 제대로 매칭되었다)을 묶고 새 어레이 zipped_data에 추가한다.

새로운 데이터세트의 행을 출력하여 우리의 예상대로 수정되었는지 확인해보자.

```
In [40]: zipped_data[0]
Out[40]: [(['HH1', 'Cluster number', ''], '1'),
(['HH2', 'Household number', ''], '17'),
(['LN', 'Line number', ''], '1'),
(['MWM1', 'Cluster number', ''], '1'),
(['MWM2', 'Household number', ''], '17'),
(['MWM4', "Man's line number", ''], '1'),
(['MWM5', 'Interviewer number', ''], '14'),
(['MWM6D', 'Day of interview', ''], '7'),
(['MWM6M', 'Month of interview', ''], '4'),
(['MWM6Y', 'Year of interview', ''], '2014'),
(['MWM7', "Result of man's interview", ''], 'Completed'),
(['MWM8', 'Field editor', ''], '2'),
(['MWM9', 'Data entry clerk', ''], '20'),
```

```
(['MWM10H', 'Start of interview - Hour', ''], '17'),
....
```

질문과 답변이 튜플로 묶여 있으며 모든 행에 헤더와 매칭된 데이터가 있는 것을 볼 수 있다. 전부 제대로 수정되었는지 확인하기 위해 행의 마지막 부분을 살펴보자.

```
(['TN11', 'Persons slept under mosquito net last night',
'Did anyone sleep under this mosquito net last night?'], 'NA'),
(['TN12_1', 'Person 1 who slept under net',
'Who slept under this mosquito net last night?'], 'Currently married/in
union'),
(['TN12_2', 'Person 2 who slept under net',
'Who slept under this mosquito net last night?'], '0'),
```

뭔가 이상해 보인다. 제대로 매칭되지 않은 부분이 있는 것 같다. 이 상황을 직시하고 새롭게 배운 zip 메서드를 이용해 헤더가 제대로 매칭되었는지 확인해보자.

```
data_headers = []

for i, header in enumerate(data_rows[0]):          ❶
    if i not in skip_index:                        ❷
        data_headers.append(header)

header_match = zip(data_headers, all_short_headers)  ❸
print header_match
```

❶ 데이터 리스트의 헤더를 순회한다.

❷ if...not in...을 사용하여 skip_index에 포함되지 않은 인덱스일 때만 True
를 반환한다.

❸ 제대로 매칭되지 않은 부분을 눈으로 확인하기 위해 새 헤더 리스트를 함께
묶는다.

아하! 오류를 찾았는가?

```
....
 ('MHA26', 'MHA26'),
 ('MHA27', 'MHA27'),
 ('MMC1', 'MTA1'),
 ('MMC2', 'MTA2'),
....
```

모든 것이 잘 매칭되다가 어느 순간 헤더 파일과 데이터 파일이 어긋나기 시작한다. zip 메서드는 모든 것이 동일한 순서로 나열되어 있다고 여기기 때문에 헤더를 데이터세트에 맞추기 위해서는 이 메서드를 이용하기 이전에 헤더를 미리

재배열 해야 한다. 다음과 같이 데이터를 매칭시켜 보자.

```python
from csv import reader

data_rdr = reader(open('data/unicef/mn.csv', 'rb'))
header_rdr = reader(open('data/unicef/mn_headers_updated.csv', 'rb'))

data_rows = [d for d in data_rdr]
header_rows = [h for h in header_rdr if h[0] in data_rows[0]]

all_short_headers = [h[0] for h in header_rows]

skip_index = []
final_header_rows = []                                    ❶

for header in data_rows[0]:
    if header not in all_short_headers:
        index = data_rows[0].index(header)
        skip_index.append(index)
    else:                                                 ❷
        for head in header_rows:                          ❸
            if head[0] == header:                         ❹
                final_header_rows.append(head)
                break                                     ❺

new_data = []

for row in data_rows[1:]:
    new_row = []

    for i, d in enumerate(row):
        if i not in skip_index:
            new_row.append(d)
    new_data.append(new_row)

zipped_data = []

for drow in new_data:
    zipped_data.append(zip(final_header_rows, drow))      ❻
```

❶ 제대로 배열된 최종 헤더 열을 담을 새 리스트를 생성한다.

❷ else 문을 이용하여 매칭된 열만을 고려한다.

❸ 매칭될 때까지 header_rows를 순회한다.

❹ 적절한 질문이 매칭되었는지 확인하기 위해 짧은 헤더를 테스트한다. 제대로 매칭되었는지 판별하기 위해 ==를 사용한다.

❺ 매칭되면 break를 사용하여 for head in header_rows 루프에서 빠져 나온다. 이 부분을 포함시키면 결과에 영향을 주지 않으면서도 코드를 빠르게 실행시킬 수 있다.

❻ final_header_rows 리스트와 헤더 행을 적절한 순서로 묶는다.

위의 새로운 코드를 실행하고 첫 엔트리의 마지막 부분을 확인해보자.

```
(['TN12_3', 'Person 3 who slept under net',
'Who slept under this mosquito net last night?'], 'NA'),
(['TN12_4', 'Person 4 who slept under net',
'Who slept under this mosquito net last night?'], 'NA'),
(['HH6', 'Area', ''], 'Urban'),
(['HH7', 'Region', ''], 'Bulawayo'),
(['MWDOI', 'Date of interview women (CMC)', ''], '1372'),
(['MWDOB', 'Date of birth of woman (CMC)', ''], '1013'),
(['MWAGE', 'Age', ''], '25-29'),
```

제대로 매칭되었다. 코드를 지금보다 더 명확하게 만들 수도 있겠지만, 어쨌든 데이터의 대부분을 잘 보존하면서 상대적으로 빠른 속도로 데이터를 매칭하는 방법을 알아냈다.

> 프로젝트를 진행할 때는 항상 얼마나 완벽한 데이터가 필요한지, 또 클리닝 과정에 어느 정도의 노력이 투자되어야 할지 판단할 수 있어야 한다. 데이터의 일부만 사용할 예정이라면 데이터를 모두 남겨 놓은 상태로 작업할 필요는 없다. 만약 데이터세트가 여러분의 1차 연구 자료라면 데이터세트를 완벽하게 만들기 위해 더 많은 시간과 노력을 투자하는 것이 좋을 것이다.

이 절에서 우리는 새로운 도구와 메서드를 사용하여 클리닝과 수정이 필요한 부분을 식별하는 방법에 대해 알아 보았다. 첫 번째 데이터 클리닝 방법(헤더 텍스트 교체하기)을 사용하면 몇 개의 열만 남겨 놓기 때문에 제대로 매칭되지 않은 헤더가 존재한다는 것을 알아챌 수 없었다. 그러나 그 결과로 만들어진 데이터세트에 필요한 열이 모두 포함되어 있다면 이것 또한 충분히 좋은 방법이다. 속도도 빠르고 코드도 간단하다.

데이터 클리닝 과정에서 다음과 같은 문제들을 생각해 보자. 데이터를 모두 남겨 놓는 것이 필수적인가? 만약 그렇다면 몇 시간 정도 투자해야 할까? 데이터를 모두 남겨 놓되 적절하게 클리닝할 수 있는 쉬운 방법이 있는가? 반복적인 방법이 존재하는가? 데이터 클리닝을 하는 동안 이러한 질문들을 자기 자신에게 꾸준히 물어야 한다.

이번에는 다른 유형의 클리닝을 살펴보자.

데이터 서식화하기

데이터 클리닝의 가장 흔한 유형 중 하나는 읽을 수 없거나 읽기 어려운 데이터 그리고 데이터 유형을 읽을 수 있게 만드는 것이다. 특히 데이터나 다운로드 가능한 파일의 경우는 기계가 읽을 수 있는 형태에서 사람이 읽을 수 있는 형태로 변환해야 한다. 또한 데이터와 API를 함께 사용한다면 특수하게 서식화된 데이터 유형으로 만들어야 할 것이다.

파이썬에서는 다양한 방법으로 문자열 및 숫자를 서식화할 수 있다. 5장에서 우리는 객체를 문자열이나 유니코드로 표현하는 %r을 사용하여 디버깅을 하고 결과를 보고했다. 문자열을 표현하는 %s와 숫자를 표현하는 %d 같은 문자열 포매터도 있다. 이와 같은 포매터는 보통 print 명령어와 함께 쓰인다.

객체를 문자열 혹은 파이썬 표현으로 만드는 좀 더 고난도의 방법은 format 메서드를 활용하는 것이다. 파이썬 도움말에 명시된 것처럼(*https://docs.python.org/2/library/stdtypes.html#str.format*) format 메서드를 이용하면 문자열을 정의하고, 이를 문자열에 인자나 키워드 인자로 전달할 수 있다. format을 더 자세히 살펴보자.

```
for x in zipped_data[0]:
    print 'Question: {}\nAnswer: {}'.format(          ❶
        x[0], x[1])                                     ❷
```

❶ format은 {}를 사용하여 데이터를 넣을 곳을 표현하고 줄바꿈 문자 \n을 사용하여 행간에 공백을 생성한다.

❷ 질문/답변 튜플의 첫 번째와 두 번째 값을 전달한다.

다음과 같은 결과를 볼 수 있다.

```
Question: ['MMT9', 'Ever used Internet', 'Have you ever used the Internet?']
Answer: Yes
Question: ['MMT10', 'Internet usage in the last 12 months',
'In the last 12 months, have you used the Internet?']
Answer: Yes
```

아직 읽기 어려운 것 같으니 좀 더 클리닝 해보자. 출력된 결과를 통해 질문 튜플에서 질문의 축약형은 0, 질문에 대한 설명은 1이라는 인덱스 값을 가지는 것을 알 수 있다. 좀 더 이해하기 쉬운 어레이의 두 번째 부분만을 이용해보자.

```
for x in zipped_data[0]:
    print 'Question: {[1]}\nAnswer: {}'.format(
        x[0], x[1])                                     ❶
```

❶ 좀 더 이해하기 쉬운 출력 결과를 얻기 위해 format 문법의 인덱스 값이 1인 부분을 골라 낸다.

새롭게 얻어진 출력 결과는 다음과 같다.

```
Question: Frequency of reading newspaper or magazine
Answer: Almost every day
Question: Frequency of listening to the radio
Answer: At least once a week
Question: Frequency of watching TV
Answer: Less than once a week
```

이제는 쉽게 이해할 수 있다. 야호! format 메서드의 다른 옵션을 살펴보자. 현재 데이터세트는 수치 자료를 많이 포함하고 있지 않기 때문에 몇 가지 예제를 통해 다양한 수치 유형에 따른 서식화 옵션에 대해 알아 본다.

```
example_dict = {
    'float_number': 1324.321325493,
    'very_large_integer': 43890923148390284,
    'percentage': .324,
}

string_to_print = "float: {float_number:.4f}\n"          ❶
string_to_print += "integer: {very_large_integer:,}\n"   ❷
string_to_print += "percentage: {percentage:.2%}"        ❸

print string_to_print.format(**example_dict)             ❹
```

❶ 딕셔너리를 사용하며 키를 이용해 딕셔너리의 값에 접근한다. :를 이용해 키 명과 패턴을 구분한다. .4f를 전달하면 파이썬은 해당 숫자를 실수(f)로 만들고 숫자의 처음 네 자리를 출력한다(.4).

❷ (키 명과 쌍점을 사용한) 동일한 형식을 이용하며 쉼표(,)를 넣어 천 단위마다 구분한다.

❸ (키 명과 쌍점을 사용한) 동일한 형식을 이용하나 퍼센티지 기호(%)를 넣고 처음 유효 숫자 두 개를 출력한다(.2).

❹ 데이터 딕셔너리를 긴 문자열에 사용된 format 메서드로 전달하고 **를 이용해 딕셔너리를 푼다. 파이썬 딕셔너리를 풀면 키/값 쌍을 확장형으로 보내게 된다. 여기에서는 풀린 키와 값들이 format 메서드에 전달된다.

✓ 불필요한 공백 없애기, 길이 기준으로 데이터 나열하기, 수식 실행하기 등의 format 메서드의 고급 서식화에 대해 더 알고 싶다면 파이썬의 서식화 도움말 및 예제들을 참고하자 (*http://bit.ly/format_string_syntax*).

파이썬을 이용하면 문자열과 숫자뿐만 아니라 날짜 또한 쉽게 서식화할 수 있

다. 파이썬의 datetime 모듈에는 이미 생성되어 있거나 새롭게 생성된 날짜 데이터를 쉽게 서식화 할 수 있을 뿐만 아니라, 어떠한 날짜 형식이라도 그것을 파이썬에서 읽어 날짜, 날짜/시간, 시간 객체를 만드는 데 사용할 수 있는 메서드가 있다.

 파이썬에서 날짜를 서식화 하거나 문자열을 날짜의 형식으로 바꾸기 위해 가장 흔히 사용되는 메서드는 strformat과 strpformat이다. 만약 다른 프로그래밍 언어를 사용한 서식화 경험이 있다면 이 메서드에 익숙할지도 모른다. 더 자세히 알고 싶다면 "strftime 및 strptime 행동(strftime and strptime Behavior)"이라는 도움말을 읽어 보자(*http://bit.ly/strftime_strptime*).

datetime 모듈의 strptime 메서드를 이용하면 문자열이나 숫자를 이용해 파이썬의 날짜/시간 객체를 생성할 수 있다. 날짜와 시간을 데이터베이스에 저장하거나 시간대를 수정하거나 시간을 더하기 위해 사용하면 좋다. 파이썬 객체로 만들게 되면 이후 파이썬의 날짜 처리 능력을 이용하여 사람과 기계가 이해하기 쉬운 문자열로 쉽게 변형시킬 수 있다.

zipped_data 리스트의 인터뷰 시작 시간 및 종료 시간 데이터를 살펴보자. 어떤 데이터 엔트리를 사용해야 할지 기억을 되살리기 위해 일단 첫 엔트리의 일부를 출력해보자.

```
for x in enumerate(zipped_data[0][:20]):         ❶
print x

.....
(7, (['MWM6D', 'Day of interview', ''], '7'))
(8, (['MWM6M', 'Month of interview', ''], '4'))
(9, (['MWM6Y', 'Year of interview', ''], '2014'))
(10, (['MWM7', "Result of man's interview", ''], 'Completed'))
(11, (['MWM8', 'Field editor', ''], '2'))
(12, (['MWM9', 'Data entry clerk', ''], '20'))
(13, (['MWM10H', 'Start of interview – Hour', ''], '17'))
(14, (['MWM10M', 'Start of interview – Minutes', ''], '59'))
(15, (['MWM11H', 'End of interview – Hour', ''], '18'))
(16, (['MWM11M', 'End of interview – Minutes', ''], '7'))
```

❶ 파이썬의 enumerate 함수를 이용해 데이터의 어떤 행을 평가해야 하는지 판단한다.

이제 우리에게는 인터뷰가 정확히 언제 시작하고 언제 종료했는지 알아내기 위해 필요한 모든 데이터가 있다. 이를 이용하면 '오전에 이루어진 인터뷰와 오후에 이루어진 인터뷰 중 어떤 인터뷰가 더 완료될 가능성이 높은지'나 '인터뷰의 길이가 응답 수에 영향을 주었는지' 알 수 있다. 또한 처음으로 이루어진 인터뷰와 마지막으로 이루어진 인터뷰가 어떤 것인지 알아 내어 인터뷰 평균 지속 기간도 확인할 수 있다.

strptime을 이용해 파이썬 날짜/시간 객체에 데이터를 불러오자.

```
from datetime import datetime

start_string = '{}/{}/{} {}:{}'.format(                          ❶
    zipped_data[0][8][1], zipped_data[0][7][1], zipped_data[0][9][1],    ❷
    zipped_data[0][13][1], zipped_data[0][14][1])

print start_string

start_time = datetime.strptime(start_string, '%m/%d/%Y %H:%M')          ❸

print start_time
```

❶ 다수의 엔트리에서 데이터를 파싱하기 위해 베이스 문자열을 생성한다. 여기에서는 월, 일, 연도, 시, 분 순서의 미국식 날짜 문자열을 이용한다.

❷ 다음 형식에 접근한다. zipped_data[첫 데이터 엔트리][(enumerate에서 얻어진) 데이터 숫자 행][데이터 자체]. 테스트를 위해 첫 엔트리만을 살펴보면 인덱스 8에 해당하는 행은 월, 인덱스 7에 해당하는 행은 일, 인덱스 9에 해당하는 행은 연도이다. 각 튜플의 두 번째 요소([1])는 데이터이다.

❸ 파이썬 도움말에서 정의된 문법(http://bit.ly/strftime_strptime)을 이용해 날짜 문자열과 패턴 문자열에 strptime 메서드를 호출한다. %m/%d/%Y는 월, 일, 연도, 그리고 %H:%M은 시, 분을 뜻한다. 이 메서드는 파이썬 날짜/시간 객체를 반환한다.

✅ IPython을 이용해 코드를 실행한다면 확인하고자 하는 모든 행을 출력하기 위해 print를 이용하지 않아도 된다. print를 이용하는 대신 대화식 터미널에서 변수 명을 입력하여 출력 결과를 확인하는 것이 일반적이다. 탭 키를 이용해 자동완성도 사용할 수 있다.

위 코드를 이용하여 일반적인 날짜 문자열을 생성하고 날짜/시간의 strptime 메서드를 사용해 날짜 문자열을 파싱했다. 시간 데이터의 각 요소는 데이터세트의 개별적인 항목이기 때문에 strptime을 이용하지 않고도 다음과 같이 파이썬 날짜/시간 객체를 생성할 수도 있다.

```
from datetime import datetime

end_time = datetime(                                              ❶
    int(zipped_data[0][9][1]), int(zipped_data[0][8][1]),         ❷
    int(zipped_data[0][7][1]), int(zipped_data[0][15][1]),
    int(zipped_data[0][16][1]))

print end_time
```

❶ 파이썬 datetime 모듈의 datetime 클래스를 이용하여 정수를 바로 전달하여 날짜 객체를 생성한다. 요소를 구분하는 쉼표를 이용해 정수를 인자로 전달한다.

❷ datetime는 정수를 받기 때문에 데이터 전체를 정수로 변환한다. datetime에는 연도, 월, 일, 시, 분의 순서를 맞춰야 하므로 이에 맞게 데이터를 나열한다.

이 예제에서는 위와 같은 방법으로 몇 줄의 코드만을 이용해 인터뷰 종료 시간을 파이썬의 날짜/시간 객체로 만들 수 있다. 현재 우리에게 두 개의 날짜/시간 객체가 있으니 이들을 가지고 약간의 계산을 해보자!

```
duration = end_time - start_time                                  ❶

print duration                                                    ❷

print duration.days                                               ❸

print duration.total_seconds()                                    ❹

minutes = duration.total_seconds() / 60.0                         ❺

print minutes
```

❶ 종료 시간에서 시작 시간을 빼어 인터뷰 지속 시간을 계산한다.

❷ 새로운 파이썬 날짜 유형인 timedelta 객체를 출력한다. datetime 관련 도움말(*http://bit.ly/python_datetime*)에 설명되어 있는 것처럼 timedelta는 두 시간 객체의 차이를 나타내며 시간 객체를 바꾸거나 수정할 때 쓰인다.

❸ timedelta의 내장 속성인 days를 이용하여 차이를 일 단위로 나타낸다.

❹ timedelta의 total_seconds 메서드를 호출하여 시간 차이를 초 단위로 계산한다. 마이크로 초 단위로도 계산한다.

❺ timedelta에는 분 속성이 없으므로 분 단위로 나타낼 수 있도록 계산한다.

위의 코드를 통해 첫 인터뷰가 8분 동안 지속되었다는 것을 알 수 있다. 그러나 8분이 평균 인터뷰 시간이라고 할 수 있을까? datetime 기술을 이용해 전체 데이터세트를 파싱하면 이 질문에 대한 답을 찾을 수 있다. 이제까지 우리는 간단히 datetime을 활용해 날짜/시간 객체를 생성하는 방법을 알아 보았다. 이제 이러한 날짜/시간 객체를 서식화된 문자열로 변환하여 사람이 이해하기 쉬운 방식으로 출력해보자.

```
print end_time.strftime('%m/%d/%Y %H:%M:%S')          ❶
print start_time.ctime()                               ❷
print start_time.strftime('%Y-%m-%dT%H:%M:%S')         ❸
```

❶ strftime은 한 개의 인자만을 받으며, 그 인자는 여러분이 나타내고자 하는 날짜 패턴이다. 여기에서는 미국 표준 형식으로 출력한다.

❷ 파이썬의 날짜/시간 객체에는 ctime 메서드가 있으며, 이 메서드는 C의 ctime 기준에 따라 날짜/시간 객체를 출력한다.

❸ 파이썬의 날짜/시간 객체는 여러분이 원하는 방식으로 문자열을 출력할 수 있다. 이 코드에서는 PHP에서 일반적으로 사용되는 형식을 사용한다. 특수한 문자열 형식을 요구하는 API와 연동하고자 한다면 datetime을 사용하면 된다.

파이썬의 날짜/시간 객체는 믿을 수 없을 정도로 유용할 뿐만 아니라 서식화를 통해 매우 수월하게 처리하고 불러오기/내보내기 할 수 있다. 사용하는 데이터세트에 따라 이러한 새로운 기술들을 이용하면 문자열이나 엑셀 데이터를 불러오고 날짜/시간 객체로 변환하여 객체의 통계량을 찾거나 평균을 구한 후 다시 객체를 문자열로 변환하여 결과를 보고할 수 있다.

지금까지 서식화와 관련된 다양한 팁과 요령에 대해 알아 보았다. 이번에는 좀 더 집중적인 클리닝 작업을 실시해보자. 데이터에 존재하는 나쁜 씨앗을 찾아내고 그것을 처리하는 방법에 대해 알아볼 것이다.

이상치와 불량 데이터 찾기

여러분의 데이터세트에 존재하는 이상치와 불량 데이터를 파악하는 일은 아마도 데이터 클리닝 작업에서 가장 어려운 단계일 것이다. 이 단계를 제대로 마치기 위해서는 충분한 시간이 필요하다. 통계에 대한 여러분의 이해도가 높아 이상치가 데이터에 미칠 수 있는 영향에 대해 인식하고 있다고 하더라도 언제나 신중하게 다루어져야 하는 과정이다.

> 데이터 클리닝은 데이터를 조작하거나 바꾸는 작업을 나타내는 것이 아니다. 그렇기 때문에 이상치나 불량 기록을 삭제하려고 한다면 우선 이에 대해 충분히 고민해 보라. 데이터를 정규화하기 위해 이상치를 제거했다면 최종 결론 보고 시 그것에 대해 분명하게 밝혀야 한다.

9장에서 이상치를 찾는 방법에 대해 더 자세히 알아 볼 것이니, 일단은 데이터세트에 불량 데이터가 있는지 확인하는 방법에 대해 알아 보자.

데이터의 타당성에 대한 첫 번째 단서는 데이터 출처에서부터 온다. 6장에서 살펴 본 것처럼 데이터 출처에 대한 충분한 조사를 통해 믿을 만한 데이터인지 확실히 판단해야 한다. 또 데이터 수집 방식이나 데이터 클리닝, 데이터 가공 여부를 확인해야 한다.

현재 예제에서 사용된 유니세프의 설문조사는 표준 질문 형식을 따랐다. 또한 유니세프에서 규칙적인 시간 간격을 두고 인구조사를 시행했으며, 적절한 인터뷰 수행을 도모하기 위해 근로자 교육에 관한 표준 지침도 존재한다. 이러한 사실들은 유니세프의 설문조사 데이터에 사용된 표본이 미리 선정되지 않았으며 적절하다는 것을 나타내는 긍정적인 신호라고 할 수 있다. 만약 유니세프가 촌락 인구를 무시하고 대도시에 거주하는 가족만을 대상으로 인터뷰를 진행했다면 선택 편향이나 표집 편향과 같은 오류가 발생했을 수도 있다. 이와 같이 데이터의 출처에 따라 데이터세트에 존재할 가능성이 있는 편향 오류를 확인해 보아야 한다.

> 완벽한 데이터를 얻는 일이 항상 가능하지는 않다. 그러나 데이터에 존재할 수 있는 표집 편향에 대해서 항상 인식하고, 모집단 전체를 대표하지 못할 가능성이 있는 데이터세트를 기반으로 무분별한 주장을 하지 않도록 주의해야 한다.

데이터 출처와 데이터 편향에서 새로운 주제로 넘어가 보자. 이번에는 "제대로 맞지 않는 데이터 포인트가 존재하는가?"와 같은 질문을 통해 데이터에 존재할 수 있는 잠재적인 오류를 찾아 볼 것이다. 데이터세트에 부적절한 데이터 값이 포함되었는지 쉽게 확인할 수 있는 방법 중 하나는 데이터 값에 오류가 있는지 확인하는 것이다. 예를 들어 데이터세트를 전체적으로 훑어보면서 유형(예를 들면 정수, 날짜, 문자열)이 적절하게 설정되지 않은 값들이 있는지 찾아볼 수 있다. 우리가 예제에서 사용하고 있는 데이터세트에 결측 데이터가 있는지 확인해보자.

```
for answer in zipped_data[0]:                    ❶
    if not answer[1]:                            ❷
        print answer
```

❶ 첫 번째 엔트리의 모든 행을 순회한다.

❷ 값이 "존재하는지" 확인한다. 우리는 값이 튜플의 두 번째 엔트리에 위치한 다는 것을 알고 있으며 if not 문을 이용하여 테스트 할 수 있다.

> **if not 문**
>
> 간단한 if not 문을 이용하면 값이 존재하는지 확인할 수 있다. if not None: print True를 입력해보자. 무슨 일이 발생하는가? 이번에는 if not 뒤에 빈 문자열이나 0을 입력 해 보자. 무슨 일이 발생하는가?
>
> 유니세프 데이터세트는 문자열로 이루어져 있으며 지금까지 살펴 본 다른 데이터세트와는 달리 ––와 같은 문자열 대신 빈 문자열을 사용하여 결측 데이터를 표시하고 있다. 그러므로 문자열이 존재하는지 테스트 해 보면 값이 존재하는지 확인할 수 있다.
>
> 데이터 유형과 데이터세트에 따라 if x is None이나 if len(x) < 1 등의 방법으로 테스트 하면 된다. 파이썬 선(禪)(The Zen of Python)[3]에 따라 코드의 가독성, 편의성, 명확성 간의 균형을 잘 맞추는 것이 중요하다.

위 코드의 출력 결과를 통해 첫 번째 행에는 결측 데이터가 존재하지 않는 것을 확인할 수 있다. 그러면 전체 데이터세트에 대한 테스트는 어떻게 하면 좋을까?

```
for row in zipped_data:              ❶
    for answer in row:              ❷
        if answer[1] is None:       ❸
            print answer
```

❶ 이번에는 첫 엔트리만을 순회하는 대신 데이터세트의 모든 행을 순회한다.

❷ 위의 코드에서 각 행에 대한 루프를 생성했기 때문에 이전 예제의 [0]을 삭제한다.

❸ 이 예제에서는 데이터에 None 유형이 존재하는지 테스트한다. 이를 통해 해당 데이터 포인트가 널 값을 가지는지는 확인할 수 있지만 0이라는 값을 가지거나 빈 문자열인지는 확인할 수 없다.

데이터세트 전체에 뚜렷한 결측 데이터가 존재하는 것 같지는 않지만, 판별하기에 애매한 데이터가 있는지 더 훑어 보자. 이전 코드의 출력(prints) 결과를 통해 NA는 해당 없음(Not Applicable)을 나타낸다는 것을 알 수 있다.

---

3 (옮긴이) 파이썬의 철학으로 팀 피터스가 주창한 20개의 소프트웨어 원칙을 의미한다. 파이썬 인터프리터에서 import this를 입력하면 볼 수 있다.

NA는 결측 데이터는 아니다. 그러나 응답 가운데 NA가 차지하는 비율이 어느 정도인지, 그리고 응답 가운데 NA가 많이 포함된 질문은 어떤 것인지 파악할 필요가 있는 경우도 있다. 표본의 크기가 너무 작다면(즉, 응답 가운데 NA가 차지하는 비율이 높다면) 해당 데이터에 기반하여 종합적인 결론을 내리지 않는 것이 바람직하기 때문이다. 그러나 응답의 대부분이 NA인 것 자체도 흥미로운 현상일 수 있다(왜 특정 문제는 집단의 대다수에게 해당되지 않을까?).

특정 질문에 대해 NA 응답이 편중되어 있는지 판별해보자.

```
na_count = {}                                      ❶

for row in zipped_data:
    for resp in row:
        question = resp[0][1]                      ❷
        answer = resp[1]
        if answer == 'NA':                         ❸
            if question in na_count.keys():        ❹
                na_count[question] += 1            ❺
            else:
                na_count[question] = 1             ❻

print na_count
```

❶ NA 응답이 존재하는 질문을 기록하기 위한 딕셔너리를 정의한다. (딕셔너리와 같이) 해시된(hashed) 객체에 데이터를 보관하면 파이썬이 각 구성 요소를 신속하고 편리하게 검색할 수 있다. 이때 키는 질문이 되고 값에는 카운트가 저장된다.

❷ 튜플 첫 번째 부분의 두 번째 엔트리(질문에 대한 설명)를 question에 저장한다. 첫 번째 엔트리([0])는 축약된 타이틀이고, 마지막 엔트리([2])는 설문조사원이 물은 질문이며 값이 항상 존재하지는 않는다.

❸ 파이썬의 동등성 테스트를 통해 NA 응답을 찾는다. if answer in ["NA", "na", "n/a"]:와 같은 방식으로 NA의 여러 가지 표기법을 고려하여 쓰면 응답의 다양성을 처리할 수 있다.

❹ 질문이 딕셔너리의 키에 포함되어 있는지 판별하여 해당 질문이 이미 딕셔너리에 들어 있는지 확인한다.

❺ 질문이 이미 딕셔너리의 키에 포함되어 있다면 파이선의 += 메서드를 이용해 값에 1을 더한다.

❻ 질문이 아직 딕셔너리의 키에 포함되어 있지 않다면 딕셔너리에 질문을 추가하고 카운트 값을 1로 설정한다.

와! 우리의 데이터세트에는 상당한 수의 NA 응답이 존재한다. 전체 데이터가 9천 행 정도 되는데, 몇몇 질문의 경우 8천 개가 넘는 응답이 NA이다. 이에 해당되는 질문들이 설문조사 대상이 된 인구층이나 연령대, 혹은 특정 국가와 문화에 큰 관련이 없을지도 모른다. 그럼에도 불구하고 NA 응답이 많이 나온 질문들을 기반으로 모집단에 대해 종합적인 결론을 내리는 것은 큰 의미가 없다.

데이터세트에서 NA와 같은 값들을 찾다 보면 데이터세트가 연구 목적에 부합하는지 판별할 수 있다. 만약 연구 주제와 관련된 질문에 대한 응답이 대부분 NA라면 다른 데이터를 찾아보거나 다른 연구 질문을 생각해 보아야 할 수도 있다.

지금까지 결측 데이터 존재 여부에 대해 조사해 보았으니 이번에는 유형 이상치(type outlier)가 존재하는지 살펴보자. 예를 들어 연도 엔트리에 'missing'이나 'NA'와 같은 문자열이 들어 있다면 해당 엔트리가 유형 이상치임을 의심할 수 있다. 만약 몇몇 엔트리의 데이터 유형이 나머지 엔트리의 유형과 일치하지 않는다면 해당 엔트리를 이상치 혹은 불량 데이터로 의심해 볼 수 있다. 그러나 이러한 경우가 많다면 해당 데이터 사용을 재고해 보거나 '불량 데이터' 패턴이 나타나는 이유에 대해 생각해 보아야 한다.

만약 데이터의 비일관성이 어떻게 야기되었는지 쉽게 파악할 수 있다면(예를 들어 설문조사 표본은 남녀를 모두 포함하는데 비해 특정 질문이 여성 응답자에만 적용됨) 해당 데이터를 사용해도 무방하다. 그러나 연구 결과에 지대한 영향을 미칠 수 있는 질문에 대한 응답 가운데 비일관성이 존재하고 그 비일관성의 원인을 명확하게 설명할 수 없다면, 설명이 가능할 때까지 해당 데이터세트를 계속해서 조사해 보거나 혹은 데이터 불량의 원인을 설명할 수 있는 다른 데이터세트를 찾아보아야 한다.

이상치 탐색에 대해서는 9장에서 더 살펴볼 예정이니 일단 이 장에서는 데이터 유형을 분석하여 현재 데이터세트에 뚜렷한 비일관성이 존재하는지 살펴보자. 예를 들면 출생년도와 같이 숫자로 표기될 것이라고 예측되는 응답의 경우 데이터 유형이 제대로 설정되어 있는지 확인해야 한다.

응답 데이터 유형의 분포를 잠시 살펴보자. 앞서 NA 응답을 카운트 하기 위해 쓰였던 코드를 일부 사용하되 이번에는 데이터 유형을 판별해 볼 것이다.

```
datatypes = {}                                    ❶

start_dict = {'digit': 0, 'boolean': 0,
              'empty': 0, 'time_related': 0,
              'text': 0, 'unknown': 0
}                                                 ❷
```

```
for row in zipped_data:
    for resp in row:
        question = resp[0][1]
        answer = resp[1]
        key = 'unknown'                                          ❸
        if answer.isdigit():                                     ❹
            key = 'digit'
        elif answer in ['Yes', 'No', 'True', 'False']:           ❺
            key = 'boolean'
        elif answer.isspace():                                   ❻
            key = 'empty'
        elif answer.find('/') > 0 or answer.find(':') > 0:       ❼
            key = 'time_related'
        elif answer.isalpha():                                   ❽
            key = 'text'
        if question not in datatypes.keys():                     ❾
            datatypes[question] = start_dict.copy()              ❿
            datatypes[question][key] += 1                        ⓫

print datatypes
```

❶ 코드의 첫 줄에서 딕셔너리를 초기화하여 각 질문 수준에서 빠르고 안정적
으로 데이터를 저장할 수 있도록 한다.

❷ 데이터세트의 각 질문에 대해 동일한 데이터를 사용하기 위해 start_dict를
설정한다. 가능한 모든 데이터 유형을 딕셔너리에 담아 쉽게 비교할 수 있도
록 한다.

❸ *unknown*이라는 기본값을 가지는 key 변수를 설정한다. 이후 등장하는 if 문이
나 elif 문에서 key 변수가 갱신되지 않으면 계속 *unknown*이라는 값을 가진다.

❹ 파이썬의 문자열 클래스에는 유형 판별에 사용될 수 있는 다양한 메서드들
이 존재한다. 여기에서 우리는 isdigit 메서드를 사용한다. 만약 해당 문자
열에 숫자가 담겨 있다면 True를 반환한다.

❺ 데이터가 불 논리(boolean logic)와 연관되어 있는지 판별하기 위해 응답이
Yes/No와 True/False와 같은 불 기반 응답 리스트에 포함되어 있는지 확인
한다. 좀 더 포괄적인 판별 방법을 만들어낼 수도 있지만 일단은 이와 같은
방법을 사용해도 좋다.

❻ 파이썬 문자열 클래스의 isspace 메서드를 이용하여 문자열이 공백만을 포
함할 때 True를 반환한다.

❼ 문자열의 find 메서드는 처음으로 매칭된 결과의 인덱스를 반환한다. 매칭된
결과가 없다면 –1을 반환한다. 이 코드에서는 시간 문자열에 흔히 사용되는
/와 :에 대해 테스트한다. 이 테스트가 종합적인 판별 방법은 아니지만 데이
터에 대한 초기 이해도를 높이는 데 도움이 된다.

❽ 문자열의 isalpha 메서드를 이용하여 문자열이 알파벳 문자만을 포함할 때 True를 반환한다.

❾ NA 응답을 카운트 했던 코드에서와 마찬가지로, 질문이 datatypes 딕셔너리 의 키에 포함되는지 테스트한다.

❿ 해당 질문이 datatypes 딕셔너리에 포함되어 있지 않으면 딕셔너리에 추가 하고 start_dict의 복사본을 값으로 저장한다. 딕셔너리의 copy 메서드는 각 엔트리에 대해 개별적인 딕셔너리 객체를 생성한다. 만약 각 질문에 start_ dict를 할당했다면 각 질문에 대해 개별적인 딕셔너리를 만드는 대신 하나 의 딕셔너리에서 일괄적으로 카운트 했을 것이다.

⓫ 찾은 키 값에 1을 더한다. 즉, 각 질문과 응답의 데이터 유형에 관한 추측값 이 생긴다.

코드를 실행해 보면 어느 정도의 차이가 보인다! 몇몇의 질문-응답 집합들은 두 드러진 하나의 '유형'으로 표현이 되는데 비해 다양한 유형으로 추측되는 집합들 또한 존재한다. 이러한 어림짐작에서부터 유형 판단을 시작해보자.

위에서 획득한 새로운 정보를 사용하는 방법 중 하나는 대부분의 응답이 숫자 유형으로 판별된 질문들을 찾아 해당 질문에 대한 응답 중 숫자 유형이 아닌 것 들이 어떠한 값을 가지는지 확인해 보는 것이다. 그 값은 NA나 잘못 입력된 값 일 가능성이 높으며, 만약 연구에 중요한 질문과 관련된 값이라면 표준화하는 것이 좋다. 예를 들어 NA 값이나 잘못된 값을 None이나 널 값으로 대체하는 것 이다. 응답에 통계적 방법을 적용하고자 한다면 표준화 작업이 더욱 필요하다.

 데이터세트를 계속해서 활용하다 보면 이례적인 데이터 유형이나 NA 응답을 보게 될 것이 다. 데이터세트에 존재하는 이러한 비일관성을 처리하는 방법은 연구 주제와 데이터세트에 대한 여러분의 지식, 그리고 연구 질문에 따라 달라질 수 있다. 데이터세트를 결합한다면 이상치와 불량한 데이터 패턴을 제거하는 것도 하나의 처리 방법이 될 수 있는데, 잘 드러 나지 않지만 데이터세트에 존재하는 추세를 간과하지 않도록 주의하라.

데이터에서 이상치와 이상치 패턴을 찾아 보았으니 중복 기록을 제거해보자. 이 유형의 불량 데이터는 심지어 모르는 새에 우리 자신이 만들었을 수도 있다.

중복 기록 찾기
만약 동일한 설문조사에 기반한 두 개 이상의 데이터세트를 사용하고 있거나 사용하고 있는 비가공 데이터에 중복 엔트리가 포함되어 있을 가능성이 높다면 중복 기록을 반드시 제거하여 데이터를 올바르게 사용해야 한다. 데이터세트에 고유 식별자가 있다면 식별자를 이용해 실수로 중복 기록이 삽입되었는지 확인할 수 있다. 데이터세트에 인덱스가 없다면 인덱스를 달 수 있는 키를 생성하는 등 고유 엔트리를 식별할 수 있는 방법을 찾아내야 한다.

파이썬에서는 내장 라이브러리를 사용하여 고유 값을 식별할 수 있다. 그중 몇 가지를 살펴보자.

```python
list_with_dupes = [1, 5, 6, 2, 5, 6, 8, 3, 8, 3, 3, 7, 9]

set_without_dupes = set(list_with_dupes)

print set_without_dupes
```

출력 결과는 다음과 같다.

```
{1, 2, 3, 5, 6, 7, 8, 9}
```

무슨 일이 일어나고 있을까? set과 frozenset(*http://bit.ly/python_set*)은 파이썬의 내장 유형으로, 리스트, 문자열, 튜플과 같은 순회 가능한 객체를 받아 고유 값만으로 이루어진 집합을 생성할 수 있다.

> set과 frozenset을 사용하려면 값들이 모두 해시 가능(hashable)해야 한다. 해시 가능한 유형에는 해시 메서드를 적용할 수 있으며 그 결과값은 언제나 동일하다. 이것은 3이라는 값이 코드에 등장하는 다른 모든 3과 동일함을 신뢰할 수 있다는 것을 의미한다.

리스트와 딕셔너리를 제외한 대부분의 파이썬 객체는 해시 가능하다. 해시 가능한 유형(정수, 실수, 소수, 문자열, 튜플 등)과 set을 이용하여 집합을 생성할 수 있다. 또 하나의 set과 frozenset의 멋진 점은 빠른 비교 속성을 지닌다는 것이다. 예제를 살펴보자.

```python
first_set = set([1, 5, 6, 2, 6, 3, 6, 7, 3, 7, 9, 10, 321, 54, 654, 432])

second_set = set([4, 6, 7, 432, 6, 7, 4, 9, 0])

print first_set.intersection(second_set)          ❶

print first_set.union(second_set)                 ❷

print first_set.difference(second_set)            ❸

print second_set - first_set                      ❹
```

```
print 6 in second_set                                          ❺
print 0 in first_set
```

❶ set의 intersection 메서드는 두 set의 교집합(공통적으로 포함된 요소들)을 반환한다. 내장 벤 다이어그램이라고 할 수 있다!

❷ set의 union 메서드는 첫 번째 set과 두 번째 set의 값을 결합한다.

❸ difference 메서드는 첫 번째 set과 두 번째 set의 차이를 보여준다. 연산의 우선순위가 중요하며 이에 대한 내용은 다음 행에서 확인할 수 있다.

❹ 하나의 set을 다른 set에서 빼면 두 set의 차이를 알 수 있다. 두 set의 배열 순서를 바꾸면 결과가 달라진다(수학적 계산 방식과 동일하다).

❺ in은 (매우 빠른 속도로) 특정 요소가 set의 원소인지 판단한다.

출력 결과는 다음과 같다.

```
set([432, 9, 6, 7])
set([0, 1, 2, 3, 4, 5, 6, 7, 9, 10, 321, 432, 654, 54])
set([1, 2, 3, 5, 321, 10, 654, 54])
set([0, 4])
True
False
```

set을 이용하면 고유한 데이터세트들을 정의하고 그들을 비교할 수 있다. 데이터 랭글링을 하다 보면 일련의 값들 가운데 최솟값과 최댓값을 알아내야 하거나, 혹은 고유 키만으로 이루어진 set이 필요한 경우가 있다. 이러한 경우 set이 유용하게 사용될 수 있다.

set 외에도 다양한 파이썬 라이브러리를 이용하여 고유 값을 찾을 수 있다. 그 중 한 가지는 numpy이며 이것은 과학적/통계적 방법 및 클래스를 포함하고 있는 강력한 수학 라이브러리이다. numpy는 핵심(core) 파이썬 라이브러리들에 비해 더 우수한 어레이와 수치적/수학적 기능들을 가지고 있고 numpy의 어레이는 unique라는 훌륭한 메서드와 함께 사용될 수 있다. numpy는 다음과 같이 설치할 수 있다.

```
pip install numpy
```

numpy의 unique가 어떤 식으로 작동하는지 살펴보자.

```
import numpy as np

list_with_dupes = [1, 5, 6, 2, 5, 6, 8, 3, 8, 3, 3, 7, 9]
```

```
print np.unique(list_with_dupes, return_index=True)                    ❶
array_with_dupes = np.array([[1, 5, 7, 3, 9, 11, 23], [2, 4, 6, 8, 2, 8, 4]]) ❷
print np.unique(array_with_dupes)                                      ❸
```

❶ numpy의 unique 메서드는 인덱스를 기록한다. return_index=True를 전달하면 어레이로 구성된 튜플이 생성된다. 첫 번째는 고유 값들로 이루어진 어레이이고 두 번째는 인덱스들로 이루어진 펼쳐진 어레이(flattened array)이며 이때 중복 등장하는 숫자는 없다.

❷ numpy 행렬을 생성한다. 이것은 (동일한 크기의) 어레이로 구성된 어레이이다.

❸ unique는 행렬을 기반으로 고유한 집합을 생성한다.

출력 결과는 다음과 같다.

```
(array([1, 2, 3, 5, 6, 7, 8, 9]), array([ 0, 3, 7, 1, 2, 11, 6, 12]))
[ 1 2 3 4 5 6 7 8 9 11 23]
```

중복 키가 존재한다면 고유한 set을 생성하는 함수를 만들 수 있으며, 이것은 리스트 내장을 사용하는 것만큼 간단하다. 우리가 가진 데이터세트에 파이썬의 set을 이용해보자. 일단 데이터세트에 존재하는 고유한 데이터가 어떤 것이 있는지 알아 본다.

```
for x in enumerate(zipped_data[0]):
    print x

.....

(0, (['HH1', 'Cluster number', ''], '1'))
(1, (['HH2', 'Household number', ''], '17'))
(2, (['LN', 'Line number', ''], '1'))
(3, (['MWM1', 'Cluster number', ''], '1'))
(4, (['MWM2', 'Household number', ''], '17'))
(5, (['MWM4', "Man's line number", ''], '1'))
```

각 행의 처음 다섯 개 요소가 고유한 식별자를 포함하고 있는 것 같다. 데이터를 제대로 이해했다면 군집 번호(Cluster number), 가구 번호(Household number), 그리고 개인 줄 번호(Man's line number) 이 세 가지의 고유한 조합들이 있을 것으로 예상할 수 있다. 줄 번호(Line number)도 고유한 값을 가질 수 있다. 우리의 예상이 맞았는지 확인해보자.

```
set_of_lines = set([x[2][1] for x in zipped_data])                    ❶
```

```
uniques = [x for x in zipped_data if not set_of_lines.remove(x[2][1])]  ❷

print set_of_lines
```

❶ 일단 설문조사의 줄 번호로 구성된 집합을 생성한다. 줄 번호는 각 응답의 세 번째 요소이며, 이에 대한 값은 해당 행의 두 번째 요소(x[2][1])이다. 코드의 실행 속도를 높이기 위해 리스트 내장을 이용한다.

❷ 이제 set_of_lines에는 고유 키가 들어 있다. 집합 객체의 remove 메서드를 이용하여 데이터세트에 고유 키가 한 개 이상 포함되어 있는지 확인한다. 줄 번호가 고유하다면 각 키를 한 번만 제거한다. 중복 기록이 있다면 키가 이미 제거되어 더 이상 집합에 포함되어 있지 않기 때문에 remove에서 키 오류(KeyError)가 발생한다.

흠. 코드를 실행하면 오류가 발생하는 것으로 보아 줄 번호가 고유할 것이라는 우리의 예상이 틀렸다는 것을 알 수 있다. 위에서 생성된 집합을 자세히 살펴보면 줄 번호가 1에서 16까지 나타나며 이후 반복되는 것이 보인다.

✅ 앞으로 지저분하거나 고유 키가 뚜렷하게 눈에 띄지 않는 데이터세트를 처리해야 할 경우가 많을 것이다. 이러한 경우에는 고유 키를 찾는 최선의 방법을 알아 내어 그 키를 비교 기준으로 사용하는 것이 좋다.

고유 키를 생성하는 방법은 굉장히 다양하다. 인터뷰 시작 시간을 이용할 수도 있다. 그러나 유니세프가 다수의 설문조사 팀을 꾸려 동시에 설문조사를 시행했다면 실제로는 고유한 데이터를 중복 기록으로 판별할 가능성이 있다. 설문조사 응답자의 생년월일과 인터뷰 응답 시간의 조합은 겹칠 가능성이 낮아 고유 키로 이용할 수도 있지만, 이 두 필드 가운데 적어도 하나가 빠져 있는 응답자의 경우에는 문제가 생길 수도 있다.

한 가지 좋은 방법은 군집, 가구, 줄 번호의 조합이 고유 키를 생성할 수 있는지 확인해보는 것이다. 만약 그렇다면 데이터세트 전체, 심지어 인터뷰 시작 시간과 종료 시간이 기록되어 있지 않는 응답자의 경우에도 이 방법을 적용할 수 있다. 한번 시도해보자!

```
set_of_keys = set([
    '%s-%s-%s' % (x[0][1], x[1][1], x[2][1]) for x in zipped_data])      ❶

uniques = [x for x in zipped_data if not set_of_keys.remove(
    '%s-%s-%s' % (x[0][1], x[1][1], x[2][1]))]                           ❷
```

```
print len(set_of_keys)
```
❸

❶ 우리가 고유하다고 생각하는 세 부분(군집 번호, 가구 번호, 줄 번호)을 기반으로 문자열을 만든다. 세 값을 구별할 수 있도록 각 번호 사이에 –를 사용하여 구분한다.

❷ 우리가 사용한 고유 키를 재생성하고 remove 기능을 이용한다. 각 엔트리를 하나씩 제거하고 uniques 리스트에는 모든 고유한 행이 들어간다. 중복되는 엔트리가 있다면 오류가 발생한다.

❸ 고유 키로 구성된 리스트의 길이를 판단한다. 이를 통해 데이터세트에 고유 엔트리가 몇 개나 있는지 파악할 수 있다.

멋지다! 이번에는 오류가 발생하지 않았다. 리스트의 길이를 보니 각 행이 모두 고유한 엔트리이다. 이것은 보통 가공된 데이터세트의 경우에 가능한 일인데, 유니세프도 마찬가지로 데이터세트를 게재하기 전에 데이터 클리닝 작업을 거치기 때문에 중복 기록이 존재하지 않는 것이다. 만약 이 데이터를 다른 유니세프 데이터와 결합한다면 M이라는 키가 추가될 수도 있다. 현재의 데이터가 남성을 대상으로 한 집단 조사이기 때문이다. 그렇다면 동일한 가구 번호를 가진 가구들을 상호 참조 할 수 있을 것이다.

　가지고 있는 데이터에 따라 고유 키가 쉽게 눈에 띄지 않을 수도 있다. 이때 생년월일과 주소를 조합해 보는 것은 좋은 방법일 수 있다. 정확히 같은 주소와 생년월일을 가진 24세 여성 두 명이 존재할 가능성은 그들이 한 집에서 거주하고 있는 쌍둥이가 아닌 이상 매우 희박하기 때문이다.

　중복 기록에 대해 살펴보았으니 이번에는 특히 잡음이 많은 데이터세트에서 중복 기록을 찾기 위해 사용할 수 있는 퍼지 매칭에 대해 알아 보자.

퍼지 매칭

만약 여러분이 두 개 이상의 데이터세트를 사용하고 있거나 깔끔하지 않고 통일성이 없는 데이터를 사용하고 있다면 퍼지 매칭을 활용하여 중복 기록을 찾아 결합할 수 있다. 퍼지 매칭을 사용하면 두 항목(보통 문자열)이 '동일한지' 판단할 수 있다. 자연어 처리나 머신 러닝처럼 심도 있는 방법은 아니지만 퍼지 매칭을 이용하면 '나의 개와 나(My dog & I)' 그리고 '나와 나의 개(me and my dog)'의 두 항목이 비슷한 의미를 가졌다고 연결 지을 수 있다.

　퍼지 매칭의 방법은 다양하다. 시트긱(SeatGeek)(*http://bit.ly/fuzzy_string_*

matching)이 개발한 파이썬 라이브러리의 멋진 방법들을 이용하여 온라인에서 판매된 다양한 이벤트 티켓을 매칭할 수 있다. 라이브러리는 다음과 같이 설치한다.

```
pip install fuzzywuzzy
```

깔끔하지 않은 데이터를 처리하려고 한다고 가정해보자. 데이터가 대충 입력되거나 사용자에 의해 직접 입력이 되어 철자 오류나 구문 오류, 편차가 포함되어 있을 수 있다. 이러한 사항들을 어떻게 처리해야 할까?

```
from fuzzywuzzy import fuzz
my_records = [{'favorite_book': 'Grapes of Wrath',
               'favorite_movie': 'Free Willie',
               'favorite_show': 'Two Broke Girls',
              },
              {'favorite_book': 'The Grapes of Wrath',
               'favorite_movie': 'Free Willy',
               'favorite_show': '2 Broke Girls',
              }]

print fuzz.ratio(my_records[0].get('favorite_book'),
                 my_records[1].get('favorite_book'))         ❶

print fuzz.ratio(my_records[0].get('favorite_movie'),
                 my_records[1].get('favorite_movie'))

print fuzz.ratio(my_records[0].get('favorite_show'),
                 my_records[1].get('favorite_show'))
```

❶ 비교하고자 하는 두 개의 문자열을 받는 fuzz 모듈의 ratio 함수를 사용한다. 두 문자열 배열의 유사도(1과 100 사이의 값)를 반환한다.

대중 문화와 영어에 대한 우리의 이해도를 기반으로 위의 두 엔트리를 살펴보면 철자 표기의 차이는 있지만 동일한 취향을 나타낸다는 것을 알 수 있다. FuzzyWuzzy를 이용하면 이와 같은 고의가 아닌 실수들을 처리할 수 있다. 위 코드를 실행해 보면 ratio를 이용한 매칭 스코어가 꽤 높으며 이를 통해 두 문자열이 비슷하다는 것을 어느 정도 신뢰할 수 있다.

또 다른 FuzzyWuzzy 메서드를 사용해보자. 간편하고 쉬운 비교를 위해 동일한 데이터를 이용한다.

```
print fuzz.partial_ratio(my_records[0].get('favorite_book'),
                         my_records[1].get('favorite_book'))      ❶

print fuzz.partial_ratio(my_records[0].get('favorite_movie'),
                         my_records[1].get('favorite_movie'))
```

```
print fuzz.partial_ratio(my_records[0].get('favorite_show'),
                         my_records[1].get('favorite_show'))
```

❶ 비교하고자 하는 두 문자열을 받는 fuzz 모듈의 partial_ratio 함수를 호출
한다. 이 함수는 가장 가깝게 매칭된 서브문자열 배열의 유사도(1과 100 사
이의 값)를 반환한다.

와, 유사도 값이 높아졌다! partial_ratio 함수를 이용하면 서브문자열을 비교
할 수 있기 때문에 이전의 책 예시에서와 같이 특정 단어를 빠뜨리거나 철자 오
류가 있다고 해도 큰 문제가 되지 않는다. 즉, 문자열 간 매칭이 더 수월해진다.

데이터에 존재하는 비일관성이 복잡하지 않다면 몇 가지 훌륭한 함수를 이용해 제대로 매
칭되지 않은 부분을 찾아낼 수 있다. 그러나 몇 글자 차이로 의미가 크게 달라진다면 유사
도와 차이를 테스트해 보아야 한다. 예를 들어 'does'와 'doesn't' 이 두 단어는 의미는 완
전히 다르지만 철자에 있어서는 크게 다르지 않다. 앞서 살펴 본 ratio 예제에 따르면 이
두 문자열 간 유사도는 높지 않을지도 모르지만 서브문자열을 비교하면 매칭이 될 수도 있
다. 그러므로 데이터 및 데이터의 복잡성에 대한 이해는 매우 필수적이다!

또한 FuzzyWuzzy에는 멋진 옵션들이 있다. 그중 데이터 클리닝과 관련된 몇 가
지를 살펴보자.

```
from fuzzywuzzy import fuzz

my_records = [{'favorite_food': 'cheeseburgers with bacon',
               'favorite_drink': 'wine, beer, and tequila',
               'favorite_dessert': 'cheese or cake',
              },
              {'favorite_food': 'burgers with cheese and bacon',
               'favorite_drink': 'beer, wine, and tequila',
               'favorite_dessert': 'cheese cake',
              }]
print fuzz.token_sort_ratio(my_records[0].get('favorite_food'),        ❶
                            my_records[1].get('favorite_food'))

print fuzz.token_sort_ratio(my_records[0].get('favorite_drink'),
                            my_records[1].get('favorite_drink'))

print fuzz.token_sort_ratio(my_records[0].get('favorite_dessert'),
                            my_records[1].get('favorite_dessert'))
```

❶ 단어 배열과 관계 없이 문자열을 매칭해주는 fuzz 모듈의 token_sort_ratio
함수를 호출한다. 예를 들면 "I like dogs and cats"와 "I like cats and dogs"의
두 문장은 동일한 의미를 지니는데, 이와 같이 자유로운 형식을 갖는 설문조

사 응답 데이터에 매우 유용하게 쓰일 수 있다. 각 문자열은 일단 분류가 된 후 비교가 되기 때문에 두 문자열이 같은 단어들을 포함하고 있으며 단지 단어들의 배열만 다를 경우 매칭이 된다.

출력 결과를 보면 토큰(혹은 단어)을 이용하여 단어 배열 차이를 잘 매칭할 수 있다는 것을 알 수 있다. 가장 좋아하는 음료수(favorite drink) 옵션들을 보면 배열의 차이는 있지만 내용은 동일하다. 토큰의 배열이 달라도 의미가 동일한 경우에 사용할 수 있는 것이다. 또 하나의 예를 들면 시트긱에 있어 "Pittsburgh Steelers vs. New England Patriots"와 "New England Patriots vs. Pittsburgh Steelers"는 (홈구장 이점을 제외하면) 동일하다.

동일한 데이터를 사용하여 또 다른 FuzzyWuzzy의 토큰 지향 함수를 살펴보자.

```
print fuzz.token_set_ratio(my_records[0].get('favorite_food'), ❶
                           my_records[1].get('favorite_food'))

print fuzz.token_set_ratio(my_records[0].get('favorite_drink'),
                           my_records[1].get('favorite_drink'))

print fuzz.token_set_ratio(my_records[0].get('favorite_dessert'),
                           my_records[1].get('favorite_dessert'))
```

❶ fuzz 모듈의 token_set_ratio 함수를 이용하며, 이 함수는 동일한 토큰 방식을 사용하지만 토큰의 set을 비교하여 교집합과 차집합을 확인한다. 이 함수는 분류된 토큰들의 가능한 최선의 매칭을 찾아 토큰들 간 유사도를 반환한다.

여기에서 우리는 가지고 있는 데이터세트의 유사도와 차이점을 인식하지 못했을 때 발생할 수 있는 의도치 않은 부작용을 확인할 수 있다. 예를 들어 철자가 제대로 쓰여지지 않은 응답이 있을 수 있다. 우리는 cheesecake과 cheese라는 단어들은 각자 다른 의미를 가진다는 것을 알고 있지만, 토큰 방식을 이용하면 긍정 오류(false positive)가 발생하게 된다. 그리고 안타깝게도 cheeseburger를 의미한 응답들은 동일함에도 불구하고 적절하게 매칭하지 못했다. 우리가 이미 살펴 본 방법을 사용하여 적절하게 매칭할 수는 없을까?

FuzzyWuzzy가 마지막으로 제공하는 매칭 방법은 process 모듈이다. 데이터에서 나타나는 선택지 혹은 옵션이 한정적이거나 데이터가 지저분하다면 이 모듈을 사용하는 것이 좋다. 예를 들어 이미 우리가 어떤 질문에 대한 답이 반드시 yes, no, maybe, decline to comment 가운데 하나라는 것을 안다고 가정해보

자. 이것들을 어떻게 매칭할 수 있을까?

```python
from fuzzywuzzy import process
choices = ['Yes', 'No', 'Maybe', 'N/A']
process.extract('ya', choices, limit=2)        ❶
process.extractOne('ya', choices)              ❷
process.extract('nope', choices, limit=2)
process.extractOne('nope', choices)
```

❶ FuzzyWuzzy의 extract 메서드를 사용하여 문자열을 매칭 가능한 문자열의 리스트와 비교한다. choices 변수에 선언한 선택 가능한 문자열 리스트에서 두 개의 문자열을 뽑아 반환한다.

❷ FuzzyWuzzy의 extractOne 메서드를 사용하여 선택 가능한 문자열 리스트에서 비교 기준이 되는 문자열과 가장 매칭이 잘 되는 것을 반환한다.

아하! process를 이용하면 같은 '의미'를 가진다는 것을 이미 알고 있는 단어들 가운데 최상의 추측을 뽑아낼 수 있으며, 위의 경우에 이 추측은 맞았다. extract를 이용하면 기준이 되는 문자열과 리스트에 포함된 문자열 간 유사도를 담은 튜플이 반환되며, 이것을 파싱하면 각 문자열 쌍이 얼마나 유사한지 혹은 다른지 그 정도를 알 수 있다. 이에 비해 extractOne 함수는 오직 최상의 매칭과 그 매칭의 유사도만을 튜플로 반환한다. 목적에 따라 extractOne을 이용하여 간단히 최상의 매칭을 찾은 후 다음 단계로 넘어갈 수도 있다.

문자열 매칭에 대해 살펴보았으니 이제 우리가 직접 유사한 문자열 매칭 함수를 만들어 보자.

정규식 매칭

퍼지 매칭이 항상 여러분의 목적에 부합하지는 않을 것이다. 문자열의 일부만을 식별하고 싶을 때는 어떻게 할까? 전화번호나 이메일 주소만을 찾아내고 싶다면 어떻게 할까? 데이터 스크래핑을 하거나(관련한 내용은 11장에서 자세히 다룬다) 다양한 출처를 통해 비가공 데이터를 수집하다 보면 이러한 문제들에 직면하게 될 것이다. 그리고 많은 경우에 정규식이 유용하게 사용될 것이다.

정규식을 이용하면 컴퓨터로 하여금 코드에 정의된 문자열 패턴이나 데이터 패턴을 매칭하고 찾아 내고 제거하게 할 수 있다. 정규식은 RegEx라고도 불리며, 읽고 이해하기가 쉽지 않기 때문에 흔히 개발자들의 두려움을 사기도 한다. 그러나 정규식은 매우 유용하기 때문에 정규식을 읽고 쓰고 이해할 수 있다면 이후 문제 해결에 큰 도움이 될 것이다.

정규식의 무시무시한 명성에도 불구하고 기본적인 정규식 문법은 꽤 간단하기 때문에 쉽게 배울 수 있다. 표 7.1에 기본적인 사항들이 설명되어 있다.

문자/패턴	범례	매칭 예시
\w	밑줄 표시를 포함한 임의의 영숫자 문자	a, 0 혹은 _
\d	임의의 숫자	1, 2, 혹은 4
\s	임의의 공백 문자	' '
+	패턴이나 문자 한 개 혹은 그 이상(greedy)	\d+는 476373과 매칭된다
\.	. (마침표) 문자	.
*	문자 혹은 패턴 0개 혹은 그 이상(greedy) (if와 유사하다)	\d*는 03289와 ' '와 매칭된다
|	첫 패턴, 혹은 그 다음 패턴, 혹은 그 다음 패턴 (OR과 유사하다)	\d|\w는 0이나 a와 매칭된다
[] 혹은 ()	문자 클래스(하나의 문자 공간에 들어갈 것을 정의함)와 문자 그룹(하나의 그룹에 들어갈 것을 정의함)	A는 [A–C] 혹은 (A|B|C)와 매칭된다
–	문자 그룹을 묶는다	[0–9]+는 \d+와 매칭된다

표 7.1 정규식 기초

정규식 요약 페이지(*http://bit.ly/regex_cheat_sheet*)를 참고하면 좀 더 많은 예시를 찾을 수 있다.

 정규식 문법을 암기할 필요는 없다. 특히 여러분이 파이썬 개발자라면 말이다. 그러나 잘 쓰여진 정규식은 여러 가지 면에서 유용하다. 파이썬의 내장 정규식 모듈인 re를 사용하면 간단한 매칭이나 그룹을 수월하게 찾아낼 수 있다.

정규식을 이용하여 어떤 일들을 할 수 있는지 살펴보자.

```
import re

word = '\w+'                                    ❶
sentence = 'Here is my sentence.'

re.findall(word, sentence)                      ❷

search_result = re.search(word, sentence)       ❸

search_result.group()                           ❹
```

```
match_result = re.match(word, sentence)        ❺

match_result.group()
```

❶ 일반적인 문자열의 기본 패턴을 정의한다. 이 패턴은 글자와 숫자는 포함하지만 공백이나 구두점은 포함하지 않는 문자열이다. 매칭이 되지 않을 때까지 매칭한다(즉, +를 사용하면 greedy하게(탐욕스럽게) 매칭하게 된다! 냠냠!).

❷ re 모듈의 findall 메서드는 문자열에 존재하는 모든 패턴 매칭을 찾는다. 마침표를 제외한 문장에 포함된 모든 단어를 찾는다. \w라는 패턴을 사용했기 때문에 구두점과 공백은 포함되지 않는다.

❸ search 메서드를 사용하여 문자열에서 매칭을 찾는다. 매칭을 찾으면 매칭 객체를 반환한다.

❹ 매칭 객체의 group 메서드는 매칭된 문자열을 반환한다.

❺ match 메서드는 문자열의 시작점에서부터만 검색하며, search와는 다른 방식으로 작동한다.

문장 안의 단어들을 쉽게 매칭할 수 있고, 필요에 따라 다양한 방식을 활용하여 단어를 찾을 수 있다. 이 예제에서 findall은 모든 매칭 결과를 담은 리스트를 반환한다. 긴 텍스트에서 웹사이트 주소만을 추출하려고 한다고 가정해보자. 정규식 패턴을 이용하여 웹사이트 링크를 찾은 후 findall을 이용하여 텍스트에서 해당 링크를 추출하면 된다. 링크 외에 전화번호나 날짜도 찾을 수 있다. 찾고자 하는 것을 간단한 패턴으로 정의할 수 있으며 가지고 있는 문자열 데이터에 그것을 쉽게 적용할 수 있다면 findall 메서드를 사용할 수 있다.

search와 match 또한 사용되었는데, 위의 예제에서는 이 두 메서드 모두 문장의 첫 번째 단어를 반환했다. 우리는 매칭 객체를 반환했고, group 메서드를 이용하여 데이터에 접근할 수 있었다. group 메서드 또한 매개변수를 받는다. 매칭에 .group(0)을 사용해 보자. 어떤 일이 발생하는가? 0은 무엇을 의미할까? (힌트: 리스트를 생각해 보자!)

사실 search와 match는 매우 다르다. 몇 가지 예제를 통해 두 메서드의 차이를 살펴보자.

```
import re

number = '\d+'                                 ❶
capitalized_word = '[A-Z]\w+'                   ❷

sentence = 'I have 2 pets: Bear and Bunny.'
```

```
search_number = re.search(number, sentence)

search_number.group()                                      ❸

match_number = re.match(number, sentence)

match_number.group()                                       ❹

search_capital = re.search(capitalized_word, sentence)

search_capital.group()

match_capital = re.match(capitalized_word, sentence)

match_capital.group()
```

❶ 수치 패턴을 정의한다. 플러스 부호를 사용하면 greedy 매칭을 하기 때문에 숫자가 아닌 글자에 도달하기 전까지의 모든 숫자를 매칭한다.

❷ 대문자로 시작하는 단어 매칭을 정의한다. 대괄호를 사용하여 더 긴 패턴의 일부임을 나타내며 대문자로 시작하는 단어를 찾는다. 대문자에 뒤이어 등장하는 단어를 찾게 된다.

❸ 여기에서 group를 호출하면 어떻게 될까? search 메서드에서 매칭 객체가 반환된다.

❹ 어떠한 결과가 예상되는가? 숫자일 것이라고 예상되었지만 오류가 발생한다. match에서 매칭 객체가 아닌 None이 반환된다.

search와 method의 차이를 분명하게 확인할 수 있다. match를 이용했을 때는 검색을 시도했을 때 매칭이 존재했음에도 불구하고 좋은 매칭을 발견할 수 없었다. 어떻게 된 일일까? 이전에 언급되었던 것처럼 match는 문자열의 가장 첫 부분에서부터 시작하며, 만약 매칭을 찾지 못했다면 None을 반환한다. 반면 search는 매칭을 찾을 때까지 작동한다. 문자열의 가장 마지막에 도달할 때까지 매칭을 찾지 못했다면 그때 None을 반환한다. 그러므로 문자열이 특정한 패턴과 매칭된다고 생각하거나 혹은 문자열의 시작 부분에 그 패턴이 존재한다고 생각되면 match를 사용하면 된다. 만약 스트링에서 처음 등장하는 매칭이나 혹은 어떠한 매칭이라도 찾고자 한다면 search가 가장 좋은 선택일 것이다.

여기에서 우리는 정규식 문법에 대한 간단한 교훈을 얻을 수 있다. 무엇인지 눈치챘는가? 첫 번째로 찾게 되리라고 예상한 대문자로 시작하는 단어는 무엇인가? "I"였나? 아니면 "Bear"? 그렇다면 "I"를 찾지 않은 이유는 무엇일까? 두 단어 모두와 매칭될 수 있는 패턴은 무엇인가?(힌트: 표를 참고하여 어떤 예측할 수 없는 변수를 전달할 수 있는지 생각해 보자!)

정규식 문법을 비롯하여 match, search, findall의 용법에 대해 알아 보았다. 이번에는 두 개 이상의 그룹을 참조하고자 할 때 생성하는 패턴에 대해 살펴보자. 이전의 예제에는 패턴 그룹이 한 개 존재했기 때문에 매칭에 group 메서드를 호출하면 하나의 값이 반환되었다. 그러나 정규식을 이용하면 두 개 이상의 패턴을 찾을 수 있다. 또한 매칭된 그룹에 변수 명을 부여하여 코드가 쉽게 읽히도록 만들 수 있고 그룹을 적절하게 매칭했다는 것을 확신할 수 있다.

한번 시도해보자!

```python
import re

name_regex = '([A-Z]\w+) ([A-Z]\w+)'                                    ❶

names = "Barack Obama, Ronald Reagan, Nancy Drew"

name_match = re.match(name_regex, names)                                ❷

name_match.group()

name_match.groups()                                                     ❸

name_regex = '(?P<first_name>[A-Z]\w+) (?P<last_name>[A-Z]\w+)'         ❹

for name in re.finditer(name_regex, names):                            ❺

print 'Meet {}!'.format(name.group('first_name'))                     ❻
```

❶ 동일한 대문자 단어 문법을 괄호 안에 넣어 두 번 사용한다. 괄호는 그룹을 정의하기 위해 쓰인다.

❷ match 메서드 내에서 패턴과 두 개 이상의 정규식 그룹을 함께 사용한다. 매칭을 찾으면 두 개 이상의 그룹이 반환된다.

❸ groups 메서드를 이용하면 찾은 모든 그룹의 매칭 결과 리스트를 보여 준다.

❹ 코드를 분명하고 명확하게 만들기 위해 그룹에 이름을 붙인다. 이 패턴에서 첫 번째 그룹명은 first_name이고 두 번째 그룹명은 last_name이다.

❺ finditer는 findall과 비슷하지만 반복자를 반환한다. 반복자를 사용하면 문자열의 매칭 결과를 하나씩 확인할 수 있다.

❻ 문자열 서식화에 대한 우리의 지식을 기반으로 데이터를 출력한다. 각 매칭 결과에서 성(last name)이 아닌 이름(first name)만을 뽑아 낸다.

?P<변수 명>을 이용하여 패턴 그룹을 명명하면 코드를 이해하는 데 도움이 된다. 위의 예제에서 확인할 수 있듯이 두 개 혹은 그 이상의 특정 패턴과 그 패턴에

매칭되는 데이터를 담는 그룹을 생성하는 것은 어렵지 않다. 이러한 과정을 거치면 타인이 쓴, 혹은 자신이 6개월 전에 쓴 정규식을 볼 때 지레짐작을 하지 않아도 된다. 만약 위의 예제에서 성과 이름 사이에 가운데 이름(middle name)이 존재했다고 가정해보자. 가운데 이름 철자를 매칭하는 코드를 짤 수 있는가?

정규식을 이용하면 문자열에 무엇이 존재하는지 신속하게 파악할 수 있을 뿐만 아니라 문자열에서 데이터를 손쉽게 파싱할 수 있다. 특히 웹 스크래핑을 통해 얻어지는 것과 같은 지저분한 데이터세트를 파싱하는 데 굉장히 유용하게 쓰인다. 정규식에 대해 더 알고 싶다면 RegExr(*http://www.regexr.com*)의 인터랙티브 정규식 파서를 시험적으로 사용해 보거나 무료 Regular-Expression.info 튜토리얼(*www.regular-expressions.info/tutorial.html*)을 참고하자.

지금까지 살펴 본 문자열 매칭을 위한 다양한 메서드를 사용하면 중복 기록을 찾을 수 있다. 우리가 가진 데이터세트에 존재하는 중복 기록을 살펴보며 지금까지 배운 메서드를 복습해보자.

중복 기록 처리하기

데이터의 상태에 따라 중복 기록들을 결합해야 할 때도 있다. 데이터세트에 단순히 중복된 행이 존재한다면 데이터를 보존할 필요는 없다. 이미 완성된 데이터세트의 일부이기 때문에 클리닝된 데이터에서 이러한 행을 제거해 버리면 된다. 그러나 만약 여러 개의 데이터세트를 결합했고 중복 기록들을 보존하고 싶다면 파이썬을 이용하여 이를 보존하는 방법을 알아두어야 한다.

9장에서는 새로운 라이브러리들을 사용하여 데이터를 합치는 종합적인 방법을 알아 볼 것이다. 그러나 데이터를 파싱할 때 사용하는 방법을 사용해도 데이터 행들을 쉽게 결합할 수 있다. 다음 예제에서는 DictReader를 사용하여 데이터를 파싱했을 때 중복 기록 처리하는 방법에 대해 알아 본다. 남성 데이터세트의 행 일부를 결합할 것이다. 가구를 기준으로 데이터를 결합할 것이므로 개인별 설문조사가 아닌 가구별 설문조사를 사용한다.

```
from csv import DictReader

mn_data_rdr = DictReader(open('data/unicef/mn.csv', 'rb'))     ❶

mn_data = [d for d in mn_data_rdr]
    def combine_data_dict(data_rows):                          ❷
    data_dict = {}                                             ❸
    for row in data_rows:
        key = '%s-%s' % (row.get('HH1'), row.get('HH2'))       ❹
```

```
        if key in data_dict.keys():
            data_dict[key].append(row)              ❺
        else:
            data_dict[key] = [row]                  ❻
    return data_dict                                ❼

mn_dict = combine_data_dict(mn_data)                ❽

print len(mn_dict)
```

❶ DictReader 모듈을 사용하여 파싱하고자 하는 모든 필드를 쉽게 파싱한다.

❷ 다른 유니세프 데이터세트에도 이용할 수 있는 함수를 정의한다. 이 함수는 data_rows를 받아 이들을 결합하여 딕셔너리를 반환하게 되므로 combine_data_dict라고 명명한다.

❸ 반환할 새 데이터 딕셔너리를 정의한다.

❹ 이전 예제에서 군집, 가구, 줄 번호를 이용하여 고유 키를 생성했던 것처럼 이 코드에서도 고유 키를 설정한다. "HH1"는 군집 번호, "HH2"는 가구 번호를 나타낸다. 이 두 가지를 사용하여 고유 가구를 맵핑한다.

❺ 가구가 이미 추가되어 있다면 해당 행을 리스트에 추가하여 데이터 리스트를 확장한다.

❻ 가구가 아직 추가되어 있지 않다면 데이터의 해당 행으로 리스트를 추가한다.

❼ 함수의 마지막 부분에서 새로운 데이터 딕셔너리를 반환한다.

❽ 데이터 행을 전달하고 새로운 딕셔너리를 변수에 할당하여 함수를 실행한다. 최종 딕셔너리는 mn_dict로 설정한다. 이제 이 딕셔너리를 이용하여 데이터에 존재하는 고유 가구의 수와 가구당 설문조사 응답 수를 파악할 수 있다.

> ❗ 함수의 마지막 부분에 return을 쓰는 것을 잊었다면 함수를 실행해도 None을 반환하지 않을 것이다. 함수를 직접 작성하는 경우 반환 오류를 주의하라.

위의 코드를 실행하면 데이터세트에 대략 7,000개의 고유한 가구가 존재하며 설문조사에 참여한 인원 가운데 2,000명이 약간 넘는 사람들이 가족과 함께 살고 있다는 것을 알 수 있다. 가구당 평균 가족 수는 1.3명이었다. 이렇듯 간단한 집계만을 통해서도 데이터에 대한 이해를 높일 수 있을 뿐 아니라 주어진 데이터를 활용해 답할 수 있는 질문들을 개념화 할 수 있다.

요약

이 장에서 우리는 데이터 클리닝의 기초를 배우고 왜 데이터 클리닝이 데이터 랭글링에 필수적인 과정인지 배웠다. 비가공 MICS 데이터를 살펴보고 직접 처리해 보기도 했다. 이제 데이터에서 클리닝이 필요한 부분을 파악하고 문제가 되는 데이터와 중복 기록을 찾아 제거할 수 있을 것이다.

표 7.2에 이 장에서 소개된 새로운 개념 및 라이브러리가 정리되어 있다.

개념/라이브러리	목적
리스트 발생자	데이터를 클리닝하고 가공하기 위해 반복자, 함수, if 문을 이용하여 신속하고 수월하게 리스트를 결합할 수 있다.
딕셔너리 values 메서드	딕셔너리의 값들로 이루어진 리스트를 반환한다. 딕셔너리에 포함된 요소인지 확인할 때 유용하다.
in 문과 not in 문	포함된 요소인지 테스트 한다. 보통 문자열 혹은 리스트에 쓰이며 불 값을 반환한다.
리스트 remove 메서드	리스트에서 전달된 첫 번째 매칭 항목을 제거한다. 이미 생성된 리스트에서 원하는 값을 정확하게 알고 있다면 유용하게 쓰인다.
enumerate 메서드	임의의 순회 가능한 값을 받아 해당되는 요소의 카운터와 그 요소의 값으로 이루어진 튜플을 반환한다.
리스트 index 메서드	리스트에 전달된 항목의 첫 번째 매칭 인덱스를 반환한다. 매칭된 것이 없다면 None을 반환한다.
문자열 format 메서드	일련의 데이터로부터 읽기 쉬운 문자열을 손쉽게 만들 수 있다. {}를 데이터 자리 표시자로 이용하며 데이터 포인트의 매칭된 숫자를 전달 받는다. 키 명을 사용하여 딕셔너리와 함께 사용될 수 있고 다양한 문자열 포매터와 함께 사용될 수 있다.
문자열 서식화(.4f, .2%, ,)	숫자를 읽기 쉬운 문자열로 서식화하는데 사용되는 신호이다.
datetime strptime와 strftime 메서드	파이썬의 날짜 객체를 수월하게 문자열로 서식화하고, 또 반대로 문자열에서 날짜 객체를 만든다.
datetime timedelta 객체	파이썬의 두 날짜 객체의 차이를 나타내거나 날짜 객체를 수정한다(시간을 더하거나 빼는 등).
if not 문	이어지는 문장이 True가 아닌지 테스트 한다. if 문과 반대되는 불 논리를 가진다.
is 문	첫 번째 객체가 다른 객체와 동일한지 테스트 한다. 유형 테스트(예: is None, is list)에 유용하다. is에 대해 더 자세히 알고 싶다면 부록 E를 참고하자.
문자열 isdigit 및 isalpha 메서드	문자열 객체가 숫자로만 이루어졌는지, 혹은 글자로만 이루어졌는지 테스트 한다. 불(boolean)을 반환한다.
문자열 find 메서드	문자열 객체에서 전달된 서브문자열의 인덱스의 위치를 반환한다. 매칭을 찾을 수 없으면 -1을 반환한다.

파이썬 집합 객체(*https://docs.python.org/2/library/sets.html*)	고유 요소만으로 구성된 컬렉션 클래스. 리스트와 매우 비슷하게 작동하지만 중복 값이 없다. 비교를 위한 다양한 메서드가 존재한다(union, intersection, difference).
numpy 패키지(*http://www.numpy.org/*)	SciPy 스택의 일부로 사용되는 필수적인 파이썬 수학 라이브러리.
FuzzyWuzzy 라이브러리 (*https://github.com/seatgeek/fuzzywuzzy*)	문자열의 퍼지 매칭을 위한 라이브러리.
정규식(*https://en.wikipedia.org/wiki/Regular_expression*) 및 파이썬 re 라이브러리 (*https://docs.python.org/2/library/re.html*)	패턴을 쓰고 문자열에서 매칭을 찾을 수 있다.

표 7.2 7장에 소개된 새로운 파이썬/프로그래밍 개념 및 라이브러리

다음 장에서는 계속해서 클리닝 및 데이터 분석 기술을 연마할 것이다. 이러한 기술들을 사용해 클리닝 작업 과정을 조직화하고 반복 가능하게 만드는 방법에 대해서도 알아 본다. 또한 데이터의 정규화 및 표준화, 그리고 데이터 클리닝을 위한 스크립트를 작성하고 테스트하는 방법에 대해서 알아 볼 것이다.

8장

데이터 클리닝하기: 표준화와 스크립트

지금까지 우리는 데이터를 매칭하고 파싱하는 방법과 데이터 내의 중복 기록을 찾는 방법을 배우며 데이터 클리닝 세계의 탐험을 시작했다. 가지고 있는 데이터세트에 대한 이해도와 그 데이터세트를 이용해 답하고자 하는 질문들에 대한 이해도가 높아짐에 따라 데이터를 표준화 하고 클리닝 과정을 자동화하는 방법을 익혀야 할 필요성을 느끼게 될 것이다.

이번 장에서 우리는 언제, 어떻게 데이터를 표준화해야 하는지, 그리고 언제 데이터 클리닝을 테스트하고 스크립트로 만들어야 하는지 알아 볼 것이다. 만약 정기적으로 데이터세트를 업데이트하거나 데이터를 추가할 예정이라면 클리닝 과정을 최대한 효율적이고 명료하게 만들어 데이터 분석이나 결과 보고에 좀 더 많은 시간을 투자하는 편이 좋을 것이다. 데이터세트의 표준화 및 정규화(normalization) 방법에서 시작하여 정규화되어 있지 않은 데이터세트를 처리하는 방법 또한 알아 보자.

데이터 정규화 및 표준화

데이터세트의 표준화 및 정규화란 가지고 있는 데이터와 진행 중인 연구의 유형에 따라 기존의 값들을 이용해 새로운 값들을 계산하는 작업을 의미할 수도 있고, 특정 열이나 값에 표준화 및 정규화 과정을 적용하는 작업을 의미할 수도 있다.

통계학적 관점에서 보면 정규화는 일반적으로 기존 데이터세트를 기반으로 새로운 값들을 계산해 내어 데이터를 특정 단위로 표준화하는 작업이다. 예를 들면 시험 점수의 분포를 정확하기 파악하기 위해 점수를 정규화할 수 있다. 또한 백분위나 여러 집단 간 백분위를 정확하게 관측하고 싶을 때도 데이터를 정규화한다.

한 스포츠 팀의 특정 시즌 점수 분포를 알고 싶다고 해보자. 일단 해당 팀의 성적을 승, 패, 무승부로 분류하고, 이를 다시 득점 수와 실점 수 등으로 분류할 것이다. 경기 시간과 분당 득점 수를 기준으로 분류할 수도 있다. 이와 같은 분류를 마친 후 이제 여러 스포츠 팀 간 데이터세트를 비교하려고 한다. 이때 각 팀의 총 득점을 0에서 1 사이의 값으로 스케일링하여 데이터세트를 정규화할 수 있다. 이를 통해 최고 득점은 1에 가까운 값을 갖게 되고 최저 득점은 0에 가까운 값을 갖게 된다. 정규화된 데이터의 분포를 기반으로 얼마나 많은 점수가 중앙에 위치해 있는지, 그리고 높거나 낮은 범위에 속하는 점수들이 얼마나 많은지 파악할 수 있다. 이상치 또한 찾아낼 수 있다(예를 들어 대부분 팀들의 득점이 0.3와 0.4 사이의 값을 가진다면 이 범위 안에 속하지 않는 값들은 이상치일 가능성이 있다).

동일한 데이터세트에 표준화 작업을 하면 어떻게 될까? 예를 들면 분당 평균 득점 수를 계산하여 데이터를 표준화할 수 있다. 그리고 이러한 평균 값들을 도표로 그려 분포를 확인할 수 있다. 어떤 팀이 높은 분당 평균 득점수를 기록했나? 이상치가 존재하는가?

표준 편차를 살펴 볼 수도 있다. 9장에서 표준화에 대해 더 자세히 살펴보겠지만 기본적으로 표준화란 데이터의 평균적인 범위는 얼마나 되는지, 어떤 데이터 값이 이 범위 밖에 존재하는지, 그리고 데이터가 특정한 패턴을 가지고 있는지 등을 알아 보는 과정을 의미한다.

위에서 확인할 수 있듯이 정규화와 표준화는 동일한 의미를 가지지 않는다. 그러나 연구자는 이 두 가지 작업을 통해 데이터의 분포를 파악하고 앞으로의 연구 및 계산에 대한 계획을 세울 수 있다.

때때로 데이터의 패턴과 분포를 제대로 '보기 위해' 데이터를 표준화하고 정규화 하는 과정에서 이상치를 제거해야 할 수도 있다. 앞서 사용했던 스포츠 예제를 계속해서 사용해보자. 리그 전체에서 최다 득점한 선수들의 점수 데이터를 제거하면 각 팀의 실적 분포가 크게 달라질까? 만약 이때 특정 신수가 본인이 소속된 팀의 득점의 절반 정도를 기록했다면, 실적 분포는 크게 달라질 것이다.

이와 마찬가지로 어떤 팀이 항상 큰 점수 차이로 경기에서 승리한다고 해보자. 리그 데이터에서 이 팀을 제거하면 데이터의 분포와 평균 값이 급격하게 변화할 것이다. 여러분이 해결하고자 하는 문제에 따라 정규화, 표준화, 이상치 제거(데이터 가지치기)를 적용할 수 있다.

데이터 저장하기

지금까지 살펴 본 데이터 저장 방법 몇 가지를 우리가 가지고 있는 데이터에 적용하며 복습해보자. 만약 여러분이 이미 데이터베이스를 활용하고 있고 어떤 방식으로 표를 서식화 하여 클리닝된 데이터를 저장해야 할지 알고 있다면 6장에서 살펴 본 파이썬 라이브러리 모듈을 이용하여 데이터를 연결하고 저장하면 된다. 대부분의 라이브러리의 경우 커서(cursor)를 열어 데이터베이스에 직접 커밋(commit) 혹은 저장할 수 있다.

> 네트워크 오류나 데이터베이스 오류를 대비하여 데이터베이스 스크립트에 오류 메시지를 추가하기를 강력하게 추천한다. 스크립트에 영향을 줄 수 있는 네트워크 문제나 지연 시간 문제를 방지하기 위해 자주 데이터를 커밋하는 것 또한 권장한다.

6장에서 살펴 본 SQLite 예제에서 클리닝 했던 데이터는 다음과 같이 데이터베이스에 저장할 수 있다.

```
import dataset

db = dataset.connect('sqlite:///data_wrangling.db')    ❶

table = db['unicef_survey']                             ❷

for row_num, data in enumerate(zipped_data):           ❸
    for question, answer in data:                      ❹
        data_dict = {                                  ❺
            'question': question[1],                   ❻
            'question_code': question[0],
            'answer': answer,
            'response_number': row_num,                ❼
            'survey': 'mn',
        }

table.insert(data_dict)                                ❽
```

❶ 로컬 데이터베이스에 접근한다. 다른 디렉터리에 파일을 저장했다면 해당 디렉터리로 파일 경로를 변경하라(예를 들어 파일이 상위 디렉터리에 저장되어 있다면 *file:///../datawrangling.db*와 같이 변경한다).

❷ unicef_data라는 새로운 표를 생성한다. 다수의 유니세프 설문조사가 이와 같은 패턴을 따른다는 것을 알고 있으므로 이는 확실하고 명료한 데이터베이스명이 된다.

❸ 현재 실행 중인 행의 위치를 기록하며 매 응답당 숫자 하나가 생긴다.

enumerate 함수를 사용하여 각 행/응답의 엔트리가 데이터베이스에서 쉽게 연결될 수 있도록 한다(엔트리는 행 숫자를 공유한다).

❹ 우리는 데이터가 튜플로 쪼개져 있으며, 튜플의 첫 번째 엔트리에는 헤더의 리스트가 들어있고 두 번째 엔트리에는 질문들에 대한 응답이 들어있다는 것을 알고 있다. for 루프를 이용하여 들어있는 데이터를 파싱하고 저장한다.

❺ 데이터베이스의 각 엔트리에는 각 질문과 이에 대한 응답이 들어있기 때문에 각 행(즉, 인터뷰)에 해당하는 모든 응답을 함께 연결할 수 있다. 각 인터뷰의 각 응답에 대한 데이터를 포함한 딕셔너리를 생성한다.

❻ 헤더 리스트의 두 번째 엔트리에는 질문의 원형이 들어있다. 이 데이터를 question이라고 저장하고 유니세프의 단축 코드로 표기된 질문은 question_code라고 저장한다.

❼ 응답의 각 행(인터뷰)을 기록하기 위해 enumerate의 row_num을 포함한다.

❽ 최종적으로 새로운 표의 insert 메서드를 사용하여 새롭게 결집된 딕셔너리를 데이터베이스에 삽입한다.

클리닝된 데이터가 SQLite 데이터베이스에 보존되어 있는지 확인해야 한다. enumerate 함수를 이용하여 새로운 데이터베이스를 생성했기 때문에 이를 통해 각 응답(행)을 결합할 수 있다. 데이터에 접근하기 위해서는 필요에 따라 새로운 표에 접근한 후 6장에서 설명한 함수들을 이용하여 기록을 확인하거나 검색할 수 있다.

또한 클리닝된 데이터를 쉽게 간단한 파일로 내보낼 수도 있다. 다음을 살펴보자.

```
from csv import writer

def write_file(zipped_data, file_name):
    with open(file_name, 'wb') as new_csv_file:          ❶
        wrtr = writer(new_csv_file)                      ❷
        titles = [row[0][1] for row in zipped_data[0]]   ❸
        wrtr.writerow(titles)                            ❹
        for row in zipped_data:
            answers = [resp[1] for resp in row]          ❺
            wrtr.writerow(answers)

write_file(zipped_data, 'cleaned_unicef_data.csv')       ❻
```

❶ with...as를 사용하여 첫 번째 위치에 명시된 출력물을 두 번째 위치에 명시된 변수 명에 할당한다. 즉, 이 예제에서는 새로운 파일 open(file_name, 'wb')를 new_csv_file이라는 새로운 변수에 할당한다. 'wb'는 바이너리 쓰기 모드로 파일을 생성한다는 의미이다.

❷ CSV 쓰기 객체를 열린 파일로 전달하여 초기화하고 쓰기 객체를 wrtr 변수에 할당한다.

❸ 쓰기 객체는 각 행에 쓸 데이터 리스트를 필요로 하기 때문에 헤더 행 타이틀 리스트를 생성한다. 더 긴 타이틀은 튜플 첫 번째 부분의 두 번째 요소에 위치하기 때문에 row[0][1]라는 코드를 사용한다.

❹ 쓰기 객체의 writerow 메서드를 사용한다. 이 메서드는 순회 가능한 객체를 받아 쉼표로 구분된 행으로 변환한다. 코드의 이 부분에서는 헤더 행을 쓴다.

❺ 리스트 내장을 이용하여 응답(튜플의 두 번째 값)을 빼낸다.

❻ 리스트 내장을 통해 생성된 각각의 리스트 혹은 응답을 쉼표로 구분된 데이터 파일에 저장한다.

위의 코드에서는 새로운 문법과 이전에 이미 다루었던 문법이 모두 사용되었다. 이전에 우리는 간단한 함수의 응답을 받아 새로운 변수에 할당하기 위해 with...as를 사용했다. 이 예제에서 우리는 열린 파일을 받아 새로운 변수인 new_csv_file에 저장한다. 이러한 유형의 문법은 파일이나 다른 I/O 객체를 다룰 때 많이 활용되는데, 이는 파이썬이 with 블록 내의 코드를 모두 실행하고 나면 파일을 닫기 때문이다. 매우 멋지다!

이 코드에서는 또한 CSV 리더와 비슷한 방식으로 작동하는 CSV 라이터를 사용했다. writerow를 이용하면 데이터의 각 열을 포함한 리스트를 CSV에 쓸 수 있다.

---

 writerow 메서드는 순회 가능한 객체를 받기 때문에 반드시 리스트나 튜플을 전달해야 한다. 문자열을 전달하게 되면 "l,i,k,e, ,t,h,i,s"와 같이 흥미로운 CSV 파일이 생성될 것이다.

또한 리스트 내장을 이용하여 타이틀 및 응답 리스트를 만들었다. 이 함수에서는 새로운 객체나 수정된 객체를 만들지 않기 때문에 아무것도 반환하지 않는다. 이 함수를 통해 이제까지 살펴 본 몇 가지 개념을 되새겨볼 수 있다.

다른 방법으로 저장하고 싶다면 6장에서 다룬 데이터 저장 관련 팁을 참고하라. 클리닝된 데이터를 저장하고 나면 데이터 클리닝 과정의 나머지 부분을 수행하고 데이터 분석을 시작하면 된다.

프로젝트에 적절한 데이터 클리닝 방식 결정하기

데이터의 신뢰도와 데이터 분석의 빈도에 따라 데이터 클리닝 방식을 결정한다. 데이터가 무계획적으로 수집되었거나 다양한 출처로부터 수집되었다면 클리닝을 위한 정확한 스크립트를 작성하기 어려울 수 있다.

> 클리닝을 위한 스크립트를 작성하는 데 어느 정도의 시간과 노력을 투자해야 하는지, 그리고 클리닝 과정을 자동화하면 시간이 절약되는지 분석해보자.

클리닝 과정이 특히나 힘들고 복잡하다면 도움 스크립트 저장소를 생성하는 것도 좋다. 클리닝에 필요한 모든 과정을 순서대로 처리하는 스크립트가 아니더라도, 이전 데이터 랭글링 과정에서 생성했던 함수를 재사용하여 새로운 데이터를 빠르게 처리할 수 있기 때문이다. 예를 들어 리스트나 행렬에서 중복 기록을 검색하는 스크립트를 작성해 놓거나, CSV 파일에서 데이터를 불러오거나 CSV로 데이터를 내보내는 함수, 또는 문자열과 날짜를 서식화하는 함수를 저장해 놓는 것이다. 이렇게 하면 IPython이나 Jupyter(Jupyter에 대해서는 10장에서 다룬다)에서 이러한 함수들을 불러와 사용할 수 있다.

클리닝 코드가 확실한 패턴에 부합하고 변경될 가능성이 없다면 전체 클리닝 과정을 스크립팅 해 놓는 것도 좋다.

클리닝 스크립트 만들기

파이썬에 대한 이해도가 높아질수록 여러분이 작성하는 스크립트의 수준도 높아질 것이다. 이제 여러분은 함수를 생성하고, 파일을 파싱하고, 다양한 파이썬 라이브러리를 불러와 사용하고, 데이터를 저장할 수 있다. 이제는 코드를 스크립트로 만드는 방법을 배울 차례다. 여기에서 스크립트란 이후 재사용이나 학습, 또는 공유를 위해 코드를 구성하는 방식을 뜻한다.

유니세프 데이터의 예를 들어 살펴보자. 우리는 몇 년마다 유니세프가 동일한 데이터 포인트를 가진 데이터세트를 발표할 것임을 알고 있다. 또한 다년간의 경험을 통해 설문조사의 내용이 구성되었기 때문에 이것이 크게 변경되지는 않으리라는 것도 안다. 이러한 사실들을 바탕으로 우리는 데이터세트에서 꽤 높은 수준의 일관성을 기대할 수 있다. 그러므로 유니세프 데이터를 다시 사용한다면 처음 작성한 스크립트의 코드 일부를 그대로 사용할 수 있을 것이다.

현재는 코드 구조가 분명하지 않으며 코드가 문서화되지 않았다. 이렇게 되면 코드를 읽기 힘들 뿐만 아니라 코드를 재사용하기 어렵다. 지금 당장은 우리가 작성한 함수를 이해할 수 있지만, 일 년이 지나 다시 읽어보았을 때에도 제대로 이해할 수 있을까? 동료에게 함수를 보여주면 그는 이 함수를 쉽게 이해할 수 있을까? 이 질문들에 확실히 "예"라고 대답할 수 있을 때까지 어떠한 코드도 작성하지 않은 것과 거의 다름 없다. 일 년이 지난 후 코드를 다시 읽어 보았을 때 코드는 쓸모 없어질 것이고 새로운 보고서가 발표되었을 때 누군가는(아마 우리 자신) 코드를 다시 작성해야 할 것이기 때문이다.

파이썬 선(禪)은 코드를 작성하는 방식뿐만 아니라 코드를 조직하거나 함수, 변수, 클래스에 이름을 붙이는 방식에도 적용된다. 여러분이 붙인 이름들이 자신뿐만 아니라 다른 사람들도 이해하기 쉬운 이름인지 생각해보자. 물론 코멘트를 달거나 문서화하는 것도 도움이 되겠지만 코드 그 자체로서 쉽게 이해될 수 있는 것이 중요하다.

 파이썬은 흔히 코드를 읽지 못하는 사람도 이해할 수 있는 가장 읽기 쉬운 언어라고 알려져 있다. 그러므로 이해하기 쉽고 깔끔한 문법을 사용하면 코드의 역할을 설명하기 위해 길게 문서를 작성할 필요가 없을 것이다.

파이썬 선(Zen of Python)

파이썬 선(*https://www.python.org/dev/peps/pep-0020/*)(import this로 쉽게 접근할 수 있다)을 참고하면 언제나 도움이 된다. 파이썬 선의 요지는 파이썬(그리고 다른 많은 언어들)을 사용할 때는 최대한 분명하고 깔끔하며 실용적이어야 한다는 것이다.

여러분의 파이썬 실력이 향상됨에 따라 분명하고 실용적임에 대한 기준이 바뀔 수도 있다. 그러나 분명하고 정확하며 간단한 코드 작성에 지나치다 싶을 정도로 정성을 들이기를 진심으로 권한다. 물론 이 때문에 때로 코드가 길어지거나 실행 속도가 늦어질 수도 있지만 경험이 쌓임에 따라 속도도 빠르고 알아보기 쉬운 코드를 작성할 수 있게 될 것이다.

당분간은 나중에 다시 보았을 때도 코드의 목적을 이해할 수 있게끔 코드의 모든 부분을 지나칠 정도로 분명하게 쓰는데 집중하라.

PEP-8 파이썬 스타일 안내서(PEP-8 Python Style Guide)(*https://www.python. org/dev/peps/pep-0008/*)를 숙지하고 이 규칙을 따르도록 하라. 코드를 읽고 잘못된 부분을 짚어주는 다수의 PEP-8 린터가 존재한다.

린터(linter)[1]를 사용하면 코드와 관련된 규범이나 용법을 알 수 있을 뿐만 아니라 코드의 복잡도 또한 평가할 수 있다. 맥케이브(McCabe)의 순환복잡도에 대한 이론 및 연산에 따라(*http://bit.ly/cyclomatic_complexity*) 코드를 분석하는 린터도 있다. 매번 코드를 단순한 덩어리로 쪼갤 수는 없겠지만 복잡한 작업을 더 작고 간단한 여러 개의 작업으로 나누어 코드를 복잡하지 않고 분명하게 만드는 것이 좋다.

코드를 분명하고 명확하게 만들면서, 재사용 가능한 코드 덩어리는 좀 더 제네릭(generic)[2]하게 만들자. 너무 일반적이지는 않지만(def foo는 아무 도움도 되지 않을 것이다) 자주 재사용이 가능한 제네릭한 헬퍼 함수[3]를 만들어 두면(리스트를 이용하여 CSV 파일을 생성하거나 중복 기록 리스트를 이용하여 집합을 생성하는 등), 좀 더 조직적이고 깔끔하고 간단한 코드를 작성할 수 있다.

만약 모든 보고서에서 데이터베이스에 연결하거나 데이터 파일을 열기 위해 동일한 코드를 사용하고 있다면, 이 코드를 함수로 만들자. 제네릭한 헬퍼 함수를 작성하는 이유는 읽기 쉽고 사용하기 쉬우며 반복적인 내용을 포함하지 않는 코드를 만들기 위해서이다.

표 8.1에는 생각해보면 좋을 코딩의 좋은 습관들을 요약해 놓았다. 이 습관들이 앞으로 여러분이 파이썬을 이용하거나 코딩을 하면서 맞닥뜨리게 될 모든 사례들에 적용되지는 않겠지만 앞으로의 스크립팅과 학습을 위한 좋은 토대가 될 것이다.

코드를 문서화하는 작업은 스크립트 작성에 필수적인 과정이다. 파이썬 사용자이자 라이트 더 독스(Write the Docs)의 공동 설립자인 에릭 홀셔(Eric Holscher)가 잘 요약해 놓은 것처럼(*http://bit.ly/writing_docs*) 코드를 문서화해야 하는 이유는 여러 가지다. 그 중 첫 번째 이유는 언젠가는 코드를 다시 사용할 일이 생긴다는 것이다. 예를 들면 다른 사람이 코드를 읽고 사용해야 할 일이 생기거나, 깃허브에 코드를 올리고 싶거나, 취업 면접 때 사용하거나, 혹은 어머니께 보여 드리고 싶어질지도 모른다. 이유가 어떻든 코드를 문서화하면 훗날 몇 시간의 고통을 덜 수 있다. 만약 여러분이 팀의 구성원이라면 훗날 팀이 겪을 몇

---

1 (옮긴이) 코드 작성을 할 때 개발자들 사이의 작성 관례와 오류 여부를 체크해 주는 프로그램 또는 플러그인을 말한다.

2 (옮긴이) 제네릭 프로그래밍이란, 일반적인 코드를 작성하고 이 코드를 다양한 타입의 객체에 대해 재사용하도록 하는 객체 지향 기법이다.

3 (옮긴이) 헬퍼 함수(helper function)란 코드의 복잡도를 줄이기 위해 빈번하게 다른 함수 내에 포함되는 코드를 사용자가 따로 정의하여 함수로 만든 것이다.

습관	설명
문서화	코드 전체에 주석, 함수나 스크립트에 대한 설명을 달고 저장소에 README.md 파일 또는 필요한 종류의 설명을 저장한다.
알아보기 쉬운 이름 붙이기	모든 함수, 변수, 파일은 내용이나 의도를 분명하게 알아볼 수 있도록 이름을 붙인다.
적절한 문법	변수나 함수는 적절한 파이썬 문법을 따른다(소문자를 사용하고 둘 이상의 단어가 포함되어 있을 경우 밑줄을 사용하여 단어를 구분한다. 또한 클래스를 명명할 때는 낙타표기법(CamelCase)(*https://en.wikipedia.org/wiki/CamelCase*)의 규칙을 따른다).[4] 코드는 PEP-8 규범을 따른다.
Import	반드시 필요하고 사용할 데이터만을 불러오고, 불러오기 구조와 관련해서는 PEP-8 지침을 따른다.
헬퍼 함수	알아 보기 쉽고 재사용 가능한 코드를 작성하기 위해 헬퍼 함수를 생성한다(예를 들면 리스트를 CSV로 내보내는 export_to_csv 함수).
저장소 조직	같이 사용되는 코드들이 같이 조직되어 있고 논리적인 패턴을 따를 수 있도록 저장소를 논리적이고 계층적인 구조로 조직한다.
버전 관리	여러분이나 동료가 새롭게 코드를 작성하거나 새로운 기능을 시도할 때 저장소의 작업 중인 마스터 버전을 보유할 수 있도록 모든 코드를 버전 관리한다.
빠르고 분명함	파이썬의 문법적 설탕(syntactic sugar)[5]를 이용하여 빠르고 효율적인 코드를 작성한다. 빠름과 분명함 가운데 한 가지만을 선택해야 한다면 분명함을 선택하라.
라이브러리 사용	이미 누군가가 파이썬 코드로 작성해 놓은 작업을 수행하려고 한다면 직접 코드를 작성하기 위해 쓸데없이 시간을 낭비할 필요는 없다. 훌륭한 라이브러리들이 있다면 그 라이브러리를 사용하고 발전에 기여하여 오픈소스 커뮤니티에 도움을 주어라.
코드 테스트	가능하다면 각 함수에 대한 테스트를 만들고 이를 위한 예제 데이터를 이용하여 코드를 테스트 해보아라.
구체적임	try 블록에 적당한 예외를 만들고 구체적으로 문서화 하며 구체적인 변수 명을 사용하라.

표 8.1 파이썬 코딩의 좋은 습관

백 시간의 고통을 덜 수 있을 것이다. 이러한 보상을 위해서라면 잠시 자리에 앉아 코드의 용도와 목적을 분석할 만하다.

좀 더 쉽게 코드 문서화를 할 수 있는 방법과 관련한 도움말은 리드 더 독스 (Read the Docs)(*https://readthedocs.org/*)나 라이트 더 독스(*http://www.writethe docs.org/*)와 같은 단체를 통해 얻을 수 있다. 프로젝트 디렉터리에 코드의 용도, 설치와 실행 방법, 필요 조건, 추가적인 관련 정보를 얻을 수 있는 방법에 대해 간략하게 설명해 놓은 README.md를 생성하는 것은 언제나 좋은 방법이다.

---

4 (옮긴이) 낙타표기법은 둘 이상의 단어가 포함되어 있을 경우 각 단어의 첫 글자를 대문자로 표기하는 방법으로, 이름이 낙타의 등처럼 구불구불하게 보인다고 해서 붙여진 이름이다.

5 (옮긴이) 문법적 설탕이란 인간이 사용하기에 더 달콤한, 알아 보기 쉽고 표현하기 쉽도록 설계된 문법을 가리킨다. 예를 들어 배열에서 인덱싱을 하기 위해서 get_array(Array, vector(i,j))라는 표현이 정석이라면, Array[i,j] 같이 동일한 효과를 얻지만 단순화된 문법이 설탕이다.

사용자와 코드의 핵심 요소 간 상호작용 수준에 따라, README.md에 간단한 코드 샘플이나 코드 예제를 포함하는 방식도 유용할 것이다.

README.md 파일과 더불어 코드 주석을 포함시키는 것이 좋다. 코드 주석은 5장에서 살펴보았던 것처럼 자기 자신을 위한 짧은 메모일 수도 있고, 스크립트와 함수의 용법에 대한 긴 주석일 수도 있다.

 다행스럽게도 PEP-350(*https://www.python.org/dev/peps/pep-0350/*)에는 다양한 유형의 파이썬 주석 관련 문법과 용법이 잘 기록되어 있다. 명시된 규범을 따르면 모두가 쉽게 이해할 수 있는 주석을 작성할 수 있을 것이다.

데이터 클리닝과 관련된 몇 개의 장에서 다룬 내용들을 한번 문서화해보자. 독창적인 문서화를 위해 일단 수행해야 할 작업들을 간단히 나열해보자.

- 유니세프 데이터 파일에서 데이터를 불러온다.
- 데이터 행의 헤더를 찾는다.
- 우리가 읽을 수 있는 헤더를 수수께끼 같은 내장 헤더와 적절하게 매칭한다.
- 중복 기록이 존재하는지 확인하기 위해 데이터를 파싱한다.
- 손실 자료가 존재하는지 확인하기 위해 데이터를 파싱한다.
- 가구를 기준으로 데이터를 다른 행들과 병합한다.
- 데이터를 저장한다.

위의 리스트는 작업이 진행될 순서로 나열되어 있다. 위와 같은 리스트를 작성하면 어떻게 코드를 조직하고 스크립트로 만들 것인지, 그리고 어떻게 새로운 스크립트를 문서화할 것인지와 관련한 고민을 좀 덜 수 있다.

우리가 가장 먼저 해야 할 일 가운데 한 가지는 이번 장과 이전 장에서 우리가 작성한 모든 코드 덩어리를 하나의 스크립트에 모으는 것이다. 코드들을 모두 한데 모으고 나면 좋은 코드를 작성하는 데 따라야 하는 규칙들을 따르면 된다. 이제까지의 스크립트를 한번 살펴보자.

```
01  from csv import reader01
02  import dataset
03
04  data_rdr = reader(open('../../../data/unicef/mn.csv', 'rb'))
05  header_rdr = reader(open('../../../data/unicef/mn_headers_updated.csv', 'rb'))
06
07  data_rows = [d for d in data_rdr]
```

```
08  header_rows = [h for h in header_rdr if h[0] in data_rows[0]]
09
10  all_short_headers = [h[0] for h in header_rows]
11
12  skip_index = []
13  final_header_rows = []
14
15  for header in data_rows[0]:
16      if header not in all_short_headers:
17          print header
18          index = data_rows[0].index(header)
19          if index not in skip_index:
20              skip_index.append(index)
21      else:
22          for head in header_rows:
23              if head[0] == header:
24                  final_header_rows.append(head)
25                  break
26
27  new_data = []
28
29  for row in data_rows[1:]:
30      new_row = []
31      for i, d in enumerate(row):
32          if i not in skip_index:
33              new_row.append(d)
34      new_data.append(new_row)
35
36  zipped_data = []
37
38  for drow in new_data:
39      zipped_data.append(zip(final_header_rows, drow))
40
41  # 결측 데이터 찾기
42
43  for x in zipped_data[0]:
44      if not x[1]:
45          print x
46
47  # 중복 데이터 찾기
48
49  set_of_keys = set([
50      '%s-%s-%s' % (x[0][1], x[1][1], x[2][1]) for x in zipped_data])
51
52  uniques = [x for x in zipped_data if not
53              set_of_keys.remove('%s-%s-%s' %
54                                  (x[0][1], x[1][1], x[2][1]))]
55
56  print len(set_of_keys)
57
58  # DB에 저장하기
59
60  db = dataset.connect('sqlite:///../../data_wrangling.db')
61
62  table = db['unicef_survey']
63
64  for row_num, data in enumerate(zipped_data):
```

```
65      for question, answer in data:
66          data_dict = {
67              'question': question[1],
68              'question_code': question[0],
69              'answer': answer,
70              'response_number': row_num,
71              'survey': 'mn',
72          }
73
74      table.insert(data_dict)
```

전반적으로 코드가 중요도의 계층 없이 수평적이라는 것을 확인할 수 있다. 대부분의 코드와 함수가 들여쓰기 또는 문서화가 되어있지 않다. 또한 코드가 적절히 요약되어 있지 않고 변수 명이 분명하지 않다. 가장 첫 부분부터 수정해보자. 현재 코드의 처음 두 세트가 반복되고 있으니 이 부분을 함수로 만들어 보자.

```
def get_rows(file_name):
    rdr = reader(open(file_name, 'rb'))
    return [row for row in rdr]
```

위와 같이 함수를 생성하면 파일이 짧아진다. 이어지는 부분을 살펴보고 어떤 점을 보완할 수 있는지 생각해보자.

header_rows를 data_rows의 헤더와 맞추는데 코드의 일부를 할애하고 있다. 그러나 이제 이 부분은 더 이상 필요가 없다. 매칭된 결과를 이용하여 final_header_rows를 생성하기 때문에 header_rows를 data_rows가 아닌 부분과 매칭하기 위해 신경 쓸 필요가 없기 때문이다. 해당 코드를 삭제한다.

코드의 14-27번째 줄에서는 final_headers_rows 리스트와 skip_index 리스트를 생성한다. 이 두 과정은 매칭되지 않은 요소들을 제거하여 최종 리스트를 묶는 과정이라고 생각할 수 있다. 두 과정을 합쳐 보자.

```
def eliminate_mismatches(header_rows, data_rows):
    all_short_headers = [h[0] for h in header_rows]
    skip_index = []
    final_header_rows = []

for header in data_rows[0]:
    if header not in all_short_headers:
        index = data_rows[0].index(header)
        if index not in skip_index:
            skip_index.append(index)
    else:
        for head in header_rows:
            if head[0] == header:
                final_header_rows.append(head)
                break
    return skip_index, final_header_rows
```

위와 같이 클리닝의 더 많은 과정을 하나의 함수 안에 포함시킬 수 있다. 각 함수의 기능에 대한 설명을 문서화 하면 함수를 업데이트 할 때 어떠한 부분을 살펴보아야 할지 정확히 판단하기 쉽다.

스크립트를 계속 읽으면서 고쳐야 할 부분이 남아 있는지 살펴보자. 다음 부분에서는 압축된 데이터세트를 생성한다. 여기에서 우리는 두 가지 함수를 생성할 수 있다. 헤더와 매치되는 데이터 행만 남기도록 하는 함수와 그 결과 남은 데이터 행과 헤더를 묶는 함수이다. 물론 하나의 함수를 이용해 묶인 데이터를 생성할 수도 있다. 결국 어떤 것이 최선의 방법인지는 스스로 결정해야 한다. 여기에서 우리는 하나의 함수만을 사용하고 이후 이 함수가 필요할 때를 대비하여 헬퍼 함수를 생성한다.

```python
def zip_data(headers, data):
    zipped_data = []
    for drow in data:
        zipped_data.append(zip(headers, drow))
    return zipped_data

def create_zipped_data(final_header_rows, data_rows, skip_index):
    new_data = []
    for row in data_rows[1:]:
        new_row = []
        for index, data in enumerate(row):
            if index not in skip_index:
                new_row.append(data)
        new_data.append(new_row)
    zipped_data = zip_data(final_header_rows, new_data)
    return zipped_data
```

기존의 코드를 활용한 위의 두 함수를 통해 몇 가지 변수 명을 수정하고 헤더와 데이터 행을 묶는 헬퍼 함수를 추가하고 묶인 데이터를 반환할 수 있다. 코드가 좀 더 알아 보기 쉬워지고 적절하게 분리되었다. 코드의 나머지 부분에 동일한 논리를 적용하면 어떻게 되는지 살펴보자.

```python
from csv import reader
import dataset

def get_rows(file_name):
    rdr = reader(open(file_name, 'rb'))
    return [row for row in rdr]

def eliminate_mismatches(header_rows, data_rows):
    all_short_headers = [h[0] for h in header_rows]
    skip_index = []
    final_header_rows = []

    for header in data_rows[0]:
```

```
                if header not in all_short_headers:
                    index = data_rows[0].index(header)
                    if index not in skip_index:
                        skip_index.append(index)
                else:
                    for head in header_rows:
                        if head[0] == header:
                            final_header_rows.append(head)
                            break
        return skip_index, final_header_rows

def zip_data(headers, data):
    zipped_data = []
    for drow in data:
        zipped_data.append(zip(headers, drow))
    return zipped_data

def create_zipped_data(final_header_rows, data_rows, skip_index):
    new_data = []
    for row in data_rows[1:]:
        new_row = []
        for index, data in enumerate(row):
            if index not in skip_index:
                new_row.append(data)
        new_data.append(new_row)
    zipped_data = zip_data(final_header_rows, new_data)
    return zipped_data

def find_missing_data(zipped_data):
    missing_count = 0
    for question, answer in zipped_data:
        if not answer:
            missing_count += 1
    return missing_count

def find_duplicate_data(zipped_data):
    set_of_keys = set([
        '%s-%s-%s' % (row[0][1], row[1][1], row[2][1])
        for row in zipped_data])

    uniques = [row for row in zipped_data if not
               set_of_keys.remove('%s-%s-%s' %
                                  (row[0][1], row[1][1], row[2][1]))]

    return uniques, len(set_of_keys)

def save_to_sqlitedb(db_file, zipped_data, survey_type):
    db = dataset.connect(db_file)

    table = db['unicef_survey']
    all_rows = []

    for row_num, data in enumerate(zipped_data):
        for question, answer in data:
            data_dict = {
                'question': question[1],
                'question_code': question[0],
                'answer': answer,
```

```
            'response_number': row_num,
            'survey': survey_type,
            }
        all_rows.append(data_dict)

table.insert_many(all_rows)
```

훌륭한 함수들이 다수 생성되었지만, 프로그램이 작동하는 과정이 고려되지 않았다. 만약 현재 상태로 코드를 실행하면 아무것도 실행되지 않는다. 함수들이 호출되지 않았기 때문이다.

　이제 위의 함수들을 활용하는 main 함수를 생성해야 한다. 보통 파이썬 개발자들은 명령 프롬프트에서 실행하고자 하는 코드를 main 함수에 넣어 둔다. 위의 코드를 활용하는 main 함수를 추가하여 데이터세트를 클리닝해보자.

```
""" 이 섹션은 우리가 이미 작성해 놓은 스크립트의 맨 마지막에 배치된다. """

def main():
    data_rows = get_rows('data/unicef/mn.csv')
    header_rows = get_rows('data/unicef/mn_headers_updated.csv')
    skip_index, final_header_rows = eliminate_mismatches(header_rows,
                                                         data_rows)
    zipped_data = create_zipped_data(final_header_rows, data_rows, skip_index)
    num_missing = find_missing_data(zipped_data)
    uniques, num_dupes = find_duplicate_data(zipped_data)
    if num_missing == 0 and num_dupes == 0:
        save_to_sqlitedb('sqlite:///data/data_wrangling.db', zipped_data)
else:
    error_msg = ''
    if num_missing:
        error_msg += 'We are missing {} values. '.format(num_missing)
    if num_dupes:
        error_msg += 'We have {} duplicates. '.format(num_dupes)
    error_msg += 'Please have a look and fix!'
    print error_msg

if __name__ == '__main__':
    main()
```

이제 명령 프롬프트에서 실행할 수 있는 파일이 생성되었다. 이 파일을 실행하면 어떤 일이 일어날까? 오류 메시지가 나타나는가? 아니면 데이터가 로컬 SQLite 데이터베이스에 저장되는가?

파일이 명령 프롬프트에서 실행되게 만들기

명령 프롬프트를 통해 실행되도록 만들어진 대부분의 파이썬 파일은 몇 가지 공통적인 속성을 지닌다. 그중 하나는 기존의 함수나 헬퍼 함수들을 활용하는 main 함수가 존재한다는 것인데, 일반적으로 방금 우리가 생성한 데이터 클리닝 파일과 비슷한 형태를 띠고 있다.

main 함수는 보통 코드 블록의 최상위 들여쓰기 수준에서 호출된다. 위의 예제에서 사용된 문법은 if __name__ == '__main__':이다. 이 문법에서는 전역 전용 변수(global private variable)를 이용하며(이 때문에 name 앞뒤에 이중 밑줄 표시를 사용한다) 명령 프롬프트에서 파일을 실행하면 True를 반환한다.

스크립트가 명령 프롬프트에서 실행되지 않는다면 if 문의 코드는 실행되지 않는다. 함수들을 다른 스크립트에서 불러오면 __name__ 함수와 '__main__'가 일치하지 않아 코드가 실행되지 않는다. 이것은 파이썬 스크립트의 코딩 관례다.

> 오류가 발생하면 여러분의 코드가 위의 코드와 정확히 일치하는지 살펴보고, 파일 경로가 6장에서 생성한 데이터 저장소와 로컬 데이터베이스에 연결될 수 있도록 코드가 알맞게 설정되어 있는지 확인해 보라.

이제 코드에 대한 문서화 작업을 해보자. 인라인 도움말 문자열 혹은 주석을 함수에 추가하여 스크립트의 복잡한 부분을 쉽게 읽을 수 있도록 하고, 스크립트의 시작 부분에 설명을 추가할 것이다. 시작 부분에 추가되는 설명은 개별 README.md 파일을 만들어 저장할 수도 있다.

```
"""
사용법: python our_cleanup_script.py
본 스크립트는 유니세프의 남성 설문조사 데이터를 불러와서
중복 데이터 및 결측치를 확인한 뒤 헤더가 데이터와 제대로 매칭한 다음
간단한 데이터베이스 파일로 저장하기 위한 것이다.
데이터와 함께 'mn.csv' 파일이 존재해야 하며
이 코드가 있는 디렉터리 내의 unicef라는 하위 폴더 안에
'mn_updated_headers.csv' 파일이 있어야 한다.
또한 이 디렉터리의 루트에 'data_wrangling.db'라는
SQLite 파일이 있어야 한다. 마지막으로 데이터세트 라이브러리
(http://dataset.readthedocs.org/en/latest/)를 사용한다.

만약 스크립트가 오류 없이 실행된다면, 클리닝된 데이터를
SQLite의 'unicef_survey' 테이블에 저장한다.
저장된 데이터는 다음과 같은 구조를 가진다:
    - question: 문자열
    - question_code: 문자열
    - answer: 문자열
    - response_number: 정수
    - survey: 문자열

reponse_number는 추후 모든 응답을 병합하는 데 사용할 수 있다
(response_number가 3인 모든 데이터는 동일한 인터뷰에서 나온 자료 등).

문의사항이 있는 경우 다음 연락처로 문의주시기 바랍니다 ...
"""

from csv import reader
import dataset
```

```python
def get_rows(file_name):
    """주어진 csv 파일명의 행으로 이루어진 리스트를 반환"""
    rdr = reader(open(file_name, 'rb'))
    return [row for row in rdr]

def eliminate_mismatches(header_rows, data_rows):
    """
    유니세프 데이터세트으로부터 헤더 행과 데이터 행이 주어졌을 때,
    건너뛸 인덱스 숫자들 리스트와 최종 헤더 행들 리스트를 반환한다.
    이 함수는 data_rows 객체의 첫 번째 원소로 헤더가 있다고 가정한다.
    또한 그 헤더들이 축약된 유니세프 형식을 따른다고 가정한다.
    그리고 헤더 데이터 안의 각 헤더 행의 첫 번째 원소가 축약된
    유니세프 형식이라고 가정한다. 그러면 데이터 행들 중 건너뛸
    행(헤더와 제대로 매칭이 안 되는 것들)의 인덱스가 담긴 리스트를 첫 번째 원소로
    반환하고, 최종적으로 클리닝된 헤더 행들을 두 번째 원소로 반환한다.
    """
    all_short_headers = [h[0] for h in header_rows]
    skip_index = []
    final_header_rows = []
    for header in data_rows[0]:
        if header not in all_short_headers:
            index = data_rows[0].index(header)
            if index not in skip_index:
                skip_index.append(index)
        else:
            for head in header_rows:
                if head[0] == header:
                    final_header_rows.append(head)
                    break
    return skip_index, final_header_rows

def zip_data(headers, data):
    """
    헤더 리스트와 데이터 리스트가 주어졌을 때 합친 데이터를 리스트로 반환한다.
    행별 데이터 원소들의 길이와 헤더의 길이가 동일하다고 가정한다.

    출력 예시: [(['question code', 'question summary', 'question text'],
                'resp'), ....]
    """
    zipped_data = []
    for drow in data:
        zipped_data.append(zip(headers, drow))
    return zipped_data

def create_zipped_data(final_header_rows, data_rows, skip_index):
    """
    최종 헤더 행 리스트, 데이터 행 리스트, 제대로 매칭되지 않아 건너뛸
    데이터 행들의 인덱스 리스트가 주어졌을 때 데이터 행들을
    합친(매칭된 헤더와 데이터) 리스트를 반환한다. 이 함수는 데이터
    행들의 첫 번째 행이 본래의 데이터 헤더 값을 가지고 있다고 가정하며,
    그 값들을 최종 리스트에서 제거할 것이다.
    """
    new_data = []
    for row in data_rows[1:]:
        new_row = []
        for index, data in enumerate(row):
            if index not in skip_index:
```

```
                    new_row.append(data)
                new_data.append(new_row)
        zipped_data = zip_data(final_header_rows, new_data)
        return zipped_data

def find_missing_data(zipped_data):
    """
    합친 데이터 집합 중에서 몇 개의 답변(answer) 값이 없는지
    개수를 세어 반환한다. 이 함수는 모든 응답이 두 번째 원소에
    저장되어 있다고 가정한다. 또한 모든 응답이 매칭된 질문, 답변
    형태로 묶여 있다고 가정한다. 정수를 반환한다.
    """
    missing_count = 0
    for response in zipped_data:
        for question, answer in response:
            if not answer:
                missing_count += 1
    return missing_count

def find_duplicate_data(zipped_data):
    """
    유니세프 zipped_data 리스트를 넣으면 고유한 원소와 중복된
    원소들의 개수를 반환한다. 이 함수는 데이터의 맨 앞 세 행이
    집, 군집, 그리고 인터뷰의 줄 번호로 구조화되어 있을 것이라고
    가정하며 이 값들을 사용해 반복이 되지 않는 고유한 키를 생성한다.
    """

    set_of_keys = set([
        '%s-%s-%s' % (row[0][1], row[1][1], row[2][1])
        for row in zipped_data])

    # 할 일: 중복 데이터가 있으면 오류가 난다.
    # 해결 방법을 찾아야 함
    uniques = [row for row in zipped_data if not
                set_of_keys.remove('%s-%s-%s' %
                                    (row[0][1], row[1][1], row[2][1]))]

    return uniques, len(set_of_keys)

def save_to_sqlitedb(db_file, zipped_data, survey_type):
    """
    SQLite 파일 경로, 클리닝된 zipped_data, 사용된 유니세프
    설문 유형을 받아 데이터를 'unicef_survey'라는 이름의
    SQLite 테이블로 저장하며 다음과 같은 속성을 갖도록 한다:
    question, question_code, answer, response_number, survey
    """
    db = dataset.connect(db_file)

    table = db['unicef_survey']
    all_rows = []

    for row_num, data in enumerate(zipped_data):
        for question, answer in data:
            data_dict = {
                'question': question[1],
                'question_code': question[0],
                'answer': answer,
                'response_number': row_num,
```

```
            'survey': survey_type,
        }
        all_rows.append(data_dict)

    table.insert_many(all_rows)

def main():
    """
    모든 데이터를 행으로 불러오고 클리닝한 뒤, 오류가
    없으면 SQLite로 저장한다.
    오류가 발생하면 개발자들이 스크립트를 수정하거나
    데이터에 오류가 있는지 확인할 수 있도록 상세 내용을 출력한다.
    """

    # 할 일: 변수로 전달해 메인 함수에 다른 설문들과 함께 사용 가능하도록
    # 다음 파일들을 추상화할 필요가 있음
    data_rows = get_rows('data/unicef/mn.csv')
    header_rows = get_rows('data/unicef/mn_updated_headers.csv')
    skip_index, final_header_rows = eliminate_mismatches(header_rows,
                                                         data_rows)

    zipped_data = create_zipped_data(final_header_rows, data_rows, skip_index)
    num_missing = find_missing_data(zipped_data)
    uniques, num_dupes = find_duplicate_data(zipped_data)
    if num_missing == 0 and num_dupes == 0:
        # 할 일: 이 파일도 추상화 하거나
        # 다음 코드로 넘어가기 전에 파일이 있는지 확인할 것
        save_to_sqlite('sqlite:///data_wrangling.db', zipped_data, 'mn')
    else:
        # 할 일: 최종적으로는 로그를 남기거나
        # 오류를 출력하기보다 이메일을 보내는 것이 나을지도
        error_msg = ''
        if num_missing:
            error_msg += '{}개의 값이 없음 '.format(num_missing)
        if num_dupes:
            error_msg += '{}개의 중복된 값이 있음 '.format(num_dupes)
        error_msg += '오류가 있으니 다시 확인해서 고치자!'
        print error_msg

if __name__ == '__main__':
    main()
```

이제 코드가 정리되고 문서화 되었다. 또한 재사용 가능한 함수들이 알아 보기 쉽게 정리되었다. 첫 스크립트치고는 나쁘지 않다. 이 코드를 이용하여 유니세프의 여러 데이터세트를 불러올 수 있기를 바란다!

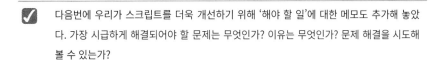 다음번에 우리가 스크립트를 더욱 개선하기 위해 '해야 할 일'에 대한 메모도 추가해 놓았다. 가장 시급하게 해결되어야 할 문제는 무엇인가? 이유는 무엇인가? 문제 해결을 시도해 볼 수 있는가?

이 예제에서 코드를 실행하는 데 사용되는 파일은 한 개뿐이다. 그러나 코드의

길이가 늘어남에 따라 그 코드의 저장소 또한 늘어날 것이다. 그러므로 미리 저장소에 어떠한 것을 추가하게 될지 생각해 보아야 한다. 코드와 코드 구조는 매우 유사하다. 저장소가 두 개 이상의 유니세프 데이터 파싱을 위해 사용될 것 같다면 저장소를 다른 방식으로 조직해야 할지도 모른다.

어떻게 해야 할까? 우선 데이터를 개별 파일로 저장하는 것이 좋다. 사실 이후에 저장소가 얼마나 커지게 될지에 따라 별도의 몇몇 폴더에 다른 유형의 데이터 파서와 클리너를 만들어 놓는 것도 좋다.

> 초기 단계에서 저장소 조직에 대해 너무 고민할 필요는 없다. 파이썬 실력이 늘고 데이터세트에 대한 이해가 높아짐에 따라 어떤 단계부터 시작해야 할지 분명해질 것이다.

저장소 조직에 관련해서는 utils나 common이라는 이름의 폴더를 만들어 이곳에 코드의 여러 부분에서 쓰일 스크립트의 일부를 저장하는 것이 일반적이다. 다수의 개발자들은 여러 스크립트에서 손쉽게 불러올 수 있도록 이 폴더에 데이터베이스 연결 스크립트나 자주 사용되는 API 코드, 커뮤니케이션 혹은 이메일 스크립트 등을 저장해 둔다.

저장소 나머지 부분의 관리 방법에 따라 프로젝트의 여러 가지 단계와 관련된 파일을 개별 디렉터리에 저장할 수 있다. 어떤 디렉터리에는 유니세프 데이터와 관련된 파일만을 넣고, 다른 디렉터리에는 웹 스크래핑 스크립트나 최종 보고 코드를 넣는 것이다. 저장소를 조직하는 방식은 여러분에게 달려 있다. 언제나 분명하고 명확하며 조직적인 방식을 선택하도록 하라.

만약 초기 단계에서 저장소 조직에 신경을 썼다면 이후 재조직해야 할 경우가 생기더라도 큰 문제는 없을 것이다. 반면 제대로 문서화되어 있지 않은 800줄짜리 파일들로 저장소가 가득 차 있다면 상당한 양의 작업이 필요할지도 모른다. 가장 좋은 방법은 조직을 시작하기 전에 알맞은 시작점을 잡고 저장소가 커지거나 저장소에 변경사항이 생김에 따라 이에 맞추어 적절히 처리해 나가는 것이다.

파일 조직 이외에 디렉터리/파일/함수/클래스를 분명하고 명확하게 명명하는 것 또한 큰 도움이 된다. 예를 들면 utils 폴더에는 다수의 파일이 저장될 수 있는데, 파일 명을 utils1, utils2 등으로 지으면 각 파일의 용도를 매번 확인해보아야 할 것이다. 그러나 만약 파일 명을 email.py, database.py, twitter_api.py 등으로 지으면 각 파일의 용도가 더 분명히 드러나게 된다.

모든 면에서 코드를 분명하게 작성하는 게 파이썬 데이터 랭글링 경력을 쌓기 위한 좋은 출발점이 될 것이다. 저장소에 파일을 어떻게 조직할 것인지 생각해 보자.

```
data_wrangling_repo/
|-- README.md
|-- data_wrangling.db
|-- data/
|   '-- unicef/
|       |-- mn.csv
|       |-- mn_updated_headers.csv
|       |-- wm.csv
|       '-- wm_headers.csv
|-- scripts/
|   '-- unicef/
|       '-- unicef_cleanup.py (script from this chp)
'-- utils/
    |-- databases.py
    '-- emailer.py
```

아직 databases나 emailer 파일은 작성하지 않았으나 곧 작성한다. 위의 구조에 어떤 것을 추가해야 할까? 왜 unicef 폴더를 두 개 만들었을까? 데이터 파일과 스크립트 파일을 분리해야 할까?

 위와 비슷한 구조로 프로젝트 폴더를 조직할 수는 있지만, 보통 데이터는 저장소에 저장되 거나 들어있지 않다는 것을 기억하라. 프로젝트와 관련된 데이터 파일은 공유 파일 서버나 로컬 네트워크의 어딘가에 보관하자. 만약 혼자 작업을 하고 있다면 반드시 백업하는 것을 잊지 말자. 저장소에는 크기가 큰 파일을 보관하지 않는 것이 좋다. 데이터 관리에 바람직 하지 않을 뿐만 아니라 새로운 장치로 옮길 때 작업 속도가 느려지므로 데이터를 관리하기 에 좋지 않다.

저장소에 db 파일이나 log 혹은 config 파일을 보관하지 않기를 권장한다. 최대 한 편리한 방식으로 구조를 건축하도록 해라. README.md에 파일의 예상 구조 를 추가하고 데이터 파일을 어디에서 얻을 수 있는지 기록해 둘 수도 있다.

깃과 .gitignore

만약 여러분이 버전 관리를 위해 깃(Git)(*https://git-scm.com/*)을 사용하고 있지 않다면, 이 책을 다 읽기 전에는 사용하게 될 것이다! 버전 관리를 통해 코드를 관리 및 업데이트하고 팀 이나 동료들과 코드를 공유하는 저장소를 생성할 수 있다.

14장에서 깃에 대해 더 자세히 다루겠지만, 저장소 구조를 이야기하는 김에 .gitignore 파 일(*https://github.com/github/gitignore*)에 대해 좀 더 알아보자. .gitignore 파일은 무시해 도 되는 파일이나 저장소에 업데이트/업로드하지 않을 파일이 어떤 것인지 깃에 알려주는 역

> 할을 한다. 7장에서 살펴 본 정규식과 유사하게 간단한 패턴을 사용하여 파일 명을 매칭한다.
>
> 저장소 구조 내에서 우리는 .gitignore 파일을 이용하여 저장소에 데이터 파일을 보관하지 않도록 깃에 명령할 수 있다. 그리고 저장소의 구조에 대한 설명과 데이터 파일과 관련한 연락처를 README.md에 저장해 놓을 수 있다. 이러한 방식으로 저장소를 깔끔하고 다운로드하기 쉽게 유지할 수 있으며 코드의 구조 또한 적절하게 유지할 수 있다.

논리적인 저장소 구조를 생성하고 README.md와 .gitignore 파일을 사용하면 모듈화된 코드로 잘 조직된 프로젝트 폴더를 만들 수 있다. 또한 크기가 크거나 민감한 데이터(데이터베이스나 로그인 데이터)를 저장소에 저장하지 않을 수 있다.

새 데이터 테스트하기

코드의 문서화, 스크립팅 그리고 조직화를 마쳤으니 테스트 데이터를 이용하여 코드를 테스트 해보자. 이를 통해 예상한 결과가 나올 수 있게끔 코드를 제대로 작성했는지 확인할 수 있다. 데이터 클리닝 작업을 스크립팅 한 이유 중 하나는 이후에 스크립트를 다시 사용하기 위해서였다. 새로운 데이터를 활용하여 스크립트를 테스트 해보면 코드 표준화에 시간과 노력을 들인 보람이 있는지 알 수 있을 것이다.

우리가 작성한 스크립트를 테스트 하는 방법 중 하나는 유니세프 웹사이트에서 찾은 데이터와 비슷한 데이터에 얼마나 쉽게 이 스크립트를 적용할 수 있는지 살펴보는 것이다. 한번 시도해보자. 저장소(*https://github.com/jackiekazil/data-wrangling*)에 wm.csv와 wm_headers.csv 파일이 있다. 짐바브웨 유니세프 데이터의 여성 설문조사 자료이다.

남성 설문조사 자료 대신 이 파일을 스크립트에 적용해보자. 일단 클리닝 스크립트에서 파일 명 부분을 변경한다. 남성 설문조사와 구분하기 위해 설문조사 유형 또한 'wm'로 변경한다.

 여성에 대한 데이터세트는 남성에 대한 데이터세트에 비해 월등하게 크다. 데이터를 저장하지 않았다면 저장하고, 작업을 계속하기 전에 다른 프로그램들을 종료하길 권장한다. 관련하여 스크립트에서의 메모리 사용을 어떻게 개선할 수 있는지 생각해보는 것도 좋다.

데이터를 제대로 불러오는지 살펴보자.

```
import dataset

db = dataset.connect('sqlite:///data_wrangling.db')

wm_count = db.query('select count(*) from unicef_survey where survey="wm"')    ❶

count_result = wm_count.next()                                                 ❷

print count_result
```

❶ survey='wm'인 행의 개수를 신속하게 확인할 수 있도록 직접 쿼리를 사용한다. 유형을 'wm'으로 설정해 놓은 두 번째 실행에서의 행들만 포함된다.

❷ 첫 번째 결과를 사용하기 위해 쿼리 응답의 next 메서드를 사용하여 쿼리의 결과를 읽는다. count를 사용했기 때문에 하나의 응답만 가지게 된다.

유사한 데이터를 활용한 테스트를 통해 우리가 의도한 대로 스크립트가 작동하는지 확인할 수 있다. 또한 스크립트가 재사용될 수 있을 만큼 보편적으로 작성되었는지도 확인할 수 있다.

그러나 이게 코드를 테스트하는 유일한 방식은 아니다. 파이썬에는 테스트를 위한 라이브러리가 상당수 존재하므로 테스트 스크립트를 작성하고 테스트 데이터를 활용하는 데(API 응답을 테스트하는 것까지도) 도움을 받아 코드의 함수가 제대로 작동하는지 확인할 수 있을 것이다.

파이썬의 표준 라이브러리에는 다양한 테스트 모듈이 내장되어 있다. unittest(*https://docs.python.org/2/library/unittest.html*)를 이용해 단위 테스트(unit test)를 수행할 수 있다. 이 모듈의 내장 클래스와 assert 문을 이용해 코드가 작동하는지 확인할 수 있다. get_rows 함수가 리스트를 반환한다고 선언하고 이것이 참인지 테스트 하는 단위 테스트를 만들어 코드에서 사용할 수 있다. 또한 리스트의 길이와 데이터 행의 개수가 동일하다고 선언하고 이 선언을 테스트할 수 있다. 각 함수에 이러한 테스트와 선언을 포함시킬 수 있다.

유명한 또 하나의 파이썬의 테스트 체계는 nose(*https://nose.readthedocs.org/en/latest/*)이다. nose는 굉장히 강력한 테스트 체계로 추가 플러그인(*http://bit.ly/builtin_nose_plugins*) 및 배치와 관련한 옵션을 다수 포함하고 있다. 다양한 테스트 필요조건을 지닌 큰 저장소를 가지고 있거나 여러 명의 개발자가 동일한 코드를 가지고 일하는 경우에 사용하기 좋다.

어떠한 방법을 사용해야 할지 결정하기 힘들다면 pytest(http://pytest.org/latest/)가 적당할 수 있다. 위의 두 가지 방식 중 원하는 방식으로 테스트를 작성할 수 있으며 필요한 경우 방식을 변경할 수 있기 때문이다. 또한 관련 강연도 활발하고, 튜토리얼도 상당수 있어(*http://bit.ly/pytest_talks_posts*) pytest에 대해 충분히 공부한 후 테스트를 작성할 수 있다.

 보통 테스트 스위트(test suite)는 각 모듈의 테스트 파일로 구성된다(즉, 현재 저장소 구조의 경우 데이터 폴더와 배치 폴더를 제외한 각 디렉터리에 테스트 파일을 넣는다). 어떤 사람들은 특정 파일에 대한 테스트를 쉽게 찾을 수 있도록 각 폴더 내의 모든 파일에 대해 테스트 파일을 작성한다. 또 다른 사람들은 테스트 디렉터리를 별도로 생성하고 스크립트 부분에서 동일한 파이썬 테스트 파일을 이용하기도 한다.

어떤 테스트 방식이나 조직 방식을 택하든 일관성이 있고 분명한 방식인지 확인하라. 여러분을 비롯한 많은 사람들이 테스트의 저장 위치를 파악하고 필요할 때 쉽게 실행할 수 있어야 하기 때문이다.

요약

이 장에서 우리는 데이터 표준화에 대한 기초 사항들을 살펴보고, 이와 더불어 언제 데이터를 정규화하거나 이상치를 제거해야 하는지 배웠다. 6장에서 클리닝된 데이터를 데이터베이스나 로컬 파일로 내보내 반복적인 과정에 적절하고 일관성 있는 함수를 작성해보았다.

또한 중첩 폴더와 적절하게 이름 붙여진 파일들을 이용하여 파이썬 저장소를 조직해 보았으며 코드를 문서화하고 분석해 보았다. 마지막으로 테스트에 대한 기본적인 사항과 테스트 작성 시 사용할 수 있는 도구들에 대해서도 알아 보았다.

표 8.2에는 이 장에서 소개한 파이썬 개념들이 요약되어 있다.

개념/라이브러리	목적
데이터세트 insert 메서드	insert 명령어를 이용하여 SQLite 데이터베이스에 쉽게 데이터를 저장한다.
CSV 쓰기 객체	csv writer 클래스를 이용하여 CSV에 데이터를 저장한다.
파이썬 선(import this)	파이썬 프로그래머처럼 코드를 쓰고 생각하는 방법을 담고 있다.
파이썬 코딩의 좋은 습관	초보 파이썬 개발자로서 숙지해야 할 파이썬 사용의 좋은 습관에 대한 기본적인 개요이다.
파이썬 명령 프롬프트 실행 (if __name__ == '__main__':)	이 코드를 이용하여 스크립트를 서식화 하면 명령 프롬프트에서 main 함수를 실행할 수 있다.

해야 할 일(TODO) 기호	주석을 통해 스크립팅 과정에서 수행해야 할 작업을 확인할 수 있다.
깃(*https://git-scm.com/*)	코드에 변경된 사항을 추적할 수 있는 버전 관리 시스템이다. 다른 사람들과 함께 코드를 사용하는 경우뿐 아니라 혼자 작업하는 경우에도 유용하게 쓰인다. 깃에 대해서는 14장에서 더 자세히 다룬다.

표 8.2 8장에 소개된 파이썬/프로그래밍 개념 및 라이브러리

다음 장에서 계속해 데이터 클리닝 및 데이터 분석 기술을 연마하고 이를 이용하여 새로운 데이터세트를 준비하며 데이터 분석으로 넘어가 보자.

## 9장

D a t a   W r a n g l i n g   w i t h   P y t h o n

데이터 탐색과 분석

이번에는 지금까지 수집하고 클리닝 한 데이터를 분석해보자! 데이터를 살펴 보기 전에 결과에 대한 지나친 예상을 하지 않는 것이 중요하다. 연구 질문에 대해 오직 하나의 답만이 존재하지 않을 수 있고, 또 확실한 답이 존재하지 않을 수도 있다. 과학 수업 시간에 배운 가설과 결론을 떠올려 보라. 이와 비슷한 방식으로 데이터 탐색에 접근해야 한다. 확실한 결론을 얻지 못할 수 있다는 것 또한 염두에 두어야 한다.

데이터에 어떠한 추세가 존재하지 않는다는 것을 알게 되거나 예상치 못한 추세를 발견하게 되는 것은 재미있는 일이다. 모든 것이 우리가 예상한 대로라면 데이터 랭글링은 꽤 지루한 작업이 될 것이다. 예측은 적게 하고 탐색은 많이 해야 한다.

 데이터를 분석하고 탐색하는 과정에서 더 많은 데이터, 혹은 다른 데이터가 필요하다는 것을 깨닫게 될 수 있다. 이것 또한 연구 질문을 정의하고 데이터가 들려주고자 하는 이야기를 탐구하는 과정 전체의 일부라는 것을 받아들여야 한다.

데이터세트를 처음 발견했을 때 생각했던 질문을 떠올려 보자. 데이터세트를 통해 무엇을 알아내고 싶은가? 탐색에 도움이 될 만한 연관된 질문들에는 어떤 것이 있는가? 이러한 질문들은 이야기를 발견할 수 있는 방향을 알려 주거나, 적어도 다른 재미있는 질문들로 여러분을 인도해 줄 것이다. 만약 처음 가졌던 질문에 대한 답을 찾을 수 없다고 하더라도, 해당 주제를 깊이 이해할 수 있을 뿐 아니라, 이를 기반으로 탐구해 볼 만한 다른 질문들을 찾을 수 있을 것이다.

이 장에서 우리는 데이터 탐색과 분석을 위한 새로운 파이썬 라이브러리를 배우고, 이전 두 장에서 살펴 본 데이터 클리닝 방법을 적용해 볼 것이다. 데이터 세트를 결합하여 데이터를 탐색하고 이를 바탕으로 통계적 결론에 다다르는 방법에 대해 알아 본다.

데이터 탐색하기

이전 장들에서 데이터를 파싱하고 클리닝하는 방법에 대해 배워 보았으니 지금쯤이면 파이썬에서 데이터를 다루는 작업에 익숙해졌을 것이다. 이제 파이썬에서 데이터를 좀 더 자세히 탐색하는 방법에 대해 알아 보자.

우선 agate(*http://agate.readthedocs.org/*)라는 헬퍼 라이브러리를 설치하여 데이터의 기본적인 특성에 대해 알아보자. agate는 저명한 데이터 저널리스트이자 파이썬 개발자인 크리스토퍼 그로스코프(Christopher Groskopf)(*https://github.com/onyxfish*)가 개발한 데이터 분석 라이브러리로, 우리가 데이터와 더 친해질 수 있도록 도와줄 것이다. 라이브러리를 설치하기 위해 pip을 이용한다.

```
pip install agate
```

> ⚠ 이 장은 agate 1.2.0과 호환이 된다. agate는 상대적으로 신생인 라이브러리이기 때문에 시간이 지남에 따라 일부 기능이 변경될 수 있다. 라이브러리의 특정 버전을 설치하기 위해서는 pip을 사용할 때 이를 설정해 주어야 한다. 이 책의 예제를 따라 할 때는 `pip install agate==1.2.0`을 입력하여 agate를 설치하라. 또한 최신 버전을 테스트해보고 이 책의 깃허브 저장소에 업로드된 코드 변경사항을 확인해 보기를 권장한다.

agate 라이브러리의 특징을 살펴보자. 이를 위해 유니세프의 아동 노동에 대한 연례 보고서(*http://data.unicef.org/child-protection/child-labour.html*) 데이터를 사용한다.

데이터 불러오기

첫 번째 데이터세트인 유니세프의 아동 노동 요약 데이터를 살펴보자. 우리가 다운로드 한 파일은 세계 각국의 아동 노동 비율 데이터를 담은 엑셀 파일이다. 4장부터 7장에 걸쳐 익힌 엑셀 파일 및 데이터 클리닝 기법을 활용하여 agate 라이브러리에서 사용할 수 있는 파일 형식으로 변환해보자.

엑셀 시트를 처리할 때 여러분이 선호하는 엑셀 뷰어에서 시트를 열기를 권장한다. 시트를 통해 파이썬이 '보는' 것과 여러분이 보는 것을 쉽게 비교해 볼 수 있기 때문에 데이터를 수월하게 탐색하고 추출할 수 있다.

일단 앞으로 필요하게 될 라이브러리를 불러오고 xlrd 노트북[1]에 엑셀 파일을 불러온다.

```
import xlrd
import agate

workbook = xlrd.open_workbook('unicef_oct_2014.xls')

workbook.nsheets

workbook.sheet_names()
```

workbook이라는 변수에 엑셀 데이터를 넣었다. 이 워크시트에는 Child labour라는 이름의 시트가 담겨 있다.

위 코드를 IPython 터미널에서 실행하고 있다면(출력 결과물이 더 많기 때문에 IPython 터미널 사용을 권장한다) 다음과 같이 출력된다.

```
In [6]: workbook.nsheets
Out[6]: 1

In [7]: workbook.sheet_names()
Out[7]: [u'Child labour ']
```

agate 라이브러리로 시트를 불러올 수 있도록 시트를 선택하자. agate 라이브러리의 도움말(*http://bit.ly/agate_tutorial*)에 따르면 타이틀 리스트, 데이터 열의 유형 리스트, 데이터 리더(혹은 순회 가능한 데이터 리스트)와 함께 데이터를 가져온다. 그러므로 시트의 데이터를 agate 라이브러리로 제대로 불러오기 위해 데이터 유형을 알아야 한다.

```
sheet = workbook.sheets()[0]

sheet.nrows                    ❶

sheet.row_values(0)            ❷

for r in range(sheet.nrows):
    print r, sheet.row(r)      ❸
```

---

1 (옮긴이) 엑셀의 시트가 종이 한 장이라는 뜻이므로, 비유적으로 이들의 집합을 공책을 뜻하는 노트북 또는 워크북이라고 해당 라이브러리에서 호칭한다.

❶ nrows는 시트에 존재하는 행의 개수를 센다.

❷ row_values는 하나의 행을 선택하고 그 행의 값을 보여준다. 이 경우 엑셀 파일의 첫 행에 타이틀이 있기 때문에 타이틀을 보여준다.

❸ range와 for 루프를 이용하여 모든 행을 순회하면 파이썬이 보는 방식으로 각 행을 볼 수 있다. 시트의 row 메서드를 이용하면 데이터와 각 행의 데이터 유형에 대한 정보를 반환한다.

3장에서 배웠던 것처럼 csv 라이브러리는 열린 파일을 받아 그것을 반복자로 변환한다. 반복자란 순회할 수 있는 객체이며 한 번 순회할 때마다 하나의 값을 반환한다. 반복자는 리스트에 비해 속도 및 성능 면에서 우수하기 때문에 효율적으로 데이터를 풀 수 있다.

> 💡 우리는 지금 상대적으로 크기가 작은 데이터세트를 처리하고 있기 때문에 리스트를 생성하고 이것을 반복자 대신 전달할 수 있다. 반복자를 필요로 하는 대부분의 라이브러리에는 어떠한 순회 가능한 객체(예를 들면 리스트)를 사용해도 괜찮다. 여전히 xlrd와 agate 라이브러리의 요구 조건에 맞출 수 있다.

일단 열의 타이틀을 확인해보자. 방금 전의 출력 결과를 통해 4행과 5행에 타이틀이 존재한다는 것을 알았다. zip을 이용하여 타이틀 행을 찾아 보자.

```
title_rows = zip(sheet.row_values(4), sheet.row_values(5))

title_rows
```

이제 title_rows 변수의 값을 확인해보자.

```
[('', u'Countries and areas'),
 (u'Total (%)', ''),
 ('', ''),
 (u'Sex (%)', u'Male'),
 ('', u'Female'),
 (u'Place of residence (%)', u'Urban'),
 ('', u'Rural'),
 (u'Household wealth quintile (%)', u'Poorest'),
 ('', u'Second'),
 ('', u'Middle'),
 ('', u'Fourth'),
 ('', u'Richest'),
 (u'Reference Year', ''),
 (u'Data Source', '')]
```

한 행만 선택했다면 놓쳤을 정보를 두 행을 모두 이용하여 얻을 수 있었다. 시간을 좀 더 할애하여 이 부분을 개선할 수 있겠지만, 일단 데이터에 대한 초기 탐사치고는 괜찮은 결과를 얻었다. 타이틀 데이터는 튜플로 이루어진 리스트에 담겨있다. agate 라이브러리는 첫 번째 값이 타이틀 문자열인 튜플 리스트를 받기 때문에 타이틀을 문자열 리스트로 변환해야 한다.

```
titles = [t[0] + ' ' + t[1] for t in title_rows]

print titles

titles = [t.strip() for t in titles]
```

위 코드에서는 두 개의 리스트 발생자를 사용한다. 첫 발생자에서는 튜플로 이루어진 리스트인 title_rows 리스트를 전달한다. 튜플에는 엑셀 파일의 타이틀 행에 담겨있던 문자열이 담긴다.

첫 번째 리스트 발생자는 인덱싱을 사용하여 튜플의 양 부분을 모두 받아 하나의 문자열을 생성한다. 읽기 쉽도록 ' '를 이용하여 각 튜플의 값을 합친다. 이제 타이틀 리스트는 튜플이 아닌 문자열로 이루어진 리스트가 되었다! 모든 튜플이 두 개의 값을 가진 것이 아니기 때문에 타이틀이 좀 지저분해졌다. 공백을 추가했기 때문에 몇몇 타이틀은 ' Female'과 같이 공백으로 시작하게 되었다.

시작 부분에 존재하는 공백을 제거하기 위해 두 번째 발생자에서 맨 앞과 맨 뒤의 공백을 제거하는 strip 문자열 메서드를 이용한다. 이로써 titles 변수에는 깔끔한 문자열 리스트가 담기게 되었다. 이제 이 리스트를 agate 라이브러리에 사용할 수 있다.

타이틀이 분류되었으니 엑셀 파일의 어떤 행을 사용할지 결정해야 한다. 시트에는 국가 그리고 대륙 데이터가 담겨 있는데, 국가 데이터를 중점적으로 살펴보자. 실수로 대륙별 총계 데이터가 섞이지 않도록 주의해야 한다. 이전 코드의 출력 결과를 통해 우리가 원하는 데이터는 6번째에서부터 114번째 줄 사이에 존재한다는 것을 알 수 있다. row_values 메서드를 사용하여 xlrd 시트 객체의 행 값을 반환해보자.

```
country_rows = [sheet.row_values(r) for r in range(6, 114)]
```

이제 타이틀과 데이터 리스트가 생겼으니 agate 라이브러리로 불러오기 위해 리스트의 유형을 정의하자. 열 정의에 대한 도움말(*http://bit.ly/agate_tutorial*)에 따르면 텍스트, 불, 숫자, 날짜 유형을 사용할 수 있는데, 라이브러리의 저자는 데이터의 유형을 확실히 알지 못하는 경우에는 텍스트 유형을 사용할 것을 권장한다. 또한 내장 TypeTester(*http://bit.ly/agate_typetester*)를 사용하여 유형을 짐작해 볼 수도 있다. 일단 xlrd 내장 기능을 사용하여 열을 정의한다.

```
from xlrd.sheet import ctype_text
import agate

text_type = agate.Text()
number_type = agate.Number()
boolean_type = agate.Boolean()
date_type = agate.Date()

example_row = sheet.row(6)

print example_row                    ❶

print example_row[0].ctype           ❷
print example_row[0].value

print ctype_text                     ❸
```

❶ 이 행을 눈으로 살펴 보면 데이터가 적절하다는 것을 확인할 수 있다. xlrd는 빈 열 한 개를 제외한 모든 데이터를 식별한다.

❷ ctype과 value 속성을 호출하여 각 셀의 유형과 값 속성을 파악한다.

❸ xlrd 라이브러리의 xtype_text 객체를 사용하여 ctype 메서드에서 반환된 정수들을 매칭하고 읽기 쉬운 형태로 매핑할 수 있다. 이 방법을 사용하면 손으로 유형을 매핑하지 않아도 된다.

> 💡 IPython에서는 새로운 메서드와 속성을 손쉽게 알아낼 수 있다. 여러분이 알아 보고 싶은 대상을 기반으로 새로운 객체를 생성하고 마지막에 마침표를 추가한 후 탭 키를 누르면 속성과 메서드 리스트가 나타날 것이다.

위의 코드를 통해 유형을 정의할 때 사용할 수 있는 도구들에 대해 파악할 수 있다. ctype 메서드와 ctype_text 객체를 사용하여 특정 행의 데이터 유형을 알아낼 수 있다.

> ✅ 이러한 방식으로 리스트를 만들면 생성 시에는 많은 작업이 필요하겠지만 리스트를 재사용할 수 있어 이후 시간을 절약할 수 있다. 코드의 일부를 재사용하면 앞으로 수많은 시간을 아낄 수 있을 뿐만 아니라, 자기 자신만의 코드를 작성하는 재미를 느낄 수 있을 것이다.

엑셀 행 유형을 파악하기 위해 어떠한 함수를 사용해야 하는지 알아 보았으니

agate 라이브러리에 사용할 유형 리스트를 만들어 보자. ctype을 사용하여 예제 행을 순회하며 행 유형을 매칭할 것이다.

```
types = []

for v in example_row:
    value_type = ctype_text[v.ctype]              ❶
    if value_type == 'text':                      ❷
        types.append(text_type)
    elif value_type == 'number':
        types.append(number_type)
    elif value_type == 'xldate':
        types.append(date_type)
    else:                                         ❸
        types.append(text_type)
```

❶ 각 행의 ctype 속성을 살펴 보던 중 발견한 정수와 ctype_text 딕셔너리를 매핑하여 읽기 쉽게 만든다. 이제 value_type에 열 유형 문자열(텍스트, 숫자 등)이 담긴다.

❷ if 문과 elif 문을 == 연산자와 함께 사용하여 value_type과 agate 행 유형을 매칭한다. 리스트에 적절한 유형을 이어 붙이고 다음 열로 이동한다.

❸ 라이브러리 도움말에 명시된 바와 같이 유형이 매칭되지 않으면 텍스트 열 유형을 이어 붙인다.

빈 리스트를 받아 열을 순회하여 데이터세트에 포함된 모든 열의 유형을 담은 리스트를 생성하는 함수를 만들었다. 코드를 실행하면 유형, 타이틀, 그리고 데이터 리스트를 얻을 수 있다. 다음 코드를 실행하여 타이틀을 유형과 함께 묶은 결과를 agate 표로 불러와 보자.

```
table = agate.Table(country_rows, titles, types)
```

이 코드를 실행하면 캐스트 오류(CastError)가 발생하고, Can not convert value "-" to Decimal for Number Column이라는 메시지가 나타난다.

　7장과 8장에서 살펴 보았듯이 데이터 랭글링을 위해서는 데이터 클리닝 작업이 필수적이다. 문서화가 잘 된 코드를 작성하면 이후 시간을 절약할 수 있다. 이 오류 메시지를 통해 우리는 숫자 열 가운데 한 열에 불량 데이터가 존재한다는 것을 알 수 있다. 시트의 어딘가에 널 값으로 처리되는 ' ' 대신 '-'가 들어있는 데이터가 존재하는 것이다. 이 문제를 해결하기 위해 다음과 같은 함수를 만든다.

```
def remove_bad_chars(val):                        ❶
    if val == '-':                                ❷
```

```
        return None                                    ❸
    return val

cleaned_rows = []

for row in country_rows:
    cleaned_row = [remove_bad_chars(rv) for rv in row]  ❹
    cleaned_rows.append(cleaned_row)                    ❺
```

❶ (정수 열의 '-'와 같은) 불량 문자를 제거하기 위한 함수를 정의한다.

❷ 값이 '-'와 일치하면 이 값을 수정하기 위해 해당 값을 선택한다.

❸ 값이 '-'라면 None을 반환한다.

❹ 적절한 데이터를 담은 새롭게 클리닝된 행을 생성하기 위해 country_rows를 순회한다.

❺ 클리닝된 데이터를 담을 cleaned_rows 리스트를 생성한다(append 메서드 이용).

> 값을 수정하기 위한 함수를 만들 때는 위 예제와 같이 주요 논리 바깥쪽에 디폴트 return을 배치하여 항상 값을 반환할 수 있도록 한다.

이 함수를 이용해 정수 열이 '-' 대신 None 유형을 갖게 할 수 있다. 파이썬은 None을 널 데이터로 받아들이기 때문에 해당 데이터 값을 다른 숫자들과 비교 분석할 때 이 값을 무시한다.

이러한 유형의 클리닝 방식이나 변경 방식을 이후에 다시 사용하게 될 수 있으므로, 위에서 쓴 코드를 바탕을 좀 더 추상적이고 제네릭한 헬퍼 함수를 만들어 보자. 마지막으로 살펴 본 클리닝 함수를 생성할 때 우리는 새 리스트를 만들고 모든 행을 순회한 후 개별 행을 순회하여 데이터를 클리닝하고 agate 표를 위한 새 리스트를 반환했다. 이러한 개념들을 좀 더 추상화 할 수 있는지 생각해보자.

```
def get_new_array(old_array, function_to_clean):         ❶
    new_arr = []
    for row in old_array:
        cleaned_row = [function_to_clean(rv) for rv in row]
        new_arr.append(cleaned_row)
    return new_arr                                        ❷

cleaned_rows = get_new_array(country_rows, remove_bad_chars)  ❸
```

❶ 두 개의 인자(이전 데이터 어레이와 데이터 클리닝 함수)를 가지는 함수를 정의한다.

❷ 코드를 재사용하되 좀 더 추상적인 이름을 사용한다. 함수의 끝부분에서 새롭게 클리닝된 어레이를 반환한다.

❸ remove_bad_chars 함수를 이용하여 함수를 호출하고 cleaned_rows에 저장한다.

이제 코드를 다시 실행해 표를 생성해보자.

```
In [10]: table = agate.Table(cleaned_rows, titles, types)

In [11]: table
Out[11]: <agate.table.Table at 0x7f9adc489990>
```

야호! Table이라는 객체를 담은 table 변수가 생성되었다. 이제 agate 라이브러리 함수를 이용하여 데이터를 살펴 볼 수 있다. 표가 어떻게 생겼는지 알고 싶다면 다음과 같이 print_table 메서드를 사용하면 된다.

```
table.print_table(max_columns=7)
```

> 만약 여러분이 IPython을 이용하고 있고 다음 세션에도 이 변수들을 사용하고 싶다면 %store(*http://bit.ly/storemagic*)을 사용하라. table을 저장하려면 %store table이라고 입력하면 된다. 이후 세션에서 %store -r을 입력하면 table을 복원할 수 있다. 데이터 분석 과정에서 작업을 '저장'하는 데 유용하게 사용할 수 있다.

내장 탐색 도구들을 이용하여 표를 더 자세히 살펴보자.

표 함수 탐색하기

agate 라이브러리에는 데이터 탐색에 유용하게 사용될 수 있는 함수들이 포함되어 있다. 일단 정렬(sorting) 메서드를 몇 가지 살펴보자(*http://agate.readthedocs. org/en/latest/tutorial.html?#sorting-andslicing*). 총 백분율 열의 데이터를 기준으로 가장 높은 아동 노동률을 보유한 국가부터 나열해보자. limit(*http://bit.ly/ agate_table_limit*) 메서드를 사용하면 가장 높은 백분율을 가진 10개 국가를 알 수 있다.

```
table.column_names                                           ❶

most_egregious = table.order_by('Total (%)', reverse=True).limit(10)   ❷

for r in most_egregious.rows:                                 ❸
    print r
```

❶ 어떤 열을 사용할 것인지 파악하기 위해 열 제목을 확인한다.

❷ order_by와 limit 메서드를 엮어 새로운 표를 생성한다. order_by는 낮은 값 순으로 정렬하기 때문에 reverse 인자를 사용하여 높은 값순으로 정렬하게 한다.

❸ 새로운 표의 rows 속성을 사용하여 아동 노동률이 가장 높은 10개 국가를 순회한다.

위 코드를 실행하면 가장 높은 아동 노동률을 보유한 10개 국가가 반환된다. 어린이 노동 관련 백분율 기준으로 나열한 10개국 가운데에는 아프리카 국가들이 많이 포함되어 있다. 흥미로운 발견이다! 계속해서 탐색해보자. 어떤 국가에서 소녀 노동이 가장 높은 비율을 차지하는지 살피기 위해 order_by와 limit 함수를 다시 사용한다. 이번에는 Female 백분율 열에 적용한다.

```
most_females = table.order_by('Female', reverse=True).limit(10)
for r in most_females.rows:
    print '{}: {}%'.format(r['Countries and areas'], r['Female'])
```

> 데이터를 처음 탐색할 때 각 행을 무작정 출력하는 대신 파이썬의 format 함수를 이용하여 읽기 쉬운 형태로 출력하라. 그러면 읽기 어려운 결과를 이해하려고 노력할 필요 없이 데이터 자체에 집중할 수 있다.

출력 결과를 보면 백분율 값 중 None이 존재한다. 뭔가 잘못된 값이다! 다음 코드와 같이 agate 표의 where 메서드를 활용하면 이러한 값들을 제거할 수 있다. 이 메서드는 SQL의 WHERE 문이나 파이썬의 if 문과 유사하다. where는 적절한 행만을 포함한 또 다른 표를 생성한다.

```
female_data = table.where(lambda r: r['Female'] is not None)
most_females = female_data.order_by('Female', reverse=True).limit(10)

for r in most_females.rows:
    print '{}: {}%'.format(r['Countries and areas'], r['Female'])
```

일단 파이썬의 lambda 함수를 사용하여 각 행이 Female 열의 값들을 담고 있는 female_data 표를 생성했다. where 함수는 lambda 함수에서 불 값을 받아 True를 반환하는 행만을 분리해 낸다. 여아 노동 값만을 가지는 행들을 분리하면 동일한 분류, 제한, 서식화 기술을 이용하여 여아 노동이 가장 높은 비율을 차지하는 국가를 찾아낼 수 있다.

람다(lambda) 함수

파이썬의 람다 함수를 이용하면 한 줄짜리 함수를 쓰고 하나의 변수에 전달할 수 있다. 이 함수는 이 장에서 다루고 있는 것과 같이 간단한 함수를 이용해 하나의 값을 전달하는 데 매우 유용하게 쓰인다.

위의 예제에서 볼 수 있듯이 람다 함수를 작성할 때는 일단 lambda와 함수에 전달할 데이터를 나타내는 변수를 쓴다. 예제에서 변수는 r이다. 변수 명 다음에는 쌍점(:)을 입력한다. def를 이용하여 함수를 정의할 때 그 줄을 쌍점으로 끝맺는 것과 비슷하다.

쌍점 다음에는 lambda를 이용하여 계산하고자 하는 논리를 입력하여 값을 반환하게 한다. 위의 예제에서는 해당 행의 Female 값이 None이 아닌지에 대한 불 값을 반환한다. 그러나 lambda는 불 뿐만이 아니라 정수, 문자열, 리스트와 같은 다양한 유형의 값을 반환할 수 있다.

if else 문과 함께 람다 함수를 사용하면 간단한 논리에 기반한 값을 반환할 수 있다. 파이썬 인터프리터에 다음을 입력해보자.

```
(lambda x: 'Positive' if x >= 1 else 'Zero or Negative')(0)    ❶
(lambda x: 'Positive' if x >= 1 else 'Zero or Negative')(4)
```

❶ 첫 번째 괄호를 통해 람다 함수를 전달하고 두 번째 괄호에 x로 사용될 변수를 전달한다. 여기에서 lambda는 값이 크거나 같은지 테스트한다. 만약 그렇다면 Positive를, 그렇지 않다면 Zero or Negative를 반환한다.

람다 함수는 굉장히 유용하지만 동시에 코드의 가독성을 떨어뜨릴 수 있다. 프로그래밍의 법칙에 따라 명백하고 분명한 상황에서만 이용하도록 하자.

데이터를 검토해 보면 남녀 전체 아동 노동률 사례에 등장했던 국가들 중 다수를 다시 확인할 수 있다. 여과와 정렬 방법에 대해 살펴 보았으니 agate 라이브러리의 내장 통계 함수에 대해 알아 보자. 여러분이 도시의 평균 아동 노동률을 알고 싶다고 가정해보자. 이를 위해서는 Place of residence (%) Urban 열의 평균 값을 구해야 한다.

```
table.aggregate(agate.Mean('Place of residence (%) Urban'))
```

표의 aggregate 메서드를 호출하고 agate.Mean()이라는 통계적 메서드와 열 제목을 이용하여 해당 열의 평균 수치 값을 구한다. agate 도움말(*http://bit.ly/agate _stats*)을 통해 열에 사용할 수 있는 다른 통계적 합계 또한 확인할 수 있다.

코드를 실행하면 NullComputationWarning이 나타난다. 메시지 명과 우리의 경험에 기반하여 Place of residence (%) 열에 널 행이 존재할 것을 예상할 수 있다. 다시 한번 where 메서드를 사용하여 도시의 평균값을 구한다.

```
has_por = table.where(lambda r: r['Place of residence (%) Urban'] is not None)
has_por.aggregate(agate.Mean('Place of residence (%) Urban'))
```

이전과 동일한 값을 얻었다. 왜냐하면 agate가 동일한 작업(널 열을 제거하고 나머지의 평균을 계산한다)을 수행했기 때문이다. 거주지 표를 이용하여 할 수 있는 다른 수학적 계산에 대해 알아 보자. Place of residence 열의 최솟값(Min), 최댓값(Max), 그리고 평균값(Mean)을 알 수 있다.

지방 아동 노동률이 50% 이상인 행 가운데 하나를 찾고 싶다고 가정해 보자. agate 라이브러리에는 조건문을 이용하여 첫 매칭을 찾을 수 있는 find 메서드가 포함되어 있다. 우리의 질문을 코드로 옮겨 보자.

```
first_match = has_por.find(lambda x: x['Rural'] > 50)

first_match['Countries and areas']
```

반환된 행이 가장 처음으로 매칭된 결과이며 실제 사전을 사용할 때와 같이 해당 행의 이름을 확인할 수 있다. agate 라이브러리 탐사의 마지막 단계는 compute 메서드를 agate.Rank() 통계 메서드(*http://bit.ly/agate_rank*)와 함께 사용하여 다른 열의 값을 기준으로 순위가 매겨진 열을 추가하는 것이다.

특정 열의 값을 기준으로 데이터의 순위를 매기는 작업은 데이터세트 비교 과정에서 우리의 직감을 평가해 볼 수 있는 좋은 방법이다.

아동 노동률이 높은 국가의 순위를 알아보기 위해서는 Total (%) 열을 기반으로 데이터를 정렬하면 된다. 이 데이터를 다른 데이터세트와 결합하기 전에 국가 순위를 쉽게 파악할 수 있는 열을 생성하여 이후 결합된 데이터와의 비교가 용이하게 만들어야 한다. 높은 아동 노동률을 보유한 국가순으로 정렬되도록 만들기 위해 reverse=True 인자(*http://bit.ly/agate_rank_descending*)를 사용하여 내림차순으로 데이터를 정렬한다.

```
ranked = table.compute([('Total Child Labor Rank',
                         agate.Rank('Total (%)', reverse=True)), ])

for row in ranked.order_by('Total (%)', reverse=True).limit(20).rows:
    print row['Total (%)'], row['Total Child Labor Rank']
```

만약 데이터를 오름차순으로 정렬하고 싶다면 역 백분율을 기준으로 열을 생성하면 된다. 아동 노동률의 총 백분율 대신 아동 노동에 관여되지 않은 아이들의 비율을 사용하는 것이다. 이렇게 하면 reverse를 사용하지 않고도 agate.Rank() 메서드를 사용할 수 있다.

```python
def reverse_percent(row):                                        ❶
return 100 - row['Total (%)']

ranked = table.compute([('Children not working (%)',
                         agate.Formula(number_type, reverse_percent)),
                        ])                                        ❷

ranked = ranked.compute([('Total Child Labor Rank',
                          agate.Rank('Children not working (%)')),
                         ])                                       ❸

for row in ranked.order_by('Total (%)', reverse=True).limit(20).rows:
    print row['Total (%)'], row['Total Child Labor Rank']
```

❶ 주어진 행에 대해 역 백분율을 계산하고 반환하는 함수를 생성한다.

❷ 리스트가 전달되면 새로운 열을 생성하는 agate 라이브러리의 compute 메서드를 사용한다. 각 리스트 항목은 튜플이며, 이 튜플의 첫 번째 항목에는 열 제목이 들어 있고, 두 번째 항목에서는 새로운 열을 계산한다. 이 예제에서는 agate 유형을 필요로 하는 Formula 클래스와 해당되는 열 값을 생성하는 함수를 함께 사용한다.

❸ Children not working (%) 열을 기준으로 매긴 순위를 이용하여 Total Child Labor Rank 열을 생성한다.

위에서 확인할 수 있듯이 compute를 이용하면 다른 하나의 열(혹은 몇 개의 열들)을 기반으로 새로운 열을 생성할 수 있다. 순위에 대한 열을 만들어 보았으니 이번에는 기존의 아동 노동 데이터세트에 새로운 데이터를 결합해보자.

다수의 데이터세트 결합하기

아동 노동 데이터와 결합할 데이터세트를 찾아 보던 중 우리는 수많은 난관에 봉착했다. 세계은행 데이터(*http://data.worldbank.org/*)를 활용하여 농업 경제와 서비스 경제를 비교하려 했지만 이 둘의 상관관계를 쉽게 찾을 수 없었다. 더 탐색하던 중 우리는 아동 노동과 HIV 감염률 간의 상관관계에 대해 언급한 데이터를 발견했다. 관련 데이터세트를 살펴보았지만 강력한 추세는 확인할 수 없었다. 또한 유사한 방식으로 우리는 살인율이 아동 노동률에 영향을 미치는지 알

아 보려 했지만 이번에도 분명한 연결 고리는 찾을 수 없었다.[2]

이러한 난관들을 거치며 데이터를 살펴 보고 다양한 글들을 읽던 중 약간 정도를 벗어난 생각이 우리의 머릿속에 떠올랐다. 정부 부패(혹은 국민들이 인식하는 정부 부패)가 아동 노동률에 영향을 미칠까? 아동 노동과 관련된 이야기를 읽다 보면 이것이 반정부 민병대, 학교, 산업과 연관이 있다는 것을 알 수 있다. 만약 민중이 정부를 신뢰하지 못하여 국가가 승인하지 않은 공간을 조성한다면, 이것이 자발적으로 일하거나 돕고 싶어 하는 사람들(아동들까지도)의 참여를 요청하는 이유가 될 수 있다.

우리는 국제 투명성 기구(Transparency International)의 부패 인식 지수(corruption perception index) 데이터(*https://www.transparency.org/cpi2013/results*)를 찾아 유니세프의 아동 노동 데이터와 비교해 보기로 했다. 일단 다음과 같은 방식으로 파이썬에 데이터를 불러왔다.

```python
cpi_workbook = xlrd.open_workbook('corruption_perception_index.xls')
cpi_sheet = cpi_workbook.sheets()[0]

for r in range(cpi_sheet.nrows):
    print r, cpi_sheet.row_values(r)

cpi_title_rows = zip(cpi_sheet.row_values(1), cpi_sheet.row_values(2))
cpi_titles = [t[0] + ' ' + t[1] for t in cpi_title_rows]
cpi_titles = [t.strip() for t in cpi_titles]

cpi_rows = [cpi_sheet.row_values(r) for r in range(3, cpi_sheet.nrows)]

cpi_types = get_types(cpi_sheet.row(3))
```

이번에도 xlrd를 사용하여 엑셀 데이터를 불러오고, 타이틀을 파싱하고, agate 라이브러리에 불러올 데이터를 준비할 때 사용했던 코드를 재사용한다. 그러나 get_types라는 새로운 함수를 호출하는 마지막 항목을 실행하기 전에 다음의 코드를 실행하여 유형을 정의하고 표를 생성해야 한다.

```python
def get_types(example_row):
    types = []
    for v in example_row:
        value_type = ctype_text[v.ctype]
        if value_type == 'text':
            types.append(text_type)
        elif value_type == 'number':
            types.append(number_type)
        elif value_type == 'xldate':
```

---

2 우리가 시도해 보았던 것들에 대해 더 알고 싶다면 이 책의 저장소를 참고하라.

```
            types.append(date_type)
        else:
            types.append(text_type)
    return types

def get_table(new_arr, types, titles):
    try:
        table = agate.Table(new_arr, titles, types)
        return table
    except Exception as e:
        print e
```

위의 코드에서는 예전에 작성했던 코드를 사용하여 get_types 함수를 생성한다. 이 함수는 예제 행을 받아 agate 라이브러리를 위한 유형 리스트를 반환한다. 또한 파이썬의 내장 예외 처리를 사용하는 get_table 함수를 생성한다.

예외 처리(Exception Handling)

지금까지 우리는 일단 오류가 발생하면 그것을 처리해 왔다. 그러나 이제 파이썬 경험이 어느 정도 쌓였으니 잠재적인 오류를 예측하고 그 오류들을 처리하기 위한 올바른 결정을 내릴 수 있을 것이다.

구체적인(특히 예외와 관련해 구체적인) 코드를 작성하면 코드에서 발생할 수 있는 오류와 소통할 수 있다. 또한 예측하지 못한 오류의 경우에는 실제로 예외를 발생시켜 오류 일지에 기록하고 코드 실행을 중지하도록 만들 수 있다.

try와 except를 이용하면 파이썬에게 "이 코드를 실행해. 만약 오류가 발생하면 코드의 이전 부분 실행을 멈추고 except 블록 안의 코드를 실행해줘."라고 말할 수 있다. 다음의 예제를 살펴보자.

```
try:
1 / 0
except Exception:
print 'oops!'
```

위의 예제는 매우 일반적인 경우이다. 보통의 경우 코드에서 실제로 발생할 만한 좀 더 구체적인 예외를 만든다. 예를 들어 문자열을 정수로 변환하는 코드라면 값 오류(ValueError) 예외를 맞닥뜨리게 될 수 있다. 이러한 경우 다음과 같이 처리할 수 있다.

```
def str_to_int(x):
    try:                                    ❶
        return int(x)                       ❷
    except ValueError:                      ❸
        print 'Could not convert: %s' % x   ❹
    return x
```

❶ 오류가 발생할지도 모르는 코드를 정의하는 try 블록을 시작한다. try 키워드 다음에는

> 쌍점이 들어가며 키워드와 같은 줄에 쓰인다. 다음 줄의 try 블록은 네 칸을 들여 쓴다.
>
> ❷ 함수에 정수로 전달된 인자 값을 반환한다. 인자가 1이나 4.5와 같은 값을 가진다면 문제가 발생하지 않는다. 만약 – 혹은 foo와 같은 값을 가진다면 값 오류(ValueError)가 발생한다.
>
> ❸ 포착할 예외 유형을 정의하는 except 블록을 시작한다. 이 줄 역시 쌍점으로 끝나며 값 오류가 예상됨을 명시한다(즉, 이 except 블록은 값 오류 예외만 포착하게 된다). 이 블록과 블록에 이어지는 코드는 try 문의 코드에서 해당 오류가 발생될 때만 실행된다.
>
> ❹ 예외 사항에 관해 알아보기 위해 줄을 출력한다. 이를 통해 얻은 정보는 코드를 업데이트하거나 변경할 때 활용될 수 있다.
>
> try와 except 블록을 간결하고 구체적으로 생성해야 이해하기 쉽고 예측하기 쉬운 구체적인 코드를 작성할 수 있다.

지금쯤 여러분은 왜 이전에 작성한 get_table 함수에 except Exception이 있는지 궁금해 하고 있을지도 모른다. 좋은 질문이다! 코드는 항상 구체적이어야 한다. 그러나 라이브러리나 데이터세트를 처음 테스트해 볼 때 어떠한 종류의 오류가 발생할지 알기 힘든 경우도 있다.

구체적인 예외를 작성하기 위해서는 코드에서 어떤 유형의 예외가 발생할지 예측해야 한다. 내장 파이썬 예외 유형이 존재하기는 하지만 익숙하지 않은 특수 라이브러리 예외 또한 존재한다. API 라이브러리를 사용한다면 라이브러리 저자에 의해 요청을 과도하게 전달하고 있다는 것을 알리는 RateExceeded Exception이 작성되었을 수 있다. 새로운 라이브러리의 오류에 대해서 더 알기 위해서는 except Exception 블록을 print나 로깅과 함께 사용하는 것이 유용하다.

 except 블록을 작성할 때 as e를 예외 줄의 쌍점 앞에 추가하면 e라는 변수에 예외를 저장할 수 있다. 또 예외가 담긴 e 변수를 출력하기 때문에 발생한 예외에 대해 알아 볼 수 있다. 이를 통해 이후 좀 더 구체적인 예외를 포함한 except Exception 블록을 재작성 하거나 일련의 예외 블록을 작성하여 코드가 매끄럽고 예측 가능한 방식으로 실행되도록 할 수 있다.

agate 라이브러리 예외를 추적하고 코드의 개선 방법을 예측하기 위한 get_table 함수가 생성되었다. 다음과 같이 새로운 함수들을 활용하여 부패인식도 지수 데이터를 파이썬으로 불러오자.

```
cpi_types = get_types(cpi_sheet.row(3))

cpi_table = get_table(cpi_rows, cpi_types, cpi_titles)
```

우리의 노력이 결실을 맺었다! 코드를 실행하면 함수가 완전히 중단되는 대신 **get_table** 함수를 통해 발생한 오류를 확인할 수 있다. 중복 타이틀은 타이틀 리스트에 불량 타이틀이 존재한다는 것을 의미한다. 다음을 실행하여 확인해보자.

```
print cpi_titles
```

문제를 확인할 수 있다. Country Rank 열이 두 개 존재한다. 스프레드시트에서 엑셀 데이터를 열어 보면 실제로 중복 열이 존재하는 것을 알 수 있다. 중복 데이터를 제거하는 대신 다른 방식으로 중복 열 제목을 처리해보자. 두 열 제목 중 하나에 Duplicate를 추가해야 한다. 다음을 실행하라.

```
cpi_titles[0] = cpi_titles[0] + ' Duplicate'

cpi_table = get_table(cpi_rows, cpi_types, cpi_titles)
```

둘 중 첫 번째 타이틀을 Country Rank Duplicate으로 교체하고 새로운 **cpi_table**을 생성한다.

```
cpi_rows = get_new_array(cpi_rows, float_to_str)

cpi_table = get_table(cpi_rows, cpi_types, cpi_titles)
```

이제 오류가 존재하지 않는 **cpi_table**이 생성되었다. 이제 이것을 아동 노동 데이터와 결합하고 두 데이터세트 사이에 연결 고리가 존재하는지 확인해보자. **agate** 라이브러리에는 표를 결합할 때 유용하게 사용할 수 있는 join이라는 메서드(*http://bit.ly/agate_table_join*)가 있다. join 메서드는 하나의 공유 키를 기준으로 두 표를 결합하며 SQL과 비슷하다. 표 9.1에 다양한 결합 유형과 각 유형의 기능이 요약되어 있다.

결합 유형	기능
Left outer join	좌측 표(join 문에서 첫 번째 표)의 모든 행을 보존하며 공유 키(들)를 중심으로 묶는다. 우측(혹은 두 번째) 표의 매칭되지 않는 행은 널 값을 갖게 된다.
Right outer join	우측 표(join 문에서 두 번째 표)를 기준으로 키를 매칭한다. 첫 번째(혹은 좌측) 표의 매칭되지 않는 행은 널 값을 갖게 된다.
Inner join	공유 키를 이용하여 양 표 모두에 매칭되는 행만 출력한다.
Full outer join	공유 키를 기준으로 행을 결합하고 양 표의 모든 행을 보존한다.

표 9.1 표 결합

데이터가 정확히 매칭되거나 일대일 대응이 되지 않을 때 outer join을 사용하면 널 값을 갖는 행들이 생성된다. 표가 매칭되지 않을 때 outer join을 사용하면 표에 들어있는 데이터를 잃어버리지 않을 수 있고 손실 자료의 경우 널 값을 갖게 된다. 만약 매칭되지 않은 데이터가 결과에 중요하여 보존하고자 할 때 유용하게 쓰일 것이다.

table_a와 table_b를 결합하고 table_a의 데이터를 잃어버리고 싶지 않다면 다음과 같은 방법을 사용하면 된다.

```
joined_table = table_a.join(
    table_b, 'table_a_column_name', 'table_b_column_name')
```

joined_table에는 우리가 전달한 열 제목을 기준으로 table_b와 매칭된 table_a의 모든 값이 들어있다. table_a의 값 가운데 table_b와 매칭되지 않는 값이 있더라도 해당 행 또한 보존되며 table_b 열에 널 값을 갖게 된다. 만약 table_a와 매칭되지 않은 table_b 값들이 있다면 이 값들은 joined_table에 포함되지 않는다. 이와 같이 어떤 표를 먼저 배치하고 어떤 유형의 결합을 사용하는지는 매우 중요하다.

그러나 현재 이 예제에서는 각자 다른 값들이 어떤 식으로 상관관계를 지니고 있는지 알아 보고자 하기 때문에 널 값이 필요하지 않고 그러므로 inner join을 사용할 것이다. agate 라이브러리의 join 메서드를 사용할 때 inner=True를 전달하면 널 값이 없이 매칭된 행들만 얻는다.

아동 노동 데이터와 cpi_table을 결합해보자. 두 표를 살펴 보면 국가명/지역명을 기준으로 매칭할 수 있을 것 같다. cpi_table에는 Country / Territory라는 열이 있고, 아동 데이터에는 Countries and areas라는 열이 있다. 두 표를 결합하기 위해 다음 코드를 실행해보자.

```
cpi_and_cl = cpi_table.join(ranked, 'Country / Territory',
                            'Countries and areas', inner=True)
```

매칭된 행을 담은 cpi_and_cl이라는 표가 생성되었다. 일부 값들만 출력하여 결합된 열들을 살펴보면 이 표가 어떻게 구성되어 있는지 알 수 있다.

```
cpi_and_cl.column_names

for r in cpi_and_cl.order_by('CPI 2013 Score').limit(10).rows:
    print '{}: {} - {}%'.format(r['Country / Territory'],
                        r['CPI 2013 Score'], r['Total (%)'])
```

열 제목을 보면 양 표에 존재하던 열들이 모두 존재하는 것을 알 수 있다. 새로 운 표에는 93개의 행이 있다는 것도 알 수 있다. 두 데이터세트의 상관관계를 확 인하기 위해서 모든 데이터 포인트(cpi_table에는 177개의 행이 있고 ranked에 는 108개의 행이 있다)가 필요하지는 않다. CPI 점수를 기준으로 표를 정렬한 후 결과를 출력하면 어떤 것을 확인할 수 있을까? 첫 10개의 행만 살펴보아도 흥 미로운 점을 발견할 수 있다.

```
Afghanistan: 8.0 - 10.3%
Somalia: 8.0 - 49.0%
Iraq: 16.0 - 4.7%
Yemen: 18.0 - 22.7%
Chad: 19.0 - 26.1%
Equatorial Guinea: 19.0 - 27.8%
Guinea-Bissau: 19.0 - 38.0%
Haiti: 19.0 - 24.4%
Cambodia: 20.0 - 18.3%
Burundi: 21.0 - 26.3%
```

이라크와 아프가니스탄을 제외하면 CPI 점수가 매우 낮은 국가의 경우(즉, 부패 에 대한 인식이 높은 경우) 아동 노동률이 높은 것을 확인할 수 있다. agate 라이 브러리의 내장 메서드를 사용하여 데이터세트의 상관관계를 살펴보자.

상관관계 판별하기

agate 라이브러리에는 데이터세트에 대한 간단한 통계적 분석을 실시할 때 사용 할 수 있는 도구들이 있다. 분석을 처음해 본다면 이 도구들을 사용하는 것도 좋 다. agate 라이브러리 도구들에서부터 시작해 필요에 따라 pandas, numpy, scipy 와 같은 전문 통계 라이브러리로 옮겨가면 된다.

우리는 정부 부패에 대한 인식과 아동 노동률 간 상관관계가 존재하는지 알 아 보려고 한다. 일단 피어슨의 상관(Pearson's correlation)(*http://bit.ly/perason-correlation*)을 사용해보자. 현재 agate는 피어슨 상관을 agate-stats 라이브러리 (*https://github.com/onyxfish/agate-stats*)에 포함시키려 하고 있다. 그 전까지는 numpy를 이용할 수 있다. (피어슨과 같은) 상관계수는 데이터에 상관관계가 존 재하는지, 그리고 특정 변수가 다른 변수에 미치는 영향이 있는지 판단하는데 사용된다.

만약 이미 numpy를 설치하지 않았다면 pip install numpy를 입력하여 설치하 라. 그리고 다음의 코드를 실행하여 아동 노동률과 부패인식도 간의 상관관계를 계산해보자.

```
import numpy

numpy.corrcoef(cpi_and_cl.columns['Total (%)'].values(),
               cpi_and_cl.columns['CPI 2013 Score'].values())[0, 1]
```

이전에 본 적 있는 캐스트 오류와 비슷한 오류가 발생한다. numpy는 소수가 아닌 실수를 받기 때문에 숫자를 실수로 변환해야 한다. 다음과 같이 리스트 내장을 사용해보자.

```
numpy.corrcoef(
    [float(t) for t in cpi_and_cl.columns['Total (%)'].values()],
    [float(s) for s in cpi_and_cl.columns['CPI 2013 Score'].values()])[0, 1]
```

출력 결과를 통해 약한 음의 상관관계(negative correlation)를 확인할 수 있다.

```
-0.36024907120356736
```

 두 변수가 음의 상관관계를 가진다는 것은 한 변수가 증가할 때 다른 변수는 감소한다는 것을 의미한다. 두 변수가 양의 상관관계(positive correlation)를 가진다는 것은 두 변수가 함께 증가하거나 감소한다는 것을 의미한다. 피어슨의 상관계수는 -1과 1 사이의 값을 가지는데, 0일 때는 상관관계가 없다는 것을 의미하고 -1이나 1일 때는 매우 밀접한 상관관계를 가진다는 것을 의미한다.

결과 값이 -.36이라는 것은 약하기는 하지만 두 변수 간 상관관계가 존재한다는 것을 의미한다. 이 결과를 이용하여 데이터세트들의 의미를 더 자세히 알아 보자.

이상치 판별하기

계속해서 데이터 분석을 하는 동안 데이터 해석을 위한 다양한 통계적 방법을 사용하게 될 것이다. 우선 이상치를 확인해보자.

 특정 데이터 행과 데이터세트의 다른 행들 간에 두드러진 차이가 존재한다면 이상치가 존재한다고 할 수 있다. 어떤 때는 이상치는 전체 이야기의 일부만을 들려 주기 때문에 이상치를 제거하면 중요한 추세를 발견하게 될 수도 있다. 그러나 이상치가 그 자체만으로 의미를 가질 때도 있다.

agate 라이브러리를 이용하면 이상치를 쉽게 찾을 수 있다. 두 가지 방법이 있는데, 하나는 표준편차를 이용하는 것이고 다른 하나는 중위수 절대 편차(median absolute deviation)을 이용하는 것이다. 만약 통계에 대한 지식이 있어 두 방법 가운데 선호하는 방법이 있다면 그걸 사용하라! 만약 그렇지 않다면 두 가지 방법을 모두 사용하여 분산 및 표준 편차를 분석해 보면 데이터세트의 여러 양상을 확인할 수 있을 것이다.[3]

> ✅ 만약 데이터세트의 분포를 이미 알고 있다면 분산을 확인하기 위한 적절한 방법을 사용하면 된다. 그러나 처음으로 데이터를 탐색한다면 두 개 이상의 방법을 이용하여 분산을 확인하여 데이터가 어떤 식으로 구성되어 있는지 확실히 알아 보길 바란다.

agate 표의 표준 편차 이상치 메서드(*http://bit.ly/identify_outliers*)를 사용해 보자. 이 메서드는 평균의 적어도 3 표준 편차 범위 이내에 존재하는 값들로 구성된 표를 반환한다. 다음은 agate 표를 이용하여 표준 편차 이상치를 확인하는 방법이다.

> 💡 만약 여러분이 IPython에서 작업을 하고 있으며 새로운 라이브러리를 설치하려고 한다면, IPython의 %autoreload를 사용하여 다른 터미널에서 라이브러리를 설치한 후 파이썬 환경을 다시 불러올 수 있다. %load_ext autoreload를 입력한 후 %autoreload를 입력해 보자. 짠! 원래 작업 중이던 내용을 유지하면서 라이브러리를 설치할 수 있다.

일단 pip install agate-stats를 입력하여 agate-stats 라이브러리를 설치한다. 다음 코드를 실행하자.

```
import agatestats
agatestats.patch()

std_dev_outliers = cpi_and_cl.stdev_outliers(
    'Total (%)', deviations=3, reject=False)          ❶

len(std_dev_outliers.rows)                            ❷

std_dev_outliers = cpi_and_cl.stdev_outliers(
    'Total (%)', deviations=5, reject=False)          ❸

len(std_dev_outliers.rows)
```

❶ 아동 노동의 Total (%) 열과 agate-stats stdev_outliers 메서드를 사용하여 아동 노동 데이터에 눈에 띄는 표준 편차 이상치가 존재하는지 살펴보자. 이 메서드의 결과물을 std_dev_outliers라는 새 테이블에 할당한다.

---

3 중위수 절대 편차와 표준 편차에 대해 더 알고 싶다면 매튜 마틴(Matthew Martin)이 왜 아직도 표준 편차가 사용되는지에 대해 설명한 글(*http://bit.ly/why_std_deviation*)이나 스티븐 고라드(Stephen Gorard)가 왜 그리고 언제 평균 편차를 사용하는지에 대해 쓴 학술논문(*http://bit.ly/mean_deviation_uses*)을 읽어 보자.

reject=False 인자를 사용하여 우리가 이상치를 확인하고 싶다는 것을 명시하자. reject를 True로 설정하면 이상치가 아닌 값들만 확인할 수 있을 것이다.

❷ 이상치가 몇 행이나 발견되었는지 살펴보자(이 예제에는 총 94개의 이상치 행이 존재한다).

❸ 편차의 수를 늘리면 더 적은 수의 이상치가 발견된다. (deviations=5)

결과물을 통해 우리가 데이터의 분포에 대해 제대로 파악하지 못했다는 것을 알 수 있다. Total (%) 열을 사용하여 3 표준 편차를 기준으로 이상치를 찾으려고 했을 때 현재 표와 매칭되는 표를 찾을 수 있었다. 우리가 원하는 결과는 아니다. 5 표준 편차를 이용했을 때 결과는 변하지 않았는데, 이를 통해 데이터가 일정하게 분포되어 있지 않다는 것을 알 수 있다. 실제 데이터의 분산을 알아내기 위해서 관심 있는 국가들만을 포함하도록 데이터를 정제해야 할지 탐색해 보아야 한다.

평균 절대 편차(mean absolute deviation)를 이용하여 Total (%) 열의 분산을 알아 보자.

```
mad = cpi_and_cl.mad_outliers('Total (%)')

for r in mad.rows:
    print r['Country / Territory'], r['Total (%)']
```

흥미로운 결과다! 발견되는 이상치가 줄었지만 이상한 결과 리스트를 얻었다.

```
Mongolia 10.4
India 11.8
Philippines 11.1
```

리스트를 살펴 보면 샘플에서 가장 높은 값이나 낮은 값이 포함되어 있지 않다. 이를 통해 우리가 가진 데이터세트가 이상치 판별을 위한 일반적인 통계적 규칙을 따르지 않는다는 것을 알 수 있다.

> 일반적으로 데이터세트와 데이터의 분포에 따라 이 두 가지 방법은 데이터가 가진 이야기를 의미 있는 방식으로 보여준다. 그러나 이 예제에서와 같이 이 방법들이 데이터가 가진 이야기를 제대로 보여주지 못하는 경우 데이터가 실제로 보여줄 수 있는 관계나 추세가 무엇인지 파악해야 한다.

데이터의 분포와 그 분포가 드러내는 추세를 알아 보고 나면 데이터의 그룹화 관계를 탐색해야 한다. 다음 절에서 데이터를 그룹화하는 방법을 알아보도록 하자.

그룹화하기

데이터세트에 대해 좀 더 알아 보기 위해 데이터세트를 그룹화하고 그룹 간의 관계를 탐색해보자. agate 라이브러리는 그룹을 생성하고 그룹 간의 관계를 판단할 수 있는 메서드를 포함하고 있다. 이전에 우리는 아동 노동 데이터세트의 대륙별 데이터를 보존했었다. 대륙을 기준으로 데이터를 그룹화하여 부패인식도 데이터와의 상관관계가 존재하는지 확인하고 끌어낼 수 있는 결론이 있는지 살펴보자.

일단 어떻게 대륙 데이터를 얻을지 알아 보자. 이 책의 저장소(*https://github.com/jackiekazil/data-wrangling*)에 대륙별 국가들을 나열한 .json 파일을 올려두었다. 이 데이터를 바탕으로 각 국가가 속한 대륙을 나타내는 열을 추가하여 대륙별로 국가를 그룹화해보자. 다음을 실행한다.

```
import json

country_json = json.loads(open('earth.json', 'rb').read())          ❶

country_dict = {}

for dct in country_json:
    country_dict[dct['name']] = dct['parent']                        ❷

def get_country(country_row):
    return country_dict.get(country_row['Country / Territory'].lower()) ❸

cpi_and_cl = cpi_and_cl.compute([('continent',
                                  agate.Formula(text_type, get_country)),
                                 ])                                   ❹
```

❶ json 라이브러리를 이용하여 .json 파일을 불러온다. 파일을 살펴 보면 딕셔너리의 리스트라는 것을 알 수 있다.

❷ country_dict를 순회하고 country와 continent를 각각 키와 값으로 추가한다.

❸ 해당 국가 행에 대응되는 대륙을 반환하는 함수를 생성한다. 대문자를 소문자로 변환하는 파이썬 문자열의 lower 메서드를 사용한다. .json 파일의 모든 국가명은 소문자로 표기된다.

❹ get_country 함수를 이용하여 continent라는 새로운 열을 생성한다. 표 이름은 동일하게 유지한다.

이제 국가 데이터와 이에 대응되는 대륙 데이터가 생성되었다. 다음 코드를 실행하여 혹시 잘못된 부분이 없는지 확인해보자.

```
for r in cpi_and_cl.rows:
    print r['Country / Territory'], r['continent']
```

흠. 일부 국가에 None 유형이 있는 것으로 보아 손실 자료가 있는 것 같다.

```
Democratic Republic of the Congo None
...
Equatorial Guinea None
Guinea-Bissau None
```

이 데이터를 잃어버릴 수 없으니 일단 왜 위 행들이 매칭되지 않았는지 알아 보자. 매칭되지 않은 줄들만 출력하면 된다. agate를 사용하여 매칭되지 않은 줄들을 찾기 위해 다음의 코드를 실행하자.

```
no_continent = cpi_and_cl.where(lambda x: x['continent'] is None)

for r in no_continent.rows:
    print r['Country / Territory']
```

다음과 같은 결과가 출력되었을 것이다.

```
Saint Lucia
Bosnia and Herzegovina
Sao Tome and Principe
Trinidad and Tobago
Philippines
Timor-Leste
Democratic Republic of the Congo
Equatorial Guinea
Guinea-Bissau
```

대륙 데이터와 매칭되지 않은 국가는 많지 않다. 우리는 그냥 earth.json 파일을 클리닝하는 것을 권장하는데, 그 이유는 이후에 동일한 데이터 파일을 사용하여 데이터를 결합할 것이기 때문이다. 만약 예외를 찾아 매칭하는 코드를 작성하여 이 문제를 해결한다면, 이후 새로운 데이터에 코드를 적용하기 힘들 것이고 또한 매번 데이터를 수정해 주어야 한다.

.json 파일의 매칭 문제를 해결하기 위해서는 왜 국가들이 검색되지 않았는지 알아 보아야 한다. earth.json 파일을 열어 no_continent 표에 포함된 국가들을 살펴보자. 예를 들면 다음과 같다.

```
{
  "name": "equatorial Guinea",
  "parent": "africa"
},
....
{
  "name": "trinidad & tobago",
  "parent": "north america"
```

```
    },
...
    {
      "name": "democratic republic of congo",
      "parent": "africa"
    },
```

우리가 가진 .json 파일을 살펴 보면 국가에 해당되는 대륙을 찾을 수 없었던 이유를 찾을 수 있다. 이 책의 저장소에 earth-cleaned.json 파일을 올려 두었는데, 이것은 DRC 엔트리에 the를 추가하거나 일부 국가명에 포함된 &를 and로 바꾸는 등 earth.json 파일을 적절히 수정한 파일이다. 이 새로운 파일을 country_json 데이터로 이용하여 이 절에서 작성한 코드를 처음부터 다시 실행하도록 하자. 표를 다시 결합하는 단계부터 시작하여 중복 열이 존재하지 않도록 해야 한다(이전에 두 표를 결합할 때 사용한 동일한 코드를 사용한다). 코드를 재실행하고 나면 매칭되지 않은 국가가 사라질 것이다.

이제 다음 코드를 통해 완성된 대륙 데이터를 대륙별로 그룹화하여 무엇을 알아낼 수 있을지 살펴보자.

```
grp_by_cont = cpi_and_cl.group_by('continent')

print grp_by_cont                              ❶

for cont, table in grp_by_cont.items():        ❷
    print cont, len(table.rows)                ❸
```

❶ agate 라이브러리의 group_by 메서드를 사용하는데, 이 메서드는 대륙명을 키, 해당 대륙에 대한 행을 포함한 표를 값으로 하는 딕셔너리를 반환한다.

❷ 각 표에 몇 개의 행이 들어있는지 확인하기 위해 딕셔너리 항목을 순회한다. items의 키/값 쌍을 cont와 table 변수에 할당한다. cont는 키 혹은 대륙명, table은 값 혹은 매칭된 행의 표를 나타낸다.

❸ 그룹화 결과를 확인하기 위해 데이터를 출력한다. 파이썬의 len 함수를 이용하여 각 표의 행 개수를 센다.

코드를 실행하면 다음이 출력된다(순서는 다를 수 있다).

```
north america 12
europe 12
south america 10
africa 41
asia 19
```

다른 대륙에 비해 아프리카와 아시아가 높은 값을 가지는 것을 볼 수 있다. 이것은 흥미로운 발견이지만 group_by를 사용해서는 군집 데이터에 접근하기가 쉽지 않다. 데이터를 집계하여 합계 열을 생성하려 한다면 agate 라이브러리의 집계 메서드를 살펴 보아야 한다.

agate 표의 aggregate 메서드(*http://bit.ly/aggregate_stats*)는 그룹화된 표와 (합과 같은) 일련의 군집 연산을 받아 그룹화를 기준으로 새로운 열을 생성한다.

aggregate 도움말을 살펴 본 후 국민들이 인식하는 정부 부패 및 아동 노동과 관련하여 대륙들이 어떻게 다른지 비교하려고 한다. 통계적인 방법을 통해 전체적으로 그룹을 살펴 볼 뿐만 아니라(Median과 Mean을 사용한다), 최악의 대륙을 판별할 것이다(CPI 점수에는 Min, 총 아동 노동 백분율에는 Max를 사용한다). 다음 코드를 통해 비교해보자.

```
agg = grp_by_cont.aggregate([('cl_mean', agate.Mean('Total (%)')),
                             ('cl_max', agate.Max('Total (%)')),
                             ('cpi_median', agate.Median('CPI 2013 Score')),
                             ('cpi_min', agate.Min('CPI 2013 Score'))])   ❶
agg.print_table()                                                        ❷
```

❶ 그룹화 된 표에 aggregate 메서드를 호출하고 새로운 군집 열 제목 튜플을 포함한 리스트와 agate의 집계 메서드(열 제목을 활용하여 새 열들의 값을 계산한다)를 전달한다. 아동 노동 백분율 열의 평균 및 최댓값, 부패 인식 점수의 중간값 및 최솟값을 구한다. 연구 질문과 데이터에 따라 다른 군집 메서드를 사용해도 된다.

❷ 눈으로 데이터를 비교할 수 있도록 새 표를 출력한다.

코드를 실행하면 다음과 같은 결과를 확인할 수 있다.

```
|---------------+---------------------------------+--------+------------+---------|
| continent     |                         cl_mean | cl_max | cpi_median | cpi_min |
|---------------+---------------------------------+--------+------------+---------|
| south america | 12,710000000000000000000000000  |  33,5  |       36,0 |      24 |
| north america | 10,333333333333333333333333333  |  25,8  |       34,5 |      19 |
| africa        | 22,348780487804878048780487     |  49,0  |       30,0 |       8 |
| asia          |  9,589473684210526315789473     |  33,9  |       30,0 |       8 |
| europe        |  5,625000000000000000000000000  |  18,4  |       42,0 |      25 |
|---------------+---------------------------------+--------+------------+---------|
```

만약 위 데이터에 기반한 다른 도표를 보고 싶다면 agate 표의 print_bars 메서드를 사용하면 된다. 이 메서드를 사용하면 레이블 열(여기에서는 *continent*)과 데이터 열(여기에서는 *cl_max*)을 받아 IPython 세션에서 아동 노동 최댓값에 대한 도표를 그릴 수 있다. 출력 결과는 다음과 같다.

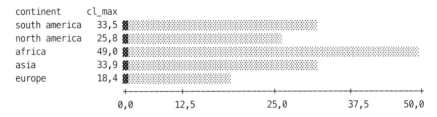

```
In [23]: agg.print_bars('continent', 'cl_max')
```

대륙 간 비교를 돕기 위한 다양한 출력 결과가 생성되었다. 그림을 통해 추세도 확인할 수 있다. 아프리카는 총 아동 노동 백분율 열에서 가장 높은 평균을 가진다. 또한 아프리카는 동일한 열에서 가장 높은 최댓값을 가지고 있으며 아시아와 남아메리카가 차례로 그 뒤를 잇는다. 아시아와 남아메리카의 상대적으로 낮은 평균을 통해 이 지역에 하나 이상의 이상치가 존재할 수 있다는 것도 알 수 있다.

대륙 간 부패인식도의 중간값을 비교해 보면 상당히 균일한 것을 알 수 있으며, 유럽이 가장 큰 값을 가진다(즉, 부패인식도가 가장 낮다). 그러나 최솟값(혹은 가장 낮은 부패인식도 점수)을 살펴 보면 아프리카와 아시아가 다시 한번 최악의 점수를 기록했다는 것을 확인할 수 있다.

이는 우리가 데이터세트를 통해 더 밝혀낼 수 있는 이야기들이 존재한다는 것을 의미한다. 부패인식도와 아동 노동 간에는 (약하기는 하지만) 연결 고리가 존재한다는 것을 확인했다. 또한 어떤 국가와 대륙이 아동 노동과 부패인식도 관련하여 최악의 범죄자인지도 확인할 수 있었다. 아프리카의 아동 노동률과 부패인식도는 상당히 높다. 아시아와 남아메리카에는 아동 노동과 관련하여 나머지 국가들과 상당한 차이가 나는 국가가 한 개 이상 존재한다는 것도 확인했다.

데이터의 집계와 탐색을 통한 발견은 여기까지다. 우리가 생성한 표를 활용하여 더 많은 이야기를 들어 보자.

추가 탐색하기

agate 라이브러리에는 또 다른 강력한 기능들이 존재하고, 이외의 다른 흥미로운 통계적 라이브러리를 사용해도 데이터세트를 탐색할 수 있다.

데이터와 연구 질문에 따라 유용하게 사용될 수 있는 기능이나 라이브러리가 다르기 때문에 우리가 살펴 본 기능 및 라이브러리 외에 다양한 도구들을 살펴보기를 권장한다. 파이썬 및 데이터 분석 라이브러리에 대한 이해, 그리고 데이터 분석 자체에 대한 여러분의 이해를 높여줄 것이다.

agate-stats 라이브러리에는 우리가 아직 살펴보지 않은 흥미로운 통계적 메서드가 있다. 깃허브를 통해 새롭게 출시된 버전이나 새로운 기능들을 추적할 수 있다(*https://github.com/onyxfish/agate-stats*).

이와 더불어 numpy를 계속하여 사용해 보기를 권장한다. 백분위수 계산에 numpy를 이용할 수 있다(*http://bit.ly/numpy_percentile*). 또한 scipy 라이브러리를 이용한 z 점수 통계적 방법을 통해 이상치를 판별할 수 있다(*http://bit.ly/scipy_zscore*).

시간에 민감한 데이터의 경우 numpy를 이용하여 데이터 간 열별 차이를 계산하면 시간의 흐름에 따른 변화를 탐색할 수 있다(*http://bit.ly/numpy_diff*). 또한 agate를 이용하면 시간에 민감한 데이터를 기반으로 변화 열을 계산할 수 있다(*http://bit.ly/computing_new_columns*). 날짜 열을 생성할 때 날짜 유형을 사용하면 흥미로운 날짜 분석(시간의 흐름에 따른 백분율 변화나 시계열 매핑 등)을 할 수 있으니 반드시 날짜 유형을 사용해야 한다는 것을 기억하라.

이외 통계에 대해 탐색하고 싶다면 latimes-calculate 라이브러리(*http://bit.ly/latimes-calculate*)를 설치하자. 이 라이브러리에는 다양한 통계적 메서드를 비롯해 흥미로운 지리 공간 분석 도구가 포함되어 있다. 만약 여러분이 지리 공간 데이터에 접근할 수 있다면 이 라이브러리는 그 데이터를 이해하고 매핑하고 분석하는 데 유용한 도구들을 많이 제공해 줄 것이다.

통계에서 한발 더 나아가고 싶다면 웨스 맥키니(Wes McKinney)의 책 *Python for Data Analysis*(O'Reilly)[4]를 읽어 보기를 권한다. 이 책에서는 pandas, numpy, scipy 스택을 비롯한 강력한 파이썬 데이터 분석 라이브러리들을 소개한다.

이제까지 살펴 본 방법들을 활용하여 데이터를 가지고 놀면서 탐구해 보겠다. 이번에는 데이터를 더 분석하고 결론을 도출하여 지식을 공유하는 방법에 대해 알아 보자.

---

4 (옮긴이) 번역서로 『파이썬 라이브러리를 활용한 데이터 분석』 (김영근 옮김, 2013년, 한빛미디어)이 있다.

데이터 분석하기

agate 라이브러리의 쿡북(Cookbook)(*http://agate.readthedocs.org/en/latest/cookbook.html*)(탐색에 활용할 수 있는 다양한 방법 및 도구가 소개되어 있다)에 나와 있는 예제들을 가지고 놀아 보았다면 데이터 분석을 시작할 수 있을 만큼 충분히 데이터에 친숙해졌을 것이다.

 데이터 탐색과 데이터 분석의 차이는 무엇일까? 데이터를 분석할 때 우리는 질문을 던지고 우리에게 주어진 데이터를 활용해 이 질문에 답하려고 한다. 데이터세트를 결합하거나 그룹화 하여 통계적으로 유효한 표본을 만들어 낼 수 있다. 반면 데이터를 탐색한다는 것은 구체적인 질문에 대한 답을 구하거나 결론을 도출하려는 목적 없이, 단지 데이터세트의 추세나 속성을 알아보는 것을 의미한다.

기본적인 분석을 통해 다음 질문들에 대한 답을 알아내 보자.

- 왜 아프리카에 아동 노동이 더 성행할까?
- 아시아와 남아메리카 대륙에 존재하는 아동 노동 이상치는 무엇인가?
- 국민의 부패인식도와 아동 노동이 어떻게 연관되어 있나?

여러분이 가지고 있는 데이터세트와 관련하여 생각해 낸 여러 가지 질문이 있겠지만, 일단 이 책의 예제를 따라 하면서 탐색하고 싶은 추세를 찾아 보자. 어떠한 통계적 이상치 혹은 군집 경향을 통해서도 흥미로운 연구 질문을 찾아낼 수 있다.

우리에게 이 데이터세트와 관련한 가장 흥미로운 질문은 아프리카의 부패인식도와 아동 노동의 상관관계와 관련이 있다. 정부 부패, 혹은 정부 부패에 대한 인식이 지역 사회의 아동 노동 금지에 영향을 미치는가?

 사용하고 있는 데이터세트와 데이터 탐색 결과에 따라 여러분은 매우 다양한 질문을 생각해 냈을 것이다. 구체적인 질문에 집중하고 분석을 통해 그 질문에 답해 보자. 그리고 여러분이 생각할 수 있는 모든 구체적인 질문에 대해 이 과정을 반복하자. 한 가지에 집중하면 명쾌하게 분석하여 좋은 답을 찾을 수 있다.

이 질문에 답하기 위해서는 더 많은 탐색과 더 많은 데이터세트가 필요하다. 이 주제와 관련된 글을 더 많이 읽거나 이 분야의 전문가에게 전화를 걸어 인터뷰를 해야 할 수도 있다. 최종적으로 아프리카의 특정 지역 혹은 일련의 국가들을 선택하여 아동 노동 관련 이야기를 더 제대로 파악해야 할 것이다. 다음 절에서는 이러한 내용들에 대해 다룬다.

데이터를 분리하고 집중하기

추가적인 분석을 위해 아프리카 국가와 관련된 데이터만을 떼어내 이 데이터를 좀 더 자세히 들여다 보자. 우리는 이미 agate 라이브러리를 사용한 여과 방법에 대해 알고 있으니 여과에서부터 시작해보자. 다음 코드를 사용하여 전체 데이터 세트에서 아프리카 관련 데이터만을 분리한다.

```python
africa_cpi_cl = cpi_and_cl.where(lambda x: x['continent'] == 'africa')  ❶

for r in africa_cpi_cl.order_by('Total (%)', reverse=True).rows:
    print "{}: {}% - {}".format(r['Country / Territory'], r['Total (%)'],
                                r['CPI 2013 Score'])                      ❷

import numpy
print numpy.corrcoef(                                                     ❸
    [float(t) for t in africa_cpi_cl.columns['Total (%)'].values()],
    [float(c) for c in africa_cpi_cl.columns['CPI 2013 Score'].values()])[0, 1]

africa_cpi_cl = africa_cpi_cl.compute([('Africa Child Labor Rank',
                                        agate.Rank('Total (%)', reverse=True)),
                                       ])

africa_cpi_cl = africa_cpi_cl.compute([('Africa CPI Rank',
                                        agate.Rank('CPI 2013 Score')),
                                       ])                                 ❹
```

❶ where 표 메서드를 사용하여 대륙이 africa인 행만 골라낸다.

❷ 데이터에 대한 우리의 직감을 확인하기 위해 해당 행을 서식화하여 출력한다. 아프리카 국가들만 골라 내었는지, 그리고 총 아동 노동 백분율과 CPI 점수 데이터가 제대로 보이는지 확인한다.

❸ 데이터를 분리한 후 피어슨의 상관계수가 변화했는지 보여준다.

❹ 아프리카 국가들 간 순위가 어떻게 변화했는지 확인하기 위해 새로운 순위를 추가한다.

아프리카와 관련된 하위 데이터세트를 이용해 계산된 새로운 피어슨의 상관계수는 다음과 같다.

```
-0.404145695171
```

상관계수가 감소했다. 이것은 전 세계 데이터에 비교했을 때 아프리카 데이터만을 살펴 보면 아동 노동과 국민의 부패인식도가 좀 더 밀접한 관계를 나타낸다는 것을 의미한다.

이번에는 좋은 이야기와 흥미로운 데이터 포인트를 찾을 수 있는지 살펴보자. 부패인식도와 아동 노동 백분율의 평균값을 찾고 가장 높은 아동 노동률과 최악의 부패인식도(즉, 평균값보다 낮은 값을 찾는다)를 보유한 국가를 찾아볼 것이다. 다음과 같이 하라.

```
cl_mean = africa_cpi_cl.aggregate(agate.Mean('Total (%)'))
cpi_mean = africa_cpi_cl.aggregate(agate.Mean('CPI 2013 Score'))      ❶

def highest_rates(row):
    if row['Total (%)'] > cl_mean and row['CPI 2013 Score'] < cpi_mean:   ❷
        return True
    return False

highest_cpi_cl = africa_cpi_cl.where(lambda x: highest_rates(x))       ❸

for r in highest_cpi_cl.rows:
    print "{}: {}% - {}".format(r['Country / Territory'], r['Total (%)'],
                               r['CPI 2013 Score'])
```

❶ 우리가 관심 있는 열(부패 점수와 아동 노동률)의 평균을 계산한다.

❷ 높은 아동 노동률과 낮은 CPI 점수(혹은 높은 부패)를 가진 국가를 판별하는 함수를 생성한다.

❸ highest_rates 함수에서 True 혹은 False를 반환한다. 여기에서 lambda는 해당 국가가 평균보다 높은 아동 노동률과 부패인식도를 보유하고 있는지 묻는다.

코드를 실행하면 흥미로운 출력 결과를 확인할 수 있다. 다음의 행들이 특히 재미있어 보인다.

```
Chad: 26.1% - 19.0
Equatorial Guinea: 27.8% - 19.0
Guinea-Bissau: 38.0% - 19.0
Somalia: 49.0% - 8.0
```

출력된 결과를 살펴 보면 최악의 범죄자들은 평균에서 그렇게 많이 떨어져 있지 않은 '중간'에 위치해 있지만 상대적으로 낮은 부패 점수와 상대적으로 높은 아동 노동률을 보유하고 있다. 우리는 왜 높은 아동 노동률이 존재하며 어떻게 부패가 아동 노동에 영향을 미치는지 알아 보는 것에 관심이 있기 때문에 이 국가들을 살펴 보면 최고의 사례 연구가 될 것이다.

연구를 통해 우리는 이 국가들에서 어떠한 일들이 벌어지고 있는지 알아 보아야 한다. 위 국가들의 청년 노동이나 아동 노동과 관련한 영화나 다큐멘터리가 있는가? 이 주제와 관련하여 쓰인 기사나 책이 있는가? 우리가 연락을 취할 전문가가 있는가?

이 국가들을 자세히 탐색해 보면 아동 인신매매, 성적 착취, 악의적으로 행동하는 종교 단체, 길거리 및 가사 노동과 같은 삭막한 현실에 대해 알게 될 것이다. 이러한 현실이 권리 박탈과 관련이 있는가? 이러한 현실과 정부를 신뢰할 수 없는 대중은 관련이 있는가? 이 국가들과 그들의 이웃국가 간의 공통점을 찾아낼 수 있는가? 이 문제들을 완화시킬 수 있는 요소 혹은 활동가가 존재하는가?

시간의 흐름에 따른 정치적 변화와 세대 간 변화의 영향에 대해서 살펴 보면 재미있을지도 모른다. 유니세프 데이터의 백로그(backlog)를 살펴 보거나, 한 국가에 집중하고 유니세프의 MICS(*http://bit.ly/unicef_mics*) 데이터를 활용하여 수십 년 동안의 변화를 알아 볼 수도 있다.

여러분이 가지고 있는 데이터세트에서 앞으로 더 탐색해 볼 만한 것이 무엇이 있는지 판단할 수 있어야 한다. 탐색에 필요한 데이터를 더 구할 수 있는가? 인터뷰를 할 대상이나 장기적으로 식별할 수 있는 추세가 존재하는가? 주제와 관련하여 해결의 실마리를 던져줄 만한 책, 영화, 기사가 있는가? 여러분의 분석은 앞으로 할 연구의 시작점이 된다.

데이터가 무엇을 말하고 있나?

데이터를 탐구하고 분석해 보았으니 이제 데이터가 들려주려고 하는 이야기를 알아낼 수 있다. 처음으로 아동 노동 데이터를 살펴 보았을 때 경험했던 것처럼 데이터에 아무런 상관관계가 존재하지 않거나 혹은 데이터가 들려줄 이야기가 없을 수도 있다. 그러나 괜찮다!

> 때때로 상관관계가 존재하지 않음을 발견하는 것은 실제로 존재하는 관련성을 찾아 내기 위해 좀 더 연구해 보아야 한다는 것을 뜻한다. 그러나 관련성을 발견할 수 없다는 것은 그 자체로 발견이기도 하다.

데이터를 분석한다는 것은 추세와 패턴을 발견하는 것이다. 대부분의 경우, 아동 노동자 데이터를 통해 확인했던 것처럼 분석은 앞으로 할 연구의 시작점이다. 숫자가 들려줄 수 있는 이야기만큼 사람의 목소리나 새로운 시각 또한 분석을 통해 발견된 관련성이나 답한 질문에 대해 더 상세히 설명해 줄 수 있을 것이다.

관련성이 약할지라도 발견되면 더 깊이 파고들어야 한다. 이러한 관련성이 더 나은 질문들과 초점이 더 잘 맞춰진 연구로 이어질 수 있기 때문이다. 아동 노동 데이터의 경우와 같이 연구의 초점이 더 잘 맞추어질수록 관련성을 발견하기 쉬워진다. 연구의 시작이 광범위한 것은 좋지만 마무리를 짓기 위해서는 좀 더 정제된 견해가 필요하다.

결론 도출하기

데이터를 분석하고 관련성을 파악하고 나면 어떠한 결론을 낼지 판단해야 한다. 여러분의 아이디어가 탄탄히 뒷받침되기 위해서는 해당 주제를 진정으로 이해해야 한다. 데이터 분석, 인터뷰, 연구를 마치고 나면 결론이 형성되었을 것이다. 이제는 세상과 어떻게 여러분의 결론을 공유할지 결정해야 한다.

> 결정적인 결론을 도출하기 힘들다면 결론에 미결 문제에 대해 언급해도 괜찮다. 때때로 가장 중요한 이야기들은 간단한 질문 몇 가지로부터 비롯되기도 한다.

주제와 관련된 새로운 사실을 보여 주고 좀 더 완전한 결론을 위한 연구나 행동, 문서화에 대한 필요성을 지적할 수 있다면, 그 자체로 중요한 메시지가 된다. 이번 장에서의 탐색을 통해 우리는 정부 부패가 높은 아동 노동률을 야기한다고 결론을 내릴 수는 없지만, 이 둘 사이에 약간 상관관계가 존재한다고는 말할 수 있다. 또한 정부 부패와 아동 노동률이 어떠한 방식으로 연결되어 있는지(특히 아프리카 국가의 경우) 연구하고 분석해 볼 수 있다.

결론 문서화 하기

어떠한 결론과 더 연구해 보고 싶은 질문을 찾았다면 이제 여러분의 작업을 문서화하기 시작하자. 문서나 최종 발표 과정에서는 데이터의 출처와 분석한 데이터 포인트 개수를 분명하게 밝혀야 한다. 아프리카 국가들에 대한 하위 데이터세트를 활용할 때 우리는 대략 90개 정도의 데이터 포인트를 사용했지만 그 데이터 포인트들은 우리가 관심 있는 부분을 대표할 수 있었다.

여러분이 초점을 맞춘 데이터세트의 크기가 예상보다 작을지도 모른다. 그러나 사용한 방법과 하위 데이터세트를 사용한 이유를 분명하게 밝힐 수 있다면 여러분의 연구를 접하는 관객을 혼란스럽게 만들지 않을 수 있을 것이다. 다음 장에서는 세상의 관객들과 결론을 공유할 때 필요한 결과 보고 방법과 생각 및 과정의 문서화에 대해 자세히 다룬다.

요약

이 장에서 우리는 새로운 파이썬 라이브러리와 기술을 활용하여 데이터세트를 탐색하고 분석해 보았다. 데이터세트를 불러오고 결합하고 그룹화 했으며 새롭게 발견한 내용에 기반하여 새로운 데이터세트를 생성했다.

이제 여러분은 통계적 방법을 활용해 이상치를 찾고 상관관계를 측정할 수 있다. 또한 여러분은 흥미로운 그룹의 데이터를 분리하고 하위 데이터를 더 집중 탐색하여 견고한 문제들을 판별해 낼 수 있다. 만약 여러분이 IPython에서 %store를 사용하여 변수들을 저장해 왔다면 다음 장에서 그 변수들을 사용하게 될 것이다.

지금쯤 여러분은 문제 없이 다음과 같은 작업을 할 수 있을 것이다.

- agate 라이브러리를 사용하여 데이터를 살펴 본다.
- 데이터 속에 존재하는(만약 존재한다면) 중요한 내용을 판별한다.
- 결론을 도출하기 위해 채워야 할 데이터의 구멍이나 좀 더 탐색해 보아야 하는 부분을 찾는다.
- 데이터 분석 및 탐색을 통해 가정을 시험한다.

개념/라이브러리	목적
agate 라이브러리	CSV에서 데이터를 쉽게 읽고, 분석을 위한 표를 만들고, 기본적인 통계적 함수를 실행하고, 데이터세트를 파악하기 위해 필터를 적용할 수 있기 때문에 쉽게 데이터를 분석할 수 있다.
xlrd ctype와 ctype_text 객체	xlrd를 사용해 엑셀 데이터를 분석할 때 데이터가 어떠한 셀 유형인지 파악할 수 있다.
isinstance 함수	파이썬 객체의 유형을 테스트한다. 유형이 매칭되면 불 값을 반환한다.
lambda 함수	파이썬의 한 줄짜리 함수로, 간단한 데이터세트 필터링이나 파싱에 유용하다. 읽거나 이해하기 어려운 lambda를 작성하지 않도록 하라. 너무 복잡하다면 lambda 대신 함수를 작성해라.
결합(Join) (inner, outer, left, right)	한 개 혹은 그 이상의 매칭 필드를 기준으로 두 개의 데이터세트를 결합한다. 데이터 결합 방법에 따라(inner/outer 및 left/right) 다른 데이터세트를 얻게 된다. 여러분에게 필요한 결합 방법이 무엇인지 생각할 시간을 충분히 가져라.

예외 처리	코드를 이용하여 파이썬의 예외를 예측하고 관리할 수 있다. 버그가 지나치게 일반적인 예외처럼 보이지 않게 하려면 구체적이고 분명한 예외를 설정해야 한다.
numpy coerrcoef	피어슨 상관과 같은 통계적인 모델을 사용하여 데이터세트의 두 부분이 관련되어 있는지 판단한다.
agate mad_outliers 및 stdev_outliers	표준 편차나 평균 편차와 같은 통계적 모델 및 도구를 사용하여 데이터세트에 이상치가 있거나 '맞지 않는' 데이터를 판별한다.
agate group_by와 aggregate	데이터를 특정 속성을 기준으로 그룹화하고 그룹 간 눈에 띄는 차이(혹은 유사성)가 존재하는지 확인하기 위해 집계 분석을 실시한다.

표 9.2 9장에 소개된 파이썬/프로그래밍 개념 및 라이브러리

우리가 이 장에서 새롭게 배운 개념과 라이브러리가 표 9.2에 요약되어 있다. 다음 장에서는 여러분의 결론을 인터넷을 비롯한 여러 가지 형태로 다른 사람들과 공유하기 위한 시각화 및 스토리텔링에 대해 살펴 본다.

10장

D a t a   W r a n g l i n g   w i t h   P y t h o n

데이터 표현하기

데이터를 어떻게 분석하는지 배웠으니 이제는 표현할 차례다. 여러분이 염두에 두고 있는 청중에 따라 표현 방식은 무척이나 달라질 수 있다. 이번 장에서는 여러 다른 표현 방식에 대해 알아볼 것이다. 컴퓨터로 만들 수 있는 단순한 표현에서부터 인터랙티브한 웹사이트 방식까지 만드는 법을 알아보자.

표현하고자 하는 대상에 따라 차트나 지도 그리고 그래프를 포함한 시각화가 여러분이 말하고자 하는 이야기의 큰 부분을 담당할 것이다. 이번 장에서는 여러분이 찾은 결과들을 공유할 수 있게 사이트를 만들어 올리는 부분을 다룬다. 또한 사람들이 차트, 그래프, 결과물과 함께 코드까지 볼 수 있는 Jupyter 노트북을 공유하는 방법도 알아보도록 한다.

청중에 대해 생각해보고 데이터 분석을 통해 찾아낸 이야기를 풀어내는 방법으로 이번 장을 시작해보자.

스토리텔링의 함정을 방지하기

스토리텔링은 쉬운 일이 아니다. 주제에 따라선 데이터로부터 확실한 결론을 내는 것이 어려울 수도 있다. 모순되거나 불확실한 데이터와 맞닥뜨리게 될지도 모른다. 하지만 괜찮다! 지속적으로 탐색을 해보면 된다. 때론 여러분이 데이터 세트에서 찾아내는 상이한 예시들에서 스토리가 나올 수도 있다.

> ❗ 스토리텔링에서 마주하게 되는 어려움 중 일부는 데이터를 분석할 때 나타나는 여러분의 개인적인 편향으로부터 기인한다. 경제학자이자 저널리스트인 앨리슨 슈레인저(Allison Schranger)가 본인의 기사 "데이터 저널리즘의 문제"에서 논의하듯이, 우리는 스스로 반

박하지 못하는 분석에 무의식적으로 편향을 넣게 된다. 그녀는 이러한 편향을 인정하고 스토리의 목적을 달성하기 위해, 우리가 자의적으로 해석할 수 없는 수준까지 데이터를 알기 위해 노력하라고 사려깊게 조언하기도 했다.

여러분이 전달하고자 하는 스토리와 데이터가 일치한다고 가정해선 안 된다. 데이터를 배우려고 먼저 노력한 뒤에 데이터에서 배운 스토리를 들려줘야 한다. 하지만 데이터를 매만지는 데 시간을 너무 쏟지는 말자. 데이터를 너무 많이 고친다면(표준화, 정규화, 이상치 제거) 다른 스토리가 나오게 된다.

그러한 사실을 명심한다면, 스토리텔링은 어떤 영역의 전문가가 되는 데 큰 역할을 한다. 보유하고 있는 데이터를 탐색하면서 얻어낸 지식을 통해서는 새로운 주제와 아이디어를 밝혀낼 수 있으며, 자신의 편견을 이해함으로써 겸손함을 배운다면 더욱 효과적이고 깨우침을 주는 스토리를 쓰게 될 것이다.

스토리를 어떻게 전달할 것인가?

어떤 스토리를 말하고 싶은지는 그것을 어떻게 말할 것인지 결정하는 것만큼이나 중요하다. 차트, 그래프, 타임라인, 지도, 비디오, 단어들, 그리고 상호작용 등 사용할 수 있는 스토리텔링 방식은 다양하다. 스토리를 온라인으로 게재할 수도 있고, 회의나 컨퍼런스에서 발표를 할 수도 있다. 아니면 비디오 공유 사이트에 올릴 수도 있다. 어떤 전달 방식을 선택하든 여러분이 찾아낸 결과를 돋보일 수 있도록 하라. 표현을 너무 못해서 말하고자 하는 스토리를 보잘것없게 만드는 것만큼 가슴 아픈 일도 없다.

다음 섹션들에서 우리는 청자, 스토리, 이용 가능한 플랫폼들이 데이터 표현 방식을 선택하는 데 어떻게 영향을 미치는지를 평가해볼 것이다. 결과를 표현할 아이디어를 가지고 있다 하더라도 모든 선택지를 읽어보기를 추천하는데, 그러면 처음 선택을 유지하더라도 무엇이 이용가능한지는 이해할 수 있게 되기 때문이다. 더 많은 대중에게 보여주려고 하는 경우에는 여러 가지 포맷을 섞어서 사용하는 방법이 가장 좋을 수 있다.

추후 얼마나 자주 데이터를 업데이트할지 결정하는 것 또한 스토리를 표현하는 방식의 일부다. 지속되는 시계열인가? 청중이 이 스토리의 뒷부분을 곧 다시 들을 거라고 예상하는가, 아니면 연간 보고서로 볼 것인가? 언제 어떻게 업데이트할 것인지 분명하게 제시할 수 있는가? 청중을 기다리게 하는 것은 그들의 예상을 명확하게 해줄 수 있을 때에만 괜찮은 방법이다.

청중을 알라

글의 대상은 글의 주제만큼이나 중요하다. 대상을 확인함으로써 그들이 어떤 주제에 대해서 얼마나 알고 있는지, 관심 주제는 무엇인지, 어떻게 해야 가장 지식을 잘 습득할지를 밝혀낼 수 있다. 청중과 커뮤니케이션하려 하는데, 대상이 빗나간다면 이해관계자가 없는 스토리를 만드는 게 된다.

보고나 발표가 여러분이 하는 일의 일부분이라면, 청중을 알아내기는 비교적 쉬울 것이다. 직장 내의 작은 그룹이든, 임원진이든, 일일 또는 연간 출판물이든 누가 그 보고를 읽을지는 정확히 알기 때문이다.

> 데이터를 더 폭넓은 청중에게 배포하는 데 관심이 있다면, 이미 어떤 글이 나와있고 더 배우는 데 관심있는 청중은 누구였는지를 알아봐야 한다. 목표로 하는 분야에서 사용하는 작업의 말뭉치(corpus)에 익숙해지면 여러분이 대화할 만한 새로운 청중이나 기존 청중이 있는지를 확인하는 데 도움이 된다.

대상 청중이 고민된다면, 선택한 주제에 대해 현저하게 다른 수준을 가지고 있는 여러 다른 사람들, 예를 들어 부모님, 멘토, 동료, 멘티(해당 주제와 사회에 노출된 수준의 차이를 고려한) 등에게 접근해 보는 것도 좋은 전략이다. 스토리의 한 부분이 해당 주제에 대한 지식 수준의 차이에 따라 특정 사람들에게 더 흥미를 끄는가? 연령이나 경험에 따라서 다른 질문들이 대두되는가? 주제를 설명한 뒤에, 그들의 질문과 반응을 관찰해 본 다음 대상 청중을 수정하라.

대상 청중을 결정했으면 그들에 대해서 더 알아보자. 다음 글의 팁을 이용해서 청중에 따라 스토리를 어떻게 정제해야 하는지 감을 잡아보자.

청중에게 말하기

청중에게 스토리를 말할 때는 그들이 세상을 이해하고 배우는 방법, 그 중에서도 특히 여러분이 다루는 주제에 대해선 어떠한지를 고심해 봐야 한다. 다음 질문들을 통해 스토리텔링이 결과물을 대상 청중에게 가장 좋게 전달할 수 있는 방법을 생각해보자.

- 대상 청중이 새로운 것을 어떻게 배우는가? 온라인? 구전? 출판물?
- 청중이 해당 주제에 대한 사전 지식을 얼마나 가지고 있는가? 익숙지 않은 단어나 아이디어가 있는가?
- 청중이 스스로 데이터를 탐색할 줄 아는가?
- 해당 스토리에 대해 청중이 얼마나 많은 시간과 관심을 가지고 있는가?
- 청중은 스토리에 대해서 여러분 그리고 또 다른 청중들과 얼마나 대화할 것인가?

- 새로운 정보가 공개되면 알림 또는 업데이트를 받고 싶어할 것인가?

이것들은 여러분의 '진짜' 청중이 누구인지, 그리고 그들이 어떻게 스토리를 소비할지를 알아내기 위해 스스로 하는 수많은 질문들 중 일부이다. 이 질문을 시작점으로 삼아, 청중에게 결과물을 어떻게 공유할지에 대해 더 많은 질문을 하고 그를 통해 깨달음을 얻도록 하자.

대상 청중을 찾아냈고 스토리텔링을 시작하는 데에 시간을 일부 할애했다면, 이제 시각화를 통해 데이터의 스토리를 풀어낼 방법을 찾아보자.

데이터 시각화하기

데이터를 다룰 때, 스토리텔링을 위해서 시각화를 하고 싶은 경우가 많을 것이다. 스토리에 따라 시각화는 차트, 그래프, 또는 타임라인으로 얼마든지 달라질 수 있다. 여러분이 데이터를 어떻게 보여주느냐와는 상관없이 첫 단계는 어떤 시각적 데이터가 유용하고 적절한지 알아내는 것이다.

시각적 스토리텔링에서는 여러분이 어떻게 결과물을 보여줄 것인지 결정하는 게 아주 중요하다. 알베르토 카이로(Alberto Cairo)가 데이터 시각화에 대해 블로그에서 쓴 것과 같이(*http://www.thefunctionalart.com/2014/08/to-make-visualizations-that-are.html*) 청중에게 적절한 데이터를 보여주지 않는다면, 청중은 여러분의 방법론과 결과물에 의문을 갖게 될 수 있다.

> ❗ 데이터 분석과 방법론에 대해 상세하게 문서로 열거하는 것처럼, 시각적 탐색과 데이터의 표현 또한 마찬가지다. 스토리에서 중요한 부분을 생략하지 않는다는 사실을 확실히 알려야 한다.

이번 섹션에서 우리는 차트, 시계열과 타임라인, 지도, 혼합 미디어, 단어, 이미지, 비디오를 사용해 결과를 공유하는 방법에 대해 알아본다. 염두에 둔 청중에 따라 이러한 여러 유형을 섞어서 여러분의 스토리에 적합하게 만들면 된다. 이러한 형식들은 각각 장단점이 있으므로 글을 진행하면서 알아보겠다.

차트

차트는 수치형 데이터를 공유하는 아주 좋은 방법이다. 특히 종류가 다른 데이터세트나 여러 집단을 비교할 때 좋다. 데이터에 분명한 추세가 보이거나 특정 이상치가 나타난다면, 차트로 그런 관찰들을 청중과 공유할 수 있다.

누적 또는 막대그래프를 사용하면 많은 수의 수치들을 서로 옆에 나열해서 보여줄 수 있다. 예를 들어 크리스토퍼 잉그라함(Christopher Ingraham)의 유아 사망률에 대한 워싱턴 포스트 스토리(*https://www.washingtonpost.com/news/wonk/wp/2014/09/29/our-infant-mortality-rate-is-a-national-embarrassment/?utm_term=.fe3a19cfadc7*)를 보면 막대그래프를 통해 나란히 국가별 비교를 했다.

시간에 따른 추세를 보여주기 위해서는 대개 선 그래프를 사용하게 된다. 잉그라함은 각기 다른 연령에서의 유아 사망률을 비교하기 위해 선 그래프를 사용했다. 막대그래프는 미국이 유아 보육이라는 분야에서 다른 국가들보다 뒤처진다는 사실을 알게 해주고 있다. 반면에 선 그래프는 우리가 다른 방식으로 데이터를 관찰할 수 있게 해주는데, 국가별로 시간에 따른 유아 사망률을 비교할 수 있게 도와주고 있다.

저자는 막대그래프에 나온 모든 국가들을 선 그래프에 나타내는 대신, 일부만을 표시했다. 왜 그랬을까? 데이터를 확인해 보고 국가를 많이 포함시키면 읽기가 힘들다는 사실을 찾아냈을 수 있다.

분석 결과를 시각화할 때 이런 결정들을 내리게 된다. 어떤 차트가 여러분의 케이스에 적당한지, 어떤 차트가 가장 유용한지를 결정하기 위해서는 차트를 이용해서 보여주려는 것이 무엇인지부터 먼저 정의해야 한다. Extreme Presentation 블로그에서 제공하는 쉬운 플로 차트(*http://bit.ly/abela-choosing*)를 참고한다면 이러한 이슈들을 처음 고려할 때 도움이 된다. 주스 랩스(Juice Labs)가 개발한 인터랙티브한 차트 선택기(*http://labs.juiceanalytics.com/chartchooser*)에서도 동일한 콘셉트를 몇 가지 보여준다.

 차트들에는 각각 장단점이 있다. 관계를 보여주고 싶다면 산점도, 버블차트, 선 그래프 등 데이터의 연관성을 보여주는 방법을 사용한다. 막대그래프는 여러 주제를 비교할 때 더 낫다. 만약 구성이나 요인을 보여주고 싶다면, 누적 차트를 만들자. 분포를 보여주기 위해선 시계열 그래프나 히스토그램을 사용한다.

이제 지금까지 조사해 본 데이터에 대해 생각해 보고, 파이썬에 내장된 agate 기능들을 사용해 보겠다.

matplotlib를 이용한 그래프 그리기

파이썬의 주요 그래프 및 이미지 라이브러리 중 하나로 `matplotlib`이 있다. 이 라이브러리는 데이터세트를 가지고 그래프를 그리는 것을 도와주는데, 특히 간단한 차트를 생성하는 데 유용하다. 이 라이브러리에 대해 배우면 배울수록 여러분의 그래프와 차트가 고급스러워질 것이다. 일단 pip install matplotlib을 실행해 설치를 하자.

설치한 뒤 부패인식도 지수를 아동 노동률과 비교해보자. 다음 코드를 실행한다.

```
import matplotlib.pyplot as plt

plt.plot(africa_cpi_cl.columns['CPI 2013 Score'],
         africa_cpi_cl.columns['Total (%)'])          ❶

plt.xlabel('CPI Score - 2013')                        ❷
plt.ylabel('Child Labor Percentage')
plt.title('CPI & Child Labor Correlation')            ❸

plt.show()                                            ❹
```

❶ pylab의 plot 메서드를 사용해서 x와 y의 라벨 데이터를 전달한다. 첫 번째로 전달되는 변수는 x축이고 두 번째 변수가 y축이다. 그러면 언급한 두 데이터세트를 그려낸 파이썬 차트가 생성된다.

❷ xlabel과 ylabel 메서드를 호출해서 차트의 축에 라벨을 붙인다.

❸ title 메서드를 호출해서 차트에 제목을 붙인다.

❹ show 메서드를 호출해서 차트를 그린다. show를 호출하기 전에 설정한 것들이 모두 시스템의 기본 이미지 프로그램(미리보기나 윈도우 사진 뷰어 등)에 나타날 것이다. 제목, 축 라벨, 그리고 matplotlib 라이브러리를 통해 설정한 다른 모든 속성이 차트에 나타나게 된다.

짠! 파이썬이 그림 10-1의 차트를 렌더링해준다.[1]

전체적으로 하강하는 경향을 볼 수 있으나, 가운데 부분의 데이터가 경향성을 따르지 않는다는 사실도 볼 수 있다. 실제로 데이터에 차이가 크게 나는 것을 보면 모든 국가에서 아동 노동과 부패인식도 사이에 관련이 있지는 않고, 일부에서만 나타난다는 사실을 알 수 있다.

그럼 최악의 가해 국가들만 사용해서 동일한 차트를 구성해보자. 264쪽의 "데이터를 분리하고 집중하기"에서 이미 최악의 가해 국가들을 분리해 두었었다. highest_cpu_cl 테이블을 가지고 앞의 코드를 다시 실행해 보면 그림 10-2의 차트가 나온다.

---

1 만약 차트가 나타나지 않으면, Stack Overflow 사이트의 설명(*http://bit.ly/matplot_lib_settings*)을 참고해서 matplotlib 세팅이 어디 있는지를 찾아내고 백엔드를 기본값 중 하나로 설정하라(맥이나 리눅스는 Qt4Agg, 윈도우는 GTKAgg). 윈도우에서는 추가적으로 pip install pygtk를 실행해야 할 수도 있다.

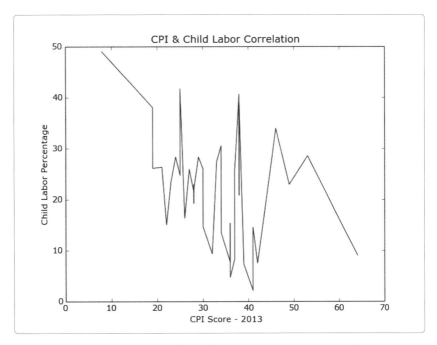

그림 10-1 아동 노동과 CPI(부패인식도: Corruption Perceptions Index) 차트

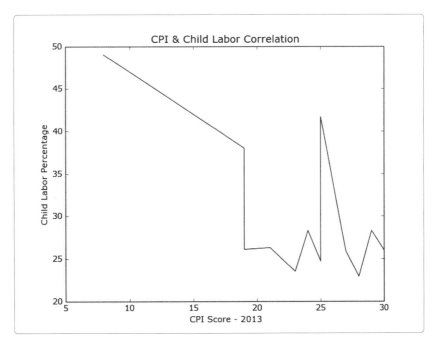

그림 10-2 아동 노동률이 가장 높은 국가 차트

아동 노동률과 부패인식도 지수가 떨어짐에 따라 최악의 가해 국가들에 대한 명확한 하강 경향과, 그 뒤에 일부 비정상적인 패턴이 보인다.

pylab로 히스토그램, 산점도, 막대그래프, 파이 차트 등 다양한 종류의 차트를 만들 수 있다. matplotlib.org의 **pyplot** 소개(*http://bit.ly/pyplot_tutorial*)를 읽어보기를 강력히 추천한다. 차트의 여러 속성(색, 라벨, 크기)을 변경하는 법, 다수의 그림이나 하위 그래프를 사용하는 법, 여러 다른 차트 종류들에 대해 나와 있다.

 데이터를 차트로 만드는 것은 데이터세트 내의 이례적인 패턴이나 이상치에 대해 알아보기 좋은 수단이다. 파이썬 라이브러리의 여러 가지 다른 차트 메서드를 사용해보면 여러분의 데이터에 담긴 스토리와 상호 관계를 알 수 있다.

라이브러리의 차트 도구들을 가지고 연습을 많이 할수록, 여러분의 데이터에 알맞은 차트가 무엇인지 더 잘 알게 될 것이다.

Bokeh로 차트 만들기

Bokeh는 상당히 단순한 명령어로 더 복잡한 종류의 차트를 만드는 파이썬의 차트 라이브러리다. 누적 그래프, 산점도, 또는 시계열을 만들고 싶으면 Bokeh를 이리저리 연습해 보고 괜찮은지 판단하기를 추천한다. Bokeh를 사용해서 CPI와 아동 노동률을 국가별 산점도 차트로 만들어보자. 다음 명령어로 Bokeh를 설치한다.

```
pip install bokeh
```

그러고 나서 agate 테이블을 사용해서 간단한 명령어로 산점도를 만든다.

```
from bokeh.plotting import figure, show, output_file

def scatter_point(chart, x, y, marker_type):                        ❶
    chart.scatter(x, y, marker=marker_type, line_color="#6666ee",
                fill_color="#ee6666", fill_alpha=0.7, size=10)      ❷

chart = figure(title="Perceived Corruption and Child Labor in Africa") ❸
output_file("scatter_plot.html")                                    ❹
for row in africa_cpi_cl.rows:
    scatter_point(chart, float(row['CPI 2013 Score']),
                float(row['Total (%)']), 'circle')                  ❺
show(chart)                                                         ❻
```

❶ 차트, x축과 y축 값들, 그리고 마커의 종류(원, 정사각형, 직사각형)를 전달받고 차트에 점을 추가하는 scatter_point 함수를 정의한다.

❷ 차트의 scatter 메서드는 두 개의 인자(x축과 y축)를 필수로 받으며, 점들의 스타일(색상, 투명도, 크기 등)을 다양하게 바꿀 수 있는 키워드 인자들을 가지고 있다. 이 줄에서는 선의 색상들과 채우기 색상을 비롯해 크기와 투명도 설정을 전달한다.

❸ figure 함수를 사용하고 제목을 전달해서 차트를 생성한다.

❹ output_file 함수를 쓸 때 어떤 파일을 출력할지 정의한다. 이 줄을 실행하면 코드를 실행하는 폴더 안에 scatter_plot.html 파일을 생성하게 된다.

❺ 각각의 행에 대해서, CPI 점수를 x축으로, 아동 노동률을 y축으로 한 점을 추가한다.

❻ 브라우저 창에 차트를 띄운다.

코드를 실행하면 차트를 브라우저의 새로운 탭으로 띄운다(그림 10-3).

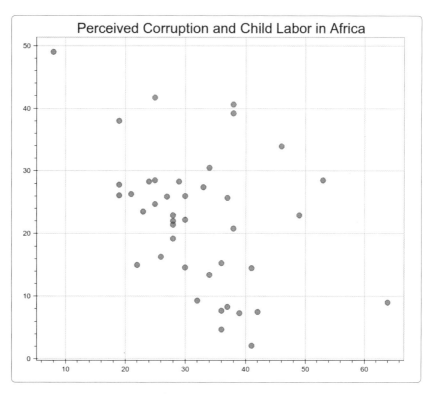

그림 10-3 CPI와 아동 노동률 산점도

꽤 괜찮지만, 점들의 의미를 별로 볼 수가 없다. Bokeh로 차트에 인터랙티브한 요소들을 넣어보자.

```
from bokeh.plotting import ColumnDataSource, figure, show, output_file
from bokeh.models import HoverTool                          ❶

TOOLS = "pan,reset,hover"                                   ❷

def scatter_point(chart, x, y, source, marker_type):        ❸
    chart.scatter(x, y, source=source,
                  marker=marker_type, line_color="#6666ee",
                  fill_color="#ee6666", fill_alpha=0.7, size=10)

chart = figure(title="Perceived Corruption and Child Labor in Africa",
               tools=TOOLS)                                 ❹
output_file("scatter_int_plot.html")
for row in africa_cpi_cl.rows:
    column_source = ColumnDataSource(
        data={'country': [row['Country / Territory']]})     ❺
    scatter_point(chart, float(row['CPI 2013 Score']),
                  float(row['Total (%)']), column_source, 'circle')

hover = chart.select(dict(type=HoverTool))                  ❻

hover.tooltips = [
    ("Country", "@country"),
    ("CPI Score", "$x"),
    ("Child Labor (%)", "$y"),                              ❼
]

show(chart)
```

❶ 여태까지 사용하고 있던 주요 라이브러리들을 불러오고 ColumnDataSource와 HoverTool 클래스를 추가한다.

❷ 최종 결과물에 사용하고자 하는 툴(*http://bit.ly/specifying_tools*)을 정의한다. 이 코드는 마우스오버(hover) 메서드를 사용할 수 있도록 hover를 추가해 준다.

❸ 필수 변수들에 source를 추가한다. 그러면 국가명 정보를 유지하게 된다.

❹ 초기화 뒤에 TOOLS 변수를 그림으로 전달한다.

❺ column_source는 이제 국가명이 들어 있는 데이터 소스 딕셔너리를 담고 있다. 이 줄은 국가명을 리스트로 전달하는데, 이는 값들이 반복가능한(iterable) 객체여야 하기 때문이다.

❻ HoverTool 객체를 차트에서 선택한다.

❼ hover 객체의 tooltips 메서드를 사용해서 여러 다른 데이터 속성들을 보여 준다. @country는 열 소스를 통해 전달된 데이터를 선택하는 데 반해, $x와 $y는 차트상의 x와 y점들을 선택한다.

이제 여러분의 차트는 그림 10-4처럼 보일 것이다.

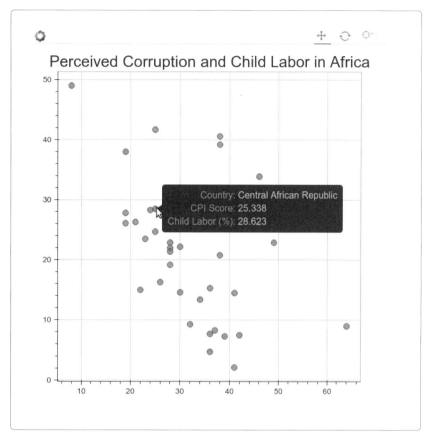

그림 10-4 CPI와 아동 노동률의 인터랙티브한 산점도

> ✅ 각 점 위로 커서를 올리면서 움직이면, x와 y의 데이터가 변한다. 차트를 개선시키기 위해
> 서는 새로운 키와 값들을 데이터 딕셔너리에 입력해서 column_source 객체에 두 데이터
> 점에 대한 정확한 값들을 추가하는 것을 시도해 보라.

Bokeh에는 좋은 예시와 코드가 많이 있는 갤러리(*http://bokeh.pydata.org/en/
latest/docs/gallery.html*)가 있으니 거기에서부터 시작하면 좋다. 차트를 가지고
이리저리 연습해 보고, Bokeh도 다뤄보자.

시간 관련 데이터

시계열과 타임라인 데이터는 시간에 따라 달라지는 결과를 보여주는 데 도움이
된다. 시계열 차트들은 시간이 지나면서 변화하는 데이터(선 그래프, 막대그래
프, 히스토그램)를 표현한다. 그리고 타임라인은 이벤트나 사건, 시간에 따른 변
화를 표기함으로써 스토리를 시각적으로 전달해준다.

시계열 데이터

시계열은 시간에 따른 경향을 표현하며, 하나의 요인에 집중할 때 특히 잘 작동한다. 월스트리트 저널에서는 백신과 질병률에 대한 매우 잘 만든 시계열을 소개한 적이 있다(*http://bit.ly/history_of_vaccines*). 인터랙티브한 요소들을 넣어 독자들이 탐색을 할 수 있고, 내장된 저속 애니메이션 기능은 시각화를 쉽게 읽을 수 있게 한다. 백신을 소개하는 마커들은 독자가 명료하게 이해하도록 돕는다.

우리는 작업 중인 데이터세트에서 시간에 따른 변화에 대해 아직 살펴보지 않았다. 다음 단계로 추천할 것은, 과거 연도들에 대한 동일한 데이터세트를 모으는 것이다. 그러한 데이터가 있다면 '아동의 노동이 시간이 지남에 따라 증가하는 곳은 어디인가?', '시간에 따른 명확한 지역적인 경향이 보이는가?', '다른 데이터세트를 결합하면 또 다른 경향성을 볼 수 있는가?(예를 들어 아동 노동률이 농업 수출과 함께 증가하는지)' 등의 질문을 해볼 수가 있게 된다.

Stack Overflow 사이트에는 `matplotlib`를 사용해서 시계열 차트를 만드는 데 대한 정보를 주는 괜찮은 답글이 있다(*http://bit.ly/plot_time_series_python*). 9장에서 다루었던, 데이터의 열이나 행을 선택하는 agate 테이블의 rows와 columns 메서드를 기억하는가? 이 메서드들을 통해 반환되는 리스트는 데이터를 차트로 전달하기 위한 matplotlib 함수들 중 어떤 것에도 전달이 가능하다.

Bokeh를 사용해 시간과 관련된 데이터를 살펴보려면, *http://bit.ly/high-level_charts*에서 아주 잘 만든 예제들을 참고하자.

타임라인 데이터

타임라인 데이터는 여러분이 설명하고자 하는 주제의 역사라든지, 근래 일어났던 실패 사례 같은 중요한 순간을 확인하는 데 도움을 준다. 예를 들어, 백신의 역사 웹사이트(*http://bit.ly/history_of_vaccines*)의 타임라인은 홍역 백신의 역사와 캘리포니아에서 일어난 최근의 사건을 보여줌으로써 읽는 이들이 빠르게 역사적 데이터를 통해서 주제를 이해할 수 있게 해준다.

우리의 아동 노동에 대한 스토리의 타임라인을 보여주고 싶다면, 국제적인 아동 노동의 역사 중 주요 순간에 대해 찾아보아야 한다. 타임라인 사건들을 짚어줄 수 있는 질문을 연구하게 될 텐데, 가령 '아동의 안전을 보호하기 위한 관한 첫 법률이 언제 시행되었는가?', '아동 노동에 반발하는 여론으로 변화한 것은 언제인가?', '어떤 공공의 사건 또는 스캔들이 아동 노동과 관련이 있는가?' 등이 되겠다.

시각화를 위해선, 나이트랩(Knight Lab)의 TimelineJS(*http://timeline.knightlab.com/*)를 사용해서 데이터 스프레드시트를 가지고 간단한 인터랙티브 타임라인을 만들 수 있다.

지도

연구 결과가 지리에 초점을 맞추고 있다면 데이터를 보여주기에 적합한 방식은 지도다. 지도는 청중이 알고 있는 지역이나 사람들에게 특정 주제가 미치는 영향을 식별하는 데 도움을 준다. 독자들이 논의되는 지역에 대해 얼마나 잘 알고 있는지에 따라, 추가적인 정보나 맥락을 지도에 넣어서 좀 더 친숙한 지역으로 스토리를 연관 지어 생각할 수 있게 만들어야 할 때도 있다.

만약 지역 주민이 대상이라면, 지역에 잘 알려져 있는 기념비나 길 이름을 언급하는 것이 좋다. 그게 아니라 국제적인 청중이 대상인데 스토리가 특정 지역에 대한 것이라면(아마존 삼림 벌채라든지), 우선 대륙 지도를 보여준 다음에 대상 지역에 집중하는 것이 좋다.

> ❗ 지도는 까다로운 데이터 시각화 중의 하나다. 독자의 지리적인 지식을 의식해야 할 뿐만 아니라, 명백하고 해석이 쉬운 패턴을 보여주지 않는 경우도 많기 때문이다. 지도를 사용할 땐 보여주고자 하는 지역의 지리를 잘 알아야 하는 것이 중요한데, 중요한 지리위치적 요소들을 청중들에게 올바르게 보여줌과 동시에 연구 결과 또한 나타내야 하기 때문이다.

뉴스 거리가 되는 지도의 예시 중 하나로 뉴욕 타임스의 캘리포니아 예방 접종 지도가 있다(*http://bit.ly/cali_vaccination_rates*). 이 지도는 최근 캘리포니아에서 일어난 홍역 발발 사태 당시에 출판되었는데, 자세한 정보를 볼 수 있도록 확대와 축소가 되고 짧은 일화들을 소개하며 개인 신념으로 인한 백신접종 거부와, 그 외 낮은 예방 접종률의 다른 원인들(가난 또는 접근성의 부재) 간의 차이를 보여준다. 이 지도는 국가나 지역 스케일로 보여줬다면 매우 어수선하거나 복잡했을 데이터를 캘리포니아에만 집중하여 적당한 수준의 디테일로 보여줄 수가 있었다.

> 💡 지도를 준비할 때, ColorBrewer(*http://colorbrewer2.org/*)를 활용해 여러 가지 색상 조합을 나란히 비교할 수도 있다. 스토리도 살리고, 대비도 되는 색상들을 사용해서 독자들이 집단과 집단의 수준들을 구분할 수 있게 하자.

좀 더 범위가 넓은 지역 지도의 예시는 이코노미스트 지의 글로벌 부채 시계가 있다(*http://www.economist.com/content/global_debt_clock*). 이 지도는 국가별 공채를 인터랙티브한 타임라인으로 보여주는데, 시간이 지남에 따른 공채의 변화량을 볼 수 있다. 보색 조합 덕에 지도가 읽기 편하고, 부채가 많은 국가들과 적거나 없는 국가들을 쉽게 비교할 수 있다.

 글로벌 부채 시계 지도의 저자들은 사용자들이 다른 국가들 간의 부채 비율을 나란히 비교할 수 있도록 부채를 미국 달러로 통일해 정규화했다. 이러한 정규화 방법들은 청중의 이해를 돕고 연구결과를 집약해 보여준다.

파이썬에는 차트와 지도를 그리는 쉬운 라이브러리로, 쓸만한 지도 관련 내장 함수들이 담긴 pygal(*http://pygal.org/*)이 있다. pygal에는 파이 차트부터 산점도, 세계 지도와 국가 지도까지 모든 차트에 대한 문서가 있다. pygal과 agate 테이블을 사용해서 세계 아동 노동률을 나타내보자. 먼저, 다음 명령어로 라이브러리 및 의존 라이브러리들을 설치하자.

```
pip install pygal
pip install pygal_maps_world
pip install cssselect
pip install cairosvg
pip install tinycss
pip install lxml
```

pygal의 world map 문서에서 우리는 국가별 2자리 ISO 코드를 찾을 수 있는데, 이들은 월드맵을 쓸 때 제대로 지도를 그리기 위해 필요한 코드다. 이미 알고 있는 메서드들을 사용해서 ranked 테이블에 이 코드를 추가하자.

```
import json

country_codes = json.loads(open('iso-2.json', 'rb').read())          ❶
country_dict = {}

for c in country_codes:
    country_dict[c.get('name')] = c.get('alpha-2')                   ❷

def get_country_code(row):
    return country_dict.get(row['Countries and areas'])             ❸

ranked = ranked.compute([('country_code',
                          agate.Formula(text_type, get_country_code)), ])

for r in ranked.where(lambda x: x.get('country_code') is None).rows:  ❹
    print r['Countries and areas']
```

❶ 깃허브의 @lukes(*https://github.com/lukes/ISO-3166-Countries-with-Regional-Codes*)에서 다운로드한 iso-2.json 파일로부터 문자열을 로딩한다. 이 파일은 이 책의 저장소에서 구할 수 있다.

❷ 키가 국가명이고 값이 ISO 코드인 국가 딕셔너리를 생성한다.

❸ 데이터의 행을 하나 받아서 country_dict 객체를 사용해 국가 코드를 반환하는 새로운 함수, get_country_code를 정의한다. 매치되는 결과가 없으면 None을 반환할 것이다.

❹ 더 조사해 볼 수 있도록 매치되는 결과가 없는 것이 어느 행인지 평가한다.

실행하면 다음과 같은 결과를 얻게 된다.

```
Bolivia (Plurinational State of)
Cabo Verde
Democratic Republic of the Congo
Iran (Islamic Republic of)
Republic of Moldova
State of Palestine
The former Yugoslav Republic of Macedonia
United Republic of Tanzania
Venezuela (Bolivarian Republic of)
```

대부분 매칭이 되었지만, 몇 개 빠진 것이 있다. 이전 장에서 earth.json 파일로 했던 것처럼, 매칭이 안 된 국가들을 데이터 파일에서 찾아 손수 이름을 변경해야 한다. 그렇게 클리닝 된 파일인 iso-2-cleaned.json 또한 이 책의 저장소에서 다운로드할 수 있다. 이제 이전 코드와 새롭게 클리닝된 JSON 파일을 함께 사용해서 최종 테이블을 만들자. 주의할 점은 열의 이름들을 바꾸거나 새로운 열의 이름을 country_code_complete 같이 사용해서 열의 이름이 중복되는 문제가 발생하지 않도록 해야 한다. 그리고 테이블과 **pygal**의 지도 메서드를 활용해서 세계지도를 생성해보자.

```
import pygal

worldmap_chart = pygal.maps.world.World( )                                    ❶
worldmap_chart.title = 'Child Labor Worldwide'

cl_dict = {}
for r in ranked.rows:
    cl_dict[r.get('country_code_complete').lower()] = r.get('Total (%)')      ❷

worldmap_chart.add('Total Child Labor (%)', cl_dict)                          ❸
worldmap_chart.render()                                                       ❹
```

❶ pygal 라이브러리의 maps.world 모듈에 있는 World 클래스가 우리의 지도 객체를 반환한다.

❷ cl_dict에는 키가 국가 코드이며 값이 아동 노동률인 딕셔너리가 담겨있다.

❸ pygal의 문서를 따라서, 이 코드는 데이터의 라벨과 데이터 딕셔너리를 전달한다.

❹ 지도의 render 메서드를 호출해 지도를 표현한다.

render가 결과물을 .svg 형식으로 터미널에 길고 복잡한 문자열로 내보내는 것을 볼 수 있다. 만약 파일로 저장하고 싶다면 다른 메서드를 호출해야 한다. pygal은 몇 가지 파일 형식 옵션을 제공한다.

```
worldmap_chart.render_to_file('world_map.svg')
```

```
worldmap_chart.render_to_png('world_map.png')
```

이제 .svg 또는 .png 파일을 열면, 그림 10-5의 차트를 볼 수 있다.

그림 10-5 세계지도

지도를 렌더링하는 데 문제가 있다면, 의존 라이브러리들이 제대로 설치되었는지 확인하자. .svg 파일 뷰어가 컴퓨터에 없다면, 그림 10-5처럼 브라우저를 통해 .svg 파일을 열 수 있다.

pygal이 제공하는 다른 .svg 옵션도 찾아보기를 강력히 권한다. 문서에 쉬운 예시와 고급 예시들이 둘 다 무척 많고, 초보를 위한 상당히 접근이 쉬운 .svg 라이브러리이기도 하기 때문이다.

인터랙티브

인터랙티브 시각화들은 웹사이트 상의 인터랙션이나 시뮬레이션을 통해 스토리를 전달한다. 사용자들이 이리저리 클릭해 보고 브라우저를 통해 탐색을 할 수 있기 때문에, 본인 페이스에 맞추어 주제를 이해할 수 있고 데이터에서 자신만의 결론을 도출할 수 있다. 이것은 완벽히 이해하기 위해 연구가 좀 더 필요한 주제들인 경우에 특히 강력한 수단이 된다.

최근 미국의 홍역 발발 사태에 대응하여 더 가디언 지는 여러 다른 예방접종률을 가정한 상황하에서 사용자들이 잠재적인 홍역 발생 효과를 재현해볼 수 있는 인터랙티브 시각화(*http://bit.ly/vaccination_effects*)를 만들었다. 이 인터랙티브 시각화는 더 가디언의 직원들이 연구하고 코딩한 서로 다른 시나리오들을 보여준다. 모든 시뮬레이션이 동일한 결과로 귀결되지는 않기 때문에, 사용자들에게 운이라는 요소를 이해하게 해주며, 동시에 확률(예방 접종률이 높으면 감염확률이 낮음)을 잘 나타내 주는 시각화다. 이 사례는 무척 정치적인 주제를 가져다, 발병의 통계학적인 모델을 사용해서 현실의 시나리오로 보여주었다.

인터랙티브 시각화를 만들려면 더 많은 경험과 코딩 능력이 필요하지만, 그만큼 굉장한 도구이며 특히 여러분에게 프론트엔드 코딩 경험이 있다면 더욱 더 유용하게 쓸 수 있다.

예를 들어 아동 노동률 데이터를 가지고 여러분 지역의 고등학생들이 만약 차드 지역에 살았다면 아동 노동으로 인해 얼마나 많이 고등학교를 졸업하지 못했을지에 대한 인터랙티브를 만들 수도 있다. 또는 여러분 지역의 몰에 있는 상품과 서비스들이 아동 노동으로 생산되었는지를 보여주는 시각화를 만들 수도 있다. 이런 인터랙티브들은 시각화가 어려운 정보를 가져다가 청중이 데이터를 이해하고 스토리에 연결 지을 수 있도록 표현해주는 역할을 한다.

단어

단어들을 사용해서 스토리를 전달하는 건 작가나 리포터들에겐 아주 자연스러운 일이다. 어떤 시각적인 방법을 사용하든지 간에, 포함시키는 글이나 단어들은 대상 청중들에게 유용하고 적합해야 한다. 해당 주제의 전문가들과 이야기하거나 인터뷰를 할지도 모른다. 단어들, 아이디어, 그리고 결론을 결과물에 포함시키면 청중이 정보를 종합하는 데 도움이 된다.

만약 어떤 지역 학교의 위원회가 돌아오는 학년도의 예산을 어떻게 결정하는지에 대해서 여러분이 연구하고 있다면, 위원회 위원들과 이야기를 나눠서 제안된 변화에 관련된 내부 정보를 알아내야 할 수도 있다. 아니면 여러분의 회사에서 새로 출시하는 상품에 대해 연구를 한다면, 주요 결정권자들과 이야기를 통해 어떤 것이 물망에 있는지를 알아볼 수 있다.

스토리와 함께 넣을 인터뷰와 인용을 하는 방법에 대해서는, Poynter에 좋은 인터뷰어가 되는 방법에 대한 조언이 있고(*http://bit.ly/better_interviews*), 콜럼비아 대학의 인터뷰 원칙(*http://bit.ly/interviewing_principles*)에도 인터뷰를 준비하는 법과 프로젝트에 필요한 여러 다른 인터뷰 방식을 결정하는 방법에 대한 글이 있다.

 여러분이 어떤 영역의 전문가이고 기술적이거나 친숙하지 않은 전문 용어를 사용한다면, 청중에 따라 그러한 주제들을 소화 가능한 크기로 쪼개어 보여주는 것이 좋다. 간단한 용어 사전도 유용하다. 과학, 기술, 의학 글쓰기에서 폭넓은 대중을 대상으로 글을 쓸 때 흔히 사용하는 방법이다.

이미지, 비디오, 일러스트

스토리에 강한 시각적 요소가 들어있다면 이미지와 비디오가 스토리텔링을 향상시킬 수 있다. 예를 들어 주제와 관련된 사람들의 인터뷰를 비디오로 녹화하게 되면 데이터의 개인적인 측면을 보여줄 수 있고, 그럼으로써 다른 시각들을 알아내거나 향후 조사할 방향도 알 수 있다.

비디오와 마찬가지로, 이미지도 청중의 뇌리에 어떤 그림을 그려내는 역할을 한다. 전쟁의 그래픽적인 이미지나 다른 섬뜩한 최근의 사건들을 통해서 우리가 경험했듯, 그런 이미지들은 스토리의 해석에 영향을 미친다. 하지만 이미지를 사용해서 단순히 청중에게 충격을 주는 것은 여러분이 조심스럽게 연구했던 결과물에 대한 시선을 뺏어갈 수 있다. 신중하게 절충안을 찾아 스토리텔링을 하도록 하자.

주제와 관련 있는 사진이나 비디오에 접근 권한이 없거나, 스스로 수집할 수 없는 경우 시각적 스토리텔링에 일러스트를 사용하면 된다. 워싱턴 포스트 지의 '건강한 vs. 건강하지 않은 사무공간' 인터랙티브 시각화(*http://bit.ly/unhealthy_*

offices)에서는 스토리의 콘셉트를 보여주기 위해 일러스트를 사용한다.

앞서 우리가 아동 노동 데이터의 분석을 통해 엄청난 위법 행위를 밝혀내었지만, 이와 관련된 비디오나 사진을 직접 수집하기는 어렵다. 하지만 과거 아동 노동 폭로 사진을(허가와 출처를 밝히고) 여전히 세계적으로 아동들이 해당 문제에 영향을 받고 있다는 것을 표현하기 위해 사용할 수 있겠다.

프레젠테이션 도구

데이터를 대외적으로 발행하지 않고 작은(또는 내부의) 그룹에게 발표하고 싶다면 슬라이드 프레젠테이션을 아주 쉽게 만들 수 있다. 데이터를 나타내는 방법에는 옵션이 많기 때문에, 별다른 추가 작업 없이도 아주 매끈한 프레젠테이션을 만들 수가 있다.

전문가처럼 보이는 슬라이드를 만들어주는 가장 인기 있는 도구로는 프레지(*https://prezi.com/*)가 있다. 프레지로 공개 슬라이드 프레젠테이션을 무료로 만들 수 있고, 다양한 데스크톱 클라이언트도 있다(비공개 프레젠테이션을 만들고 싶으면 유료 계정으로 가입해야 한다). 하이쿠 덱(*https://www.haikudeck.com/*)은 온라인만 가능한데, 무료 공개 슬라이드쇼를 만들 수 있으며 마찬가지로 비공개 슬라이드는 요금을 내야 한다. 구글 슬라이드도 무료이면서 쉬운 대안으로, 사내의 청중에게 발표를 하면서 회사가 구글 앱스를 사용한다면 좋은 방법이다.

데이터 게재하기

데이터를 조사하고, 탐색하고, 발표하는 것까지 다루었으니 이제 온라인으로 전 세계에 결과를 공유할 차례다. 데이터를 온라인으로 게재할 때는 먼저 데이터가 대중에게 공개되어도 되는지를 결정해야 한다.

> ❗ 만약 프레젠테이션에 사적인 데이터나 여러분의 회사에 한정되어서만 공개 가능한 데이터 (독점 데이터)가 포함되어 있다면, 암호로 보호되는 사이트에 게재하거나 내부 네트워크 사이트에만 올려야 한다.

여러분의 데이터를 전 세계와 공유하려면 여러 다양한 웹 플랫폼에 게재하는 데 문제가 없어야 한다. 이번 섹션에서는 무료이며 사용이 쉬운 블로그 플랫폼 또는 본인의 웹사이트에 어떻게 데이터를 게재하는지 그 방법을 알아본다.

가능한 사이트 사용하기

데이터를 게재하기 위해 설계된 웹사이트들은 보고서나 아이디어를 공유하고 웹으로 쉽게 배포하려는 작가나 연구자의 필요성을 만족시킬 수 있는 기능들이 있다. 다음은 몇 가지 좋은 옵션이다.

미디엄

미디엄(*https://medium.com/*)에서는 계정을 생성한 뒤 포스트를 작성하고 코멘트, 인용, 사진, 차트를 쉽게 임베드할 수 있다. 소셜 미디어 플랫폼이기 때문에 미디엄의 다른 사용자들이 포스트를 추천하거나 공유하고, 북마크하고, 이후 포스트를 구독할 수 있다.

 미디엄 같은 호스팅 사이트를 사용하면 사이트를 만들고 유지하는 방법에 시간을 쓰지 않고도 글쓰기와 보고에만 집중할 수 있다.

미디엄의 팀은 간단한 CSV나 TSV 파일을 가지고 인터랙티브 차트를 렌더링하는 Charted.co(*https://github.com/mikesall/charted*)를 포함해 꽤 좋은 차트 도구들을 보유하고 있다. 이 책을 쓰는 시점에는 아직 그들이 포스트에 직접 이 차트를 임베드하는 기능을 활성화하지 않았지만, 이후에 기능을 추가할 가능성이 높다.[2]

미디엄은 다양한 소셜미디어, 비디오, 사진, 그리고 다른 미디어를 포스트에 임베드하기 쉽게 해준다(*http://bit.ly/medium_embed_media*). 미디엄에서 그 달의 상위 포스트를 읽어보면 굉장한 스토리텔링 아이디어들을 얻을 수 있다.

 여러분의 주제 영역에 대한 미디엄 포스트를 검색해서 읽어보고 다른 영역의 저자들과 교류하면서 다른 사람들이 스토리를 쓰는 방식에 대해 알아보기를 추천한다.

미디엄은 소셜 네트워크에 블로그 글을 쓰고, 전 세계에 여러분의 아이디어를 공유하는 좋은 방법이다. 하지만 여러분이 스스로 블로그를 운영한다면 어떨까? 사이트를 만들어서 운영하는 몇 가지 좋은 옵션에 대해 다뤄 보겠다.

시작하기 쉬운 워드프레스와 스퀘어스페이스 사이트

레이아웃을 제어하고, 콘텐츠에 더 깊숙이 접근하려면 스퀘어스페이스(*http://www.squarespace.com/*)나 워드프레스(*https://wordpress.com/*)로 직접 블로그를 시

---

2 (옮긴이) 지금은 임베딩이 가능하다.

작하면 된다. 이 플랫폼들은 유지보수되는 웹사이트를 무료로 제공하거나(워드프레스), 아주 적은 금액에 제공하며(스퀘어스페이스), 사이트의 외형이나 느낌을 커스터마이징 할 수 있게 해준다. 본인의 URL에 글이 호스팅될 수 있도록 도메인을 설정하면 된다.

대부분의 웹 호스팅 제공자들은 워드프레스를 원클릭으로 설치할 수 있는 기능을 제공한다. 사용자명과 사이트 제목을 선택하고 강력하고 안전한 비밀번호를 설정하자. 워드프레스에서는 엄청난 종류의 테마(*https://wordpress.org/ themes/browse/popular/*)와 플러그인(*https://wordpress.org/plugins/browse/popular/*)이 있어서 사이트의 외형과 느낌과 기능을 커스터마이징 할 수 있다. 또, 여러분의 사이트를 보호하기 위해 유명한 보안 플러그인 중에 하나를 설치하고 워드프레스의 보안에 대한 조언 글(*http://codex.wordpress.org/Hardening_WordPress*)을 읽어보기를 권한다.

스퀘어스페이스로 설정을 하려면 사이트에서 회원 가입을 하고 레이아웃을 고른다. 연결할 소셜미디어, 도메인, 그리고 전자상거래 숍을 원하는지 여부를 커스터마이징할 수 있다.

일단 사이트의 세트업을 마치고 잘 구동되고 있으면, 콘텐츠를 추가하는 것은 쉽다. 새로운 페이지나 포스트를 올리고, 내장 편집기(또는 워드프레스를 사용하고 있다면 기능이 많은 편집기를 추가적으로 설치해도 된다)를 사용해서 텍스트와 이미지를 추가한 뒤, 콘텐츠를 게재하면 된다.

 시간을 들여 설명이나 키워드를 채워 넣어서 검색엔진 최적화(SEO)를 통해 포스트를 더 찾기 쉽게 만들 수 있다. 워드프레스 플러그인과 스퀘어스페이스 기능들을 사용하면 가능하다.

본인의 블로그

자신의 웹사이트나 블로그를 운영 중이라면, 이미 결과물을 공유할 수 있는 좋은 플랫폼이 있는 것이다. 제대로 시각적 스토리텔링을 임베드할 수 있는지 확인하자. 우리가 작업했던 차트들 대부분은 HTML에 쉽게 임베드가 가능하다.

워드프레스나 스퀘어스페이스가 아닌 다른 플랫폼을 쓰고 있으면, 차트, 비디오, 사진을 사이트에 어떻게 공유하는지 알아볼 필요가 있다. 해당 플랫폼의 커뮤니티나 개발자들에게 질문하거나 사이트의 안내 또는 문서를 읽어보고 이미지, 차트, 인터랙티브를 임베드하는 방법을 알아보자.

오픈소스 플랫폼: 새로운 사이트 만들기

무료나 비용이 적은 플랫폼인 워드프레스와 스퀘어스페이스를 사용해서 새로운 사이트를 만들어서 운영하는 옵션에 대해 앞서 이야기했었다. 하지만 만약 본인의 사이트를 시작해서 만들고 운영하고 싶다면 다양한 오픈소스 플랫폼들 중에서 하나를 고르면 된다.

고스트

실행이 쉬운 플랫폼 중 하나로 고스트(*https://github.com/tryghost/Ghost*)가 있다. 고스트는 오픈소스 자바스크립트 비동기 서버인 Node.js(*https://nodejs.org/*)를 사용하는데, 자바스크립트에 관심이 있다면 사용하기도, 배우기도 재미있을 것이다. 비동기적이기 때문에 성능이 매우 좋고 높은 트래픽을 감당할 수 있다. 고스트는 또한 약간의 돈을 지불하면 워드프레스나 스퀘어스페이스와 유사하게 사이트를 호스팅해서 세트업해줄 수도 있다.

본인만의 고스트 블로그를 호스팅하고자 한다면, 여러분의 서버에 고스트를 한 시간 내에 작동하게 만들어줄 수 있는, 디지털오션(DigitalOcean)과 고스트가 파트너십을 체결해 만든 설치와 사용이 쉬운 서버 이미지(*http://bit.ly/digitalocean_ghost*)를 사용하면 된다. 서버를 세트업하는 것이 처음이라면, 초기 작업을 알아서 해주기 때문에 이 방법을 추천한다.

본인의 서버를 가지고 있고 고스트나 다른 플랫폼을 밑바닥부터 설치하고 싶은 사람들을 위해 고스트에서 실명을(*http://support.ghost.org/deployingghost/*) 제공한다. 여러분이 밟을 단계는 다음과 같다.

1. 최신 소스 코드를 다운로드 및 설치한다.
2. node를 실행한다. nvm(*https://github.com/creationix/*)을 사용하길 권한다.
3. npm(pip의 node 버전)을 사용해서 node의 의존 라이브러리들을 설치한다.
4. 고스트 프로세스들을 관리하기 위한 pm2(*https://github.com/Unitech/pm2*)를 실행한다.
5. 게이트웨이를 사용해서 실행 중인 고스트 프로세스들과 대화하기 위해 nginx를 설치한다.
6. 블로그를 한다!

문제에 부딪히면 고스트의 슬랙 채널(*https://ghost.org/slack/*)에서 누군가 도움을 줄 수 있는지 보거나, Stack Overflow(*http://stackoverflow.com/*)에서 정보를 검색해 본다.

깃허브 페이지와 지킬

깃허브(GitHub)를 써서 코드를 관리하고 있다면, 마찬가지로 그것을 통해 웹사이트를 호스팅할 수도 있다. 깃허브에서 운영하는 웹사이트 호스팅 도구인 깃허브 페이지(*https://pages.github.com/*)는 유연하게 배포할 수 있고, 콘텐츠 생성을 쉽게 만들어준다. 깃허브 페이지를 사용하면, 저장소로 푸시하는 방법을 통해서 쉽게 정적인 콘텐츠를 페이지로 직접 배포할 수 있다. 프레임워크를 사용하고 싶다면, 루비를 기반으로 한 정적인 페이지 생성자인 지킬(Jekyll; *http://jekyllrb.com/*)을 사용하면 깃허브 페이지와 통합 가능하다.

지킬의 문서(*http://jekyllrb.com/docs/home/*)는 지킬을 로컬에서 어떻게 작동시키는 설명하는 소개가 있지만, 배리 클라크가 Smashing 매거진에 쓴 글(*http://bit.ly/jekyll_github_blogs*)을 읽기를 추천한다. 이 글에서 그는 이미 존재하는 저장소를 분기시키는 방법, 사이트를 올리는 방법, 그리고 지킬의 설정과 기능을 변경하는 방법에 대해 다룬다. 만약 지킬을 사용하고 싶진 않지만 깃허브 페이지는 사용하고 싶다면, 라이브러리 또는 손으로 정적인 HTML 파일들을 생성한 뒤 이 파일들을 깃허브 페이지 저장소에 푸시하면 된다.

💡 파이썬 HTML 생성자 중에서 사용이 쉬운 것 중 하나로 AsciiDoc, Markdown, 또는 reStructuredText 파일들을 전달받아 정적 콘텐츠로 변환하는 펠리컨(*https://github.com/getpelican/pelican*)이 있다. 쉬운 단계를 거쳐서 코멘트와 분석 트래킹이 가능하며, '깃허브 페이지로 시작하는 법(*http://bit.ly/publishing_to_github*)'에 꽤나 자세한 설명이 나와있다.

동적 사이트 생성자들과 그것을 어떻게 깃허브 페이지에 통합하는지에 대한 글은 이 외에도 많다. 깃허브 페이지 블로그를 만드는 또 다른 옵션으로 Node.js 프레임워크인 Hexo(*http://bit.ly/hexo_setup*)도 있다. Octopress(*https://github.com/octopress/octopress*)도 좋은 옵션이다. 지킬을 기반으로 만들어졌기 때문에 깃허브 페이지와 루비를 사용해서 사이트를 쉽게 배포할 수 있다.

원클릭 배포

워드프레스 같은 큰 블로그 또는 웹사이트 프레임워크를 계속 가지고 간다면, 디지털오션에는 서버와 필요한 라이브러리 및 데이터베이스를 짧은 기간 내에 설치해줄 수 있는 원클릭 설치(*https://www.digitalocean.com/features/oneclick-apps/*) 도구들이 많이 있다. 또한 워드프레스를 빠르게 설치하는 튜토리얼(*http://bit.ly/one-click_wordpress_install*)을 제공한다.

대규모 호스팅 제공자들 외에도, 파이썬, 루비 그리고 클라우드 기반의 애플리케이션 호스트인 Heroku(*https://devcen.heroku.com/start*) 같은 다른 오픈소스 플랫폼을 사용해도 된다. 오픈소스 프레임워크를 사용하거나 배우고 있다면 Heroku를 사용해서 웹사이트를 배포해보자. 관련 문서도 많고 기술 지원도 잘된다.

어떤 프레임워크나 호스팅 솔루션을 사용하든지 콘텐츠나 코드를 온라인으로 쉽게 배포하는 방법에 집중하는 것이 중요하다. 명료하고 간단한 것을 선택하고, 콘텐츠를 제대로 표현, 배포 그리고 공유하는 데 집중하자.

Jupyter(기존 IPython Notebooks)

결과를 공유하는 방법에 대해서 다루었는데 만약 코드, 데이터 그리고 과정까지 공유하고 싶다면 어떡해야 할까? 청중에 따라서 코드를 공유하거나 사람들이 직접 그것을 사용하도록 해야 할 수도 있다. 직장 동료들이나 친구들과 공유를 한다면, Jupyter는 어떻게 여러분이 연구를 진행했는지 보여주기 좋은 방법이다.

Jupyter notebooks(*https://jupyter.org/*)은 기존에 IPython notebooks(*http://ipython.org/notebook.html*)도도 알려져 있던, 파이썬 코드와 코드로 만들어진 차트를 공유하기에 무척 좋은 방법이다. 이 노트북들은 IPython의 인터랙티브한 기능과 함께 브라우저를 사용하는 편리함도 함께 갖췄다. 특히 반복 코드 설계나 데이터 탐색에 유용하다.

> 새로운 라이브러리를 공부하거나 새로운 데이터를 연습해 보려고 하는가? Jupyter notebook에 작업을 저장하자. 반복을 통해 코드를 개선했으면, 코드에서 중요한 부분을 저장소로 옮기고, 적절하게 구조화하고, 문서를 만들고, 하나의 공간에 통합하자.

간단히 Jupyter를 설치하고 로컬에서 실행할 수 있다. 다음 명령을 실행하자.

```
pip install "ipython[notebook]"
```

노트북을 서버에서 시작하려면 다음을 실행한다.

```
ipython notebook
```

터미널에 다음과 같이 출력될 것이다.

```
[NotebookApp] Using MathJax from CDN: https://cdn.mathjax.org/mathjax/latest/
    MathJax.js
[NotebookApp] Terminals not available (error was No module named terminado)
[NotebookApp] Serving notebooks from local directory: /home/foo/my-python
[NotebookApp] 0 active kernels
[NotebookApp] The IPython Notebook is running at: http://localhost:8888/
[NotebookApp] Use Control-C to stop this server and shut down all kernels.
Created new window in existing browser session.
```

노트북 서버가 시작된 것이다. 새로운 브라우저 창(또는 탭)에 빈 노트북이 열린다.

어느 폴더에서 노트북을 실행하고 있느냐에 따라, 브라우저에서 파일을 볼 수 있을 것이다. 노트북 서버는 여러분이 위치한 폴더에서 직접 실행되며 해당 폴더의 콘텐츠를 보여준다. 노트북을 위한 새로운 폴더를 만들기를 권한다. 새 폴더를 생성하기 위해 서버를 멈추려면, 실행 중인 터미널에서 Ctrl-C(윈도우와 리눅스) 또는 Cmd-C(맥)를 누른다. 새로운 디렉터리를 만들고, 그곳으로 변경한 다음 서버를 재시작하자.

```
mkdir notebooks
cd notebooks/
ipython notebook
```

새로운 노트북을 시작해서 Jupyter를 써보자. 그러려면, 드롭다운 메뉴의 New를 클릭하고 Notebooks 제목 하단의 'Python 2'를 선택한다. 새로운 노트북을 만들었으면 이름을 붙여준다. 그러려면 제목 섹션을 클릭하고(현재 'Untitled'라고 되어있을 것이다) 새로운 이름을 입력한다. 이름을 붙여주면 나중에 검색하는 시간을 엄청 줄여준다.

Jupyter에서 각각의 텍스트 영역은 셀이라고 부른다. 노트북은 여러 다른 종류의 셀 형식을 지원한다. 마크다운(*https://daringfireball.net/projects/markdown/syntax*) 셀들을 맨 위나 코드 섹션들 사이에 넣어서 코드를 문서화하면 좋다. 그림 10-6은 헤더를 추가하는 예시이다.

파이썬 작성을 시작하려면, 단순하게 다음 셀을 클릭하고 타이핑을 시작하면 된다. 작성하고 있던 명령문이나 함수를 끝마치면, Shift+Enter를 친다. 그러면 코드가 실행되고 새로운 셀이 다음 파이썬 코드를 위해 나타날 것이다. 그림 10-7과 여러분의 노트북을 보면, 모든 출력이 일반적인 파이썬 인터프리터와 동일한 것을 볼 수 있다.

그림 10-6 마크다운 제목을 추가

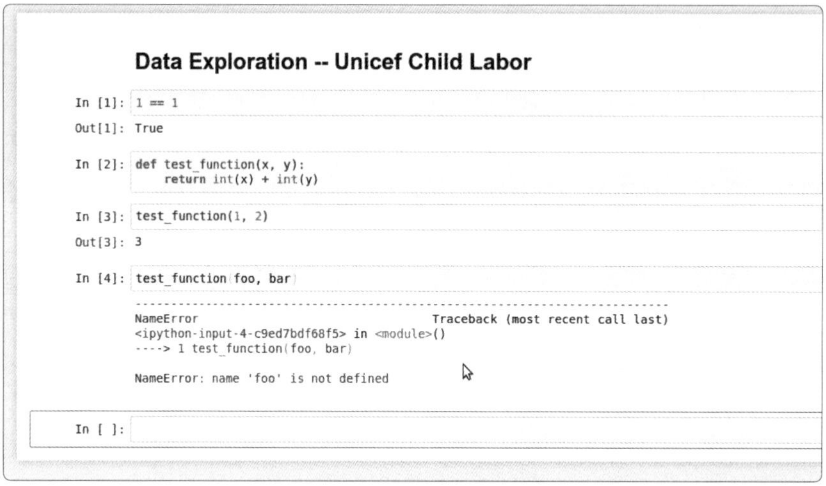

그림 10-7 Jupyter에서 작업하기

Jupyter(그리고 IPython) 노트북 튜토리얼은 아주 많지만, 우리가 책에서 사용한 코드들을 다시 써보는 것도 좋은 시작점이 될 것이다.

> 노트북도 저장소와 비슷하게 정리하기를 추천한다. 노트북 폴더의 root 디렉터리 내에 데이터를 담고 있는 data 폴더와 노트북으로 불러올 스크립트가 담긴 utils 폴더를 놓는 것이다. 노트북은 또 다른 스크립트라고 보면 된다. 단지 인터랙티브하고 브라우저에 있다는 사실만 다르다.

노트북 사용이 끝났으면 새로운 체크포인트를 만들어서 파일들이 업데이트 되도록 Save 버튼을 누른다. 특정 노트북은 사용이 끝났지만 다른 노트북은 여전히 사용 중이라면, 이전 노트북 프로세스만 멈추는 것도 좋다. 그렇게 하려면 서버의 Running 탭을 찾아가서 Shutdown 버튼을 누른다. 모든 노트북의 사용이 끝났으면, 저장한 뒤 터미널에서 Ctrl-C나 Cmd-C를 눌러서 종료한다.

Jupyter 노트북 공유하기

Jupyter 노트북에 이제 익숙해졌으니, 공유 서버를 사용해서 코드를 공유하는 노트북을 세트업할 수 있겠다. 그러면 다른 사람들이 인터넷(본인 터미널에서 실행되는 것 같은 로컬 호스트가 아니라)을 통해 여러분의 노트북에 접근할 수 있게 된다.

디지털오션(*http://calebmadrigal.com/ipython-notebook-vps/*), Heroku(*https://github.com/mietek/instant-ipython*), 아마존 웹서비스(*http://bit.ly/html_notebook_aws*), 구글 데이터랩(*https://cloud.google.com/datalab/*), 또는 다른 여러 서버를 사용해서 노트북 서버를 세트업하는 튜토리얼들이 많이 나와있다.

> 비밀번호를 가진 사람들만 사용할 수 있도록 노트북에 안전한 비밀번호를 설정해두는 것을 잊지 말자. 그래야 서버와 데이터를 안전하게 지킬 수 있다.

매일 또는 주 단위로 노트북의 기존 기록을 볼 수 있도록 Jupyter 노트북에도 깃 (14장에서 더 깊이 다룬다) 같은 버전 제어 시스템을 사용하길 권장한다. 그렇게 하면 뭔가 삭제가 되더라도 복구가 가능하고, 코드를 정리 및 저장하는 데 도움이 된다.

> 공유 노트북 서버를 사용하고 있다면, 커널이 작동 중단(interrupt)된 상황에서도 사람들이 코드 전체를 실행하는 방법을 알고 있도록 하자. 누군가 노트북의 커널을 중지하거나 재시작한 경우 작동이 중단된다. 노트북의 모든 코드를 실행하려면, 툴바의 드롭다운 메뉴 중 Cell을 선택하고 'Run All'을 클릭한다. 또한 서버에서 불필요한 프로세스가 실행되지 않도록 사람들에게 작업을 마치면 Shutdown을 눌러서 노트북을 중지하라고 말해 둔다.

로컬이든 공유든 Jupyter 노트북은 데이터와 작업 흐름을 보여주기에 좋은 도구이다. 또한 데이터 탐색과 분석을 반복할 때 로컬에서 실행하기에도 매우 유용하다. 파이썬에 대한 지식이 쌓이면서, 여러분은 스크립트들을 Python 3로 이동시키고 JupyterHub(*https://github.com/jupyter/jupyterhub*)를 실행할 수 있게 될 텐데, 이 허브는 파이썬을 포함한 여러 언어를 실행하는 다중 사용자 노트북 서버로 현재 활발하게 개발되고 있는 중이다.

노트북 서버로 배포할지 또는 오픈소스 플랫폼으로 배포할지 무엇을 선택하든, 이제 여러분은 가장 데이터를 잘 보여주고 결과물, 데이터, 그리고 코드를 배포하는 방법을 분석하는 스킬을 갖게 되었다.

요약

여태까지 데이터를 발표 가능한 형태로 가공하고 웹으로 배포하는 방법을 배웠다. 여러 프라이버시 수준과 유지보수 조건이 다른 배포 옵션들이 있었다. 결과물을 보고할 사이트를 세트업할 수 있게 되었고, 스토리를 말해주는 아름다운 그래프 및 차트를 생성할 수도 있게 됐다. Jupyter를 통해서는, 여러분이 작성한 코드를 쉽게 발표 및 공유하고 다른 사람들에게 작업한 파이썬 일부를 가르쳐 줄 수 있다.

또한 표 10-1에 나열된 라이브러리와 개념들을 소개했다.

개념/라이브러리	목적
matplotlib 라이브러리 차트 만들기	두 가지 차트 라이브러리로 간단한 차트를 생성할 수 있게 한다. 차트에 데이터를 깔끔하게 보여주기 위해 라벨과 제목을 사용할 수 있다.
Bokeh 라이브러리 더 복잡한 차트 만들기	쉽게 복잡한 차트와 인터랙티브 기능이 들어간 차트를 만들 수 있게 한다.
pygal 라이브러리 SVG 차트와 지도	더 매끈한 그래픽과 SVG를 생성할 수 있는 기능을 가진 pygal은 간단한 함수를 통해 데이터를 전달할 수 있다.
고스트(Ghost) 블로그 플랫폼	Node.js 기반의 블로그 플랫폼으로 자신의 서버(또는 고스트 기반)에 블로그를 빠르게 세트업할 수 있게 해줌으로써 본인의 사이트에 스토리를 공유할 수 있다.
깃허브 페이지(GitHub Pages)와 지킬(Jekyll)	깃허브를 이용한 배포 플랫폼으로 포스트와 프레젠테이션을 간단한 저장소 푸시 기능을 통해 공유한다.
Jupyter notebooks	다른 개발자나 동료들과 코드를 공유하는 쉬운 방법이며, 애자일(반복적 시도와 수정) 접근으로 코드를 개발하기 좋은 방법이다.

표 10-1 10장에 소개된 파이썬 및 프로그래밍 개념과 라이브러리

이 다음은, 웹 스크래핑을 이용해서 더 많은 데이터를 수집하는 방법과 API 사용법으로 넘어간다. 이번 장에서 배운 것들은 뒤쪽에서 수집할 데이터에 적용이 가능하니, 새로 배운 프레젠테이션 스킬은 가지고 계속 읽어 나가자. 이후 장들에서는 고급 파이썬 데이터 기술을 배우고 파이썬으로 수집, 평가, 저장, 분석을 할 수 있게 될 것이다. 이번 장에서 배운 스토리텔링 도구들은 여러분의 장밋빛 파이썬 데이터 랭글링 여정과, 연구 결과를 청중과 전 세계에 공유하는 데 도움이 될 것이다.

## 11장

D a t a   W r a n g l i n g   w i t h   P y t h o n

웹 스크래핑 : 웹에서
데이터를 획득하고 저장하기

웹에서 무엇이든 찾을 수 있는 지금 시대에는 데이터 마이닝을 말하면서 웹 스크래핑을 빼놓을 수는 없다. 웹 스크래핑 기술이 있으면 파이썬 라이브러리와 같은 간편한 도구들을 이용해 웹페이지들을 탐색하고, 정보를 검색하여 수집할 수 있다. 또한 자동화 로봇의 도움을 받아 여러 웹사이트를 자동으로 탐색하며 사람이 직접 발견하거나 접근하기 어려운 정보들을 수집할 수도 있다.

나아가 웹 스크래핑을 할 수 있으면 API나 파일로 제공되지 않는 데이터들에 대한 접근도 가능해진다. 본인의 이메일 계정으로 로그인 해서 우편함에서 각종 파일들을 다운로드한 뒤 우편함의 분석 결과를 통합 보고서 형태로 보내주는 스크립트를 상상해보자. 또는 브라우저를 열지 않고서 자신이 만든 사이트의 모든 기능이 제대로 작동하는지를 테스트해주는 프로그램을 생각해보자. 아니면 정기적으로 업데이트 되는 웹사이트에서 테이블 형태로 제공되는 데이터를 자동으로 불러오는 과정을 생각해보자. 이러한 사례들은 모두 웹 스크래핑 기술이 어떻게 데이터 랭글링 니즈를 충족시켜 줄 수 있는지를 보여준다.

사이트의 공개 여부나, 데이터의 구조 등과 같이 수집해야 하는 대상들의 특성이 다른 경우에도 거의 동일한 도구들을 사용해 과업들을 완수할 수 있다. 대부분의 웹사이트들은 HTML로 구성되어 있는데, HTML은 3장에서 보았던 XML 예제들과 같이 홑화살괄호(<>)를 사용하는 마크업 언어이다. 이 장에서는 HTML이나 XML과 같은 마크업 언어들을 읽어들이고 구문분석을 할 수 있게 해주는 라이브러리들을 소개한다.

한편, HTML뿐 아니라 내부 API나 내장 자바스크립트를 이용해 페이지의 콘텐츠를 제어하는 사이트들도 존재한다. 웹 사이트란 원래 다양한 기술과 방법이 적용되어 구축되기 때문에 단순한 페이지 판독 방식의 스크래퍼만으로는 사이트에서 원하는 정보를 얻을 수 없는 경우들이 있다. 이번 장에서는 스크린 판독 방식의 웹 스크래퍼를 사용해 다양한 데이터 출처를 가진 사이트에서 데이터를 수집하는 방법도 배울 것이다. 사이트의 구성에 따라 API를 통해서 접속할 수 있는 방법도 있는데, 이는 13장에서 자세히 다룰 것이다.

스크래핑 대상과 방법

웹 스크래핑은 데이터 수집에 무한한 가능성을 열어준다. 인터넷에는 엄청나게 다양한 콘텐츠와 데이터를 가진 수백만 개의 웹사이트들이 존재하기 때문이다. 한편 양심적인 웹 스크래퍼로서 여러분은 각 사이트에서 어떤 콘텐츠를 가져와도 되는지를 생각해 볼 필요가 있다.

> **저작권, 등록상표 그리고 스크래핑**
>
> 웹에서 스크래핑을 할 때 수집되는 데이터에 대해서도 신문이나 잡지, 또는 블로그와 같은 다른 매체에서 수집한 데이터와 동일한 원칙이 적용된다는 것을 생각할 필요가 있다. 예를 들어 다른 사람의 사진을 다운받은 뒤 그것이 본인의 사진인 것처럼 게시를 하는 행위는 도덕적으로 문제가 있을뿐더러 법에 저촉될 수도 있다.
>
> 저작권(*http://www.dmlp.org/legal-guide/copyright*)과 등록상표(*http://www.dmlp.org/legal-guide/trademark*) 같은 미디어법에 대해 익숙해지면 타인의 지적재산(*http://www.dmlp.org/legal-guide/intellectual-property*)이라 여겨질 수 있는 데이터를 수집할 때 수집 범위나 방법을 결정하기가 쉬워진다.
>
> 수집하고자 하는 분야에서 허용되거나 불허된 사례들, 또는 법적으로 고지된 내용들에 대해 알아보고 각 사이트에 존재하는 robots 파일을 정독하여 사이트 소유자의 정책을 파악하도록 하자. 특정 사이트의 데이터 수집 가능 여부가 궁금할 때에는 변호사나 사이트에 직접 문의하는 것이 좋다. 본인이 사는 지역이나 사용 목적에 따라 관련 디지털 미디어 법무 기관에 수집하고자 하는 데이터와 사용하고자 하는 목적을 알리고 법규와 판례에 대해 물어보는 것도 좋은 방법이다.

> 웹 스크래핑을 할 때에는 이미지나 도표 같은 자료보다는 텍스트를 수집하는 것이 일반적이다. 이미지나 기타 파일을 저장하고 싶은 경우에는 파이썬을 사용하지 않고도 wget이나 curl 같은 bash 명령어를 이용해서 쉽게 받을 수 있다(*http://bit.ly/wget_v_curl*).
>
> 또는 받고자 하는 파일들의 url들을 저장해놓고 한번에 파일을 다운로드하는 스크립트를 작성하는 방법도 있다.

먼저 간단한 텍스트 스크래핑부터 시작해 보자. 대부분의 웹 페이지들은 HTML 표준에서 정의하는 구조로 되어 있다. 또한 대부분의 HTML 페이지 구조에는 자바스크립트나 페이지 스타일 정보를 저장하거나 사이트에 대한 설명이나 검색 엔진에 사용될 수 있는 키워드 등의 메타 태그를 저장할 수 있는 head 영역이 들어 있다.

머리(head) 다음에는 몸통(body)이 오는 것이 인지상정. body는 사이트의 핵심 영역이다. 대부분의 사이트에서는 정보를 정리하고 콘텐츠 관리 시스템을 통해 콘텐츠를 불러들일 수 있도록 container 구조를 사용한다. 그림 11-1은 일반적인 웹 페이지가 어떻게 구성되어 있는지를 보여준다.

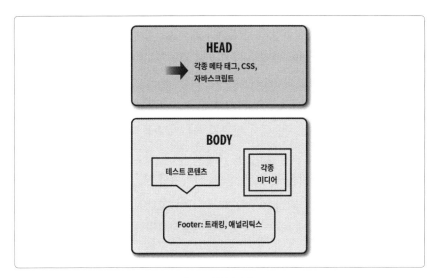

그림 11-1 웹페이지의 구조

많은 사이트들이 페이지의 상단부를 사이트 내의 주요 섹션으로 연결시켜 주는 네비게이션 바와 링크들로 구성하고 있다. 외부 링크나 광고는 보통 페이지의 양단에 위치하며, 페이지의 중앙에 수집 대상이 되는 콘텐츠가 있는 경우가 많다.

> 많은 웹페이지들의 구조에 익숙해지게 되면, 화면상의 엘리먼트가 시각적으로 어디에 위치하는지, 페이지의 마크업에서는 어디에 위치하는지를 알게 된다. 그러면 여러분이 인터넷상의 데이터를 긁는 데 큰 도움이 될 것이다. 즉, 데이터를 어디서 찾아봐야 하는지를 알면 스크래퍼를 빨리 구축할 수 있는 것이다.

사이트에서 찾고자 하는 정보를 특정하고, 페이지 소스를 열어 보며 마크업 구조를 분석하고 나면 이제 데이터 수집 방법을 정할 수 있다. 상당수의 사이트들이 최초 페이지 로딩 시 페이지 콘텐츠 전체를 반환하는데, 그럴 경우에는 이 장에서 배우는 것과 같이 간단한 XML 또는 HTML 파서를 사용하여 HTTP 응답 내용을 직접 분석하면 된다. 최초 페이지 요청이 있는 것을 제외하고는 일반 문서를 읽는 것과 다를 바 없다.

그러나 만약 데이터를 얻기 위해 페이지 상에서 양식을 채우고 버튼을 누르는 것과 같은 상호작용이 필요하다면 단순히 URL을 따라가서 페이지를 읽는 방식이 아니라 직접 브라우저를 열어서 페이지와 직접 상호작용을 하는 방식의 스크래퍼를 만들어야 한다.

또한 데이터를 얻기 위해 사이트 전체를 탐색해야 하는 상황이라면 스파이더를 만들어야 한다. 스파이더란 규칙에 따라 페이지들을 탐색하며 정보를 수집하는 로봇이다. 앞으로 스파이더링을 하기 위해 사용할 라이브러리는 굉장히 빠르고 유연해서, 이러한 유형의 스크립트를 쉽게 작성할 수 있게 해줄 것이다.

스크래퍼를 만들기 위한 코드를 작성하기 전에 먼저 몇 개의 웹사이트를 살펴보고 어떠한 스크래퍼를 사용해야 하는지(페이지 판독식, 화면 판독식, 스파이더) 그리고 수집의 난이도를 판단하는 연습을 할 것이다. 데이터를 수집하다 보면 데이터의 가치와 수집에 들어가는 노력 사이에서 저울질이 필요한 순간이 반드시 오게 되어 있다. 이번 장에서는 앞으로 여러분에게 데이터의 수집에 필요한 노력을 가늠할 수 있게 해주는 도구들을 제공하고자 한다.

웹 페이지 분석하기

웹 스크래핑을 하는 동안 여러분은 브라우저상의 마크업 구조를 뜯어보며 그것을 어떻게 이용할지 궁리하는 데 대부분의 시간을 보내게 될 것이다. 웹 스크래핑 전문가가 되기 위해서는 여러분이 제일 좋아하는 브라우저의 디버깅 도구나 개발 도구에 익숙해질 필요가 있다. 사용하는 브라우저에 따라 브라우저에서 제공하는 도구와 이름이 다를 수도 있지만 주요 개념은 동일하다.

사용하는 브라우저에 따라 다음을 참조하자.

- 인터넷 익스플로러(*http://bit.ly/f12_dev_tools*)
- 사파리(*https://developer.apple.com/safari/tools/*)
- 크롬(*https://developer.chrome.com/devtools*)
- 파이어폭스(*http://bit.ly/ff_developer_toolbar*)

모든 브라우저의 디버깅 도구의 기본은 비슷하다. 우선 Network와 같은 이름을 가지고 페이지 요청 내용과 로드된 데이터 정보를 보여주는 탭이 있다. 그리고 엘리먼트(Elements)나 DOM 또는 요소 검사(Inspection) 등의 이름으로 불리는, 페이지의 마크업과 각 태그의 콘텐츠와 스타일을 열람할 수 있는 탭이 있다. 세 번째로는 자바스크립트 오류 메시지를 보거나 명령을 내릴 수 있는 Console 탭이 있다.

여러분의 브라우저 개발자 도구에는 이 외에도 다른 탭들이 더 있을 수도 있지만 우선은 이 세 가지 기능만 가지고도 웹페이지가 어떻게 구성되었는지 그리고 콘텐츠를 쉽게 수집하기 위해서는 어떻게 해야 하는지를 알아볼 수 있다.

요소 검사 : 마크업 구조

사이트를 긁어가기에 앞서 먼저 사이트의 구조와 마크업을 분석해야 할 필요가 있다. 3장에서도 이미 배웠듯이 XML은 노드와 콘텐츠, 그리고 키와 값으로 구성되어 있는데, HTML도 이와 비슷한 구조를 가진다고 보면 된다. 브라우저의 개발자 도구를 열고 요소 검사(Inspection), 엘리먼트(Elements) 또는 DOM 탭으로 이동해보면 일련의 노드들과 그 값이 나열되어 있음을 볼 수 있다. HTML에서 사용되는 노드와 그 안에 들어 있는 데이터는 XML 예제에서 보았던 것과는 형태가 조금 다르다(기본적인 내용은 표 11-1에 요약되어 있다). 페이지 구성의 기본이 되는 HTML 태그들은 그 안에 포함되어 있는 콘텐츠에 대한 정보를 담고 있다. 예를 들어 웹페이지상의 모든 사진을 찾고 싶을 때에는 img 태그 전체를 나열하면 된다.

태그	설명	예제
head	문서 메타데이터 및 기타 주요 정보	`<head> <title>Best Title Ever </title> </head>`
Body	페이지의 주요 콘텐츠	`<body> <p>super short page </p></body>`
meta	사이트에 대한 짧은 설명이나 키워드	`<meta name="keywords" content="tags, html">`
h1, h2, h3...	헤더 정보를 담는 용도, 숫자가 작을수록 헤더의 크기가 큼	`<h1>Really big one!</h1>`
p	본문의 문단	`<p>Here's my first paragraph. </p>`
ul, ol	비순차목록과 순차목록	`<ul><li>first bullet</li></ul>`

표 11-1 다음 쪽에 계속

li	목록의 하위 아이템, 만드시 목록 안에 포함되어야 함	`<ul><li>first</li> <li>second </li></ul>`
div	섹션 또는 콘텐츠를 나누기 위해 사용	`<div id="about"><p>This div is about things.</p></div>`
a	링크를 만들기 위해 사용, 앵커 태그라 불림	`<a href="http://oreilly. com">Best Ever</a>`
img	이미지를 삽입하기 위해 사용	`<img src="/flying_cows.png" alt="flying cows!" />`

표 11-1 기본 HTML 태그

HTML 태그에 대해 좀 더 정확하고 완전한 설명과 사용법을 보기 원한다면 모질라 개발자 네트워크에 나와 있는 HTML 레퍼런스와 가이드 그리고 소개를 읽어보도록 하자(*https://developer.mozilla.org/en-US/docs/Web/HTML*).

페이지에서 사용된 태그와 콘텐츠 구조를 아는 것 외에도 태그들의 상대적인 위치를 이해하는 것 또한 중요하다. XML과 마찬가지로 HTML에서도 부모와 자식 관계와 같은 계층구조가 존재하는데, 이들 트리 구조를 자유롭게 탐색하는 방법을 알아야 원하는 콘텐츠를 추출할 수 있다. 부모 노드건, 자식 노드건, 형제 노드건 간에 요소들 상호 간의 관계를 잘 아는 것이 더 효율적이고 빠르며 유지보수가 쉬운 스크래퍼를 만드는 데 도움이 될 것이다.

이제 이들 간의 관계가 HTML 페이지 안에서 무엇을 의미하는지 자세히 살펴보자. 아래에 아주 기본적인 HTML 페이지 모형이 있다.

```
<!DOCTYPE HTML>
<html>
<head>

  <title>My Awesome Site</title>
  <link rel="stylesheet" href="css/main.css" />

</head>
<body>
   <header>
       <div id="header">I'm ahead!</div>
   </header>
   <section class="main">
    <div id="main_content">
       <p>This site is super awesome! Here are some reasons it's so awesome:</p>
            <h3>List of Awesome:</h3>
            <ul>
                <li>Reason one: see title</li>
                <li>Reason two: see reason one</li>
          </ul>
      </div>
   </section>
```

```
        <footer>
            <div id="bottom_nav">
                <ul>
                        <li><a href="/about">About</a></li>
                        <li><a href="/blog">Blog</a></li>
                        <li><a href="/careers">Careers</a></li>
                </ul>
            </div>
            <script src="js/myjs.js"></script>
        </footer>
    </body>
</html>
```

문서 타입 선언문(<!DOCTYPE HTML>) 아래 처음 나오는 html 태그부터 설명을 하자면, 문서 전체의 모든 콘텐츠가 이 html 태그 안에 포함되어 있음을 알 수 있다. 이 html 태그가 바로 이 페이지 전체의 루트 태그인 것이다.

html 태그 안에는 head와 body 태그 두 개가 있다. 페이지의 대부분은 body 태그 안에 있으나 head 안에도 콘텐츠가 일부 존재한다. 그리고 여기서 head와 body 태그가 바로 html 태그의 자식 태그들이다. 마찬가지로 head와 body 태그는 각각 자식과 그 후손들을 포함하고 있다. 이때 head와 body 태그는 서로 형제 관계이다.

body 태그 안쪽을 살펴보면 가족 관계에 있는 다른 태그들을 계속해서 발견할 수 있다. 목록 아이템인 li 태그들은 비순차 목록인 ul 태그와 자식 관계에 있다. header와 section 그리고 footer 태그는 모두 형제 관계를 이루고 있다. script 태그는 footer 태그의 자식이며 동시에 footer 안에 있으며 링크 주소들을 내포하고 있는 div 태그의 형제이다. 이 하나의 단순한 페이지 안에 이렇게 복잡한 관계들이 많이 들어 있다.

이번에는 조금 더 복잡한 관계들을 포함하고 있는 코드를 소개한다. 실제로 웹 스크래핑을 할 때 모든 관계가 잘 정리되어 있는 완벽한 페이지를 만나게 되는 일은 흔하지 않다.

```
<!DOCTYPE html>
<html>
    <head>
        <title>test</title>
        <link ref="stylesheet" href="/style.css">
    </head>
    <body>
        <div id="container">
            <div id="content" class="clearfix">
                <div id="header">
                    <h1>Header</h1>                          ❶
                </div>
```

```
                    <div id="nav">                          ❷
                        <div class="navblock">              ❸
                            <h2>Our Philosophy</h2>
                            <ul>
                                <li>foo</li>
                                <li>bar</li>
                            </ul>
                        </div>
                        <div class="navblock">              ❹
                            <h2>About Us</h2>                ❺
                            <ul>
                                <li>more foo</li>            ❻
                                <li>more bar</li>
                            </ul>
                        </div>
                    </div>
                    <div id="maincontent">                   ❼
                        <div class="contentblock">
                            <p>Lorem ipsum dolor sit amet...</p>
                        </div>
                        <div class="contentblock">
                            <p>Nunc porttitor ut ipsum quis facilisis.</p>
                        </div>
                    </div>
                </div>
            </div>
            <style>...</style>
        </body>
</html>
```

❶ 현재 엘리먼트의 부모의 이전 형제의 첫 번째 자식

❷ 현재 엘리먼트의 부모/조상

❸ 현재 엘리먼트의 형제

❹ 현재 엘리먼트

❺ 현재 엘리먼트의 첫 번째 자식/후손

❻ 현재 엘리먼트의 자식/후손

❼ 현재 엘리먼트의 부모의 다음 형제

설명을 쉽게 하기 위해 '현재 엘리먼트'는 navblock 클래스를 가진 div 태그 중 두 번째 엘리먼트라고 정의하자. 현재 엘리먼트는 헤딩(h2) 태그와 비순차 목록 (ul) 태그 두 개의 자식 노드를 가지며 이때 비순차 목록 안에는 목록 아이템(li) 태그들이 들어 있다. 이들은 모두 현재 엘리먼트의 후손들이다. 현재 엘리먼트 는 navblock 클래스 안의 첫 번째 div 태그를 유일한 형제로 가지고 있다.

nav라는 ID를 가지고 있는 div 태그는 현재 엘리먼트의 부모이고, 그 외에도 다른 조상들이 존재한다. 그렇다면 현재 엘리먼트에서 header라는 ID를 가지는

div 태그로 이동하려면 어떻게 해야 할까? 현 엘리먼트의 부모 엘리먼트는 해당 header 태그와 형제 관계에 있다. header 태그 내부의 콘텐츠를 얻기 위해서는 먼저 현재 엘리먼트의 부모의 이전 형제를 찾는다. 부모 엘리먼트는 또 다른 하나의 형제를 가지고 있는데, 이는 maincontent라는 ID를 가지는 div 태그이다.

> ✅ 이러한 관계들을 모두 아울러 DOM(Document Object Model, 문서 오브젝트 모델) 구조라고 한다. HTML에는 페이지 또는 문서상의 콘텐츠를 정리하기 위한 규칙들이 존재한다. HTML의 노드들은 모두 '오브젝트'이며 이들은 올바로 화면에 표현되기 위한 일련의 규칙과 모델을 준수해야 한다.

이들 노드 간의 관계를 이해하기 위해 시간을 더 많이 투자할수록 DOM상에서의 이동을 더 빠르고 효율적으로 하는 프로그램을 작성할 수 있다. 이 장의 후반부에서는 문서상의 콘텐츠를 선택하기 위해 가족 관계를 이용하는 XPath를 다룰 것이다. 지금은 HTML 구조와 DOM 요소들 간의 관계에 대한 이해를 바탕으로 목표하는 사이트에서 수집하고자 하는 콘텐츠를 찾아내고 분석하는 방법을 더 알아보도록 하자.

> 💡 브라우저에 따라 차이가 있겠지만, 보통 개발자 도구를 이용해 마크업을 검색할 수 있다. 이것은 엘리먼트의 구조를 보는 아주 좋은 방법이다. 예를 들어 콘텐츠의 특정 섹션을 찾고자 한다면 해당 콘텐츠에 들어 있을 법한 단어들을 사용해 해당 엘리먼트의 위치를 찾을 수 있다. 또한 보통 브라우저에서 페이지의 엘리먼트에 마우스 오른쪽 버튼 클릭을 하고 요소 검사(Inspect)와 같은 옵션을 선택하여 해당 엘리먼트에 대한 개발자 도구를 직접 열 수도 있다.

여기서는 예제를 보여주기 위해 크롬 브라우저를 사용하지만 본인이 원하는 브라우저를 사용해도 무방하다. Enough Project는 아프리카의 대량 학살과 무장 범죄를 막고자 분쟁 지역과 사건에 대한 정보를 제공하는 사이트이다. 여기에서 Take Action 페이지를 한번 열어보도록 하자(*http://www.enoughproject.org/take_action*).

개발자 도구를 열게 되면(크롬에서는 도구 선택 → 개발자도구, 인터넷 익스플로러에서는 F12, 파이어폭스에서는 Tools → Web Developer → Inspector 선택, 사파리에서는 advanced preferences → Develop 메뉴 선택) 한쪽의 패널에는 마크업이, 그리고 다른 조그만 패널에는 CSS 규칙과 스타일이, 마지막으로 도구 패널 위에 실제 페이지가 보일 것이다. 사용하는 브라우저에 따라 차이는 있을 수 있지만 대부분 비슷한 기능을 제공할 것이다(그림 11-2 참조).

그림 11-2 Enough Project의 Take Action 페이지

 마크업 섹션(요소검사 탭)에서 엘리먼트 위에 커서를 올리게 되면 페이지상의 특정 영역들이 강조되는 것을 볼 수 있을 것이다. 이것을 이용해서 페이지와 마크업 구조상의 엘리먼트들을 비교해볼 수 있다.

div 태그와 같은 페이지의 주요 엘리먼트들 옆에 있는 화살표를 누르면 자식 엘리먼트들을 볼 수 있다. 예를 들어 Enough Project 페이지에서 오른쪽 사이드바를 살펴보기 위해서는 main-inner-tse div 태그를 비롯한 내부 div 태그들을 클릭해서 펼쳐보면 된다(그림 11-3 참조).

마크업을 살펴보면 사이드바의 이미지들이 실제로는 링크 태그 안에 위치해 있고 링크 태그는 div 태그 안의 문단 태그 안에 있음을 알 수 있다. 페이지 상의 콘텐츠를 잘 찾고 수집하기 위해서는 이미지가 링크 안에 담겨 있는지, 또는 어떤 콘텐츠가 paragraph 태그 안에 위치해 있는지 등 페이지 구조에 대한 이해가 선행되어야 한다.

개발자 도구는 페이지 엘리먼트들을 살피는 데도 유용하게 사용할 수 있다. 실제 페이지상에서 마우스 우클릭을 하면 웹 스크래핑에 도움이 되는 도구들을 볼 수 있다. 그림 11-4는 해당 메뉴의 사례다.

그림 11-3 사이드바 탐색하기

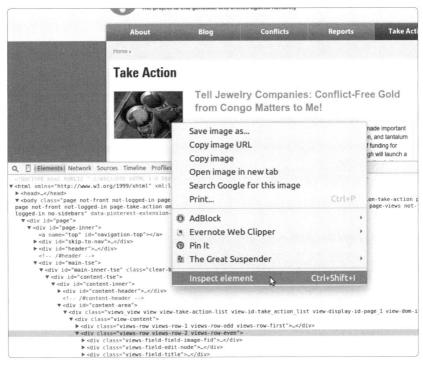

그림 11-4 요소 검사

메뉴에서 Inspect element 옵션을 선택하게 되면 개발자 도구상에서 해당 요소의 소스 마크업을 열어서 보여줄 것이다. 이것은 콘텐츠와 상호작용하며 코드상에서 해당 콘텐츠를 찾아내는 데 매우 유용한 도구이다.

브라우저 화면상의 요소들과 상호작용하는 것 외에도 소스 코드에서도 요소들과 직접 상호작용하는 것이 가능하다. 그림 11-5에서는 마크업 영역에서 마우스 우클릭을 했을 때 나타나는 메뉴를 보여준다. CSS 선택자 또는 XPath 선택자를 복사할 수 있는 옵션들이 있음을 알 수 있다. (두 방법 모두 콘텐츠의 탐색과 추출을 위해 이 장에서 배울 내용들이다.)

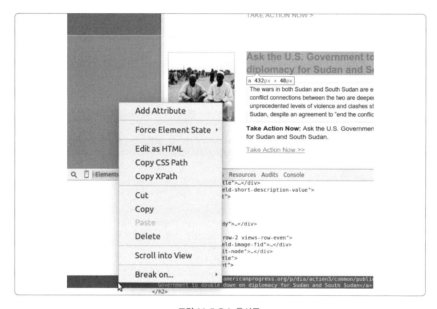

그림 11-5 요소 옵션들

 브라우저에 따라 사용되는 용어와 가능한 상호작용은 차이가 있더라도 메뉴에서 선택할 수 있는 옵션들은 비슷할 것이기에 이를 참고해서 본인이 사용하는 브라우저에서 적용해 보도록 하자.

개발자 도구에서는 원하는 요소와 콘텐츠를 찾는 것 외에도 노드 구조와 가족 관계에 대해서도 많은 것을 알 수 있다. 개발자 도구의 검사 탭과 같은 곳에는 보통 현재 요소의 조상 요소들의 목록을 보여주는 부분이 있다. 이 목록에 있는 요소들은 보통 클릭이 가능하며 이를 통해 DOM 구조를 이동하는 것이 가능하다. 크롬에서는 이 부분을 개발자 도구와 실제 페이지 사이의 회색 영역에서 찾아볼 수 있다.

지금까지 웹 페이지의 구성과 콘텐츠를 찾기 위해 필요한 상호작용들에 대해서 알아보았다. 이제는 웹 스크래핑을 더 편리하게 해주는 웹 브라우저상의 다른 강력한 도구들에 대해 알아볼 차례이다.

Network/Timeline 탭 : 페이지 로드 현황보기

Timeline과 Network 탭을 분석하게 되면 페이지에서 콘텐츠를 어떻게 그리고 어떤 순서로 불러오는지 알 수 있다. 페이지에서 콘텐츠를 읽어들이는 타이밍과 방법은 웹 스크래핑을 하는 방법에도 크게 영향을 미친다.

Network 탭은 어떠한 URL들이 불러들여졌는지, 어떤 순서로 읽혔는지, 그리고 각 요청이 이루어지는데 얼마나 걸렸는지를 보여준다. 그림 11-6은 Enough Project 페이지가 크롬 Network 탭에서 어떻게 보이는지를 나타낸다. 브라우저에 따라 페이지에서 새로고침을 해야 할 수도 있다.

그림 11-6 단일 페이지로 구성된 사이트의 네트워크 탭

Network 탭에 요청이 하나밖에 없기 때문에 전체 페이지가 한 번의 호출에 의해 불러들여졌음을 알 수 있다. 이것은 웹 스크래퍼 입장에서 아주 희소식인데, 단한 번의 요청으로 페이지상의 모든 내용에 접근 가능하다는 뜻이기 때문이다.

요청을 클릭하게 되면 소스 코드와 같이 더 많은 내용들을 볼 수 있다(그림 11-7). 여러 번의 요청에 의해 구성된 페이지를 열람하기 위해서는 각 요청의 내

그림 11-7 네트워크 응답

용을 살펴봐야 한다. 헤더나 쿠키 등은 Network 탭 내의 Header 탭을 클릭해서 볼 수 있다.

이번에는 좀 더 복잡한 네트워크 탭을 가진 페이지를 살펴보도록 하자.

페어폰의 #WeAreFairphone 페이지(*http://www.fairphone.com/we-are-fairphone/*)에 들어가 보면 네트워크 탭에서 페이지가 즉시 더 많은 요청을 실행하는 것을 볼 수 있다(그림 11-8).

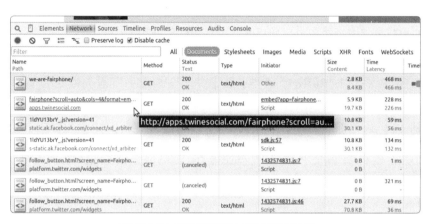

그림 11-8 복수 페이지로 구성된 사이트의 네트워크 탭

각 요청을 클릭하여 해당 요청을 통해 읽어들이는 콘텐츠들을 볼 수 있다. 요청의 선후 관계는 네트워크 탭의 타임라인에서 볼 수 있다. 이를 통해 원하는 콘텐츠를 스크래핑 하는 방법을 구상하는 데 도움을 얻을 수 있다.

각 요청을 클릭해보면서 우리는 대부분의 콘텐츠가 최초 페이지 로드가 끝난 이후에 불러들여지는 것을 알 수 있다. 최초 페이지 요청을 클릭해보면 안이 거의 비어 있다. 가장 먼저 생각해 볼 문제는 콘텐츠에서 JSON을 이용하는 자바스크립트 호출 같은 것이 있는지 여부다. 만약 그렇다면 스크립트 작성이 간단해질 수도 있다.

> JSON을 파싱하는 방법은 3장에서 이미 배웠다. 만약 네트워크 탭에서 원하는 데이터가 담긴 JSON을 반환하는 응답 주소를 찾았다면 해당 URL을 이용해 요청 응답을 통해 직접 데이터를 획득할 수 있다. 올바른 응답을 받기 위해서 전송해야 하는 헤더 정보에 유의해야 할 필요가 있다. (네트워크 탭의 Headers 영역에 있다.)

만약 원하는 정보를 담고 있는 JSON 주소를 쉽게 찾을 수 없거나 정보 자체가 여러 개로 분산되어 요청되고 있다면, 브라우저 기반의 접근법 사용을 권한다.

브라우저 기반 웹 스크래핑 방식으로는 각 요청을 통해서가 아니라 브라우저상의 페이지에서 직접 정보를 읽어들일 수 있기 때문이다. 이는 콘텐츠를 제대로 수집하기 전, 드롭다운 버튼과 상호작용이 필요하거나 기타 브라우저 기반 동작을 수행할 때도 역시 유용할 수 있다.

네트워크 탭은 어떠한 페이지 요청이 원하는 정보를 담고 있는지 또는 적합한 대체 데이터 소스가 어디 있는지를 탐색하는 데 유용하다. 다음은 스크래퍼에 필요한 자바스크립트에 대해 알아보도록 하자.

콘솔 탭 : 자바스크립트와 상호작용하기

지금까지 페이지의 마크업과 구조를 분석하고 페이지 로딩 타이밍과 네트워크 요청들에 대해 알아보았다. 다음은 자바스크립트 콘솔로 넘어가 페이지에서 실행되는 자바스크립트와의 상호작용을 통해 무엇을 배울 수 있는지 알아보자. 자바스크립트에 익숙한 사용자라면 앞으로의 내용이 쉽게 느껴질 것이다. 자바스크립트가 처음이라면 자바스크립트 기초 코스(*http://www.codecademy.com/en/tracks/javascript*)에서 간단한 입문 과정을 밟는 것이 도움이 될 것이다.

자바스크립트의 기본 문법만 알면 콘솔을 통해 페이지 상의 요소들과 상호작용을 하는 것이 가능하다. 우선 콘솔 뷰를 사용하기에 앞서 자바스크립트와 스타일의 기초에 대해 알아보며 시작하자.

스타일링 기초

모든 웹페이지는 콘텐츠의 구조, 크기, 색 등 시각적 요소를 편집하기 위해 스타일 요소를 사용한다. HTML 표준이 정립되면서 동시에 웹페이지를 꾸미기 위한 표준 기술인 스타일 표준도 정립이 되었는데, 이것이 바로 CSS(Cascading Style Sheet)이다. 예를 들어 웹페이지 상의 모든 제목에 다른 폰트를 적용하거나 모든 사진을 가운데 정렬하고 싶다면 이런 규칙들을 CSS에 기술해야 한다.

CSS는 스타일을 상속할 수 있게 해준다. 사이트 전체에 대해서 한 가지 스타일을 정의하게 되면 새로 만드는 페이지에 대한 스타일링이 매우 쉬워진다. 그리고 복잡한 구조의 사이트가 있다 하더라도 주 CSS 문서를 정의하고 부수적인 CSS를 정의함으로써 각 페이지에서 필요에 따라 스타일을 로드하도록 할 수 있다.

CSS는 DOM 요소들을 태그의 속성들로 묶을 수 있는 규칙들을 정의하여 작동하는 방식이다. Fairphone 사이트에서 CSS를 좀 더 살펴보며 요소 검사 도구에 대해 알아보도록 하자. 하단부의 툴 바에서 HTML 요소를 선택하면 페이지 상에서 상응하는 엘리먼트가 강조되며 해당 엘리먼트의 정보가 표기되는 것을 볼 수 있다(그림 11-9).

그림 11-9 CSS 입문

우리는 이미 div 태그가 무슨 의미를 가지는지 알지만 content-block은 무엇을 의미할까? 해당 엘리먼트에 마우스 우클릭을 해서 요소 검사 도구를 선택하여 HTML을 살펴보자.

그림 11-10에 보듯이 우리는 클래스 속성을 살펴보며 content-block이 CSS 클래스임을 알 수 있다. 클래스는 div 태그 안에 정의되어 있고 해당 div 안에 다른 자식 태그들이 많이 들어 있다. 페이지의 해당 섹션 안에 CSS 클래스는 몇 개나 보이는가? 아주 많이 보일 것이다.

그림 11-10 CSS 클래스

클래스와 유사하게 CSS ID라는 것도 있다. 그림 11-11에 보이는 것처럼 id 속성을 가진 태그를 찾아보며 클래스와 어떻게 다른지 알아보자.

그림 11-11 CSS ID

그림 11-11 CSS ID

HTML 문법 자체는 매우 비슷해 보지만 ID를 나타내기 위해서는 해시 또는 파운드라 불리는 기호인 #를 사용한다. 클래스를 표기하기 위해서는 div.content-block에서처럼 마침표인 .을 사용한다.

> ✅ CSS 구조와 문법에서는 ID는 유일한 값이여야 하고 같은 클래스 명을 가진 엘리먼트는 많이 존재할 수 있다고 명시한다. 페이지들이 항상 이를 지키는 것은 아니나 기억해 둘 만한 가치는 있다. ID는 클래스에 비해 명시성(specificity)이 높다. 어떤 엘리먼트는 둘 이상의 클래스를 가질 수 있으며 따라서 한 엘리먼트에 다양한 스타일을 동시에 적용할 수 있다.

마우스 우클릭 메뉴를 이용하면 페이지에서 CSS 선택자를 쉽게 복사할 수 있다. 만약 CSS를 이미 잘 안다면, 웹 스크래핑에 큰 도움이 될 것이다. 만약 CSS에 대해서 잘 알지 못하지만 더 공부를 해보고 싶다면 코드카데미(Codecademy)의 CSS 기초 강의(*http://bit.ly/css_codecademy*)를 듣거나 모질라 개발자 네트워크의 튜토리얼(*https://developer.mozilla.org/en-US/docs/Web/CSS*)을 보면 도움이 될 것이다.

이제 CSS와 그것이 어떻게 페이지의 스타일링에 관여하는지에 대한 이해도가 높아졌으니 브라우저 콘솔 창과 CSS가 무슨 관계가 있는지 궁금할 것이다. 좋은 질문이다. 이제 jQuery와 JavaScript의 기초를 살펴보고 웹페이지상의 콘텐츠와 상호작용할 때 CSS가 어떤 역할을 하는지 알아보자.

자바스크립트와 jQuery

자바스크립트와 jQuery는 HTML이나 CSS보다 더 오랜 역사를 가지고 있고. 꽤 오랫동안 별다른 기준 없이 개발되어 온 탓에 웹의 무법지대와 같은 느낌이 남아 있다.

지난 10년 동안 자바스크립트가 꽤 많이 변화해왔음에도 불구하고 10년 넘은 스크립트들이 아직도 일부 브라우저에서 작동하는 것을 보면 자바스크립트의 작성 규칙과 금지 사항 등에 대한 기준들이 HTML과 CSS보다 느리게 규정되고 있음을 알 수 있다.

자바스크립트는 마크업 언어가 아니라 스크립트 언어이다. 파이썬 또한 스크립트 언어이기 때문에 함수, 오브젝트, 클래스, 메서드와 같은 지식들을 활용해 자바스크립트를 이해할 수 있을 것이다. 파이썬과 마찬가지로 추가적인 라이브러리와 패키지들을 이용해 인간과 기계가 이해할 수 있는 깔끔하고 간단하며 효율적인 자바스크립트 코드를 작성할 수 있다.

jQuery(*https://jquery.com/*)는 많은 대규모 웹사이트들에서 사용되는 자바스크립트 라이브러리로, 자바스크립트의 가독성을 높여주고 코드 작성의 부담을 덜어주며 다양한 자바스크립트 엔진을 기반으로 하는 브라우저들에서 파싱이 가능하다.

 2005-2006년도부터 jQuery는 자바스크립트를 간소화하고 표준화할 수 있는 아이디어와 개발자 도구들을 제공해왔다. jQuery는 좀 더 객체지향적 접근법과 이해하기 쉬운 메서드들, 그리고 접근성 높은 CSS 규칙들을 제공하며 자바스크립트 개발에 큰 진전을 가져왔다.

jQuery 개발 이후 자바스크립트와 CSS는 한층 더 긴밀한 관계를 맺게 되었고, 새로운 많은 자바스크립트 프레임워크가 이러한 객체지향적 방법론에 기반해 만들어졌다. 사이트에서 jQuery를 실행시키게 되면 CSS 식별자 정보를 이용해 페이지상의 엘리먼트들과 상호작용 하는 것이 쉬워진다. 만약 우리가 이전에 봤던 #WeAreFairphone 페이지(그림 11-12)에서 content-block 클래스를 가진 엘리먼트 내부의 콘텐츠를 가져오고 싶다면 자바스크립트 콘솔에서 무엇을 해야 할까?

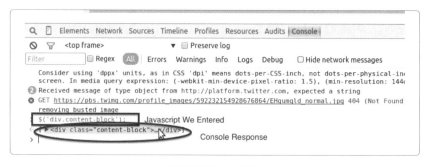

그림 11-12 jQuery 콘솔

사이트가 jQuery 기반으로 돌아가고 있기 때문에 콘솔 탭에서 다음을 입력하기만 하면 된다.

```
$('div.content-block');
```

엔터를 누르면 콘솔에 원하는 엘리먼트를 반환한다. 콘솔 창의 반환된 결과를 클릭하게 되면 엘리먼트의 하위 엘리먼트들을 볼 수 있다. jQuery 기초 CSS 선택자(예: $(elem);)를 이용해 페이지상의 다른 엘리먼트들을 선택해보자. $ 기호와 괄호를 사용해 jQuery에게 우리가 괄호 안에 문자열 형태로 입력하는 선택자를 만족시키는 엘리먼트를 찾고 있음을 알려주자.

콘솔을 사용해 weAreFairphone이라는 ID를 가진 div 태그를 선택하거나 페이지 상의 모든 앵커 태그 (a)를 선택할 수 있는지 콘솔 창을 통해 시도해보자. 콘솔 창과 jQuery를 사용하면 CSS 선택자나 태그 이름을 이용해 페이지상의 실제 엘리먼트들과 상호작용을 하고 콘텐츠를 뽑아내는 것이 쉬워진다. 그런데 이것이 파이썬과 무슨 관계가 있을까?

jQuery가 CSS 선택자의 유용성에 대한 사람들의 인식을 바꾸어 놓았기 때문이다. 그에 따라 파이썬 스크래핑 라이브러리들이 웹페이지상에서 엘리먼트들 간에 이동을 하고 찾는 과정에서도 이러한 선택자들을 사용하게 되었다. jQuery에 대해 더 알고싶다면 jQuery 학습 센터(*https://learn.jquery.com/*)나 코드카데미(*http://www.codecademy.com/en/tracks/jquery*) 또는 코드스쿨(*https://www.codeschool.com/courses/try-jquery*)에서 관련 자료를 찾아보기를 권한다.

jQuery를 사용하지 않는 사이트에서는 콘솔에서 jQuery 문법이 먹히지 않을 것이다. 자바스크립트만을 사용하여 특정 클래스 명을 가진 엘리먼트들을 선택하기 위해서는 다음을 실행하자.

```
document.getElementsByClassName('content-block');
```

이전에 jQuery를 사용해서 얻은 결과와 동일한 결과가 반환될 것이다. 이제 도구의 사용법을 알게 되었으니 원하는 콘텐츠를 페이지에서 가져오는 가장 알맞은 방법에 대해서 알아보도록 하자. 먼저 페이지상의 모든 부분을 살펴보는 방법에 대해서 알아보자.

페이지 심층분석

웹 스크래퍼를 개발하는 좋은 방법 중 하나는 브라우저에 보이는 콘텐츠를 가지고 노는 것이다. 페이지상에서 가장 관심 있는 콘텐츠를 선택하여 검사 탭에서 보는 것부터 시작해 보자. 콘텐츠가 어떤 구조로 구성되어 있는가? 부모 노드는 어디에 있는가? 타깃 콘텐츠가 여러 엘리먼트로 겹겹이 싸여 있는가?

> ⚠️ 페이지를 긁어 오기 전에 사이트의 robots.txt 파일을 읽어 사이트의 수집에 대한 정책을 알아보자. 도메인 이름 뒤에 /robots.txt를 붙여 알아볼 수 있다. 예) *http://oreilly.com/ robots.txt*

그리고 나서 네트워크/타임라인 탭으로 이동하자(그림 11-6 참조). 첫 페이지 로드가 어떻게 이루어지고 있는가? JSON이 사용되었는가? 그렇다면 해당 파일들은 어떻게 생겼는가? 사이트의 대부분의 콘텐츠가 최초 요청 이후에 로드가 되었는가? 이와 같은 질문들은 어떤 종류의 스크래퍼를 만들어야 하는지 그리고 얼마나 그 과정이 어려울지를 판단할 수 있게 해준다.

다음으로는 콘솔 탭을 열자. 요소 검사 탭에서 얻은 정보들을 가지고 주요 콘텐츠를 포함하고 있는 엘리먼트들과 상호작용을 해보자. 해당 콘텐츠를 얻기 위해 jQuery를 작성하는 것이 복잡한가? CSS 선택자가 얼마나 안정적으로 작동하는가? 비슷한 페이지를 열고 해당 선택자를 사용해서 유사한 결과를 기대할 수 있는가?

> ✅ 목표하는 콘텐츠가 콘솔 창에서 자바스크립트나 jQuery를 통해 쉽게 접근 가능하다면, 파이썬에서도 비슷한 수준의 노력을 통해 접근할 수 있을 가능성이 크다. 마찬가지로 jQuery 선택자 등을 통해 페이지상의 콘텐츠에 접근하는 게 어렵다면, 파이썬에서도 접근하기 힘들 것이다.

파이썬 도구들을 사용해 제대로 파싱할 수 없는 웹페이지는 거의 없다. 파이썬은 그만큼 강력하다. 이 책에서는 지저분한 페이지나 인라인 자바스크립트, 양식을 지키지 않는 선택자 등과 같이 웹상에서 만나볼 수 있는 수많은 누군가의 실수들에 대처하는 방법들도 가르쳐줄 것이다.

먼저 웹페이지를 불러오고 읽는 것부터 시작하자.

페이지 가져오기 : 페이지 요청 방법

웹 스크래퍼를 만드는 첫 번째 순서는 바로 웹에 연결하는 것이다. 이것이 어떻게 이루어지는지 알아보도록 하자. 브라우저를 열고 사이트 이름이나 검색어를 입력하고 엔터를 누르는 순간 요청이 이루어진다. 대부분의 경우 이것은 HTTP(HyperText Transfer Protocol) 요청일 것이다.

또한 이 요청은 아마도 GET 요청일 텐데 이것은 인터넷에서 사용되는 여러 요청 방법 중 하나이다(*http://bit.ly/http_request_methods*). 브라우저에서는 입력된 내용이 사이트 이름인지 검색 키워드인지를 알아서 판단하여 처리한다. 그리고 그것에 따라 웹사이트나 검색 결과를 반환한다.

URL 요청을 위한 파이썬 내장 라이브러리 urllib(*https://docs.python.org/2/library/urllib.html*)와 urllib2(*https://docs.python.org/2/library/urllib2.html*)를 살펴보자. 이 둘은 URL 요청을 위한 파이썬의 표준 라이브러리들이다. urllib2를 사용하는 것이 좋지만 urllib에도 유용한 메서드들이 들어 있다.

```
import urllib
import urllib2

google = urllib2.urlopen('http://google.com')                    ❶

google = google.read()                                           ❷

print google[:200]                                               ❸

url = 'http://google.com?q='
url_with_query = url + urllib.quote_plus('python web scraping')  ❹

web_search = urllib2.urlopen(url_with_query)
web_search = web_search.read()

print web_search[:200]
```

❶ urlopen 메서드를 사용해 요청을 실행한다. 이것은 웹페이지의 내용을 읽어 올 수 있는 버퍼를 반환한다.

❷ google 변수로 페이지의 모든 내용을 저장한다.

❸ 페이지의 처음 200개의 문자열을 출력해 페이지의 시작 부분을 볼 수 있게 한다.

❹ quote_plus 메서드를 사용해 질의 문자열의 빈칸을 더하기 기호로 대체한다. 구글 검색기에서는 문자열 사이의 빈칸이 더하기 기호로 표현되어야 하기 때문이다.

어떤가? URL을 이용해 구글 검색과 같은 서비스에 접근하고 응답을 받아 그것을 읽어 들이는 것이 쉽지 않았나? urllib과 urllib2 모두 추가적인 요청 메서드들과 헤더를 읽어 들이고 기본적인 인증 기능과 좀더 복잡한 요청들을 처리할 수 있는 능력을 가지고 있다.

요청의 복잡도에 따라 requests 라이브러리를 사용하는 방법도 있다(*http://docs.python-requests.org/en/latest/*). requests에서는 urllib과 urllib2를 사용해 복잡한 요청들의 서식을 갖추고 송신할 수 있도록 해준다. 복잡한 post 요청을 보내거나(*http://bit.ly/complicated_post_requests*) 세션의 쿠키를 살펴보거나(*http://bit.ly/quickstart_cookies*) HTTP 상태 코드를 보고 싶은 경우(*http://bit.ly/response_status_codes*) requests를 사용하는 것은 좋은 선택이다.

 네트워크 탭에서 이미 다루었듯이 특정 HTTP 헤더를 사용하거나(*http://en.wikipedia.org/wiki/List_of_HTTP_header_fields*) 쿠키 또는 인증 메서드들을 사용하는 페이지들이 가끔 있다. urllib이나 urllib2를 이용해 URL 요청 이외에도 이러한 정보들을 보내는 것이 가능하다.

requests 도구들을 사용하는 예를 더 살펴보자.

```python
import requests

google = requests.get('http://google.com')    ❶

print google.status_code                        ❷

print google.content[:200]

print google.headers                            ❸

print google.cookies.items()                    ❹
```

❶ URL로 GET 요청을 보내기 위해 라이브러리의 get 메서드를 호출한다.

❷ 200(성공적으로 요청을 처리했음) 상태 코드를 받은 것을 확인하기 위해 status_code 속성을 호출한다. 상태 코드 200을 반환받지 않으면 스크립트에 수정을 가해야 할 수도 있다.

❸ 구글이 어떠한 헤더 정보를 반환하는지 보기 위해 headers 속성을 확인한다. headers 속성이 딕셔너리 형식으로 되어있음을 알 수 있다.

❹ cookies 속성을 사용해 구글이 반환해 온 쿠키를 읽어들인 뒤 items 속성을 사용해 키/값 쌍을 출력한다.

requests 라이브러리를 사용하여 반환 받은 response와 속성값들에 따라 어떻게 코드를 짤 것인지 결정을 할 수 있다. 사용하기에도 편리하고 문서화가 잘 되어 있다. urllib을 사용하든 requests를 사용하든 파이썬 몇 줄로 간단히 코드를 짤 수 있다. 이제 웹페이지 요청에 대한 기본을 배웠으니 요청에 대한 응답을 파싱할 차례다. 파이썬 웹 페이지 파서인 뷰티풀수프에 대해서 먼저 배워보자(*http://bit.ly/beautiful_soup_docs*).

뷰티풀수프를 사용하여 웹페이지 읽어 들이기

뷰티풀수프(Beautiful Soup)는 파이썬 웹 스크래핑을 위한 가장 인기 있는 라이브러리 중 하나이다. 여러분의 스크래핑 목적에 따라 필요한 모든 것을 제공할 수도 있다. 사용이 간편하고 직관적이며 배우기가 쉽다는 장점이 있는 라이브러리다. 뷰티풀수프를 이용해 페이지를 파싱해보도록 하자. 먼저 pip을 사용해 라이브러리를 설치하자. (이전 버전들은 더 이상 지원되지 않으므로 beautifulsoup4를 사용한다.)

```
pip install beautifulsoup4
```

이전에 봤었던 간소한 형식의 Enough Project's Take Action 페이지(*http://www.enoughproject.org/take_action*)를 살펴보자. calls to action 부분을 파싱하여 저장해보도록 하자. 다음은 뷰티풀수프를 이용해 페이지를 불러들이는 방법이다.

```
from bs4 import BeautifulSoup                                    ❶
import requests

page = requests.get('http://www.enoughproject.org/take_action')  ❷

bs = BeautifulSoup(page.content)                                 ❸

print bs.title

print bs.find_all('a')                                           ❹

print bs.find_all('p')
```

❶ 먼저 import를 사용해 beautifulsoup4 라이브러리에서 파서를 불러온다.

❷ requests 라이브러리를 사용해 페이지 내용을 불러오고 응답 내용을 page 변수에 저장한다.

❸ 뷰티풀수프를 이용해 파싱을 하기 위해서 BeautifulSoup 클래스에 페이지의 HTML 부분을 저장한다. 페이지의 HTML 소스는 content 속성을 이용해 접근할 수 있다.

❹ 페이지의 파싱이 끝난 이후에는 페이지 오브젝트의 속성과 메서드에 접근할 수 있다. 이 명령어는 페이지의 모든 앵커 태그를 찾는 명령어이다.

요청을 통해 받은 응답을 뷰티풀수프를 통해 처리하고, 반환되는 오브젝트의 속성값을 이용해 페이지의 제목과 안에 포함된 모든 문단과 링크들을 볼 수도 있다.

HTML의 가족 관계에 대해 배웠으니 페이지상에 존재하는 관계들에 대해 알아보자.

```
header_children = [c for c in bs.head.children]      ❶

print header_children

navigation_bar = bs.find(id="globalNavigation")      ❷

for d in navigation_bar.descendants:                 ❸
    print d

for s in d.previous_siblings:                        ❹
    print s
```

❶ 리스트 내장을 사용하여 페이지의 head 섹션에 있는 모든 자식 노드들의 리스트를 만든다. 뷰티풀수프의 page 오브젝트에 .head를 붙여 페이지의 head를 호출하고 .children을 이용해 그 안의 모든 자식 노드를 볼 수 있다. 헤더의 메타 정보나 페이지 설명 등을 읽어볼 수도 있다.

❷ 개발자 도구를 사용해 페이지를 검사하면 페이지의 네비게이션 바가 global Navigation이라는 ID를 가지고 있음을 알 수 있다. 이 명령어는 page 오브젝트의 find 메서드를 사용해 ID를 입력하고 네이게이션 바를 찾게 해준다.

❸ descendants 메서드를 사용해 네이게이션 바의 모든 후손들을 순회한다.

❹ 네비게이션 바의 마지막 후손 엘리먼트에 대해 previous_siblings 메서드를 사용해 모든 형제 노드들을 순회한다.

페이지의 트리 구조는 뷰티풀수프 라이브러리의 페이지 클래스의 내장 속성과 메서드들을 탐색할 수 있게 해준다. 헤더와 네비게이션 바 예제에서 볼 수 있듯이 페이지의 일부 영역을 선택하고 그 직계 자손과 후손, 형제 노드를 쉽게 탐색할 수 있다. 뷰티풀수프의 문법은 간단하고, .head.children 같이 엘리먼트와 속성값 들을 같이 엮기 편리하다. 이것을 염두에 두고 페이지의 주요 섹션에 집중하여 관심 있는 영역의 콘텐츠를 추출할 수 있는지 살펴보자.

개발자 도구를 통해 페이지를 검사하다 보면 몇 가지 눈치챌 수 있는 사항들이 있다. 먼저 action item들이 views-row 클래스를 가지는 div 태그 안에 있음을 알 수 있다. 이 div 태그들은 여러 클래스들을 포함하고 있지만 공통적으로

views-row 클래스를 가지고 있다. 파싱을 시작하기에 좋은 위치라고 할 수 있다. 헤드라인과 링크는 h2 태그 안에 위치해 있다. 사용자 행동 유도(call to action) 항목들은 views-row라는 이름의 div 태그의 자손 div 태그들의 paragraph 엘리먼트 내부에 위치해 있다. 이제 뷰티풀수프를 사용해 파싱을 해보자.

우선 우리는 뷰티풀수프 문법과 페이지의 구조를 이용해 원하는 콘텐츠를 찾고자 한다. 그 방법은 다음과 같다.

```
from bs4 import BeautifulSoup
import requests

page = requests.get('http://www.enoughproject.org/take_action')

bs = BeautifulSoup(page.content)

ta_divs = bs.find_all("div", class_="views-row")          ❶

print len(ta_divs)                                         ❷

for ta in ta_divs:
    title = ta.h2                                          ❸
    link = ta.a
    about = ta.find_all('p')                               ❹
    print title, link, about
```

❶ 뷰티풀수프를 사용해 views-row 라는 문자열을 포함하는 클래스를 가진 모든 div 태그를 찾는다.

❷ 웹사이트에서 보이는 글의 개수와 우리가 가져온 행의 개수가 같은지 맞춰 보기 위해 줄 수를 출력한다

❸ 모든 행을 순회하며 페이지 검사를 통해 알아낸 태그들을 가져온다. 글 제목 은 해당 줄에서 유일한 h2 태그에 들어 있고 외부 링크는 첫 번째 앵커 태그 에 들어 있다.

❹ 본문을 가져오기 위해 모든 문단 태그를 찾는다. find_all 메서드를 사용하기 때문에 뷰티풀수프는 조건에 맞는 첫 번째 엘리먼트가 아닌 엘리먼트 리스 트를 반환한다.

그러면 다음과 같은 결과를 보게 될 것이다.

```
<h2><a href="https://ssl1.americanprogress.org/o/507/p/dia/action3/common/public/
?action_KEY=391">South Sudan: On August 17th, Implement "Plan B" </a></h2> <a
href="https://ssl1.americanprogress.org/o/507/p/dia/action3/common/public/
?action_KEY=391">South Sudan: On August 17th, Implement "Plan B" </a>
[<p>During President Obama's recent trip to Africa, the international community
set a deadline of August 17 for a peace deal to be signed by South Sudan's
warring parties.....]
```

사이트가 업데이트되면서 콘텐츠가 바뀔 수는 있지만 헤더(h2) 엘리먼트와 앵커(a) 엘리먼트 그리고 각 노드에 달려 있는 문단의 목록을 볼 수 있다. 현재 결과물은 좀 지저분할 것이다. print 문을 쓰고 있을 뿐 아니라 뷰티풀수프 자체가 모든 엘리먼트와 그 콘텐츠를 출력하기 때문이다. 지금은 전체 엘리먼트가 아니라 꼭 필요한 제목 텍스트와 링크 주소 그리고 문단 내용에 집중하는 것이 나을 것이다. 뷰티풀수프를 사용해 이들 데이터를 더 자세히 들여다보자.

```
all_data = []

for ta in ta_divs:
    data_dict = {}
    data_dict['title'] = ta.h2.get_text()                              ❶
    data_dict['link'] = ta.a.get('href')                               ❷
    data_dict['about'] = [p.get_text() for p in ta.find_all('p')]      ❸
    all_data.append(data_dict)

print all_data
```

❶ get_text 메서드를 사용해 HTML 엘리먼트로부터 모든 문자열을 추출한다. 여기서는 제목 텍스트를 얻을 수 있다.

❷ 엘리먼트의 속성값을 얻기 위해 get 메서드를 사용한다. <a href="http://foo.com">Foo</a>로부터 링크 주소를 추출할 때에는 .get("href")를 사용해 href 값을 반환 받는다.

❸ 본문 텍스트를 추출하기 위해 find_all 메서드로 찾아낸 모든 문단을 순회하며 get_text 메서드를 사용한다. 이 라인에서는 리스트 내포(list comprehension)를 사용하여 행동 요청 콘텐츠를 가지고 있는 문자열 목록을 컴파일 한다.

이제 데이터와 출력 결과물이 좀 더 형식을 갖추게 되었다. 현재 모든 데이터의 목록을 all_data 변수에 저장해 놓았다. 각각의 데이터 엔트리는 딕셔너리 형태로 저장되어 있다. 페이지에서는 get과 get_text라는 새로운 메서드들을 사용해 더 깔끔하게 데이터를 긁어왔고, 데이터는 데이터 딕셔너리 안에 잘 보관되었다. 데이터는 이제 데이터 딕셔너리 안에 보관되었다. 코드 또한 더 간결하고 명확해졌고, 8장에서 배웠듯이 헬퍼 함수를 사용해서 더 확실하게 만드는 방법도 있다.

또한 새로운 행동 요청 항목이 생겼는지를 확인하는 스크립트를 짤 수도 있다. 데이터를 SQLite와 같은 데이터베이스에 저장해 놓고 콩고의 열악한 노동 환경에 대한 월간 보고서를 만드는 과정을 자동화할 수도 있다. 이렇게 추출된 데이터로 분쟁 광물 채광 문제나 아동 노동 착취에 대한 경각심을 일으키는데 사용할 수도 있다.

뷰티풀수프는 사용하기 편리하며 또한 다양한 방법들을 소개하는 여러 예제들이 있는 사용자 문서 또한 갖추고 있다. 이 라이브러리는 초심자들에게 좋으며 간단한 함수들을 많이 포함하고 있다. 그러나 다른 파이썬 라이브러리들과 비교하였을 때는 너무 단순한 면이 있다.

뷰티풀수프의 파서는 정규표현식에 기반하기 때문에 비정상적으로 깨진 페이지나 제대로 된 태그 구조를 갖추지 못한 경우에는 매우 유용하다. 그러나 좀 더 복잡한 페이지를 탐색하거나 스크래퍼의 추출이나 탐색 속도가 중요한 경우에 사용할 수 있는 고급 파이썬 라이브러리들도 있다. 실력 있는 웹 스크래퍼 개발자들이 가장 좋아하는 라이브러리 lxml를 한번 살펴보자.

LXML로 웹페이지 읽어들이기

lxml은 좀 더 정교한 웹 스크래퍼 및 파서 중 하나이다. 굉장히 빠르고 강력하며 HTML과 XML을 생성하거나 잘못 쓰여진 페이지들을 정리하는 등 뛰어난 기능들을 갖추고 있다. 게다가 DOM과 트리 구조의 가족 관계를 이용해 탐색을 할 수 있는 다양한 도구들을 갖추고 있다.

> **lxml 설치하기**
>
> lxml 라이브러리는 C 언어 의존성이 있기에 일반 파이썬 라이브러리들보다 설치가 조금 어려울 수 있다(*http://lxml.de/installation.html*).
>
> 운영체제가 윈도우라면 오픈소스 바이너리 빌드를 이용해보도록 하자(*http://lxml.de/FAQ.html#where-are-the-binary-builds*). 맥을 사용하고 있다면 Homebrew를 설치하고 brew install lxml를 실행하면 된다(*http://brew.sh/*). 고급 설치에 대한 자세한 사항은 부록 D를 참조하자.

lxml의 주요 기능들에 대해 살펴보고 이전의 뷰티풀수프 코드를 lxml로 바꾸어 작성해 보자.

```
from lxml import html

page = html.parse('http://www.enoughproject.org/take_action')        ❶
root = page.getroot()                                                 ❷

ta_divs = root.cssselect('div.views-row')                            ❸

print ta_divs

all_data = []
```

```
for ta in ta_divs:
    data_dict = {}
    title = ta.cssselect('h2')[0]                                   ❹
    data_dict['title'] = title.text_content()                      ❺
    data_dict['link'] = title.find('a').get('href')                ❻
    data_dict['about'] = [p.text_content() for p in ta.cssselect('p')]  ❼
    all_data.append(data_dict)

print all_data
```

❶ 여기서는 파일 이름이나 버퍼 또는 유효한 URL로부터 파싱을 할 수 있는 lxml의 파싱 메서드를 이용하고 etree 오브젝트를 반환 받는다.

❷ etree 오브젝트는 HTML 엘리먼트 오브젝트들에 비해 가용한 메서드나 속성이 적기 때문에, 이 명령어를 통해 뿌리 엘리먼트에 접근한다. 뿌리 노드는 모든 가지(자식)와 잔가지(후손)들을 포함하고 있다. 이 뿌리를 이용해 각 링크나 문단으로 내려가거나 head나 body 태그로 다시 올라올 수 있다.

❸ root 엘리먼트를 이용해 이 라인에서는 views-row 클래스를 가진 모든 div 태그들을 찾는다. cssselect 메서드와 CSS 선택자 문자열을 사용해 조건에 부합하는 엘리먼트들을 반환 받는다.

❹ 제목을 추출하기 위해 cssselect 메서드를 이용해 h2 태그를 찾는다. 이 라인에서는 해당 목록의 첫 번째 엘리먼트를 반환 받는다. cssselect는 조건에 맞는 모든 결과를 보여주지만 첫 번째 결과만 필요하다.

❺ 뷰티풀수프의 get_text 메서드와 유사하게 text_content는 lxml HTML 엘리먼트 오브젝트 안의 텍스트들을 반환한다.

❻ 메서드 체이닝을 이용해 title 엘리먼트에서 anchor 태그를 얻고 anchor 태그로부터 href 속성을 추출한다. 이는 뷰티풀수프의 get 메서드처럼 속성값만을 반환한다.

❼ 전체 텍스트를 얻기 위해 Take Action div 태그 안에 있는 각 문단에서, 리스트 내포(list comprehension)를 사용해 텍스트 콘텐츠를 떼어 낸다.

뷰티풀수프로 이전에 추출했던 결과와 같은 것을 보게 될 것이다. 달라 보이는 부분은 문법 그리고 페이지가 로드되는 방법이다. 뷰티풀수프는 정규식을 이용해 문서를 긴 문자열로 보고 파싱하는 방식인 반면 lxml은 파이썬과 C 라이브러리를 사용해 페이지 구조를 인식하고 이를 객체지향적으로 탐색한다. lxml은 모든 태그들의 구조를 살펴보고 가장 파싱이 빠른 방법을 사용해 트리 형태로 분석하고 데이터를 etree 오브젝트 형태로 반환한다.

etree 오브젝트를 직접 사용하거나 getroot을 이용해서 트리 구조의 가장 상위 엘리먼트를 불러올 수 있다. 일반적으로 html 엘리먼트라고 보면 된다. 이 엘리먼트로는 다양한 메서드와 속성들을 이용해 페이지를 읽고 해석할 수 있다. 예제에서와 같이 cssselect 메서드를 사용하는 방법도 있다. 이 방법은 CSS 선택자 문자열을 입력 받아 DOM 엘리먼트를 찾아내는데 사용한다.

lxml에도 find와 findall 메서드가 있다. find와 cssselect의 가장 큰 차이점은 무엇인지 다음의 예제를 통해 살펴보자.

```
print root.find('div')               ❶
print root.find('head')
print root.find('head').findall('script')   ❷
print root.cssselect('div')          ❸
print root.cssselect('head script')  ❹
```

❶ root 엘리먼트에 find를 적용해 div를 찾았으나 아무것도 반환되지 않았다. 브라우저를 통해 살펴보니 페이지에는 수많은 div 태그들이 있었다.

❷ find 메서드를 사용해 header 태그를 살펴보고 다시 findall 메서드를 사용해 해당 섹션에 있는 모든 script 엘리먼트들을 찾았다.

❸ find 대신 cssselect를 사용하니 문서 안의 모든 div 태그들을 올바르게 반환하였다.

❹ cssselect를 씀으로써, CSS 선택자를 중첩사용해 head 섹션에 있는 script 태그를 찾았다. head script를 사용하니 find 명령으로 root에서부터 메서드 체이닝[1]을 통해 반환 받은 것과 동일한 리스트가 결과로 나왔다.

find와 cssselect는 굉장히 다른 방식으로 작동함을 알 수 있다. find는 DOM을 이용하여 엘리먼트 간에 이동하며, 엘리먼트 간의 가계와 혈통을 이용해 엘리먼트를 찾는 반면 cssselect 메서드는 마치 jQuery처럼 CSS 선택자를 이용해 조건에 부합하는 페이지상의 모든 엘리먼트들을 찾아준다.

> 필요에 따라 find나 cssselect가 더 유용할 수 있다. 페이지가 CSS 클래스나 ID와 같은 식별자로 잘 정리되어 있다면 cssselect가 좋은 선택일 수 있다. 그러나 페이지가 잘 정리되어 있지 않거나 식별자를 별로 사용하지 않는다면 엘리먼트들의 가족 관계를 이용해 이동하는 것이 콘텐츠를 찾는 데 도움이 될 것이다.

---

1 (옮긴이) 메서드를 줄줄이 이어서 연속적으로 사용하는 방식.

다른 유용한 lxml 메서드들을 살펴보고자 한다. 개발자로서의 역량을 키워가다 보면 본인의 진전을 이모티콘을 이용해 표현하고 싶을 때가 있다. 이모티콘 바로가기 표(*http://www.emoji-cheat-sheet.com/*)를 파싱해서 Basecamp, GitHub와 같은 기술 관련 사이트에서 사용할 수 있는 최신 이모티콘 리스트를 만들어 보도록 하자.

```
from lxml import html
import requests

resp = requests.get('http://www.emoji-cheat-sheet.com/')
page = html.document_fromstring(resp.content)          ❶

body = page.find('body')
top_header = body.find('h2')                           ❷

print top_header.text

headers_and_lists = [sib for sib in top_header.itersiblings()] ❸

print headers_and_lists

proper_headers_and_lists = [s for s in top_header.itersiblings() if
                            s.tag in ['ul', 'h2', 'h3']]  ❹

print proper_headers_and_lists
```

❶ requests 라이브러리를 사용해서 HTML 문서의 body 부분을 추출해내고 html 모듈의 document_from_string 메서드를 사용해 HTML 엘리먼트로 만든다.

❷ 페이지 구조를 살펴봤더니 헤더들과 하위 목록들로 이루어져 있음을 알 수 있었다. 가족 관계를 이용해 첫 번째 헤더를 찾아 다른 섹션들로 접근할 수 있도록 한다.

❸ 이 라인에서는 리스트 내포와 itersiblings 메서드를 사용하여 모든 형제 엘리먼트들을 볼 수 있는 반복자를 반환한다.

❹ 이전의 print 문은 최초로 만들었던 itersiblings 리스트 내포(list comprehension)에서 원하는 데이터보다 많은 것을 반환하는 것을 보여준다. 여기에는 페이지의 div와 script 엘리먼트가 담긴 하부 섹션까지 포함된다. 페이지 요소 검사를 통해 실제로 필요한 태그들은 ul, h2 그리고 h3뿐이라는 것을 알았다. 이 줄에서는 목표 콘텐츠만이 반환되도록 리스트 내포 안에 if문으로 조건을 추가하였다.

itersilblings 메서드와 tag 속성들은 파싱 대상이 되는 콘텐츠를 찾는데 도움이 된다. 이 예제에서는 CSS 선택자를 사용하지 않았다. 새로운 섹션이 추가되더라도 콘텐츠를 헤더와 리스트 태그 안에 넣으면 코드에서 에러가 나는 일은 없을 것이다.

 왜 HTML 엘리먼트만을 사용한 파서를 만들어야 할까? CSS 선택자를 사용하지 않으면 어떤 장점이 있을까? 사이트의 개발자들이 사이트의 디자인을 바꾸거나 모바일 사용자를 위한 업데이트를 할 경우 페이지 구조를 바꾸기보다는 CSS나 자바스크립트를 사용해서 할 확률이 높다. 페이지 구조를 이용한 스크래퍼는 장기적으로 CSS 기반 스크래퍼보다 더 오랫동안 유효할 것이다.

lxml 오브젝트는 형제들 외에도 자식과 후손들 그리고 조상 엘리먼트들을 순회할 수 있다. 이러한 메서드들을 사용하면 페이지의 구조를 쉽게 파악할 수 있고, 그 결과 장기적으로 유지보수가 가능한 코드를 작성할 수 있다. 그 외에 가족 관계를 이용해 XML 기반 문서 탐색을 위한 구조적 패턴인 XPath를 작성하는 방법도 있다. XPath는 웹 페이지를 파싱하는 가장 쉬운 방법은 아니지만 빠르고 효율적이며 안정적이다.

XPath 사례

CSS 선택자를 사용해 페이지에서 콘텐츠를 찾기는 쉽지만, 여기서는 XPath를 배워 사용하는 것 또한 추천한다. XPath(*https://en.wikipedia.org/wiki/XPath*)는 CSS 선택자와 DOM을 횡단할 수 있는 능력을 합친 마크업 패턴 선택자이다. XPath를 이해하게 되면 웹 스크래핑과 웹사이트 구조에 대해 이해도를 높일 수 있다. XPath를 통해 CSS 선택자만으로는 접근이 어려운 콘텐츠들에 접근할 수 있게 된다.

 XPath는 모든 주요 웹 스크래핑 라이브러리에서 사용이 가능하며 다른 방법들보다 훨씬 빨리 페이지의 콘텐츠를 인식하고 조작할 수 있다. 사실, 다른 대부분의 선택자를 이용한 방법은 결국 라이브러리 내에서 XPath로 해석되어 실행된다.

XPath를 연습하기 위해서는 브라우저 도구만 있으면 된다. 많은 브라우저가 DOM에 있는 XPath 엘리먼트를 확인하고 복사할 수 있는 기능을 제공한다. Microsoft에도 잘 정리되어 있는 문서가 있으며(*http://bit.ly/xpath_examples*) 모질라 개발자 네트워크(*http://bit.ly/mdn_xpath*)에도 XPath와 관련된 많은 도구와 예제들이 있다.

XPath는 목표하는 엘리먼트의 타입과 DOM 상의 위치, 그리고 속성값 등을 구체적으로 정의하는 문법을 사용한다. 표 11-2는 웹 스크래핑에 필요할 만한 XPath 문법 패턴을 요약한 것이다.

표현식	설명	예제
//노드명	노드명과 일치하는 모든 노드를 선택	//div (문서의 모든 div를 선택)
/노드명	현재 또는 이전 엘리먼트로부터 노드명과 일치하는 모든 노드를 선택	//div/ul (div 안에 위치한 모든 ul을 선택)
@attr	엘리먼트의 속성을 선택	//div/ul/@class (div 안에 위치한 모든 ul들의 class 속성을 선택)
../	부모 엘리먼트를 선택	//ul/../ (ul 엘리먼트의 모든 부모 엘리먼트들을 선택)
[@attr="attr_value"]	특정 속성값을 가진 엘리먼트를 선택	//div[@id="mylists"] ("mylists"라는 ID를 가진 모든 div를 선택)
text()	노드 또는 엘리먼트의 텍스트를 선택	//div[@id="mylists"]/ul/li/text() ("mylists"라는 ID를 가진 모든 div 내의 ul에 포함된 li 텍스트를 선택)
contains(@attr, "value")	특정 값을 포함하는 속성값을 가진 엘리먼트를 선택	//div[contains(@id, "list")] (ID에 "list"가 포함된 모든 div 선택)
*	와일드카드 문자	//div/ul/li/* (div 내의 ul에 포함된 li 엘리먼트의 모든 자손들을 선택)
[1,2,3…], [last()], 또는 [first()]	노드에 나타나는 순서대로 선택	//div/ul/li[3] (div의 ul 안에 있는 모든 li들의 3번째 항목을 선택)

표 11-2 XPath 문법

이 외에도 더 많은 표현식이 있지만 우선 이걸로 충분히 시작할 수 있을 것이다. 이제 이번 장에서 만든 멋진 HTML 페이지를 XPath와 HTML 엘리먼트들 간의 가족 관계를 이용해 파싱하는 방법을 알아보자. 브라우저에 이 책의 코드 저장소에서 받은 코드를 띄워보자(*https://github.com/jackiekazil/data-wrangling/data/chp11,* 파일명: awesome_page.html)

푸터(footer) 영역에 있는 링크들을 선택하고 싶다고 치자. 그럴 경우 엘리먼트 검사 옵션(그림 11-13)을 통해 하단부 바에 엘리먼트들과 조상들을 볼 수 있다. anchor 태그들은 "bottom_nav" div 태그 내부의 ul의 자손인 li 엘리먼트 안에 위치해 있으며, 이 div 태그는 다시 html 태그 안에 위치한 body 태그의 자손인 footer 태그 안에 들어있다. html/body/footer/div[@id="bottom_nav"]/ul/li/a

```
                    ▼<div id="bottom_nav">
                      ▼<ul>
                        ▼<li>
                            <a href="/about">About</a>
                          </li>
                        ▼<li>
                            <a href="/blog">Blog</a>
                          </li>
                        ▼<li>
                            <a href="/careers">Careers</a>
                          </li>
                        </ul>
                      </div>
                      <script src="js/myjs.js"></script>
                    </footer>
                  </body>
                </html>

  html  body  footer  div#bottom_nav  ul  li
```

그림 11-13 페이지의 엘리먼트 찾기

그렇다면 이것을 찾기 위한 XPath는 어떻게 작성하면 될까? 여러 가지 방법이 있겠지만 CSS id를 이용해 작성해 보자. 이미 배운 XPath 문법을 이용해 해당 div를 선택할 수 있다.

'//div[@id="bottom_nav"]'

이 코드는 브라우저의 자바스크립트 콘솔을 사용해 테스트해 볼 수 있다. 콘솔 탭에서 XPath를 테스트해 보기 위해서는 jQuery에서 XPath를 사용하기 위한 콘솔 명령어인 $x();를 입력하면 된다(그림 11-14).[2]

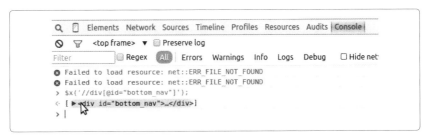

그림 11-14 XPath를 작성하기 위해 콘솔 사용

콘솔 창에서 jQuery 선택자를 통해 반환 받은 것과 유사한 오브젝트를 반환했기 때문에 이제 네비게이션을 선택하는데 유효한 XPath를 작성했다는 것을 알 수 있었다. 그러나 실제로 필요한 것은 링크 주소들이다. 이 div 태그로부터 어떻게

---

2 만약 JQuery를 사용하지 않고 XPath를 사용하고 싶다면 모질라에서 제공하는 문서를 참고해 다른 문법을 사용해야 한다. (document.evaluate('//div[@id="bottom_nav"]', document);)

탐색을 해야 하는지 알아보자. 먼저 후손 관계를 탐색해보자.

```
'//div[@id="bottom_nav"]/ul/li/a'
```

여기서는 bottom_nav라는 ID를 가지는 모든 div 엘리먼트 중에 비순차 목록을 내포하고 있는 것들을 원한다고 선언하고 있다. 그리고 그 일치하는 div 엘리먼트 안의 목록 아이템들과 그 안의 앵커 태그들을 지칭하고 있다. 이를 콘솔 탭에서 다시 시도해 보자(그림 11-15).

그림 11-15 XPath 하위엘리먼트

콘솔 탭의 출력 결과물을 보면 목표했던 세 개의 앵커 엘리먼트가 성공적으로 선택되었음을 알 수 있다. 이제 주소를 추출하고자 한다. 우선 모든 앵커 태그에 href 속성이 있다는 것을 알고 있으니, Xpath를 사용해 해당 속성들만을 선택하는 선택자를 작성하자.

```
'//div[@id="bottom_nav"]/ul/li/a/@href'
```

이 선택자를 콘솔 탭에서 실행시키고 나면 푸터의 웹 주소 링크를 성공적으로 선택했음을 알 수 있다.

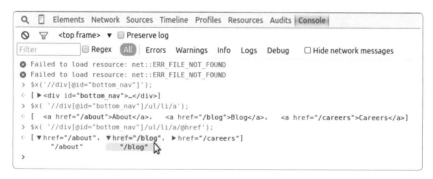

그림 11-16 XPath 속성 찾기

페이지 구조를 알면 접근이 힘든 콘텐츠를 Xpath를 이용해 접근하는 것도 가능하다.

> Xpath는 강력하고 빠르지만, 처음에는 어렵게 느껴질 수 있다. 예를 들면 취하고자 하는 클래스나 ID 사이에 공백이 있다면 = 표시가 아니라 contains 표현식을 사용해야 할 것이다. 엘리먼트는 하나 이상의 클래스를 가질 수 있으며 XPath에서는 클래스 문자열 전체를 입력할 것을 가정하고 있다. contains를 사용하게 되면 해당 하위문자열을 가진 엘리먼트들을 찾기 쉬워진다.

찾고자 하는 엘리먼트의 부모 엘리먼트를 찾는 것도 쓸모가 있을 수 있다. 편의상 페이지의 항목 아이템들에 관심이 있다고 하자. 그리고 이 항목들 중 일부를 CSS 클래스나 리스트에 포함된 텍스트를 이용해 쉽게 찾아낼 수 있다고 하자. 그렇다면 이제 그 정보를 이용해 부모 엘리먼트로 접근을 하고, 다시 모든 항목 아이템들에 접근하는 것이 가능해진다. Scrapy는 빠른 파싱을 위해 XPath를 사용하므로, 356쪽 "Scrapy를 이용한 스파이더 구축" 항목에서 이러한 종류의 XPath 선택자를 알아볼 것이다.

CSS 선택자를 이용해 CSS 클래스를 사용하는 방법으로는 여러분이 목표로 하는 엘리먼트를 올바로 획득할 수 있다는 보장이 없다. 그렇기 때문에 XPath를 사용해야 하는 것이다. 특히나 셀리니움 등을 통해 여러 드라이버를 사용하여 페이지를 처리하는 경우 그러하다. XPath는 태생적으로 명시성이 높기 때문에 페이지를 올바로 파싱할 수 있도록 해준다.

사이트 콘텐츠를 장기간 수집해야 하고 동일한 코드를 재사용하고 싶다면 XPath를 사용하는 편이 좋다. 사이트 전체를 새로 구성하거나 페이지 구조 자체를 바꾸는 경우보다는 CSS 클래스나 스타일과 같이 페이지 코드의 일부만이 수정되는 것이 일반적이기 때문이다. 이 때문에 CSS를 사용하는 것보다는 XPath를 사용하는 것이 더 안전하다.

이제 XPath를 배웠으니, XPath 문법을 사용하여 이모티콘과 헤더를 올바로 수집하는 수집기를 새로 작성해보도록 하자. 아마 이런 모양이 될 것이다.

```
from lxml import html

page = html.parse('http://www.emoji-cheat-sheet.com/')

proper_headers = page.xpath('//h2|//h3')                        ❶
proper_lists = page.xpath('//ul')                               ❷

all_emoji = []
```

```
for header, list_cont in zip(proper_headers, proper_lists):          ❸
    section = header.text
    for li in list_cont.getchildren():                                ❹
        emoji_dict = {}
        spans = li.xpath('div/span')                                  ❺
        if len(spans):
            link = spans[0].get('data-src')                          ❻
            if link:
                emoji_dict['emoji_link'] = li.base_url + link        ❼
            else:
                emoji_dict['emoji_link'] = None
            emoji_dict['emoji_handle'] = spans[1].text_content()     ❽
        else:
            emoji_dict['emoji_link'] = None
            emoji_dict['emoji_handle'] = li.xpath('div')[0].text_content() ❾
        emoji_dict['section'] = section
        all_emoji.append(emoji_dict)

print all_emoji
```

❶ 이모티콘 콘텐츠와 관련된 헤더들을 찾는다. XPath를 사용해 h2와 h2 엘리먼트를 선택한다.

❷ 찾아낸 헤더마다 ul 엘리먼트가 있다. 전체 문서에서 모든 ul 엘리먼트를 찾아낸다.

❸ zip 메서드를 이용해 헤드와 리스트를 묶어 튜플을 반환한다. 그리고 이 튜플들을 들어 있는 헤더와 리스트 콘텐츠들을 언패킹을 통해 for 문 내에서 변수로 이용한다.

❹ ul 엘리먼트의 자식이자 이모티콘 정보를 가지고 있는 li 엘리먼트들을 순회한다.

❺ 페이지 검사를 통해 대부분의 li 엘리먼트들이 두 개의 span 엘리먼트를 가지고 있는 div 태그를 포함하고 있다는 것을 알고 있다. 이 span 태그들은 이모티콘의 이미지 링크들과 이모티콘을 불러올 때 쓰이는 문자열들을 가지고 있다. 이 라인에서는 XPath의 div/span 표현식을 통해 div 엘리먼트 안에 있는 모든 span 엘리먼트를 반환하도록 하고 있다.

❻ 각 엘리먼트의 링크를 찾기 위해 이 라인에서는 첫 번째 span 태그의 data-src 속성을 호출한다. 만약 링크 변수의 값이 None이라면 데이터 딕셔너리에서 emoji_link 속성을 None으로 세팅하게 된다.

❼ data-src가 상대 URL 주소를 가지고 있기 때문에 base_url 속성을 이용해 온전한 절대 주소를 얻는다.

❽ 이모티콘을 불러내기 위해 어떠한 텍스트를 입력해야 되는지를 알기 위해

두 번째 span 엘리먼트의 텍스트를 수집한다. 모든 이모티콘에는 불러낼 때 사용하는 핸들이 있기 때문에 링크 주소와는 달리 이 값이 존재하는지를 테스트할 필요는 없다.

❾ 개발자 도구를 사용해 페이지를 살펴보면 Basecamp 각 리스트 아이템에 대해 한 개의 div가 존재한다. 이 코드는 div를 선택하고 그 내부의 텍스트를 추출한다. else 블록에 이 코드가 있기 때문에 span을 사용하지 않은 소리 파일들이라는 것을 알 수 있다.

이모티콘 코드를 재작성함으로써 마지막 블록 태그들은 사운드이며 그 안의 데이터는 다르게 저장되었음을 알 수 있다. span 안에 링크가 있는 것이 아니라 소리를 불러내기 위한 div와 텍스트만 있다. 만약 이모티콘 링크를 원하면 사운드를 건너뛸 수도 있다. 원하는 데이터가 무엇이냐에 따라 코드는 크게 달라질 것이지만 if...else 로직을 이용해 원하는 콘텐츠를 정해줄 수 있다.

이와 같이 30줄도 안 되는 코드를 통해 먼저 페이지에 요청을 하고, XPath를 이용해 DOM 내의 엘리먼트 관계를 이동해가며 페이지 내용을 파싱한 뒤, 필요한 콘텐츠의 속성이나 텍스트 콘텐츠를 추출하는 것이 가능했다. 페이지의 저자들이 더 많은 섹션을 더한다 하더라도 페이지의 구조가 크게 바뀌지 않는 한 파서는 페이지로부터 계속해서 콘텐츠를 추출하고 이모티콘을 계속 저장할 수 있을 것이다.

그 외에도 유용한 lxml 함수가 많다. 표 11-3에 일부 정리해보았다.

메서드/속성이름	설명	사용자 문서
clean_html	지저분한 페이지의 코드를 파싱 가능하도록 정리하는 함수	*http://lxml.de/lxmlhtml.html#cleaning-up-html*
iterlinks	페이지의 모든 링크에 접근하는 반복자	*http://lxml.de/lxmlhtml.html#working-with-links*
[x.tag for x in root]	모든 etree 엘리먼트들은 자식 엘리먼트를 순회하는 단순 반복자로 사용 가능	*http://lxml.de/api.html#iteration*
.nsmap	네임스페이스에 간편하게 접근 가능하게 함	*http://lxml.de/tutorial.html#namespaces*

표 11-3 LXML 기능들

이제 웹페이지에서 lxml, 뷰티풀수프 또는 XPath를 사용해 마크업을 살펴보고 콘텐츠를 추출하는 데 자신감이 붙었을 것이다. 다음 장에서는 브라우저 기반 파싱과 스파이더링을 사용한 다른 종류의 스크래핑 기법에 사용할 수 있는 여타 라이브러리들을 배워볼 것이다.

요약

웹 스크래핑에 대해서 많은 것을 배워보았다. 앞으로 다양한 형식에 맞춰 웹 스크래퍼를 만들 수 있을 것이다. 또, 브라우저와 파이썬 언어를 이용해 jQuery, CSS와 XPath 선택자들로 원하는 콘텐츠를 찾을 수 있을 것이다. 또한 개발자 도구를 사용해 웹 페이지가 어떻게 구성되어 있나 분석할 수 있을 것이다. 그리고 CSS와 자바스크립트 실력도 개선되어 올바른 XPath를 작성하고 DOM 트리와 직접 상호작용할 수 있을 것이다.

표 11-4는 이 장에서 소개된 새로운 개념들과 라이브러리들을 요약하고 있다.

개념/라이브러리	목적
robots.txt 파일 사용법	robots.txt 파일과 서비스 정책이나 법적 경고문 등을 통해 사이트 내용물을 수집할 수 있는 법적, 도덕적 근거가 있는지 판단이 가능
개발자 도구 사용방법 : 검사/DOM 탭	페이지 콘텐츠가 어디에 있는지 그리고 그것을 페이지 구조와 CSS 규칙에 따라 어떻게 찾을 수 있는지를 확인할 수 있음
개발자 도구 사용방법 : 네트워크 탭	페이지를 완전히 로드하기 위해 어떤 요청들이 일어나는지 살펴보는데 사용됨. 일부 요청들은 API나 다른 자원들로 연결되어 데이터를 편리하게 살펴볼 수 있도록 해줌. 페이지의 로딩 메커니즘을 파악할 수 있다면 필요에 따라 간단한 스크래퍼나 브라우저 기반 스크래퍼를 선택해서 만들 수 있음.
개발자 도구 사용방법 : 자바스크립트 콘솔	CSS나 XPath 선택자를 사용하여 페이지상의 엘리먼트들과 직접 상호작용할 수 있도록 해줌
urllib, urllib2 표준 라이브러리	파이썬 표준 라이브러리를 통해 간단한 HTTP 요청을 하고 콘텐츠를 가져올 수 있게 해줌
requests 라이브러리	추가 헤드 정보나 복합 POST 요청, 또는 인증 절차 등이 필요한 복잡한 페이지 요청을 할 수 있게 해줌
BeautifulSoup 라이브러리	웹 페이지를 쉽게 파싱할 수 있도록 함
lxml 라이브러리	DOM 계층구조와 XPath 문법과 같은 도구를 사용해 페이지 파싱을 할 수 있게 해줌
XPath 사용법	정규식과 XPath 문법 등을 통해 패턴에 부합하는 웹페이지 콘텐츠를 빠르게 찾고 파싱할 수 있게 함

표 11-4 11장에 소개된 파이썬 프로그래밍 개념과 라이브러리들

다음 장에서는 웹에서 데이터를 수집할 수 있는 더 많은 방법을 배울 것이다.

12장

고급 웹 스크래핑 :
스크린 스크래퍼와 스파이더

지금까지 수집 대상을 정하고 수집 방법을 구체화하는 방법을 11장에서 배우며 웹 스크래핑 기술을 연마하기 시작했다. 이번 장에서는 브라우저 기반 스크래퍼 그리고 스파이더와 같은 더 고급 웹 스크래핑 기술들을 살펴볼 것이다. 또한 그 과정에서 흔히 발생하는 문제들을 디버깅하는 방법과 기타 웹 수집 과정에서 봉착하게 될 여러 가지 도덕적인 질문들에 대해서도 답해본다. 먼저 브라우저 기반 웹 스크래핑부터 살펴보자.

브라우저 기반 파싱

웹 스크래핑을 하다 보면 종종 자바스크립트를 많이 사용하거나 페이지 로드가 끝난 이후 콘텐츠를 채우는 웹페이지들을 만나게 된다. 안타깝게도 그런 경우 우리가 사이트 분석을 위해 통상적으로 사용해오던 웹 스크래퍼를 사용하는 것이 불가능해진다. 왜냐하면 웹 스크래핑 결과로 거의 비어 있는 페이지를 반환받을 것이기 때문이다. 버튼을 누르거나 텍스트를 입력하는 등 페이지상의 요소들과 상호작용을 할 필요가 있을 경우에도 마찬가지이다. 어느 쪽이든 화면 자체를 읽는 스크린 리딩이 필요해진다. 같은 맥락에서 스크린 리더는 브라우저를 사용해 페이지를 열고 브라우저상에 로드된 페이지와 직접 상호작용하는 프로그램을 말한다.

> 스크린 리더는 일련의 행동을 통해 정보를 얻기에 적절하다. 스크린 리더 스크립트는 주기적인 웹 태스크들을 자동화 하는 데에도 사용된다.

파이썬에서 가장 흔히 쓰이는 스크린 리딩 라이브러리는 셀레니움이다(*http://bit.ly/selenium_intro*). 셀레니움은 스크린 리딩을 통해 브라우저를 열고 웹 페이지와 상호작용할 수 있게 해주는 자바 프로그램이다. 자바(Java)를 이미 사용할 줄 안다면 자바 개발자 도구를 통해 직접 브라우저와 소통할 수 있다. 우리는 셀레니움의 파이썬 바인딩을 사용할 것이다.

셀레니움(Selenium)으로 하는 스크린 리딩

셀레니움은 브라우저를 통해 웹사이트와 직접 상호작용할 수 있게 해주는 강력한 자바 기반 엔진으로, 사용자 테스트 같은 작업을 위한 대중적인 프레임워크이다. 우리는 최초의 http 요청으로 한번에 로드되지 않는 페이지나 직접 상호작용을 해야 하는 사이트상에서 데이터를 수집하기 위해 셀레니움을 사용할 것이다(최초 http 요청이 실행된 이후 대부분의 콘텐츠가 로드되는 경우인 그림 11-6의 예제를 참조하라). 해당 페이지를 셀레니움을 통해 읽어 들일 수 있는지부터 살펴보자.

먼저 `pip install` 명령문을 이용해 셀레니움을 설치하자(*http://bit.ly/selenium_install*).

```
pip install selenium
```

설치가 끝나면 이제 셀레니움 코드를 작성해 보자. 우선 브라우저부터 열어야 한다. 셀레니움은 다양한 브라우저를 지원하지만 기본적으로 파이어폭스 드라이버가 내장되어 있다. 만약 파이어폭스가 설치되어 있지 않다면 해당 브라우저를 설치하거나 크롬(*https://code.google.com/p/selenium/wiki/ChromeDriver*), 인터넷 익스플로러(*https://code.google.com/p/selenium/wiki/InternetExplorerDriver*), 또는 사파리(*https://code.google.com/p/selenium/wiki/SafariDriver*) 전용 드라이버를 설치하면 된다. 우선은 셀레니움을 통해 웹 페이지를 여는 연습부터 해보자. 예제에서는 파이어폭스를 사용하지만 드라이버는 필요에 따라 간단히 바꿀 수 있다.

```
from selenium import webdriver                              ❶

browser = webdriver.Firefox()                              ❷
browser.get('http://www.fairphone.com/we-are-fairphone/')  ❸

browser.maximize_window()                                  ❹
```

❶ 셀레니움으로부터 `webdriver` 모듈을 불러온다. 이 모듈은 설치된 드라이버를 호출하는데 사용된다.

❷ webdriver 모듈의 Firefox 클래스를 사용해 파이어폭스 오브젝트를 초기화 한다. 이를 통해 컴퓨터에 새로운 파이어폭스 창이 뜰 것이다.

❸ get 메서드와 URL 주소를 통해 수집하고자 하는 URL에 접근한다. 브라우저 가 페이지 로딩을 시작할 것이다.

❹ maximize_browser 메서드를 통해 열려있는 브라우저를 최대화 한다. 이를 통해 셀레니움이 더 넓은 범위의 콘텐츠를 볼 수 있다.

이제 브라우저 오브젝트(browser 변수)에 페이지를 로드했다. 이제 페이지상의 엘리먼트들과 상호작용하는 방법을 알아보자. 브라우저의 요소 검사 탭을 눌러 보면 소셜 미디어 콘텐츠를 감싸는 것이 content 클래스를 가지고 있는 div 엘리 먼트들인 것을 확인할 수 있다. 우리가 새로 생성한 browser 오브젝트를 통해 이 사실을 확인할 수 있는지 알아보자.

```
content = browser.find_element_by_css_selector('div.content')    ❶

print content.text                                               ❷

all_bubbles = browser.find_elements_by_css_selector('div.content')  ❸

print len(all_bubbles)

for bubble in all_bubbles:                                       ❹
    print bubble.text
```

❶ 브라우저 오브젝트는 CSS 선택자를 사용해 HTML 엘리먼트들을 찾는 find_ element_by_css_selector라는 메서드를 가지고 있다. 이 라인에서는 content 클래스를 가진 첫 번째 div 엘리먼트를 찾고 HTMLElement 오브젝트인 해당 엘 리먼트를 반환한다.

❷ 이 명령어는 찾은 엘리먼트 내의 텍스트를 출력한다. 우리는 첫 번째 대화상 자가 출력될 것으로 예상한다.

❸ 이 라인에서는 find_elements_by_css_selector 메서드를 사용해 CSS 선 택자를 전달하고 일치하는 모든 결과를 찾는다. 이 메서드는 결과물로 HTMLElement 오브젝트 목록을 반환한다.

❹ 이 명령어를 통해 목록을 순회하며 각각의 콘텐츠를 출력한다.

그런데 이상한 점이 있다. 우리가 찾고자 하는 엘리먼트의 조건과 일치하는 엘 리먼트가 단 두 개밖에 없어 보인다(이 사실은 all_bubbles의 길이를 출력하였 을 때 출력 값이 2인 것을 확인하여 알 수 있었다). 그러나 화면에는 수많은 콘

텐츠 상자들이 있는 것을 확인할 수 있다. 페이지상의 HTML 엘리먼트들을 좀
더 깊이 살펴보고, 왜 우리가 찾고자 하는 엘리먼트를 더 찾을 수 없는지 알아보
자.(그림 12-1 참조)

그림 12-1 iframe

콘텐츠 엘리먼트의 부모 엘리먼트를 살펴보았더니 페이지 중간에 iframe(*http://
bit.ly/mdn_iframe*)이 들어있는 것을 알 수 있었다. iframe이란 페이지 내부에 또
다른 DOM 구조를 끼워 넣는 HTML 태그이다. 즉, 페이지 내에 또 다른 페이지
를 로드할 수 있게 해주는 것이다. 파서는 일반적으로 하나의 DOM 구조상에서
이동하는 것을 전제로 하고 있기 때문에 이 코드는 정상적으로 작동하지 않을
것이다. 따라서 iframe을 새로운 창으로 띄워 두 개의 DOM 구조를 넘나들 필요
가 없도록 할 것이다.

```
iframe = browser.find_element_by_xpath('//iframe')      ❶

new_url = iframe.get_attribute('src')                   ❷

browser.get(new_url)                                    ❸
```

❶ 페이지상의 첫 번째 iframe 태그를 반환하도록 find_element_by_xpath 메서
   드를 사용한다.
❷ iframe 내의 페이지 URL을 얻기 위해 src의 속성을 획득한다.
❸ 브라우저에 iframe의 URL을 호출한다.

이렇게 우리는 원하는 콘텐츠를 로드하는 방법을 알아냈다. 이 방법을 통해 화
면상의 모든 콘텐츠 상자들을 불러낼 수 있는지 확인해보자.

```
all_bubbles = browser.find_elements_by_css_selector('div.content')

for elem in all_bubbles:
    print elem.text
```

역시나 상자들의 내용을 모두 가져올 수 있게 되었다. 이제 사용자들의 이름과 그

들이 공유한 내용들, 그리고 사진과 원본 콘텐츠의 주소 같은 정보를 수집해보자.

페이지의 HTML을 살펴보았더니 각각의 콘텐츠에 각 사람을 식별할 수 있도록 `fullname`과 `name` 엘리먼트가 있고, 텍스트와 함께 있는 `twine-description` 엘리먼트가 있었다. 그 외에도 `picture` 엘리먼트가 있고, 시간 데이터와 함께 `when` 엘리먼트가 등장했다. `when` 엘리먼트 내에는 자료의 원본 링크도 담겨 있다. 이것을 쪼개어 저장해 보자.

```python
from selenium.common.exceptions import import NoSuchElementException          ❶

all_data = []

for elem in all_bubbles:                                                        ❷
    elem_dict = {}

    elem_dict['full_name'] = \
        elem.find_element_by_css_selector('div.fullname').text                  ❸
    elem_dict['short_name'] = \
        elem.find_element_by_css_selector('div.name').text
    elem_dict['text_content'] = \
        elem.find_element_by_css_selector('div.twine-description').text
    elem_dict['timestamp'] = elem.find_element_by_css_selector('div.when').text
    elem_dict['original_link'] = \
        elem.find_element_by_css_selector('div.when a').get_attribute('href')   ❹
    try:
        elem_dict['picture'] = elem.find_element_by_css_selector(
            'div.picture img').get_attribute('src')                             ❺
    except NoSuchElementException:
        elem_dict['picture'] = None                                             ❻
    all_data.append(elem_dict)
```

❶ 셀레니움의 exception 클래스로부터 `NoSuchElementException`을 불러온다. `try...except` 블록에서 exception 클래스를 사용할 때는 라이브러리의 exception들을 사용해서 예상되는 에러를 올바로 처리하도록 한다. 모든 항목에 사진 자료가 첨부되어 있지는 않다는 것을 알고 있지만 셀레니움에서는 `picture` 엘리먼트를 찾지 못할 시 에러를 발생시킬 것이다. 따라서 예외문을 이용해 사진이 들어있는 컨테이너와 아닌 것을 구분한다.

❷ for 루프에서는 각 콘텐츠 컨테이너들을 순회하며 각 엘리먼트의 하부에 있는 엘리먼트들을 찾는다.

❸ 각 텍스트 엘리먼트들에 대해 `HTMLElement`의 `text` 속성을 호출해 태그들을 제거하고 텍스트만을 회수한다.

❹ `HTMLElement`의 `get_attribute` 메서드는 중첩 속성을 예상하고 해당 속성의 값을 반환한다. 이 라인에서는 중첩 CSS를 사용해 `div` 엘리먼트 안의 `when` 클래스를 가진 anchor 태그를 찾고 `href` 속성을 전달해 URL을 얻는다.

❺ 이 명령어는 try 블록에서 div 엘리먼트 내의 사진을 찾는다. 사진이 없을 경우 다음 줄에서 셀레니움이 출력하는 NoSuchElementException을 감지한다.

❻ 조건에 맞는 엘리먼트를 찾지 못하면 None 값을 추가한다. 이제 목록에 있는 모든 항목은 picture 값을 가진다.

시작하자마자 얼마 되지 않아 벌써 문제가 발견되었다. 다음 예외 메시지가 나올 것이다.

```
Message: Unable to locate element:
  {"method":"css selector","selector":"div.when"}
```

이것은 when 엘리먼트를 찾는 데에 문제가 있음을 알려준다. 요소 검사 탭을 살펴보고 무슨 일이 있는지 알아보자.(그림 12-2 참조)

```
▼<div class="twine-item-border">
  ▶<div class="badge-ribbon logo-wrapper twitter">…</div>
  ▼<div class="content">
    ▶<div data-id="62345125" data-action="Profile" class="row byline">…</div>
    ▶<div class="twine-description ">…</div>
  </div>
  ▼<div class="when">
    ▶<i class="fa fa-twitter">…</i>
    ▶<a data-action="View" data-id="62345125" data-href="https://twitter.com/discou
  </div>
  ▼<div class="row footer">
    ::before
    ▶<div class="col-xs-12">…</div>
    ::after
  </div>
</div>
```

그림 12-2 형제 div 태그들

더 자세히 살펴본 결과 content div 태그들과 when div 태그들이 부모 관계가 아니라 형제 관계에 있음을 알 수 있었다. 여기서는 부모 div 엘리먼트가 아닌 content div만을 순회하고 있기 때문에 문제가 된다. 또한 twine-item-border 엘리먼트는 content와 when 엘리먼트의 부모임을 알 수 있다. 이미 작성한 코드를 사용해 부모 엘리먼트를 대상으로 순회를 하면 해결되는지 확인해 보자. all_bubbles 부분의 코드를 부모 엘리먼트를 사용토록 다음과 같이 수정하여야 할 것이다.

```
all_bubbles = browser.find_elements_by_css_selector('div.twine-item-border')
```

수정한 코드를 다시 실행하면 어떻게 되는가? 아마도 더 많은 NoSuchElementException 에러가 발생함을 알 수 있을 것이다. 왜냐하면 모든 엘리먼트가 동일한 속성을 가지고 있다고 가정하였기 때문이다. 이번에는 엘리먼트의 속성 값이 각기 다르다고 가정하고 예외사항을 고려해 코드를 수정하자.

```
from selenium.common.exceptions import NoSuchElementException
```

```
all_data = []
all_bubbles = browser.find_elements_by_css_selector(
    'div.twine-item-border')

for elem in all_bubbles:
    elem_dict = {'full_name': None,
                 'short_name': None,
                 'text_content': None,
                 'picture': None,
                 'timestamp': None,
                 'original_link': None,
                 }                                               ❶
    content = elem.find_element_by_css_selector('div.content')   ❷
    try:
        elem_dict['full_name'] = \
            content.find_element_by_css_selector('div.fullname').text
    except NoSuchElementException:
        pass                                                     ❸
    try:
        elem_dict['short_name'] = \
            content.find_element_by_css_selector('div.name').text
    except NoSuchElementException:
        pass
    try:
        elem_dict['text_content'] = \
            content.find_element_by_css_selector('div.twine-description').text
    except NoSuchElementException:
        pass
    try:
        elem_dict['timestamp'] = elem.find_element_by_css_selector(
            'div.when').text
    except NoSuchElementException:
        pass
    try:
        elem_dict['original_link'] = \
            elem.find_element_by_css_selector(
                'div.when a').get_attribute('href')
    except NoSuchElementException:
        pass
    try:
        elem_dict['picture'] = elem.find_element_by_css_selector(
            'div.picture img').get_attribute('src')
    except NoSuchElementException:
        pass
    all_data.append(elem_dict)
```

❶ 각 항목이 한 번 순회할 때마다 새로운 딕셔너리를 추가하고 모든 값을 None
으로 지정한다. 그러면 모든 항목이 동일한 키 값을 가지고 필요할 때마다
데이터를 추가할 수 있다.

❷ content div 태그를 추출해서 다시 해당 div를 이용해 선택할 수 있도록 한다.
이렇게 하면 비슷한 이름을 가진 다른 div 태그들과 혼동할 가능성이 준다.

❸ 파이썬의 pass 문을 이용해 예외문을 통과한다. 딕셔너리의 값들이 None으로

설정되어 있기 때문에 추가적으로 더 해야 할 것은 없다. 파이썬의 pass 문은 예외문을 지나 다음 실행문으로 연결되도록 해준다.

all_data 내의 모든 데이터를 수집하였다면 출력 명령을 통해 지금까지 모인 데이터를 볼 필요가 있다. 아래에 출력 예제가 있다. (소셜 미디어 타임라인인 만큼 현 시점에서 여러분이 보는 것과는 내용이 다를 것이다.)

```
[{'full_name': u'Stefan Brand',
  'original_link': None,
  'picture': u'https://pbs.twimg.com/media/COZlle9WoAE5pVL.jpg:large',
  'short_name': u'',
  'text_content': u'Simply @Fairphone :) #WeAreFairphone http://t.co/vUvKzjX2Bw',
  'timestamp': u'POSTED ABOUT 14 HOURS AGO'},
 {'full_name': None,
  'original_link': None,
  'picture': None,
  'short_name': u'',
  'text_content': None,
  'timestamp': None},
 {'full_name': u'Sietse/MFR/Orphax',
  'original_link': None,
  'picture': None,
  'short_name': u'',
  'text_content': u'Me with my (temporary) Fairphone 2 test phone.
 # happytester #wearefairphone @ Fairphone instagram.com/p/7X-KXDQzXG/',
  'timestamp': u'POSTED ABOUT 17 HOURS AGO'},...]
```

지금까지의 상황을 짚어보자면 출력된 데이터는 여러 가지로 불완전해 보이고 for 루프는 복잡하며 코드의 가독성도 떨어진다. 또한 데이터를 수집하는 방법에도 개선할 점들이 있어 보인다. 예를 들어 date 오브젝트들은 date 타입이 아니라 문자열로 저장되어 있다. 셀레니움의 기능도 더 잘 이용해서 더 많은 콘텐츠를 가져올 수 있도록 해야 한다.

또한 발생하는 에러들을 디버깅할 수도 있어야 한다. 예컨대 short name 항목이 제대로 수집되고 있지 않고 빈 문자열이 반환되고 있는데, 페이지를 살펴보았더니 name div가 숨겨져 있었다. 셀레니움에서는 숨겨진 엘리먼트는 읽을 수 없다. 따라서 해당 엘리먼트의 innerHTML 속성을 이용해 태그 내의 콘텐츠를 반환하도록 해야 한다. 타임스탬프 정보는 title 속성에 저장되어 있으며 URL 또한 href 속성이 아니라 data-href 속성에 들어있음을 알 수 있다.

 시간이 지날수록 한번에 제대로 동작하는 스크래퍼 코드를 짜기가 쉬워진다. 또한 문제가 될 수 있는 부분을 예상하는 것도 쉬워진다. 브라우저의 개발자 도구와 IPython을 통해 디버깅을 하여 변수들로 이것저것 시험을 해보면서 놀아보자.

그리고 모든 데이터를 찾기 이전에 우리 스크립트가 제대로 형식을 갖추고 있는지를 확인할 필요가 있다. 그러니까, 함수를 통해 데이터 추출 과정을 더 잘 추상화시킬 필요가 있다. 최초 페이지의 URL로부터 직접 파싱하지 않고, 코드를 단순화시켜 페이지를 직접 로드해야 한다. 브라우저에서의 시행착오를 통해 우리는 iframe URL의 긴 쿼리 스트링(예: ?scroll=auto&cols=4&format=embed&eh=…)을 쓰지 않고도 소셜 미디어 콘텐츠를 포함한 전체 페이지를 불러올 수 있는 것을 확인하였다. 그럼 이제 깔끔하게 정리된 스크립트를 살펴보자.

```python
from selenium.common.exceptions import NoSuchElementException, \
    WebDriverException
from selenium import webdriver

def find_text_element(html_element, element_css):                    ❶
    try:
        return html_element.find_element_by_css_selector(element_css).text  ❷
    except NoSuchElementException:
        pass
    return None

def find_attr_element(html_element, element_css, attr):              ❸
    try:
        return html_element.find_element_by_css_selector(
            element_css).get_attribute(attr)                        ❹
    except NoSuchElementException:
        pass
    return None

def get_browser():
    browser = webdriver.Firefox()
    return browser

def main():
    browser = get_browser()
    browser.get('http://apps.twinesocial.com/fairphone')
        all_data = []
            browser.implicitly_wait(10)                             ❺
    try:
        all_bubbles = browser.find_elements_by_css_selector(
        'div.twine-item-border')
    except WebDriverException:
        browser.implicitly_wait(5)
        all_bubbles = browser.find_elements_by_css_selector(
            'div.twine-item-border')
    for elem in all_bubbles:
        elem_dict = {}
        content = elem.find_element_by_css_selector('div.content')
        elem_dict['full_name'] = find_text_element(
            content, 'div.fullname')
        elem_dict['short_name'] = find_attr_element(
            content, 'div.name', 'innerHTML')
        elem_dict['text_content'] = find_text_element(
            content, 'div.twine-description')
```

```
            elem_dict['timestamp'] = find_attr_element(
                elem, 'div.when a abbr.timeago', 'title')              ❻
            elem_dict['original_link'] = find_attr_element(
                elem, 'div.when a', 'data-href')
            elem_dict['picture'] = find_attr_element(
                content, 'div.picture img', 'src')
            all_data.append(elem_dict)
        browser.quit()                                                 ❼
        return all_data                                               ❽

if __name__ == '__main__':
    all_data = main()
    print all_data
```

❶ 이 명령어는 HTML 엘리먼트와 CSS 선택자를 받아 text 엘리먼트를 반환하는 함수를 만든다. 이전 코드 예제에서는 코드를 반복해서 붙여 넣었지만, 이제는 함수를 만들어 반복적인 코드를 사용하지 않도록 한다.

❷ 이 줄에서는 추상화된 함수 변수들을 사용해 HTML 엘리먼트의 텍스트를 반환하도록 한다. 만약 일치하는 것을 찾지 못했으면 None을 반환한다.

❸ find_text_element 함수와 유사한 방식으로 속성들을 찾고 반환하는 함수를 만든다. 이 함수는 HTML엘리먼트, CSS 선택자, 찾고자 하는 속성을 받아 해당 선택자의 값 또는 None을 반환한다.

❹ 여기서는 추상화된 함수 변수를 사용해 HTML 엘리먼트를 찾고 속성을 반환한다.

❺ 이 부분에서는 브라우저가 다음 줄로 넘어가기 전에 암묵적으로 기다리는 시간을 인수로 받는 셀레니움 browser 클래스의 implicitly_wait 메서드를 사용한다. 이는 페이지 로딩이 얼마나 걸릴 지 확실하지 않을 때 유용하게 사용할 수 있다. 명시적 대기와 암묵적 대기에 대한 셀레니움 사용자 문서들 (*http://bit.ly/selenium_waits*)을 참조하자.

❻ when div 태그 내부의 anchor 태그 안에 위치한 abbr 엘리먼트의 title 속성을 획득하고 타임스탬프 데이터를 추출하기 위해 CSS 선택자를 전달한다.

❼ 데이터 스크래핑이 끝나고 나면 quit 메서드를 사용해 브라우저를 닫자.

❽ 이 라인은 수집된 데이터를 반환한다. __name__ == '__main__' 부분이 커맨드라인 실행 시 데이터 출력을 가능하게 해준다. IPython에서 함수를 불러오고 main을 실행해도 같은 결과가 나온다.

이제 스크립트를 커맨드라인에서 실행하거나 IPython에서 불러온 뒤 실행해보자. 데이터가 좀 더 온전한 형태를 갖추었는지 확인해보자. 이번에는 또 하나의

try...except 블록을 집어넣은 것을 눈치챘을 것이다. 그것은 셀레니움이 상호 작용을 하면서 페이지상의 자바스크립트와 충돌하여 WebDriverException 에러를 발생시켰기 때문이다. 여기서는 페이지 로딩 시간을 좀 더 주는 방식으로 다시 시도하여 이 문제를 해결했다.

브라우저의 URL 주소를 방문해 페이지를 아래로 스크롤해보면 더 많은 데이터를 로드할 수 있음을 알 수 있을 것이다. 셀레니움을 통해 이 문제도 해결할 수 있다. 이를 위한 셀레니움의 멋진 기능들을 더 살펴보자. 구글에서 'Python web scraping libraries'를 키워드로 넣고 검색 버튼을 누른 뒤 나오는 결과를 셀레니움을 이용해 조작해 보자.

```python
from selenium import webdriver
from time import sleep

browser = webdriver.Firefox()
browser.get('http://google.com')

inputs = browser.find_elements_by_css_selector('form input')    ❶
for i in inputs:
    if i.is_displayed():                                        ❷
        search_bar = i                                          ❸
        break

search_bar.send_keys('web scraping with python')                ❹

search_button = browser.find_element_by_css_selector('form button')
search_button.click()                                           ❺

browser.implicitly_wait(10)
results = browser.find_elements_by_css_selector('div h3 a')     ❻

for r in results:
    action = webdriver.ActionChains(browser)                    ❼
    action.move_to_element(r)                                   ❽
    action.perform()                                            ❾
    sleep(2)

browser.quit()
```

❶ 먼저 입력 폼을 찾아야 한다. 구글은 다른 사이트들과 마찬가지로 여기저기에 입력 폼들이 존재하긴 하지만 결국 눈에 띄는 커다란 검색 바를 찾을 수 있다. 이 코드는 모든 입력 폼들을 찾아내는 명령어이다.

❷ 이 라인에서는 입력 폼들을 순회하며 각 입력 폼이 숨겨져 있는지 여부를 살핀다. is_displayed 값이 True인 경우 우리는 숨겨져 있지 않은 엘리먼트를 찾은 것이다. 그 외의 경우 순환문은 순회를 계속한다.

❸ 사용자에게 보이는 입력 폼을 찾은 뒤에는 이 값을 search_bar 변수에 지정하

고 순환문을 멈춘다. 우리는 이를 통해 눈에 보이는 첫 번째 입력 폼을 찾았다.

❹ 이 라인에서는 send_keys 메서드를 사용해 키와 문자열을 원하는 엘리먼트에 보낸다. 즉, 키보드로 타이핑을 하는 것과 같은 효과를 낸다.

❺ 셀레니움으로 페이지상에 보이는 엘리먼트들을 클릭하는 것도 가능하다. 이줄에서는 브라우저에서 검색 결과를 보기 위해 셀레니움으로 검색 폼 전송 버튼을 클릭하도록 한다.

❻ 검색 결과를 보기 위해 div 태그에 들어있으며 링크 주소를 포함하고 있는 h3 엘리먼트들을 모두 선택한다.

❼ 여기서는 각 결과를 순회하며 셀레니움의 ActionChains 메서드를 이용해 브라우저에 순차적인 동작을 실행하도록 명령한다.

❽ 우리가 이동하길 원하는 엘리먼트를 지정하기 위해 ActionChain의 move_to_element 메서드를 사용한다.

❾ 이 라인에서는 perform 메서드를 호출한다. 그러면 브라우저가 각 검색 결과를 부각시키며 이동하게 된다. sleep 명령어를 사용해 파이썬에게 2초간 기다리도록 하여 브라우저가 너무 빠르게 이동하지 않도록 한다.

어떤가? 이제 원하는 사이트에 들어가 입력 폼을 채우고 전송하여 셀레니움의 ActionChains를 이용해 결과를 훑어볼 수 있게 되었다. 위에서 보았듯이 ActionChains(*http://bit.ly/action_chains*)는 브라우저에서 연속적인 동작을 할 수 있게 하는 강력한 도구 중 하나다. 셀레니움 파이썬 바인딩의 사용자 문서 (*http://selenium-python.readthedocs.org/*)에서 더 유용한 기능들에 대해 살펴볼 수 있을 것이다. 예를 들어 페이지의 특정 엘리먼트의 로딩이 끝날 때까지 기다리는 명시적 대기(*http://bit.ly/explicit_waits*)나 경고창 다루기(*http://bit.ly/selenium_alerts*), 그리고 디버깅에 유용한 스크린샷 저장하기(*http://bit.ly/save_screenshot*) 등과 같은 기능들이 바로 그러한 도구다.

이제 셀레니움의 힘을 눈으로 확인했으니 #WeAreFairphone 사이트에 대한 코드를 재작성해서 첫 번째 100개 항목에 대해 훑어보도록 만들 수 있는가? (힌트 : ActionChains를 사용하고 싶지 않으면 자바스크립트를 사용해도 된다. 셀레니움 드라이버의 execute_script 메서드(*http://bit.ly/execute_script*)를 사용하면 브라우저 콘솔에서처럼 자바스크립트를 실행할 수 있다. 자바스크립트의 scroll 메서드(*http://bit.ly/window_scroll*)를 사용하자. 또한 셀레니움의 element 오브젝트들은 location 속성(*http://bit.ly/selenium_location*)을 지니고 있는데 이는 페이지 엘리먼트의 x, y 값을 반환한다.

지금까지 셀레니움을 통해 브라우저를 조작하는 웹 스크래핑 방법을 수행해보았다. 하지만 이것이 다가 아니다. 이번에는 헤드리스(headless) 브라우저[1]와 함께 셀레니움을 사용해보자.

셀레니움과 헤드리스 브라우저

PhantomJS(*http://phantomjs.org/*)는 가장 널리 쓰이는 헤드리스 브라우저 키트 중 하나다. 자바스크립트에 자신 있는 개발자라면 PhantomJS을 이용해 직접 웹 스크래퍼를 만들어도 된다. 만약 파이썬을 이용하고 싶다면 셀레니움과 연동해서 사용할 수 있다. PhantomJS는 GhostDriver(*https://github.com/detro/ghostdriver*)와 연동하여 웹 탐색을 할 수 있게 해준다.

그렇다면 헤드리스 브라우저를 사용하는 이유는 무엇일까? 무엇보다 헤드리스 브라우저(*http://en.wikipedia.org/wiki/Headless_browser*)는 서버에서 실행할 수 있다는 큰 장점이 있다. 또한 일반 브라우저들보다 페이지 파싱이 빠르며 일반 브라우저들보다 더욱 다양한 플랫폼에서 사용될 수 있다. 만약 서버에서 브라우저 기반 웹 스크래퍼를 실행하고자 한다면 결국 헤드리스 브라우저를 사용하게 될 것이다. 사용하고자 하는 환경에 따라 설치에서 실행까지 10분도 걸리지 않을 것이다.

Ghost.Py로 스크린 리딩하기

Ghost.py(*http://jeanphix.me/Ghost.py/*)는 Qt WebKit(*http://doc.qt.io/qt-5/qtwebkit index.html*)과 직접 소통하기 위해 개발된 웹킷 클라이언트이다. 더 자세히 말하자면 C++로 작성된 크로스 플랫폼 애플리케이션 개발 프레임워크인 Qt(*http://bit.ly/qt_wikipedia*) 위에 구현된 웹킷 구현물이다. Ghost.py를 사용하기 위해서는 라이브러리들을 제법 많이 설치해야 한다. 먼저 파이썬과 Qt를 연결할 수 있도록 하고 기타 다양한 프로그램들과 연동할 수 있도록 해주는 PySide(*https://pypi.python.org/pypi/PySide*)를 설치하는 것이 좋다. 이 과정에는 시간이 제법 걸리니 마침 배가 고프다면 식사라도 하고 오자.[2]

```
pip install pyside
pip install ghost.py --pre
```

1 (옮긴이) 그래픽 유저 인터페이스(GUI) 없이 실행할 수 있는 헤드리스(headless) 방식의 브라우저
2 PySide를 설치하는 데 문제가 있다면, 프로젝트 사이트에서 사용 중인 운영체제의 문서를 검색해 참고하자. 또는 PyQt(*http://bit.ly/install_pyqt5*)를 대신 설치해도 된다. 그 외에도 깃허브의 설치 문서(*https://github.com/jeanphix/Ghost.py#installation*)에서 업데이트를 확인해 보는 방법이 있다.

이제 Ghost.py를 사용해 파이썬 홈페이지에서 스크래핑 문서를 찾기 위해 검색을 해보자. Ghost.py 인스턴스를 만드는 것은 매우 간단하다.

```
from ghost import Ghost

ghost = Ghost()                                          ❶
with ghost.start() as session:
    page, extra_resources = session.open('http://python.org')  ❷

    print page
    print page.url
    print page.headers
    print page.http_status
    print page.content                                   ❸

    print extra_resources

    for r in extra_resources:
        print r.url                                       ❹
```

❶ 이 줄에서는 Ghost 클래스의 session 오브젝트를 호출하고 Ghost 오브젝트를 초기화한다.

❷ Ghost 클래스의 open 메서드는 두 개의 오브젝트를 반환하며 이 라인에서는 두 개의 변수에 오브젝트들을 저장한다. 첫 번째 오브젝트는 HTML 엘리먼트들과 상호작용 하기 위한 page 오브젝트이고, 두 번째 오브젝트는 페이지에서 불러오는 외부 리소스들이다(Network 탭에서 보이는 목록과 같다).

❸ page 오브젝트에는 header, content 그리고 URL과 같은 다양한 속성이 있다. 이 부분에서는 해당 속성들을 출력해서 보고 있다.

❹ 이 라인에서는 page의 추가 리소스들을 순회하면서 출력해 혹시 유용한 리소스가 있는지를 알아본다. 데이터로 더 쉽게 접근하게 해주는 API로 가는 URL이 포함되어 있을 때가 종종 있다.

Ghost.py는 페이지가 사용하는 리소스에 대한 정보들뿐 아니라 페이지의 수많은 특징들에 대해서 알려준다. 우리는 페이지의 콘텐츠를 .content 속성을 이용해 불러올 수 있고, LXML과 같은 페이지 파서를 사용해서 페이지 콘텐츠를 파싱하고 싶다면 그것도 가능하다.

 Ghost.py의 장점은 페이지상에서 자바스크립트를 실행할 수 있다는 것이기 때문에 모질라 개발자 네트워크의 자바스크립트 가이드(*http://bit.ly/moz-dev-js*)를 열어놓고 보는 것이 좋다. 이를 참고해 Ghost.py에서 사용할 수 있는 자바스크립트 목록을 쉽게 찾아볼 수 있다.

여기서는 파이썬 홈페이지에서 스크래핑 관련 라이브러리를 찾고자 하기 때문에, 먼저 검색어 입력 상자를 찾을 수 있는지 먼저 알아보자.

```
print page.content.contains('input')                        ❶

result, resources = session.evaluate(
    'document.getElementsByTagName("input");')              ❷

print result.keys()
print result.get('length')                                  ❸
print resources
```

❶ input 태그가 페이지상에 있는지 여부를 테스트한다(대부분의 검색 상자들은 단순한 input 엘리먼트이다). 이 명령어는 불(boolean) 값을 반환한다.

❷ 여기서는 간단한 자바스크립트를 사용해 'input'이라는 태그 이름을 사용하는 엘리먼트들을 모두 찾는다.

❸ 다음은 응답으로 받은 자바스크립트 배열의 길이를 출력해서 본다.

자바스크립트 결과에 따르면 페이지 전체에 두 개의 input 엘리먼트가 존재한다. 둘 중 어떤 것을 사용할지 알아보기 위해 먼저 첫 번째 엘리먼트를 살펴보자.

```
result, resources = session.evaluate(
    'document.getElementsByTagName("input")[0].getAttribute("id");')   ❶

print result
```

❶ 결과 목록에서 인덱싱을 이용해 아이템을 가져온 다음 id 속성을 물어본다. 자바스크립트는 엘리먼트로부터 CSS 속성을 직접 불러오므로 이렇게 하면 선택한 엘리먼트의 CSS 정보를 쉽게 볼 수 있다.

파이썬에서 인덱스를 이용해 호출을 할 수 있듯이 자바스크립트에서도 인덱스를 이용할 수 있다. 첫 번째 input 엘리먼트를 부른 뒤 input 엘리먼트의 CSS id를 얻어 와야 한다.

> ✅ 자바스크립트로 순환문을 써서 getElementsByTagName 함수로 반환된 목록을 순회하고 속성들을 감정할 수도 있다. 브라우저에서 자바스크립트를 시험해보고 싶으면 콘솔 탭을 사용하라.(그림 11-12 참조)

id 값이 id-search-field인 것을 보니 검색 필드 엘리먼트를 찾은 것 같다. 이제 검색창에 데이터를 보내보자.

```
result, resources = ghost.set_field_value("input", "scraping")
```

위의 코드는 선택자("input")를 받아 문자열("scraping")을 보내는 set_field_
value 메서드를 사용한다. Ghost.py에는 한번에 딕셔너리를 보내 여러 개의 입
력 상자들을 채우도록 하는 fill 메서드(*http://jeanphix.me/Ghost.py/#form*)도 있다.
이 메서드는 입력할 항목들이 많을 때 유용하다. 이제 검색어를 입력했으니 전
송하도록 하자. 입력폼의 형태를 하고 있으니 폼 전송을 통해 검색어를 쉽게 송
신할 수 있다.

```
page, resources = session.fire("form", "submit", expect_loading=True)    ❶

print page.url
```

❶ 이 라인은 Ghost.py의 자바스크립트 이벤트를 작동시키는 fire 메서드를 호
출한다. 우리는 form 엘리먼트에 submit 이벤트를 발동시켜 검색어를 전송
하고 다음 페이지로 가고자 한다. expect_loading을 True로 설정하여 Ghost.
py로 하여금 페이지를 다 불러올 때까지 기다리도록 한다.

스크립트가 잘 작동하는가? 우리가 시험했을 때는 타임아웃이 발생했다. 타임
아웃에 대해서는 이 장에서 나중에 더 자세히 다룰 예정이지만 간단히 말하자면
Ghost.py가 응답을 기다리다가 너무 오래 걸려 작업을 중단했다는 것이다. 데
이터 전송과정이 포함된 스크래퍼를 구축할 때에는 적절한 타임아웃 간격을 찾
아내야 스크립트가 문제없이 잘 작동할 수 있다. 이번에는 다른 방법을 사용해
전송을 시도해보자. Ghost.py로는 페이지상의 엘리먼트들과 직접 상호작용하
는 것도 가능하다.

```
result, resources = session.click('button[id=submit]')           ❶

print result

for r in resources:
    print r.url                                                   ❷
```

❶ 이 라인에서 Ghost.py의 click 메서드는 자바스크립트 선택자를 이용하여 오
브젝트를 클릭할 수 있게 해준다. 이 코드는 id가 submit인 버튼을 클릭한다.

❷ Ghost.py에서 웹페이지와 상호작용을 하게 되면 결과물과 리소스 리스트를
받을 수 있다. 이 라인에서는 상호작용의 결과로 반환된 리소스들을 출력해
본다.

Qt WebKit에서 현재 보고 있는 웹페이지를 우리도 보려고 해 보자. Ghost.py 에서도 셀레니움의 save_screenshot 메서드처럼 현재 페이지 리더가 보고 있는 페이지를 볼 수 있는 기능이 있다.

> ☑ 헤드리스 또는 웹킷 브라우저는 일반 브라우저와 다른 모습의 페이지를 출력할 수 있다. Ghost.py나 PhantomJS를 사용할 때에는 스크린샷을 이용해서 헤드리스나 브라우저에 서 보고 있는 페이지를 볼 필요가 있다.

이제 Ghost.py의 show 메서드를 사용하여 페이지를 직접 보도록 하자.

session.show()

위의 명령어를 입력하면 새로운 창이 열리며 현재 웹 스크래퍼가 보고 있는 화면이 그대로 나타날 것이다. 정상적으로 작동하고 있다면 그림 12-3과 비슷한 화면이 나와야 한다.

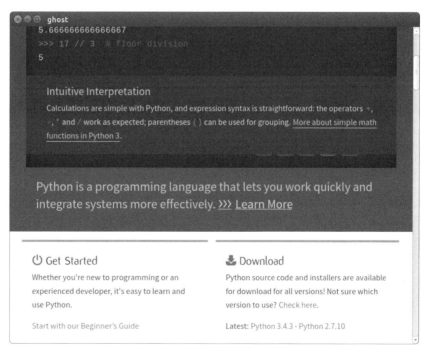

그림 12-3 Ghost 페이지

이런! 예상과는 달리 웹 스크래퍼는 현재 페이지의 중간 정도에 위치해 있었다. 맨 위로 스크롤해서 페이지를 다시 보도록 하자.

```
session.evaluate('window.scrollTo(0, 0);')

session.show()
```

그림 12-4와 같은 화면이 나올 것이다.

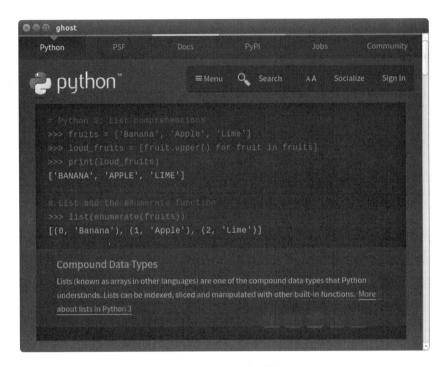

그림 12-4 Ghost 페이지 상단

이제 왜 에러가 발생했는지를 알 수 있다. 스크래퍼가 보고 있던 페이지는 일반 브라우저에서만큼 넓게 열리지 않았고, 이 때문에 검색과 전송 창이 제대로 준비되지 않았던 것이다. 이러한 문제를 해결하는 한 가지 방법은 더 큰 뷰포트에서 페이지를 다시 여는 것이다. 또 다른 방법은 전송을 위한 타임아웃을 더 길게 설정하는 것이다.

> Ghost.py 사용자 문서(*http://bit.ly/ghost_py_docs*)에서 보았듯이 Ghost 오브젝트는 viewport_size나 wait_timeout과 같은 인수들을 받을 수 있다. 브라우저를 새로 시작하고 더 큰 뷰포트를 설정하거나 더 긴 타임아웃을 설정하고 싶다면 오브젝트 생성 시 해당 인수들을 이용하도록 하자.

지금은 우선 자바스크립트를 사용해서 입력폼 제출을 시킬 수 있는지를 알아볼 것이다.

```
result, resources = session.evaluate(
    'document.getElementsByTagName("input")[0].value = "scraping";')    ❶
result, resources = session.evaluate(
    'document.getElementsByTagName("form")[0].submit.click()')          ❷
```

❶ 자바스크립트를 이용해 입력값을 "scraping"으로 설정한다.

❷ 폼의 submit 엘리먼트를 호출하고 이를 다시 자바스크립트 함수를 이용해 클릭한다.

show 메서드를 다시 실행시키면 그림 12-5와 같은 결과를 볼 수 있을 것이다.

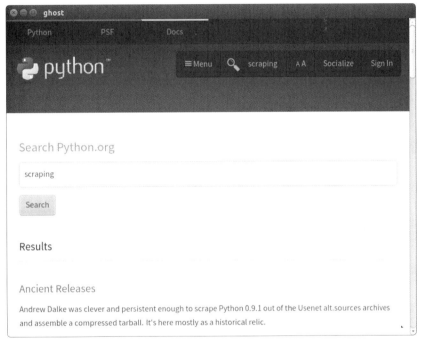

그림 12-5 Ghost 검색

지금까지 Qt browser를 사용하여 성공적으로 검색 작업을 수행하였다. 일부 함수들은 셀레니움 만큼 매끄럽게 돌아가지는 않지만 Ghost.py가 아직 신규 프로젝트인 점을 고려하면 쓸만하다고 할 수 있다.

프로젝트가 얼마나 오래되었는지는 버전 숫자를 보면 알 수 있다. 이 책을 쓸 당시 Ghost.py는 1.0 버전도 나오지 않은 상태이다(사실 이 책의 코드는 0.2 버전 정도만 호환이 될 것이다). Ghost.py는 이후 수년간 크게 바뀌겠지만 굉장히 흥미로운 프로젝트임에는 틀림없다. 이처럼 아직 완성되지 않은 유용한 프로젝트가 있다면 코드를 사용해보고 제작자들에게 아이디어들을 제공하거나 버그 리포트를 해서 프로젝트가 성장하게 만드는 것을 적극 권장한다.

이제 파이썬을 이용해 브라우저와 상호작용할 수 있는 방법들을 알아보았으니 다음은 스파이더링에 대해 알아보자.

웹 스파이더링

목표 사이트에서 페이지 하나가 아니라 다수의 페이지에서 데이터 수집이 이루어져야 한다면 스파이더를 만들어야 할 것이다. 웹 스파이더(로봇)는 도메인 또는 사이트 전역에 펼쳐져 있는 흩어진 정보를 찾는 최적의 방법이다.

 스파이더는 페이지 기반 스크래퍼와 사이트 전체에 펼쳐져 있는 URL 패턴을 찾도록 해주는 규칙들이 통합된 고급 스크래퍼라고 생각하면 된다.

스파이더는 사이트의 구조를 이용할 수 있게 해준다. 예를 들어, 사이트에서 미처 보지 못한 부분에 흥미로운 데이터가 한 무더기 숨어 있을 수도 있다. 도메인을 자유롭게 넘나드는 스파이더를 사용해, 하부 도메인이나 보고에 필요한 여타 유용한 외부 페이지를 찾을 수 있다.

스파이더를 구축할 때에는 먼저 관심 대상 사이트를 조사하고 페이지 리더 스크립트를 이용해 페이지상의 콘텐츠를 식별하고 읽어 들인다. 그 부분이 구축되고 나면 페이지 간 이동규칙들을 지정해 스파이더가 다른 페이지나 세부 콘텐츠를 찾을 수 있도록 하고 최종적으로는 페이지 리더 스크래퍼가 가져온 콘텐츠를 페이지 파서를 사용해 처리하고 저장할 것이다.

 스파이더를 사용할 때에는 먼저 하고자 하는 일에 대한 명확한 정의를 세워놓고 시작하거나 탐색을 통해 범위를 좁혀가는 정반대의 전략을 사용할 수도 있다. 후자를 선택하는 경우에는 가용한 데이터를 속아내기 위해 데이터 정제를 많이 해야 할 수도 있다.

그럼 이제 Scrapy로 우리의 첫 스파이더를 만들어보자.

Scrapy를 이용한 스파이더 구축

Scrapy(*http://scrapy.org/*)는 현재 가장 강력한 파이썬 기반 웹 스파이더 도구이다. Scrapy는 LXML과 비동기 네트워크 엔진인 Twisted(*http://twistedmatrix.com/trac/*)의 강력한 기능들을 활용하게 해준다. 대량의 수집 작업을 수행해야 하는 상황에 정말 빠른 웹 스크래퍼가 필요하다면 Scrapy를 사용할 필요가 있다.

Scrapy는 기본적으로 멋진 기능들을 내장하고 있다. 예를 들어 결과물을 다양한 형식(CSV, JSON 등)으로 출력하는 기능이나 필요에 따라 스크래퍼를 추가할 수 있는 손쉬운 설치 구조라든지 프락시 요청이나 상태 코드에 대응하는 미들웨어 등이 존재한다. 또한 Scrapy는 스크래핑 도중에 발생한 에러를 기록해 두기 때문에 나중에 코드를 수정하기도 편리하다.

Scrapy를 제대로 사용하기 위해서는 Scrapy 클래스에 대해서 알 필요가 있는데, 이는 Scrapy가 다양한 파이썬 클래스들을 사용해 콘텐츠를 파싱하기 때문이다. spider 클래스를 정의할 때 페이지 이동 규칙이나 다른 클래스 속성들 또한 정의하게 된다. 이 규칙과 속성들은 스파이더의 웹 크롤링 행동 규칙을 정의한다. 그리고 새로운 스파이더를 정의할 때, 상속이라는 것을 사용하게 된다.

> **상속**
>
> 상속은 기존의 클래스를 기반으로 그 위에 속성이나 메서드를 덧붙일 수 있게 해준다.
>
> Scrapy에서 spider 클래스를 상속하게 되면, 유용한 내장 메서드나 속성도 함께 상속받는 것이다. 그리고 나서 여러분의 스파이더에서 필요에 따라 일부 메서드와 속성 값을 변경하면 된다.
>
> 파이썬에서의 상속 개념은 명확한 편이다. 먼저 새로운 클래스 하나를 정의하고 괄호 안에 상속받고자 하는 클래스 이름을 집어넣는다. 이때 새로 정의되는 클래스는 괄호 안에 있는 클래스로부터 상속받는 것이다. 파이썬은 이러한 직접적인 상속을 통해 클래스를 새로 정의할 때 기존의 코드를 재사용할 수 있게 해준다.
>
> 상속은 Scarpy 라이브러리에 축적되어 있는 지식을 활용함과 동시에 필요한 메서드와 속성만을 더해갈 수 있게 해준다.

Scrapy는 상속을 통해 페이지에서 수집할 콘텐츠를 정의한다. 각 프로젝트마다 일련의 항목들을 수집하고, 여러 가지 스파이더를 만들 것이다. 이 스파이더들은 웹페이지들을 읽어 들여 여러분이 설정한 형식대로 데이터를 반환해줄 것이다.

Scrapy 스파이더를 사용하기 위해서는 기존 라이브러리들에 비해 더 많은 준비가 필요하긴 하나 그 과정은 제법 직관적인 편이다. 스크래퍼 구조는 프로젝트를 재사용하거나 공유 또는 수정이 쉽도록 만들어져 있다.

Scrapy에는 여러 가지 타입의 스파이더가 있으니 그들 간의 차이점과 유사점을 알아보자. 해당 내용은 표 12-1에 요약되어 있다.

스파이더 이름	주 목적	사용자 문서
Spider	목록에 있는 사이트와 페이지들을 파싱함	http://doc.scrapy.org/en/latest/topics/ spiders.html#scrapy.spider.Spider
Crawl Spider	정규식 규칙에 따라 도메인상의 링크를 이동하며 유효한 페이지를 찾음	http://doc.scrapy.org/en/latest/topics/ spiders.html#crawlspider
XMLFeed Spider	RSS와 같은 XML 피드를 파싱하고 콘텐츠를 받음	http://doc.scrapy.org/en/latest/topics/ spiders.html#xmlfeedspider
CSVFeed Spider	CSV 피드나 URL를 파싱함	http://doc.scrapy.org/en/latest/topics/ spiders.html#csvfeedspider
SiteMap Spider	사이트맵을 파싱함	http://doc.scrapy.org/en/latest/topics/ spiders.html#sitemapspider

표 12-1 스파이더 타입

일반적인 웹 스크래핑 작업을 위해서는 Spider 클래스를 사용하면 된다. 도메인 전체에 걸쳐 스크래핑을 해야 하는 경우에는 CrawlSpider 클래스를 사용하라. XML 또는 CSV 포맷의 파일이나 피드가 있는 경우, 특히 용량이 큰 경우에는 XMLFeedSpider와 CSVFeedSpider를 이용해 파싱하도록 하자. 사이트맵을 다뤄야 하는 경우에는 SiteMapSpider를 사용하라.

이 중 두 가지 주요 클래스(Spider와 CrawSpider)를 익숙하게 다루기 위해서 몇 종류의 크롤러를 만들어 보자. 이번에도 이모티콘 페이지(http://www.emoji-cheat-sheet.com)를 긁어보도록 하자. 이런 작업에는 Spider 클래스를 사용해야 한다. pip을 이용해 Scrapy를 설치하는 것부터 시작해 보자.

```
pip install scrapy
```

크롤링을 위해서 추가적으로 보안 인증 기능들을 제공하는 service_identity 모듈 설치를 권장한다.

```
pip install service_identity
```

Scrapy로 프로젝트를 시작하기 위해서는 간단한 명령어를 사용하면 된다. 다음 명령어를 실행하게 되면 해당 경로에 새로운 폴더와 하위폴더들이 생성되니, 실제로 스파이더를 설치할 사용할 디렉터리 위에서 실행하도록 한다.

```
scrapy startproject scrapyspider
```

새로 생성된 프로젝트 폴더 안에 있는 파일들을 보면 새로운 폴더와 파일 들이 많이 생성되었음을 알 수 있다. Scrapy 사이트(http://bit.ly/scrapy_creating_

project)에 있듯이, 몇몇 파일은 사용자 문서 내용대로 따로 설정해야 한다(메인 폴더의 scrapy.cfg 파일이나 프로젝트 폴더의 settings.py 파일, 그리고 수집할 아이템들을 정의하는 items.py 파일 등).

스크래퍼를 만들기 전에 우리는 먼저 수집하고자 하는 아이템들을 지정할 필요가 있다. 프로젝트 폴더 안의 items.py 파일을 열어 페이지에서 수집된 데이터를 저장하도록 만들어보자.

```
# -*- coding: utf-8 -*-

# Define here the models for your scraped items
#
# See documentation in:
# http://doc.scrapy.org/en/latest/topics/items.html

import scrapy

class EmojiSpiderItem(scrapy.Item):           ❶
    emoji_handle = scrapy.Field()             ❷
    emoji_image = scrapy.Field()
    section = scrapy.Field()
```

❶ scrapy.Item 클래스로부터 상속을 받아 새 클래스를 만든다. 이 명령어는 우리가 해당 클래스에 이미 내장된 메서드와 속성을 가지고 시작함을 의미한다.

❷ 각 필드나 데이터 값을 지정하기 위해 우리는 클래스에 새로운 속성 이름을 정하고 scrapy.Field() 오브젝트로 설정하며 초기화를 시켰다. 이 필드에는 딕셔너리, 튜플, 리스트, 실수, 문자열과 같이 어떠한 일반적인 파이썬 데이터 구조를 넣어도 된다.

items.py 파일을 열어보면 필요한 내용이 이미 대부분 채워져 있음을 알 수 있다. 이것은 개발 속도를 빠르게 해줄 뿐 아니라 프로젝트 구조가 올바르게 짜여 있도록 해주는 기능이다. startproject 명령어는 이 같은 도구들을 모두 제공해주기 때문에 프로젝트를 시작할 때 사용하기에 가장 좋은 방법이라 할 수 있다. 이제 데이터를 수집하기 위해 새로 클래스를 준비하는 게 얼마나 쉬운지 알았을 것이다. 고작 파이썬 몇 줄로 우리는 수집하고자 하는 필드들을 설정하고 스파이더에 넘겨 줄 준비가 되었다.

spider 클래스를 만들기 위해서는 프로젝트 폴더 아래에 있는 spiders 폴더에 새로 파일을 생성한다. 새 파일은 emo_spider.py라고 이름 짓자.

```
import scrapy
from emojispider.items import EmojiSpiderItem           ❶
```

```
class EmoSpider(scrapy.Spider):                                    ❷
    name = 'emo'                                                   ❸
    allowed_domains = ['emoji-cheat-sheet.com']                    ❹
    start_urls = [
        'http://www.emoji-cheat-sheet.com/',                       ❺
    ]

def parse(self, response):                                         ❻
    self.log('A response from %s just arrived!' % response.url)    ❼
```

❶ Scrapy에서 이루어지는 모든 모듈 불러오기는 루트 프로젝트 폴더를 시작 포인트로 사용하기 때문에 from 문으로 부모 폴더명을 포함해 모듈을 불러오는 게 좋다. 이 라인에서는 emojispider.items 모듈에서 EmojiSpiderItem 클래스를 불러온다.

❷ 기본적인 scrapy.Spider 클래스로부터 상속 받는 EmoSpider 클래스를 정의한다. 그러고 나서 스파이더에 초기 설정값(*http://bit.ly/scrapy_spiders*)으로 어떠한 URL을 수집할지 그리고 가져온 콘텐츠로 무엇을 할지를 더 입력해주어야 한다. 우리는 이후의 라인들에 이 속성들을 정의한다(start_urls, name, 그리고 allowed_domains 항목 등)

❸ spider name 항목은 커맨드라인에서 스파이더를 제어할 때 쓰는 이름이다.

❹ allowed_domains는 스파이더에게 수집 대상 도메인을 정해준다. 만약 이 목록에 없는 도메인의 링크를 만나게 되면 스파이더는 그것을 무시하게 될 것이다. 이 속성은 갑자기 크롤러가 다른 사이트로 튀어나가 트위터나 페이스북상에 있는 모든 링크를 긁어오는 돌발 행동을 방지하는 데 유용하다. 허용 서브도메인 또한 설정할 수 있다.

❺ Spider 클래스는 start_urls 속성에 부여된 목록상의 URL을 가져온다. CrawlSpider에서는 이 URL 목록이 주어진 조건에 맞는 더 많은 URL을 찾기 위한 시작 지점 역할을 한다.

❻ 이 라인에서는 스파이더의 def 구문과 메서드명을 지정해 parse 메서드를 재정의하고 있다. 클래스에서 메서드를 정의할 때는 거의 반드시 self 값을 넘겨주어야 하는데 그것은 메서드를 부르는 오브젝트가 첫 번째 인자로 들어가기 때문이다. 예를 들어 list.append()에서는 먼저 list 오브젝트가 전달되고 그 다음 괄호 안에 인자가 들어간다. parse 메서드의 다음 인자는 response 오브젝트이다. 사용자 문서(*http://bit.ly/scrapy_parse*)에서 다루어지고 있듯이 parse 메서드에는 response 오브젝트가 전달된다. 이 줄을 쌍점(:)으로 마무리 지은 이유는 일반 함수를 정의하는 문법과 다를 바가 없기 때문이다.

❼ 스파이더가 잘 동작하는지를 테스트해 보기 위해 이 줄에서는 스파이더의 log 메서드를 사용해 로그에 기록을 한다. URL 속성을 이용하면 response의 위치를 찾을 수 있다.

Scrapy 스파이더를 실행하기 전에 현재 올바른 디렉터리상에 위치해 있는지를 확인해 보자(scrapy.cfg 파일이 들어있는 scrapyspider 폴더). 그리고 커맨드라인 명령어를 이용해 페이지를 파싱해보자.

```
scrapy crawl emo
```

명령어를 실행하고 나서 로그를 지켜보면 스파이더가 시작된 뒤 어떤 미들웨어들을 실행하고 있는지를 알 수 있다. 로그의 끝으로 내려가면 다음과 같은 내용을 볼 수 있다.

```
2015-06-03 15:47:48+0200 [emo] DEBUG: A resp from www.emoji-cheat-sheet.com
    arrived!
2015-06-03 15:47:48+0200 [emo] INFO: Closing spider (finished)
2015-06-03 15:47:48+0200 [emo] INFO: Dumping Scrapy stats:
    {'downloader/request_bytes': 224,
     'downloader/request_count': 1,
     'downloader/request_method_count/GET': 1,
     'downloader/response_bytes': 143742,
     'downloader/response_count': 1,
     'downloader/response_status_count/200': 1,
     'finish_reason': 'finished',
     'finish_time': datetime.datetime(2015, 6, 3, 13, 47, 48, 274872),
     'log_count/DEBUG': 4,
     'log_count/INFO': 7,
     'response_received_count': 1,
     'scheduler/dequeued': 1,
     'scheduler/dequeued/memory': 1,
     'scheduler/enqueued': 1,
     'scheduler/enqueued/memory': 1,
     'start_time': datetime.datetime(2015, 6, 3, 13, 47, 47, 817479)}
```

우리가 만든 웹 스크래퍼는 대략 1초 만에 한 페이지를 파싱할 수 있었다. 커맨드라인에서 parse 메서드에 대한 로그도 출력되었다. 아이템과 클래스 또한 성공적으로 정의하였다.

다음 단계에서는 페이지를 파싱하고 콘텐츠를 추출해야 한다. 이번에는 Scrapy의 또 다른 내장 기능인 Scrapy shell을 사용해 보자. 파이썬의 커맨드라인 셸과 유사한 스파이더 전용 커맨드 셸이다. 이 셸을 사용하면 페이지를 탐색하고 콘텐츠를 가져오는 것이 한층 쉬워진다. Scrapy 셸을 실행하려면 다음을 입력하자.

```
scrapy shell
```

위의 명령어를 실행하고 나면 사용할 수 있는 함수들의 목록이 보일 것이다. 그 중 하나는 fetch이다. 다음의 주소를 넣어 한번 시도해보자.

```
fetch('http://www.emoji-cheat-sheet.com/')
```

이제 스크래퍼를 실행했을 때와 비슷한 결과가 나올 것이다. URL이 크롤되었다는 메시지와 함께 새로운 오브젝트 목록이 나온다. 그중 하나는 페이지 요청의 결과로 받은 response 오브젝트이다. 이 response 오브젝트는 이후 parse 메서드가 사용할 바로 그 오브젝트이다. 이제 response 오브젝트로 할 수 있는 일들을 알아보자.

```
response.url
response.status
response.headers
```

이들 속성은 각각 데이터를 반환한다. url 속성은 우리가 로그 메시지를 쓰는데 사용했던 URL 값이다. status 속성은 응답에 대한 HTTP 상태코드를 반환한다. headers는 서버가 응답할 때 반환했던 헤더들을 담은 딕셔너리를 반환한다.

 response.까지 작성하고 탭 키를 누르게 되면 response 오브젝트에서 사용할 수 있는 메서드와 오브젝트의 목록을 볼 수 있다. 이 방법은 IPython 터미널에서 모든 파이썬 오브젝트에 적용 가능하다.

response 오브젝트에는 xpath와 css 메서드가 있다. 이것은 11장부터 사용해오던 css 선택자와 비슷하며, xpath는 XPath 문자열을 입력할 수 있게 해주고 css는 CSS 선택자를 입력할 수 있게 해준다. 우리는 XPath를 사용해 엘리먼트를 선택해보자.

```
response.xpath('//h2|//h3')
```

위의 명령어를 실행하게 되면 다음과 유사한 결과를 볼 수 있을 것이다.

```
[<Selector xpath='//h2|//h3' data=u'<h2>People</h2>'>,
 <Selector xpath='//h2|//h3' data=u'<h2>Nature</h2>'>,
 <Selector xpath='//h2|//h3' data=u'<h2>Objects</h2>'>,
 <Selector xpath='//h2|//h3' data=u'<h2>Places</h2>'>,
 <Selector xpath='//h2|//h3' data=u'<h2>Symbols</h2>'>,
 <Selector xpath='//h2|//h3' data=u'<h3>Campfire also supports a few sounds<'>]
```

다음은 이들 헤더로부터 본문 내용을 읽어올 수 있는지 알아보자. Scrapy를 사용할 때에는 정확한 엘리먼트를 추출해야 한다. 왜냐하면 Scrapy에는 get이나 text_content 메서드가 없기 때문이다. XPath를 통해 본문 내용을 추출하는 방법을 한번 알아보자.

```
for header in response.xpath('//h2|//h3'):
    print header.xpath('text()').extract()
```

실행 후에는 아마도 다음과 같은 결과를 볼 수 있을 것이다.

```
[u'People']
[u'Nature']
[u'Objects']
[u'Places']
[u'Symbols']
[u'Campfire also supports a few sounds']
```

결과물에서 extract 메서드가 조건에 맞는 엘리먼트들을 정확히 반환한 것을 볼 수 있다. XPath에서는 @ 심벌을 이용하여 속성을 나타내고 text()를 이용하여 텍스트를 추출할 수 있다. 코드를 좀 고쳐야 하겠지만 329쪽 "XPath 사례" LXML 코드의 로직을 변경 없이 사용할 수 있을 것으로 보인다.

```
import scrapy
from scrapyspider.items import EmojiSpiderItem

class EmoSpider(scrapy.Spider):
    name = 'emo'
    allowed_domains = ['emoji-cheat-sheet.com']
    start_urls = [
        'http://www.emoji-cheat-sheet.com/',
    ]

    def parse(self, response):
        headers = response.xpath('//h2|//h3')
        lists = response.xpath('//ul')
        all_items = []                                          ❶
        for header, list_cont in zip(headers, lists):
            section = header.xpath('text()').extract()[0]       ❷
            for li in list_cont.xpath('li'):
                item = EmojiSpiderItem()                        ❸
                item['section'] = section
                spans = li.xpath('div/span')
                if len(spans):
                    link = spans[0].xpath('@data-src').extract()   ❹
                    if link:
                        item['emoji_link'] = response.url + link[0]  ❺
                    handle_code = spans[1].xpath('text()').extract()
                else:
                    handle_code = li.xpath('div/text()').extract()
```

```
            if handle_code:
                item['emoji_handle'] = handle_code[0]        ❻
            all_items.append(item)                           ❼
        return all_items                                     ❽
```

❶ 페이지당 최소 하나 이상의 아이템이 존재할 것을 알기 때문에 parse 메서드 초반에 아이템을 담아 놓을 리스트를 준비해 놓는다.

❷ LXML 스크립트에서처럼 header.text 속성을 호출하는 것이 아니라, 이 줄에서는 text 메서드를 이용해 (xpath("text()")) 텍스트 본문을 찾고 extract 함수를 이용해 추출한다. 그리고 extract 메서드가 리스트를 반환할 것을 예상하고 이 중 첫 번째 항목을 선택하고 섹션 변수에 할당한다.

❸ 이 줄에서는 item 항목을 정의한다. 리스트의 각 항목에 대해 빈 괄호와 클래스명을 이용해 EmojiSpiderItem 오브젝트를 생성한다.

❹ 여기서는 데이터 속성을 추출하기 위해 XPath의 @ 선택자를 사용한다. 첫 번째 span 엘리먼트를 선택하고 @data-src 속성을 추출해 리스트를 반환한다.

❺ emoji_link 속성으로부터 온전한 경로를 만들기 위해 응답 URL과 @data-src 속성에서의 첫 번째 항목을 연결한다. 이후 딕셔너리 문법을 이용해 emoji_link 키에 값을 할당한다. 만약 @data-src 값이 존재하지 않으면 이 줄은 실행되지 않는다.

❻ handle string 항목은 emoji_handle 필드에 저장한다.

❼ 각 순회가 끝날 때마다 all_items 리스트에 새로운 항목을 더한다.

❽ parse 메시드의 끝에 지금까지 찾은 모든 항목을 반환한다. scrapy는 반환된 항목을 계속 저장하고, 정제하며 스크래핑을 계속 진행할 것이다.

우리는 지금까지 Scrapy에서 extract를 사용해 페이지로부터 텍스트 내용과 속성들을 확인할 수 있었다. Scrapy에서는 존재하는 필드와 없는 필드를 자동으로 구분할 수 있기 때문에 None 타입과 관련된 로직을 일부 제거했다. 만약 결과물을 CSV나 JSON으로 출력하게 되면 null 값이 섞여 있을 것이다. Scrapy에서 돌아가도록 코드를 고쳤으니 crawl 메서드를 사용해 스크립트를 다시 실행해 보자.

```
scrapy crawl emo
```

첫 번째 스크래핑 시도에서와 비슷한 결과물을 볼 수 있을 것이다. 이전 버전과 다른 점은 몇 개의 줄이 더 추가되었다는 점이다. Scrapy는 웹 파싱을 하며 찾아내는 모든 항목에 대해 기록을 남긴다. 가장 마지막에는 에러, 디버깅 그리고 긁어진 항목들에 대한 요약을 출력한다.

```
2015-06-03 18:13:51+0200 [emo] DEBUG: Scraped from
    <200 http://www.emoji-cheat-sheet.com/>
    {'emoji_handle': u'/play butts',
     'section': u'Campfire also supports a few sounds'}
2015-06-03 18:13:51+0200 [emo] INFO: Closing spider (finished)
2015-06-03 18:13:51+0200 [emo] INFO: Dumping Scrapy stats:
    {'downloader/request_bytes': 224,
     'downloader/request_count': 1,
     'downloader/request_method_count/GET': 1,
     'downloader/response_bytes': 143742,
     'downloader/response_count': 1,
     'downloader/response_status_count/200': 1,
     'finish_reason': 'finished',
     'finish_time': datetime.datetime(2015, 6, 3, 16, 13, 51, 803765),
     'item_scraped_count': 924,
     'log_count/DEBUG': 927,
     'log_count/INFO': 7,
     'response_received_count': 1,
     'scheduler/dequeued': 1,
     'scheduler/dequeued/memory': 1,
     'scheduler/enqueued': 1,
     'scheduler/enqueued/memory': 1,
     'start_time': datetime.datetime(2015, 6, 3, 16, 13, 50, 857193)}
2015-06-03 18:13:51+0200 [emo] INFO: Spider closed (finished)
```

Scrapy는 놀랍게도 고작 1초 정도의 시간에 총 900개 이상의 항목들을 파싱하였다. 로그를 읽어보면 모든 항목이 파싱된 것을 알 수 있다. 작업 도중에 에러는 발생하지 않았으며 만약 에러가 발생했다면 DEBUG와 INFO 줄에서 그 내용을 볼 수 있었을 것이다.

아직 파일이나 출력 결과물은 없는 상태이며 이는 내장된 커맨드라인 명령어를 통해 쉽게 설정할 수 있다. 다음의 옵션을 포함해 다시 한번 크롤링 작업을 시켜보자.

```
scrapy crawl emo -o items.csv
```

스크래핑이 끝나고 나면 items.csv 파일이 프로젝트 루트 디렉터리 안에 생성되었을 것이다. 파일을 열어보면 CSV 포맷으로 모든 데이터가 출력된 것을 확인할 수 있다. .json이나 .xml 파일로도 출력할 수 있으니 확장자를 바꿔서 시험해보자.

축하한다. 이제 첫 웹 스파이더를 만드는 데 성공했다. 단 몇 개의 파일과 50줄 이하의 코드로 원하는 페이지 전체를 파싱할 수 있었다. 1분도 되지 않아 900

개 이상의 항목을 파싱하고, 그것을 다시 읽기 쉽고 공유하기 좋은 포맷으로 출력해보았다. Scrapy는 이처럼 굉장히 강력하고 유용한 도구이다.

Scrapy로 웹사이트 전체를 크롤링하기

여기까지는 일반적인 페이지 수집 과정에서 Scrapy 셸이나 Scrapy 크롤러를 이용하는 방법들을 알아보았다. 그렇다면 웹사이트 전체를 크롤링 하는데 Scrapy의 속도와 능력을 활용하려면 어떻게 해야 할까? CrawlSpider의 능력에 대해 알아보기 전에 우선 크롤링 대상을 정해보자. 이번에는 PyPI 홈페이지(*http://pypi.python.org*)에서 스크래핑과 관련된 파이썬 패키지들을 찾아보자. 우선 페이지를 살펴보며 수집을 원하는 데이터를 결정해보자. scrape라는 단어로 검색(*http://bit.ly/scrape_packages*)을 해보니 많은 결과가 목록의 형태로 나오며, 각각의 항목에 대해 페이지 정보, 사용자 문서, 관련 패키지로 연결되는 링크, 지원되는 파이썬 버전, 그리고 최근 다운로드 횟수 등을 열람할 수 있었다.

우리는 해당 데이터를 위한 아이템 모델을 구축할 수 있다. 원래 동일한 데이터세트를 사용하는 프로젝트가 아닌 스크래퍼를 만들기 위해서는 신규 프로젝트를 생성해야 하지만, 여기서는 우리의 편의를 위해 이전의 이모티콘 스크래퍼와 동일한 폴더를 사용하도록 하자. 먼저 items.py 파일을 수정하자.

```
# -*- coding: utf-8 -*-

# Define here the models for your scraped items
#
# See documentation in:
# http://doc.scrapy.org/en/latest/topics/items.html

import scrapy

class EmojiSpiderItem(scrapy.Item):
    emoji_handle = scrapy.Field()
    emoji_link = scrapy.Field()
    section = scrapy.Field()

class PythonPackageItem(scrapy.Item):
    package_name = scrapy.Field()
    version_number = scrapy.Field()
    package_downloads = scrapy.Field()
    package_page = scrapy.Field()
    package_short_description = scrapy.Field()
    home_page = scrapy.Field()
    python_versions = scrapy.Field()
    last_month_downloads = scrapy.Field()
```

우리는 기존의 클래스 아랫부분에 새로 클래스를 정의한다. 이럴 때에는 클래스

사이에 줄을 띄워 클래스들끼리 구분이 가도록 가독성을 높이는 것이 좋다. 이번에는 파이썬 패키지 페이지로부터 우리가 관심을 가질 만한 필드들을 클래스에 추가했다. 예를 들어 지난달 얼마나 다운로드가 이루어졌는지, 패키지 홈페이지 주소가 어떻게 되는지, 파이썬 버전은 어떤 걸 지원하는지, 패키지 버전이 몇인지 등 말이다.

Item 클래스를 정의하고 나면 이제 Scrapy 셸에서 Scrapely 페이지에 있는 콘텐츠들을 살펴볼 수 있다. Scrapely는 Scrapy의 제작자들이 파이썬 기반 스크린 리더를 개발하고자 시작한 프로젝트이다. 만약 아직까지 설치하지 않았다면 IPython을 설치하도록 하자. IPython은 지금부터 예제와 같은 결과가 나오도록 하는 다양한 셸 도구들을 제공한다. 설치가 완료되었다면 Scrapy 셸에서 fetch 명령어를 사용해서 콘텐츠를 가져와보자.

```
fetch('https://pypi.python.org/pypi/scrapely/0.12.0')
```

페이지 최상단의 브레드크럼(네이게이션 위치 정보)으로부터 버전 번호를 가져올 수 있다. 그리고 이 내용은 "breadcrumb"이라는 이름의 div 태그 안에 들어있음을 알 수 있다. Xpath를 사용해 이 모든 내용을 가져오자.

```
In [2]: response.xpath('//div[@id="breadcrumb"]')
Out[2]: [<Selector xpath='//div[@id="breadcrumb"]'
    data=u'<div id="breadcrumb">\n <a h'>]
```

IPython 출력 메시지는 breadcrumb div 태그를 성공적으로 찾았다는 것을 보여준다. 브라우저의 요소 검사 탭에서 해당 엘리먼트를 살펴보면 본문이 해당 div 태그 안에 있는 anchor 태그 안에 위치해 있음을 알 수 있다. XPath로 태그의 자식 anchor 태그 내부의 텍스트를 추출하라고 명확하게 기술해주자.

```
In [3]: response.xpath('//div[@id="breadcrumb"]/a/text()')
Out[3]:
[<Selector xpath='//div[@id="breadcrumb"]/a/text()' data=u'Package Index'>,
 <Selector xpath='//div[@id="breadcrumb"]/a/text()' data=u'scrapely'>,
 <Selector xpath='//div[@id="breadcrumb"]/a/text()' data=u'0.12.0'>]
```

이제 해당 div 엘리먼트 중 가장 마지막 태그 안에 버전 번호가 있다는 것을 알았다. 정규식을 통해 버전 데이터가 반드시 숫자인 것을 확인할 수도 있고(199쪽의 "정규식 매칭" 참조) 파이썬의 is_digit 함수(184페이지 "이상치와 불량 데이터 찾기" 참조)를 사용할 수도 있다.

이제 페이지에서 조금 더 복잡한 부분을 가져오는 방법을 알아보자. 바로 지난달의 다운로드 횟수이다. 브라우저에서 해당 엘리먼트를 살펴보면 span 태그 안의 list 안에 들어있는 unordered list가 우리가 원하는 엘리먼트라는 사실을 알 수 있다. 그러나 그 안의 어떠한 엘리먼트도 CSS ID나 class 정보를 가지고 있지 않다는 것도 알 수 있다. 또한 span 엘리먼트에 month라는 단어를 포함하고 있는 text 엘리먼트는 없다는 것도 알 수 있다. 한번 선택자를 만들어 확인해보자.

```
In [4]: response.xpath('//li[contains(text(), "month")]')
Out[4]: []
```

큰일났다. XPath로 본문 내 텍스트를 찾는 것으로는 아무것도 나오지 않았다. 그러나 희망을 버리지 않고 XPath를 사용하다 보니 쿼리를 살짝만 바꾸는 것으로도 다른 결과가 나오는 것을 알 수 있다. 다음의 명령어를 사용해보라.

```
In [5]: response.xpath('//li/text()[contains(., "month")]')
Out[5]: [<Selector xpath='//li/text()[contains(., "month")]'
        data=u' downloads in the last month\n '>]
```

보았는가? 위에서는 안 되던 것이 아래의 명령어를 통해 성공했다. text 엘리먼트가 span 엘리먼트 다음에 오는 문법 때문에 XPath 패턴 검색이 혼란스러울 수 있다. 페이지의 구조가 지저분할수록 완벽한 선택자를 작성하기가 어려워진다. 두 번째 패턴에서 우리가 요구한 것은 조금 다르다. li 엘리먼트 안에 있으며 본문 내부의 어딘가에 'month'라는 문구가 들어있는 text 엘리먼트를 보여달라는 것이 그 내용이었다. 이것은 'month' 문자열을 가진 li 엘리먼트를 반환하라는 것과는 내용이 다르다. 조금의 차이지만 지저분한 HTML을 상대할 때에는 다양한 선택자를 사용하여 직접 이것저것 시험해보자.

우리가 지금 진짜로 원하는 것은 다운로드 숫자를 포함하고 있는 span 엘리먼트이다. XPath 오브젝트끼리의 관계를 이용해 위아래로 넘나들며 해당 span 엘리먼트를 찾을 수 있었다. 다음의 코드를 시험해보자.

```
In [6]: response.xpath('//li/text()[contains(., "month")]/..')
Out[6]: [<Selector xpath='//li/text()[contains(., "month")]/..' data=u'<li>\n
        <span>668</span> downloads in t'>]
```

.. 연산자를 이용해 우리는 성공적으로 부모 노드로 이동하였고 이제 span 엘리먼트와 그 이후에 오는 text 엘리먼트를 모두 획득했다. 이렇게 되면 전처리를 통해 텍스트를 추려낼 필요 없이 span을 선택하여 텍스트만을 가져올 수 있다.

```
In [7]: response.xpath('//li/text()[contains(., "month")]/../span/text()')
Out[7]: [<Selector xpath='//li/text()[contains(., "month")]/../span/text()'
         data=u'668'>]
```

드디어 우리가 원하는 숫자를 얻었다. 감에 의존하지 않고 페이지 구조를 분석해 코드를 작성하였으니 아마도 모든 페이지에서 잘 동작할 것이다.

 지금까지 배운 XPath 기술을 이용해 Scrapy 셸에서 원하는 엘리먼트를 찾고 디버깅 연습을 하자. 경험이 쌓일수록 한번에 선택자를 작성하는 것이 쉬워지니 더 많은 웹 스크래퍼를 작성하면서 다양한 선택자를 시험해 보길 권장한다.

Scrapely 페이지를 잘 파싱하기 위해 기존에 Spider 클래스를 이용해 스크래퍼를 먼저 작성하고 CrawlSpider 클래스와 잘 작동하도록 변환할 것이다. 두 가지 또는 세 가지의 복합적인 문제를 가지고 있는 문제를 단계별로 하나씩 해결해 나가는 것이 좋은 접근법이다. 우리는 규칙에 맞는 페이지를 찾는 것과 페이지를 올바로 긁어오는 두 부분을 한 번에 디버깅해야 하기 때문에 우선 각 파트가 제대로 작동하는지 먼저 확인하는 것이 좋다. 몇 가지 페이지에서 우선 스크래퍼를 시험해보고 크롤링 규칙을 추가하는 식으로 크롤링 로직을 테스트해 보길 추천한다.

　다음은 파이썬 패키지 페이지를 수집하는 스파이더를 구현한 완성된 코드이다. 이 코드는 기존의 emo_spider.py가 위치해 있는 spiders 폴더에 새로운 파일로 추가해야 한다. 파일이름은 package_spider.py로 지었다.

```
import scrapy
from scrapyspider.items import PythonPackageItem

class PackageSpider(scrapy.Spider):
    name = 'package'
    allowed_domains = ['pypi.python.org']
    start_urls = [
        'https://pypi.python.org/pypi/scrapely/0.12.0',
        'https://pypi.python.org/pypi/dc-campaign-finance-scrapers/0.5.1',   ❶
    ]

    def parse(self, response):
        item = PythonPackageItem()                                          ❷
        item['package_page'] = response.url
        item['package_name'] = response.xpath(
            '//div[@class="section"]/h1/text()').extract()
        item['package_short_description'] = response.xpath(
            '//meta[@name="description"]/@content').extract()               ❸
        item['home_page'] = response.xpath(
            '//li[contains(strong, "Home Page:")]/a/@href').extract()       ❹
```

```
        item['python_versions'] = []
        versions = response.xpath(
            '//li/a[contains(text(), ":: Python ::")]/text()').extract()
        for v in versions:
            version_number = v.split("::")[-1]                          ❺
            item['python_versions'].append(version_number.strip())      ❻
        item['last_month_downloads'] = response.xpath(
            '//li/text()[contains(., "month")]/../span/text()').extract()
        item['package_downloads'] = response.xpath(
            '//table/tr/td/span/a[contains(@href,"pypi.python.org")]/@href' ❼
        ).extract()
        return item                                                     ❽
```

❶ 이 줄에서는 아직 올바로 살펴보지 않은 URL을 추가했다. 코드를 재사용할
  수 있는지 알아보기 위해 새로운 URL들을 추가해보면 Spider로부터 Crawl
  Spider로 빠르게 옮겨갈 수 있다.

❷ 이번 스크래퍼에서는 한 페이지에서 단 하나의 item밖에 추출하지 않는다.
  parse 메서드의 시작 부분에 item 변수를 생성한다.

❸ 페이지에 대한 쉽고 정확한 설명을 얻고 싶으면 검색엔진 최적화(search
  engine optimization)에 대해 알아볼 필요가 있다. 대부분의 사이트들은 검
  색엔진 최적화를 위해 사이트에 대한 짤막한 설명, 키워드, 제목과 페이스북,
  핀터레스트와 같은 사이트에 공유할 수 있도록 하는 메타 태그들을 포함하
  고 있다. 여기서는 바로 그 내용을 수집한다.

❹ 각 패키지의 "Home Page" URL은 li 태그 안의 strong 태그 안에 들어있다. 해
  당 엘리먼트를 찾은 뒤 해당 anchor 엘리먼트 내의 링크 주소만을 추출한다.

❺ 버전 번호 링크는 li 항목 안에 들어있고 파이썬과 버전을 :: 문자열로 구분
  하고 있음을 알 수 있다. 버전 번호는 항상 맨 마지막에 들어있으므로 이 줄
  에서 ::를 구분자로 사용해 문자열을 자르고 마지막 항목만을 가져온다.

❻ 이곳에서는 공백 문자열을 제거한 버전 번호를 파이썬 버전 항목에 덧붙인다.
  딕셔너리의 python_versions 항목은 이제 모든 파이썬 버전을 가지고 있다.

❼ 패키지를 다운로드 할 수 있는 링크는 pypi.python.org 도메인을 사용하고
  있다. 이 라인에서는 링크가 올바른 도메인을 가지고 있는지를 확인하고 테
  스트에 통과한 링크들만 가져온다.

❽ Scrapy는 parse 메서드의 마지막에 하나 또는 다수의 item을 반환할 것을 예
  상하고 있다. 여기서는 item을 반환한다.

scrapy crawl package 명령어를 통해 코드를 실행하고 나면 두 아이템이 반환

되며 에러는 발생하지 않았을 것이다. 그러나 자세히 살펴보면 데이터가 완전하지 않음을 알 수 있다. 예를 들어 각 다운로드 버전별로 파이썬 버전이 존재하지 않을 경우, 이를 해결하기 위해 테이블의 PyVersion 필드를 파싱해서 모든 다운로드 링크와 병치하는 방법도 생각해 볼 수 있다. 어떻게 할 수 있을까? (힌트 : 버전 정보는 항상 테이블의 세 번째 열에 있고 XPath에서는 인덱싱을 이용해 엘리먼트를 불러내는 기능이 있다.) 또, 아래 출력된 것처럼 데이터가 좀 지저분한 부분이 있다(책의 페이지 내에 보여주기 위해 약간 편집했다. 여러분이 보는 출력은 이와 다를 것이다).

```
2015-09-10 08:19:34+0200 [package_test] DEBUG: Scraped from
    <200 https://pypi.python.org/pypi/scrapely/0.12.0>
    {'home_page': [u'http://github.com/scrapy/scrapely'],
     'last_month_downloads': [u'668'],
     'package_downloads':
     [u'https://pypi.python.org/packages/2.7/s/' + \
       'scrapely/scrapely-0.12.0-py2-none-any.whl',
      u'https://pypi.python.org/packages/source/s/' + \
       'scrapely/scrapely-0.12.0.tar.gz'],
     'package_name': [u'scrapely 0.12.0'],
     'package_page': 'https://pypi.python.org/pypi/scrapely/0.12.0',
     'package_short_description':
     [u'A pure-python HTML screen-scraping library'],
     'python_versions': [u'2.6', u'2.7']}
```

출력 결과를 살펴보면 문자열이나 정수 타입이 들어있을 것으로 기대하는 필드에 문자열 대신 문자열이 들어있는 리스트가 들어있는 경우가 있다. 이런 경우에는 파싱 메서드 앞쪽에 헬퍼 메서드를 만들어 데이터를 정리하자.

```
import scrapy
from scrapyspider.items import PythonPackageItem

class PackageSpider(scrapy.Spider):
    name = 'package'
    allowed_domains = ['pypi.python.org']
    start_urls = [
        'https://pypi.python.org/pypi/scrapely/0.12.0',
        'https://pypi.python.org/pypi/dc-campaign-finance-scrapers/0.5.1',
    ]

    def grab_data(self, response, xpath_sel):              ❶
        data = response.xpath(xpath_sel).extract()         ❷
        if len(data) > 1:                                  ❸
            return data
        elif len(data) == 1:
            if data[0].isdigit():
                return int(data[0])                        ❹
            return data[0]                                 ❺
        return []                                          ❻
```

```
def parse(self, response):
    item = PythonPackageItem()
    item['package_page'] = response.url
    item['package_name'] = self.grab_data(
        response, '//div[@class="section"]/h1/text()')          ❼
    item['package_short_description'] = self.grab_data(
        response, '//meta[@name="description"]/@content')
    item['home_page'] = self.grab_data(
        response, '//li[contains(strong, "Home Page:")]/a/@href')
    item['python_versions'] = []
    versions = self.grab_data(
        response, '//li/a[contains(text(), ":: Python ::")]/text()')
    for v in versions:
        item['python_versions'].append(v.split("::")[-1].strip())
    item['last_month_downloads'] = self.grab_data(
        response, '//li/text()[contains(., "month")]/../span/text()')
    item['package_downloads'] = self.grab_data(
        response,
        '//table/tr/td/span/a[contains(@href,"pypi.python.org")]/@href')
    return item
```

❶ self, response 오브젝트, 그리고 XPath 선택자를 받아 콘텐츠를 찾는 새로운 메서드를 정의한다.

❷ 데이터를 추출하기 위해 함수에 새로운 변수를 선언한다.

❸ data의 길이가 1보다 길면 리스트를 반환한다. 이 경우에는 리스트 그대로 반환한다.

❹ data의 길이가 1이고 타입이 숫자형이면 해당 정수를 반환한다. 다운로드 숫자와 같은 경우가 이에 해당할 것이다.

❺ data의 길이가 1이며 숫자가 아니면 그냥 데이터를 반환힌다. 단순 문지열이나 링크 주소 같은 경우가 여기에 해당한다.

❻ 아직 함수에서 리턴값을 반환하지 않았다면 빈 리스트를 반환한다. 여기서 리스트를 사용하는 이유는 데이터를 찾을 수 없는 경우 extract가 빈 리스트를 반환할 것으로 예상되기 때문이다. 만약 None 타입이나 빈 문자열을 사용하였다면 CSV에 저장하는 코드를 수정해야 할 수 있다.

❼ 이 부분에서는 새로운 함수를 호출하고 self.grab_data 메서드와 그 안에 인수인 resonpse 오브젝트와 XPath 선택자, 그리고 문자열들을 넘겨준다.

이제 제법 데이터와 코드가 깨끗해지고 중복된 부분이 적어졌다. 여기서 코드를 더 개선할 수도 있지만 머리를 더 아프지 않게 하기 위해, 이쯤 하고 이제는 크롤링 규칙을 정의하는 단계로 넘어가자. 크롤링 규칙은 정규식으로 표현되며 우리가 만든 웹 스파이더가 어떤 형식의 URL을 따라갈 것인지 정해준다(다행히 7장에서 정규식을 이미 다루었다). 다음의 패키지 링크들을 살펴보면 일정한 패턴이 존재한다는 것을 알 수 있다. (*https://pypi.python.org/pypi/dc-campaign-finance-scrapers/0.5.1*, *https://pypi.python.org/pypi/scrapely/0.12.0*)

- 둘 다 같은 도메인인 pypi.python.org을 가지며 https를 사용한다.
- URL 내에 같은 경로를 가진다. /pypi/〈라이브러리명〉/〈버전 번호〉
- 라이브러리의 이름은 소문자와 대시를 사용하며 버전 번호는 숫자와 마침표로 이루어져 있다.

정규식 규칙은 이러한 유사점들을 이용해 정의된다. 스파이더에서 사용하기 이전에 파이썬 콘솔에서 먼저 시험해보자.

```
import re

urls = [
    'https://pypi.python.org/pypi/scrapely/0.12.0',
    'https://pypi.python.org/pypi/dc-campaign-finance-scrapers/0.5.1',
]

to_match = 'https://pypi.python.org/pypi/[\w-]+/[\d\.]+'      ❶

for u in urls:
    if re.match(to_match, u):
        print re.match(to_match, u).group()                   ❷
```

❶ 이 줄에서는 앞에서 탐색하였듯이 *https, pypi.python.org* 그리고 경로를 포함하는 주소를 찾는다. 첫 번째 블록은 pypi이며 두 번째 블록은 소문자와 대시 기호([\w-]+로 표현된다)로 이루어져 있으며 마지막 블록은 숫자와 마침표 ([\d\.]+)로 이루어져 있다.

❷ 이 부분은 표현식과 일치하는 매칭 그룹을 출력한다. regex 모듈의 match 메서드를 사용하는 이유는 Scrapy의 크롤링 스파이더가 해당 메서드를 사용하기 때문이다.

실행 결과 규칙과 일치하는 결과가 두 개 있다. 이제 다음은 무엇을 해야 하는지 알아보자. Scrapy 크롤링 스파이더는 시작 URL을 살펴보고 따라갈 URL들을 찾는다. 검색 결과 페이지(*http://bit.ly/scrape_packages*)를 다시 살펴보면 상대적 URL을 사용하기 때문에 항상 URL 경로만 일치하면 되는 것을 알 수 있다. 또한 모든 링크 주소들은 테이블 안에 위치하기 때문에 Scrapy에게 정확히 어디를 크롤링 해야 할지를 알려주면 된다. 이상을 기반으로 다음의 크롤링 규칙들을 추가하여 파일을 수정하자.

```
from scrapy.contrib.spiders import CrawlSpider, Rule          ❶
from scrapy.contrib.linkextractors import LinkExtractor       ❷
from scrapyspider.items import PythonPackageItem

class PackageSpider(CrawlSpider):                             ❸
    name = 'package'
    allowed_domains = ['pypi.python.org']
    start_urls = [
        'https://pypi.python.org/pypi?%3A' + \
            'action=search&term=scrape&submit=search',
        'https://pypi.python.org/pypi?%3A' + \
            'action=search&term=scraping&submit=search',     ❹
    ]

    rules = (
        Rule(LinkExtractor(
            allow=['/pypi/[\w-]+/[\d\.]+', ],                ❺
            restrict_xpaths=['//table/tr/td', ],             ❻
        ),
            follow=True,                                     ❼
            callback='parse_package',                        ❽
        ),
    )

    def grab_data(self, response, xpath_sel):
        data = response.xpath(xpath_sel).extract()
        if len(data) > 1:
            return data
        elif len(data) == 1:
            if data[0].isdigit():
                return int(data[0])
            return data[0]
        return []

    def parse_package(self, response):
        item = PythonPackageItem()
        item['package_page'] = response.url
        item['package_name'] = self.grab_data(
            response, '//div[@class="section"]/h1/text()')
        item['package_short_description'] = self.grab_data(
            response, '//meta[@name="description"]/@content')
        item['home_page'] = self.grab_data(
            response, '//li[contains(strong, "Home Page:")]/a/@href')
        item['python_versions'] = []
            versions = self.grab_data(
            response, '//li/a[contains(text(), ":: Python ::")]/text()')
        for v in versions:
            version = v.split("::")[-1]
            item['python_versions'].append(version.strip())
        item['last_month_downloads'] = self.grab_data(
            response, '//li/text()[contains(., "month")]/../span/text()')
        item['package_downloads'] = self.grab_data(
            response,
            '//table/tr/td/span/a[contains(@href,"pypi.python.org")]/@href')
        return item
```

❶ CrawlSpider 클래스와 Rule 클래스 모두를 불러온다. 크롤링 스파이더는 둘

다 필요로 하기 때문이다..

❷ LinkExtractor를 불러온다. 기본 링크 추출기는 우리가 이미 배운 LXML을 사용한다.

❸ Spider를 CrawlSpider 클래스로부터 상속받도록 재정의한다. 상속받는 내용이 달라지기 때문에 링크 규칙 속성도 새로 정의해야 한다.

❹ 검색 페이지에서 scrape와 scraping 두 가지 키워드 모두 검색하도록 바꿔서 더 많은 파이썬 패키지를 찾는다. 여기에 더 많은 키워드를 넣어 시작 포인트를 늘릴 수 있다.

❺ 페이지의 링크를 찾을 수 있도록 허락하는 정규식을 정의한다. 상대 경로만 필요로 하기 때문에 도메인을 제외한 경로로만 시작한다. allow 변수는 리스트 입력을 허락하기 때문에 다양한 URL을 찾을 수 있는 여러 개의 규칙을 추가할 수 있다.

❻ 이 부분에서는 크롤링 스파이더로 하여금 결과 테이블만 탐색하도록 제한한다. 테이블 내의 행 안에 있는 열 안쪽만을 살펴보도록 말이다.

❼ 조건과 일치하는 링크를 따라가도록 한다. 종종 콘텐츠를 파싱할 필요가 있으나 하이퍼링크 자체는 따라갈 필요가 없을 수도 있다. 만약 페이지 링크를 따라가도록 하고 싶으면 follow 값을 True로 설정하면 된다.

❽ CrawlSpider 클래스에서 사용하는 parse 메서드는 Spider 클래스에서 사용하는 parse 메서드와 다르기 때문에 크롤링 규칙에 추가하는 콜백 메서드의 이름으로 이를 사용해서 덮어씌우지 않도록 한다. 우리가 수집 대상으로 하는 페이지에서 규칙에 부합하는 URL을 찾았을 때에는 parse_package 메서드를 콜백 메서드로 사용할 것이다.

크롤링 스파이더는 일반 스파이더와 마찬가지로 다음과 같이 실행시킬 수 있다.

```
scrapy crawl package
```

이제 첫 크롤링 스파이더를 작성하였다. 지금까지 더 개선할 점을 발견하였는가? 사실 아직도 코드에 쉽게 고칠 수 있는 버그가 몇 가지 있다. 그것이 무엇인지 발견해보자. (힌트 : 데이터 내의 파이썬 버전 필드를 살펴보고 어떤 식으로 반환되었는지 살펴보라. grab_data로 반환했을 때와 어떻게 다른가?) 크롤링 스파이더 스크립트에서 이 버그를 한번 해결해 보라. 도중에 막히면 이 책의 저장소에서 완전히 수정된 코드를 다운 받아 열어보자(*https://github.com/jackiekazil/data-wrangling*).

Scrapy는 강력하고 빠르고 설정이 쉬운 도구이다. 아직 Scrapy의 멋진 사용자 문서(*http://doc.scrapy.org/en/latest/*)를 통해 살펴볼 것들이 더 많이 남아있다. Scrapyd(*http://scrapyd.readthedocs.org/en/latest/*)를 사용해 데이터베이스를 사용하고 서버에서 작동하도록 스크립트를 수정해보자. 부디 이 장이 앞으로 많이 사용할 Scrapy의 첫 프로젝트였으면 좋겠다.

이제 스크린 리더, 브라우저 리더, 그리고 스파이더에 대해 모두 이해하게 되었다. 이제부터 더욱 더 복잡한 웹 스크래퍼를 구축하는 방법을 알아보자.

네트워크 : 인터넷의 작동 원리와 스크립트가 망가지는 이유

만든 웹 스크래퍼 스크립트의 실행 주기와 오류에 대한 취약도에 따라 고민을 하게 되는 시점이 달라질 수는 있지만, 변하지 않는 점은 언젠가 네트워크 문제에 직면하게 될 것이라는 사실이다. 그렇다. 인터넷이 스크립트를 망가뜨리는 것이다. 그리고 그렇게 될 수밖에 없는 가장 큰 이유는 인터넷은 정말로 중요한 작업을 수행하는 중이라면 문제가 생겼을 때 다시 접속 시도를 할 것이라고 예상하고 있기 때문이다.

접속 차단, 프락시, 타임아웃 등은 웹 스크래핑 세계에서 아주 흔히 발생하는 사건들이다. 그러나 이러한 문제를 해결할 수 있는 방법들이 있다. 예를 들어 브라우저에서는 뭔가 제대로 작동하지 않으면 그저 새로고침 버튼을 눌러서 처음부터 다시 요청을 보내면 된다. 스크래퍼에서도 이런 동작을 흉내 낼 수 있다. 특히 셀레니움을 사용하고 있다면 손쉽게 콘텐츠를 다시 읽어 들일 수 있다. 셀레니움의 webdriver 오브젝트에는 브라우저에서의 새로고침과 같은 기능이 장착되어 있기 때문이다. 가끔 입력 폼을 작성하다가도 브라우저를 사용할 때처럼 다음 페이지로 가기 위해 다시 제출을 할 필요가 있다. 셀레니움은 경고창이나 팝업창의 메시지를 확인하거나 취소할 수 있는 도구도 제공한다(*http://bit.ly/selenium_common_alert*).

Scrapy에는 내장된 재시도 미들웨어가 있다. 이를 활성화시키기 위해서는 프로젝트의 settings.py 파일의 미들웨어 리스트에 그것을 추가하기만 하면 된다. 미들웨어(*http://bit.ly/downloader_middleware*) 설정에서는 어떤 HTTP 응답 코드에 대해 재시도를 할지 그리고 몇 번이나 시도할지에 대한 디폴트 값을 지정해 줄 수 있다.

> 디폴트 값을 지정하지 않으면 사용자 문서에 기록되어 있는 기본 설정대로 동작할 것이다. 우리는 재시작 회수를 10회로 시작하되 이후 다운로드 대기 시간을 늘리든지 사이트에 과부하가 걸리고 있지는 않은지 에러 코드를 검토하길 추천한다.

만약 LXML이나 뷰티플수프(BeautifulSoup)가 포함된 파이썬 스크립트를 작성해 사용하고 있다면 이러한 에러들을 포착하고 처리하는 방법을 알아보는 것이 좋다. 종종 urllib2.HTTPError 예외 같은 것(*http://bit.ly/httperror_exceptions*)이 발생할 테고, 이럴 경우 requests 모듈을 사용하고 있다면 콘텐츠를 로드하지 못하고 실패할 것이다. 파이썬의 try...except 블록을 사용하면 대략 이런 코드를 짜게 될 것이다.

```python
import requests
import urllib2

resp = requests.get('http://sisinmaru.blog17.fc2.com/')

if resp.status_code == 404:                                         ❶
    print 'Oh no!!! We cannot find Maru!!'
elif resp.status_code == 500:
    print 'Oh no!!! It seems Maru might be overloaded.'
elif resp.status_code in [403, 401]:
    print 'Oh no!! You cannot have any Maru!'

try:
    resp = urllib2.urlopen('http://sisinmaru.blog17.fc2.com/') ❷
except urllib2.URLError:                                            ❸
    print 'Oh no!!! We cannot find Maru!!'
except urllib2.HTTPError, err:                                      ❹
    if err.code == 500:                                            ❺
        print 'Oh no!!! It seems Maru might be overloaded.'
    elif err.code in [403, 401]:
        print 'Oh no!! You cannot have any Maru!'
    else:
        print 'No Maru for you! %s' % err.code                     ❻
except Exception as e:                                              ❼
    print e
```

❶ requests 라이브러리를 사용해 네트워크 에러를 발견할 때에는 응답의 status_code를 살펴보면 된다. 이 속성은 HTTP 응답을 통해 받은 숫자로 된 상태 코드를 반환한다. 여기서는 404 에러를 확인하고 있다.

❷ urllib2를 사용할 경우에는 이와 같이 try 문 안에 페이지 요청문을 집어넣자.

❸ urllib2에서 흔히 볼 수 있는 오류 중 하나는 URLError이다. 가능하면 오류 발생 시 메시지를 띄우는 것이 좋다. 도메인 주소를 찾을 수 없을 때 거의 이

에러가 발생할 것이다.

❹ urllib2에서 발생할 수 있는 또 다른 오류 중 하나는 HTTPError이다. HTTP 요청 오류와 관련된 잘못된 응답이 있을 경우 이 오류가 발생한다. 쉼표와 err를 추가하여 오류 내용을 변수 err에 집어넣어 이후 열람해 볼 수 있다.

❺ 이전 라인에서 에러를 포착하고 err 변수에 저장하였던 것을 이 라인에서는 code 속성을 열어 HTTP 오류 코드를 확인한다.

❻ 기타 모든 HTTP 오류를 위해 이 라인에서는 else 문 안에서 문자열 포매팅을 통해 코드의 오류를 출력한다.

❼ 이 부분에서는 그 외 다른 모든 종류의 오류를 포착하고 오류 내용을 출력한다. 여기에서도 마찬가지로 예외 발생사항을 e 변수에 저장하고 출력한다.

오류에 최대한 강한 스크립트를 작성하기 위한 지능적인 방법은 14장에 더 자세히 설명되어 있다. 무엇보다 예외 처리를 잘 하기 위해서는 try...except 블록을 코드 전반에 걸쳐 올바르게 사용하는 것이 중요하다. HTTP 오류를 제외하고도 가끔 페이지 로딩 시간이 오래 걸릴 수도 있다. 이와 같이 응답이 느리거나 응답 지연 문제가 있을 경우에는 타임아웃 시간을 조정하면 된다.

> ✅ 응답 지연(latency)란 무엇인가? 네트워크 용어로 데이터가 한 곳에서 다른 곳으로 가는 데 걸리는 시간을 의미한다. 왕복 응답 지연(round-trip latency)이란 사용하는 컴퓨터에서 서버로 요청을 보낸 뒤 응답이 돌아오는 데 걸리는 시간을 의미한다. 응답 지연이 발생하는 이유는 요청에 따라 데이터가 때때로 수천 킬로미터를 지나 전송되기 때문이다.

스크립트를 작성하고 확장할 때에는 응답 지연에 대해 생각해 볼 필요가 있다. 평소 서버가 해외에 있는 사이트에 접속하고자 할 때 응답 지연을 경험해본 적이 있을 것이다. 스크립트에 타임아웃을 설정하거나 스크래핑 서버를 해당 호스트에 물리적으로 가까이 설치하는 방법도 있다. 참고로 셀리니움과 Ghost.py 스크립트에는 타임아웃 시간을 직접 설정할 수 있다.

셀레니움에서는 set_page_load_timeout(*http://bit.ly/set_page_load_timeout*) 메서드를 사용하거나 브라우저에게 특정 부분이 로드되기를 기다리도록 하는 명시적 또는 암시적 대기(*http://bit.ly/selenium_waits_docs*) 기능을 사용할 수 있다. Ghost.py에서는 Ghost 클래스에 사용자 문서에 나온 것처럼 wait_timeout(*http://bit.ly/ghost_class*) 인자를 집어넣을 수 있다.

Scrapy는 비동기 방식의 스크래퍼이고 짧은 시간에 특정 URL을 수없이 재시도할 수 있기 때문에 타임아웃 설정이 큰 문제가 아니다. 물론 필요에 따라 Scrapy에서 `DOWNLOAD_TIMEOUT` TIMEOUT(*http://doc.scrapy.org/en/latest/topics/settings.html#download-timeout*) 속성을 직접 설정해 줄 수는 있다.

LXML이나 뷰티플수프를 이용해 파이썬 스크립트를 직접 작성하고 있다면 타임아웃을 사용자가 알아서 설정해 줘야 한다. 이때 requests나 urllib2 라이브러리를 사용하고 있다면 페이지 요청 시 타임아웃을 직접 설정하는 것이 가능하다. requests를 사용한다면 get 요청 시 타임아웃 시간을 인수로 넣어주면 되고(*http://bit.ly/quickstart_timeouts*) urllib2의 경우에는 urlopen 메서드에서 타임아웃 시간을 인수로 넣어주면 된다(*http://bit.ly/urlopen*).

만약 네트워크 관련 문제가 지속적으로 발생한다면 스크립트를 실행시키는 안정적인 주기를 찾는 것이 좋으며, 그 외에도 오류 관련 로그를 남기거나, 다른 네트워크로 접속을 하거나, 아니면 트래픽이 적은 시간에 실행을 하는 방법들을 시도해 보자.

> 💡 스크립트를 오후 5시나 오전 5시에 실행시키는 게 차이가 있을까? 오후 5시에는 로컬 ISP 네트워크가 바쁠 확률이 높지만 반대로 새벽 5시에는 사용자가 별로 없을 것이다. 집에서 피크 이용 시간대에 직접 사이트에 접속을 시도했을 때 네트워크 상태가 좋지 않아 아무 작업도 할 수 없다면, 스크립트 역시 해당 시간에 올바르게 동작하기 어려울 것이다.

네트워크 문제를 제외하고도 다른 문제들이 충분히 발생할 수 있다. 인터넷은 변화하기 때문이다.

변화하는 인터넷(또는 당신의 스크립트가 망가지는 이유)

이미 잘 알고 있는 사실이겠지만 사이트 개편이나 콘텐츠 관리 시스템 업데이트, 페이지 구조 변경 같은 작업은 인터넷 환경에서 항상 있는 일이다. 웹은 언제나 성장하고 변하고 있다. 그렇기에 당신의 웹 스크래핑 스크립트는 반드시 언젠가 망가질 것이다. 그나마 좋은 소식은 연 단위로 변하는 사이트들도 많다는 것이다. 또한 스타일 변경이나 광고 변경과 같이 콘텐츠나 페이지 구조에 영향을 미치지 않는 변경사항들도 있다. 희망을 잃지 말라. 작성한 코드는 그래도 한동안 잘 작동할 테니.

그러나 희망 고문을 하려는 생각은 아니다. 다시 말하지만 작성된 스크립트는 언젠가 작동하지 않을 것이다. 그저 어느 날 그렇게 갑자기 스크립트가 사망하는 날이 오는 것이다. 그런 날이 오게 되면, 스스로 잘 다독이고 따뜻한 차나 커피를 마시며 다시 스크립트를 만들어 보자.

이미 사이트의 콘텐츠를 살펴보며 필요한 부분을 알아내는 데 굉장히 익숙해졌을 것이다. 멀쩡히 잘 동작하는 코드 또한 상당 부분 남아있을 것이다. 데이터 수집에 필요한 도구와 기술을 모두 갖추고 있다는 것을 기억하라.

몇 가지 주의 사항

웹 스크래핑은 양심적으로 진행해야 하는 작업이다. 그뿐 아니라 여러분에게 적용되는 웹 콘텐츠 관련 법규 또한 알아야 할 필요가 있다. 양심적으로 행동하는 방법은 대개 명확하다. 첫째, 다른 사람의 콘텐츠를 가져와서 본인의 것인 양 행동하지 않는다. 둘째, 공유되어서는 안 되는 콘텐츠를 긁어오지 말라. 요약하자면, 나쁜 짓을 하지 말라는 이야기다. 하고 있는 작업 중 부모님이나 친한 친구에게 알리기 부끄러운 일이 있다면 그 일을 하지 않으면 된다.

이 정도의 설명이 너무 모호하다고 느껴진다면 좀 더 명확히 알 수 있는 방법들이 있다. 대부분의 스크래핑 라이브러리들은 페이지 요청 대상자에게 사용자-에이전트 문자열을 보낼 수 있게 해 준다. 이를 이용하면 수집을 진행하는 여러분이나 회사에 대한 정보를 해당 문자열에 포함시켜 사이트의 콘텐츠를 긁어가는 주체가 누구인지 명확히 밝힐 수 있다. 또한 사이트상의 특정 구역으로의 접근을 막는 robots.txt(*http://www.robotstxt.org/robotstxt.html*) 파일을 읽어보는 것도 좋은 방법이다.

> 🔅 사이트를 탐색하는 스파이더를 구축하기 전에 본인이 관심 있는 부분이 사이트의 robots.txt 파일에서 불허된 항목에 포함되지 않았는지 확인해 보라. 만약 수집하고자 하는 콘텐츠가 허가된 부분에 포함되지 않았다면 해당 데이터를 얻을 수 있는 다른 방법을 찾아보거나 사이트 관리자에게 그것을 얻을 수 있는 방법을 물어보라.

스크래핑을 진행할 때 양심적으로 행동할 수 있다면 변호사나 기업 그리고 정부와의 갈등을 피해 수집된 정보를 마음껏 사용할 수 있을 것이다.

요약

이제 파싱하기 힘든 콘텐츠를 보유한 페이지로부터 데이터를 수집하는 스크래퍼를 어렵지 않게 작성할 수 있을 것이다. 셀레니움이나 Ghost.py를 이용해서

브라우저를 열고, 웹 페이지를 읽은 다음, 페이지와 상호작용을 해서 데이터를 추출하면 되기 때문이다. Scrapy를 통해 크롤링과 스파이더링을 해서 도메인 전체에 펼쳐 있는 대량의 데이터를 수집하는 방법도 배웠다. 마지막으로 정규 표현식을 익히고 Scrapy를 참고해 자신만의 파이썬 클래스를 만들 수도 있을 것이다.

게다가 여러분의 파이썬 코드는 점점 개선되고 있다. 배시 명령어도 익히고 셸 스크립트를 사용하는 법을 배우며 전문적인 데이터 랭글러가 되어가고 있다. 표 12-2는 이번 장에서 배운 새로운 개념과 도구들을 나열하고 있다.

개념/라이브러리	목적
셀레니움(Selenium) 라이브러리	웹페이지와 직접 상호작용을 하기 위한 라이브러리로 본인이 원하는 브라우저나 헤드리스 브라우저에서 사용 가능. 브라우저에서 엘리먼트를 클릭하거나 폼 양식을 채우는 등 콘텐츠를 가져오기 위해 사용자가 직접 여러 가지 상호작용을 해야 할 경우 유용함
PhantomJS 라이브러리	서버 기반 웹 스크래핑을 하기 위한 헤드리스 브라우저를 제공하는 자바스크립트 라이브러리. 자바스크립트만을 사용하는 웹 스크래퍼를 만드는 데에도 사용 가능
Ghost.py 라이브러리	브라우저가 아니라 Qt 웹킷을 사용해 웹페이지와 상호작용하는 라이브러리. 네이티브로 자바스크립트를 작성할 수 있기에 브라우저를 사용하는 것과 유사한 효과를 낼 수 있음
Scrapy 라이브러리	하나 또는 그 이상의 도메인에서 스파이더링과 크롤링을 하기 위해 사용되는 라이브러리. 여러 개의 도메인에서 데이터 수집이 이루어져야 하는 경우 매우 유용함
Scrapy 크롤링 규칙	URL 구조에 맞는 엘리먼트들을 인식하고 링크를 찾는 크롤링 규칙. 이를 통해 새로운 콘텐츠들을 더 찾을 수 있음

표 12-2 12장에 소개된 파이썬 및 프로그래밍 개념과 라이브러리들

마지막으로 스크래퍼를 선택할 때에는 다음의 규칙을 따르도록 하자(표 12-3 참조).

스크래퍼의 유형	라이브러리	용례
페이지 리더 스크래퍼	BeautifulSoup, LXML	원하는 모든 데이터가 한 번의 요청으로 로딩되는 페이지 하나에 담겨 있는 간단한 페이지 스크래핑
브라우저 기반 스크래퍼	Selenium, Phan-tomJS, Ghost.py	페이지상의 엘리먼트들과 상호작용을 해야 하거나 여러 번 요청해 콘텐츠를 불러와야 하는 경우 사용되는 브라우저 기반 스크래핑
웹 스파이더 / 크롤러	Scrapy	여러 페이지에 걸쳐 있는 링크들을 비동기 방식으로 빠르게 찾아가는 스크래퍼. 여러 도메인에 걸쳐 있는 데이터를 찾아야 하는 경우 유용함

표 12-3 상황별 사용 스크래퍼

다음 장부터는 API를 이용해 웹 처리 능력을 향상시키고, 데이터 수집 태스크를 자동화하며 규모를 확장하는 방법을 순서대로 배울 것이다. 지금까지 배운 기술

을 종합해 일일이 손대지 않아도 반복적으로 자동 수행이 가능한 스크립트를 만들 것이다. 이 책의 시작 부분에서 언급했던 기계적으로 반복되는 태스크들이 기억나는지? 이제는 그런 귀찮은 작업을 할 필요가 없다는 뜻이다. 궁금하다면 계속해서 다음 장을 계속 읽어보자.

13장

API

애플리케이션 프로그래밍 인터페이스라 하면 뭔가 복잡한 개념을 이야기하는 것 같지만 사실은 그렇지 않다. API란 웹에서 데이터를 공유하는 표준화된 방법을 뜻한다. 수많은 웹 사이트들이 API를 사용하여 데이터를 공유하고 있고 그것을 다 소개하기에는 너무나도 많기에 흥미로운 사례만을 몇 가지 추리자면 다음과 같다.

- 트위터(*https://dev.twitter.com/overview/api*)
- 미국 인구조사국(*http://www.census.gov/data/developers/data-sets.html*)
- 세계은행(*http://data.worldbank.org/node/9*)
- 링크드인(*https://developer.linkedin.com/docs/rest-api*)
- 샌프란시스코 오픈데이터(*https://data.sfgov.org/*)

이상의 모든 사례가 API를 사용하여 데이터를 반환하고 있다. 여러분이 API에 요청을 하면 API는 데이터를 반환하는 방식이다. API는 애플리케이션과 상호작용을 하는 역할도 한다. 예를 들어, 우리는 트위터 API를 통해 데이터를 가져와 트위터와 상호작용을 하는 새로운 애플리케이션을 만들 수도 있다(예 : API를 사용해 트위터에 포스팅을 하는 애플리케이션). 대부분의 API에서는 API를 제공하는 회사 서비스와 상호작용하는 걸 허가하고 있으며 구글 API(*https://developers.google.com/apis-explorer/#p/*) 역시 그러한 API 중 하나이다. 링크드인 API를 이용하면 데이터를 가져올 수 있을뿐더러 웹 인터페이스를 통하지 않고서도 링크드인에 정보를 직접 업데이트할 수 있다. API는 다재다능하기 때문에

서비스의 한 형태라고도 볼 수 있다. 우리의 용도에 따르면 데이터를 제공하는 서비스로 볼 수도 있다.

이번 장에서는 API를 사용하여 데이터를 요청하고 데이터를 여러분의 컴퓨터에 저장하도록 할 것이다. API는 보통 JSON, XML 또는 CSV 파일 형태로 데이터를 반환하는데, 이는 데이터를 로컬 컴퓨터에 저장한 이후 앞의 장에서 배운 기술들을 사용해 파싱을 하기만 하면 된다는 뜻이다. 여기서는 트위터 API를 사용해본다.

트위터 API를 선택한 데는 여러 가지 이유가 있다. 첫째, 트위터는 잘 알려진 플랫폼 중 하나이다. 둘째, 트위터에는 사람들이 분석에 관심을 가질 만한 수많은 데이터가 있다. 마지막으로 트위터 API는 우리가 API와 관련된 다양한 개념들을 학습하는 데 좋은 교재 역할을 할 수 있다.

트위터 데이터는 백만 트위터 지도(*http://onemilliontweetmap.com/*)에서와 같이 비공식 정보 수집 도구로도 사용되며 독감 트렌드 예측(*http://bit.ly/flu_trends_twitter*)이나 지진 탐지(*http://bit.ly/social_sensors*)와 같은 좀 더 공식적인 리서치 도구로 사용되기도 한다.

API에서 제공하는 기능들

API는 요청에 대한 응답 데이터를 보내는 것과 같이 아주 간단한 형태로 구현할 수도 있지만 보통 그런 기능만 보유하고 있는 API는 흔하지 않다. 대부분의 API들에서는 다른 유용한 기능들을 많이 보유하고 있다. REST나 스트리밍 형태의 다중 API 요청이라든지, 데이터 계층, 요청 제한, 데이터 타임스탬프, 그리고 API 접근 오브젝트(키와 토큰 값) 등이 그러한 기능의 예다.

REST API vs. 스트리밍 API

트위터 API는 REST와 스트리밍의 두 가지 형태로 존재한다. 대부분의 API들은 RESTful 방식을 사용하나 실시간 서비스를 제공하는 일부 사이트에서는 스트리밍 API를 제공한다. REST는 Representational State Transfer의 줄임말로, API 아키텍처에서의 안정성을 추구하기 위해 설계되었다. REST API에서 얻을 수 있는 데이터는 `requests` 라이브러리를 통해서 접근할 수 있다(11장 참조). `requests` 라이브러리를 사용하면 REST API에서 데이터를 요청하는데 사용되는 `GET`과 `POST` 웹 요청을 하는 것이 가능하다. 트위터에서는 REST API를 통해서 트위터 글을 검색하거나 트위터에 포스팅을 하는 등 트위터 웹 사이트에서 가능한 대부분의 작업을 할 수 있다.

> REST API를 사용하는 경우 일반적으로 브라우저에 URL을 입력해 보는 방식으로 쿼리 요청 결과를 미리 확인해 볼 수 있다. 브라우저에서 URL을 입력했는데 알아볼 수 없는 텍스트 덩어리가 나오는 경우에는 포맷을 미리 볼 수 있는 프로그램 설치를 추천한다. 예를 들어 크롬 브라우저에서는 JSON 파일을 보기 좋게 바꾸어주는 플러그인들이 존재한다.

스트리밍 API는 실시간 서비스를 운용하며 쿼리와 관련된 데이터가 들어오기를 기다리고 있다. 스트리밍 API를 사용할 때에는 데이터 수집에 특화된 라이브러리 설치를 권장한다. 트위터의 스트리밍 API의 동작 방식에 대해 더 알아보고 싶다면 트위터 웹 사이트에서 API 개요를 읽어보도록 하자(*https://dev.twitter.com/streaming/overview*).

요청 제한

API에는 대개 사용자가 일정 기간 내에 요청할 수 있는 데이터의 양을 제한하는 요청 제한이 걸려 있다. API 제공자들은 각자의 사정에 따라 요청 제한을 걸어 놓는다. 요청 제한 이외에도 데이터의 일부만 열람할 수 있게 해 놓는 경우도 있다. 내부 구조적인 문제도 있고 고객 서비스 측면을 고려해서라도 API 제공자들은 서버에서 감당할 수 있도록 요청 가능 횟수를 제한하고 싶어한다. 만약 모든 사용자가 모든 데이터에 항상 접근할 수 있게 되어 있다면 API 서버가 다운되고 말 것이다.

만약 유료 API를 사용할 일이 생긴다면 본인이 얼마나 지불할 수 있는지 그리고 데이터가 작업에 얼마나 가치가 있는지를 판단할 필요가 있다. 요청 제한이 있는 API의 경우에는 데이터의 일부만을 취하는 것이 태스크 달성에 충분한지를 생각해 보아야 한다. 요청 제한이 있는 API를 사용하게 되면 표본의 대표성을 확보하기 위해 데이터 수집에 오랜 시간이 걸릴 수 있기 때문에 어느 정도의 노력이 투입되어야 하는지를 충분히 미리 확인하는 것이 좋다.

API는 관리의 편의를 위해 모든 사용자에 대해서 제한을 걸어 놓는 경우가 많다. 트위터 API 또한 그러한 방식으로 운용되던 때가 있었다. 그러나 스트리밍 API의 등장 이후로 항상 지속적인 데이터 스트림을 제공하게 되었다. REST API가 15분 간격으로 가능한 요청 수를 제한하는 것과는 대조적이다. 개발자들의 요청 제한에 대한 이해를 돕기 위해 트위터에는 요청 제한 차트가 공개되어 있다(*https://dev.twitter.com/rest/public/rate-limits*).

여기서는 연습을 위해서 GET search/tweets라는 항목을 이용할 것이다. 이 쿼리는 해당 검색 키워드를 포함하는 트윗들을 반환한다. 관련 개발 문서를 참조하면(*http:// bit.ly/get_search_tweets*) 해당 API가 JSON 형식으로 응답하며 15분에 180개 또는 450개의 요청 제한이 걸려 있음을 알 수 있다.

 API 응답을 통해 데이터를 저장하게 되면 한 개의 파일 또는 여러 개의 파일에 데이터를 저장할 수 있다. 6장에서 다루었던 것처럼 트윗 데이터를 데이터베이스에 저장하는 방법도 있다. 어떠한 방식으로 데이터를 저장하든 주기적으로 저장하여 데이터를 유실하지 않도록 하자.

3장에서는 단일 JSON 파일을 처리했었다. 15분마다 API를 최대한 활용하게 되면 우리는 15분마다 180개의 JSON 파일을 수집할 수 있게 된다. 트위터나 다른 API를 사용하며 요청 제한에 걸려 수집기를 수정해야 될 일이 생기면 트위터의 API 요청 제한 항목에서 "요청 제한을 피하는 방법"을 읽어보도록 하자(*https:// dev.twitter.com/rest/public/ratelimiting*).

데이터 볼륨 계층

지금까지 우리는 API를 통해서 무료로 얻을 수 있는 데이터에 대해서만 이야기해왔다. 그러나 데이터 전체를 얻는 방법이 궁금할 수도 있다. 트위터의 경우 세 가지 접근 단계가 존재한다. 소방용 호스, 정원용 호스, 그리고 스프릿츠(Spritzer)가 그것이다. 여기서 말하는 스프릿츠는 공개 API를 뜻한다. 표 13-1에서 이 단계들의 차이점을 확인할 수 있다.

피드 타입	커버리지	입수가능성	비용
소방용 호스	모든 트윗	트위터 파트너인 DataSift(*http://datasift.com/*)나 Gnip(*https:// gnip.com/*)을 통해 접근 가능	비용이 많이 든다.
정원용 호스	전체 트윗의 10%	신규 구독이 불가능하다.	사용 불가
스프릿츠	전체 트윗의 1%	공개 API를 통해 접근 가능	무료

표 13-1 트위터 피드 타입

이 표를 보고 "소방용 호스 타입을 사용하고 싶다"고 생각할 수도 있다. 하지만 데이터 접근 권한을 구매하기 전에 먼저 알아야 할 사항들이 있다.

· 소방용 호스를 통해 입수하게 되는 것은 초대용량의 데이터이다. 이런 대용

량 데이터를 다룰 때에는 데이터 랭글링 작업의 확장성을 고려해야 한다. 소방용 호스를 통해 데이터에 단순히 쿼리를 날릴 수 있도록 하기 위해서 사전에 많은 데이터 엔지니어들과 서버를 준비해야 할 수도 있다.

- 소방용 호스를 사용하기 위해서는 일 년에 수십만 달러에 달하는 비용이 발생한다. 물론 여기에는 데이터를 소비하기 위해 추가적으로 갖추어야 하는 서버 공간이나 데이터베이스 구축 비용과 같은 인프라 비용은 포함되지 않는다. 소방용 호스 데이터를 사용하는 것은 개인이 시도해 볼 만한 일은 아니다. 보통은 규모가 있는 회사나 기관에서 비용을 부담하여 진행한다.

- 사실 진짜로 필요한 데이터는 대부분 스프릿츠 방식을 통해 획득할 수 있다.

우리는 요청 제한 내에서 트윗 피드에 접근할 수 있는 스프릿츠 방식, 즉 트위터의 공개 API를 사용할 것이다. 이 API에 접근하기 위해서 우리는 API 키와 토큰을 사용한다.

API 키와 토큰

API 키와 토큰은 애플리케이션과 사용자를 식별하는 도구이다. 트위터 API를 사용할 때 이 부분에서 혼란스러울 수 있다. 여러분은 총 4가지의 요소를 알 필요가 있다.

API 키

애플리케이션을 식별한다.

API 시크릿

애플리케이션의 비밀번호로써 기능한다.

Token 토큰

사용자를 식별한다.

Token 시크릿

사용자 비밀번호의 기능을 한다.

이 요소들의 조합으로 트위터 API에 접근할 수 있다. 모든 API가 식별자와 비밀번호의 두 겹의 레이어를 가지는 것은 아니지만 트위터가 보안성이 좋은 사례임은 틀림없다. 경우에 따라 API에는 한 개의 키 값만을 요구하거나 또는 키 값을 전혀 요구하지 않을 수도 있다.

트위터 API 키와 접속 토큰 생성

아동 노동 착취에 대한 조사에 이어 이번에는 아동 노동 착취가 트위터에서 언급되는 것을 수집할 예정이다. 트위터 API는 다음 단계들을 거쳐 손쉽게 생성할 수 있다.

1. 트위터 계정이 없는 경우 회원가입을 한다(*https://twitter.com/signup*).
2. *apps.twitter.com*에 본인 계정으로 접속한다.
3. "새 애플리케이션 생성하기(Create New App)" 버튼을 누른다.
4. 애플리케이션 이름을 지정하고 설명을 기입한다. 연습을 위해서 "아동 노동 착취 관련 여론"이라고 이름을 정하고 "트위터로부터 아동 노동 착취에 관한 담화(chatter)를 수집"이라고 기술해놓자.
5. 웹 사이트 주소를 제공하라. 이것은 앱을 호스팅 하는 웹 사이트 주소이다. 지시사항에 "URL이 아직 없을 경우 우선 빈칸을 채워 놓고 나중에 잊지 말고 바꾸라는 내용이 있다. 우리는 아직 URL이 없으니 트위터 주소를 넣자. *https*를 포함해 *https://twitter.com*과 같은 형태로 입력하는 것을 잊지 말자.
6. 개발 동의서에 동의를 표한 후 "트위터 애플리케이션 생성(Create Twitter Application)"을 클릭한다.

애플리케이션 생성이 완료되면 애플리케이션 관리 페이지로 이동하게 된다. 이 페이지로 돌아가고 싶으면 애플리케이션 시작 페이지를 통해 들어갈 수 있다 (*https://apps.twitter.com/*).

이 시점에서 이제 토큰을 생성해야 한다.

1. "접속 키와 토큰(Keys and Access Token)" 탭을 클릭한다. 이곳에서 토큰을 생성하거나 키를 리셋할 수 있다.
2. 맨 아래까지 스크롤 해 "액세스 토큰 생성(Create my access token)" 버튼을 클릭한다. 그러면 페이지가 새로고침되고 상단으로 이동될 것이다. 맨 아래로 다시 스크롤 해서 내려오면 액세스 토큰이 보일 것이다.

이제 컨슈머 키와 토큰이 생겼을 것이다. 대략 이런 형태를 하고 있다.

- 컨슈머 키(Consumer key): 5Hqg6JTZ0cC89hUThySd5yZcL
- 컨슈머 시크릿(Consumer secret): Ncp1oi5tUPbZF19Vdp8Jp8pNHBBfPdXGFtXqo
  Kd6Cqn87xRj0c

- 액세스 토큰(Access token): 3272304896-ZTGUZZ6QsYKtZqXAVMLaJzR8qjrPW22i
  iu9ko4w
- 액세스 토큰 시크릿(Access token secret): nsNY13aPGWdm2QcgOl0qwqs5bwLBZ1
  iUVS20E34QsuR4C

> 절대 다른 사람과 키나 토큰을 공유하지 말라. 타인과 키를 공유하는 순간 그들이 여러분의
> 전자대리인 역할을 할 수 있다. 시스템을 악용하게 되면 접근 권한을 잃은 채 그들의 행동
> 에 책임을 물게 될 수도 있다. 그렇다면 우리의 키는 왜 공개했을까? 우리는 새로운 키를 생
> 성했고, 그 과정에서 책에 포함된 키와 토큰은 사용할 수 없게 되었다. 마찬가지로 여러분도
> 외부에 실수로 키나 토큰을 공개하게 되면 새로 발급받을 필요가 있다. 새로운 키 값이 필요
> 한 경우 "접속 키와 토큰(Keys and Access Token)" 탭에 들어가 "재생성(Regenerate)"
> 버튼을 눌러 새로운 API 키와 토큰을 받도록 하자.

키와 토큰이 있으니 이제 API에 접속을 해보자.

REST API로부터 간단한 데이터 받아 오기

키 쌍을 가지고 이제 트위터 API로 데이터에 접근하는 것이 가능해졌다. 이 장
에서는 간단한 스크립트들을 이용해 검색 쿼리를 보내고 데이터를 받아 올 것이
다. 여기서는 트위터에서 제공하는 파이썬 코드 스니핏을 사용할 것이다(*http://
bit.ly/single-user_oauth*). 이 코드에서는 API를 사용할 때 보안을 유지한 채 식별
과 접속을 할 수 있게 해주는 파이썬 OAuth2 라이브러리를 사용한다.

> 현재 인증을 위한 가장 좋은 방법은 OAuth2를 사용하는 것이다. 일부 API에서는 아직
> OAuth1을 사용하기도 하지만 동작 방법이 다르며 더 이상 지원되지 않는 프로토콜이다.
> OAuth1을 사용해야될 경우에는 requests 라이브러리와 연계해서 requests-OAuthlib
> (*https://requests-oauthlib.readthedocs.org/en/latest/*)을 사용하는 방법도 있다. API를
> 통해 인증을 할 경우에는 이 중 어떠한 프로토콜을 사용하는지 반드시 확인하자. 잘못된 프
> 로토콜을 사용하게 되면 접속 시 에러가 발생할 것이다.

시작하기 위해서 우선 파이썬 OAuth2 라이브러리를 설치해야 한다.

```
pip install oauth2
```

새로운 파일을 열어 Oauth2를 불러오고 키 변수들을 지정하는 것부터 시작
한다.

```
import oauth2

API_KEY = '5Hqg6JTZ0cC89hUThySd5yZcL'
API_SECRET = 'Ncp1oi5tUPbZF19Vdp8Jp8pNHBBfPdXGFtXqoKd6Cqn87xRj0c'
TOKEN_KEY = '3272304896-ZTGUZZ6QsYKtZqXAVMLaJzR8qjrPW22iiu9ko4w'
TOKEN_SECRET = 'nsNY13aPGWdm2QcgOl0qwqs5bwLBZ1iUVS20E34QsuR4C'
```

OAuth 연결을 생성하기 위해 함수를 더한다.

```
def oauth_req(url, key, secret, http_method="GET", post_body="",
              http_headers=None):
    consumer = oauth2.Consumer(key=API_KEY, secret=API_SECRET)        ❶
    token = oauth2.Token(key=key, secret=secret)                      ❷
    client = oauth2.Client(consumer, token)                           ❸
    resp, content = client.request(url, method=http_method,           ❹
                                   body=post_body, headers=http_headers)
    return content                                                    ❺
```

❶ Oauth2 오브젝트의 consumer 키를 설정한다. Consumer는 키의 소유자를 뜻
한다. 이 라인은 consumer에 key를 제공해 API를 식별할 수 있게 해준다.

❷ Oauth2 오브젝트에 토큰을 할당한다.

❸ Consumer와 토큰으로 구성된 clients 오브젝트를 생성한다.

❹ url을 함수의 인수로 하는 oauth2 client를 사용해 request를 실행한다.

❺ 접속을 통해 콘텐츠를 반환 받는다.

이제 우리는 트위터 API에 연결하는 함수를 만들었다. 그러나 URL을 지정해 함
수를 호출해야 한다. Search API 문서를 보면(*https://dev.twitter.com/rest/public/
search*) 우리가 어떤 requests를 사용해야 할지 자세히 나와 있다. 웹 인터페이스
를 사용하면 우리가 #childlabor와 같은 검색어를 넣었을 때 다음의 URL로 변환
되는 것을 볼 수 있다.

https://twitter.com/search?q=%23childlabor

문서는 URL을 다음과 같은 형식으로 바꿀 것을 지시하고 있다.

https://api.twitter.com/1.1/search/tweets.json?q=%23childlabor

이제 해당 url을 변수로 저장하고 앞에서 정의한 변수들을 이용해 함수를 호출
할 수 있다.

```
url = 'https://api.twitter.com/1.1/search/tweets.json?q=%23childlabor'
data = oauth_req(url, TOKEN_KEY, TOKEN_SECRET)
```

```
print(data)                                              ❶
```

❶ 출력 결과물을 보기 위해 print 문을 선언한다.

스크립트를 실행하면 데이터가 아주 긴 JSON 오브젝트 형태로 출력되는 것을 확인할 수 있다. JSON 오브젝트는 파이썬 딕셔너리와 비슷한 녀석이라는 것을 아마 기억하고 있을 테지만 print(type(data)) 명령어를 사용해 확인을 해보면 콘텐츠가 문자열 타입임을 볼 수 있다. 이 시점에서 우리는 두 가지 방법이 있다. 데이터를 딕셔너리로 변환해 파싱을 시작하든지, 문자열을 파일로 저장해 나중에 파싱하는 방법이다. 스크립트상에서 데이터를 파싱하려면 import json을 스크립트 최상단에 추가하고 최하단에 json을 사용해 문자열을 로드하고 출력한다.

```
data = json.loads(data)
print(type(data))
```

data 변수는 파이썬 딕셔너리를 반환한다. 만약 데이터를 파일로 저장한 뒤 나중에 파싱하고 싶다면 대신 다음의 코드를 사용하라.

```
with open('tweet_data.json', 'wb') as data_file:
    data_file.write(data)
```

최종 스크립트는 다음과 같을 것이다.

```
import oauth2
API_KEY = '5Hqg6JTZ0cC89hUThySd5yZcL'
API_SECRET = 'Ncp1oi5tUPbZF19Vdp8Jp8pNHBBfPdXGFtXqoKd6Cqn87xRj0c'
TOKEN_KEY = '3272304896-ZTGUZZ6QsYKtZqXAVMLaJzR8qjrPW22iiu9ko4w'
TOKEN_SECRET = 'nsNY13aPGWdm2QcgOl0qwqs5bwLBZ1iUVS2OE34QsuR4C'

def oauth_req(url, key, secret, http_method="GET", post_body="",
              http_headers=None):
    consumer = oauth2.Consumer(key=API_KEY, secret=API_SECRET)
    token = oauth2.Token(key=key, secret=secret)
    client = oauth2.Client(consumer, token)
    resp, content = client.request(url, method=http_method,
                                   body=post_body, headers=http_headers)
    return content

url = 'https://api.twitter.com/1.1/search/tweets.json?q=%23popeindc'
data = oauth_req(url, TOKEN_KEY, TOKEN_SECRET)

with open("data/hashchildlabor.json", "w") as data_file:
    data_file.write(data)
```

여기서부터는 3장의 JSON 데이터 부분으로 돌아가 참조하면 된다.

트위터 REST API를 사용한 고급 데이터 수집

트위터로부터 트윗 15개 정도를 포함하는 데이터 파일 하나를 추출하는 것 자체는 활용도가 엄청나게 높지 않다. 목표하는 주제에 대해 최대한 많은 트윗을 수집하기 위해서 우리는 연속으로 여러 개의 쿼리를 수행할 수 있어야 한다. 이를 위해서 우리는 수고를 덜어 줄 또 다른 라이브러리를 사용하고자 한다. Tweepy는 다수의 요청과 OAuth 관리를 도와 준다. 우선 tweepy를 설치하는 것부터 시작하자.

```
pip install tweepy
```

최상단에서 tweepy를 불러오고 액세스 토큰값들을 다시 설정한다.

```
import tweepy

API_KEY = '5Hqg6JTZ0cC89hUThySd5yZcL'
API_SECRET = 'Ncp1oi5tUPbZF19Vdp8Jp8pNHBBfPdXGFtXqoKd6Cqn87xRj0c'
TOKEN_KEY = '3272304896-ZTGUZZ6QsYKtZqXAVMLaJzR8qjrPW22iiu9ko4w'
TOKEN_SECRET = 'nsNY13aPGWdm2QcgOl0qwqs5bwLBZ1iUVS2OE34QsuR4C'
```

API 키와 비밀번호를 tweepy의 OAuthHandler 오브젝트에 넘겨주면 이전 예제에서 다루었던 것과 같은 OAuth 프로토콜을 통해 관리해 줄 것이다. 그리고 이제 액세스 토큰을 설정하자.

```
auth = tweepy.OAuthHandler(API_KEY, API_SECRET)      ❶
auth.set_access_token(TOKEN_KEY, TOKEN_SECRET)        ❷
```

❶ 트위터에서 API 인증을 관리하기 위해 오브젝트를 생성한다.

❷ 액세스 토큰 값을 설정한다.

다음은 tweepy.API에 방금 생성한 인증 오브젝트를 넘겨준다.

```
api = tweepy.API(auth)
```

Tweepy.API 오브젝트는 다양한 인자들을 통해 tweepy의 데이터 요청 행동을 입맛에 맞게 바꿀 수 있게 되어 있다. Retry_count=3, retry_delay=5와 같이 재요청 횟수나 지연 시간 등을 직접 지정해줄 수 있다. 다른 유용한 기능으로는 wait_on_rate_limit으로 요청 제한이 풀릴 때까지 다음 요청을 미루는 옵션이 있다. 이렇게 유용한 기능들의 세부 사항들은 tweepy 문서를 통해 살펴볼 수 있다(*http://docs.tweepy.org/en/latest/api.html*).

우리는 tweepy.Cursor를 이용해 트위터 API로의 연결을 생성하고자 한다. 그러고 나서 cursor를 우리가 사용할 API 메서드인 api.search로 다른 인자들과 함께 전달해주면 된다.

```
query = '#childlabor'                                          ❶
cursor = tweepy.Cursor(api.search, q=query, lang="en")        ❷
```

❶ 쿼리 변수를 생성한다.

❷ 해당 쿼리를 이용해 커서를 지정하고 목표 언어를 영어로 제한한다.

> ☑ 커서라는 용어가 직관적이지 않을 수는 있지만 데이터베이스 연결과 관련해 흔히 사용되는 프로그래밍 용어이다. API는 데이터베이스는 아니지만 이런 이유에서 사용되었을 것이다. 커서에 대한 더 자세한 내용은 위키피디아에서 찾아볼 수 있다(*https://en.wikipedia.org/wiki/Cursor_(databases)*).

Tweepy의 문서에 따르면(*http://tweepy.readthedocs.org/en/latest/api.html*) 커서는 아이템별 또는 페이지별 반복자를 반환한다. 제한을 통해(*http://bit.ly/tweepy_limits*) 반환할 페이지나 아이템의 숫자 또한 지정할 수 있다. Print(dir(cursor))를 입력해보면 세 가지 메서드가 존재함을 알 수 있다. ['items', 'iterator', 'pages']이다. 페이지는 여러 개의 항목들을 반환하며 이 경우 각 항목은 쿼리에 대한 개별 트윗들이다. 우리는 목적 달성을 위해 페이지를 사용할 것이다.

페이지를 따라 순회하며 데이터를 저장하자. 그러나 그 전에 해야 할 일이 두 가지 있다.

1. import json을 스크립트 상단에 추가한다.

2. 스크립트와 같은 디렉터리에 data라는 이름의 폴더를 만든다. 이를 위해서는 커맨드라인에서 mkdir data를 실행한다.

이 두 가지를 했다면 다음의 코드를 실행해 페이지를 순회하며 트윗들을 저장한다.

```
for page in cursor.pages():                                   ❶
    tweets = []                                               ❷
    for item in page:                                         ❸
        tweets.append(item._json)                             ❹

with open('data/hashchildlabor.json', 'wb') as outfile:       ❺
    json.dump(tweets, outfile)
```

❶ Cursor.pages()를 통해 반환된 각 페이지에 대해...

❷ 트윗들을 저장하기 위해 빈 리스트를 만든다.

❸ 각 페이지에 있는 항목(트윗)들에 대해...

❹ JSON 트윗 데이터를 추출하고 트윗 리스트에 저장한다.

❺ hashchildlabor.json라는 이름의 파일을 열고 트윗들을 저장한다.

진행하다 보면 트윗들이 파일에 그리 많이 저장되고 있지 않음을 알 수 있다. 한 페이지에 트윗이 15개밖에 없기 때문에 한번에 보다 더 많은 데이터를 가져올 수 있는 방법을 강구해야 한다. 우리가 강구해 볼 수 있는 선택지는 다음과 같다.

· 파일을 열고 닫지 않거나 파일을 연 다음 뒤쪽에 정보를 덧붙인다. 이렇게 되면 하나의 커다란 파일이 생긴다.
· 각 페이지를 개별 파일에 저장한다(타임스탬프를 사용해 각 파일의 이름이 다르도록 보장하는 방법도 있다.)
· 데이터베이스에 트윗들을 저장하기 위한 새로운 테이블을 생성한다.

하나의 큰 파일을 만드는 것은 위험한 일이다. 왜냐하면 언제든지 프로세스에서 에러가 나서 데이터를 오염시킬 수 있기 때문이다. 트윗 1000개 이내의 작은 데이터를 수집하거나 개발 테스트를 하는 상황이 아니라면 다른 방법을 사용하는 것이 좋다.

매번 새로운 파일에 데이터를 저장하는 방법에는 여러 가지가 있지만 가장 흔히 사용되는 방법은 날짜와 타임스탬프를 사용해 만드는 방법이나(*https://docs.python.org/2/library/datetime.html*), 숫자를 계속 증가시켜 가며 파일 명 뒤에 덧붙이는 방법이다.

간단한 데이터베이스에 우리 트윗들을 저장해 볼 것이다. 그러기 위해서는 다음의 함수를 사용한다.

```
def store_tweet(item):
    db = dataset.connect('sqlite:///data_wrangling.db')
    table = db['tweets']                          ❶
    item_json = item._json.copy()
    for k, v in item_json.items():
        if isinstance(v, dict):                   ❷
            item_json[k] = str(v)
    table.insert(item_json)                       ❸
```

❶ tweets라는 이름의 테이블을 생성하거나 접속한다.

❷ 트윗 항목값에 딕셔너리가 있는지 테스트함. SQLite는 파이썬 딕셔너리 저장
을 지원하지 않으므로 딕셔너리를 문자열로 변환할 필요가 있다.

❸ 정제된 JSON 항목을 입력한다.

이제 dataset 모듈을 불러올 필요가 있다. 그리고 나서 이 함수를 이전 코드에서
페이지를 저장하던 부분에 삽입할 필요가 있다. 또한 우리는 모든 트윗에 대해
순회하는 것을 확인해야 한다. 최종 코드는 다음과 같을 것이다.

```python
import json
import tweepy
import dataset

API_KEY = '5Hqg6JTZ0cC89hUThySd5yZcL'
API_SECRET = 'Ncp1oi5tUPbZF19Vdp8Jp8pNHBBfPdXGFtXqoKd6Cqn87xRj0c'
TOKEN_KEY = '3272304896-ZTGUZZ6QsYKtZqXAVMLaJzR8qjrPW22iiu9ko4w'
TOKEN_SECRET = 'nsNY13aPGWdm2QcgOl0qwqs5bwLBZ1iUVS20E34QsuR4C'

def store_tweet(item):
    db = dataset.connect('sqlite:///data_wrangling.db')
    table = db['tweets']
    item_json = item._json.copy()
    for k, v in item_json.items():
        if isinstance(v, dict):
            item_json[k] = str(v)
    table.insert(item_json)

auth = tweepy.OAuthHandler(API_KEY, API_SECRET)
auth.set_access_token(TOKEN_KEY, TOKEN_SECRET)

api = tweepy.API(auth)
query = '#childlabor'
cursor = tweepy.Cursor(api.search, q=query, lang="en")

for page in cursor.pages():
    for item in page:
        store_tweet(item)
```

트위터 스트리밍 API를 통한 고급 데이터 수집

이 장의 앞부분에서 우리는 두 가지의 트위터 API가 있다고 언급했다. REST와
스트리밍이 그것이다. 스트리밍 API와 REST API는 어떻게 다른지 간단하게 요
약해보겠다.

· 스트리밍의 경우 실시간 데이터를 사용한다. REST API는 이미 생성된 트윗
들만을 반환해준다.

- 스트리밍 API는 아직은 비교적 덜 사용되고 있으나 갈수록 실시간 데이터가 늘어나고 중요성이 부각되고 있으며 점점 더 사용처가 더 늘어날 것이다.
- 실시간 데이터는 관심도가 높기 때문에 웹상에서 많은 자원과 조언을 얻을 수 있다.

스트리밍 API를 통해 수집을 하는 스크립트를 만들어 보자. 우리가 지금까지 이 장에서 다루어왔던 개념들을 이용한다. 기본부터 시작하겠다. Import와 키 값 정의부터 시작하자.

```
from tweepy.streaming import StreamListener    ❶
from tweepy import OAuthHandler, Stream         ❷

API_KEY = '5Hqg6JTZ0cC89hUThySd5yZcL'
API_SECRET = 'Ncp1oi5tUPbZF19Vdp8Jp8pNHBBfPdXGFtXqoKd6Cqn87xRj0c'
TOKEN_KEY = '3272304896-ZTGUZZ6QsYKtZqXAVMLaJzR8qjrPW22iiu9ko4w'
TOKEN_SECRET = 'nsNY13aPGWdm2QcgOl0qwqs5bwLBZ1iUVS20E34QsuR4C'
```

❶ 스트리밍 세션을 생성하고 메시지를 감시하는 StreamListener를 불러온다.

❷ 이전에 이미 사용했던 OAuthHandler를 불러오고 트위터 스트림 자체를 핸들 링 하는 Stream을 불러온다.

이 스크립트에서 우리는 이전 스크립트에서 해오던 것과는 조금 다르게 import 선언을 한다. 두 가지 방법 다 유효한 방법이지만 취향의 차이라고 생각할 수 있 다. 두 방법을 간단히 비교해보자.

방법 1

```
import tweepy
...
auth = tweepy.OAuthHandler(API_KEY, API_SECRET)
```

방법 2

```
from tweepy import OAuthHandler
...
auth = OAuthHandler(API_KEY, API_SECRET)
```

스크립트 내에서 라이브러리가 많이 사용되지 않을 경우에는 일반적으로 첫 번 째 방법을 쓴다. 코드가 길어 명시적으로 표현하고 싶을 때도 유용하다. 라이브 러리가 자주 사용될 때에는 이를 매번 적는 것이 피곤하다. 또한 라이브러리가 스크립트의 주역이 될 때 어떤 라이브러리를 불러왔는지 명확히 표현할 필요가 있다.

이제 우리는 StreamListener로부터 subclass를 만들 것이다. On_data 메서드를 오버라이드하는 데 목표가 있다. 이를 위해 우리는 Listener라고 불리는 새로운 클래스를 생성할 것이다. 데이터가 있으면 터미널에서 보고 싶기 때문에 print 문을 추가한다.

```
class Listener(StreamListener):          ❶

    def on_data(self, data):             ❷
        print data                       ❸
        return True                      ❹
```

❶ StreamListener를 subclass화한다.

❷ On_data 메서드를 정의한다.

❸ 트윗들을 출력한다.

❹ True 값을 반환한다. StreamListener 또한 True 값을 반환하는 on_data 메서드를 가지고 있다. Subclassing을 진행하며 새로 정의하면서 같은 return 값을 반환하도록 만들어야 한다.

다음은 인증 handler들을 더한다.

```
auth = OAuthHandler(API_KEY, API_SECRET)
auth.set_access_token(TOKEN_KEY, TOKEN_SECRET)
```

마지막으로 Listener와 auth 값을 stream 오브젝트로 넘겨주고 검색어를 통해 필터링을 시작한다. 우리는 #childlabor보다는 반환값이 더 많은 child labor를 살펴보겠다.

```
stream = Stream(auth, Listener())        ❶
stream.filter(track=['child labor'])     ❷
```

❶ Auth와 listener를 인수로 넘겨주어 stream 설정한다.

❷ 스트림을 필터링해 child와 labor 단어가 들어간 항목들만 반환한다.

최종 스크립트는 다음과 같아야 한다.

```
from tweepy.streaming import StreamListener
from tweepy import OAuthHandler, Stream

API_KEY = '5Hqg6JTZ0cC89hUThySd5yZcL'
API_SECRET = 'Ncp1oi5tUPbZF19Vdp8Jp8pNHBBfPdXGFtXqoKd6Cqn87xRj0c'
TOKEN_KEY = '3272304896-ZTGUZZ6QsYKtZqXAVMLaJzR8qjrPW22iiu9ko4w'
TOKEN_SECRET = 'nsNY13aPGWdm2QcgOl0qwqs5bwLBZ1iUVS20E34QsuR4C'
```

```
class Listener(StreamListener):

    def on_data(self, data):
        print data
        return True

auth = OAuthHandler(API_KEY, API_SECRET)
auth.set_access_token(TOKEN_KEY, TOKEN_SECRET)

stream = Stream(auth, Listener())
stream.filter(track=['child labor'])
```

여기서부터는 앞에서 해왔듯이 on_data 메서드를 사용해 스스로 데이터베이스
와 같은 다른 저장 매체들에 트윗들을 저장하는 방법을 알아보도록 하자.

요약

API와 함께 상호작용하는 것은 데이터 랭글링에 있어 중요한 부분이다. 이 장에
서 우리는 API의 기본들을 배우며(표 13-2 참조) 트위터 API로부터 데이터를 수
집해 처리해보았다.

개념	사용처
REST API	REST API 데이터를 받을 수 있는 정적인 엔드포인트
스트리밍 API	질의에 대한 실시간 데이터를 반환
Oauth와 Oauth2	키와 토큰값들을 인증
단계별 데이터 볼륨	요청 제한과 데이터 가용성에 따른 데이터 레이어 일부는 비용이 많이 든다.
키와 접속토큰	사용자와 애플리케이션을 식별하기 위한 유일 ID와 비밀번호

표 13-2 API 개념들

우리는 이미 알고 있는 파이썬 개념들을 활용하거나 새로운 개념들을 배워보았
다. 그 중 하나는 트위터 API와 상호작용할 수 있게 해주는 tweepy였다. OAuth
프로토콜과 인증에 대해서도 배웠다. API와의 상호작용 외에도 14장에서는 직
접 실행하지 않아도 스크립트를 알아서 실행하도록 하는 방법에 대해서 알아
본다.

14장

Data Wrangling with Python

자동화와 규모 확장

여러분은 지금까지 직접 API와 웹사이트들로부터 많은 데이터를 수집하고 정제하며 정리한 뒤 통계 분석을 통해 시각적인 결과물을 만들어 왔을 것이다. 이제는 파이썬에게 운전대를 맡기고 데이터 랭글링 과정을 자동화할 때가 되었다. 이 장에서 우리는 데이터 분석, 수집과 배포 과정을 자동화하는 방법을 배울 것이다. 로그 기록을 남기고 알림을 설정하여 스크립트를 완전히 자동화한 뒤에 작업이 잘 진행되었는지, 실패했는지, 또는 그 외에 다른 이슈가 있었는지 보고를 받을 수 있도록 말이다.

우리는 동시에 많은 태스크의 성공과 실패를 모니터링할 수 있게 해주는 파이썬 라이브러리들을 사용해 자동화의 규모를 확장하는 방법도 알아볼 것이다. 또한 클라우드를 이용해 여러분의 데이터를 확장할 수 있게 해주는 라이브러리와 도구들에 대해 알아볼 것이다. 파이썬은 자동화와 규모 확장 관련해 다양한 선택지를 제공한다. 어떤 태스크는 파이썬의 자동화 라이브러리들을 이용해 직관적인 방법으로도 충분히 해결이 가능한 반면, 다른 태스크들은 좀 더 복잡하고 스케일이 큰 접근법을 필요로 할 것이다. 우리는 두 경우 모두에 해당하는 예제들을 수행하며 데이터 랭글러로서 데이터 자동화의 규모를 확장하는 방법에 대해 알아볼 것이다.

왜 자동화를 해야 할까?

자동화를 하게 되면 로컬 머신을 켜거나 직접 스크립트를 실행하지 않고서도 손쉽게 스크립트 실행이 가능해진다. 자동화가 이루어진다는 것은 본인의 시간을 좀 더 깊은 사고 능력이 필요한 작업에 할애할 수 있다는 것을 의미한다. 만약 여러분 대신에 데이터 정제를 잘 할 수 있는 스크립트가 준비되어 있다면 여러 분은 그 시간에 더 좋은 데이터 분석 결과를 낼 수 있을 것이다.

아래에 자동화를 도입하는 것이 유용한 경우들을 나열해 보았다.

- 매주 화요일에 출시되는 새로운 분석 결과들을 취합해 필요한 사람들에게 보내야 하는 경우
- 설명이나 지원 없이 다른 부서의 동료 직원이 여러분이 작성한 보고용 프로그램이나 정제용 프로그램을 실행할 수 있어야 하는 경우
- 매주 1회 직접 데이터를 다운받고 정제한 뒤 재전송해야 하는 경우
- 사용자가 새로운 보고서를 요청할 때마다 프로그램이 실행되고 실행이 완료되었다는 것을 해당 사용자에게 알려줘야 하는 경우.
- 매주 1회 데이터베이스에서 오류가 있는 데이터를 정리한 뒤 데이터를 다른 저장 장치로 백업해야 하는 경우

위와 같은 문제들에는 수많은 해결 방법이 있지만, 공통점 하나는 바로 자동화하기에 좋은 태스크들이라는 것이다. 이러한 태스크들은 과업이 수행되는 단계가 명확하고 결과물 또한 확실하다. 그리고 스크립트가 제한적이고 구체적인 대상을 가지고 있으며 특정한 시간이나 시간에 따라서 실행되도록 되어 있다. 즉, 특정 조건이 만족되었을 경우 스크립트를 실행하면 해결할 수 있는 태스크들이라는 것이다.

이와 같이 태스크의 내용이 명확하고 정의가 잘 되어 있으며 결과물을 쉽게 확인할 수 있을 때 자동화하기가 쉽다. 게다가 결과물을 확인하거나 예측하는 것이 힘든 경우에도 자동화를 통해 태스크의 일부를 해결하고 나머지는 추가적인 검사와 분석을 하도록 남겨 놓을 수 있다. 여기서 말하는 자동화란 우리가 살아가면서 자동으로 돌아가게 하는 다른 일들과 비슷하다. 피자 주문 사이트에 자주 주문하는 메뉴를 저장해 놓거나 이메일의 자동 답변 기능을 이용하고 있을 때도 있을 것이다. 만약 결과가 비교적 명확하고 그것이 주기적으로 발생한다면, 자동화를 하는 것이 현명하다.

그러나 자동화를 하면 안 되는 경우도 있지 않을까? 아래는 자동화를 하기 좋지 않은 태스크들에 대한 기준을 제시한 내용이다.

- 자주 일어나지 않거나 복잡한 태스크의 경우(예: 세금 정산)

- 태스크의 성공 여부를 가늠하기가 어려운 경우(예: 그룹 토론, 사회 조사 분석 등)
- 태스크 수행에 있어 인간과의 상호작용이 필요한 경우(예: 교통 안내, 운문 해석 등)
- 태스크이 절대로 실패해서는 안 되는 경우

위에서 든 예시 중 일부는 어느 정도의 자동화가 가능할 것이다. 예를 들어 자동적으로 추천된 아이템을 사용자 피드백을 통해 평가하는 방식으로 진행할 수도 있다. 과업 자체가 복잡하거나 자주 실행되지 않거나, 또는 실패의 결과가 치명적인 경우에도 결국 시간이 지나고 기술이 발달하면서 점점 자동화가 이루어질 수 있다. 그러나 여기에서 말하는 것은 자동화를 적용하기에 적절한 태스크에 대한 가이드라인과 같은 것이다.

만약 지금 당장 자동화가 필요한지 판단이 서지 않는다면, 자동화를 적용할 수 있는 주기적이고 아주 간단한 일부터 자동화를 시작해보자. 아마도 여러분은 점점 더 유용한 활용법을 찾을 수 있을 것이고 미래에 다른 태스크들을 좀 더 잘 자동화할 수 있을 것이다.

자동화 단계

자동화는 명확하고 간단한 목표를 가지고 시작되기 때문에 자동화를 진행하는 세부 단계들도 명확하고 간단해야 한다. 특히 다음의 항목들을 화이트보드의 그림이나 스토리보드 형태로 작성해 보면 특히 도움이 될 것이다.

- 이 태스크는 언제 시작되어야 하는가?
- 본 태스크에 시간이나 길이 등의 제약사항이 존재하는가? 그렇다면 언제 종료되어야 하는가?
- 필요한 입력값들에는 무엇이 있는가?
- 전체 또는 부분적인 성공의 조건은 무엇인가?
- 태스크 실패 시 어떤 결과가 기다리고 있는가?
- 이 태스크를 통해 무엇이 생산되거나 제공되는가? 누구에게 그리고 어떻게 제공되는가?
- 태스크 종료 시 무슨 일이 이루어져야 하는가?

이 중 다섯 개 이상의 질문에 대답할 수 있다면 자동화를 시작하기에 좋은 처지에 있다고 할 수 있다. 반면 그렇지 못하다면 자동화에 앞서 좀 더 조사와 확인이 필요할 것이다. 만약 자동화 경험이 적거나 아예 없는 태스크를 자동화해야 한다면 자동화 과정에서 위의 질문들에 대해 대답할 수 있는지를 알아보도록 하라.

> 만약 프로젝트가 너무 크거나 명확하지 않다면 작은 태스크들로 나누어 그중 일부를 자동화 하도록 하자. 예를 들어 태스크 내용이 두 가지의 데이터세트를 다운 받고 데이터 정제를 한 뒤 분석을 통해 나온 결과물을 결과에 따라 각기 다른 대상에게 전송해야 하는 보고 작업이라고 하자. 여러분은 이를 서브태스크(subtask)로 나누어 각 단계를 자동화할 수 있다. 만약 이 서브태스크 중 하나라도 실패한다면 연쇄된 태스크를 모두 멈춘 뒤 스크립트 관리자에게 그 사실을 알려 문제가 고쳐질 수 있도록 한다.

자동화를 위한 단계별 과정은 다음과 같다(수행하고자 하는 태스크의 특성에 따라 조금씩 다를 수 있음을 기억하라).

1. 문제 집합을 정의하고 더 작은 작업들로 쪼갠다.
2. 각 서브태스크에서 필요한 입력값이 무엇인지, 무엇이 수행되어야 하는지, 그리고 성공 여부를 확인하기 위해 필요한 것이 무엇인지를 정확하게 기술한다.
3. 해당 입력값을 가져올 위치와 서브태스크들이 실행되어야 하는 시점을 확인한다.
4. 태스크 수행을 위해 실제 또는 샘플 데이터로 코딩과 테스트를 시작한다.
5. 스크립트를 정리하고 문서화를 준비한다.
6. 오류 디버깅과 과업의 성공적인 수행을 기록하기 위해 로그 기능을 만든다
7. 코드를 저장소에 올린 뒤 직접 테스트 후, 필요 시 수정한다.
8. 수작업으로 수행되던 태스크를 자동화 스크립트로 대체한다.
9. 자동화 작업이 수행되는 과정에서 생성되는 로그와 경고 내용을 살펴본다. 오류나 버그를 처리한다. 테스트 코드와 사용자 문서를 갱신한다.
10. 로그에 있는 오류 확인 주기와 같은 장기적 계획을 수립한다.

자동화로의 첫 번째 걸음은 핵심 태스크와 서브태스크들을 잘 정의하되 각 서브태스크의 규모가 충분히 작아 태스크를 완료하거나 그 성공 여부를 가늠하는데 어려움이 없도록 하는 것이다.

자동화의 나머지 단계들은 이 책 전체에 걸쳐 다루어지는 일련의 과정들과 일맥상통한다. 여러분은 파이썬을 이용해 이러한 문제들을 어떻게 해결할 수 있는

지 알아야 한다. 먼저 문제를 해결하는 데 도움이 되는 라이브러리나 기타 도구들을 준비한 다음 코딩을 시작하라. 스크립트가 준비되면 여러 가지 데이터세트나 입력값을 이용해 테스트를 해보라. 테스팅이 성공적으로 끝나면 스크립트를 간소화하고 문서화를 시켜야 한다. 여러분은 아마도 Bitbucket이나 GitHub 같은 저장소에 올려 놓고 변화와 수정 내용을 기록하게 될 것이다.

> ✅ 스크립트 작성 뒤에는 자동화 전에 스스로 직접 돌려보도록 하자. 새로운 데이터가 들어오거나 하는 경우에는 직접 스크립트를 돌려보며 출력값을 눈여겨봐야 한다. 생각하지 못했던 에러나 기록에 남길 만한 이벤트가 있을 경우 디버깅이 필요하기 때문이다.

적용해야 하는 자동화 유형에 따라 간단한 cron 태스크를 설정해야 할 수 있다(cron에 대해서는 이 장의 뒷부분에서 배울 것이다). 스크립트가 데이터베이스나 특정 파일 또는 인자 값을 반영해 스스로 동작할 수 있도록 스크립트를 수정해야 할 수도 있다. 또는 스크립트를 작업 큐에 등록해야 할 수도 있다. 어느 쪽이든 아직 갈 길이 멀다.

> ❗ 스크립트가 자동화되고 나면 시간을 들여 매번 수행 과정을 지켜볼 필요가 있다. 프로그램 로그를 살펴보고 무슨 일이 일어나는지 알아보라. 때때로 손쉽게 고칠 수 있는 사소한 버그들을 찾을 수 있을 것이다.

대략 다섯 번 이상 스크립트를 성공적으로 수행하고 나면 수동 검토 작업을 줄여 가도 괜찮다. 그렇다 하더라도 grep(*http://bit.ly/practical_grep_examples*) 등을 이용해 월별 또는 분기별 로그를 살펴볼 필요가 있다. 로그 집계 프로그램을 사용해서 이 과정 또한 자동화해 본인에게 에러와 경고 보고가 오도록 할 수도 있다. 멋지지 않은가?

자동화는 간단한 일은 아니지만 들이는 시간과 노력이라는 투자에 대한 보상을 나중에 반드시 받게 되어 있다. 자동화가 아주 잘 되도록 태스크를 구현하는 데에는 시간이 걸리지만 어설픈 스크립트들에 대한 지속적인 보수와 관리 그리고 감시의 노력을 들이는 것보다 훨씬 낫다. 이제 시간을 충분히 들여 스크립트를 자동화하는 방법을 알아보도록 하자. 이번 과정이 충분히 잘 진행되고 나서야 이전 작업에 대한 감시와 관리를 병행할 필요 없이 다음 태스크로 넘어갈 수 있을 것이다.

무엇이 잘못될 수 있는가?

자동화가 실패하는 경우는 수없이 많다. 문제의 일부는 쉽게 발견하고 고칠 수 있는 반면, 어떤 문제들은 그 경계가 모호하거나 해결 방안이 존재하지 않을 수도 있다. 자동화에서 중요한 부분 중 하나는 시간과 노력을 들여서 고칠 만한 문제들이 무엇인지 또는 그냥 다른 방법을 찾거나 우회하는게 나은 문제들이 무엇인지를 이해하는 것이다.

예를 들어 12장에서 다루었던 오류들에 대해서 이야기해보자. 웹 스크래핑 도중에 발생하는 네트워크 에러와 같은 것 말이다. 대량의 네트워크 에러와 당면하게 되는 경우 이것을 해결하기 위한 몇 가지의 선택지가 존재한다. 먼저 태스크가 수행되는 머신을 바꿔보고 성능이 나아지는지 살펴볼 수 있다 (상황에 따라 시간 소모가 클 수 있다). 아니면 인터넷 사업자에게 연락하여 도움을 요청할 수도 있다. 또는 다른 시간대에 스크립트를 실행해보고 다른 결과가 나오는지 살펴보는 방법도 있다. 그 외에도 발생할 수 있는 문제들을 예상하고 이러한 예상들에 기반해 스크립트를 짤 수도 있다.

다음은 자동화 과정에서 겪을 수 있는 오류의 유형이다.

- 데이터베이스 접속 오류로 인한 데이터 유실 또는 오염
- 스크립트 버그와 에러로 인한 수행 실패
- 웹사이트나 API에서 발생하는 타임아웃 에러와 과도한 요청 오류
- 데이터나 보고가 양식을 벗어나 스크립트를 망가뜨리는 경우
- 서버나 기타 하드웨어 문제
- 실행 타이밍이 좋지 않아 동시에 실행되는 다른 태스크들과의 경쟁 상태 (*https://en.wikipedia.org/wiki/Race_condition*)가 발생하는 데서 오는 오류

> 예상하는 것보다 문제가 발생할 수 있는 여지는 많다. 더 큰 팀 단위에서 협업을 하고 있을수록 문서화가 잘 되어 있지 않거나 작업에 대한 이해도가 부족하거나 소통이 잘 되지 않을 확률이 높으며, 이는 자동화를 하는데 방해가 된다. 모든 오류를 방지할 수는 없지만 문서화와 올바른 커뮤니케이션을 통해 최선을 다할 수는 있다. 그러나 가끔은 자동화가 실패할 것이라는 점을 인정하도록 하자.

필연적인 실패에 대비하기 위해 문제가 발생하였을 때 알림을 받고 싶을 것이다. 우선 허용되는 실패의 범위를 산정해야 한다. 모든 서비스가 항상 100% 동작할 수는 없고 이 때문에 상태 코드라는 것이 존재한다. 그러나 자동화의 가치

를 가늠해 보며 항상 완벽을 추구할 필요는 있다.

자동화의 대상과 취약점에 따라 문제들을 해결하는 방법들이 존재한다. 다음은 보다 강건한 자동화 시스템을 구축하는 방법들의 목록이다.

- 특정 간격으로 실패한 태스크들을 재실행해 본다.
- 스크립트에 `try...except` 블록이 충분히 있어 오류가 발생하더라도 작업 완료를 가능하게 한다.
- 다른 머신이나 데이터베이스, API 등에 접속하는 것과 관련된 코드 주변에 예외 처리 블록을 생성하도록 한다.
- 정기적으로 자동화가 수행되는 머신들에 대한 정비와 모니터링을 실시하도록 한다.
- 모의 데이터를 사용해 자동화 태스크들에 대해 정기적으로 테스트를 실시한다.
- 스크립트가 실행되는 도메인에서의 의존 관계나 경쟁 상태(race condition) 그리고 API 규칙 등에 대해 충분히 인지하고 스크립트를 그에 맞게 작성하도록 한다.
- `requests`나 `multiprocessing`과 같은 라이브러리들을 이용해 어려운 문제들을 더 쉽게 해결하도록 한다.

우리는 스크립트 자동화를 진행시키며 위와 같은 개념과 기술 들을 검토해 볼 것이다. 지금은 우선 데이터 랭글링을 더 간단하고 편리하게 해주는 자동화 도구들을 알아보고 사용에 필요한 정보들을 얻어보도록 하자.

자동화 수행 위치

스크립트에 따라 그것이 실행될 위치를 결정하는 것은 매우 중요한 첫 번째 단계다. 스크립트를 어디로든지 옮길 수도 있지만 그 과정에서 스크립트를 고쳐야 할 확률이 높다. 우선 최초에는 로컬 환경에서 실행해야 할 것이다. 스크립트를 로컬에서 실행한다는 것은 여러분 본인의 컴퓨터에서 실행한다는 것을 의미한다.

반대로 원격으로 실행한다는 것은 서버와 같은 다른 머신에서 스크립트가 실행됨을 의미한다. 스크립트가 잘 실행되고 테스트가 충분히 수행되었다면 아마 원격 환경으로 스크립트를 옮기고 싶을 것이다. 보유하고 있는 서버가 있거나 회사에서 관리하는 서버가 있다면 만든 스크립트를 해당 서버들에 쉽게 보낼 수 있을 것이다. 그렇게 되면 컴퓨터에서 작업하는 중이라도 본체를 끄거나 켜는 과정에서 자동화 스크립트가 영향 받는 것을 신경 쓰지 않아도 되게 된다.

서버로 접속할 권한이 없다면 더 이상 사용하지 않는 랩톱이나 데스크톱을 손쉽게 서버로 만드는 방법도 있다. 이전 버전의 운영체제를 사용하고 있다면 안정적으로 파이썬을 사용하기 위해 운영체제를 업그레이드하거나 깔끔히 포맷하고 리눅스를 설치하는 것을 추천한다.

> 집 컴퓨터를 원격 디바이스로 사용한다는 뜻은 그것이 항상 켜져 있고 인터넷에 접속되어 있어야 한다는 것을 의미한다. 만약 리눅스와 같이 이전에 사용해본 적이 없는 운영체제를 설치하고 싶다면 집에서 운영체제를 설치해 보고 개인의 서버를 운영하기 전에 연습을 해 보는 것이 좋다. 리눅스를 처음 시작하는 독자에게는 Ubuntu(*http://bit.ly/ubuntu_guide*) 나 LinuxMint(*http://linuxmint.com/*)와 같은 인기 배포판을 추천한다.

본인의 서버를 운영하고 싶지만 이제 겨우 시작하는 단계라도 당황할 필요는 없다. 이전까지 한번도 서버를 사용해 보거나 관리해 본 적이 없다고 하더라도 최근 클라우드 서비스 업체들이 치열한 경쟁을 하면서 모든 작업이 쉬워졌기 때문이다. 클라우드 프로바이더들은 기술적인 지식 없이도 새로운 서버를 쉽게 설정할 수 있게 해준다. 디지털오션(DigitalOcean)과 같은 곳에서는 서버를 생성(*http://bit.ly/droplet_virtual_server*)하고 설정(*https://www.digitalocean.com/help/getting-started/setting-up-your-server/*)하는 방법에 대해 아주 잘 기술해 놓았다.

스크립트를 로컬에서 실행하든 원격으로 실행하든 컴퓨터나 서버를 모니터링하고 갱신하기 위해서는 도구들을 사용하는 것이 좋다. 사용하는 스크립트가 손쉽게 관리되고 갱신되도록 할 필요가 있기 때문이다. 스크립트가 올바로 실행되는 것은 물론이고 필요 시 설정을 변경하고 문서화를 쉽게 할 수 있어야 한다. 이어지는 절들에서 이와 같은 주제들을 모두 다룰 것이며 우선 스크립트들의 자동화를 돕는 파이썬 도구들부터 살펴볼 것이다.

자동화를 위한 특별한 도구들

파이썬에서는 자동화를 위한 특별한 도구들을 많이 제공한다. 여기서는 파이썬을 통해 자동화를 관리하는 방법들에 대해 알아보고 다른 머신이나 서버를 이용하는 방법 또한 다룰 것이다. 내장된 파이썬 도구들을 사용해 스크립트에 들어오는 입력값들을 관리하고 인간의 노력이 들어가야 하는 부분들을 자동화할 것이다.

로컬 파일과 인자값(argv), 그리고 설정 파일 사용하기

스크립트의 동작 방식에 따라 (외부에서 접속가능한) 데이터베이스나 API상에 존재해서는 안 되는 인자나 입력값들이 필요할 수 있다. 간단한 입력값이나 출력값이 필요할 경우 로컬 파일이나 인자값을 이용해서 데이터를 전달할 수도 있다.

로컬 파일

입력과 출력을 위해 로컬 파일을 사용할 때에는 스크립트가 동일 머신에서 항상 돌아갈 수 있거나 스크립트가 입출력 파일과 함께 쉽게 이전할 수 있도록 만들어야 한다. 이후에 입출력 파일들과 함께 스크립트를 이동하거나 변경할 필요가 있을 수 있기 때문이다.

이전에도 로컬 파일들을 사용한 적이 있지만 이번에는 좀 더 함수의 형태로 접근하도록 하자. 이렇게 재사용이 가능하고 확장성이 좋은 함수를 사용하여 표준 데이터를 파일에 열고 쓰도록 하자.

```python
from csv import reader, writer

def read_local_file(file_name):
    if '.csv' in file_name:                   ❶
        rdr = reader(open(file_name, 'rb'))
        return rdr
    return open(file_name, 'rb')              ❷

def write_local_file(file_name, data):
    with open(file_name, 'wb') as open_file:  ❸
        if type(data) is list:                ❹
            wr = writer(open_file)
            for line in data:
                wr.writerow(line)
        else:
            open_file.write(data)             ❺
```

❶ 여기서는 파일이 csv로 파싱할 수 있는 데이터인지를 확인한다. 파일이 .csv로 끝난다면 CSV 리더를 사용해 열어야 할 것이다.

❷ 우리가 CSV 리더를 사용해 반환하지 않은 경우 이 줄에서 open 함수를 반환한다. 여기에서 JSON 파일을 열기 위해 json 모듈을 사용하거나 PDF 파일을 열기 위해 pdfminer 모듈을 쓰는 등 파일을 열고 파싱하는 다양한 방법을 추가할 수 있다.

❸ 이 코드에서는 open 함수의 결과물을 반환하기 위해 with...as 문을 사용하고 이를 open_file 변수에 할당한다. 들여쓰기 구간이 끝나면 파이썬에서는 파일을 자동으로 종료한다.

❹ 데이터 타입이 리스트일 경우에는 CSV writer를 사용해 각 항목을 데이터의 행으로 저장한다. 데이터 타입이 딕셔너리일 경우에는 DictWriter 클래스를 사용할 수도 있다.

❺ 데이터 타입이 리스트가 아닐 경우를 위해 적절한 대비책이 필요하다. 따라서 이 경우에는 원시 데이터를 파일에 직접 쓴다. 필요에 따라 데이터 타입별로 다양한 코드를 더 작성해도 된다.

다음은 디렉터리에서 가장 최신 파일을 가져와야 하는 경우를 살펴보자. 이런 방법은 로그 파일을 살펴보거나 최근 스파이더가 수집한 결과물을 살펴볼 때 쓰기 좋다.

```
import os

def get_latest(folder):
    files = [os.path.join(folder, f) for f in os.listdir(folder)]        ❶
    files.sort(key=lambda x: os.path.getmtime(x), reverse=True)          ❷
    return files[0]                                                      ❸
```

❶ 파이썬의 내장 os 모듈의 listdir 메서드를 사용해 폴더 내의 모든 파일을 나열한 다음 path의 join 메서드를 사용해 전체 파일 경로를 나타내는 긴 문자열을 만든다. 이렇게 폴더의 경로만 문자열로 입력함으로써 폴더 안에 존재하는 모든 파일의 목록을 손쉽게 얻을 수 있다.

❷ 파일들을 최근 수정된 날짜순으로 정렬한다. files 변수에는 리스트가 들어 있기 때문에 sort 메서드를 호출하고 정렬 기준이 되는 key를 설정할 수 있다. 이 코드는 os 모듈에 있는 '수정 시간을 가져오는(get modified time)' 메서드인 getmtime에 전체 파일 경로를 전달하며 reverse 인자를 통해 가장 최신 파일들이 리스트의 최상단에 오도록 한다.

❸ 가장 최신 파일 하나만 반환한다.

이 코드는 가장 최근 폴더 내의 가장 최근 파일을 반환하도록 되어 있지만, 약간의 수정을 통해 인덱스의 첫 번째 파일이 아니라 리스트 전체나 일부를 반환하도록 만들 수도 있다.

> os 라이브러리에는 로컬 파일들을 찾고 수정할 수 있는 강력한 도구들이 있다. 스택오버플로(Stack Overflow)에서 검색하는 것만으로도 지난 7일 동안 수정된 파일들이나 지난 한 달 내에 수정된 .csv 파일을 찾아내는 방법 등에 대한 유용한 답변들을 쉽게 찾을 수 있다. 특히 데이터가 이미 로컬에 저장되어 있는 경우 로컬 파일을 사용해 자동화를 간소화할 수 있다.

설정 파일

민감한 정보들을 담는 로컬 설정 파일은 반드시 세팅해야 한다. Twelve-Factor App 문서에 기술된 것과 같이 좋은 개발자가 되기 위해서는 로그인 아이디, 비밀번호, 이메일 주소와 같은 민감한 정보들을 코드 베이스 밖에 저장해야 하기 때문이다. 만약 데이터베이스에 접속해야 하거나, 이메일을 사용하거나, API를 쓰거나, 결제 정보를 저장해야 한다면 이들은 모두 설정 파일에 저장해야 되는 정보이다.

보통 우리는 저장소에 있는 (config와 같은) 별도의 폴더에 설정 파일을 저장한다. 저장소에 있는 모든 코드는 이들 파일에 접근 권한이 있지만 .gitignore 파일들을 이용해 설정 파일을 버전 관리에서 벗어나게 할 수 있다. 만약 다른 개발자나 서버에서 이 파일들을 필요로 한다면 수동으로 복사해 주어야 한다.

 우리는 새로운 사용자나 공동작업자들이 필요한 파일들을 찾을 수 있도록 README.md 파일에 특정 설정 파일들을 입수하는 방법을 기술하기를 추천한다.

파일 하나에 모든 설정을 저장하는 대신 폴더를 이용하면 스크립트의 실행 환경에 맞게 설정 파일을 사용할 수 있다. 환경에 따라 각기 다른 API 키나 하나 이상의 데이터베이스를 사용할 수도 있다. 여러분은 이와 같은 특정 정보들을 .cfg 파일에 저장할 수 있다.

```
# Example configuration file
[address]                        ❶
name = foo                       ❷
email = myemail@bar.com
postalcode = 10177
street = Schlangestr. 4
city = Berlin
telephone = 015745738292950383

[auth_login]
user = test@mysite.com
pass = goodpassword

[db]
name = my_awesome_db
user = script_user
password = 7CH+89053FJKwjker)
host = my.host.io

[email]
user = script.email@gmail.com
password = 788Fksjelwi&
```

❶ 각 섹션은 대괄호 안에 들어 있는 문자열들로 표시된다.

❷ 각 라인은 key=value 값 쌍으로 이루어져 있다. `ConfigParser`는 이들을 문자열로 인식한다. value 값으로는 어떠한 문자도 사용할 수 있으나 key 값의 경우에는 PEP-8 가이드라인의 문법과 구조를 따라야 한다.

섹션과 key, 그리고 value 값으로 이루어진 구조를 통해 설정값들을 이용할 수 있다. 이것은 작성한 파이썬 스크립트에 안정성과 명료성을 더해준다. 이전 예제에서와 같이 설정 파일을 세팅하고 난 뒤에는 파이썬을 이용해 쉽게 파싱하여 스크립트에서 자동화를 위해 쓸 수 있다.

아래 코드와 같은 사례다.

```python
import ConfigParser
from some_api import get_client                                    ❶

def get_config(env):
    config = ConfigParser.ConfigParser()                          ❷
    if env == 'PROD':
        return config.read(['config/production.cfg'])             ❸
    elif env == 'TEST':
        return config.read(['config/test.cfg'])
    return config.read(['config/development.cfg'])                ❹

def api_login():
    config = get_config('PROD')                                   ❺
    my_client = get_client(config.get('api_login', 'user'),
                           config.get('api_login', 'auth_key'))   ❻
    return my_client
```

❶ 이것은 우리가 불러올 수 있는 API 클라이언트 후크 중 하나다.

❷ 이 코드는 `ConfigParser` 클래스를 호출하여 config 오브젝트를 초기화한다. 이것은 이제 빈 configuration 오브젝트가 되었다.

❸ 이 라인에서는 configuration 오브젝트의 `read` 메서드를 호출하고 설정 파일들의 리스트를 전달한다. 여기서는 루트 폴더 아래에 config라는 이름의 폴더 안에 그것들을 저장한다.

❹ 만약 전달된 환경 변수들이 `PROD`나 `TEST`와 일치하지 않은 경우 항상 development 설정을 반환한다. 이와 같이 환경 변수를 설정하는 과정에서 실패할 경우를 대비해 스크립트에 예외 처리문을 포함시키는 것이 좋다.

❺ 이 예제에서는 production API가 필요하다고 가정하고 production(`PROD`) 설정값을 가져온다. 이런 결정 사항들을 배시 환경에 저장하고 이후 내장된 os.environ(*http://bit.ly/process_parameters*) 메서드를 사용해 읽어올 수 있다.

❻ 이 라인에서는 섹션 이름과 key 값을 이용해 설정 파일에 저장된 value 값에 접근한다. Value 값은 문자열 형태로 반환되기에 정수 타입 등이 필요한 경우에는 타입 변환을 해야 한다.

내장된 ConfigParser 라이브러리는 설정 파일의 섹션과 key, 그리고 value 값에 손쉽게 접근할 수 있게 해준다. 만약 각기 필요한 설정들을 각각 다른 파일들에 저장하고자 한다면 여러분의 코드는 다음과 같이 짜여 있어야 할 것이다.

```
config = ConfigParser.ConfigParser()
config.read(['config/email.cfg', 'config/database.cfg', 'config/staging.cfg'])
```

설정 파일을 어떻게 구성하는지는 여러분에게 달려 있다. 설정 파일에 접근하기 위한 문법은 대괄호 안에 들어 있는 섹션 이름과 key 값만을 요청하면 된다. 따라서 다음과 같은 설정 파일의 경우에는,

```
[email]
user = test@mydomain.org
pass = my_super_password
```

다음과 같이 접근이 가능하다.

```
email_addy = config.get('email', 'user')
email_pass = config.get('email', 'pass')
```

 설정 파일은 민감한 정보를 한군데에 모아두기 위한 단순한 도구이다. 만약 .yml이나 다른 확장자를 사용하기 원한다면 해당 파일 유형들을 위한 파이썬 리더를 사용하면 된다. 무엇을 사용하든 인증에 필요한 값들과 같은 민감한 정보들을 코드와 분리해 놓을 것을 당부하는 바이다.

커맨드라인 인자값(command-line argument)

파이썬에서는 커맨드라인 인자값을 전달해 자동화를 할 수 있다. 인자값은 이들 스크립트의 동작 방법과는 관계없이 정보를 전달한다. 예를 들어 만약 우리가 development(DEV) 설정을 사용해 스크립트를 실행하고 싶다면 다음과 같이 실행하면 된다.

```
python my_script.py DEV
```

커맨드라인으로부터 파일을 실행하는 기존의 문법을 이용해 파이썬을 호출하고

스크립트 명을 기술하며 마지막에 DEV를 붙였다. 그렇다면 마지막에 추가되는 인자를 어떻게 가져와서 사용할 것인가? 이제 그것을 수행하는 코드를 작성해 보자.

```
from import_config import get_config
import sys

def main(env):
    config = get_config(env)
    print config

if __name__ == '__main__':
    if len(sys.argv) > 1:    ❶
        env = sys.argv(1)    ❷
    else:
        env = 'TEST'
    main(env)                ❸
```

❶ 내장된 sys 모듈은 시스템 태스크에 커맨드라인 인자를 파싱하는 것과 같은 작업을 할 때 쓰인다. 커맨드라인 인자 목록이 1보다 크면 추가 인자값들이 존재한다는 의미이다. 첫 번째 인자값은 언제나 스크립트의 이름을 가지고 있다. 따라서 인자 목록의 길이가 1이라면 인자로 스크립트 이름만을 가지고 있는 것이다.

❷ 각 인자의 값을 얻기 위해서는 sys 모듈의 argv 메서드에 해당 인자값의 인덱스 값을 전달하면 된다. 기억할 점은, 인덱스 값이 0인 곳에는 항상 해당 파이썬 스크립트의 이름이 저장되어 있으니 새로 전달된 인자값들은 인덱스가 1인 부분부터 가져와야 된다는 점이다.

❸ 이 줄에서는 커맨드라인 인자로부터 파싱된 값들을 이용해 코드를 수정한다.

> ✅ 하나 이상의 변수를 파싱하고 싶은 경우에는 목록의 길이를 확인한 뒤 파싱을 계속하면 된다. 인자값을 추가하는 데에는 제한이 없으나 우리는 4개 이하로 유지할 것을 추천한다. 만약 4개 이상의 인자값이 필요한 경우에는 일부 로직을 스크립트 내에 직접 저장할 것을 고려하기 바란다.

인자값을 이용하는 것은 유사한 코드를 재사용해 유사한 태스크를 수행하거나 다른 환경에서 수행하는 경우에 유용하다. 다음과 같이 같은 코드를 이용해 분석이나 수집과 같이 다른 태스크를 수행할 수도 있고 다른 환경 변수를 이용하고 싶을 수도 있다.

```
python my_script.py DEV ANALYSIS
python my_script.py PROD COLLECTION
```

또는 새로 갱신된 파일 폴더로부터 최신 로그를 가져와야 할 수도 있고 여러 폴더로부터 로그를 가져와야 할 수도 있다.

```
python my_script.py DEV /var/log/apache2/
python my_script.py PROD /var/log/nginx/
```

이와 같이 커맨드라인 인자를 이용하여 인자값에 사소한 변경점을 추가해 이동이 쉽고 견고한 자동화 환경을 만들 수 있다. 물론 모든 스크립트가 위와 같은 추가 변수들을 필요로 하지는 않겠지만 표준 파이썬 라이브러리에 기본적으로 포함되어 있는 유연하고 좋은 기능이니 알아두도록 하자.

이렇게 상대적으로 간단하고 명확한 방법들을 사용해 데이터를 파싱하고 추가 정보를 제공하는 방법 외에도 클라우드 데이터나 데이터베이스를 사용하는 좀 더 복잡하고 분산적인 접근법을 사용하는 방법도 존재한다. 지금부터는 그것들에 대해 알아보겠다.

데이터 처리를 위해 클라우드 사용하기

클라우드란 서버 등과 같이 공유된 공동자원들을 의미한다. 현재 많은 회사가 클라우드 서비스를 제공한다. 그중 가장 유명한 서비스는 AWS로 알려진 아마존 웹 서비스(Amazon Web Service)이다.

 클라우드라는 표현이 너무 과하게 사용되는 경향이 있다. 만약 여러분의 코드를 클라우드 기반의 서버에서 구동시키고 있다면, "클라우드에서 실행시키고 있다"고 하기보다는 "서버에서 실행시키고 있다"고 표현하는 것이 나을 것이다.

그렇다면 클라우드를 사용하기에 좋은 시기는 언제인가? 클라우드는 본인의 컴퓨터에서 처리하기에 너무 크거나 오래 걸리는 작업을 수행하기에 좋다. 여러분이 자동화하고자 하는 작업들을 클라우드에 저장해 놓으면 컴퓨터를 끄거나 켜는 것에 신경 쓸 필요가 없게 된다.

AWS를 사용하겠다고 결정했다면, 최초 로그인한 순간 여러 가지 서비스 선택지를 볼 수 있을 것이다. 데이터 랭글러로서 필요한 서비스들 중 일부를 나열하자면 다음과 같다(표 14-1 참조).

서비스	데이터 랭글링에서의 사용 목적
Simple Storage Service (S3)	JSON이나 XML과 같은 데이터 파일을 복사해 저장하기 위한 파일 저장 서버
Elastic Computing (EC2)	온디맨드 방식의 서버로 스크립트가 실행되는 서버
Elastic MapReduce (EMR)	하둡 프레임워크를 사용해 분산 데이터 처리가 이루어지는 서버

표 14-1 AWS 클라우드 서비스의 일부 목록

이상이 기본적으로 알아두면 좋은 AWS 서비스들이다. 이 외에도 IBM의 블루믹스(Bluemix)나 왓슨(Watson)의 로직과 자연어 처리 기능을 지원하는 왓슨 개발자 클라우드(Watson Developer Cloud)가 있다. 또한 디지털오션(Digital-Ocean)이나 랙스페이스(Rackspace)와 같은 저렴한 클라우드 자원도 존재한다.

여러분이 무엇을 사용하든 여러분의 코드를 클라우드 서버로 배포할 필요가 있을 것이다. 우리는 코드 배포를 위해 Git(*https://git-scm.com*)을 사용하길 추천한다.

Git을 이용해 파이썬 코드 배포하기

만약 만든 자동화 코드를 로컬 환경이 아닌 다른 곳에서 실행하고 싶다면 파이썬 스크립트를 배포해야 한다. 배포를 위한 간단한 방법을 알아보고 이후 좀 더 복잡한 방법들을 소개하겠다.

 버전 관리는 같은 팀의 구성원들끼리 동일 저장소에서 충돌 없이 병렬적으로 작업하는 것을 가능하게 한다. Git은 브랜치(branch)라 불리는 분기를 생성할 수 있게 해 주고, 다른 팀들과 독립적으로 새로운 아이디어 등을 테스트하고, 주요 기능들의 유실 없이 메인 또는 마스터 브랜치로 다시 통합할 수 있게 해준다. 또한 서버나 원격 머신들을 포함한 모든 구성원들이 항상 가장 최신 코드를 사용할 있도록 해 준다.

파이썬 코드를 배포하기 위한 가장 쉽고 직관적인 방법은 Git을 사용해 저장소에 버전 관리를 적용한 뒤에 Git 배포 후크를 이용해 원격 호스트들로 코드를 배송하는 것이다. 먼저 Git을 설치하도록 하자(*http://bit.ly/installing_git*).

만약 Git을 처음 사용한다면 코드 스쿨(Code School)의 GitHub 튜토리얼 (*https://try.github.io/levels/1/challenges/1*)이나 Atlassian의 Git 튜토리얼을 들을 것을 추천한다. 시작하기에 부담 없는 과정이고 가장 많이 쓰이는 명령어들을 익히는 데 아주 좋을 것이다. 저장소를 혼자 사용하는 경우에는 원격으로 변경된 사항에 대해 pull을 실행하는 것에 크게 신경 쓸 필요는 없지만 정석을 따라서 손해볼 것은 없다. Git 설치가 끝나면 프로젝트 코드가 들어 있는 폴더에서 다음의 명령어들을 실행하라.

```
git init .                    ❶
git add my_script.py          ❷
git commit -a                 ❸
```

❶ 현재 작업 디렉터리를 Git 저장소의 루트로 지정한다.

❷ my_script.py를 저장소에 저장한다. 설정 파일을 제외한 저장소의 파일 명이나 폴더 명을 추가하자.

❸ 추가된 내용과 저장소의 기타 변경사항들을(-a) commit 명령어를 통해 반영하도록 하자.

실행 후에는 어떠한 변경사항들이 추가되었는지를 간략하게 설명하는 commit 메시지를 명확하게 작성해야 한다. 이후에 어떠한 commit들이 코드에 어떤 변화를 주었는지를 알아야 할 필요가 있기 때문이다. 만약 항상 정확하고 명료하게 commit 메시지들을 작성한다면 나중에 문제가 생기거나 했을 때 변경사항들을 추적하기가 쉬울 것이다. 또한 팀의 다른 구성원들이 여러분의 코드와 수정사항들을 잘 이해할 수 있도록 도와주는 역할도 한다.

> git fetch나 git pull -rebase 명령어를 사용하여 원격 변경사항들을 가져오고 로컬 저장소에 변경사항들을 반영하는 데 익숙해지도록 하자. 그리고 코드를 고치고 작업분을 commit한 뒤 본인의 액티브 브랜치로 push하도록 하자. 마스터 브랜치와 통합을 해야 할 때에는 pull 요청(*https://help.github.com/articles/using-pull-requests/*)을 통해 다른 구성원들로 하여금 코드 통합을 검토하도록 하고 마스터 브랜치로 통합하도록 하자. 이후 더 이상 사용되지 않는 오래된 브랜치들을 삭제하는 것을 잊지 않도록 하자.

추가적으로 push나 pull을 실행할 때 Git에서 무시하기를 원하는 파일 패턴들을 모두 저장하고 있는 .gitignore 파일을 세팅할 필요가 있다. 각 폴더마다 이 파일을 하나씩 두거나 베이스 폴더에 하나의 파일을 두는 방법이 있다. 대부분의 .gitignore 파일들은 이와 같이 생겼다.

```
*.pyc
*.csv
*.log
config/*
```

이 파일은 컴파일된 파이썬 파일과(.pyc) CSV 파일들(.csv), 로그 파일들(.log), 그리고 설정 파일들(config/*)이 저장소에 저장하는 과정에서 제외되도록 한다. 여러분은 본인의 저장소에 어떤 타입의 파일들이 있는지에 따라 패턴을 더 추가하고 싶을 것이다.

저장소를 호스팅하는 사이트는 여러 가지가 있다. GitHub(*https://github.com/*)는 무료로 공개 저장소를 지원하지만 비공개 저장소는 지원하지 않는다. 만약 코드를 공개하고 싶지 않다면 Bitbucket(*https://bitbucket.org/*)에서 무료 비공개 저장소를 사용할 수 있다. 만약 Git을 로컬 환경에서 이미 운용하고 있다면 현재 존재하는 Git 저장소에서 GitHub나 Bitbucket으로 손쉽게 push할 수 있다.

저장소 설정이 끝났다면 (하나 또는 다수의 서버로 구성된) 원격 저장소(*http://gitscm.com/docs/git-remote*)를 쉽게 설정할 수 있다. 다음은 ssh 접근 권한이 있을 경우 특정 폴더에서 배포를 수행하는 예제이다.

```
git remote add deploy ssh://user@342.165.22.33/home/user/my_script
```

코드를 서버로 push하기 전에, 받는 측의 서버에서 폴더를 세팅할 필요가 있다. 그러기 위해서는 코드 배포를 받는 서버 측에서 다음의 명령어들을 실행하면 된다.

```
git init .
git config core.worktree 'pwd'
git config receive.denycurrentbranch ignore
```

위에서 여러분은 로컬 머신에서 코드를 보내기 위해 빈 저장소를 초기화하였다. 또한 일부 설정을 정의하여 Git이 원격 엔드포인트라는 것을 알 수 있게 해주었다. 그리고 나면 post-receive 후크를 설정하는 것이 좋다. 그러기 위해서는 ./git/hooks 폴더에 post-receive라고 불리는 실행 파일을 생성하면 된다. 이 파일은 코드 배포 엔드포인트에서 Git push를 받았을 경우 실행된다. 여기에는 push가 이루어질 때마다 실행되어야 하는 데이터베이스 싱크나 캐시 정리, 프로세스 재시작과 같은 모든 태스크들이 포함되어야 한다. 그렇지 않다면 최소한 엔드포인트에서의 코드들을 갱신해주어야 한다.

아주 간단한 .git/hooks/post-receive 파일은 이와 같은 형태를 갖추고 있다.

```
#!/bin/sh
git checkout -f
git reset --hard
```

이 코드를 통해 로컬에서 이루어진 모든 변경사항이 원격 머신들의 코드에 갱신될 것이다.

> 모든 변경사항은 로컬 머신에서 적용하고 테스트한 뒤에 배포 엔드포인트들로 push해야 한다. 이 과정은 처음부터 습관을 잘 들여놔야 한다. 이런 방식으로 배포를 하면 모든 코드가 버전 관리가 될뿐더러 동시에 서버에서 코드를 수정하면서 새로 생기는 간헐적인 버그나 에러가 추가적으로 생기지 않을 것이다.

엔드포인트에서의 설정이 끝나면 로컬 저장소에서 다음 명령어를 실행하여 모든 원격 서버에 있는 코드들을 최신화할 수 있다.

```
git push deploy master
```

이는 저장소와 원격 서버들을 관리하는 좋은 방법이다. Git을 사용하면 코드 설정이나 이전이 직관적이 된다.

배포와 버전 관리를 처음해본다면 Fabric(*http://www.fabfile.org/*) 같은 더 복잡한 배포 옵션을 알아보기 전에 Git으로 시작해서 익숙해지는 것을 추천한다. 이 장의 후반부에서 다수의 서버에 대해 코드를 배포하고 관리하는 좀 더 대규모의 자동화 방법을 알아본다.

병렬 프로세싱 사용하기

병렬 프로세싱은 하나의 스크립트에서 동시에 여러 개의 프로세스를 실행할 수 있도록 해주는 멋진 스크립트 자동화 도구이다. 만약 여러분의 스크립트가 하나 이상의 프로세스를 필요로 한다면 파이썬에 내장된 multiprocessing 라이브러리를 사용해야 할 것이다. 만약 병렬적인 수행을 통해 속도를 향상시킬 수 있는 태스크가 있다면 multiprocessing을 사용하는 것이 좋은 선택일 것이다.

그러면 multiprocessing 라이브러리는 어떻게 사용하는가? 간단한 예를 살펴보자.

```
from multiprocessing import Process, Manager                    ❶
import requests

ALL_URLS = ['google.com', 'bing.com', 'yahoo.com',
            'twitter.com', 'facebook.com', 'github.com',
            'python.org', 'myreallyneatsiteyoushouldread.com']

def is_up_or_not(url, is_up, lock):                             ❷
    resp = requests.get('http://www.isup.me/%s' % url)         ❸
```

```
        if 'is up.' in resp.content:                      ❹
            is_up.append(url)
        else:
            with lock:                                     ❺
                print 'HOLY CRAP %s is down!!!!!' % url

def get_procs(is_up, lock):                                ❻
    procs = []
    for url in ALL_URLS:
        procs.append(Process(target=is_up_or_not,
                             args=(url, is_up, lock)))      ❼
    return procs

def main():
    manager = Manager()                                    ❽
    is_up = manager.list()                                 ❾
    lock = manager.Lock()                                  ❿
    for p in get_procs(is_up, lock):                       ⓫
        p.start()
        p.join()
    print is_up

if __name__ == '__main__':
    main()
```

❶ 내장된 multiprocessing 라이브러리로부터 Process와 Manager 클래스를 불러온다.

❷ URL과 공유 리스트, 그리고 공유 lock의 세 개의 인자를 받는 메인 워커 함수 is_up_or_not을 정의한다. 리스트와 lock은 모든 프로세스에서 공유되며, 각 프로세스에서 이들을 수정하거나 사용할 수 있다.

❸ isup.mc 사이트를 이용해, 주어진 URL 주소들이 접속 가능한 상태인지 알아보는 과정을 requests를 사용하여 수행한다.

❹ 페이지상의 is up이라는 텍스트를 파싱할 수 있는지 확인한다. 만약 해당 텍스트가 존재한다면 해당 URL이 정상 작동하고 있음을 알 수 있다.

❺ lock의 acquire 메서드를 with 블록을 통해 호출한다. 이렇게 하면 해당 블록에서는 lock을 획득하고 들여쓰기 부분의 코드를 실행한 뒤 코드 블록의 끝에서 다시 lock을 방출한다. lock(*http://bit.ly/python_threads_synch*)은 블로킹(blocking)을 하기 때문에 코드 내에서 블로킹을 해야 하는 경우에만 사용해야 한다. 예를 들어 공유된 값이 변경되었는지 또는 종료 지점을 도달했는지 등을 알기 위해 반드시 한 개의 프로세스만 실행되어야 하는 경우가 그러하다.

❻ 프로세스를 생성할 때 사용하기 위해 공유 lock과 리스트를 전달한다.

❼ 어떤 함수를 실행할지를 나타내는 target과 어떠한 변수들을 전달할지를 나

타내는 args의 두 가지 키워드 인자들을 전달하여 Process 오브젝트를 생성한다. 이 줄에서는 우리의 모든 프로세스들을 리스트에 추가하여 한군데에 보관한다.

❽ 프로세스 간 항목과 로깅을 공유할 수 있게 도와주는 Manager 오브젝트를 초기화한다.

❾ 정상 동작하고 있는 사이트들의 목록을 기록하기 위해 공유 리스트 오브젝트를 만든다. 각 프로세스는 이 리스트를 변경할 수 있는 능력이 있다.

❿ 정상 동작하는 사이트를 발견하면 멈추고 이를 알리기 위해 공유 lock 오브젝트를 생성한다. 만약 정상적으로 동작하지 않는 사이트가 있을 경우 문제가 생기는 치명적인 비즈니스 로직이 있다면 모든 프로세스를 멈출 필요가 있을 수도 있다.

⓫ get_procs를 통해 반환되는 각 프로세스를 구동한다. 프로세스들이 구동되면 join을 통해 Magager 오브젝트와 모든 자식 프로세스들에서 이루어지는 작업이 끝날 때까지 소통할 수 있도록 한다.

멀티 프로세싱은 보통 관리자 프로세스와 자식 프로세스로 나누어져 실행된다. 자식 프로세스들은 인자들을 전달받을 수 있고 공유 메모리와 공유 변수들 또한 사용할 수 있다. 사용자는 이런 요소들을 고려해 멀티 프로세싱을 활용하고 설계할 수 있다. 스크립트에서 필요한 내용에 따라 관리자 프로세스에서 스크립트의 로직을 담당하게 하고 자식 프로세스들에게 응답 시간이 길거나 오래 걸리는 특정 코드를 맡길 수도 있다.

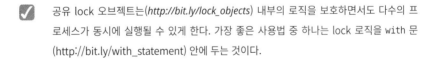

공유 lock 오브젝트는(*http://bit.ly/lock_objects*) 내부의 로직을 보호하면서도 다수의 프로세스가 동시에 실행될 수 있게 한다. 가장 좋은 사용법 중 하나는 lock 로직을 with 문 (http://bit.ly/with_statement) 안에 두는 것이다.

만약 직접 만든 스크립트가 멀티 프로세싱에 적합한지 판단이 서지 않는다면 스크립트의 일부나 세부 과업을 분리해서 멀티 프로세싱을 수행해본 다음 병렬 프로그래밍을 통해 목표했던 부분을 달성할 수 있었는지, 그리고 혹시 비즈니스 로직을 불필요하게 복잡하게 만든 건 아닌지 시험해 보는 방법도 있다. 어떤 태스크는 대규모 자동화와 큐를 사용하는 것이 더 좋을 수도 있는데 그것은 나중에 다루도록 하겠다.

분산 프로세싱 사용하기

병렬 프로세싱이나 멀티 프로세싱 외에도 다수 머신에서 프로세스를 사용하는 분산 프로세싱이라는 것이 존재한다. 한 머신에서 감당할 수 있는 정도의 작업에서는 병렬 프로세싱이 더 빠르지만 때로는 그 이상이 필요할 때도 있다.

 분산 프로세싱은 여러 계산 문제와 맞닿아 있다. 다수의 컴퓨터에 자원이 분산되어 있는 분산 환경에서의 프로세스 관리 및 데이터 스토리지를 위한 다양한 도구와 라이브러리 들이 존재한다. 이들과 관련된 용어들로는 분산 컴퓨팅, 맵리듀스(MapReduce), 하둡(Hadoop), HDFS, Spark, Pig, Hive 등이 있다.

2008년 초, 클린턴 전 대통령 기념 도서관과 국립 문서 보관소에서 1993년부터 2001년까지 영부인이었던 힐러리 클린턴의 스케줄을 공개하였다. 문서 보관소에는 유용한 데이터로 만들기 위해 OCR을 거쳐야 하는 17,000페이지의 PDF 문서가 있었다. 이때는 민주당이 경선 중이었기 때문에 언론사에서 이 문서들을 발행하고 싶어 했고, 이를 위해 워싱턴 포스트에서는 분산 프로세싱을 이용해 17,000개의 이미지를 텍스트 데이터로 변환했다. 총 100개 이상의 컴퓨터에 작업을 분산해 그 모든 작업을 24시간 내로 끝마칠 수 있었다.

하둡과 같은 프레임워크를 사용한 분산 프로세싱은 크게 두 단계에 걸쳐 이루어진다. 첫 번째는 입력값을 맵핑하는 맵(map) 단계이다. 이 단계는 필터링과 비슷한 역할을 한다. 매퍼는 텍스트 파일에 있는 모든 단어들을 분리하거나 지닌 한 시간 동안 특정 해시 태그를 사용한 사용자들을 골라 내는 등의 작업을 하는 데 사용된다. 다음 단계는 맵핑이 된 데이터를 쓸모 있는 형태로 묶어 주는 리듀스(reduce) 단계이다. 이것은 9장에서 우리가 사용한 aggregate 함수와 유사하다. 만약 트위터에서 스프릿츠 피드를 통해 받은 트위터 사용자들을 분석해보고 싶다면 해당 사용자가 게시한 트윗들을 지리적 위치나 언급 토픽에 따라 집계하고 싶을 수 있다. 리듀서는 이러한 대규모 데이터를 읽을 수 있고 활용가능한 데이터로 '줄이는(reduce)' 역할을 해 준다.

알다시피 모든 데이터세트에 맵리듀스가 필요한 것은 아니며 맵리듀스의 이론이 적용된 라이브러리들 또한 파이썬에 이미 존재한다. 그러나 진짜 빅데이터를 다뤄야 하는 상황이라면 하둡과 같은 맵리듀스 도구를 사용함으로써 컴퓨팅 시간을 대폭 줄일 수 있다. 정말 잘 만들어진 튜토리얼을 보고 싶다면 마이클 놀(Michael Noll)의 파이썬 하둡 맵리듀스 프로그래밍 튜토리얼(*http://bit.ly/python_mapreduce*)을 참조하라. 워드 카운팅 예제를 통해 파이썬에서 하둡을 사용하는 방법을 알려준다. Yelp의 개발자들이 작성해 관리하는 mrjob(*https://pythonhosted. org/mrjob/*) 사용자 문서도 매우 잘 정리되어 있다. 이 주제에 대해 더 읽어보고 싶다면 케빈 슈미트(Kevin Schmidt)와 크리스토퍼 필립(Christopher Phillips)의 *Programming Elastic MapReduce*(O'Reilly)를 읽어보자.

데이터세트가 크지만 이질적인 시스템에 분산되어 저장되어 있거나 실시간으로 들어오는 상황이라면 처리 속도와 머신러닝 활용 능력 그리고 스트림 처리 능력으로 각광받고 있는 Apache 프로젝트인 스파크(Spark, *http://spark.apache. org/*) 사용을 고려해보라. 지금 하는 태스크에서 실시간 데이터 스트리밍을 다루고 있다면 하둡보다는 같은 맵리듀스 연산 구조를 활용하는 스파크가 더 나은 선택일 것이다. 스파크는 데이터를 생성해 데이터 클러스터로 피드를 넘겨 머신러닝이나 분석 도구를 적용해야 하는 경우에도 유용한 도구이다. 스파크의 파이썬 API인 PySpark(*http://bit.ly/spark_python_docs*)도 동일한 개발자들이 관리하고 있다.

스파크를 사용하기 전에 벤자민 벵포트(Benjamin Bengfort)의 블로그 포스팅(*http://bit.ly/gs_with_spark*)을 읽어보라. 스파크의 설치 방법과 Jupyter notebook과의 연동 방법, 그리고 프로젝트 세팅까지 자세히 설명되어 있다. 그리고 존 래미(John Ramey)가 포스팅한 Jupyter notebook(*http://bit.ly/ipy_notebook_pyspark*)과 PySpark의 통합 방법, notebook을 활용한 데이터 수집과 분석 방법에 대해서도 읽어보면 좋을 것이다.

단순 자동화

파이썬을 이용해 간단한 자동화를 수행하는 것은 쉬운 일이다. 작성한 코드가 다수의 머신에서 돌아갈 필요가 없거나 서버가 하나밖에 없는 경우, 또는 이벤트 기반으로 동작하지 않고 주기적으로 작동하기만 하면 된다면 단순 자동화만으로도 해결이 될 것이다. 개발의 중심 원칙 중 하나는 가장 명확하고 간단한 방법을 선택하는 것이고, 자동화 또한 다를 바 없다. 만약 Cron job을 사용해 태스크를 자동화할 수 있다면 여러분은 다른 복잡한 방법을 고안하거나 적용할 필요가 없는 것이다.

단순 자동화를 다루며 우리는 유닉스 기반 태스크 매니저인 cron과 다양한 웹 인터페이스를 알아볼 것이다. 이들은 사용자의 직접 개입을 필요로 하지 않는 단순 자동화를 대표하는 솔루션들이다.

크론잡(CronJob)

cron(*http://en.wikipedia.org/wiki/Cron*)은 서버의 기록 및 관리 기능을 이용해 작성하고 있는 스크립트를 구동하는 유닉스 기반 잡 스케줄러이다. cron은 작성자가 직접 태스크의 실행 주기를 설정하도록 하고 있다.

 스크립트의 실행 주기를 직접 결정하기 어렵다면 cron을 사용하는 게 좋은 선택이 아닐 수 있다. 또는 스크립트를 주기적으로 실행해보며 혹시 스크립트가 특정 시간에 실행되는 것을 어렵게 하는 제약사항이 있는지 살펴보는 방법도 있다. 이후 cron 태스크를 하나 더 만들어 주기적으로 데이터베이스나 로컬 파일을 확인하며 대상 스크립트를 실행할 때가 되었는지를 알려주면 된다.

---

cron 파일을 사용해본 적이 없다 하더라도 내용을 이해하는 데 어렵지 않을 것이다. 보통 다음과 같은 명령어를 입력하여 쉽게 편집할 수 있다.

```
crontab -e
```

✅ 사용 운영체제에 따라 cron 파일을 생성한 적이 없다면 사용할 에디터를 지정해야 할 수도 있다. 시스템의 기본 에디터를 사용하거나 평소 사용하는 에디터를 사용해도 좋다.

파일 내에 cron 파일이 어떻게 동작하는지를 알려주는 주석들이 존재할 것이다. Cron 파일에 #로 시작하는 라인을 제외한 라인들은 cron 태스크를 정의한다. 그리고 각 cron 태스크는 다음의 인자들을 포함할 것을 요구하고 있다.

```
minute hour day_of_month month day_of_week usercommand
분   시  날짜  월  요일  유저명령어
```

만약 스크립트가 주말을 제외하고 매 시간 실행되어야 한다면 다음과 같은 코드를 작성해야 할 것이다.

```
0 * * * 1-5 python run_this.py
```

이 줄에서는 cron에게 매주 월요일부터 금요일까지 매시 0분에 해당 스크립트를 실행하라고 알려주고 있다. Cron 사용법과 관련해 도움이 될 만한 좋은 튜토리얼(*https://help.ubuntu.com/community/CronHowto*)이 많은데, 더 설명하자면 다음과 같다.

- 다른 어떤 줄을 작성하기에 앞서 MAIL_TO=your@email.com 변수를 반드시 작

성하라. 그렇게 하면 스크립트가 오작동할 경우 cron에서 발생한 예외사항에 대해 email을 보낼 것이다. 코드가 실행되는 환경에 따라 작업용 랩톱이나 컴퓨터, 또는 서버에서 이메일을 보낼 수 있도록 설정해야 할 것이다. 운영체제와 인터넷 서비스 공급자의 상황에 따라 추가적인 설정이 필요할 수도 있다. Mac 사용자들을 위한 GitHub 항목(*http://bit.ly/sendmail_setup*)과 Ubuntu 사용자들을 위한 HolaRails(*http://bit.ly/configure_sendmail*) 문서에 필요한 내용들이 자세히 설명되어 있다.

· 컴퓨터가 재부팅할 때 재시작되어야 하는 서비스들이 있다면 @reboot 기능을 사용하자.

· 스크립트를 올바로 실행하기 위해 Path 환경 변수나 기타 명령어를 사용해야 할 경우 저장소에 cron.sh 파일을 작성하라. &&으로 연결된 긴 명령어를 작성하지 말고 필요한 명령어들을 파일에 넣은 뒤 해당 파일을 직접 실행하자.

· 검색하는 노력을 아끼지 말자. cron을 사용하면서 문제가 생겼다면, 누군가 올려 놓은 해결 방법을 구글 검색으로 쉽게 찾을 수 있을 것이다.

다음은 cron 사용법을 시험해보기 위해 간단한 파이썬 예제를 만들 것이다. hello_time.py라는 이름의 파이썬 파일을 만들고 아래의 코드를 집어넣자.

```
from datetime import datetime

print 'Hello, it is now %s.' % datetime.now().strftime('%d-%m-%Y %H:%M:%S')
```

이제 간단한 cron.sh 파일을 동일 폴더에 만들고 다음의 배시 명령어들을 넣어둔다.

```
export ENV=PROD
cd /home/your_home/folder_name
python hello_time.py
```

지금은 우리가 환경 변수를 제대로 사용하고 있는 상황이 아니기 때문에 따로 설정할 필요가 없으며 cd 문이 있는 줄도 본인의 폴더나 파일 명에 맞게 바꾸어야 할 것이다. 그래도 이 예제를 통해 배시 명령어를 사용해 변수를 설정하거나 가상 환경을 활성화하고, 파일들을 복사하거나 이동시킨 뒤 파이썬 파일을 실행시키는 방법 배울 수 있을 것이다. 이 책의 초반부에서부터 배시 명령어는 쭉 등장해왔으니 두려워할 필요는 없다.

마지막으로 crontab -e 명령어를 사용하여 cron 태스크를 세팅하도록 하자. 다음 코드를 에디터를 사용해 주석들 아래에 추가하자.

```
MAIL_TO=youremail@yourdomain.com
*/5 * * * * bash /home/your_home/folder_name/cron.sh > /var/log/my_cron.log 2>&1
```

여기에서 임의의 이메일 주소를 본인의 이메일 주소로 바꾼 뒤에 아랫줄의 파일 경로도 본인의 실제 파일들이 들어 있는 경로로 바꾸어야 한다. 기억해 둘 것은 본인의 hello_time.py 스크립트 또한 동일 폴더에 있어야 한다는 점이다. 이 예제에서 우리는 로그 파일(/var/log/my_cron.log)도 설정하였는데, 이 줄의 코드 맨 뒤에 있는 2>&1 선언문은 cron으로 하여금 출력 결과물과 오류를 로그 파일에 모두 기록하도록 만든다.

에디터를 종료하고 cron 파일을 저장하고 나면 이제 cron 태스크가 잘 설치되었다는 메시지를 볼 수 있을 것이다. 몇 분을 기다리고 로그 파일을 확인하자. 그러면 스크립트에서 기록된 메시지가 파일에 들어 있는 것을 볼 수 있을 것이다. 그렇지 않으면 시스템 로그(/var/log/syslog)나 cron 로그(/var/log/cron)를 확인하여 오류 메시지를 찾아볼 수도 있다. cron 태스크를 제거하기 위해서는 crontab을 다시 수정하여 라인을 삭제하거나 맨 앞에 # 기호를 붙여 주석 처리하면 된다.

 cron을 사용하면 아주 손쉽게 스크립트를 자동화하거나 알림을 만들 수 있다. cron은 1970년경 Bell 연구소에서 유닉스를 개발하던 시절 만들어졌으며 아직도 널리 사용된다. 만약 코드를 언제 실행할지 쉽게 예측할 수 있고 단순히 몇 줄의 배시 명령어로 쉽게 실행되게 만들 수 있다면 cron을 사용하는 것이 좋을 것이다.

cron 태스크에 커맨드라인 인자값을 전달해야 하는 경우에는 다음과 같이 할 수 있다.

```
*/20 10-22 * * * python my_arg_code.py arg1 arg2 arg3
0,30 10-22 * * * python my_arg_code.py arg4 arg5 arg6
```

cron은 유연하면서도 간편하다. 목적에만 부합하다면 아주 괜찮은 해결책이 될 것이다. 만약 그렇지 않다면 데이터 랭글링을 자동화할 수 있는 그 외의 다른 방법들을 알아보도록 하자.

웹 인터페이스

스크립트나 스크래핑 또는 보고 태스크를 온디맨드 방식으로 실행해야 한다면 한 가지 좋은 해결책은 사용자가 직접 로그인을 하고 버튼을 눌러 태스크를 수행하도록 하는 웹 인터페이스를 만드는 것이다. 파이썬에는 선택할 수 있는 웹 프레임워크들이 많이 있으니 웹 인터페이스 구축에 들이고 싶은 시간을 고려해 방법을 선택하면 될 것이다.

간단한 방법 중 하나는 Flask(*http://flask.pocoo.org/*) 웹 프레임워크상에 구축된 Flask-Admin(*https://flaskadmin.readthedocs.org/en/v1.0.9/*)을 사용하는 것이다. Flask는 마이크로 프레임워크인 만큼 시작하기 위해 많은 코드가 필요하지 않다. 빠른 시작 가이드 문서(*http://flask.pocoo.org/docs/0.10/quickstart/*)를 보고, 설치와 실행을 마치고 나면 Flask 애플리케이션 안에 태스크 실행에 사용되는 view를 세트업할 수 있다.

> ⚠️ 태스크가 성공적으로 마쳤을 때 이메일처럼 사용자나 여러분에게 직접 알려줄 수 있는 수단을 마련해 놓자. 웹 응답을 통해 태스크의 성공 여부를 알리는 방식으론 작업이 너무 지연될 수도 있다. 또한 태스크가 성공적으로 시작되었을 때에도 사용자에게 알려 같은 작업을 여러 번 요청하지 않도록 하자.

파이썬에서 인기를 얻고 있는 또 다른 마이크로 프레임워크로는 보틀(Bottle, *http://bottlepy.org/docs/dev/index.html*)이 있다. Bottle은 버튼 같이 간단한 상호작용 도구를 통해 태스크를 실행시킬 수 있다는 점에서 Flask와 유사하다.

파이썬 개발자들이 사용하는 좀 더 규모가 있는 파이썬 웹 프레임워크로는 Django(*https://www.djangoproject.com/*)가 있다. 원래 신문방송사의 뉴스룸에서 콘텐츠를 쉽게 발행할 수 있도록 하기 위해 만들어진 Django는 인증 및 데이터베이스 시스템이 내장되어 있으며 별도의 설정 파일을 사용해 대부분의 기능을 제어한다.

어떤 프레임워크를 쓰거나 어떻게 뷰를 만드는지와 관계없이 여러분은 그 프레임워크를 사용해 만든 사이트를 다른 사람들이 사용할 수 있도록 호스팅해야 할 것이다. 디지털오션(DigitalOcean)이나 아마존 웹 서비스(Amazon Web Services) 등을 이용하면(부록 G 참조) 사이트를 쉽게 호스팅할 수 있다. 또는 Heroku(*https://www.heroku.com/*)와 같이 파이썬 환경을 지원하는 서비스 프로바이더를 이용해도 좋다. 만약 그쪽에 관심이 있다면 케네스 리츠(Kenneth Reitz)가 만든 자료를 참고하라. Heroku를 사용하여 파이썬 앱을 배포하는 과정(*http://bit.ly/python_heroku*)을 소개하는 멋진 자료다.

어떤 프레임워크나 마이크로 프레임워크를 사용하든 인증과 보안을 생각해야 한다. 사용하는 웹서버에 따라 서버 측에서 설정을 하거나 프레임워크에서 기본 기능이나 플러그인을 사용할 수도 있다.

주피터 노트북(Jupyter Notebooks)

우리는 10장에서 이미 주피터 노트북의 설치 방법을 알아보았고 그것이 파이썬이 익숙하지 않은 사람들과 코드와 차트 등을 공유하는 데 얼마나 좋은지를 알아보았다. 파이썬에 익숙하지 않더라도 주피터 노트북에서 간단한 명령어, 즉 셀을 실행시키거나 결과물로 나온 보고서를 다운 받는 방법 정도만 가르쳐도, 여러분은 시간을 꽤 절약할 수 있을 것이다.

 마크다운 셀을 추가한 뒤 공유된 노트북을 사용하는 방법을 설명해 놓으면 노트북을 사용하는 사람들은 작성한 사람이 별다르게 돕지 않아도 쉽게 사용할 수 있을 것이다.

만약 작성된 스크립트가 잘 정리되어 있고 더 이상 수정이 필요하지 않다면 주피터 노트북이 불러올 수 있는 저장소에 저장해 놓고 코드를 사용하면 된다. 또한 서버나 노트북의 PYTHONPATH(*http://bit.ly/add_dir_pythonpath*)를 설정해 놓고 필요한 모듈들을 항상 쓸 수 있게 해 놓자. 이렇게 하면 스크립트의 main 함수들을 노트북으로 불러들일 수 있고 누군가 노트북의 "Play All" 버튼 하나로 보고서를 생성할 수 있다.

대규모 자동화

만든 시스템이 하나의 머신에서 감당할 수 없는 규모이거나 분산 애플리케이션 또는 이벤트 기반 시스템에 묶여 있다면 단순한 웹 인터페이스나 노트북 또는 cron만으로는 해결하기 어려울 것이다. 정말 진지하게 태스크 관리 시스템을 찾고 있으며 파이썬을 사용하고 싶다면 셀러리(Celery, *http://www.celeryproject.org*)라는 이름의 태스크 관리 툴을 사용할 것을 추천한다. 셀러리는 더 많은 스택의 태스크를 관리하고 워커들을(워커에 대해서는 428쪽에서 설명한다) 자동화할 수 있게 해주며 모니터링용 솔루션도 제공한다.

또한 일련의 서버나 다양한 운영 환경을 관리해야 할 때 필요한 운영 자동화에 대해서도 다룬다. Ansible(*http://www.ansible.com*)은 데이터베이스 이전과 같은 기계적인 작업부터 대규모 통합 배포 환경을 관리하는 데까지 유용하게 쓰이는 자동화 도구이다.

하둡을 사용하고 있고, 연산에 오래 걸리는 태스크들이 특히 문제인 상황에서 대규모 태스크 관리가 필요하다면 셀러리 대신에 Spotify의 Luigi(*https://github.com/ spotify/luigi*)를 사용하는 방법도 있다. 그 외 운영 자동화의 경우엔 대안이 많이 있다. 소수의 서버만을 관리해야 하고 파이썬만을 사용하는 배포 환경이라면 Fabric(*http://www.fabfile.org/*) 또한 좋은 선택지가 될 수 있다. 더더욱 규모가 큰 서버 관리의 경우 솔트스택(SaltStack, *http://saltstack.com/*)을 사용하거나 셰프(Chef, *https://www.chef.io/chef/*)나 퍼펫(Puppet, *https://puppetlabs.com/*)과 같은 관리 프로그램과 베이그런트(Vagrant, *https://www.vagrantup.com/*)를 같이 사용하는 방법이 있다.

여기에서 몇몇 도구를 소개하긴 하였지만 이들이 전부가 아니다. 최근 분산처리 분야의 인기와 수요를 고려한다면 해커 뉴스(Hacker News) 등에서 들려오는 기술 토론 내용 등을 주의 깊게 살펴보는 게 좋을 것이다.

셀러리(Celery) : 큐 기반 자동화

셀러리는 분산 큐 시스템을 구축하기 위해 사용되는 파이썬 라이브러리이다. 셀러리를 사용하면 스케줄러나 이벤트 또는 메시징을 통해 태스크가 관리된다. 이벤트에 기반하며 장시간 구동되는 태스크들을 다루며 확장가능성까지 생각해야 한다면 그 모든 것을 지원하는 셀러리를 사용할 필요가 있다. 셀러리는 다양한 백엔드와 통합이 가능하며 태스크를 관리하기 위해서 설정 파일과 사용자 인터페이스 그리고 API 호출을 사용한다. 또한 시작하기에도 어렵지 않으니 태스크 관리 시스템을 처음 사용한다 하더라도 겁낼 필요 없다.

셀러리 프로젝트가 어떻게 구축되었든 간에 아마 기본적으로 다음의 태스크 관리 구성 요소들로 구성되어 있을 것이다.

메시지 브로커(일반적으로 *RabbitMQ* 사용)

이 서비스는 처리를 기다리는 태스크들의 큐 역할을 한다.

태스크 관리자/큐 관리자(Celery))

이 서비스는 워커들의 개수나 태스크 우선순위 재시도 시점과 같은 로직들을 관리한다.

워커

워커는 파이썬 코드를 실행하는 셀러리에 의해 제어되는 파이썬 프로세스들이다. 워커는 각자 자신이 맡은 파이썬 코드를 완수하고자 한다.

모니터링 도구(Flower 등)

워커와 큐들을 모니터링하며 "어제는 무엇이 잘못됐었나?" 와 같은 질문에 답할 수 있게 해준다.

셀러리 사용법을 알려주는 훌륭한 시작 가이드(*http://bit.ly/first_steps_w_celery*)가 있긴 하지만 지금 가장 큰 문제는 셀러리를 사용하는 방법보다는, 큐를 사용하는 것이 좋은 태스크와 그렇지 않은 태스크를 구분하는 방법을 배우는 것이 더 시급하다. 표 14-2에서 큐 기반 자동화에 대한 몇 가지 질문과 큐 사용 여부를 판단하는데 도움이 되는 몇 가지 기준을 소개한다.

큐 기반 태스크 관리 요구 사항	큐를 사용하지 않는 태스크 관리 요구 사항
태스크들에 기한이 없음	태스크들에 기한이 존재할 수 있음
전체 태스크의 수를 알 필요가 없음	수행해야 하는 태스크의 수를 쉽게 알 수 있음
태스크들의 전반적인 우선순위만을 알고 있음	태스크들의 명확한 우선순위를 알고 있음
태스크들이 순서대로 실행될 필요가 없고 정렬되어 있지도 않음	태스크들이 순차적으로 수행되어야 함
일부 태스크는 다른 태스크들보다 오래 걸리거나 적게 걸림	태스크 수행에 걸리는 시간을 알아야 함
태스크는 이벤트나 다른 태스크의 완료에 맞춰 호출됨	태스크가 정해진 시각에 수행됨
태스크가 실패하더라도 치명적인 문제가 없음	태스크 실패에 대해 반드시 인지해야 함
태스크의 수가 굉장히 많으며 더 증가할 가능성이 있음	하루에 정해진 수 만큼의 태스크만이 존재

표 14-2 큐를 사용하는 것이 좋은 선택인가?

이 표에서는 요구사항들을 일반화하여 이야기하고 있긴 하지만, 태스크 큐를 사용하는 것이 좋을 경우와 오히려 모니터링, 로깅 그리고 메시지 알림을 사용하는 것이 나은 경우의 차이를 이해하는 데 도움이 될 만한 기준들을 제시하고 있다.

 여러분의 태스크가 여러 시스템에 나뉘어서 존재할 수도 있다. 비교적 큰 기업일수록 일반적으로 태스크 '바구니'와 같은 것들이 여럿 존재한다. 큐 기반 태스크 관리와 큐를 사용하지 않는 태스크 관리 두 가지 모두를 시험해보고 프로젝트에 적합한 것을 찾는 것도 괜찮다.

그 외에도 파이썬에는 Python RQ(*http://python-rq.org/*)나 PyRes(*https://github.com/binarydud/pyres*) 같은 태스크 및 큐 관리 시스템들도 있다. 이들은 비교적

최근에 만들어진 프로젝트들이고 상대적으로 기능이 부족할 수는 있지만 셀러리로 시작해서 다른 시스템으로 옮겨가고 있다면 생각해볼 수 있는 선택지들이라 할 수 있다.

Ansible을 이용한 운영 자동화

만약 태스크 관리에 셀러리가 필요할 정도로 규모가 있는 프로젝트를 진행 중이라면, 그 외의 서비스나 운영에 있어서도 도움이 필요할 확률이 높다. 만약 만들고 있는 프로젝트가 분산 시스템 위에서 운용되어야 한다면 자동적으로 분산 처리가 가능하도록 정리를 할 필요가 있을 것이다.

Ansible(*http://www.ansible.com/home*)은 프로젝트의 운영 측면을 자동화하기에 훌륭한 시스템이다. Ansible은 재빨리 코드를 만들고 배포하고 관리하기 위한 도구들을 제공한다. 여러분은 Ansible을 이용해 프로젝트들을 이전시키고 원격 머신들로부터 데이터를 백업할 수 있다. 또한 서버들을 보안 업데이트나 새로운 패키지들을 이용해 최신화하는 것도 가능하다.

Ansible을 빠르게 살펴볼 수 있는 기초 소개 동영상(*http://docs.ansible.com/quickstart.html*)이 있긴 하나, 사용자 문서에서 다룬 다음 몇 가지 주요 기능이 가장 흥미로운 부분이다.

- MySQL 데이터베이스 관리(*http://docs.ansible.com/mysql_db_module.html*)
- Digital Ocean droplet과 key 관리(*http://bit.ly/ansible_digital_ocean*)
- 롤링 업그레이드와 배포 가이드(*http://docs.ansible.com/guide_rolling_upgrade.html*)

저스틴 엘링우드(Justin Ellingwood)의 Ansible playbook 기초 강좌(*http://bit.ly/digital_ocean_ansible*)와 *serversforhackers.com*의 Ansible 입문 강좌(*https://serversforhackers.com/an-ansible-tutorial*)를 찾아볼 것을 추천한다.

 만약 여러분이 한두 개의 서버밖에 사용하지 않고 마찬가지로 한두 개의 프로젝트만 관리한다면 Ansible이 지나치게 어렵고 복잡하게 느껴질 수 있다. 그러나 프로젝트 규모가 계속 커지고 설정들을 관리해야 할 필요성이 생길수록 좋은 대안이 될 수 있다. 운영과 시스템 관리 쪽에 관심이 있다면 습득하고 숙달하기에 좋은 도구가 될 것이다.

이미 생성해 놓은 이미지를 사용해서 매번 서버 설정을 하는 방법이 있으며 많은 클라우드 제공자들이 그런 방법을 허용하고 있다. 상황에 따라 데이터 랭글링을 위해서 반드시 운영 자동화 전문가가 될 필요는 없다.

자동화 모니터링하기

자동화를 위해서는 모니터링에 시간을 투자해야 한다. 만약 수행한 태스크가 완료되었는지 또는 실패하였는지를 알 방법이 없다면 태스크를 수행하지 않은 것이나 다를 바 없다. 따라서 자동화를 위해서는 스크립트와 그것을 실행하는 머신들을 모니터링하는 것이 필수적이라 할 수 있다.

예를 들어, 숨겨진 버그가 있어 실제 데이터가 로드되지 않았고, 몇 날 며칠을 이전 데이터로 보고서를 만들고 있었다면 큰일이 아닐 수 없다. 자동화의 경우, 고장이라는 게 항상 명확하지는 않다. 잘못된 스크립트가 오류나 모순점을 지닌 채 계속 돌아가고 있을 수 있기 때문이다. 따라서 스크립트가 정상적으로 동작하고 있어 보여도 실제로 태스크가 성공적으로 수행되고 있는지 아닌지를 모니터링 할 필요가 있다.

> ✅ 모니터링은 태스크의 규모와 필요성에 따라 자원을 많이 차지할 수도 있다. 여러 대의 서버에서 돌아가는 대규모 자동화 태스크라면 더 큰 규모의 분산 모니터링 시스템이 필요할 것이다. 그러나 집에 있는 서버에서 태스크를 수행하는 정도의 규모라면 파이썬에 내장되어 있는 로깅 도구를 사용하는 정도로 충분할 것이다.

작업을 하다 보면 곧 스크립트에 알림 기능을 추가하고 싶어질 것이다. 파이썬에서는 결과물을 업로드하거나 다운로드하거나 메일로 보내거나 문자로 보내는 것조차 쉽게 구현할 수 있다. 이번 절에서는 선택할 수 있는 로깅 옵션들을 살펴보도록 하자. 일상적인 모니터링 환경에서 발생할 수 있는 오류들을 꼼꼼히 테스트하고 심도 있게 이해하고 나면 목표 태스크를 완전히 자동화하고 알림을 통해 오류를 보고받을 수 있을 것이다.

파이썬으로 로깅(logging)하기

스크립트 모니터링할 때 가장 기본적인 작업은 로깅이다. 다행히 파이썬에는 아주 탄탄하고 기능이 풍부한 로깅 환경이 기본 라이브러리에 포함되어 있다. 사용하는 라이브러리나 클라이언트들은 대부분 파이썬 로깅 생태계를 고려한 로거가 포함되어 있을 것이다.

파이썬의 내장 로깅 모듈에서 기본 설정만을 사용해 로거를 초기화하고 로깅 작업을 시작할 수 있다. 그리고 나서는 작성하는 스크립트에 맞는 다양한 설정들을 적용할 수도 있다. 파이썬의 logging 모듈에서는 로깅 레벨[1]과 로그 기록 속성을 마음대로 설정하고 기록 양식도 수정할 수 있다. logger 오브젝트(*http://bit.ly/logger_objects*)에도 필요에 따라 유용하게 사용될 수 있는 메서드와 속성들이 담겨 있다.

다음은 코드 내에서 로깅을 사용하는 예이다.

```python
import logging
from datetime import datetime

def start_logger():
    logging.basicConfig(filename='/var/log/my_script/daily_report_%s.log' %
                        datetime.strftime(datetime.now(), '%m%d%Y_%H%M%S'),   ❶
                        level=logging.DEBUG,                                   ❷
                        format='%(asctime)s %(message)s',                      ❸
                        datefmt='%m-%d %H:%M:%S')                              ❹

def main():
    start_logger()
    logging.debug("SCRIPT: I'm starting to do things!")                       ❺

    try:
        20 / 0
    except Exception:
        logging.exception('SCRIPT: We had a problem!')                        ❻
        logging.error('SCRIPT: Issue with division in the main() function')   ❼

    logging.debug('SCRIPT: About to wrap things up!')

if __name__ == '__main__':
    main()
```

❶ 로그 파일 이름을 필요로 하는 logging 모듈의 basicConfig 메서드를 사용해 logging 오브젝트를 초기화한다. 이 코드는 /var/log 폴더 내 my_script 폴더 안에 로그 내용을 기록한다. 파일 명은 daily_report_〈DATEINFO〉.log이고 〈DATEINFO〉에 들어갈 내용은 년, 월, 일, 시간, 분, 초가 포함된 스크립트가 실행된 시간이다. 이렇게 기록을 남기면 스크립트가 언제 왜 실행되었는지를 알 수 있다.

❷ 로깅 레벨을 설정한다. 특별한 이유가 없으면 로깅 레벨을 DEBUG로 설정해 코드에 디버깅 메시지를 남겨 놓고 로그에서 확인할 수 있도록 하자. 정보를 더 남길 수 있도록 하고 싶다면 INFO 설정에서 헬퍼 라이브러리를 통해 로그

---

1 (옮긴이) 파이썬 로깅 모듈에서는 critical, error, warning, info, debug, notset의 여섯 가지 로깅 레벨을 이용해 각 로그의 목적과 심각성을 구분한다. `critical`이라고 구분되어 있으면 아주 치명적인 오류가 발생한 것이고, info라고 구분되어 있으면 그냥 참고만 하고 넘어가도 되는 식이다. 굳이 타입 같은 용어를 쓰지 않은 것은 보안 위협 단계처럼 심각성의 위계가 존재하기 때문이다.

를 더 남기도록 하자. 어떤 사람들은 WARNING이나 ERROR 설정으로 로그를 좀 더 간결하게 남기는 쪽을 선호한다.

❸ 여기에서는 로깅되는 메시지와 시간을 기록한다.

❹ 원하는 날짜 양식을 설정해 남겨 놓은 로그가 쉽게 파싱되고 검색이 가능하도록 한다. 여기서는 월, 일, 시간, 분, 그리고 초를 기록하도록 한다.

❺ 모듈의 debug 메서드를 호출해 로깅을 시작한다. 이 메서드는 문자열을 입력할 것을 요구한다. 여기 로그 엔트리에 SCRIPT:라는 머리말을 추가한다. 이와 같이 검색 가능한 메모를 추가하면 이후에 어떤 프로세스와 라이브러리가 로그를 추가하였는지 추적하기가 용이해진다.

❻ 예외 블록 내에서만 사용할 수 있고 예외에서 발생한 traceback 메시지를 문자열과 함께 기록할 수 있도록 하는 logging 모듈의 exception 메서드를 사용한다. 이 기능은 스크립트에서 예외가 몇 건이나 발생하는지 확인하고 이후 에러를 디버깅하는 데 굉장히 유용하다.

❼ error 레벨을 이용해 더 긴 에러 메시지를 기록한다. logging 모듈은 debug, error, info 그리고 warning과 같은 다양한 레벨의 로그를 기록할 수 있다. 일상적인 메시지는 info나 debug를 사용하고 오류와 예외와 관련된 메시지들은 error를 사용하도록 한다. 그렇게 할 경우 나중에 문제가 생겼을 경우 검토 과정에서 이 정보를 이용할 수 있다.

이 예제에서 한 것처럼 로그 메시지의 앞부분에 사용된 모듈이나 코드의 섹션에 대한 메모를 남기는 것이 좋다. 이렇게 하면 나중에 에러가 어디에서 발생했는지 쉽게 알 수 있다. 또한 어떤 오류 또는 문제가 있는지 명확하게 남기에, 이후 로그를 검색하고 파싱하기 쉬워진다. 가장 좋은 방법은 처음 스크립트를 작성하면서 각 부분에서 본인에게 어떤 메시지를 남길지를 생각해 둔 뒤 나중에 중요한 메시지만을 실제로 남겨 두는 것이다.

> 모든 예외 사항은 예상된 예외라 하더라도 기록되어야 한다. 이렇게 하면 이 예외 사항들이 얼마나 자주 발생하는지 그리고 코드가 이런 예외 발생을 정상적으로 인식해야 하는지 여부를 알 수 있게 해준다. logging 모듈에서는 exception과 error 메서드를 사용해서 예외와 파이썬 traceback 메시지를 기록하고 추가 정보를 기록하여 어떠한 문제가 생겼는지를 추정할 수 있게 해준다.

데이터베이스와 API 그리고 외부 시스템과의 상호작용도 로그에 기록해 두어야 한다. 이는 작성한 스크립트가 이들과 소통하는데 문제가 생겼을 경우 알 수 있게 해준다. 파이썬의 많은 라이브러리들은 로그 기능을 내장하고 있다. 예를 들어 requests 모듈은 접속 오류와 요청에 대해서 스크립트 로그에 직접 기록할 것이다.

만약 다른 모니터링 또는 알림 시스템을 준비해 놓지 않았다면 로깅을 사용하는 것이 좋다. 사용이 간단하면서도 미래의 자신과 다른 사람들에게 유용한 문서를 제공하는 좋은 방법이다. 로그를 남기는 것 만이 유일한 해결 방법은 아니지만 자동화를 모니터링 하기 위한 좋은 초석이기도 하다.

로깅 외에도 스크립트에서 비교적 분석이 쉬운 알림을 설정해 놓는 방법도 있다. 이어지는 내용에서는 작성된 스크립트가 성공적으로 실행되었는지 여부를 작성자에게 메지지로 알리는 방법에 대해 알아본다.

자동화된 메시지 보내기

결과물을 보고받거나 스크립트를 감시하거나 오류를 보고 받을 수 있는 방법 중 하나는 스크립트에서 이메일과 같은 메시지를 직접 보내도록 하는 것이다. 파이썬에는 이런 작업을 할 수 있도록 해주는 수많은 라이브러리들이 있다. 우선은 스크립트나 프로젝트에서 필요한 메시지의 유형이 무엇인지 결정하는 것이 도움이 될 것이다. 다음의 질문들에 해당 사항이 있는지 확인해보자.

- 다수의 수취인에게 전달되어야 하는 보고서를 생성해야 하는 경우
- 성공과 실패 케이스에 전달해야 하는 메시지가 명확한 경우
- 직장 동료나 협업자들과 밀접한 연관이 있을 경우
- 웹사이트나 대시보드와 같은 곳에서 결과물을 간단히 확인하기 어려운 경우

만약 이 중 하나라도 작업하는 프로젝트에 해당된다면 자동화된 메시지를 적용하기에 좋은 대상이라는 뜻이다.

이메일

파이썬에서 이메일을 보내는 건 간단하다. 이 책에서는 여러분이 선호하는 이메일 서비스에서 프로젝트를 위한 별도의 이메일 계정을 생성할 것을 추천한다. 만약 별도의 설정 없이는 파이썬과 연동되지 않는다면 검색을 통해 찾을 수 있는 어딘가에 설정법이 나와 있을 확률이 높다.

다양한 수취인들에게 첨부 파일이 담긴 메일을 보낼 수 있는 스크립트를 한번 살펴보자. 여기서 @dbieber가 작성한 원본(*https://gist.github.com/dbieber/5146518*)

을 수정한 호드리구 코치뉴(Rodrigo Coutinho의) "파이썬으로 Gmail에서 메일

보내기" 포스트(*http://bit.ly/sending_gmail_python*)에서 코드를 가져와 변경했다.

```python
#!/usr/bin/python
# Adapted from
# http://kutuma.blogspot.com/2007/08/sending-emails-via-gmail-with-python.html
# Modified again from: https://gist.github.com/dbieber/5146518
# config file(s) should contain section 'email' and parameters
# 'user' and 'password'

import smtplib                                                        ❶
from email.MIMEMultipart import MIMEMultipart                        ❷
from email.MIMEBase import MIMEBase
from email.MIMEText import MIMEText
from email import Encoders
import os
import ConfigParser

def get_config(env):                                                 ❸
    config = ConfigParser.ConfigParser()
    if env == "DEV":
        config.read(['config/development.cfg'])                      ❹
    elif env == "PROD":
        config.read(['config/production.cfg'])
    return config

def mail(to, subject, text, attach=None, config=None):              ❺
    if not config:
        config = get_config("DEV")                                   ❻
    msg = MIMEMultipart()
    msg['From'] = config.get('email', 'user')                        ❼
    msg['To'] = ", ".join(to)                                        ❽
    msg['Subject'] = subject
    msg.attach(MIMEText(text))
    if attach:                                                       ❾
        part = MIMEBase('application', 'octet-stream')
        part.set_payload(open(attach, 'rb').read())                  ❿
        Encoders.encode_base64(part)
        part.add_header('Content-Disposition',
                        'attachment; filename="%s"' % os.path.basename(attach))
        msg.attach(part)
    mailServer = smtplib.SMTP("smtp.gmail.com", 587)                 ⓫
    mailServer.ehlo()
    mailServer.starttls()
    mailServer.ehlo()
    mailServer.login(config.get('email', 'user'),
                     config.get('email', 'password'))
    mailServer.sendmail(config.get('email', 'user'), to, msg.as_string())  ⓬
    mailServer.close()

def example():
    mail(['listof@mydomain.com', 'emails@mydomain.com'],
         "Automate your life: sending emails",
         "Why'd the elephant sit on the marshmallow?",
         attach="my_file.txt")                                       ⓭
```

❶ 파이썬의 내장 라이브러리인 smtplib(*https://docs.python.org/2/library/smtplib. html*)는 표준 이메일 전송 프로토콜인 SMTP의 래퍼를 제공한다.

❷ 파이썬의 email(*https://docs.python.org/2/library/email.html*) 라이브러리는 이 메일 메시지와 첨부 파일을 생성하고 올바른 양식을 갖추도록 해준다.

❸ get_config 함수는 로컬 설정 파일들에서 설정들을 가져온다. 함수에는 환 경 변수를 전달하는데, 환경 변수는 로컬 환경에서 작동하고 있다는 의미의 "DEV" 또는 원격 환경에서 작동하고 있음을 나타내는 "PROD" 중에서 선택한 다. 만약 단일 환경에서만 실행하는 경우에는 프로젝트에 존재하는 유일한 설정 파일을 반환하도록 해도 된다.

❹ 이 줄에서는 파이썬의 ConfigParser를 이용해 .cfg 파일을 읽고 config 오브젝 트를 반환한다.

❺ mail 함수는 보낼 이메일 주소 리스트와 이메일의 제목과 본문을 인자로 받고 선택적으로 첨부 파일과 설정 인자를 추가할 수 있도록 되어 있다. 첨부 파일 은 로컬 파일 명을 입력하도록 되어 있다. 설정 인자에는 파이썬 ConfigParser 오브젝트가 들어가야 한다.

❻ 이 줄에서는 설정값이 주어지지 않았을 경우를 대비해 기본값을 설정한다. 안전하게 진행하기 위해 우리는 "DEV" 값을 할당한다.

❼ 이 코드에서는 config 파일에서 이메일 주소를 추출하기 위해 ConfigParser 오브젝트를 사용한다. 이렇게 하면 이메일 주소를 안전하게 보관하면서 저 장소의 코드와 분리시킬 수 있다.

❽ MIME 타입이 요구하는 대로 이메일 리스트를 문자열 형태로 병합한다.

❾ 이 줄에서는 첨부 파일을 보내는 데 필요한 MIME 표준 양식들을 정의하고 있다.

❿ 이 코드는 전달된 전체 파일 명을 이용해 파일을 열고 읽는다.

⓫ Gmail이 아니라면 이메일 프로바이더 호스트 명과 포트 번호로 변경하라. 사용자 문서가 존재한다면 쉽게 구할 수 있을 것이다. 만약 그렇지 않다면 인터넷 검색 창에서 "SMTP settings 〈제공자명〉" 키워드를 이용해 찾을 수 있을 것이다.

⓬ config 파일의 email 섹션에 user와 password 파라미터를 설정하지 않았다면 이 줄에서 에러가 발생하고 메일 서버에 로그인을 할 수 없게 될 것이다.

⓭ mail 함수가 요구하는 인자의 타입과 순서를 보여주기 위해 예제 코드를 삽 입했다.

파이썬에 내장된 `smtplib`과 `email`은 해당 라이브러리의 클래스와 메서드 들을 이용해 이메일을 빠르게 만들어 보낼 수 있게 해준다. 설정 파일에 이메일 주소나 비밀번호를 저장하는 것과 같이 스크립트 일부를 추상화된 형태로 표현하면 스크립트와 코드 저장소를 안전하고 재사용 가능하게 만들 수 있다. 이러한 스크립트는 사용자가 몇 가지 기본 설정만 한 뒤 이메일을 보낼 수 있다.

문자 메시지 및 음성 메시지

만약 알림 시스템에 전화 메시지를 통합하여 사용하고 싶다면 파이썬을 이용해 문자를 보내거나 전화를 걸도록 할 수 있다. Twilio(*https://www.twilio.com*)는 MMS와 자동화된 전화 메시지를 보낼 수 있게 하는 저렴한 서비스이다.

> ✔️ API를 사용하기 전에 서비스 가입을 통해 인증 코드와 키를 받은 뒤 Twilio 파이썬 클라이언트(*https://github.com/twilio/twilio-python*)를 설치해야 한다. 파이썬 클라이언트 사용자 문서(*https://twiliopython.readthedocs.org/en/latest/*)에 코드 예제가 많이 있기 때문에 필요한 기능이 있으면 쉽게 찾을 수 있을 것이다.

간단한 문자 메시지를 보내는 게 얼마나 쉬운 일인지 한번 살펴보자.

```
from twilio.rest import TwilioRestClient                        ❶
import ConfigParser

def send_text(sender, recipient, text_message, config=None):    ❷
    if not config:
        config = ConfigParser('config/development.cfg')

    client = TwilioRestClient(config.get('twilio', 'account_sid'),
                              config.get('twilio', 'auth_token'))  ❸
    sms = client.sms.messages.create(body=text_message,
                                     to=recipient,
                                     from_=sender)                 ❹

def example():
    send_text("+11008675309", "+11088675309", "JENNY!!!!")        ❺
```

❶ 여기서는 Twilio 파이썬 클라이언트를 사용해 Twilio API와 직접 통신할 것이다.

❷ 이 줄에서는 문자를 보내는 데 사용할 함수를 정의한다. 국가 번호를 포함한 송신자와 수신자의 전화번호 그리고 보내고자 하는 메시지가 필요할 것이다. 또한 configuration 오브젝트를 전달할 수도 있는데 이는 Twilio API를 통해 권한을 부여하는데 사용된다.

❸ 이 코드는 우리의 Twilio 계정을 이용해 권한을 부여하는 client 오브젝트를 생성한다. Twilio에 가입하면 account_sid와 auth_token을 발급받을 수 있다. 이들을 스크립트에서 사용하는 설정 파일의 twilio 섹션에 넣도록 하자.

❹ 문자를 보내기 위해 이 코드에서는 클라이언트의 SMS 모듈로 이동해 messages의 create 메서드를 호출한다. Twilio 문서에 설명되어 있듯이 몇 개의 파라미터만을 설정하여 간단한 문자 메시지를 보낼 수 있다.

❺ Twilio는 전 세계의 전화번호를 사용할 수 있다. 만약 정확한 국가 코드를 모르겠다면 위키피디아의 잘 정리된 목록을 참고하자(*https://en.wikipedia.org/wiki/List_of_country_calling_codes*).

> 파이썬을 이용해 '이야기'를 하도록 만들고 싶다면 파이썬 텍스트 음성 변환 라이브러리를 사용해 전화로 여러분에게 글을 읽게 할 수도 있다(https://pyttsx.readthedocs.org/en/latest/).

채팅 기능 통합

함께 일하는 팀이나 협업자들이 이미 채팅을 많이 이용하고 있어서 채팅과 알림 기능을 통합하고 싶을 경우 사용할 수 있는 파이썬 채팅 툴킷들도 많다. 채팅 클라이언트와 사용 목적에 따라 사용할 파이썬 도구나 API 기반 솔루션이 달라질 것이며 REST 클라이언트에 대한 지식을 활용해 이에 접속해 메시지를 원하는 사람들에게 보낼 수 있다.

HipChat 사용자라면 작성하고 있는 코드와 서비스 API(*https://www.hipchat.com/docs/apiv2*)를 통합하는 것이 어렵지 않을 것이다. 채팅방 또는 사용자에게 메시징을 가능하게 해주는 여러 파이썬 라이브러리들이 있기 때문이다(*https://www.hipchat.com/docs/apiv2/libraries*).

HipChat API를 사용하기 위해서는 우선 로그인(*https://hipchat.com/account/api*)을 해서 API 토큰을 발급받아야 한다. 그 후에 파이썬 라이브러리인 HypChat으로 채팅방에 메시지를 보낼 수 있다.

우선 pip 명령어를 사용해 HypChat을 설치하자.

```
pip install hypchat
```

이제 파이썬을 이용해 메시지를 보내보자.

```
from hypchat import HypChat
```

```
from utils import get_config

def get_client(config):
    client = HypChat(config.get('hipchat', 'token'))   ❶
    return client

def message_room(client, room_name, message):
    try:
        room = client.get_room(room_name)              ❷
        room.message(message)                          ❸
    except Exception as e:
        print e                                        ❹

def main():
    config = get_config('DEV')                         ❺
    client = get_client(config)
    message_room(client, 'My Favorite Room', "I'M A ROBOT!")
```

❶ 여기서는 HypChat 라이브러리를 사용해 채팅 클라이언트와 소통한다. 설정 파일 안에 저장되어 있는 HipChat 토큰을 이용해 새로운 클라이언트를 초기화한다.

❷ 이 코드는 해당 문자열과 일치하는 채팅방을 찾아내는 get_room 메서드를 사용한다.

❸ 이 라인에서는 message 메서드를 사용해 채팅방 또는 사용자에게 간단한 문자 메시지를 보낸다.

❹ API 기반 라이브러리를 사용할 때에는 반드시 try...except 블록을 사용하도록 한다. 지금 이 코드에서는 오류를 출력하지만 스크립트를 완전히 자동화하기 위해서는 오류 내용을 따로 기록해 두는 것이 좋다.

❺ 여기서 사용된 get_config 함수는 다른 스크립트로부터 불러왔다. 코드 재사용을 위한 모듈러 디자인 원칙을 따라 이 헬퍼 함수들을 독립된 모듈들에 저장한다.

로깅을 채팅 형식으로 하고 싶다면 HipLogging을 사용해 보자(*https://github.com/invernizzi/hiplogging*). 필요에 따라 로깅 내용을 설정할 수 있음은 물론이며 상대방이 볼 수 있는 곳에 기록을 남길 수도 있다.

구글챗(Google Chat)을 이용하고 싶은 경우에는 SleekXMPP를 사용하는 좋은 예제들이 많이 있다. SleekXMPP(*http://bit.ly/sleekxmpp_send_msg*)를 이용하면 페이스북 채팅(Facebook Chat) 메시지를 보낼 수도 있다. 슬랙(Slack)을 사용하고 싶은 경우에는 슬랙 팀의 파이썬 클라이언트를 살펴보자(*https://github.com/slackhq/python-slackclient*).

기타 다른 채팅 클라이언트들을 사용하고 싶다면 구글에서 Python 〈클라이언트명〉 키워드를 이용해 검색을 해보자. 아마도 누군가는 작성하던 파이썬 코드를 해당 클라이언트와 연결하는 코드를 만들었거나 API가 있을 것이다. API 사용법은 13장에서 이미 배운 바 있다.

스크립트(그리고 자동화)에 대해 알림을 띄우거나 메시지를 전송할 수 있는 선택지는 수없이 많으나, 무엇을 사용할지 정하는 것은 쉽지 않다. 중요한 것은 팀이 정기적으로 이용하고 볼 수 있는 방법을 선택하는 것이다. 사용자의 편의를 생각하고 일상에서 항상 사용할 수 있는 방법을 찾아보도록 하자. 자동화는 시간을 절약하기 위해서 존재하지, 시간을 소모하기 위해 만들어진 것이 아니기 때문이다.

파일 업로드 및 기타 보고 방법

자동화의 일환으로 보고서를 업로드 하거나 별개의 서비스를 고려하거나 파일을 공유하려 할 때, 이 각각의 태스크에 걸맞는 아주 좋은 도구가 있다. 온라인에서 양식을 작성하거나 사이트와 직접 상호작용 해야 하는 경우에는 12장에서 배운 셀레니움을 사용을 추천한다. 대상이 FTP 서버라면 파이썬 표준 FTP 라이브러리가 있다(*https://docs.python.org/2/library/ftplib.html*). 만약 API나 기타 웹 프로토콜을 통해 파일을 전송해야 한다면 requests 라이브러리나 13장에서 배운 API 기술들을 활용하도록 한다. XML을 사용해야 한다면 11장에서 배운 LXML을 사용하면 된다.

어떤 서비스를 이용하든지 꾸준한 연습을 통해 사용 방법을 체득하도록 하자.

로깅 및 모니터링 서비스

스크립트 하나로 관리하기 힘든 규모의 프로젝트를 진행하고 있거나 팀에서 사용하고 있는 프레임워크로 본인의 자동화 시스템을 통합하고 싶다면 로깅 및 모니터링 서비스를 고려해볼 필요가 있다. 많은 회사들이 데이터 분석가와 개발자들의 부담을 덜어 주고자 각종 로그를 추적할 도구나 시스템을 만들고 있다. 이들은 보통 자신들의 플랫폼으로 로그나 모니터링 결과를 간편하게 전송할 수 있게 해주는 파이썬 라이브러리들을 제공한다.

로깅 서비스를 이용하게 되면 로깅이나 모니터링에 들이는 시간을 줄이고, 스크립트를 더 견고하게 만드는데 더 많은 시간을 할당할 수 있게 된다. 또한 스크립트가 정상적으로 동작

하는지 여부를 개발자가 아닌 팀원들도 대시보드나 내장 알림 시스템을 통해 쉽게 알 수 있어 개발자들의 관리 부담을 덜 수 있다.

자동화 시스템의 크기와 배치에 따라 에러 모니터링뿐 아니라 시스템 모니터링이 필요할 수도 있다. 여기서는 그 두 가지를 모두 제공하는 서비스들과 좀 더 특화되어 있는 서비스들을 살펴볼 것이다. 지금 당장 진행하고 있는 일의 규모에서는 이런 시스템이 필요하지 않을 수 있지만 미리 알아 두어서 나쁠 것은 없을 것이다.

로깅과 예외처리

파이썬 기반 로깅 서비스는 로컬이나 원격 등 다양한 머신에서 한 가지의 중심 서비스에 로그를 작성할 수 있게 해준다.

파이썬을 지원하는 좋은 서비스 중 하나는 센트리(Sentry, *https://getsentry.com/welcome/*)이다. 월 소정의 금액을 지불하면 오류를 모아 놓은 대시보드를 열람하거나 예외 발생에 대한 알림을 받을 수 있고 일, 주간, 또는 월 단위로 발생한 특정 오류와 예외들을 모니터링 할 수 있다. 센트리 파이썬 클라이언트(*https://github.com/getsentry/raven-python*)는 설치, 설정 및 사용이 간편하다. Django, 셀러리, 또는 간단한 파이썬 로깅을 사용한다면(*http://bit.ly/sentry_python*) 코드를 많이 바꾸지 않고도 센트리를 통해 로깅 통합이 가능하다. 게다가 코드가 항상 최신화되어 있으며 질문이 있을 경우 스태프들에게 문의할 수도 있다.

그 외에도 루비 기반의 예외 추적 프로그램으로 시작된 Airbrake(*https://airbrake.io/languages/python_bug_tracker*)나 Rollbar(*https://rollbar.com*)와 같은 서비스들이 있다. 전망이 좋은 시장인 만큼 앞으로도 계속 새로운 서비스들이 등장할 것이다.

또한 로그 자체를 풀링하고 파싱해주는 로글리(Loggly, *https://www.loggly.com/*)나 로그스태시(Logstash, *https://www.elastic.co/products/logstash*)와 같은 서비스들도 있다. 이 도구들은 로그를 통합적인 관점에서 파싱하고 검색하거나 문제점을 발견할 수 있게 해준다. 로그가 충분히 많거나 그 결과를 꼼꼼히 읽어볼 시간이 있는 사용자들이나 로그가 대량 발생하는 분산 시스템에 크게 유용하다.

시스템 모니터링

분산된 머신들을 관리하고 있거나, 기업이나 연구실의 파이썬 서버 환경으로 작성된 스크립트를 통합해야 한다면 조만간 시스템 전체에 대한 안정적인 모니터링 시스템이 필요할 것이다. 많은 서비스들이 데이터베이스 트래픽이나, 웹 애플리케이션 그리고 자동화 태스크에 시스템 부하가 얼마나 걸리는지 확인할 수 있게 해주는 모니터링 서비스를 제공한다.

이 분야에서 가장 유명한 서비스 중 하나는 서비스와 시스템 프로세스 그리고 웹 애플리케이션들을 감시할 수 있게 해주는 New Relic(*http://newrelic.com/*)이다. MongoDB나 AWS 또는 MySQL이나 Apache를 사용하고 있는가? 무엇을 사용하든 간에 New Relic 플러그인(*http://newrelic.com/plugins*)을 사용하면 서버와 애플리케이션 상황을 감시하는 동일한 대시보드에서 해당 내용들을 통합할 수 있다. 그리고 제공하는 파이썬 에이전트(*http://bit.ly/new_relic_python*)로 파이썬 애플리케이션이나 스크립트를 동일 생태계상에서 쉽게 기록할 수 있다. 모든 모니터링 대상이 한군데 있으면 문제를 발견하고 팀의 필요한 사람들에게 적절한 알림을 보내기가 쉬워진다.

또 다른 시스템 모니터링 서비스로는 데이터도그(Datadog, *https://www.datadoghq.com/*)가 있다. 데이터도그도 마찬가지로 여러 서비스를 하나의 대시보드로 통합하여 프로젝트나 애플리케이션에서 오류들을 쉽게 발견해 시간과 노력을 절약할 수 있게 해준다. 데이터도그 파이썬 클라이언트(*https://github.com/DataDog/datadogpy*)는 약간의 조정을 통해 다양한 이벤트들을 모니터링 할 수 있게 해준다.

어떤 모니터링 프로그램을 사용하든지, 그리고 스스로 모니터링 시스템을 구축했는지 아니면 서비스를 사용하는지의 여부와 관계없이, 정기적인 알림 기능을 설정해 사용하는 자동화 시스템에서 동작하고 있는 서비스와 코드의 무결성을 확인하는 것이 중요하다.

 다른 작업과 프로젝트를 완수하기 위해 자동화에 의존하는 경우, 모니터링 시스템이 사용하기 쉽고 직관적이지 않으면 프로젝트에 집중하기 어렵거나 오류 메시지를 놓치는 경우가 생길 수 있다.

완벽한 시스템은 없다

이 장에서 지금까지 논의한 대로 어떤 시스템이든 그것에 완전히 의존하는 것은 어리석은 일이다. 작성한 스크립트나 시스템이 얼마나 완벽해 보이든 그것이 언젠가 어떤 방식으로든 망가지리라는 것 역시 틀림없는 사실이다. 만들어 놓은 스크립트가 다른 API나 서비스 또는 웹사이트로부터 가져온 데이터를 사용한다면, 해당 API나 사이트가 점검 중일 수도 있고 어떤 이유에서든 간에 자동화가 실패하는 경우가 생길 것이다.

실패가 용납되지 않는 중요한 일이라면 그것은 자동화되어서는 안 된다. 그 일의 일부나 대부분을 자동화할지언정, 항상 사람을 두고 실패하지 않도록 감시하여야 한다.

 데이터 랭글링과 자동화를 파고들수록 고품질 태스크 수행을 위한 스크립트 작성에 들이는 시간은 줄고 동시에 문제 해결을 위한 비판적 사고를 하는 시간과 전문 지식과 분석 노하우를 적용하기 위한 시간은 늘어날 것이다. 자동화는 이를 도와줄 수 있는 좋은 도구지만, 자동화 하고자 하는 대상과 방법에 대해 항상 조심할 필요가 있다.

자동화한 프로그램들이 성숙하고 진화함에 따라, 이미 만들어진 자동화된 코드를 개선하거나 더 튼튼하게 만들며, 작성된 코드와 파이썬 그리고 데이터와 결과물에 대한 지식을 더 쌓게 될 것이다.

요약

지금까지 소규모 및 대규모 데이터 랭글링을 자동화하는 방법을 배웠다. 이제 로깅과 모니터링 그리고 클라우드 기반 솔루션들을 사용해 스크립트와 태스크들을 감시할 수 있게 되었다. 그 이야기는 이제 스크립트 관리에 들이는 시간을 절약해 실제로 의미 있는 작업을 할 수 있게 되었다는 뜻이다.

지금까지 자동화 태스크가 정상적으로 작동하거나 망가지는 기준들을 정의하고 자동화를 관리하기 위한 명확한 기준들을 만들어 왔다. 다른 팀원과 동료들에게 접근 권한을 부여하고 태스크를 실행하게 하거나 파이썬 코드 자동화를 설정하고 배포하는 방법도 배웠다.

표 14-3은 이 장에서 배운 새로운 개념들과 라이브러리들을 요약한 내용이다.

개념 및 라이브러리	목적
원격 스크립트 실행	사용자가 컴퓨터로 다른 작업을 할 때 목표 태스크와 서로 간섭하는 것을 막기 위해 서버와 같이 별도의 머신에서 코드를 실행
커맨드라인 인자(Command-line arguments)	파이썬 스크립트를 실행 시 argv를 사용해 커맨드라인 인자들을 파싱함
환경 변수(Environment variables)	현재 코드가 실행되고 있는 서버의 정보나 스크립트가 동작하는 방식 등 스크립트 로직 제어와 관련된 변수

cron 사용법	원격 또는 로컬 머신에서 셸 스크립트를 이용해 cron 태스크를 실행. 기본적인 자동화 유형 중 하나
설정 파일	파이썬 스크립트에서 사용되는 민감하거나 특수한 데이터를 정의할 때 사용
Git 배포	Git을 사용해 코드를 다수의 원격 머신에 배포
병렬 프로세싱	파이썬 multiprocessing 라이브러리는 데이터 공유와 잠금 메커니즘을 유지한 채 다수의 프로세스에 동시에 접근할 수 있게 해줌
맵리듀스(MapReduce)	분산 데이터를 이용하면 데이터를 특성에 따라 매핑시키고 통합 분석을 위해 취합하는 것이 가능해짐
하둡과 스파크 (Hadoop and Spark)	클라우드 컴퓨팅에서 맵리듀스 연산을 수행하기 위해 사용되는 두 가지 도구. 하둡은 이미 정의되고 저장된 데이터세트를 위해 적절한 반면 스파크는 스트리밍 데이터나 동적으로 생성되는 데이터를 처리하기에 적합
Celery	파이썬으로 태스크 큐 생성 및 관리에 사용, 시작과 끝이 명확하지 않은 태스크들 관리에 적합
logging 모듈	스크립트의 오류나 디버깅 메시지 그리고 예외 들을 추적하는데 사용되는 내장 로깅 라이브러리
smtp 및 email 모듈	이메일 알림에 사용되는 파이썬 내장 라이브러리
Twilio	파이썬 API 클라이언트를 제공하는 전화나 문자 전송 서비스
HypChat	HipChat 채팅 클라이언트에 사용되는 파이썬 API 라이브러리
Logging 서비스	로그와 오류 및 예외를 관리하는 데 사용되는 Sentry나 Logstash 같은 서비스
Monitoring 서비스	로그와 서비스 가동 시간, 데이터베이스 문제, 및 시스템 자원 및 성능 관리에 사용되는 New Relic이나 데이터도그 같은 서비스

표 14-3 14장에 소개된 파이썬 프로그래밍 개념과 라이브러리 목록

이번 장에서 얻은 지식들이 있다면 이제 고품질의 도구를 만들고 일을 수행하도록 할 수 있을 것이다. 이제 옛날 스프레드시트용 수식을 내다버리고 파이썬을 이용해 데이터를 불러오고 분석을 수행하며 보고서를 메일함으로 직접 전달하라. 마치 로봇 조수에게 일을 시키듯 기계적인 일은 파이썬에게 맡기고 좀 더 중요하고 어려운 일에 집중할 수 있도록 말이다.

15장

결론

축하한다! 드디어 책의 끝에 도달했다. 처음 시작했을 땐 파이썬에 대해 많이 알지도, 파이썬으로 데이터를 조사해 본 적도 없었을 것이다.

그러나 이젠 다른 경험이 생겼다. 데이터를 클리닝하고 결과를 찾아내는 데 대한 지식과 경험을 얻은 것이다. 질문에 집중하고 주어진 데이터세트를 가지고 답을 할 수 있는 것과 없는 것을 알아내며 스킬을 연마했다. 간단한 정규식들과 복잡한 웹 스크래퍼를 작성할 수 있게 되었다. 또 코드를 저장하고 배포하는 법과 데이터베이스에 연결하는 법도 배웠다. 그리고 데이터의 규모를 조정하고 클라우드에서 처리하는 법과 자동화를 통한 데이터 랭글링을 관리하는 법도 익혔다.

여기서 꼭 재미가 그치지 않아도 된다! 세상엔 데이터 랭글러라는 경력을 쌓으며 배우고 할 수 있는 일이 널려있다. 여기서 배운 스킬과 도구 들을 가져다가 지식을 계속 추구하고, 데이터 랭글링의 영역을 확장해보자. 여정을 계속하면서 데이터나 프로세스나 방법론 들에 대한 좀 더 어려운 문제를 지속적으로 던지고 풀어내 보자.

데이터 랭글러의 의무

이 책과 우리의 조사 작업을 통해 규명했듯이, 그런 실세계의 데이터와 데이터 랭글러인 여러분이 도달할 수 있는 결론은 방대하다. 하지만 기회가 존재하는 만큼, 의무도 수반된다.

데이터 랭글링을 단속하는 경찰이 있지는 않다. 하지만 이 책을 통해서 몇몇 윤리를 배웠을 것이다. 먼저 양심적인 웹 스크래퍼가 되어야 한다고 배웠다. 전화를 집어 들고 더 많은 정보를 찾는 질문을 하라고 배웠다. 결론을 발표할 때 절차를 설명하고 문서화하라고 배웠다. 어려운 주제에 대해 어떻게 어려운 질문을 던지는지, 특히 원천 데이터의 소유자가 데이터 수집을 제한하고 싶어 할 경우의 행동수칙을 배웠다.

배움을 좇고, 데이터 랭글러로 성장하면서 동시에 윤리의식도 성장하게 될 텐데, 그것은 앞으로 일을 선택하고 진행하는 과정 전반에서 나침반 역할을 하게 될 것이다. 어떻게 보면 이제 여러분은 조사 저널리스트라고도 볼 수 있다. 작업을 하면서 도달하는 결론과, 묻는 질문들이 지금까지 해왔던 전문 영역에 변화를 가져올 수도 있다. 그렇기 때문에 의무라는 짐도 함께 지게 되는 것이다.

의무에는 다음과 같은 것들이 있다.

- 지식, 스킬, 그리고 능력을 정의롭고 좋은 의도로 사용한다.
- 주변 다른 사람들이 특정 사안을 이해하는 데 도움이 되도록 한다.
- 도움을 준 커뮤니티에 보답한다.
- 지금까지 배운 윤리에 반하는 행위에 도전하고 계속 발전한다.

데이터 랭글러라는 커리어를 쌓으면서 이러한 문제에 정면으로 도전하기를 권한다. 다른 사람들과 함께 일하면서 가르치는 것이 좋은가? 멘토가 되자! 특정한 오픈소스 패키지를 즐기는가? 코드나 문서의 공헌자가 되자! 중요한 사회적 또는 건강 문제에 대해 연구를 하고 있었는가? 찾아낸 것을 학술 또는 사회적 커뮤니티와 공유히지! 특정 커뮤니티나 지료의 출처 때문에 어려움이 있었는가? 나의 스토리를 전 세계와 공유하자.

데이터 랭글링을 넘어

책의 설명을 보면서 스킬을 많이 쌓았겠지만, 여전히 배울 것이 많다. 가지고 있는 스킬셋과 관심사에 따라 더 탐구해 볼 영역들이 꽤 될 것이다.

더 나은 데이터 분석가가 되기

이 책은 통계분석과 데이터 분석에 대한 개론을 다뤘다. 통계 및 분석적 스킬을 진심으로 연마하고 싶다면, 데이터세트를 분석하기 위한 더 강력하고 유연한 파이썬 패키지들을 더 배우는 것과 더불어, 이러한 방법론들 뒤에 있는 과학에 대해서 읽어보는 데 시간을 들이면 좋을 것이다.

고급 통계 기법에 대해 더 배우려면 회귀모델과 데이터 분석의 뒤에 있는 수학은 핵심적이다. 통계학 강의를 들은 적이 없다면, EdX에는 UC 버클리의 좋은 강의들이 많이 있다(*http://bit.ly/berkeleyx_stat_2_1x*). 책으로 좀 더 공부를 하고 싶다면 앨런 다우니(Allen Downey)의 *Think Stats*(O'Reilly)도 파이썬을 사용해서 통계와 수학적 개념을 설명하는 좋은 개론서이다. 캐시 오닐(Cathy O'Neill)과 레이첼 슈트(Rachel Schutt)의 *Doing Data Science*(O'Reilly)도 데이터 사이언스 분야에 대한 더 깊은 분석을 제공한다.

Scipy 기술 스택이나 파이썬으로 어떻게 고급 수리와 통계분석을 하는지에 관심이 있다면, 아주 운이 좋다. pandas의 주 공헌자 중 한 명인 웨스 맥키니(Wes McKinney)가 pandas를 깊이 다루는 책(*Python for Data Analysis*, O'Reilly)을 썼기 때문이다. pandas 문서(*http://bit.ly/10_min_to_panda*) 또한 학습을 시작하기에 좋은 출발점이다. 또 7장에서 numpy로 연습을 해봤었는데, numpy 내부에 관해서 더 알아보고 싶다면 SciPy 기초 소개(*http://bit.ly/numpy_basics*)를 살펴보자.

더 나은 개발자가 되기

파이썬 스킬을 연마하고 싶으면 루치아노 라말호(Luciano Ramalho)의 책 *Fluent Python*(O'Reilly)에서 파이썬적인 사고의 설계 패턴들에 대해 상세하게 다루고 있으니 참고하자. 전 세계의 최신 파이썬 관련 이벤트 비디오들을 둘러보고(*http://pyvideo.org/*) 흥미로운 주제를 더 알아보는 것도 강력히 추천한다.

이 책으로 프로그래밍을 처음 접했다면, 초급 컴퓨터과학 강의를 들어보라. 자습을 원한다면 코세라에서 스탠포드 강의(*https://www.coursera.org/course/cs101*)를 듣자. 컴퓨터과학의 이론을 일부 다루는 온라인 교과서를 보고 싶다면 해럴드 애빌슨(Harold Abelson)과 제럴드 제이 서스만(Gerald Jay Sussman)의 *Structure and Interpretation of Computer Programs*(*http://bit.ly/abelson_sussman_sicp*)를 보자(MIT Press).[1]

코드를 짜거나 다른 사람들과 함께 하는 작업을 통해 개발에 대해 더 배우는 것을 선호한다면 지역 모임을 찾아서 합류하는 것도 좋다. 그러한 그룹들은 대개 지역 또는 원격 해커톤을 개최하니, 사람들의 옆에서 코드를 작성하면서 많이 배우게 된다.

---

[1] (옮긴이) 번역서로 『컴퓨터 프로그램의 구조와 해석』(김재우, 안윤호, 김수정, 김정민 옮김, 2007년, 인사이트)이 있다.

더 나은 시각적 스토리텔러가 되기

이 책에서 특히 시각적 스토리텔링에 대한 주제가 흥미로웠다면, 지식을 더 쌓기 위한 방법은 많이 있다. 우리가 사용했던 라이브러리를 계속 사용하길 원한다면 Bokeh 튜토리얼(*http://bit.ly/bokeh_tutorials*)을 계속 읽어보고 Jupyter 노트북으로 실험을 계속해보자.

자바스크립트와 JS 커뮤니티에서 나온 유명한 시각화 라이브러리들을 배우면 시각적 스토리텔러의 능력을 기르는 데 도움이 된다. Square에서 유명한 자바스크립트 라이브러리인 D3(*http://d3js.org/*)의 기초 강의(*https://square.github.io/intro-to-d3/*)를 볼 수 있다.

마지막으로, 데이터 분석 관점에서 시각적 스토리텔링의 이론과 개념을 알아보고 싶다면 에드워드 터프티(Edward Tufte)의 *Visual Displays of Quantitative Information*(*http://bit.ly/tufte_visual_display*, Graphics Press)을 참고하자.

더 나은 시스템 아키텍트가 되기

시스템의 규모를 조정하고, 배포하고, 관리하는 방법이 가장 흥미로웠다면, 아쉽게도 시스템 영역에 대해선 거의 겉핥기만 한 것이다.

유닉스에 관심이 있으면 서리대학교의 짧은 소개(*http://www.ee.surrey.ac.uk/Teaching/Unix/index.html*)를 보자. 리눅스 문서 프로젝트에도 bash 프로그래밍에 대한 짧은 소개(*http://tldp.org/HOWTO/Bash-Prog-Intro-HOWTO.html*)가 있다.

또, 시간을 내서 확장 가능하고 유연한 서버와 시스템 관리 솔루션인 Ansible(*http://docs.ansible.com/ansible/ intro_getting_started.html*)을 배우길 권한다. 데이터 솔루션 확장에 흥미가 간다면 유다시티(Udacity)에서 하둡과 맵리듀스 개론 강의(*http://bit.ly/intro_hadoop_mapreduce*)를 들어보자. 스탠포드의 아파치 스파크 개론(*http://bit.ly/spark_intro*)과 PySpark 프로그래밍 가이드(*http://bit.ly/pyspark_api*)도 확인하자.

이젠 무엇을 할까?

그럼 지금부터는 무엇을 해야 할까? 장황하게 늘어놓을 정도로 많은 기술을 학습했고, 논리와 데이터에 스스로 질문을 던질 수 있는 능력 또한 갖추었을 것이다. 파이썬과 수많은 유용한 라이브러리들에 대한 실무적 지식도 충분히 습득했다.

특정 영역이나 데이터세트를 집중해 파고들 생각이 아직 없거나, 데이터 랭글러로서 계속 새로운 분야를 공부하고 진전을 이뤄, 길을 찾길 바랄 수도 있다. 그럴 경우 영감을 주는 스토리를 쓰는 훌륭한 데이터 분석가들이 많이 있으니 참고하라.

- 네이트 실버(Nate Silver)가 뉴욕타임스 지를 위해 만든 블로그인 FiveThirty Eight(*http://fivethirtyeight.com/*)은 이제 다양한 주제에 대해 연구하는 작가들과 분석가들이 포진해있는 사이트다. 대런 윌슨(Darren Wilson)을 기소하지 않는다는 퍼거슨 대배심(Ferguson grand jury)의 결정이 내려진 후, FiveThirtyEight은 결과가 이상치였다는 것을 보여주는 기사(*http://bit.ly/ferguson_outlier*)를 실었다. 논란거리인 주제들에 대해서, 데이터 트렌드나 경향성을 보여주면 스토리에서 감정을 배제하고 실제로 데이터가 말하는 것이 무엇인지를 알게 해주는 효과가 있다.
- 워싱턴 포스트 지의 소득 격차에 대한 연구(*http://bit.ly/rich_kids_game_system*)는 세금과 인구조사 데이터를 사용해서 취직과 초기 임금은 학연(ol' boy network)의 효과가 여전하지만, 첫 취직을 한 뒤엔 대개 완화되거나 상관관계가 없어진다는 결론을 보여준다.
- 우리는 분쟁지역의 광석 채굴을 포함해서 아프리카에서 아동을 노동시키는 집단들이 미치는 영향에 대해 조사했었다. 앰내스티 인터내셔널(Amnesty International)과 글로벌 위트니스(Global Witness, *http://bit.ly/supply_disclosure*)는 미국 회사의 대부분은 상품이 분쟁지역 광물을 사용하지는 않는지, 공급라인에 대해 충분히 확인하지 않는다는 사실을 알아냈다.

세상에는 수백만 건의 아무도 모르는 이야기들이 있다. 열정이나 믿음이 있으면, 여러분의 통찰력과 데이터 랭글링 스킬을 사용해서 사람들과 커뮤니티를 도울 수가 있다. 아직은 열정이 부족하다고 생각한다면 뉴스나 문서, 그리고 온라인의 데이터 분석을 계속 따라 읽으면서 배우기를 추천한다.

관심사가 어디에 있든, 더 깊이 배우고 책에서 소개된 개념을 자신의 것으로 하기 위한 방법은 아주 다양하다. 본인의 흥미를 가장 끈 주제가 향후 학습을 위한 가장 좋은 길이다. 이 책을 맛보기로 삼아 여러분이 앞으로 데이터 랭글러로서의 경력을 쌓아가며 많은 일을 하게 되기를 바란다.

부록 A

프로그래밍 언어 비교

프로그래밍 언어를 사용해서 작업을 할 때 사람들은 종종 왜 그 언어를 사용하는지 묻는다. 왜 X나 Y를 사용하지 않고 그걸 사용하지? 여기서 X 또는 Y는 그 사람이 아는 언어에 따라서, 그리고 얼마나 열정적인 개발자냐에 따라 달라진다. 그들이 왜 이런 질문을 하는지를 이해하고, 대답을 생각해 보면 좋을 것이다. 왜 파이썬인가? 부록 A에서는 파이썬을 다른 유용한 언어들과 비교해서 이 질문에 대답하고 언어 선택에 필요한 통찰력을 획득할 수 있도록 한다.

C, C++, 자바 vs 파이썬

C, C++, 자바와 비교하면 파이썬은 배우기 쉬운 편이다. 특히 컴퓨터과학 배경지식이 없더라도 괜찮다. 그래서 여러분과 비슷한 위치에서 시작한 많은 사람들이 애드온과 유용한 도구 들을 만들어 파이썬을 데이터과학과 데이터 랭글링 영역에서 한층 더 강력하고 유용하게 만들었다.

기술적인 차이점으로 보자면 파이썬은 고수준 언어이고 C와 C++은 저수준 언어이다. 자바는 고수준이지만, 일부 저수준적인 특징도 가지고 있다. 이게 무슨 뜻일까? 고수준 언어는 컴퓨터 아키텍처와의 상호작용을 추상화시킨다. 다시 말해 여러분이 코드 단어들(for 루프나 함수 정의 등)만 입력하면 되도록 해주는데, 그러면 언어가 컴파일을 통해 컴퓨터가 실행할 수 있게 만들어준다. 반면에 저수준 언어들은 직접적으로 명령을 내려야 한다. 저수준 컴퓨터 언어들은 고수준 언어들보다 빠르게 실행되며 시스템을 직접 제어함으로써 메모리 관리 등을 최적화할 수 있다. 반면에 고수준 언어들은 저수준 작업들 대부분을 알아서 관리해주기 때문에 배우기가 쉽다.

이 책에 나온 연습들을 실습할 목적이라면 시스템 제어나 몇 초 속도를 빠르게 할 필요는 전혀 없다. 따라서 저수준 언어가 필요하지는 않은 것이다. 또, 자바는 고수준 언어이기는 하지만 파이썬보다 학습 곡선이 높은 편이어서 배움을 시작해 일정 궤도에 오르는 데 더 오랜 시간이 걸릴 것이다.

R 또는 MATLAB vs Python

파이썬은 R이나 MATLAB과 유사한 기능을 가지고 있는 라이브러리(보조적인 코드들)가 많다. 이러한 라이브러리들로 pandas(*http://pandas.pydata.org/*)와 numpy(*http://www.numpy.org/*)가 있다. 이들은 빅데이터와 통계적 분석에 관련된 작업들을 할 수 있는 라이브러리다. 더 알아보고 싶다면 맥키니의 책 *Python for Data Analysis*[1]을 보면 좋다. R이나 MATLAB을 이미 잘 다룬다면, 데이터 랭글링을 위해서 그것들을 그대로 사용해도 괜찮다. 그런 경우 파이썬은 보조적인 도구로 유용하다. 하지만 동일한 언어로 워크플로의 모든 작업을 하는 것이 데이터 처리가 더 쉽고 유지보수도 잘 된다. 반면에 R(또는 MATLAB)과 파이썬을 함께 배워두면, 특정 프로젝트의 니즈에 따라 언어를 골라서 사용할 수 있게 되므로 융통성과 편의성이 높아진다는 장점이 있다.

HTML vs 파이썬

HTML로 데이터를 랭글링하지 않는 이유를 설명하자면, 가스 탱크에 물을 넣지 않는 이유와도 같다. 그냥 그렇게 안 하는 것이다. 그러라고 만들어진 게 아니니까. HTML은 하이퍼텍스트 마크업 언어(HyperText Markup Language)의 약자로, 브라우저에 보이는 웹페이지의 구조를 제공하는 언어이다. XML을 다룬 3장에서 언급했듯이, 파이썬으로 HTML을 파싱할 순 있으나 그 반대는 되지 않는다.

자바스크립트 vs 파이썬

자바스크립트는 자바와 혼동해선 안되는 언어로, 웹페이지에 상호작용과 기능을 추가해 주는 언어다. 파이썬은 브라우저에서는 떨어져 있고 컴퓨터 시스템 상에서 실행된다. 그리고 파이썬에는 데이터 분석과 관련된 기능들을 추가해 주

---

1 (옮긴이) 번역서로 『파이썬 라이브러리를 활용한 데이터 분석』(김영근 옮김, 2013년, 한빛미디어)이 있다.

는 라이브러리들이 많다. 자바스크립트는 브라우저에 특정된 목적을 갖는 추가 기능들을 갖고 있다. 자바스크립트로 웹을 스크래핑해서 차트를 만들 수는 있지만, 통계적인 데이터를 종합할 순 없다.

Node.js vs 파이썬

Node.js는 웹 플랫폼이고, 파이썬은 언어다. 파이썬에서 Node.js와 유사하게 작성된 프레임워크로 플라스크(Flask)와 장고(Django)가 있으나, Node.js는 자바스크립트 언어로 작성되었고, 그래서 백엔드에도 자바스크립트를 사용할 수 있다. 플라스크나 장고를 사용하면 프론트엔드 작업을 하기 위해 자바스크립트를 배워야 할 수도 있다. 하지만 이 책의 대부분의 작업은 백엔드 프로세스와 대규모 데이터 처리에 집중하고 있다. 파이썬은 좀 더 접근이 쉽고, 배우기도 쉽고, 데이터 랭글링 용도로 만들어진 특별한 데이터 처리 라이브러리들을 가지고 있다. 그러한 이유로 우리는 파이썬을 쓰는 것이다.

루비와 루비 온 레일스 vs 파이썬

루비 언어에 기반한 유명한 웹 프레임워크인 루비 온 레일스(Ruby on Rails)에 대해 들어본 적이 있을 것이다. 참고로 파이썬에는 플라스크, 장고, 보틀(Bottle), 피라미드(Pyramid) 등 다양한 웹 프레임워크가 있다. 파이썬처럼 루비 또한 웹 프레임워크 없이도 사용할 때가 있는데, 여기서 루비 대신 파이썬을 사용하는 이유는 처리가 빠르고 데이터 랭글링 기능이 많기 때문이다. 웹 기능들 때문이 아니라. 이 책에서 데이터를 보여주는 방식을 다루기는 하지만, 하고자 하는 일이 웹사이트를 만드는 것이라면 읽을 책을 잘못 골랐다.

부록 B

초보자를 위한 파이썬 참고자료

부록 B에서는 파이썬에 입문하는 개발자들을 위한 참고자료의 목록을 보여주려고 한다. 이 목록에 모든 내용이 담겨있진 않지만, 장차 파이썬 개발자가 되려는 여러분의 여정에 도움이 되는 사이트나 포럼, 채팅방 그리고 대면 그룹 등에 대해 소개할 것이다.

온라인 참고자료

· 스택오버플로(Stack Overflow, *http://stackoverflow.com*)는 파이썬과 코딩에 대해서 질문하고, 정보를 찾아보고, 답변을 달 수 있는 유용한 웹사이트다. 이 사이트는 질문과 함께 코드를 함께 올릴 수 있는 기능 그리고 답변들에 투표를 해서 좋은 답변을 상단에 올리는 기능을 지원하며, 이전 질문들이 잔뜩 담긴 막대한 아카이브를 검색할 수도 있다. 코딩을 하다가 막히는 부분이 있다면 스택오버플로에 해결의 실마리가 있을 확률이 높다.

· 파이썬 웹사이트(*http://python.org*)는 개발 과정에서 어떤 라이브러리를 사용할 수 있는지 찾아보기 좋은 곳이다. 파이썬의 표준 라이브러리에 있는 기능이 어떻게 동작하는지 궁금하거나, 추천 라이브러리는 어떤 건지 알고 싶다면 파이썬 웹사이트에서 시작하자.

· Read the Docs(*https://readthedocs.org/*)는 다수의 파이썬 라이브러리 및 문서를 호스팅하는 곳이다. 특정 라이브러리를 사용하는 법을 알고 싶을 때 유용한 사이트다.

대면 그룹

- PyLadies(*http://pyladies.com*)는 공학 분야의 여성이 모이는 그룹으로, 파이썬 관련한 모든 부분에서 다양성을 촉진시키는 데 도움을 주기 위해 시작된 모임이다. PyLadies는 세계적으로 여러 군데 지부가 있고, freenode에 IRC 채널이 활성화되어 있는 모임으로, 수많은 워크숍을 열뿐 아니라 웹 사이트에는 여타 유용한 도구들도 많이 올라와 있다. 대개의 지부들이 모든 구성원에게 열려 있지만 여러분의 지역에 있는 대면 모임에 성별 제한이 있는지 확인해 보는 것이 좋다.

- Boston Python(*http://www.meetup.com/bostonpython/*)은 전 세계 파이썬 모임 중에서 가장 큰 규모이다. 유명한 개발자들과 교육자들이 운영하는 이 그룹은 워크숍이나 프로젝트 나이트의 운영을 돕고, 여러 교육 행사를 주관한다. 미국 보스턴 지역에 갈 일이 있다면 한번 들러보자!

- PyData(*http://pydata.org/*)는 파이썬과 데이터 분석 관련 커뮤니티의 훈련을 돕는 조직이다. 세계 각 지역에서 대면 모임이나 컨퍼런스를 주최하는데, 아마 여러분 지역에서도 지부를 찾을 수 있을 것이다(없다면 새로 만들 수도 있다).

- Meetup.com(*http://www.meetup.com/*)은 기술 교육 행사들이 많이 올라오는 사이트다. 여기서 파이썬과 데이터 관련 모임을 찾아보자. 가입이 쉽고, 관심 분야에 맞는 새로운 모임이 등록되면 알림을 받기도 쉽다.

- Django Girls(*https://djangogirls.org/*)는 공학 분야의 여성 모임으로, 파이썬 웹개발 프레임워크인 Django를 통한 파이썬 개발을 촉진하고자 하는 목적을 가지고 있다. 여기도 전 세계적으로 활성화된 지부들이 있어서 워크숍과 교육을 지원한다.

부록 C

커맨드라인 배우기

커맨드라인만을 사용해서 컴퓨터를 탐색하는 것도 강력한 개발 도구 중 하나라고 볼 수 있다. 어떤 운영체제를 사용하든 데이터 랭글링과 코딩을 하는 직업인 경우 컴퓨터와 직접 상호작용하는 방법을 배워두면 손해는 아니다. 그러나 꼭 시스템 관리자 수준의 능력을 갖추어야 한다는 말은 아니고 커맨드라인을 통해 조작을 하는 데 능숙하면 할수록 좋다는 정도이다.

개발자로서 가장 기분이 좋을 때는 시스템과 코드 문제 양쪽을 모두 디버깅할 수 있을 때다. 커맨드라인을 이해하고, 이를 통해 작업을 하게 되면 시스템과 코드 문제에 대해 인사이트를 얻을 수 있다. 시스템 에러에 맞닥뜨렸을 때 이 책에서 배운 디버깅 팁들을 사용한다면, 여러분 본인이 사용하는 컴퓨터와 운영체제에 대해 더 잘 이해하게 될 뿐만 아니라 커맨드라인을 통해 상호작용 하는 기술도 늘게 될 것이다. 그러면 파이썬 코드에서 시스템 에러가 뜨는 경우에도, 코드 디버깅이나 문제 해결에 시간이 덜 들 것이다.

부록 C에서는 배시(bash)의 기본(맥과 여러 리눅스 버전에서 사용되는)과 함께, 윈도우의 cmd와 파워셸(PowerShell) 유틸리티에 대해서 다룬다. 책에서는 비록 소개만 하고 있지만, 계속해서 배우고 관련 커뮤니티에 참여하기를 권한다. 관련된 내용은 각 장에 추천 읽기 목록에 포함해 두었다.

배시

배시 기반의 커맨드라인을 사용하고 있다면, 현재 사용하고 있는 운영체제와 상관없이 탐색을 하면서 배우는 것들을 어떤 배시 기반의 클라이언트에도 동일하게 적용할 수 있다. 멋지다! 배시는 기능이 많은 셸(또는 커맨드라인) 언어다.

이제 컴퓨터에서 파일들을 어떻게 탐색하는지 알아보며 시작하자.

탐색

커맨드라인을 통해 컴퓨터(의 파일시스템을) 탐색하다 보면 파이썬으로 동일 작업을 하는 방법을 이해할 수 있게 된다. 또한 파이썬 인터프리터를 따로 켜지 않고 터미널이나 텍스트 에디터 상태에 그대로 남아서 코딩을 하게 되면 집중도 잘 된다.

기초부터 시작해보자. 터미널을 연다. ~에서 열릴 가능성이 큰데, 사용하는 컴퓨터의 홈 디렉터리를 가리킨다. 리눅스를 사용하고 있다면 /〈home/사용자의_컴퓨터_이름〉이 될 확률이 높다. 맥을 사용 중이라면 /Users/〈사용자의_이름〉일 것이다. 현재 어느 폴더에 있는지를 보려면 다음을 타이핑한다.

```
pwd
```

아래와 같은 반응이 나와야 한다.

```
/Users/katharine
```

또는

```
/home/katharine
```

pwd는 'print working directory(작업 디렉터리 출력)'의 약자다. 배시에게 어떤 폴더(또는 디렉터리)에 현재 내가 있는지를 출력하라고 하는 명령인 것이다. 커맨드라인을 통해 탐색하는 법을 처음 배울 때 굉장히 유용한 명령인데, 특히 제대로 원하는 폴더에 들어가 있는지 이중으로 확인해 봐야 할 때 잘 쓰게 된다.

폴더에 어떤 파일들이 들어있는지 보는데 유용하게 쓸 수 있는 또 다른 명령어도 있는데, 현재 작업 디렉터리에 어떤 파일들이 있는지 보려면 다음을 입력한다.

```
ls
```

다음과 유사한 응답이 있어야 한다.

```
Desktop/
Documents/
Downloads/
```

```
my_doc.docx
...
```

운영체제에 따라 (커맨드라인에서의) 출력 결과물과 배색(컬러 팔레트)이 달라질 수 있다. ls는 'list(리스트)'라는 뜻이다. 추가적인 인자인 플래그(flag)와 함께 ls를 호출할 수도 있다. 이러한 인자들을 사용하면 출력에 변화를 주게 된다. 다음 코드를 실행해 보자.

```
ls -l
```

출력은 열로 된 리스트로 나오며, 마지막 열이 ls만 사용했을 때와 동일하게 생긴 리스트이다. -l 플래그는 디렉터리 내 콘텐츠의 자세한(긴) 목록을 보여주는 역할을 한다. 해당 디렉터리에 담겨 있는 파일의 개수와 권한, 생성자 이름, 그룹 소유권, 크기 그리고 최종 수정일을 보여준다. 다음은 그 예시다.

```
drwxr-xr-x 2 katharine katharine 4096 Aug 20 2014 Desktop
drwxr-xr-x 22 katharine katharine 12288 Jul 20 18:19 Documents
drwxr-xr-x 26 katharine katharine 24576 Sep 16 11:39 Downloads
```

이렇게 상세한 수준의 설명을 봄으로써 권한 문제가 있는 경우를 알아낼 수 있고, 파일 크기와 다른 종류의 정보도 알 수 있다. 그리고 ls에는 어느 디렉터리를 전달하든 리스트를 볼 수 있다. 다운로드 폴더에 무엇이 있는지를 확인해 보자 (다음을 입력한다).

```
ls -l ~/Downloads
```

앞의 출력 예시와 마찬가지로 긴 출력을 보게 될 텐데, Downloads 폴더에 담긴 파일과 디렉터리라는 점만 다르다. 이제 여러 다른 폴더에서 파일 목록을 가져오는 법을 알게 되었으니까 현재 폴더를 어떻게 변경하는지 알아보자. cd 커맨드를 사용해서 '디렉터리를 변경(change directory)'한다. 다음을 입력해 보자.

```
cd ~/Downloads
```

이제 pwd를 사용해서 현재 어느 폴더에 있는지 확인해 보고 ls로 폴더에 있는 파일들을 보면, 다운로드 폴더에 들어가 있는 것을 알 수 있다. 만약 홈 폴더로 되돌아가고 싶다면? 우리는 홈 폴더가 부모 폴더라는 걸 알고 있다. 그러면 .. 커맨드를 사용해서 부모 폴더로 이동할 수 있다. 다음을 입력해보자.

```
cd ..
```

홈 폴더에 돌아왔다. bash에서 ..는 '위로 가기/디렉터리 하나 뒤로 가기'를 의미한다. 이 커맨드를 두 번 엮어서 두 디렉터리 뒤로 갈 수도 있다. cd../..처럼 하면 된다.

> 커맨드라인에서 폴더를 이동하거나 파일을 선택할 때, 탭 키를 써서 파일과 폴더명을 자동 완성할 수 있다. 파일이나 폴더명의 첫 번째 혹은 두 번째 글자를 입력한 다음, 탭 키를 누르면 여러 매칭 옵션이 나타나거나(철자를 입력하고 완성하는 걸 도와주는), 비슷한 이름의 파일이 하나밖에 없는 경우 커맨드라인이 자동으로 완성을 해준다. 시간과 타이핑을 줄여주는 좋은 기능이다!

커맨드라인을 사용해서 탐색하는 데 이제 좀 익숙해졌을 것이다. 다음은 커맨드라인으로 파일을 변경하고 옮기는 방법을 배워보자.

파일 수정하기

배시를 통해 파일을 이동, 복사, 생성하는 것은 쉽다. 새로운 파일을 생성하는 것부터 시작해 보자. 일단 홈 디렉터리로 이동한다(cd ~). 그리고 나서 다음을 입력한다.

```
touch test_file.txt
```

그 다음, ls를 타이핑한다. test_file.txt 라는 새 파일을 볼 수 있을 것이다. touch는 생성 시점에 동일한 이름이 존재하지 않는 파일들을 생성하는 데 사용할 수 있다. 이 커맨드는 해당 이름으로 된 파일이 있는지 먼저 찾아본다. 파일이 있으면, 최종 수정 타임스탬프를 업데이트하지만, 파일 변경은 하지 않는다. 파일이 존재하지 않으면 파일을 생성한다.

> **Atom 셸 커맨드**
>
> 여러분이 Atom.io(*https://atom.io*)를 텍스트 편집기로 사용하고 있다면, Atom으로 다음과 같이 파일을 쉽게 열 수 있다. 다음 코드를 입력해 보자.
>
> ```
> atom test_file.txt
> ```
>
> 에러가 뜬다면 커맨드라인 옵션이 설치되어 있지 않기 때문일 수 있다. 설치를 하려면, 시프트-Cmd-P를 눌러서 커맨드 팔레트를 연 다음 Install Shell Commands라는 명령을 실행한다.
>   Atom의 모든 커맨드라인 옵션을 보려면 atom –help를 입력한다.

사용할 파일이 있으니 이제 다운로드 폴더에 복사해본다.

```
cp test_file.txt ~/Downloads
```

위 코드는 'test_file.txt를 ~/Downloads로 복사하라'는 의미다. 배시가 ~/Downloads가 폴더라는 걸 알기 때문에, 파일을 자동으로 폴더 '안에' 넣게 된다. 파일을 복사하고 이름을 바꾸려면 다음 커맨드를 입력한다.

```
cp test_file.txt ~/Downloads/my_test_file.txt
```

위 명령은 배시에게 test_file.txt를 다운로드 폴더에 복사하고 그것을 my_test_file.txt라고 부르라고 하는 것이다. 이제 다운로드 폴더에는 테스트 파일의 복사본이 두 개 존재한다. 원래 이름을 갖고 있는 것과, 새로 이름을 부여한 것이다.

> 커맨드를 한 번 이상 실행해야 한다면, 위쪽 방향키를 눌러 커맨드라인 히스토리로 들어가자. 최근 커맨드라인 히스토리를 모두 보려면, history를 타이핑한다.

파일을 복사하는 것이 아니라, 이동하거나 이름을 바꾸고 싶을 때도 있다. 배시에선 mv 커맨드를 사용해서 이동과 이름 변경을 할 수 있다. 홈 폴더에 만든 파일의 이름을 바꿔보자.

```
mv test_file.txt empty_file.txt
```

여기서 우리는 'test_file.txt라는 이름의 파일을 empty_file.txt라는 이름의 파일로 이동하라'고 배시에 명령한 것이다. 그러고 나서 ls를 다시 사용해 보면 더 이상 test_file.txt는 보이지 않고 empty_file.txt가 보인다. 우리는 파일을 '이동'함으로써 이름을 바꾼 것이다. 그 외에도 mv를 사용해서 파일의 폴더를 옮길 수 있다.

```
mv ~/Downloads/test_file.txt .
```

위 코드는 '다운로드 폴더의 test_file.txt를 여기로 옮겨라'라는 뜻이다. 배시에서 .는 현재 작업 폴더를 의미한다(..가 현재 폴더의 상위 폴더를 의미하는 것처럼). 이제 ls를 사용하면 test_file.txt가 다시 홈 폴더에 들어있는 것을 볼 수 있다. ls ~/Downloads를 사용해 보면 다운로드 폴더에 그 파일이 더 이상 존재하지 않는 것도 확인 가능하다.

마지막으로, 커맨드라인을 사용해 파일을 삭제하는 법을 알아본다. 그러기 위해선 rm, 즉 삭제 커맨드를 사용해야 한다. 다음을 입력해 보자.

```
rm test_file.txt
```

이제 ls를 치면 test_file.txt가 폴더에서 제거된 것이 보인다.

> 🛑 마우스로 파일을 삭제하는 것과는 다르게 커맨드라인에서 파일을 지우면 '진짜로' 지워진다. 복구를 할 수 있는 '휴지통'은 없으므로 rm을 사용할 땐 조심하고, 컴퓨터와 코드가 날아가지 않도록 정기적인 백업을 예약해 두자.

이제 배시로 파일을 이동, 이름 변경, 복사, 삭제하는 방법을 알았으니 커맨드라인에서 파일을 실행하는 방법으로 넘어가겠다.

파일 실행하기

배시를 사용해서 파일을 실행하는 것은 아주 간단하다. 3장에서 이미 배웠듯이 파이썬 파일을 실행하려면 그냥 하면 된다.

```
python my_file.py
```

여기서 my_file.py는 파이썬 파일이다.

> ✅ 대개의 프로그래밍 언어들은 해당 언어명(python, ruby, R)를 입력하고 파일명(올바른 파일 경로, 또는 컴퓨터상의 파일 위치와 함께)을 넣으면 쉽게 실행된다. 특정 언어를 사용한 파일을 실행하는 데 문제가 있다면 웹에서 해당 언어명과 '커맨드라인 옵션'을 검색해보길 추천한다.

파이썬 개발자로서 여러분이 마주하게 될 다른 명령어들도 있다. 표 C-1에 일부 나와있으니 추가 라이브러리를 설치 및 실행하는 데 필요한 커맨드들에 익숙해지도록 하자.

커맨드	용례	추가 문서
sudo	다음에 나오는 커맨드를 sudo 또는 (수퍼) 사용자로 실행한다. 주로 파일 시스템의 핵심적인 요소를 변경하거나 패키지를 설치할 때 필요하다.	*https://en.wikipedia.org/wiki/Sudo*
bash	배시 파일을 실행하거나 배시 셸로 다시 이동한다.	*http://ss64.com/bash/*
./configure	패키지의 구성요소 설치를 실행한다(소스에서 패키지를 설치하는 경우 첫 단계다).	*https://en.wikipedia.org/wiki/GNU_build_system #GNU_Autoconf*

make	구성 이후 makefile을 실행해서 코드를 컴파일하고 설치를 준비한다(소스에서 패키지를 설치할 때 두 번째 단계다).	http://www.computerhope.com/unix/umake.htm
make install	make로 컴파일된 코드를 실행하고 컴퓨터에 패키지를 설치한다(소스에서 패키지를 설치할 때 최종 단계다).	http://www.codecoffee.com/tipsforlinux/articles/27.html
wget	URL을 호출하고 그 URL에 위치한 파일을 다운로드한다(패키지 또는 파일을 다운로드 하는데 좋다).	http://www.gnu.org/software/wget/manual/wget.html
chown	파일이나 폴더의 소유권을 변경한다. 파일의 '소유그룹'만을 변경하는 chgrp 명령어와 달리 소유자와 소유 그룹을 동시에 변경할 수 있다. 다른 사용자나 사용 그룹이 해당 파일이나 폴더를 실행할 수 있도록 설정해야 할 때 유용하게 쓰인다.	http://linux.die.net/man/1/chown
chmod	파일이나 폴더의 권한을 변경한다. 다른 타입의 사용자 또는 그룹이 실행할 수 있도록 하는 데 사용한다.	http://ss64.com/bash/chmod.html

표 C-1 실행할 때 사용하는 배시 명령어

커맨드라인을 사용하면서, 수많은 다른 커맨드와 문서를 접하게 될 것이다. 시간을 들여서 배우고, 사용해보고, 질문하기 바란다. 배시는 또 다른 언어이므로 능숙하게 사용하게 되려면 시간이 필요하다. 커맨드라인 소개를 끝내기 전에, 배시를 사용해서 파일과 파일의 내용을 검색하는 방법을 알아보자.

커맨드라인으로 검색하기

파일과 파일의 내부를 검색하는 작업은 배시에서 아주 쉬운 일이며, 검색할 수 있는 방법은 여러 가지다. 몇 가지 살펴보자. 우선 파일에서 텍스트를 검색하기 위해 커맨드를 사용해 보겠다. wget으로 파일을 다운 받는 것부터 시작한다.

```
wget http://corpus.byu.edu/glowbetext/samples/text.zip
```

이미 검색에 사용할 텍스트 말뭉치(corpus)를 다운로드했을 것이다. 텍스트의 압축을 풀어 새 폴더에 넣으려면 다음과 같이 입력한다.

```
mkdir text_samples
unzip text.zip text_samples/
```

이제 새로운 폴더, text_samples에 텍스트 말뭉치 파일이 잔뜩 들어있을 것이다. cd text_samples로 그 디렉터리로 이동하자. 그러고 나서 grep이라는 도구를 사용해서 파일 내부를 검색해 보자.

```
grep snake *.txt
```

여기서 여러분은 배시에게 폴더 안에 있는 파일들 중 .txt로 끝나는 이름을 가진 파일들 내에서 문자열 snake를 검색하라는 명령을 내렸다. 와일드카드 문자들은 199쪽의 '정규식 매칭'에서 더 자세히 알아볼 수 있다. *는 일반적으로 와일드카드를 나타내며, '모든 문자열 매칭'을 뜻한다.

위의 커맨드를 실행하면 매칭 텍스트들이 빠르게 흘러간다. grep은 조건에 맞는 파일 중 검색 문자열을 포함한 모든 줄을 반환할 것이다. 이 기능은 여러분의 저장소가 큰 경우, 업데이트 또는 변경해야 하는 함수를 포함하고 있는 파일들이 무엇인지 찾아내고 싶을 때 상당히 유용하다. 또 grep은 주변 줄들을 출력하고 싶을 때 전달할 수 있는 추가적인 인자와 옵션을 가지고 있기도 하다.

> 커맨드를 입력하고 공백을 입력한 뒤 --help를 치면 어떤 배시 커맨드이든 옵션을 볼 수 있다. grep --help를 입력해서 grep의 추가 옵션과 기능에 대해 읽어보자.

훌륭한 또 다른 도구로 cat이 있다. 어떤 파일이든 내용을 출력해주는 것이다. 출력을 다른 곳에 '파이프(pipe)' 하려는 경우 특히 유용하다. 배시에서는 문자 |로 파일들이나 텍스트를 가지고 수행하고자 하는 일련의 행위를 함께 결합한다. 예를 들어보자. 파일들 중 하나의 내용을 cat한 뒤 grep으로 출력을 검색한다.

```
cat w_gh_b.txt | grep network
```

위에서 한 일은 w_gh_b.txt 파일의 텍스트 전체를 반환한 다음 그 출력을 '파이프'하여 grep에 보내어 network라는 단어를 검색한 뒤, 단어가 포함된 줄들을 커맨드라인에 반환한 것이다. 배시 히스토리를 사용해도 동일한 종류의 파이프를 수행할 수 있다. 다음 코드를 실행해 보자.

```
history | grep mv
```

위 명령어는 여러분이 배시를 배우면서 잊어버렸을지도 모르는 커맨드들을 찾아 재사용할 수 있게 해준다.

이제 검색을 좀 더 확장해서 파일을 찾아보자. 우선, 매칭되는 파일명을 검색하는 역할을 하며, 자식 디렉터리의 파일을 검색하는 데도 사용할 수 있는 find라는 커맨드를 사용할 것이다. 현재 폴더 또는 자식 폴더의 텍스트 파일을 검색해보자.

```
find . -name "*.txt" -type f
```

위의 커맨드는 현재 폴더에서 시작해서 모든 자식 폴더를 거치는데, 그러면서 어떤 것이든 문자열 이름이면서 .txt로 끝나는 파일명을 갖고 있고, 파일의 종류가 f(디렉터리가 아닌 일반적인 파일을 말한다. 디렉터리인 경우는 d)인 파일들을 찾아낸다. 매칭된 파일명들의 목록이 출력된다. 이제 grep을 쓸 수 있도록 이파일들을 파이프해 보자.

```
find . -name "*.txt" -type f | xargs grep neat
```

이번에는 '동일한 텍스트 파일들을 찾는 대신 이번엔 neat라는 단어가 들어간 파일들을 찾으라'고 한 것이다. xargs(*https://en.wikipedia.org/wiki/Xargs*)를 사용해서 find의 출력을 grep에 제대로 파이프를 할 수 있도록 했다. 모든 파이프에 xargs가 필요하진 않지만, find가 출력을 균일하게 보내지 않기 때문에 find 커맨드를 사용하는 경우엔 유용하다.

지금까지 검색과 찾기 관련한 쓸 만한 요령을 배워보았다. 이는 특히, 여러분의 프로젝트와 코드가 커지고 더 많은 사람들이 참여하게 되면서 잘 쓸 수 있는 기능들이다. 관련 리소스와 읽을거리를 몇 가지 소개하고 다음 주제로 넘어가겠다.

더 읽을거리

인터넷에는 배시 관련 리소스가 아주 많다(*http://wiki.bash-hackers.org/scripting/ tutoriallist*). 리눅스 문서화 프로젝트(*http://www.tldp.org/LDP/Bash-Beginners-Guide/html/*)에는 초보를 위한 좀 더 많은 배시 프로그래밍 가이드가 있다. 오라일리(O'Reilly) 출판사의 *Bash Cookbook*도 시작하기 좋은 책이다.

윈도우 CMD 및 파워셸(Power Shell)

윈도우 커맨드라인(현재 파워셸로 보완(*https://en.wikipedia.org/wiki/Windows_ PowerShell*)), 또는 cmd는 도스 기반의 유틸리티로 매우 성능이 강력하다. 다양한 윈도우 버전과 서버 인스턴스를 망라해 동일한 문법을 사용할 수 있어 이 문법을 배워두면 파이썬뿐 아니라 다른 언어의 개발자라도 강력한 우군을 얻을 수 있다.

탐색하기

cmd로 파일을 탐색하기란 아주 쉽다. cmd 유틸리티를 열고 현재 디렉터리를 살펴보자.

```
echo %cd%
```

위의 코드는 %cd%를 에코(또는 출력) 하라는 뜻으로, %cd%는 현재 디렉터리를 의미한다. 아마 다음과 유사한 응답이 보일 것이다.

```
C:\Users\Katharine>
```

현재 디렉터리의 모든 파일을 목록화하려면 다음을 입력하자.

```
dir
```

아래와 유사하게 출력될 것이다.

```
13.03.2015 16:07 <DIR> .ipython
11.09.2015 19:05 <DIR> Contacts
11.09.2015 19:05 <DIR> Desktop
11.09.2015 19:05 <DIR> Documents
11.09.2015 19:05 <DIR> Downloads
11.09.2015 19:05 <DIR> Favorites
10.02.2014 15:15 <DIR> Intel
11.09.2015 19:05 <DIR> Links
11.09.2015 19:05 <DIR> Music
11.09.2015 19:05 <DIR> Pictures
13.03.2015 16:26 <DIR> pip
11.09.2015 19:05 <DIR> Saved Games
```

dir에도 정렬, 그룹화, 더 많은 정보 보기 등 다양한 옵션을 함께 사용할 수 있다 (*http://ss64.com/nt/dir.html*). Desktop 폴더를 보자.

```
dir Desktop /Q
```

Desktop 디렉터리에 있는 파일들을 출력하면서, 그것들의 소유자를 함께 출력하도록 명령했다. 각 파일명의 첫 부분에 소유자가 나타날 것이다(예: MY-LAPTOP\Katharine\backupPDF). 이 기능은 폴더와 파일을 볼 때 아주 유용하다. 그 외에도 하위 폴더를 보거나, 최종 수정된 타임스탬프로 정렬하는 등 쓸모 있는 옵션들이 있다.

Desktop 폴더로 이동해보자.

```
chdir Desktop
```

이제 echo %cd%를 이용해서 현재 디렉터리를 확인해보면 변경되어 있을 것이다. 부모(상위) 폴더로 이동하려면 ..를 입력한다. 예를 들어, 현재 폴더의 부모 폴더로 이동하려면 다음과 같이 입력하면 된다.

```
chdir ..
```

이 '부모 폴더' 기호를 붙여서 쓸 수도 있다(chdir ..\..를 하면 조부모 폴더로 이동). 파일의 구조에 따라, 현재 폴더에 부모 폴더가 존재하지 않으면 에러가 날 수 있다(파일시스템의 루트에 들어가 있는 경우 등).

홈 디렉터리로 돌아가려면 다음과 같이 입력한다.

```
chdir %HOMEPATH%
```

우리가 맨 처음 사용한 폴더로 돌아갔을 것이다. 이제 cmd를 사용해서 탐색을 할 수 있게 되었으니 파일들을 생성, 복사, 수정하는 방법을 알아보자.

파일 수정하기

시작 전에 우선 수정할 새 파일을 하나 생성하자.

```
echo "my awesome file" > my_new_file.txt
```

dir로 폴더에 있는 파일들을 살펴보면 my_new_file.txt가 있을 것이다. 텍스트 에디터에서 그 파일을 dufaust, "my awesome file"이라고 적은 것을 볼 수 있다. 아톰 편집기(Atom)를 사용 중이라면 cmd에서 아톰을 직접 실행할 수 있다(460쪽의 'Atom 셀 커맨드'를 참고하라).

이제 파일이 있으니 새로운 폴더에 복사해 보자.

```
copy my_new_file.txt Documents
```

그리고 나서 아래 코드로 문서 폴더의 파일들을 보자.

```
dir Documents
```

my_new_file.txt이 성공적으로 복사되었을 것이다.

> 입력을 쉽게 하기 위해서 탭(Tab) 키로 파일명과 경로를 자동완성할 수 있다. copy my를 입력한 다음 탭을 눌러보자. cmd는 여러분이 my_new_file.text를 의미한다고 추측하고 파일명을 채워넣는다.

파일을 이동하거나 이름을 변경하고 싶을 때도 있다. cmd에서 파일을 이동하려는 경우, move 명령어를 사용한다. 아래 코드를 입력해보자.

```
move Documents\my_new_file.txt Documents\my_newer_file.txt
```

이제 Documents 디렉터리에서 파일 목록을 보면 이제는 my_new_file.txt가 없어지고 my_newer_file.txt가 생겨난 것을 볼 수 있다. move는 여기서 한 것처럼 파일명을 변경할 때도 유용하고, 파일이나 폴더를 옮길 때도 사용한다.

마지막으로, 더 이상 필요하지 않은 파일들을 삭제 또는 제거하고 싶을 수 있다. cmd를 사용해서 삭제하는 방법으로 del 명령어가 있다. 아래 코드를 실행해보자.

```
del my_new_file.txt
```

이제 현재 파일들을 확인하면 my_new_file.txt가 없어졌다. 이 명령어는 '완전히' 파일을 삭제해 버리는 명령어라는 것에 주의하자. 정말로 확실하게 파일이 필요 없는 경우에만 사용해야 한다. 그리고 혹시 모를 문제에 대비해 정기적으로 드라이브를 백업해 두는 것이 좋다.

파일을 수정하는 방법을 배웠으니, 이제 cmd로 파일을 실행하는 방법을 알아보자.

파일 실행하기

윈도우 cmd에서는 일반적으로 언어명을 입력하고 파일의 경로를 그 뒤에 쓰면 파일을 실행할 수 있다. 예를 들어 파이썬 파일을 실행하고자 한다면 다음과 같이 쓴다.

```
python my_file.py
```

위의 코드는 my_file.py를 실행하게 되는데, 그 파일이 현재 폴더에 들어있는 경우에만 그렇다. .exe 파일은 파일명과 경로를 입력하고 엔터키를 누르면 실행된다.

 파이썬을 설치했을 때처럼, 설치된 실행 파일들에 대한 설치 패키지와 파일 경로들이 Path 변수(8쪽의 '컴퓨터에 파이썬 설치하기'를 참고)에 추가되어 있는지 꼭 확인하자. 이 변수는 cmd에서 사용하는 실행 파일들을 관리한다.

커맨드라인 실행의 더 많은 기능을 사용하고 싶다면 윈도우 파워셸(PowerShell)을 찾아보길 권한다. 파워셸은 강력한 스크립트 언어로, 단순한 커맨드라인에서 스크립트를 작성하고 실행하는 데 사용한다. 컴퓨터월드에 파워셸에 대한 괜찮은 소개가 있으니 시작할 때 참고하자(*http://bit.ly/powershell_intro*).

설치된 프로그램들을 커맨드라인에서 실행할 땐 start 커맨드를 사용하면 된다. 다음 코드를 따라해 보자.

```
start "" "http://google.com"
```

그러면 기본 브라우저가 열리면서 구글의 홈페이지로 이동한다. 더 자세한 내용을 다루는 start 커맨드의 문서는 *http://bit.ly/start_command*에서 볼 수 있다.

커맨드라인에서 실행하는 방법을 알아보았으니, 다음은 컴퓨터에 들어있는 파일과 폴더를 검색하고 찾아내는 것을 다룰 차례다.

커맨드라인으로 검색하기

우리가 사용할 수 있는 말뭉치(corpus)를 다운로드하는 것부터 시작한다. 윈도우 비스타나 그 이상 버전의 윈도우라면, 파워셸 커맨드를 실행할 수 있을 것이다. 아래 코드로 파워셸을 로딩한다.

```
powershell
```

다음과 같이 새로운 프롬프트가 보일 것이다.

```
Windows PowerShell
...
PS C:\Users\Katharine>
```

이제 파워셸에 들어왔으므로 우리가 검색 실습에 사용할 파일을 다운로드하자 (아래 명령어들은 한 줄에 입력해야 한다. 책의 페이지 제약 때문에 나누어 놓았을 뿐이다).

```
Invoke-WebRequest -OutFile C:\Downloads\text.zip
 http://corpus.byu.edu/glowbetext/samples/text.zip
```

파워셸 3.0 버전 이상이 아니라면 에러가 난다. 에러가 출력되는 경우, 다음 커맨드를 입력하면 구버전에서도 작동한다.

```
(new-object System.Net.WebClient).DownloadFile(
'http://corpus.byu.edu/glowbetext/samples/text.zip','C:\Downloads\text.zip')
```

이 커맨드들은 파워셸을 사용해서 말뭉치 파일을 여러분의 컴퓨터에 다운로드

한다. 그러면 이제 파일의 압축을 풀기 위해 새로운 폴더를 생성하자.

```
mkdir Downloads\text_examples
```

그리고 나면 파워셸에 새로운 함수를 추가해서 압축된 파일들을 추출할 것이다. 아래와 같이 입력한다.

```
Add-Type -AssemblyName System.IO.Compression.FileSystem
function Unzip
{
    param([string]$zipfile, [string]$outpath)

        [System.IO.Compression.ZipFile]::ExtractToDirectory($zipfile, $outpath)
}
```

함수를 정의했으니 그것을 사용해서 파일들의 압축을 풀면 된다. 만들어 둔 폴더에 다운로드한 콘텐츠의 압축을 풀어서 넣어보자.

```
Unzip Downloads\text.zip Downloads\text_examples
```

파워셸을 종료하기 위해서는 exit만 치면 된다. 그러면 프롬프트가 일반적인 cmd 프롬프트로 돌아간다. 거기서 dir Downloads\text_examples를 해보면, 다운로드한 말뭉치들의 텍스트 파일 목록을 볼 수 있다. findstr으로 그 파일들 내부를 검색해보자.

```
findstr "neat" Downloads\text_examples\*.txt
```

콘솔 창에서 텍스트 출력이 마구 밀려올라갈 텐데, 그것들이 neat라는 단어가 포함되어 있는 텍스트 파일들에서 매칭된 줄들이다.

　때로는 파일에 담긴 문자열이 아니라, 특정한 파일명을 검색해야 하기도 한다. 그럴 때는 dir 커맨드를 filter와 함께 쓴다.

```
dir -r -filter "*.txt"
```

이렇게 하면 홈 폴더 내에 있는 모든 폴더에 담긴 .txt 파일을 모두 찾아준다. 이 파일들의 내부를 검색하고 싶다면 파이프를 쓰자. | 기호는 첫 번째 커맨드의 출력을 두 번째 커맨드로 '파이프' 해준다. 이것을 사용하면 특정한 함수명이 들어있는 모든 파이썬 파일을 찾거나, 특정 국가명이 들어있는 CSV 파일을 모두 찾는 것 같은 작업을 할 수 있다. 시험 삼아 findstr 출력을 find 커맨드로 파이프해보자.

```
findstr /s "snake" *.txt | find /i "snake" /c
```

위 코드는 snake라는 단어가 포함된 모든 텍스트 파일을 찾은 다음, find를 사용해서 이 파일들에서 snake의 출현 횟수를 셌다. 지금까지 한 것처럼, cmd 커맨드와 사용례를 많이 배우면 파일 검색, 코드 실행, 데이터 랭글러 또는 개발자로서 프로젝트 관리 같은 작업들을 단순화시키는 데 도움이 된다. 이번 부록에서 일부 cmd 명령어를 소개했으니 여기서부터 차근차근 출발해 보자.

더 읽을거리

cmd 명령어를 찾아볼 수 있는 좋은 온라인 사이트들이 있다(*http://ss64.com/nt/*). 일상적인 프로그래밍 또는 데이터 랭글링 필요에 따라서 더 읽어보면 좋다.

파워셸에 대해 더 배우고 싶거나, 그것으로 윈도우 서버와 컴퓨터를 위한 성능 좋은 스크립트를 만드는 방법에 대해서 알아보고 싶다면 마이크로소프트의 파워셸 3.0 시작하기(*http://bit.ly/gs_with_powershell*) 같은 튜토리얼을 알아본다. 오라일리(O'Reilly) 출판사의 *Windows Powershell Cookbook* 책도 여러분이 첫 스크립트를 쓰는 데 도움을 줄 것이다.

부록 D

파이썬 고급 설정

이 책의 초반부에서는 파이썬의 기본 설정을 바꾸지 않았다. 그 이유는 그것이 빠르고 쉽기 때문이다. 그러나 좀 더 복잡한 라이브러리들과 도구를 사용하기 시작하면 고급 설정이 필요해질 것이다. 파이썬 고급 설정을 사용하게 되면 프로젝트들을 정리하는 데 도움이 된다. 또한 파이썬 2.7과 3+ 버전을 둘 다 사용해야 하는 경우에도 유용하다.

> ❗ 이 부록에서는 전문가들을 위한 파이썬 환경 변수 설정법을 다룬다. 여러 가지 종속 요소들이 있기 때문에 예상하는 대로 동작하지 않는 경우들이 생길 수 있다. 이런 경우에는 웹에서 문제 해결 방법을 찾아보길 권한다.

우리는 먼저 몇 가지 핵심 도구들을 설치하고 파이썬을 설치하도록 할 것이다 (2.7을 설치하겠지만 이 시점에서는 3+ 버전을 설치해도 괜찮다). 마지막으로 각 프로젝트에서 다른 버전들의 파이썬 라이브러리를 사용할 수 있도록 가상 환경을 구축할 것이다.

이번 부록에서는 맥 OS, 윈도우, 그리고 리눅스 환경에서의 설정 방법을 다루고 있다. 각 단계를 읽으면서 본인의 운영체제에 맞는 지시를 따르길 바란다.

1단계 : GCC 설치

GCC(GNU 컴파일러 컬렉션)는 파이썬으로 작성된 코드를 기계가 이해할 수 있도록 이진 코드로 바꾸는 데 사용하는 컴파일러다. 맥에서는 Xcode(*https://developer.apple.com/xcode/*)와 커맨드라인 도구(*https://developer.apple.com/*

downloads/) 안에 포함되어 있기 때문에 둘 중 하나를 다운로드해야 할 것이다. 어느 쪽이든 다운로드를 위해서는 Apple ID(*http://bit.ly/create_appleid*)가 필요하다. 또한 인터넷 연결 상태에 따라 Xcode를 다운받는 데 시간이 걸릴 테니 잠시 쉬도록 하자. 만약 메모리 사용량이 신경 쓰인다면 커맨드라인 도구를 대신 다운받자. Xcode나 커맨드라인 도구는 금방 설치할 수 있다. Homebrew 설치 이전에 Xcode나 커맨드라인 도구가 잘 설치되었는지 확인하도록 하자.

윈도우를 사용 중이라면 Jeff Preshing이 작성한 GCC 설치(*http://bit.ly/gcc_install_tutorial*)에 대한 유용한 튜토리얼을 참고하라. 리눅스를 사용하고 있다면 데비안 기반 시스템엔 대체로 GCC가 포함되어 있고, 혹시 포함되어 있지 않다면 간단히 `sudo apt-get install build-essential` 명령어를 통해 설치할 수도 있다.

2단계: (맥 사용자 대상) Homebrew 설치

Homebrew는 맥 OS에 설치되어 있는 패키지들을 관리해준다. 이는 명령어를 입력하면 Homebrew가 설치를 도와준다는 뜻이다.

> ❗ Homebrew 설치 이전에 반드시 Xcode나 커맨드라인 도구가 설치되어 있는 것을 확인하도록 하자. 그렇지 않으면 Homebrew 설치 과정에서 에러가 발생할 것이다.

Homebrew를 설치하기 위해서 터미널을 열고 아래 명령어를 입력하자. 이후 Homebrew 설치 권한 획득을 위한 질문을 포함해 프롬프트에 뜨는 내용들에 대해 살펴보자.

```
$ ruby -e "$(curl -fsSL https://raw.github.com/Homebrew/homebrew/go/install)"
```

Homebrew는 설치 과정을 테스트하고 문제를 알려주는 `brew doctor`를 실행할 것을 추천한다. 시스템에 따라서 여러 가지 확인이 필요한 부분들이 있을 것이다. 경고가 발생하지 않았다면 다음 단계로 넘어가자.

3단계: (맥 사용자 대상) 시스템에게 Homebrew 설치 위치 알려주기

Homebrew를 설치하기 위해서는 시스템에게 Homebrew의 위치를 알려줘야 한다. 본인의 .bashrc 파일에 Homebrew를 추가하거나 그 외 사용하는 다른 셸이 있다면 그곳에 추가하면 된다. 시스템에 .bashrc 파일이 존재하지 않을 수도 있다. 파일이 존재하는 경우에는 홈 디렉터리에 숨겨져 있을 것이다.

이름 앞에 마침표(.)가 붙어있는 파일들은 모든 파일목록을 보여줄 것을 명시적으로 요구하지 않는 이상 ls를 입력해도 볼 수 없다. 이렇게 하는 이유는 두 가지다. 첫째, 파일이 보이지 않으면 실수로라도 수정이나 삭제를 하기가 더 어렵다. 둘째, 이러한 파일들은 자주 사용되지 않기 때문에 이들을 숨겨서 더 정돈된 파일 구조를 보여줄 수 있다.

ls 명령어에 -ag 옵션을 추가해서 모든 파일을 보도록 하자. 홈 디렉터리에서 다음의 명령을 입력하라.

```
$ ls -ag
```

아마 다음과 비슷한 출력 결과를 볼 수 있을 것이다.

```
total 56
drwxr-xr-x+ 17 staff 578 Jun 22 00:08 .
drwxr-xr-x 5 admin 170 May 29 09:49 ..
-rw------- 1 staff 3 May 29 09:49 .CFUserTextEncoding
-rw-r--r--@ 1 staff 12292 May 29 09:44 .DS_Store
drwx------ 8 staff 272 Jun 10 00:45 .Trash
-rw------- 1 staff 389 Jun 22 00:07 .bash_history
drwx------ 4 staff 136 Jun 10 00:35 Applications
drwx------+ 5 staff 170 Jun 22 00:08 Desktop
drwx------+ 3 staff 102 May 29 09:49 Documents
drwx------+ 10 staff 340 Jun 11 23:47 Downloads
drwx------@ 43 staff 1462 Jun 10 00:29 Library
drwx------+ 3 staff 102 May 29 09:49 Movies
drwx------+ 3 staff 102 May 29 09:49 Music
drwx------+ 3 staff 102 May 29 09:49 Pictures
drwxr-xr-x+ 5 staff 170 May 29 09:49 Public
```

.bashrc 파일이 없는 것을 확인했으니 생성해야 할 차례다.

 .bashrc 파일이 있는 경우에는 문제 발생을 대비해 백업해 둘 것을 추천한다. .bashrc 파일 복사는 커맨드라인을 이용하는 것이 제일 쉽다. 다음 명령어를 입력해 .bashrc 파일을 .bashrc_bkup 파일에 복사해두자.

```
$ cp .bashrc .bashrc_bkup
```

.bashrc 파일을 생성하기 위해서는 .bashrc 파일을 호출하는 .bash_profile 파일이 있는지 여부를 먼저 확인해야 한다. 만약 .bash_profile 파일이 없이 .bashrc 파일을 추가하게 되면 시스템에서 해당 파일이 무엇인지 모를 것이다.

시작하기 전에 먼저 .bash_profile 파일이 있는지를 확인하라. 해당 파일이 있다면 is-ag 명령어를 통해 나오는 디렉터리 리스트에서 확인할 수 있을 것이다. 찾을 수 없는 경우에는 직접 생성해야 한다.

 .bash_profile 파일이 있다면 나중에 문제가 있는 경우에 원래 설정으로 되돌릴 수 있도록 백업해 두도록 하자. 다음 명령어를 입력해 .bash_profile 파일을 .bashrc_profile_bkup 이라는 파일에 복사해두자.

```
$ cp ~/.bash_profile ~/.bash_profile_bkup
```

그리고 다음 명령어를 실행해 이름을 바꾸는 것과 동시에 데스크톱으로 복사하도록 하자.

```
$ cp ~/.bash_profile ~/Desktop/bash_profile
```

만약 기존의 .bash_profile 파일을 다루고 있다면 에디터를 사용해 데스크톱으로 복사한 버전을 열도록 하자. 다음의 코드를 파일 맨 아래에 추가하라. 이 코드는 .bashrc 파일이 있다면 해당 파일을 사용하도록 알려주고 있다.

```
# Get the aliases and functions
if [ -f ~/.bashrc ]; then
. ~/.bashrc
fi
```

.bash_profile 파일이 없다면 에디터에서 위의 내용을 포함한 파일을 새로 만들어야 할 것이다. 마침표가 없는 bash_profile이라는 이름으로 데스크톱에 파일을 새로 생성하라.

홈 디렉터리에 .bash_profile과 .bashrc 파일이 이미 있지 않은 것을 확인하라. 만약 그렇다면 지시에 따라 원본 파일들의 백업 파일들을 만들어 두자. 그렇지 않으면 다음의 코드들을 입력할 때 기존 파일들을 덮어씌우게 되어 문제가 발생할 수 있다.

이제 터미널로 돌아가 다음의 명령어를 실행해 파일 이름을 바꾸고 위치를 데스크톱에서 홈 디렉터리로 옮기도록 하자.

```
$ mv ~/Desktop/bash_profile .bash_profile
```

이제 ls -al ~/을 실행하면 .bash_profile 파일이 홈 디렉터리에 생긴 것을 볼 수 있다. 이후 .bash_profile을 실행하면 .bashrc을 호출하는 것을 볼 수 있다.

　이제 .bashrc 파일을 참조하는 .bash_profile 파일을 준비했으니 .bashrc 파일을 수정하도록 하자. 본인이 사용하는 텍스트 에디터에서 .bashrc을 연 뒤에 다음 줄을 .bashrc 파일 맨 아래 부분에 추가하자. 이것은 Homebrew의 위치를 $PATH 변수에 추가하도록 한다. 새로운 경로는 오래된 $PATH 값보다 우선순위를 가진다.

```
export PATH=/usr/local/bin:/usr/local/sbin:$PATH
```

이제 파일을 데스크톱에 마침표를 뺀 bashrc라는 이름으로 저장하라.

> ### 커맨드라인에서 코드 에디터 실행하기
>
> .bashrc 파일에서 설정을 바꾸는 동안 커맨드라인에서 코드 에디터를 실행하는 바로가기를 만들자. 반드시 필요한 과정은 아니지만 파일 디렉터리에서 코드 에디터로 파일을 열고자 할 때 유용하게 쓸 수 있다. GUI를 사용해서 파일 구조를 탐색하는 것보다 커맨드라인에서 하는 것이 훨씬 효율적이다.
>
> 이미 Atom을 사용하고 있다면 Atom을 설치하는 것과 동시에 바로가기 명령어들(*http://bit.ly/cl_open_atom*)이 설정되었을 것이다. Sublime은 OS X의 커맨드라인 명령어(*http://bit.ly/os_x_cl_sublime*)도 갖추고 있다.
>
> 다른 종류의 코드 에디터를 사용하고 있다면 프로그램 이름을 입력하여 실행이 되는지 확인하거나 프로그램 이름 뒤에 --help를 붙여 커맨드라인 도움 항목이 있는지 확인해보자. 검색엔진에서 <프로그램 이름> command-line tools 항목으로 검색해 보길 추천한다.

터미널 창으로 돌아가서 다음의 명령어를 실행해 파일 이름을 바꾸고 데스크톱에서 홈디렉터리로 옮기자.

```
$ mv ~/Desktop/bashrc .bashrc
```

이제 ls -al ~/을 실행하면 .bashrc 파일과 .bash_profile 파일이 홈 디렉터리에 있는 것을 확인할 수 있다. 명령어가 제대로 실행되었는지를 확인하기 위해 새 터미널 창을 연 뒤 $PATH 변수를 확인해보자. 변수를 확인하기 위해서는 다음의 명령어를 실행하면 된다.

```
$ echo $PATH
```

그러면 다음과 같은 출력결과물이 나올 것이다.

```
/usr/local/bin:/usr/local/sbin:/usr/bin:/bin:/usr/sbin:/sbin:/usr/local/bin
```

출력된 결과의 앞부분에 우리가 .bashrc에 입력한 변수정보(/usr/local/bin:/

usr/local/sbin)가 추가된 것을 볼 수 있다.

변수에 새로운 값이 추가된 것을 볼 수 없었다면 새로운 창을 열었는지 확인하자. 바뀐 설정값은 source 명령어(*http://ss64.com/bash/source.html*)를 통해 명시적으로 현재 터미널에 적용하지 않는 한 현재의 터미널 창에 로드되지 않는다.

4단계: 파이썬 2.7 설치하기

맥에서 파이썬 2.7을 설치하기 위해서는 다음 명령어를 실행하라

```
$ brew install python
```

만약 맥에 파이썬 3.x대 버전을 설치하고 싶다면 다음을 실행하자

```
$ brew install python3
```

윈도우 환경이라면 1장에 나오는 지시사항을 참고해 윈도우 설치 패키지를 통해 파이썬을 설치하자. 리눅스 환경이라면 파이썬이 이미 설치되어 있을 것이다. 파이썬 개발자 패키지(*http://bit.ly/install_python_dev_pkg*)를 이용해 추가로 파이썬 도구들을 설치하길 추천한다.

설치가 완료되면 올바르게 동작하는지 테스트해 볼 필요가 있다.

터미널에서 파이썬 인터프리터를 실행해보자.

```
$ python
```

그리고 다음을 실행해 보도록 하자.

```
import sys
import pprint
pprint.pprint(sys.path)
```

맥에서는 다음과 같은 결과가 출력될 것이다.

```
>>> pprint.pprint(sys.path)
['',
 '/usr/local/lib/python2.7/site-packages/setuptools-4.0.1-py2.7.egg',
 '/usr/local/lib/python2.7/site-packages/pip-1.5.6-py2.7.egg',
 '/usr/local/Cellar/python/2.7.7_1/Frameworks/Python.framework/Versions/
2.7/lib/python27.zip',
 '/usr/local/Cellar/python/2.7.7_1/Frameworks/Python.framework/Versions/
2.7/lib/python2.7',
 '/Library/Python/2.7/site-packages',
 '/usr/local/lib/python2.7/site-packages']
```

맥을 사용하고 있다면 /usr/local/Cellar/.를 포함하고 있는 파일 경로들이 다수 출력될 것이다. 만약 그렇지 않다면 터미널 창에서 설정들을 불러오지 못한 것이다. 이때는 터미널 창을 닫고 새 창을 열어 다시 시도해보자. 만약 이 방법으로 문제가 해결되지 않는다면 설치 과정의 처음으로 돌아가 과정을 하나하나 확인해 보도록 하자.

설치 오류를 디버깅하는 것도 학습 경험의 한 종류이다. 이번 절에서 언급하지 않은 에러가 생긴다면 주로 사용하는 검색엔진을 웹브라우저에서 열어 해당 오류와 관련된 내용을 찾아보라. 아마도 이러한 오류를 겪은 게 여러분이 처음이 아닐 것이다.

이 단계를 성공적으로 완수했다면 다음 단계로 넘어가도록 하자.

5단계 : virtualenv 설치하기(윈도우, 맥, 리눅스)

각 스크립트에서의 요구사항이 서로 상충되지 않도록 하기 위해서는 별도의 파이썬 환경을 구축해야 할 필요가 있다. virtualenv는 그런 경우 유용하게 사용할 수 있다.

먼저 Setuptools(*http://pythonhosted.org//setuptools/*)가 필요하다. 파이썬 설치 시 Setuptools가 같이 설치었을 것이다. Setuptools에는 파이썬 패키지들의 설치를 도와주는 커맨드라인 도구인 pip이 포함되어 있다.

virtualenv(*http://virtualenv.readthedocs.org/en/latest/*)를 설치하기 위해서는 커맨드라인에서 다음의 명령어를 실행하면 된다.

```
$ pip install virtualenv
```

명령어를 실행하고 나면 다음을 포함한 일련의 메시지가 출력될 것이다.

```
Successfully installed virtualenv
```

만약 그렇지 않다면 문제가 발생한 것이니 온라인에서 검색을 통해 해결 방법을 찾아보도록 하자.

6단계 : 새 디렉터리 설정하기

계속하기 전에 우선 프로젝트와 관련된 콘텐츠를 저장하기 위한 디렉터리를 생성하자. 생성 위치는 개인의 판단에 맡긴다. 대부분의 사람들은 쉬운 접근과 백업을 위해 사용자 홈 디렉터리 내에 폴더를 만든다. 그러나 본인이 판단할 때 사용이 편리하고 기억하기 쉬운 어떤 위치에 저장해도 좋다. 맥에서 홈 디렉터리 내에 Projects라는 이름의 폴더를 만들고 싶다면 다음의 명령어를 터미널에서 입력하면 된다.

```
$ mkdir ~/Projects/
```

윈도우라면 다음을 실행하자

```
> mkdir C:\Users\_your_name_\Projects
```

그리고 해당 폴더 내에 다시 데이터 랭글링 코드를 저장할 폴더를 생성할 것이다. 맥에서는 다음의 명령어를 입력하자.

```
$ mkdir ~/Projects/data_wrangling
$ mkdir ~/Projects/data_wrangling/code
```

윈도우 명령어는 다음과 같다.

```
> mkdir C:\Users\_your_name_\Projects\data_wrangling
> mkdir C:\Users\_your_name_\Projects\data_wrangling\code
```

마지막으로 virtualenv 환경에서 사용할 숨겨진 폴더를 홈 디렉터리에 추가하자. 맥에서는 다음의 명령어를 입력하라.

```
$ mkdir ~/.envs
```

윈도우라면 다음을 입력한다.

```
> mkdir C:\Users\_your_name_\Envs
```

윈도우에서 폴더를 숨기고 싶다면 커맨드라인에서 속성값을 수정하면 된다.

```
> attrib +s +h C:\Users\_your_name_\Envs
```

숨기는 것을 취소하고 싶다면 해당 속성을 제거하면 된다.

```
> attrib -s -h C:\Users\_your_name_\Envs
```

이제 Projects 폴더의 내용물을 살펴보면 code와 envs라는 두 개의 서브폴더가 있음을 확인할 수 있을 것이다.

7단계 : virtualenvwrapper 설치하기

virtualenv는 훌륭한 도구이지만 virtualenvwrapper(*http://virtualenvwrapper.readthedocs.org/en/latest/*)는 virtualenv를 더 손쉽게 사용하도록 해준다. 부록에서 다루지 않는 기능들이 많이 있지만(*http://bit.ly/virtualenvwrapper_features*) 우선 꼭 필요한 기능만 알면 될 것이다.

다음과 같은 명령어를 받아서

```
source $PATH_TO_ENVS/example/bin/activate
```

아래와 같이 바꿔준다.

```
workon example
```

virtualenvwrapper 설치하기(맥, 리눅스 환경)

맥과 리눅스에서 virtualenvwrapper를 설치하기 위해서는 다음을 실행하라.

```
$ pip install virtualenvwrapper
```

설치가 올바로 완료되었는지를 확인하기 위해 출력된 내용 중 마지막에서 두 번째 줄에 다음과 같은 메시지가 있는지 살펴보자.

```
Successfully installed virtualenvwrapper virtualenv-clonestevedore
```

.bashrc 수정하기

그 외에도 .bashrc에 설정을 추가해야 한다. 파일을 복사하고 수정한 뒤 원래 위치에 다시 돌려놓을 것이다.

먼저 .bashrc 파일의 백업본을 만든다. 이미 복사본이 있다면 이 단계를 건너뛰어도 된다. .bashrc 파일의 백업을 만들기 위해서는 이 명령어를 입력하라.

```
$ cp ~/.bashrc ~/.bashrc_bkup
```

> 필자의 경우 설정 파일들에 항상 접근할 수 있도록 깃허브(*https://github.com/jackiekazil/dotfiles*)에 저장한다. 이렇게 할 경우 실수를 하거나 컴퓨터가 고장 나더라도 해당 파일을 복구할 수가 있다. .bashrc 파일을 수정할 일은 잘 없겠지만 그래도 백업은 잘 해놓도록 하자. 다만 홈 폴더에 백업본이 수십 개가 쌓이지는 않도록 하라.

코드 에디터를 사용해 .bashrc 파일을 열고 파일 끝에 다음의 세 줄을 추가하자.
만약 Projects 폴더의 위치를 바꾸었다면 파일 경로를 그에 맞게 수정하자.

```
export WORKON_HOME=$HOME/.envs          ❶
export PROJECT_HOME=$HOME/Projects/     ❷
source /usr/local/bin/virtualenvwrapper.sh   ❸
```

❶ WORKON_HOME 변수를 정의한다. 이 경로가 바로 파이썬 환경이 저장되는 곳이
   다. 이전에 생성한 envs 폴더의 위치를 입력하면 된다.

❷ PROJECT_HOME 변수를 정의한다. 여기는 코드를 저장하는 곳이다. 이전에 생
   성한 Projects 폴더의 경로를 입력하면 된다.

❸ virtualenv 사용을 더 쉽게 해주는 virtualenvwrapper를 초기화한다.

모두 마치고 나면 파일을 저장하고 새로운 터미널 창을 열어 새로운 설정을 로
드하라. 이제 간단한 명령어들을 사용해 가상 환경을 조작할 수 있게 되었다.

virtualenvwrapper-win 설치하기(윈도우 환경)

윈도우에서는 몇 가지 추가 단계를 거쳐야 한다. 우선 virtualenvwrapper의 윈
도우 버전(*https://pypi.python.org/pypi/virtualenvwrapper-win*)을 설치해야 한다. 다
음 명령어를 입력하여 설치하자.

```
> pip install virtualenvwrapper-win
```

WORKON_HOME 환경변수 또한 추가해야 한다. 기본적으로 virtualenv wrapper
는 User 폴더 내에 Envs라는 이름의 폴더를 만들 것을 요구하고 있다. 만약 가
상 환경을 위한 별도의 폴더를 설정하고 싶다면 해당 폴더를 만든 뒤 WORKON_
HOME에 올바른 경로를 설정하라. 만약 환경 변수를 설정해 본 적이 없다면 Stack
Overflow(*http://bit.ly/env_variables*)에 올라와 있는 좋은 가이드를 참조하라.

> 💡 윈도우에서 하나 이상의 파이썬 버전을 실행하고 싶다면 pywin(*https://github.com/
> davidmarble/pywin*)을 설치하는 것도 좋은 선택지가 될 수 있다. pywin은 파이썬 버전을
> 쉽게 스위칭할 수 있게 해준다.

가상 환경 테스트하기(윈도우, 맥, 리눅스)

이번 절을 끝마치기 전에 모든 것이 정상적으로 작동하는지 확인해 보자. 새로
운 터미널 창에서 test라는 이름의 가상 환경을 생성하라.

```
mkvirtualenv test
```

출력 결과는 다음과 비슷할 것이다.

```
New python executable in test/bin/python2.7
Not overwriting existing python script test/bin/python (you must use
test/bin/python2.7)
Installing setuptools, pip...done.
```

 파이썬 2.7이 아니라 파이썬 3 이상 버전으로 가상 환경을 생성하기 위해서는 파이썬 변수를 정의하고 파이썬 3으로 가리키도록 하라. 다음 명령어로 파이썬 3이 어디서 설치되어 있는지 확인할 수 있다.

```
which python3
```

다음과 같은 결과가 출력될 것이다.

```
/usr/local/bin/python3
```

이제 mkvirtualenv 명령어를 사용해 파이썬 3+ 환경을 정의하라.

```
mkvirtualenv test --python=/usr/local/bin/python3
```

터미널 프롬프트 맨 앞에 (test)가 붙어있는 것을 확인할 수 있다. 가상 환경이 활성화되었다는 것을 의미한다.

 만약 결과물로 -bash: mkvirtualenv: command not found가 출력된다면 터미널이 virtualenv wrapper를 인식하지 못하는 것이다. 그럴 때는 먼저 명령어를 입력하기 전에 새로운 터미널 또는 cmd 창을 띄워 새로운 설정이 적용되도록 하자. 그렇지 않다면 설정으로 돌아가 필요한 단계를 다 마쳤는지 확인해보라.

만약 가상 환경을 성공적으로 생성할 수 있었다면 설정이 올바르게 끝났다는 뜻이다. 이제 테스트를 위해 만든 가상 환경을 비활성화시키고 지워버리자. 다음의 명령어를 통해 test 환경을 삭제할 수 있다.

```
deactivate
rmvirtualenv test
```

이제 사용하는 머신에 두 번째 파이썬 인스턴스를 설치했을 것이다. 또한 프로젝트 간 간섭하지 않는 독립된 파이썬 환경을 생성할 수 있는 환경이 갖추어졌을 것이다. 이제부터는 연습을 통해 새로운 파이썬 환경에 적응할 수 있도록 해보겠다.

새 환경에 대해 배우기(윈도우, 맥, 리눅스)

여기에 사용되는 예제는 맥을 기준으로 하지만 프로세스 자체는 윈도우나 리눅스에서도 동일하다. 이번 절에서는 설정을 활용하는 방법과 컴포넌트들이 잘 작동하도록 하는 방법에 대해 알아보겠다.

먼저 testprojects라는 이름의 새로운 환경 생성부터 시작하자. 우리는 이 환경을 활성화시키고 테스트가 필요할 때마다 불러올 것이다. 생성을 위해서 우선 다음의 명령어를 입력하자.

```
$ mkvirtualenv testprojects
```

환경을 생성하고 나서 터미널 프롬프트에서 환경 이름이 앞에 붙어있는 것을 볼 수 있다. 필자의 경우 프롬프트에 다음과 같이 표기된다.

```
(testprojects)Jacquelines-MacBook-Pro:~ jacquelinekazil$
```

사용하는 가상 환경에 파이썬 라이브러리를 하나 설치하자. 가장 먼저 설치할 라이브러리는 ipython이다. 활성화된 환경에서 다음 명령어를 실행하라.

```
(testprojects) $ pip install ipython
```

명령어가 성공적으로 실행되었다면 출력 결과의 맨 마지막 몇 줄이 다음과 비슷할 것이다.

```
Installing collected packages: ipython, gnureadline
Successfully installed ipython gnureadline
Cleaning up...
```

이제 pip freeze를 터미널에 입력하면 현재 환경에 설치되어 있는 라이브러리들의 목록과 버전 정보를 열람할 수 있다. 출력 결과는 다음과 유사할 것이다.

```
gnureadline==6.3.3
ipython==2.1.0
wsgiref==0.1.2
```

이 출력 결과가 말해주는 것은 testprojects 환경에는 현재 gnureadline, ipython, 그리고 wsgiref까지 총 3개의 라이브러리가 설치되어 있다는 것이다. ipython은 우리가 방금 설치하였고, gnureadline은 ipython의 의존 라이브러리이기에 함께 설치되었다. 의존관계에 있는 라이브러리를 직접 설치하지 않아도 되니 좋지 않은가? 그리고 세 번째 라이브러리인 wsgiref는 기본으로 설치되어 있었으나 꼭 필요한 라이브러리는 아니다.

이제 ipython 라이브러리를 설치했다. IPython은 무엇일까? IPython은 파이썬 인터프리터의 훌륭한 대체재이다(부록 F에서 더 자세한 내용을 읽어볼 수 있다). IPython을 실행하기 위해서는 커맨드라인에 ipython을 입력하면 된다.

명령 프롬프트에 다음과 같은 출력 결과가 나타날 것이다.

```
IPython 3.1.0 -- An enhanced Interactive Python.
?         -> Introduction and overview of IPython's features.
%quickref -> Quick reference.
help      -> Python's own help system.
object?   -> Details about 'object', use 'object??' for extra details.

In [1]:
```

테스트를 위해 다음을 입력하라.

```
In [1]: import sys

In [2]: import pprint

In [3]: pprint.pprint(sys.path)
```

가상 환경이 잘 작동하고 있다고 확인했던 이전과 동일한 결과물이 출력될 것이다. 여기서 sys와 pprint는 표준 라이브러리 모듈이라고 해서 파이썬에 기본적으로 패키징되어 있는 라이브러리들이다.

IPython을 종료하자. 종료하는 방법은 두 가지다. Ctrl+D를 누르고 나오는 프롬프트에서 yes를 의미하는 y를 입력하거나 IPython에서 quit()를 입력하면 된다. 파이썬 셸에서도 똑같이 적용된다.

종료 후에는 커맨드라인으로 다시 돌아갈 것이다. 이제 세 개의 라이브러리가 설치되어 있는 testprojects라는 이름의 가상 환경이 준비되었다. 그렇다면 이제 다른 프로젝트를 수행할 새로운 환경을 하나 더 필요로 한다면 어떻게 해야 할까? 먼저 다음을 입력해 현재 환경을 비활성화 시키자.

```
$ deactivate
```

그리고 sandbox라는 이름의 새로운 환경을 만들자.

```
$ mkvirtualenv sandbox
```

커맨드를 입력한 후에는 새로운 환경에 들어가 있을 것이다. `pip freeze`를 입력하면 새로운 환경에는 IPython이 설치되지 않았다는 것을 알 수 있다. 이것은 현재의 가상 환경이 testprojects와 별도로 새로 만들어진 환경이기 때문이다. 따라서 우리가 현재 환경에서 IPython을 설치하게 되면 두 번째 인스턴스를 설치하게 될 것이다. 이와 같이 하나의 환경에서 하는 일은 다른 환경들에 영향을 주지 않는다.

이것이 왜 중요한가? 여러분이 새로운 프로젝트를 시작할 때마다 새로운 라이브러리들을 필요에 따라 각각 다른 버전으로 설치하고 싶어질 것이기 때문이다. 이 책에서는 가상 환경을 하나만 설치할 것을 추천하고 있지만, 여러분이 이후 새로운 프로젝트를 시작한다면 새로운 환경을 생성하고 싶을 것이다. 이제 잘 알겠지만 프로젝트가 바뀔 때마다 가상 환경을 바꾸는 것은 쉬운 일이다.

종종 저장소에 요구사항들이 담겨있는 requirements.txt 파일이 들어있는 것을 볼 수 있다. 이것은 라이브러리의 저자가 다른 사용자들이 의존 라이브러리들을 설치할 수 있도록 가상 환경 위에서 `pip freeze` 명령어를 통해 리스트 생성하고 저장한 것이다. requirements 파일을 통해 설치하고자 한다면 `pip install -r requirements.txt` 명령어를 실행하면 된다.

지금까지 우리는 가상 환경을 생성하고 비활성화시키는 방법을 배웠지만 이미 존재하는 환경을 활성화시키는 방법은 배우지 않았다. 우리가 실험용으로 만든 가상 환경인 sandbox를 활성화시키기 위해서는 다음의 명령어를 실행하면 된다. 이미 활성화를 시킨 상태라면 먼저 비활성화를 해야 명령어의 효과를 볼 수 있다.

```
$ workon sandbox
```

마지막으로 가상 환경은 어떻게 삭제할까? 먼저 삭제하고자 하는 환경을 종료해야 한다. 만약 `workon sandbox`를 입력했다면 지금은 sandbox 환경에 들어 있을 것이다. 삭제를 하려면 먼저 해당 환경을 비활성화해야 한다. 다음을 입력하자.

```
$ deactivate
$ rmvirtualenv sandbox
```

이제 남아있는 가상 환경은 testprojects뿐이다.

고급 설정 복습

여러분의 컴퓨터는 이제 고급 파이썬 라이브러리를 사용할 수 있도록 설정되었다. 이 정도면 커맨드라인을 사용해서 패키지들을 설치하는데 익숙해졌을 것이다. 아직 좀 더 연습이 필요하다고 느낀다면 부록 C로 돌아가 커맨드라인에 대해 더 배울 것을 추천한다.

표 D-1은 가상 환경에서 자주 사용하는 명령어들의 목록이다.

명령어	기능
mkvirtualenv	환경 생성
rmvirtualenv	환경 삭제
workon	환경 활성화
deactivate	활성화된 환경 비활성화
pip install	활성화된 환경에서 라이브러리 설치[†]
pip uninstall	활성화된 환경에서 라이브러리 삭제[‡]
pip freeze	활성화된 환경에 설치된 라이브러리 목록 반환

[†] 활성화된 가상 환경이 없다면 라이브러리는 Homebrew를 통해 설치된 두 번째 파이썬 인스턴스에 설치될 것이며 시스템 파이썬은 영향을 받지 않을 것이다.
[‡] 첫 번째 주석 참조

표 D-1 복습할 명령어들

부록 E

파이썬 주의사항

모든 언어가 그렇듯, 파이썬 역시 이상하다 생각할 수 있는 면이 몇 가지 있다. 다른 스크립팅 언어에서도 공통적으로 나타나는 주의사항은 익숙하겠지만, 유독 파이썬에서만 나타나는 기벽도 있다. 그중 몇몇을 추려서 목록을 만들어 보았으니 익혀 보자. 이 부록을 통해 여러분이 좀 더 수월하게 디버깅을 할 수 있기를 바라는 동시에, 파이썬이 어떤 원리로 돌아가는지 인사이트를 얻을 수 있었으면 한다.

공백 만세

파이썬 코드 구조에서 공백은 필수불가결하다. 공백은 함수, 메서드, 클래스 들여쓰기에 쓰이고, if-else 구문 실행에 쓰이고, 계속되는 행을 이어 쓸 때에도 쓰인다. 파이썬에서 공백은 특수 연산자이며 코드를 실행 가능하도록 변환해 준다.

파이썬 파일을 작성할 때 주의해야 할 점이 몇 가지 있다.

- 탭 키를 쓰지 말고 스페이스 키를 이용하자.
- 들여쓰기 블록 하나에 공백을 4개 삽입한다.
- 첫 줄만 내어쓰기를 할 때에는 적절한 들여쓰기를 사용한다(구분자에 줄을 맞추거나, 한 칸 더 들여쓰거나, 아니면 한 칸 들여쓰기에 맞추어도 된다. 다만 가장 가독성이 좋고 쓰기 편한 방법을 선택하도록 한다. PEP-8(*http://bit.ly/ pep-8_indentation*)을 참고하라).

PEP-8(또는 Python Enhancement Proposals #8)은 파이썬 스타일 지침으로 코드의 가독성과 사용성을 높이고 공유가 쉽게 만들기 위해, 들여쓰기를 비롯해 변수 명명하기, 여러 줄 이어 쓰기, 코드를 구성하는 방법 등에 대해 유용한 팁을 제공한다.

들여쓰기가 제대로 되지 않아 파싱에 오류가 생기면 IndentationError가 발생한다. 이 에러 메시지는 여러분이 잘못 들여쓴 줄을 지적해 줄 것이다. 자주 쓰는 텍스트 에디터에 문법 오류 자동 체크 기능(linter)을 달아 주는 것도 어렵지 않다. 일례로 Atom에서 쓸 수 있는 PEP-8 linter(*https://atom.io/packages/linter-python-pep8*)를 이용하면 편리하다.

무서운 GIL

GIL(Global Interpreter Lock)은 파이썬 인터프리터에 쓰이는 메커니즘으로 한 번에 한 스레드만 사용해 코드를 실행한다. 즉, 파이썬 스크립트를 실행할 때는 멀티프로세싱이 되는 디바이스를 사용하더라도 선형적으로 코드를 실행하게 되는 것이다. 이는 파이썬을 C 코드로 빠르게 처리하면서도 스레드 안전[1]하게 만들기 위한 설계이다.

이 같은 GIL의 제약 조건이 가지는 의미는, 파이썬 기본 인터프리터를 이용하는 경우엔 참된 병렬 처리가 되지 않는다는 데 있다. 이는 고도의 입출력이 필요한 애플리케이션이나 멀티프로세싱의 비중이 큰 애플리케이션에서는 단점으로 작용하게 된다.[2] 이와 같은 문제를 피하게 해주는 파이썬 라이브러리들은 멀티프로세싱이나 비동기식 서비스를 이용하지만[3], 그래도 GIL 문제는 여전하다.

그렇긴 해도 많은 파이썬 핵심 개발자들이 GIL의 이점과 마찬가지로 이로 인한 문제도 인지하고 있다. GIL이 문제가 되는 상황에도 대개의 경우에는 괜찮은 해결책이 존재하며 필요에 따라서는 C 이외의 언어로 쓰인 대체 인터프리터를 이용하는 것도 가능하다. 여러분의 코드에 GIL이 문제가 될 것 같다면 코드 설계를 다시 하거나 다른 코드 베이스(Node.js 등)를 이용하는 것이 좋다.

---

1 (옮긴이) 스레드 안전: 멀티 스레드 프로그래밍에서 어떤 함수나 변수, 혹은 객체가 여러 스레드로부터 동시에 접근이 이루어져도 프로그램의 실행에 문제가 없는 것.

2 시각화를 할 때 GIL이 어떤 식으로 작동하는지에 관해서 더 알고 싶다면, David Beazley가 쓴 "A Zoomable Interactive Python Trhead Visualization"을 참고하라(*http://www.dabeaz.com/GIL/gilvis/*).

3 이 패키지들의 역할에 관해서는 제프 넙(Jeff Knupp)이 GIL 문제를 해결하는 방법에 대해 작성한 글이 좋은 참고가 될 것이다(*http://bit.ly/python_gil_problem*).

= vs == vs is, 그리고 복사만 해야 하는 경우

파이썬에는 비슷해 보이는 함수 간에도 대단히 큰 차이가 있는 경우가 있다. 이러한 케이스 중 몇몇은 이미 다루었지만, 코드와 출력값을 보며 복습을 해 보자. (IPython을 이용한다)

```
In [1]: a = 1        ❶

In [2]: 1 == 1       ❷
Out[2]: True

In [3]: 1 is 1       ❸
Out[3]: True

In [4]: a is 1       ❹
Out[4]: True

In [5]: b = []

In [6]: [] == []
Out[6]: True

In [7]: [] is []
Out[7]: False

In [8]: b is []
Out[8]: False
```

❶ 변수 a를 1로 정의한다.

❷ 1이 1과 같은 값을 갖는지 확인한다.

❸ 1이 1과 동일한 객체인지 확인한다.

❹ a가 1과 동일한 객체인지 확인한다.

예제와 비슷한 형식으로 보기 위해 이 코드를 IPython에서 실행하면, 이 중 어느 정도는 예상했던 대로일 테지만 생각치 못했던 결과 역시 보일 것이다. 정수의 등가는 쉽게 다양한 방법으로 판단할 수 있다. 그러나 리스트 객체의 경우, is가 다른 비교 연산자와는 다른 방식으로 작동하는 것을 볼 수 있다. 파이썬은 다른 언어에서와 약간 다른 형태로 메모리를 관리하기 때문이다. 스리짓 캐서밴 (Sreejith Kesavan)의 블로그에 파이썬이 메모리상의 객체를 관리하는 방식에 관해 설명해 놓은 글과 시각화 자료가 있으니 참고하도록 하자(*http://foobarnbaz. com/2012/07/08/understanding-python-variables/*).

또 다른 관점에서 살펴보기 위해, 객체의 메모리가 어디에 들어있는지 확인하자.

```
In [9]: a = 1

In [10]: id(a)
Out[10]: 14119256

In [11]: b = a      ❶

In [12]: id(b)      ❷
Out[12]: 14119256

In [13]: a = 2

In [14]: id(a)      ❸
Out[14]: 14119232

In [15]: c = []

In [16]: id(c)
Out[16]: 140491313323544

In [17]: b = c

In [18]: id(b)      ❹
Out[18]: 140491313323544

In [19]: c.append(45)

In [20]: id(c)      ❺
Out[20]: 140491313323544
```

❶ b를 a와 동일하게 설정한다.

❷ 여기에서 id를 확인해 보면 b와 a가 메모리 내의 같은 장소에 저장되어 있는 것을 알 수 있다. 이 둘은 메모리 상에서 동일한 객체이다.

❸ 여기에서 id를 확인해 보면 a가 메모리 상의 다른 장소에 가 있는 것이 보인다. 여기에 2라는 값이 저장된다.

❹ 리스트도 c를 b에 할당하면 id가 동일하게 나타나는 것을 확인할 수 있다.

❺ 그러나 주의할 점은, 리스트는 변경하더라도 메모리 내의 위치는 변경되지 않는다. 이처럼 파이썬 리스트는 정수나 문자열과는 다르게 취급된다.

이 예시를 든 이유는 파이썬에서의 메모리 할당을 심도 있게 이해하라는 것이 아니라, 우리가 할당하려는 객체가 의도하는 것과 다를 수 있다는 점을 기억해야 하기 때문이다. 리스트와 딕셔너리를 다룰 때, 새로운 변수에 할당을 하더라도 새 변수와 기존의 변수는 메모리 상에서 여전히 동일한 객체라는 사실을 이해해야 한다. 하나를 바꾸면 다른 하나도 바뀐다. 이 중 하나만 변경하고 싶거나, 기존 변수를 복사한 새 변수를 생성하려고 한다면 copy 메서드를 사용해야 한다.

마지막으로 copy와 할당의 차이를 볼 수 있는 예시를 살펴보자.

```
In [21]: a = {}

In [22]: id(a)
Out[22]: 140491293143120

In [23]: b = a

In [24]: id(b)
Out[24]: 140491293143120

In [25]: a['test'] = 1

In [26]: b                          ❶
Out[26]: {'test': 1}

In [27]: c = b.copy()               ❷

In [28]: id(c)                      ❸
Out[28]: 140491293140144

In [29]: c['test_2'] = 2

In [30]: c                          ❹
Out[30]: {'test': 1, 'test_2': 2}

In [31]: b                          ❺
Out[31]: {'test': 1}
```

❶ 이 줄에서 a를 수정하는 것은 동시에 b를 수정하는 것이다. a와 b가 메모리 내의 같은 장소에 저장되어 있기 때문이다.

❷ copy를 이용하면 첫 번째 딕셔너리의 복사본인 새 변수 c를 생성할 수 있다.

❸ 이 줄에서 copy가 새로운 객체를 생성한 것을 확인할 수 있다. 새로운 id이다.

❹ 수정 후의 c가 두 개의 키와 값을 가지고 있는 것이 보인다.

❺ c를 수정해도 b는 변하지 않는다.

위의 마지막 예제를 이해했다면 이제 딕셔너리나 리스트를 복사하고 싶을 때는 반드시 copy를 사용해야만 한다는 사실이 명확해졌을 것이다. 동일한 객체가 필요하다면 =를 사용한다. 두 개의 객체가 '같은 값'을 갖는지 확인하고 싶다면 ==를 쓰고, 이들이 동일한 객체인지 확인하고 싶다면 is를 사용한다.

디폴트 함수 인자

파이썬 함수나 메서드에 기본값(디폴트) 변수를 보내고 싶을 때가 있다. 그러기 위해서는 파이썬이 디폴트 메서드를 언제, 어떻게 호출하는지 정확히 알 필요가 있다. 한번 살펴보자.

```
def add_one(default_list=[]):
    default_list.append(1)
    return default_list
```

IPython을 통해 자세히 알아보자.

```
In  [2]: add_one()
Out [2]: [1]

In  [3]: add_one()
Out [3]: [1, 1]
```

함수를 호출할 때마다 매번 1 하나만 들어 있는 새 리스트가 반환될 것이라고 예상했을 수 있지만, 출력된 결과를 보면 같은 리스트가 수정되었다는 것을 확인할 수 있다. 스크립트가 처음 해석되었을 때에 디폴트 인자가 선언되었기 때문이다. 매번 새 리스트를 생성하도록 하고 싶다면 함수를 다음과 같이 다시 쓸 수 있다.

```
def add_one(default_list=None):
    if default_list is None:
        default_list = []
    default_list.append(1)
    return default_list
```

이제 코드는 우리가 기대하는 대로 동작할 것이다.

```
In  [6]: add_one()
Out [6]: [1]

In  [7]: add_one()
Out [7]: [1]

In  [8]: add_one(default_list=[3])
Out [8]: [3, 1]
```

지금까지 메모리 관리와 디폴트 변수에 대해 어느 정도 이해하게 되었으니, 여러분이 작성한 함수나 실행 가능한 코드 내에서 언제 테스트를 하고 변수를 설정할지를 결정하는 데 그 지식을 사용할 수 있을 것이다. 또한 파이썬이 언제 어떻게 객체를 정의하는지를 더 깊이 이해한다면, 이러한 주의를 요하는 사항들이 버그로 이어지지 않게 할 수 있으리라 믿는다.

파이썬의 유효범위와 내장 함수: 변수명의 중요성

파이썬에서의 유효범위(스코프)는 여러분의 생각과 약간 다르게 동작할 수 있다. 변수를 함수의 유효범위 내에서 정의하게 되면 그 변수는 해당 함수 외부에서는 인식되지 않는다. 한번 살펴보자.

```
In [10]: def foo():
....: x = "test"

In [11]: x
.----------------------------------------------------------------
NameError                    Traceback (most recent call last)
<ipython-input-94-009520053b00> in <module>()
----> 1 x
NameError: name 'x' is not defined
```

그러나 x를 먼저 정의하는 경우, 이전에 정의한 내용이 그대로 나타난다.

```
In [12]: x = 1

In [13]: foo()

In  [14]: x
Out [14]: 1
```

내장 함수와 메서드에서도 마찬가지다. 실수로 내장 함수나 메서드를 재작성하는 순간 그것을 사용할 수 없게 된다. 그렇기 때문에 특수 단어인 list나 date를 다시 쓰면, 그 이름을 사용하는 내장 함수들까지 전부 그 이후의 코드에서부터 (또는 그 시간 이후부터) 본래의 기능을 하지 못하게 되는 것이다.

```
In [17]: from datetime import date

In [19]: date(2015, 2, 5)
Out[19]: datetime.date(2015, 2, 5)

In [20]: date = 'my date obj'

In [21]: date(2015, 2, 5)
.----------------------------------------------------------------
TypeError                    Traceback (most recent call last)
<ipython-input-105-7f129d4341d0> in <module>()
----> 1 date(2015, 2, 5)

TypeError: 'str' object is not callable
```

이처럼 이름을 공유하는 변수들을 사용하면 디버깅이 대단히 번거로워진다. 코드를 짤 때 변수 또는 모듈의 이름을 잘 숙지하고, 구체적인 변수 이름을 사용해주기만 해도 네임스페이스 문제로 몇 시간 동안 디버깅에 매달릴 필요는 없을 것이다.

객체 정의하기 vs 객체 수정하기

파이썬에서 새로운 객체를 정의하는 것은 기존의 객체를 수정하는 것과는 다르게 작동한다. 여러분의 함수가 어떤 정수에 1을 더하는 것이라고 가정해 보자.

```
def add_one_int():
    x += 1
    return x
```

이 함수를 실행하면 UnboundLocalError: local variable 'x' referenced before assignment라는 에러가 발생한다. 그러나 여러분이 x를 함수 내에서 정의한 경우는 다른 결과가 나타난다.

```
def add_one_int():
    x = 0
    -x += 1
    return x
```

코드가 조금 난해하지만(그냥 1을 리턴해도 되니까?), 여기서 중요한 점은 우리가 변수를 수정하기 이전에 선언해 주어야 한다는 것이다. 선언과 일견 비슷해 보이는 수정(+=)에도 말이다. 특히 리스트나 딕셔너리 같은 객체는 앞서 배웠듯이 같은 메모리에 있는 다른 객체에도 영향을 끼치기 때문에, 이들을 다룰 때는 반드시 이에 유념하여야 한다.

꼭 기억해 두어야 할 점은, 객체를 수정하거나 새 객체를 생성 및 리턴할 때를 확실하게 구분해야 한다는 것이다. 여러분이 변수 이름을 어떻게 짓고 함수를 어떻게 작성하고 구현하느냐에 따라 명확하고 의도한 대로 동작하는 스크립트를 짤 수 있을지가 달려 있다.

불변 객체 변경하기

불변(immutable) 객체를 수정하거나 변경하려면 새로운 객체들을 생성해야 한다. 파이썬으로는 튜플과 같은 불변 객체의 수정이 허용되지 않는다. 파이썬 메모리 관리에서 다루었던 바와 같이 동일한 공간에 저장되는 객체들이 있다. 불변 객체들은 수정되는 것이 아니라 항상 '재할당'된다. 한번 살펴보자.

```
In [1]: my_tuple = (1,)

In [2]: new_tuple = my_tuple

In [3]: my_tuple
```

```
Out[3]: (1,)

In [4]: new_tuple
Out[4]: (1,)

In [5]: my_tuple += (4, 5)

In [6]: new_tuple
Out[6]: (1,)

In [7]: my_tuple
Out[7]: (1, 4, 5)
```

여기서 우리는 기존의 튜플을 += 연산자를 사용하여 수정하려고 했으며, 성공적으로 수정되었다. 하지만 우리가 얻은 결과물은 기존의 튜플에다 튜플 (4, 5)를 더한 새로운 객체이다. 새로운 객체에 메모리 상의 새 자리를 할당한 것이기 때문에 new_tuple 객체가 변경되진 않았다. 더 자세히는 += 전후의 메모리 ID를 확인해 보면 ID가 변경되었음을 볼 수 있을 것이다.

불변 객체와 관련해 기억해야 할 점은 이를 수정하게 되면 메모리 내의 다른 공간에 저장이 되고, 불변 객체의 수정은 사실상 완전히 별개의 새 객체를 생성하는 일이라는 것이다. 여러분이 만약 불변 객체가 속한 클래스의 메서드나 속성을 다룰 일이 있다면, 불변 객체를 수정하는 경우와 새 불변 객체를 생성하는 경우를 이해하기 위해서 잘 알아두어야 한다.

타입 검사하기

파이썬에서의 형변환(type casting)은 어렵지 않은데, 이는 문자열을 정수로, 리스트를 튜플로 바꾸는 등의 작업이 어렵지 않은 뜻이다. 그러나 이러한 동적 타입 변화에는 문제가 따를 수 있으며, 특히 큰 코드 베이스에서나 새 라이브러리를 쓸 때에 두드러진다. 흔한 문제 몇 가지는 특정 타입의 객체를 필요로 하는 함수나 클래스 또는 메서드에 실수로 잘못된 타입을 보내면서 생긴다.

이러한 문제는 여러분의 코드가 어렵고 복잡해질수록 크게 다가온다. 코드가 추상화되면서 여러분은 객체들을 전부 변수에 저장하게 된다. 만약 함수나 메서드가 예상치 못한 타입을 리턴하고(리스트 대신 None을 반환하는 등) 그 객체가 다른 함수로 보내지면, 여기서 None을 받아들이지 못하는 경우 에러가 발생하게 된다. 에러를 잡아내더라도 코드가 이를 다른 문제에서 파생된 예외로 간주하고서 계속 진행하는 경우 또한 있을 수 있다. 그러면 걷잡을 수 없이 문제가 커지고 디버깅이 아주 지저분해질 수 있다.

해당 문제를 해결하는 가장 좋은 방법은 되도록 코드를 정확하고 명료하게 작성하는 것이다. 지속적으로 코드를 테스트해 작성한 함수들이 제대로 된 값을 리턴하는지 확인하고, 이상 행동이 없는지 스크립트를 면밀히 살피도록 하자. 객체에 무엇이 들어있는지 알아보기 위해 로그를 추가하는 것이 좋다. 또한, 어떤 예외들을 포착했는지 확인해야 하나, 모든 예외를 잡아냈다고 해서 이러한 문제들을 더 쉽게 찾아내고 고칠 수 있는 것은 아니다.

머지않아 파이썬에 PEP-484(*https://www.python.org/dev/peps/pep-0484/*)가 구현될 예정이다. 이것은 타입 힌트를 다루는데, 코드와 전달되는 변수들을 확인해 위와 같은 문제를 방지할 수 있게 될 것이다. 향후 파이썬 3이 릴리스될 때까지는 포함되기 어렵겠지만[4], 작업 중에 있으니 곧 타입 검사가 좀 더 완성되어 있으리라는 것은 기쁜 소식이다.

다수의 예외 포착하기

여러분의 코드가 점차 발전하게 되면, 같은 행에서도 둘 이상의 예외를 잡아내게 하고 싶을 때가 있다. 예를 들어 TypeError와 AttributeError를 동시에 잡고 싶은 경우를 생각해 보자. 딕셔너리를 전달하려다가 리스트를 보내 넘겼을 경우를 가정하자. 속성 일부는 동일할 수는 있지만, 완전히 똑같지는 않다. 하나의 행에서 두 개 이상의 에러 타입을 잡으려면 튜플 안에 예외를 작성해야 한다. 한번 살펴보자.

```python
my_dict = {'foo': {}, 'bar': None, 'baz': []}

for k, v in my_dict.items():
    try:
        v.items()
    except (TypeError, AttributeError) as e:
        print "We had an issue!"
        print e
```

다음과 같은 결과가 나타날 것이다(순서는 다를 수 있다).

```
We had an issue!
'list' object has no attribute 'items'
We had an issue!
'NoneType' object has no attribute 'items'
```

---

4 (옮긴이) 현재는 3.5 기준으로 타입 힌트를 사용할 수 있게 되었다.

예외 처리에 에러 두 가지가 성공적으로 잡혔고, 예외 블록도 제대로 실행되었다. 보다시피 포착해야 할 에러들의 종류를 알고 있는 것과 문법을 이해하는 것 (튜플에 넣기)은 코드 작성에 필수적이다. 이들을 (리스트 형태로든, 단순히 쉼표를 이용해 구분하든) 목록화하려고 했다면 예외를 동시에 잡아낼 수 없었을 거고, 코드 역시 제대로 작동하지 않았을 것이다.

디버깅의 힘

개발 실력과 데이터 랭글링 기술이 향상될수록 디버깅해야 할 에러와 문제들 역시 점점 다양해진다. 디버깅이 점차 쉽게 느껴지면 좋겠지만, 우선은 그 치열하고 까다로운 면이 좀 더 크게 다가오게 될 것이다. 보다 어려운 코드와 라이브러리를 다루면서 더 힘든 문제들을 해결해내야 하기 때문이다.

그렇긴 하지만, 막힌 상황에서 빠져나갈 수 있도록 도와주는 스킬과 도구 역시 많다. 이를테면 IPython에서 코드를 실행하여 개발 중에 피드백을 더 많이 받을 수 있다. 상황 파악을 위해 스크립트에 로그를 추가하거나, 웹 스크래퍼로 스크린샷을 찍고 저장해 파싱 문제에 참고하거나, IPython notebook 등의 사이트를 통하여 다른 사람들에게 코드를 보여 주고 피드백을 받는 것도 가능하다.

파이썬에는 pdb(*https://docs.python.org/2/library/pdb.html*)를 포함한 훌륭한 디버깅 툴들이 있다. pdb를 이용하면 여러분의 코드를(모듈 내의 다른 코드도 가능하다) 단계별로 보면서, 에러 발생 직전과 직후에 각 객체가 무엇을 담고 있는지를 정확하게 보여준다. pdb에 관한 짧고 유용한 소개 영상이 유튜브에 있으니 (*http://bit.ly/pdb_intro*), 코드를 짤 때에 pdb를 활용할 수 있는 방법을 알고 싶다면 참고하라.

그 외에도, 문서 및 테스트를 작성하고 또 읽어야 한다. 이 책에서 기초는 다루었으나 여러분이 이 책을 시작점으로 삼아 문서화와 테스트에 대해 더 알아보면 좋을 것이다. 테스팅 입문에 관한 네드 베철더(Ned Batchelder)의 PyCon 발표(*http://bit.ly/pycon2014_batchelder*)와 문서 입문에 관한 제이콥 캐틀런-모스(Jacob Kaplan-Moss)의 2011년 PyCon 발표(*http://bit.ly/writing_great_docs*)로 시작하는 것을 추천한다. 문서를 읽고 작성하며, 테스트를 작성하고 실행하는 과정을 통해 혹시라도 여러분이 잘못 알고 있는 점 때문에 코드에 에러가 생기지는 않았는지, 그리고 테스트를 거치지 않아서 그것을 놓쳐 버리지는 않았는지 확실히 하도록 하자.

우리는 이 책이 이러한 개념을 소개하는 좋은 입문서가 되기를 바라는 한편, 여러분이 파이썬에 대해 더 많은 자료를 접하고 개발 경험을 쌓아, 유능한 파이썬 개발자로 성장할 수 있기를 바란다.

부록 F

IPython 도움말

파이썬 셸도 유용하지만 IPython(*http://ipython.org/*)을 이용하면 훨씬 더 많은 이점을 누릴 수 있다. IPython은 파이썬 셸의 발전된 형태로, 사용하기 간편한 단축키와 셸 환경의 파이썬에 더 강력한 기능을 제공한다. 원래 파이썬을 사용하던 연구원들과 학생들이 더 쉽게 쓸 셸을 개발하며 시작했던 프로젝트(*http://bit.ly/ipython_nb_history*)가 이제는 인터프리터를 통해 파이썬을 배우거나 상호작용하는 데 쓰이는 사실상 표준이 되었다.

왜 IPython을 사용하는가?

IPython은 기본 파이썬 셸에는 없는 기능이 많이 탑재되어 있다. IPython을 통해 얻을 수 있는 이점은 매우 많으며, 그중 일부는 다음과 같다.

· 읽기 쉬운 문서 연결
· 자동 완성과 라이브러리, 클래스, 객체 탐색을 위한 매직 커맨드
· 줄 내에 이미지와 차트 생성
· 히스토리 보기, 파일 생성, 스크립트 디버깅 및 리로드를 돕는 유용한 도구들
· 내장 셸 명령어 사용
· 시작 시 자동 불러오기

또한 IPython은 브라우저에서 매우 빠른 주기의 데이터 탐색을 지원하는 공유형 노트북 서버인 Jupyter(*https://jupyter.org/*)의 핵심 요소 중 하나이기도 하다. 10장에서 우리는 Jupyter을 사용해 코드를 공유하고 프레젠테이션하는 방법을 다룬 바 있다.

IPython 시작하기

IPython은 pip를 통해 설치하는 것이 간편하다.

```
pip install ipython
```

두 개 이상의 가상 환경을 쓰는 경우, IPython을 전역적으로 설치할 수도 있고 각 가상 환경에 따로 설치할 수도 있다. IPython을 시작하려면 터미널 창에 ipython을 입력하면 되며, 아래와 같은 프롬프트를 보게 될 것이다:

```
$ ipython
Python 2.7.6 (default, Mar 22 2014, 22:59:56)
Type "copyright", "credits" or "license" for more information.

IPython 1.2.1 -- An enhanced Interactive Python.
?        -> Introduction and overview of IPython's features.
%quickref -> Quick reference.
help  -> Python's own help system.
object?  -> Details about 'object', use 'object??' for extra details.
In [1]:
```

이제 일반적인 파이썬 셸에서 입력해 왔던 대로 명령어를 입력할 수 있다. 예를 들면 아래와 같다.

```
In [1]: 1 + 1
Out[1]: 2

In [2]: from datetime import datetime

In [3]: datetime.now()
Out[3]: datetime.datetime(2015, 9, 13, 11, 47, 49, 191842)
```

셸을 닫고 싶다면 윈도우와 리눅스에서는 quit(), exit() 또는 Ctrl-D를, 맥에서는 Ctrl 대신 Cmd-D를 입력한다.

매직(Magic) 함수

IPython에는 매직 함수라는 것이 있는데, 탐색이나 프로그래밍에 유용한 함수들로 그 수가 상당히 많다. 그중 특히 개발 초보자들이 편리하게 사용할 수 있을 몇 가지를 소개하고자 한다.

여러분이 불러온 모든 것과 활성화된 객체들을 간단히 확인하려면 %whos 또는 %who를 입력하면 된다. 사용법은 다음과 같다.

```
In [1]: foo = 1 + 4

In [2]: bar = [1, 2, 4, 6]

In [3]: from datetime import datetime

In [4]: baz = datetime.now()

In [5]: %who
bar baz datetime    foo

In [6]: %whos
Variable    Type        Data/Info
----------------------------------------
bar         list        n=4
baz         datetime    2015-09-13 11:53:29.282405
datetime    type        <type 'datetime.datetime'>
foo         int         5
```

변수명을 잊어버렸거나 변수들에 무엇을 저장해 두었는지 간결한 리스트 하나로 확인하고 싶을 때에 대단히 유용하게 쓸 수 있을 것이다.

라이브러리나 클래스 또는 객체와 관련된 문서를 간편하게 읽을 수 있는 또하나의 편리한 도구가 있다. 메서드, 클래스, 라이브러리, 속성의 이름 뒤에 ?를 붙이면 IPython은 곧바로 연관 문서를 찾아 불러와 보여준다. 다음 예시를 보자.

```
In [7]: datetime.today?
Type:       builtin_function_or_method
String Form:<built-in method today of type object at 0x7f95674e0a00>
Docstring:  Current date or datetime:
            same as self.__class__.fromtimestamp(time.time()).
```

개발에 유용한 IPython 확장 기능 및 함수는 셀 수 없이 많고, 이는 개발자로서 성장하면서 복잡한 문제를 마주할 경우에 대단히 큰 도움이 될 것이다. 표 F-1에 그중 편리한 몇 가지를 나열해 두었는데, 그 외에도 좋은 발표 자료나 학회 발표(*http://ipython.org/presentation.html*)나 인터랙티브한 예시(*http://bit.ly/ipynb_docs*) 역시 온라인에서 접할 수 있다. 라이브러리 문서 또한 아주 잘 쓰여 있으니 참고하도록 하자(*http://ipython.org/documentation.html*).

 IPython 확장 기능은 IPython 세션을 시작하면서 %load_ext 확장기능명을 입력해 로드해 주어야 한다. 추가적으로 확장 기능을 설치하고 싶다면 GitHub(*http://bit.ly/ipython_extensions*)에 다양한 확장 기능 목록과 사용법이 소개되어 있다.

커맨드	설명	목적	문서
%autoreload	읽어들인 스크립트를 한 번의 호출로 리로드할 수 있게 해 주는 확장 기능	에디터에서 스크립트를 변경하고 IPython 셸에서 디버깅을 하는 액티브한 개발 방식에 적합하다	*http://ipython.org/ipython-doc/dev/config/extensions/autoreload.html*
%store	저장된 변수를 보관해 차후 새 세션에서 쓸 수 있게 해 주는 확장 기능	자주 쓰는 변수를 저장해 놓거나 작업을 잠시 멈추었다 다음에 재개하기 위해 저장할 때 좋다	*http://ipython.org/ipython-doc/dev/config/extensions/storemagic.html*
%history	세션 히스토리 출력	실행했던 것들을 출력한다	*https://ipython.org/ipython-doc/dev/interactive/magics.html#magic-history*
%pdb	긴 호출들을 위한 대화형 디버깅 모듈	강력한 디버깅 라이브러리로, 길이가 긴 스크립트 및 모듈을 불러올 때에 특히 유용하다	*https://ipython.org/ipython-doc/dev/interactive/magics.html#magic-pdb*
%pylab	numpy와 matplotlib을 불러와 대화형 세션에서 작업하도록 함	통계와 차트 기능을 IPython 셸 상에서 사용할 수 있게 한다	*https://ipython.org/ipython-doc/dev/interactive/magics.html#magic-pylab*
%save	세션 히스토리를 출력 파일로 저장	디버깅에 시간이 아주 오래 걸렸을 때 쉽게 스크립트 작성을 시작할 수 있다	*https://ipython.org/ipython-doc/dev/interactive/magics.html#magic-save*
%timeit	한 줄 또는 그보다 긴 코드의 실행 시간을 기록	스크립트와 함수의 성능을 튜닝할 때에 유용하다	*https://ipython.org/ipython-doc/dev/interactive/magics.html#magic-timeit*

표 F-1 유용한 IPython 확장 기능과 함수들

이용할 수 있는 매직 커맨드는 매우 다양하며(*http://bit.ly/built-in_magic_cmds*), 이들의 효용성은 IPython을 어떤 용도의 개발에 사용하느냐에 따라 다르다. 하지만, 개발자로 성장하며 매직 커맨드를 사용하게 된다면 IPython의 다른 작업들에서 더욱 빛을 발하게 될 것이다.

결론: 더 간단한 터미널

IPython을 단순히 노트북(notebook)에 사용하든, 터미널에 사용하든 우리는 이를 통해 여러분이 파이썬을 이해하고 코드를 작성하며 개발자로 성장하는 데 도움을 받을 수 있을 것이라 믿는다. 개발 초기에는 파이썬이 어떻게 동작하는지, 어떤 에러와 예외를 접하게 될지에 초점을 맞추게 되는데, IPython으로는 바로 다음 줄에 입력해 가며 반복해서 시도할 수 있기 때문에 이러한 면을 익히기에 적합하다.

부록 G

아마존 웹 서비스 이용하기

데이터 랭글링에 아마존과 클라우드 서비스를 이용하려면 먼저 서버를 세팅해야 한다. 처음 서버를 세팅하고 돌아가게 만드는 방법을 짚어보도록 하자.

디지털오션(DigitalOcean), Heroku, Github 페이지를 포함한 AWS의 몇 가지 대안과 호스팅 제공자를 이용하는 방법을 10장에서 다룬 바 있다. 여러 가지 배포 환경 및 서버 환경에 대한 관심도에 따라, 다양하게 시도해 보고 무엇이 가장 잘 맞는지 확인하는 것이 좋다.

AWS는 최초의 클라우드 플랫폼으로 잘 알려져 있지만, 다소 헷갈리는 면도 있다. 단계별로 그 프로세스를 소개하고자 한다. 또한, 디지털오션으로 클라우드에 입문하는 것을 추천한다. 거기에는 유용한 튜토리얼(*http://bit.ly/digital_ocean_gs*)과 단계별 설명(*http://bit.ly/digital_ocean_server_setup*)이 준비되어 있다.

AWS 서버 최초 구동하기

서버를 최초로 구동하기 위해서는 AWS 콘솔(*https://console.aws.amazon.com*)에서 "EC2"를 선택하자. "Compute" 아래에 있다(단, 콘솔에 액세스하려면 계정 로그인을 해야 한다). 이렇게 하면 EC2 첫 페이지를 볼 수 있을 것이다(*https://console.aws.amazon.com/ec2/v2/home*). 거기서 "Launch Instance(인스턴스 생성하기)" 버튼을 클릭하자.

이 시점에서 여러분의 인스턴스를 세팅하기 위한 단계에 돌입한다. 여기서 선택한 것은 모두 나중에 수정할 수 있으므로 무엇을 선택해야 할지 모르겠더라도 너무 걱정하지 않아도 된다. 이 책에 서버를 빠르고 저렴하게 설정 및 구동하는 방법이 제시되어 있으나, 그렇다고 해서 꼭 이것이 여러분에게 필요한 해법이 아닐 수 있다. 공간이 더 필요한 경우에는 더 크고 비싼 세팅 또는 인스턴스를 이용해야 할 수 있다.

이제 추천하는 설정을 단계별로 따라해 보도록 하겠다.

AWS 1단계: 아마존 머신 이미지(AMI) 선택하기

기본적으로 머신 이미지는 운영체제 이미지, 또는 스냅샷이다. 가장 보편적인 운영체제는 윈도우와 OS X이나, 서버에는 주로 리눅스 기반 시스템을 사용한다. 최신 우분투 시스템을 이용하는 것을 추천하며, 현 시점에서는 "Ubuntu Server 16.04 LTS (HVM), SSD Volume Type - ami-835b4efa"로 표기되어 있을 것이다.

AWS 2단계: 인스턴스 종류 선택하기

인스턴스의 종류는 구동할 서버의 크기를 결정한다. "t2.micro(Free tier eligible)"을 선택하자. 필요하다는 판단이 들기 전까지는 크기를 키우지 말자. 돈만 낭비하게 될 수 있다. 인스턴스에 대해 더 알아보려면 인스턴스의 종류(*https://aws.amazon.com/ec2/instance-types/*)와 가격 정책(*https://aws.amazon.com/ec2/pricing/*)에 관한 AWS 문서를 읽어 보도록 한다.

"Review and Launch(인스턴스 검토 및 시작)"를 선택해 7단계로 넘어가자.

AWS 7단계: 인스턴스 생성 검토하기

이제 페이지 상단에 "Improve your instances' security. Your security group, launch-wizard-4, is open to the world"라는 메시지가 표시될 것이다. 인스턴스의 보안을 향상시키라는 메시지로, 실제 제작 인스턴스나 민감한 데이터를 다루는 인스턴스를 다룰 때에 다른 보안 예방 조치와 함께하기를 적극 추천한다. "EC2 인스턴스 보안에 대한 팁"이라는 글을 참고하자(*http://bit.ly/securing_ec2_instance*).

AWS에 관한 추가 질문: 기존의 키 쌍을 선택하거나 새로운 쌍 만들기

키 쌍은 서버를 위한 키들의 집합으로, 서버가 누구를 받아들일지 식별하는 역할을 한다. "Create a new key pair(새 키 쌍 만들기)"를 선택하고 이름을 붙여주자. 우리는 여기에서 data-wrangling-set이라는 이름을 사용했으나, 아무거나 편한 이름을 써도 무방하다. 다 했으면 키 쌍을 다운로드하여 나중에 찾을 수 있는 위치에 저장한다.

마지막으로, "Launch Instances(인스턴스 생성하기)"를 선택한다. 인스턴스가 생성되면 화면에 인스턴스의 ID가 표시될 것이다.

 비용이 걱정된다면 AWS 설정에서 결제 알림을 켤 수 있다(*https://console.aws.amazon.com/billing/home?#/preferences*).

AWS 서버에 로그인하기

서버에 로그인하려면 우선 AWS 콘솔 내의 인스턴스를 통해 몇 가지 정보를 확인해야 한다. 콘솔에서 EC2를 선택하고, "1 Running Instances(두 개 이상이 실행되고 있다면 더 큰 숫자가 나타난다)"를 선택한다. 서버 목록이 표시될 것이다. 여러분이 미리 설정해 두지 않았다면 서버에 아직 이름이 없을 것이므로, 목록에 있는 공란을 클릭해 이름을 정해 주도록 한다. 여기서는 통일성을 위해 data-wrangling-test로 설정하였다.

이제 리눅스 인스턴스에 연결하는 설명에 관한 다음의 AWS 문서를 따라 서버에 로그인할 것이다(*http://bit.ly/aws_connect_to_linux*).

인스턴스의 공개 DNS명 획득하기

공개 DNS명(Public DNS)은 여러분의 인스턴스가 가지는 웹주소이다. 웹주소처럼 보이는 값이 이미 생긴 상태라면 다음 항목으로 넘어가면 된다. 값이 "--"로 보인다면 이어지는 단계(출처: StackOverflow(*http://bit.ly/ec2_no_public_dns*))를 따른다.

1. *console.aws.amazon.com*에 접속한다.
2. Services(맨 위) → VPC(목록 하단에 위치)를 연다.
3. 내 VPCs(좌측 열에 위치)를 연다.
4. 내 EC2에 연결된 VPC를 선택한다.
5. "Actions" 항목을 열고 "Edit DNS Hostnames"를 선택한다.
6. "Edit DNS Hostnames"의 설정값을 "Yes"로 변경한다.

EC2 인스턴스로 돌아가면 공개 DNS명이 생성되어 있을 것이다.

비공개 키 준비하기

여러분의 비공개 키는 조금 전에 다운로드한 .pem 파일이다. 쉽게 찾을 수 있는 폴더에 저장해 두는 것이 좋은데, 유닉스 기반의 시스템에서는 키가 .ssh라는 홈 폴더에 들어 있을 것이며 윈도우에서는 C:\Documents and Settings\〈username〉\.ssh\ 또는 C:\Users\〈사용자이름〉\.ssh이 기본 위치다. .pem 파일을 복사해 이러한 폴더에 옮겨 두도록 하자.

다음으로 chmod 명령어를 실행해 .pem의 접근 권한을 400으로 설정한다. 이렇게 하면 소유자만이 파일에 접근할 수 있게 된다. 다수의 계정을 사용하는 컴퓨터 환경에서 파일을 안전하게 보관할 수 있다.

```
chmod 400 .ssh/data-wrangling-test.pem
```

내 서버에 로그인하기

이제 서버 로그인에 필요한 것은 모두 준비되었다. 다음 커맨드에서 my-key-pair.pem은 여러분의 키 쌍 이름으로, public_dns_name은 여러분의 공개 웹주소로 고친 후 실행하도록 하자.

```
ssh -i ~/.ssh/my-key-pair.pem_ ubuntu@_public_dns_name
```

예를 들어 이렇게 말이다.

```
ssh -i data-wrangling-test.pem ubuntu@ec2-12-34-56-128.compute-1.amazonaws.com
```

연결할지 묻는 질문인 Are you sure you want to continue connecting (yes/no)? 라는 프롬프트가 나타나면 yes를 입력한다.

여기까지 잘 실행되었다면 프롬프트가 여러분의 서버에 제대로 들어왔음을 표시해 줄 것이다. 이제 코드를 서버에 올려 서버를 마저 설정하고, 컴퓨터에서 실행될 자동화를 설정하면 된다. 새 서버로 코드를 배포하는 방법은 14장에 더 소개되어 있다.

서버를 닫으려면 Ctrl-C 또는 Cmd-C를 입력한다.

요약

이제 여러분의 첫 AWS 서버가 만들어져 잘 돌아가고 있다. 14장에서 익힌 정보를 활용해 서버에 코드를 배포하고 당장에라도 데이터 랭글링을 수행해 보자!

찾아보기